广州图书馆学术丛书

广州图书馆新馆
十年研究

方家忠　主编

国家图书馆出版社

图书在版编目（CIP）数据

广州图书馆新馆十年研究/方家忠主编. —北京:国家图书馆出版社, 2024.12
（广州图书馆学术丛书）
ISBN 978-7-5013-7942-2
Ⅰ.①广… Ⅱ.①方… Ⅲ.①公共图书馆-图书馆工作-广州-文集 Ⅳ.①G259.276.51-53
中国国家版本馆CIP数据核字(2024)第037027号

书　　名　广州图书馆新馆十年研究
　　　　　GUANGZHOU TUSHUGUAN XIN'GUAN SHINIAN YANJIU
著　　者　方家忠　主编
责任编辑　张晴池
封面设计　项梦怡

出版发行　国家图书馆出版社（北京市西城区文津街 7 号　　100034）
　　　　　（原书目文献出版社 北京图书馆出版社）
　　　　　010-66114536　63802249　nlcpress@nlc.cn（邮购）
网　　址　http://www.nlcpress.com
排　　版　北京德彩汇智图文设计有限公司
印　　装　河北鲁汇荣彩印刷有限公司
版次印次　2024年12月第1版　2024年12月第1次印刷

开　　本　787×1092　1/16
印　　张　29.5
字　　数　480千字
书　　号　ISBN 978-7-5013-7942-2
定　　价　198.00元

广州图书馆学术丛书
编委会

本书编委会

主　　　编：方家忠　吴翠红

副　主　编：黄广宇　刘平清　陈深贵

执行主编：肖红凌

执行副主编：付跃安

编　　　委：（按姓氏笔画排序）

付跃安　冯　莉　朱俊芳　李保东　肖红凌

张江顺　陈　荧　陈丽纳　蒋啸南　潘拥军

编　　　辑：邵　雪　杨嘉骆

目　录

前　言 ·· 1

公共图书馆的中国式现代化

　　——广州图书馆转型发展的历程、评估与思考 ···················· 1

以高质量党建引领图书馆事业高质量发展 ······························ 24

设施体系化　服务专业化　发展高质量

　　——广州市"图书馆之城"建设实践与展望 ······················ 39

广州图书馆总分馆服务体系十年实践

　　——直属示范性服务体系建设探索与展望 ······················· 60

广州图书馆阅读推广活动十年发展研究 ·································· 76

从"以文献为中心"到"以人为中心"

　　——广州图书馆基础服务十年发展转型路径 ··················· 92

广州图书馆新馆十年残障群体服务报告 ································· 107

亲子阅读服务 ·· 126

中小学生阅读服务 ·· 149

数字图书馆服务十年发展回顾与思考 ··································· 166

新媒体服务 ··· 180

公共图书馆多元文化服务"广州模式"的发展路径 ············ 194

都市文化主题服务 ·· 210

纪实影音文献服务创新实践与思考 ·· 221

名人专藏建设、开发与服务 ·· 239

地方文献工作十年回顾 ·· 253

家谱建设、开发与服务 ·· 267

信息咨询服务实践 ·· 282

文献信息资源建设 …………………………………………………… 299

编目工作 ……………………………………………………………… 318

规划引领转型发展

  ——广州图书馆实施规划管理的探索与实践 …………………… 334

践行信息公开

  ——广州图书馆年报编制工作 …………………………………… 348

聚焦人才建设，助力事业发展 ……………………………………… 360

图书馆团组织建设与发展 …………………………………………… 377

馆员专业能力建设与发展 …………………………………………… 388

广州市图书馆学会十年发展回顾与未来展望 ……………………… 403

技术创新与应用 ……………………………………………………… 419

图书馆财务管理 ……………………………………………………… 436

图书馆资产管理 ……………………………………………………… 442

图书馆治安保卫工作"协作管理"实践 …………………………… 450

前　言

在国家大力推动公共文化服务高质量发展的时代背景下，广州图书馆坚持以习近平新时代中国特色社会主义思想为指导，深入贯彻落实党中央和广东省、广州市各项决策部署，秉承保障人民文化权益理念，抓住广州图书馆新馆建成开放、《广州市公共图书馆条例》颁布实施以及"图书馆之城"建设等契机，在加强党的建设、人才队伍建设、馆舍建设、馆藏资源建设、创新读者服务、管理体制改革、服务宣传推广等方面都取得了显著成效，推动自身进入国内国际公共图书馆一流行列。

新馆十年是广州图书馆飞速发展的十年。2023年，在新馆全面开放十周年之际，为进一步总结经验、促进发展，广州图书馆组织成立了多个主题研究团队开展系列研究，以实现业务工作专业化、专业工作学术化、科研成果系列化；同年，广州图书馆组织开展了"广州图书馆新馆全面开放十周年学术研讨会"，总结广州图书馆的发展经验并与同行交流，形成了系列研究成果。

为进一步梳理和推广广州图书馆新馆十年的优秀实践和理论成果，记录广州图书馆事业发展的历史，为我国公共图书馆事业高质量发展提出思路，在广州图书馆全体同人和国家图书馆出版社编辑的共同努力下，30篇研究报告得以集结出版。《广州图书馆新馆十年》几乎涵盖公共图书馆业务工作的所有领域，既有对新馆开放以来的工作梳理，也有对现状的分析研究，还有对业务发展的思考与研判。希望本书的出版能对我国公共图书馆的创新发展提供参考和借鉴。

由于编写组能力有限，本书经过多次修订和审校，仍难免存在疏漏与不足，恳请广大读者批评指正。

本书编写组

2024 年 11 月

公共图书馆的中国式现代化

——广州图书馆转型发展的历程、评估与思考

方家忠

自 20 世纪 70 年代以来，转型就已成为图书馆界关注的问题。随着网络时代的到来，转型发展已经成为全球图书馆的共同趋势，转型问题已经成为图书馆界普遍关心的热门话题①。英国国家图书馆的 2005—2008 年战略规划曾以"重新定义图书馆"（Redefining the Library）为主题而引起世界关注。2009 年，国际图联（IFLA）在意大利都灵召开主题为"作为场所与空间的图书馆"的卫星会议。2010 年，美国研究图书馆协会（ACRL）发布《2010 年学术型图书馆十大趋势调研报告》，其中第十个趋势是"图书馆的定义将随着物理空间的重塑和虚拟空间的拓展而改变"。国际图书馆界提出图书馆可作为"第三空间"的意见，很快被广泛接受②。2014 年美国图书馆协会（ALA）成立图书馆转型团队（Libraries Transforming Communities），2018 年 IFLA 吉隆坡年会以"图书馆转型，社会转型"（Transform Libraries，Transform Societies）为大会主题。转型发展成为这一时期全球图书馆事业的主要特征③。

中国图书馆界对图书馆转型发展的关注主要从 2012 年中国图书馆学会年会开始。吴建中馆长应邀在年会上作了题为《新常态 新指标 新方向》的主旨报告，首次在国内学术会议上引介了图书馆作为城市"第三空间"的理念，并介绍发达国家图书馆面临金融危机的后续影响和传统服务效益下降的压力所形成的新发展背景④；杭州图书馆组织分主题讨论"第三文化空间"建设。2013 年，广州图书馆新馆建成开放时举办"大都市的公共图书馆事业"国际学术研讨会，收到以城市"第三空间"塑造为主题的学术论文 11 篇，占论文总量的 16%，这令人印象深刻⑤。2015 年，吴建中馆长在中

---

① 陈传夫，陈一.图书馆转型及其风险前瞻 [J].中国图书馆学报，2017 (7)：32-50.

② 柯平.重新定义图书馆 [J].图书馆，2012 (5)：1-5.

③ 刘宇，朱明.中国图书馆学如何应对图书馆事业的转型——试论中国图书馆学的未来发展路径 [J].图书与情报，2019 (6)：72-77.

④ 吴建中.新常态 新指标 新方向（2012 中国图书馆年会主旨报告）[J].图书馆杂志，2012 (12)：2-6，67.

⑤ 方家忠.大都市的公共图书馆事业国际学术研讨会论文集 [C].广州：中山大学出版社，2013.

国图书馆学会年会发表演讲时断言，"未来十年，转型将成为这一时期最突出的关键词"①。公共图书馆转型发展、公共图书馆作为"第三空间"建设持续成为近年来国内图书馆界研究的热点问题。从学术研究涉及转型发展的内涵看，主要与信息化、改革开放、数字图书馆、复合图书馆、智慧图书馆、第三空间、空间建设、空间改造、空间再造、公共知识空间、新型文化空间、转型与创新、重新定义图书馆等内容有关。因本文要讨论的主题主要是基于空间的转型发展，故分别以"公共图书馆"与"转型发展"、"公共图书馆"与"第三空间"两组主题词，对中国知网数据库进行检索，截至 2022 年 12 月 31 日，分别检出论文等成果 111 条、122 条。其中，具有代表性的文章有《中国图书馆事业的历史经验与转型发展》②、《回顾与前瞻：图书馆转型发展面临的问题与思考》③。专业学术期刊也非常关注这个主题，如《图书馆学刊》将"图书馆转型发展专题"纳入 2021 年选题指南④。

综上所述，转型发展是近十多年来国内国际图书馆界关注的重点问题，是关乎能否顺利应对信息技术挑战、实现可持续发展的重大问题，具有重要的理论意义，尤其具有重大的现实意义。个人认为，该问题与其说是一个理论问题，毋宁说是一个实践问题。因为转型发展能否成功实际上需要前提条件，如符合公共空间特点的新馆建筑或空间条件、图书馆人的认知条件、图书馆持续探索实践的机会，以及较长时期的公共服务结果的检验等。从这个意义上来讲，可以作为实证研究的成功案例并不会多见。

广州图书馆建成开放于 1982 年，是一个几乎与国家的改革开放事业同步发展的图书馆。虽然历史不长，但在"开放办馆，创新服务"的理念下，其公共服务与管理充满活力，诸多创新理念、业务及服务效益在全国公共图书馆中居于前列。当然，总体而言，在社会功能层面，直到新馆建成开放，广州图书馆还是一个传统意义上的以文献服务为主体的图书馆。2004 年，广州图书馆新馆立项，应该说，从当时设计功能需求时强调休闲交流功能，以及选定现建筑设计方案以后，广州图书馆就开始不自觉地为转型发展做准备。新馆自 2012 年底部分开放以后，广州图书馆抓住机遇，主动推动管理和服务创新，十年来在空间建设、规划引领、公共服务、文化活动、信息资源、人才队伍、专业管理、体系建设等各领域进行探索，其中尤为突出和重要的是图书馆

---

① 吴建中. 2025 年，图书馆"长"什么样——吴建中在中国图书馆学会 2015 年会上的演讲 [N]. 解放日报，2016-01-23（6）.

② 饶权. 中国图书馆事业的历史经验与转型发展 [J]. 中国图书馆学报，2019（9）：15-26.

③ 饶权. 回顾与前瞻：图书馆转型发展面临的问题与思考 [J]. 中国图书馆学报，2020（1）：4-15.

④ 《图书馆学刊》编辑部. 2021 年选题指南 [J]. 图书馆学刊，2021（1）：1.

自身的转型发展和推动全市的"图书馆之城"建设两大主题。期间，中国图书馆行业在服务体系建设、社会化发展、全民阅读推广、法律与政策保障等重点领域也取得显著进展，创新服务和社会功能拓展也蔚为潮流。回顾新馆十年的发展历程，广州图书馆从不自觉到自觉，从充分利用新馆建筑空间条件、不断深化认知与规划引领到持续推进探索实践，并经受了十年的发展成效的检验。因此，个人以为，放在国际图书馆转型发展的大背景下，广州图书馆新馆十年的实践样本具有代表性和典型性。

本文即以2013—2022年为时间范围，以国内国际图书馆事业为观照，以广州图书馆为对象，聚焦转型发展这一核心主题，从实践、理论到绩效进行系统考察，探索、总结事业发展规律，明确事业发展道路，以推动自身在新时代科学化、专业化、可持续、高质量的发展，并为推动建设中国特色、世界一流、中国式现代化的公共图书馆事业贡献力量。

1 广州图书馆转型发展的实践历程①

1.1 前期准备

2004年，广州图书馆新馆建设项目立项，确定的建筑选址、体量、功能需求、建筑设计等为新馆发展奠定了物质基础。新馆地处广州新城市中心和中央商务区珠江新城，具有极为优越的地理位置和公共交通等配套条件；与周边的广东省博物馆、广州市第二少年宫、广州大剧院、花城广场、花城汇地下商城、广州塔等众多的公共空间形成公共服务共同体和服务生态。新馆建筑面积达到10万平方米，这超大体量可以实现当时世界范围内图书馆界已经出现的各种新功能。新馆的功能需求特别强调了开放性和文化休闲要求，因此新馆空间的多元化、开放程度和交流休闲功能可谓首屈一指。新馆是由著名建筑设计师宫川浩先生领衔的团队把握时代公共建筑设计潮流，着眼于处理人与人之间的关系，在开放的空间设计、自由的空间体验、连续的内外空间关系等多个方面，设计的一个与端庄典雅的传统殿堂式图书馆截然不同的现代、时尚、亲民的图书馆。

2009—2010年，广州图书馆编制《广州图书馆2011—2015年发展规划》（本书中简称广州图书馆"十二五"发展规划），提出"多元文化窗口"使命和特色服务发展

---

① 方家忠. 新馆十年［G］//罗小红. 广州图书馆40年亲历文集. 广州：广州出版社，2021：40-57.

路径①。在编制规划时，广州图书馆人深入思考。即将建成开放的新馆如何能在传统服务基础上，形成新的服务特色？选择有两个，一是文化服务，二是知识服务。后者形成服务能力的周期长，服务效益难以科学评价，且要求有一支专业化水平较高的人才队伍，在当时条件下，是门槛较高的一个方向；相对而言，前者文化服务，更具体的是多元文化使命的提出，立足于广州一直作为中国对外开放的口岸城市的历史和文化传统，同时现实考量是，可以利用大量的社会资源，如可以利用广州众多的高校与教师资源、大量的文化机构与团体的力量、丰富的外国领事馆资源、众多的国际友好城市资源等，总体上可行性较高。最终，规划的制订为广州图书馆的发展提出文化服务的新方向。

2010—2011年，广州图书馆制订实施新馆专项规划。依据发展规划，在新馆立项的基本功能需求的基础上，细化设计各区域功能，确定服务对象、馆藏结构、资源配置，形成由基本服务、主题服务、对象服务、交流服务四大功能区域组成的功能布局。其中，在以文化服务为主的专题服务区域，细分了传统与本土文化、世界多元文化、现代都市文化等三大系列，相应设计了广州人文馆、家谱服务区、多元文化馆、语言学习馆、创意设计馆、多媒体鉴赏区等一系列主题空间和服务平台。在专项规划明确以后，又于2011年11月—2012年6月相应进行了部门组织架构、岗位资源配置的调整，并于2012年6—12月进行人员岗位竞聘工作，从组织、岗位、人才三个层面落实发展规划。

1.2　系统开展文化服务

新馆于2012年底部分开放后，正式开启将文化服务系统引入图书馆，并持续推动功能演进历程。位于负一层的交流服务区开始常态化、不间断地组织开展展览、讲座、报告等文化交流活动，位于馆内的广州人文馆、家谱服务区、多元文化馆、语言学习馆、创意设计馆、多媒体鉴赏区等服务区都配置了小型交流空间，围绕多元文化主题，创立活动品牌，逐步增加文化交流活动。新馆开放时，广州图书馆提出的目标是有效益、有特色、有影响。新馆全面开放次年即2014年，广州图书馆的基本服务效益在全国图书馆界跃居第一位，多元文化服务也初步形成特色。

新馆开放后，为探索多元文化窗口使命的实现路径，广州图书馆的馆员们一起到广州知名的地标书店之一——方所，现场体验在书店空间举办交流活动的实际场景，

---

① 广州图书馆2011—2015年发展规划［EB/OL］.［2023-05-11］. https://www.gzlib.org.cn/devplan1/203911.jhtml.

观察读者反应。各部门尤其是文献流通等按传统方式进行资源与服务布局的部门，也先后尝试在不同时段、不同区域举办交流活动，并现场观察读者反应，进行读者调查，不断改进服务组织，以在传统服务与文化服务、交流活动间找到新的平衡点。经过摸索，新馆逐步明确了在传统的开放服务区域组织文化活动的基本方式。利用传统服务楼层的中间公共区域举办的品牌交流活动得到嘉宾的认可和热情参与，并逐步为广大读者认同。

随着文化活动的增多、文化服务的持续强化，大众媒体报道量逐年增加，广州图书馆接待了大量来参观交流的国内外同行和各层级领导、嘉宾。短短几年，广州图书馆呈现出新平台、新格局、新气象。当然，在文化服务、文化活动逐步成为图书馆基本服务的过程中，我们也听到、看到读者的质疑。读者认为新馆比较"嘈杂"，应该保持传统图书馆的安静阅读环境。就这一问题，个人反复思考，并跟许多国内外同行交换意见，最终形成普遍共识——图书馆开展丰富的活动、坚持有活力的服务以及由此带来对公众充分的吸引力比单纯保证安静环境更为重要。当然个人也深信，在全市图书馆服务体系逐步完善之后，读者会随之分流，这一问题也将会逐步得到缓解。经过广州图书馆人的坚持和持续的宣传交流，读者和公众逐步接受了新馆的新服务、新氛围和新形象。如今回过头看，个人认为，实践已证明，我们当初的选择和坚持是对的、是值得的。

文化服务、大量的文化交流活动不仅丰富了图书馆的服务内容、资源，而且大量具有传播动机和能力的社会主体的参与，使众多的交流主题与话题极具影响力，因此大大增强了图书馆服务的传播价值。据新馆开放后历年的统计数字，大众媒体对图书馆活动的报道占总报道量的比例基本保持在六至七成。这对一个新馆迅速提升服务效益、扩大社会影响是一条切实可行、极为有效的路径。广州图书馆在新馆开放之前，为提升服务效益特意组建了社会活动推广部，但实践很快证明，广州图书馆单是接待公众自发到馆就已应接不暇，因此该部门的职责转向为主要组织大型活动和统筹全馆活动。

1.3 拓展公共交流功能

2015 年，广州图书馆编制《广州图书馆 2016—2020 年发展规划》（本书中简称广州图书馆"十三五"发展规划），在"多元文化窗口"使命的基础上，广州图书馆进一步拓展"公共交流平台"使命①。这是因为在开展文化交流活动过程中，广州图书

---

① 广州图书馆 2016—2020 年发展规划［EB/OL］．［2023-05-11］．https：//www. gzlib. org. cn/devplan1/203912. jhtml.

馆人发现各种社会主体拥有强烈的需求，他们需要利用公共平台开展社会宣传与交流，参与公共服务、公共事务。这些主体包括个人、社会群体，也包括政府各部门。这一时期正是互联网平台迅速发展时期，广州图书馆将"公共交流平台"作为新的使命，并纳入发展规划①。此后大力推进服务实践，广州图书馆也被公认为广州市最好的公共交流平台，成为省、市领导，各政府部门和其他主体开展公共交流、公共服务、宣传活动的首选地。其中典型的项目如省领导指定要在广州图书馆举办全省禁毒展，广州市的博物馆日活动也利用图书馆场地举办。广州图书馆因而超越"城市文化地标"成为"城市窗口"。

1.4 强化阅读推广服务

2017年后强化全民阅读推广活动。随着"全民阅读"多次写入政府工作报告，中国图书馆学会阅读推广委员会做了大量卓有成效的工作，使阅读推广在理念层面逐步深入人心，在实践层面日益成为各图书馆的基本服务。广州图书馆此前一直侧重保障和服务读者的自主阅读，但在推进文化服务的过程中，也越来越认识到文化活动的阅读推广价值。在继续推进文化活动作为间接的阅读推广活动的同时，广州图书馆开始有意识地组织开展越来越多的直接的阅读推广活动，并于2017年牵头组建"广州阅读联盟"推广全民阅读。2018年，开始大力拓展未成年人等特殊群体阅读服务，并广泛开展与社会主体的合作。在业务统计等专业管理上，也逐步将阅读推广活动与文化交流活动区分开来。阅读推广在广州图书馆公共服务的整体架构中，成为传统文献服务与新型文化服务的中间连接领域。个人思考，如果用整体眼光来看待事业的发展，阅读推广应是图书馆转型发展的内容之一，一方面它是同期基于强烈的社会需求而迅速发展起来的新服务，具有相当强的吸引公众利用图书馆的能力；另一方面是因为在逻辑上它正处于传统服务与文化服务的中间地带，而要完成转型发展过程，必须重构图书馆服务结构，它是新结构中不可或缺的一环。2019年，广州图书馆在首次编制的《新馆公共服务趋势报告》中指出，以"活动化"为特征的阅读推广服务逐渐成为图书馆的主流服务之一，并通过创建"广州公益阅读"项目等加强社会融合发展，活动品牌影响力不断提升；当年度《公共交流活动报告》对基于文献的阅读推广活动进行单独统计，结果表明，活动共举办2063场次，占当年全馆活动总量的47.3%②。

---

① 方家忠.公共交流平台：公共图书馆的新功能及其服务模式研究［J］.图书馆论坛，2015（12）：19-24.

② 广州图书馆2019年报［R/OL］.［2022-12-20］.https://www.gzlib.org.cn/gzlibYearReport/184652.jhtml.

1.5　功能平台化和知识服务

2020 年，广州图书馆编制《广州图书馆 2021—2025 年发展规划》（本书中简称广州图书馆"十四五"发展规划），持续推进向公共平台功能转型，同时将知识服务作为新时期重点任务之一①。

近年来，图书馆作为社会公共空间的平台功能已为业界和社会各界广泛接受。随着图书馆功能与管理的社会化，社会公众对图书馆服务内容、主体、资源、管理等几乎所有领域、所有流程不断扩大参与，图书馆作为一种社会机制，其平台化即开放的、为社会参与提供机会的特征越来越明显。广州图书馆"十三五"发展规划提出要建设"公共交流平台"，广州图书馆"十四五"发展规划持续强化公共图书馆作为社会公共空间的公共性、包容性，进一步推动图书馆机制的性质从中心向平台转型，提出要建设知识、学习、文化、交流四个平台。至此也可以说，广州图书馆的发展经历了从公共服务机构到公共空间、从公共服务中心到公共服务平台的过程。

新时代的主题是高质量发展。广州图书馆新馆经过持续探索，已建立起多样化服务框架，并明确将基本服务全面转向细分群体、主题服务以提升专业化服务水平的持续发展路径，在此基础上，再进一步提升服务无疑就进入知识服务的新层次；而新一代智能、智慧技术的应用也为图书馆开展知识服务创造了条件。知识服务可以理解为当前公共图书馆服务中专业性最强的部分，公共图书馆要达到这一层次，需要有专业化人才、知识层次资源及相应技术支持等。与新馆刚开放服务时相比，通过多年来以文化服务为基础的转型发展和各种拓展，目前广州图书馆已具备了不一样的人、财、物等基础条件。因此在点上，广州图书馆选择在地方文献与地方历史文化领域进行重点探索；在面上，争取利用智慧技术提升整体知识服务水平。当然，我们很清楚，在知识服务的新方向、新层次上需要长期的努力。

在加强阅读推广、引领全民阅读方面，广州图书馆"十四五"发展规划进行了系统性的强化。其中重点行动有阅读推广与主题馆基本服务有机结合、加强线上阅读推广、面向重点群体和社区开展阅读推广、打造数字阅读空间等。

随着广州图书馆"十四五"发展规划的制订和逐步实施，广州图书馆在公共服务领域即横向上，基本完成从文献信息服务到阅读推广服务、文化交流服务、公共交流服务的实践演进历程，形成以人及人的知识、信息、文化需求为中心，逻辑连续、有

---

① 广州图书馆 2021—2025 年发展规划［EB/OL］.［2022-12-20］. https://www.gzlib.org.cn/devplan/index.jhtml.

机衔接的同心圆服务架构；在公共服务层次即纵向上，提出知识服务的新方向，明确服务提升的新要求，也基本完成从文献提供、信息咨询服务、参考服务到知识服务的实践演进历程。广州图书馆"十四五"发展规划的制订实施，可以认为是在图书馆社会功能的顶层设计层面完成转型发展的工作。

1.6 管理支撑和管理变革

规划引领。如前各点所述，广州图书馆新馆十年的发展历程，依据的是三个五年发展规划的指引。基于科学研究而制定的发展规划成为广州图书馆转型发展主要的管理支撑。广州图书馆"十四五"发展规划提出要进一步强化规划引领的管理特色，并在实质上推动管理变革，以支撑公共服务功能演进。

推进管理社会化，持续推进法人治理结构改革试点。广州图书馆从2012年起参与试点建设，基本契合了转型发展的十年历程。法人治理结构改革有其政策目标，但从图书馆转型发展、功能社会化拓展的角度，理事会制度搭建了一个利益相关方沟通交流、共同治理的平台，在管理层面呼应和支持了社会各界在服务层面对公共图书馆服务的广泛参与。广州图书馆的试点举措包括理事会组建的"三三制"原则、年度发展咨询机制、信息公开与年报制度、公共交流服务专家咨询委员会、读者委员会制度等，不断为社会力量参与图书馆服务管理创造条件，推动共建共治共享。

持续推进文化交流、公共交流服务的专业化，即新拓展的社会交流功能的内化，从功能与效能扩张转向核心竞争力建设。广州图书馆在"十三五"期间已提出相关目标，但尚未取得实质性成效。新时期主要考虑从顶层系统设计入手，结合品牌建设、主体与合作伙伴、公共传播、绩效评价、资源保障、知识与技能建设等各个方面，优化、完善交流服务框架，实现社会交流功能在管理、运营方面的专业化。这方面的工作可以用一个我时常问同事们的问题作为代表：图书馆举办的展览与博物馆举办的展览有何不同？

推动服务模式调整。从传统图书馆分层次组织服务模式转向对象化、主题化、立体化组织服务模式。传统模式下基本的服务组织是文献流通服务、一般咨询服务、信息参考服务等。新的服务组织则是分众、分主题的细分领域和在此基础上的立体服务，即在所有公众中分出一般公众、未成年人、老年人、残障人士、外来务工人员等不同群体，然后设计提供全面的服务或若干服务项目；在由文献信息资源构成的知识体系中分出不同的主题，尤其是识别出公众需求集中的主题，对其优先保障服务。对一般公众而言，文学、艺术、科学普及是需求最大的领域。而在服务的纵向上，在同一个对象群体或主题服务平台上，将分层次服务调整为立体化服务，从传统单纯的文献流通服务调整为文献流通、信息咨询、阅读推广、文化交流等多层次、立体化服务。

建立以"人"为中心的业务流程。随着公共交流功能的拓展，公共图书馆以"人"为中心的服务理念逐步确立，服务的逻辑起点从"文献"转移到了"人"，即围绕人的知识、信息，以及文化需求展开，而相应提供文献、知识、信息、展览、讲座、报告、"真人书"等服务。图书馆的业务流程需要从传统的以文献为起点的采、分、编、服务，调整为以人为起点的界定服务对象、明确服务需求、设计服务项目、组织服务资源、界定服务主体、寻求合作伙伴、开展服务营销、进行评价反馈、开展统计分析等新的流程①。

强化人才支撑。人才是推动转型发展、高质量发展的第一资源。随着功能的拓展和服务的深化，新馆开放以来广州图书馆新入职从业人员的学科专业背景日趋多元化。例如，随着文化功能的拓展，广州图书馆强化了对文史哲、多语种专业背景人才的需求，其中强调人才策展、主持、对外交流等新能力；随着社会化发展，强化了公共关系、新媒体传播等专业人才和相应能力需求；随着主题服务的细化，强化了对文学、艺术、科普、法律、心理学等专业人员及其能力的需求；随着地方文献与地方历史文化领域服务的深化，强化了对历史学、文献学领域人才的需求；随着未成年人等对象化服务的拓展，强化了对心理学、教育学、特殊教育等专业人才及相应能力的需求等②。当然，我们也认识到，转型发展所需的人才支撑，其主流是人才学科专业背景的多元化，但同时，也就有一个图书馆人员专业化、职业化的过程。这方面，广州图书馆采取了经常性举办国内国际学术交流、鼓励工作人员攻读专业硕士学位、支持各种形式的学术研究、以"业务工作专业化、专业工作学术化"为思路实施三个系列出版计划等措施。

2　广州图书馆转型发展的理论逻辑

广州图书馆在系统引入文化服务后，我们很快意识到，需要为新服务寻找理论基础。这一时期，恰好吴建中馆长开始在国内图书馆界引介美国社会学家雷·奥登伯格的"第三空间"理论，褚树青馆长在大力倡导"第三文化空间"理念。经过对社会学理论的研究，我们也认同，"第三空间"、社会公共空间理论可以作为公共图书馆拓展

①　方家忠.广州图书馆"十四五"规划的重点问题［J］.图书馆论坛，2021（1）：29-33.
②　方家忠.公共图书馆需要大力倡导专业化发展［J］.图书馆建设，2021（6）：9-14.

文化服务、推动转型发展的新的理论基础，在图书馆这个公共空间中，我们的服务围绕人的知识、信息、文化、交流需求展开。

雷·奥登伯格定义的"第三空间"是城市中除家庭和办公室以外的公共空间，像酒吧、咖啡店、图书馆、城市公园等。在这些摆脱了功利关系限制的空间里，人们的关系是自由平等的，没有职场的上下等级意识，也没有家庭里各种角色的束缚，可以把真正的自我释放出来。在生活节奏紧张、匿名性强的大城市里，这样的空间是人们发展非功利性社会关系的理想场所。从"第三空间"的视角，其特征存在于不同层面，包括城市规划、建筑、设备设施等环境层面，理念、功能与服务层面，用户参与与体验层面等。核心特征体现在建筑空间以开放为主，空间功能以交流为主，用户体验以自由为主，运营目标以"人气"为主。

广州图书馆新馆建筑设计较好地契合了"第三空间"理论，为新馆作为"第三空间"突出交流功能、获得旺盛的"人气"创造了硬件条件。新馆建筑具备的相关特征包括：便利的区位条件；开放的设计，包括视觉进入、内外空间自然过渡等；平等、亲切、吸引人的建筑风格，是世俗化而非令人尊崇、敬而远之的空间；以人为本，以用户为中心，关注用户对舒适、安全等需求的感知与体验；保障交流功能，有适宜交流休闲的各种形态的空间；满足多元需求的、多功能的、弹性的空间设计；无障碍设计；餐饮等配套服务。与建筑设计相呼应，广州图书馆实施免证入馆、所有空间与资源全开放、对所有人平等服务，尤其对残障人士开展主动平等服务等，营造出自由、平等、开放、包容的服务氛围；同时随着活动数量的日益增多，文化服务、公共交流也逐步从特色服务转化为图书馆的基本功能与服务；而新馆开放后旺盛的"人气"以及在业界遥遥领先的服务效益成为国内外图书馆界现象级的存在。

放在世界范围看，个人认为，广州图书馆推动的转型发展是主动转型，而非互联网迅速在公众文化生活中占据显要位置后的被迫转型。2014年，我们将相应观察纳入年度报告，我们注意到，公众到馆、利用图书馆目的更为多元，公共图书馆成为继家庭、工作单位之后的"第三空间"，日益成为阅读、交流、分享、文化休闲的重要平台①。2015年，借杭州图书馆组织交流的机会，个人对"第三空间"理论在公共图书馆领域的应用进行了梳理②。2015年底，个人在中国图书馆学会年会上作了题为《构建城市公共空间——广州图书馆新馆实践》的学术报告。至此，无论个人，还是广州

---

① 广州图书馆2014年报［R/OL］.［2022-12-20］. https://www.gzlib.org.cn/u/cms/www/201712/04153539 vbzn.pdf.

② 方家忠.城市图书馆作为"第三空间"的建筑特征分析——基于广州图书馆新馆的案例［G］//褚树青.城市图书馆研究 第三卷第二辑.北京：国家图书馆出版社，2015.

图书馆，我们基本完成图书馆文化服务功能从实践探索到理论认知的过程。此后，鉴于"多元文化窗口"使命的成功实践，2015年制定的广州图书馆"十三五"发展规划再次予以确认，同时基于在实践中感受到的明确而强烈的社会需求，我们把图书馆在社会交流中的功能再往前推进一步，提出"公共交流平台"的新使命，即要参与承担更多、更广泛意义上的社会交流，为公众和其他各种主体的社会参与提供更多的机会。社会公共空间、"第三空间"是公共生活展开的舞台。作为公共空间的图书馆，其实质是对公众、社区、城市等社会公共生活的进一步参与，这不仅意味着图书馆业务转型，更意味着接受新的社会责任。

"第三空间"理论是广州图书馆转型发展主要的理论基础。当然，对于图书馆的新功能，理论基础往往并非单一的、单层次的。在重新审视图书馆传统的社会交流与信息交流相关理论时，个人认为，我们可以将此系列理论的内涵稍作延展，以作为图书馆转型功能与传统功能共同的理论基础。谢拉提出"图书馆是社会交流链中的一环"。信息交流理论认为人类信息交流包括两种交流形式，即直接交流和间接交流。直接交流是通过语言、人际交往进行的交流，间接交流是通过文字、文献信息资源等媒介进行的交流。保藏文献的需要是图书馆产生的直接原因，承担社会文献交流主渠道的功能是图书馆长期存在的依据①。个人以为，信息交流理论大体上可以将图书馆具有的传统功能和交流新功能包含进去。文献交流是间接交流中最早产生的一种形式，而当前图书馆大量开展的讲座、报告、展览等活动是直接信息交流的各种形式；在承担社会文献交流（间接交流）主渠道功能的同时，承担进一步的直接信息交流重要渠道的功能具有天然的合理性，可以强化图书馆存在的依据。当然，这会带来如何及能否维持图书馆作为社会文献交流主渠道功能的问题，但这是另一个问题。与信息交流理论关系比较密切的还有知识交流论。该理论把读者视作交流作用的对象，藏书是交流的媒介，图书馆员是交流的中介，图书馆内部工作是以交流为目的的知识整序过程②。可以看到，如果把该理论中交流媒介的外延稍作扩充，即将讲座、报告、展览等形式也视作与藏书一样的交流媒介，将图书馆以这些形式开展的活动也纳入知识交流过程，就可以基本涵盖转型发展中的图书馆的全部服务范围。

归纳起来，传统图书馆学中社会交流论、信息交流论、知识交流论认为，图书馆是社会中文献、知识与信息交流系统的一个组成部分、主渠道；社会公共空间、"第三空间"理论可以理解为促进社会交往的理论；两部分理论的交集，只能是在交流的主

---

① 吴慰慈.图书馆学基础［M］.北京：高等教育出版社，2004：23-31.
② 于良芝.图书馆学导论［M］.北京：科学出版社，2003：150-151.

体上，即围绕人的文献、知识、信息、文化、社交需要，开展相应的交流服务，而为了维护社会分工和机制的独特性，其中文化交流、社会交流的内容，仍可以尽可能多地与文献、知识、信息相关。

除上述理论基础以外，我国处在社会转型期，公众需求层面提出对更多的公共交流空间或更实质的对公共事务参与的需求，十年来国家在战略层面倡导的全民阅读、在事业单位改革层面推进的法人治理结构改革、在社会建设领域推进的共建共治共享，以及图书馆行业层面推进的阅读推广、创新服务等，构成了图书馆转型发展的社会需求依据、部分法理基础和行业发展环境。

3 广州图书馆转型发展的成效评估[①]

3.1 为社会创造交流价值：拓展交流功能的直接绩效

广州图书馆的转型发展以交流功能的拓展为主体内容。故对其成效评估，首先着眼于各种交流活动本身。我们选择新馆开放以来历年举办交流活动的数量、吸引公众参与活动的数量，以及参与活动人次在图书馆接待访问量中的占比作为评价指标。表 1可见，广州图书馆新馆开放以来，从初值到峰值各项指标增长情况如下：读者活动量增长 8.6 倍，峰值达到 4360 场次/年；吸引读者参加活动人次增长 7.0 倍，峰值达到2272954 人次/年；参加活动人次占图书馆接待访问量的比重增长 5.4 倍，峰值达42.53%，历年均值为 22.10%。综合来看，成效显著。

表 1　广州图书馆 2013—2022 年交流功能效能

年份	读者活动量/场次	参加活动人次/人次	接待访问量/人次	参加活动人次占接待访问量的比例/%
2013	454	282632	4272166	6.62%
2014	1077	412043	6198238	6.65%
2015	1261	1133230	6153562	18.42%
2016	1743	1458155	7396912	19.71%
2017	2631	1848790	7953082	23.25%
2018	3788	2272954	8393913	27.08%

①　高美云.公共服务趋势报告 [M] //方家忠.广州图书馆年度报告 2021.广州：广州出版社，2022：183-197.

续表

年份	读者活动量/场次	参加活动人次/人次	接待访问量/人次	参加活动人次占接待访问量的比例/%
2019	4360	2115365	7983790	26.50%
2020	1286（含线上为2731）	649837（含线上为11163748）	2085957	31.15%（未含线上）
2021	2837（含线上为4029）	1181601（含线上为12857390）	3530712	33.47%（未含线上）
2022	1964（含线上为3093）	1189179（含线上为14584803）	2796060	42.53%（未含线上）
合计	21401（含线上为25167）	12543786（含线上为48129110）	56764392	22.10%（未含线上）

3.2 提升综合服务效能价值：图书馆"人气"旺盛

作为社会的"第三空间"、公共空间，交流是其主要功能，"人气"是其管理运营主要目标，并可以通过综合服务效能指标进行评价。表2可见，广州图书馆新馆开放以来，除2020—2022年受疫情影响年份以外，五大基本服务效益指标呈现快速成长和高位运行两大特点，这充分体现广州图书馆拓展公共空间对综合服务效能的提升作用。

表2 广州图书馆 2013—2022 年基本服务效能

年份	读者活动量/场次	接待访问量/人次	新增注册读者量/人	外借文献量/册次	数字资源使用量/篇次（册次）
2013	454	4272166	397566	6950659	16285063
2014	1077	6198238	296775	9149842	19116299
2015	1261	6153562	310914	10213482	35838614
2016	1743	7396912	334837	10963004	44965683
2017	2631	7953082	312054	10542309	45815497
2018	3788	8393913	270761	10083700	72158821
2019	4360	7983790	256499	10340239	98316284
2020	1286（含线上2731）	2085957	333931	8191305	116659052
2021	2837（含线上4029）	3530712	610833	9884292	121746163
2022	1964（含线上为3093）	2796060	494027	8300744	140842968
合计	21401（含线上为25167）	56764392	3618197	94619576	711744444

3.3 提升传统服务价值：与传统服务形成有机整体

图书馆在转型发展过程中，新的文化服务与传统文献信息服务功能能否形成有机整体，发挥互相促进的作用，而不是"两张皮"，个人以为，这是评估转型成功与否的关键。针对这一问题，广州图书馆选择了一个指标"书人比"——外借文献册次与进馆人数的比值——来进行观察，并结合全国公共图书馆的均值进行比较分析。个人此前通过对美国公共图书馆的研究发现，进入 21 世纪以后，二者长期大体是 1∶1 的关系。根据表 3，广州图书馆 2013—2019 年间"书人比"的比值在 1.20—1.66 之间，2020 年达到 3.93 的高值，历年均值达到 1.67，是全国图书馆同期均值的约 2.14 倍，说明进馆读者外借文献量高，图书馆的转型促进了传统文献外借服务的发展。通过这一指标可以判断，广州图书馆拓展的新功能与传统功能已经形成了一个有机整体，基本建立起既符合社会发展需求，又强化了基本功能、符合可持续发展要求的、有生命力的服务结构。

表 3　广州图书馆 2013—2022 年"书人比"

年份	广州图书馆			全国公共图书馆		
	接待访问量/人次	外借文献量/册次	书人比	接待访问量/万人次	外借文献量/万册次	书人比
2013	4272166	6950659	1.63	49232	40869	0.83
2014	6198238	9149842	1.48	53036	46734	0.88
2015	6153562	10213482	1.66	58892	50896	0.86
2016	7396912	10963004	1.48	66037	54725	0.83
2017	7953082	10542309	1.33	74450	55091	0.74
2018	8393913	10083700	1.20	82032	58010	0.71
2019	7983790	10340239	1.30	90135	61373	0.68
2020	2085957	8191305	3.93	54146	42087	0.78
2021	3530712	9884292	2.80	74614	58730	0.79
2022	2796060	8300744	2.97	暂未公布		
合计	56764392	94619576	1.67	602574	468515	0.78

注：全国公共图书馆数据根据国家图书馆研究院编历年《中国公共图书馆事业发展基础数据概览》整理而来。

3.4 创造传播与阅读推广价值：图书馆意识的传播绩效显著，阅读推广绩效明显

广州图书馆新馆开放后系统引入文化服务、公共文化活动、社会交流活动，我们也很快发现这些活动的传播与阅读推广价值。交流活动对图书馆传播与阅读推广产生价值的路径是：更多的交流活动，吸引更多的媒体报道，推动更多的人了解、认识图书馆、具备一定图书馆意识，吸引更多的人走进图书馆，更多走进图书馆的人在了解图书馆的资源和服务后，从活动参与者、传统图书馆意识不强者，转变为具有一定认识，并进而转变为图书馆注册读者。交流活动对图书馆传播与阅读推广的价值，详见表4。

表 4　广州图书馆 2013—2022 年读者活动与大众媒体报道量

年份	读者活动量		活动报道量	
	数量/场次	增幅/%	数量/篇次	增幅/%
2013	454	—	379	—
2014	1077	137.2	451	19.0
2015	1261	17.1	509	12.9
2016	1743	38.2	622	22.2
2017	2631	50.9	650	4.5
2018	3788	44.0	600	−7.7
2019	4360	15.1	856	42.7
2020	1286	−70.5	765	−10.6
2021	2837	120.6	871	13.9
2022	1964	−30.8	610	−30.0
合计	21401	—	6313	—

在很大程度上，图书馆传播的价值也可以理解为阅读推广价值。2016 年前，广州图书馆宣传推广的主要目标在于通过活动吸引更多的人走进图书馆，提高全社会的图书馆意识；而在公众的阅读行为方面，我们更多强调服务于公众的自主阅读。2017 年后，广州图书馆举办越来越多的文献阅读推广活动，到 2019 年占到全部活动的约半数，阅读推广活动作为基本服务的地位在广州图书馆逐步确立起来。同时，如前所述，个人以为，阅读推广活动的大量开展，从内容上正好填补从传统文献借阅服务到公共文化活动的中间环节，从而形成广州图书馆服务结构的整体逻辑。

阅读推广活动也应该有绩效指标和绩效评估。当然，这也一直是图书馆管理中的

一个难题。个人以为，我们可以引入商业领域相关指标进行评价。例如，市场营销领域有客户转化率指标，主要指客户下单量与流量的比值。举个例子，据网络信息，淘宝店铺转化率一般在 3%—5%，即每 100 个访问的人中有 3—5 个人会购买淘宝产品。图书馆可尝试构建读者转化率指标，即将阅读推广活动参与人数作为分母、流量，而将注册读者量作为分子、下单量，以此衡量阅读推广活动效益。当然，这只是一个简化的评价模型，因为注册读者来源不仅仅是阅读推广活动参与者，阅读推广活动的结果指向的也不仅仅是注册读者。但利用这个模型可以对阅读推广活动的基本效益进行一个简单的评价、判断和横向比较。广州图书馆新馆开放以来读者转化率指标情况见表 5，其中低值为 11.91%，峰值达到 72.03%，历年均值达到 28.84%，总体上有不错表现。

表 5　广州图书馆 2013—2022 年读者转化率

年份	参加活动人次/人次	新增注册读者量/人	新增注册读者量占参加 活动人次的比值
2013	282632	397566	（超过 100%，不计）
2014	412043	296775	72.03%
2015	1133230	310914	27.44%
2016	1458155	334837	22.96%
2017	1848790	312054	16.88%
2018	2272954	270761	11.91%
2019	2115365	256499	12.13%
2020	649837	333931	51.39%
2021	1181601	610833	51.70%
2022	1189179	494027	41.54%
合计	12543786	3618197	28.84%

3.5　展现平台价值：图书馆是生长着的有机体

"图书馆是生长着的有机体"。正因为转型发展，公共图书馆具有越来越强的社会影响力和平台价值，也使公共图书馆成为 21 世纪国家推动社会建设以来成长性最为突出的公共服务领域之一。其成长性外在表现为更多的社会功能和服务的多样性、包容性；内在表现为更为广泛的与社会母体的联系和更为丰富的资源支撑，如更多的政府投入保障（人员、经费、购书经费等）、更多的社会合作活动、更多的社会主体成为合作伙伴、更多的志愿者、更多的捐赠等。个人选取其中部分内容展开评估。

首先，转型发展形成的新服务结构具有满足不断扩展新功能与新服务的能力。广州图书馆新馆建成开放以来，在政府支持和自身努力下，2014 年与市外宣办合作设立"广州之窗"城市形象推广厅，2015 年成为地方立法明确规定的全市体系的中心图书馆、设立广州大典研究中心，2018 年设立纪录片研究展示中心。新馆开放以来交流活动品牌增加到 40 个以上，如利用人文馆拓展文化名家讲座，利用多元文化馆拓展"环球之旅"活动，利用语言学习馆拓展粤语和主要外语培训活动，利用公共交流区拓展文化艺术鉴赏活动，利用专家咨询区拓展法律、心理咨询等专家志愿者服务等。这些新功能和新服务都可以较好地纳入新馆形成的多样化服务框架，即围绕人的知识、信息、文化、交流等需求，相应开展文献与知识服务、阅读推广活动、公共文化活动、公共交流活动。也可以说，广州图书馆转型发展形成的新的服务结构具有较强的包容性、可扩展性。

其次，我们选择与图书馆共同开展各种活动的社会主体合作伙伴的数量进行评估。表 6 可见，广州图书馆合作伙伴的数量从低位到高位增长了 2.9 倍（四舍五入），现每年保持在 300 个左右的水平。

表 6　广州图书馆 2013—2022 年合作伙伴数量

年份	合作伙伴/个	年份	合作伙伴/个
2013	未统计	2018	190
2014	80	2019	288
2015	150	2020	262
2016	162	2021	309
2017	171	2022	307

注：本表数据根据广州图书馆历年年报整理而来。

再次，图书馆功能的转型发展具有更广泛意义上的传播和阅读推广价值。媒体对广州图书馆的大量报道至少还有三个方面的影响：有助于提升图书馆在读者心目中的文化象征形象；有助于培育和形成市民热爱阅读、终身学习的良好氛围；有助于树立政府为公众服务、大力加强文化建设的社会形象[①]。成功的转型发展，使广州图书馆人力资源投入得到优先保障，在新馆开放后继续获增 80 个人员编制；运营经费投入大幅增加，新馆投入相当于旧馆的 3 倍以上，其中购书经费保障从 2012 年起年新增信息资

① 何凌南，汪妍延，王扬扬.广州图书馆的公众形象研究：基于大数据的分析［M］//方家忠，黄斌.迈向权利保障时代——公共图书馆发展的"广州模式"研究.广州：中山大学出版社，2015：153-170.

源 50 万册件以上，2015 年以后年新增 60 万册件以上。广州图书馆的转型发展还为推动制订《广州市公共图书馆条例》创造了极为有利的社会环境与舆论氛围，使新时代全市图书馆服务体系建设得到"良法善治"的保障，为其后"图书馆之城"迅速建设成形奠定坚实的基础。

3.6　结论：广州图书馆形成了转型发展的可行模式

总体而言，广州图书馆新馆自 2012 年以来持续的探索实践为公共图书馆的转型发展提供了一个成功案例。归纳一下：这个转型发展的方向是文化服务及更广义的交流服务；主要的理论基础是社会学的"第三空间"或公共空间理论；路径是充分利用新馆建筑设计，实施自由、平等、开放、包容的服务政策，通过服务拓展，强化交流功能；服务模式是通过引入文化交流、公共交流活动，丰富服务内容，吸引人们为了参加活动而利用图书馆，增加服务效能，同时通过公众亲身感受，也通过发挥交流活动的新闻传播与口碑传播价值，提升公众的图书馆意识，促进传统图书馆服务水平提升，提升传统图书馆服务效能——既引入新服务，也强化传统服务，共同促进提升服务效能，扩大社会影响，使图书馆日益成为城市的公共文化中心和城市窗口。

广州图书馆因新馆建成开放而系统引入文化服务，到不断拓展文化交流、社会交流、阅读推广交流功能，可以说经历了从自发到自觉的转型发展实践，既能应对因部分传统服务被替代而面临的挑战，又因拓展功能而使公共图书馆转型成为社区文化中心、公共交流平台。个人以为，广州图书馆的转型发展探索实践，在社会功能、理论基础、服务整合、效能提升、价值获取、服务模式形成等一系列环节上都经受了检验，经过实践和时间的证明是成功的，对国内国际公共图书馆行业的转型发展具有普遍性的意义。

当然，我们也很清楚，公共图书馆的转型发展是一个尚未完成的、需要持续探索的长期过程，还有一系列问题需要研究解决，还有许多问题的解决需要外部条件，有待于图书馆界与有关各方的持续努力。

4　面向中国式现代化的公共图书馆转型发展的未来思考

4.1　目标层面：构建以人为中心的图书馆

随着交流功能引入公共图书馆，图书馆公共服务由"以文献为中心"逐步转向

"以人为中心"。国家"十四五"规划明确提出要建设"以人为中心的图书馆"①，这可以理解为给图书馆的转型发展提出了新目标，也是新命题。个人认为，这个命题要从多个层面去理解：①从哲学或人文层面，"以人为中心的图书馆"，是立足于人本主义、人文主义、人性化的图书馆。马克思主义认为，实现人的自由而全面的发展是社会发展的终极目标，同时，每个人的自由发展是一切人的自由发展的条件②。人文主义强调人的尊严、价值、个性自由、平等、权利、人性，通过人的思想的解放推动文化的发展③。国际图联和联合国教科文组织联合发布的《公共图书馆宣言 2022》宣称，"社会和个人的自由、繁荣与发展是人类的基本价值"，但只有公民在社会中发挥积极作用时，这些价值才得以实现④。图书馆的服务对象有个体、群体、社区、国家等不同面向，但诚如马克思主义关于个人与社会关系的论断，任何时候，社会成员个体不论以读者、用户、市民、公民等何种身份，始终是图书馆最基础，也是最为主体的服务对象。我们要始终立足于以人为本，通过满足个体需求，保障个体权利，实现个体发展，成就个体梦想，再进而实现社会整体的利益与福祉。图书馆也只有通过服务于个体读者这个主体和群体，才能依次发展成为人民大学、公民机构、家庭场所、社区中心和城市平台。②从科学的层面，"以人为中心的图书馆"是满足人的心理动机、人格养成和人性解放的图书馆。实现人的自由而全面的发展，必然涉及人的行为、心理动机、人生意义的追寻等各层次，故可以人本主义心理学为指导，从图书馆功能的角度，提供相应服务，发挥相应作用，以满足个体在生理、安全、归属和爱、自尊、自我实现、认知、审美、自我超越等各层次心理动机与需求⑤。个人以为，在信息社会和知识经济的时代，个体的认知需求、知识需求贯穿于各层次心理动机的实现过程。③从实践的层面，"以人为中心的图书馆"以实现"人的自由而全面的发展"为最高纲领，其出发点、落脚点则是图书馆服务可及的，服务于人、每一个个体对知识、信息、文化的自主选择。其路径是通过对个体阅读、学习、交流、分享等行为需求的满足，保障其基本文化权益，再进一步助力个体对各层面心理动机的满足，最终通过个体的人格养成、个性解放、自我超越实现所有人的自由而全面的发展，实现社会整体的发展进步。

---

① "十四五"公共文化服务体系建设规划 [EB/OL]. [2022-10-31]. http://www.gov.cn/zhengce/zhengceku/ 2021-06/23/5620456/files/d8b05fe78e7442b8b5ee94133417b984.pdf.

② 张熊玲，王小兵.马克思论人的自由全面发展的历程、内涵及出路 [J].中共南宁市委党校学报，2020（1）：14-18.

③ 马涛，陈瑞雪，于洋，等.现代人文主义哲学家的智慧 [M].天津：天津人民出版社，2020：7-8.

④ 国际图联，联合国教科文组织.公共图书馆宣言 2022 [EB/OL]. [2022-11-10]. https://repository.ifla.org/server/api/core/bitstreams/a1f6e692-b7a3-40e4-9998-ae210f1c82df/content.

⑤ 马斯洛.动机与人格 [M].许金声，等译.3版.北京：中国人民大学出版社，2013.

换言之，对读者用户个体的服务、需求的满足、权利的保障要作为整个图书馆公共服务的基石，尤其要将服务与保障读者个体的自主阅读放在图书馆服务的首要位置，将"培养具有自主阅读能力的人"作为"以人为中心的图书馆"的具体目标①。

4.2 功能层面：强化科学、文化功能

公共图书馆作为一个社会机构，从根本上讲，它的功能都是时代性的。我们需要从时代出发，从时代的需求、问题、任务、趋势出发，去不断地反思图书馆的功能，更何况，我们正身处一个百年未有之大变局，新问题层出不穷。近年来，广州图书馆对自身功能简单地归纳为知识、学习、文化、交流四个方面。其中，关于知识方面，图书馆界先后侧重文献、知识、信息等不同的概念，个人思考，当今时代，我们应强调其中的科学功能。就一般意义上，知识与科学可以并用，但知识概念的历史悠久，外延更为宽广，二者的主要区别，在于知识是一个事实判断、中性概念，科学可用作价值判断，是有主观性、倾向性的概念。对科学功能的强调，是对科学价值的倡导，是强调以科学的理念、科学的方法、科学的知识作为社会成员个体思维、行动乃至生活方式和整个社会运行的基础，真正落实"尊重劳动、尊重知识、尊重人才、尊重创造"的观念并创造相应的社会氛围，相对应地，是对保守、蒙昧、迷信、非理性、盲从等各种观念和行为方式的摒弃。从宏观的历史视野来看，我们尚未全面跨越科学发展的阶段，因此，需要包括公共图书馆在内的各种公共服务机构共同倡导。在具体服务的层面，图书馆首先要重视大力推动自然科学知识的传播、普及和服务，如与生态文明建设、与健康生活方式相关的科学知识的普及；其次，要同样大力强化人文社会科学知识的传播、普及与服务，广泛利用已有的各学科领域的经典文献提升公众和整个社会的现代人文素养、现代公民素养；再次，大力强化提升公众信息素养、数字素养、健康素养等时代性的科技素养。

在作为图书馆转型发展方向之一的文化功能内部，个人认为，我们需要进一步认识及拓展阅读推广的内涵，重视和发掘在大众阅读、休闲阅读，尤其是经典阅读中的文化功能。对公共图书馆而言，阅读的主体是大众的休闲阅读，其社会作用是塑造共同的思想观念、习俗习惯，进而塑造文化共同体、社区共同体。公共图书馆的阅读在很大程度上也是文学阅读，在广州图书馆外借文献中，文学类占比常年占40%以上。文学作品是公众认识和理解时代、世界和人性，理解人类记忆与想象的一个重要的视

---

① 方家忠.建设"以人为中心"的图书馆——读者任梦与深圳"图书馆之城"双向奔赴故事的启示［J］.图书馆论坛，2022（12）：14-16.

角，尤其是经典作品可以发挥滋养心灵、涵化教育的作用。文学作品的价值形成，需要经过读者和时间的检验，如同科学创造的价值形成，需要得到重复试验的检验。文学经典一旦形成，将长期发挥作用。个人以为，我国此前经济社会一直处于高速发展阶段，人们的工作、学习、生活节奏很快，公众的休闲阅读时代尚未到来，随着全面走向高质量发展时代，公众利用公共图书馆进行文化休闲阅读的需求会明显增加。因而在图书馆的文化功能中，图书馆可以强化引导阅读，尤其推荐文学经典阅读，以此发挥提升公众修养、滋养心灵的作用。

4.3 基础层面：持续寻求科学理论的指导

随着转型实践的持续深入，个人以为，我们也将处在持续的追寻理论基础的过程中。如前所述，在图书馆发展交流功能时引入社会学的"第三空间"、公共空间理论；在与传统功能进行整合中，我们可以利用"社会交流论"及相关的信息交流论、知识交流论；在思考构建"以人为中心的图书馆"时，我们讨论马克思主义、人本主义哲学及其心理学、人文主义等。

结合智慧图书馆等领域的新发展，个人以为，哲学的认识论是图书馆人应该重点关注的理论依据。这是与人类知识体系的构建相关的讨论方向。这个体系包括自然科学、人文社会科学、文化、艺术等主要领域。图书馆服务，就其在社会分工中的定位而言，可以理解为处理人和知识的关系。图书馆通过资源与服务，包括文化交流活动，构建人类知识体系的资源保障，通过公共服务，为读者个体知识框架建构和人格养成提供服务。这样的思考似乎又与美国图书馆学家谢拉开创的"社会认识论"与哲学传统的个体认识论建立了关联。与哲学认识论直接相关的理论基础自然就延伸到教育学。个人以为，无论在转型发展的纵深即知识服务领域，还是在智慧图书馆技术为图书馆人提供了强大能力之后——如何主动构建图书馆的知识体系将成为职业领域的核心问题，认识论将发挥新的作用。

其他理论基础还有如公共治理理论、利益相关者理论、"空间生产"理论①等。随着交流功能的拓展和平台功能的丰富，利益相关方参与治理如何能够真正落到实处等现实问题都需要新理论的支持。

综上所述，在试图重新构建图书馆学的理论基础框架中，我们需要贯通从历史学到社会学、心理学、教育学、管理学、哲学等一系列学科理论。

---

① 彭松林.列斐伏尔"空间生产"理论对图书馆转型发展的启示 [J].图书馆建设，2021（1）：105-113.

4.4　价值层面：坚守人文主义的底色

回顾 20 世纪 90 年代互联网迅速发展以来的历史，个人以为，图书馆行业的转型发展大体可以归纳为三个方向。第一个方向是技术方向，以高校图书馆为主，其代表性的发展是虚拟图书馆取代实体图书馆或占据主体地位。第二个方向是知识方向，以专业图书馆为主，其代表性的发展是以组织结构变革、学科馆员团队建设为基础的知识服务机制的建立。第三个方向是文化方向，以公共图书馆为主，其代表性的发展是公共空间功能的引入、交流功能的拓展。为了更好地看清历史演变的趋势，我们还可以选择一个较长历程的公共图书馆发展史作为观照。如以美国公共图书馆整个发展历史为例，被誉为"美国图书馆史研究的掌门人"的韦恩·A.威甘德教授，把从 18 世纪 30 年代会员图书馆时期开始的有近 300 年发展史的公共图书馆的当代功能，总结为信息、阅读、场所三个方面的功能。其中，信息指从会员图书馆到公共图书馆一直非常明确并坚持的"有用的知识"；阅读的早期指向是"最佳读物"，而实际上大部分是小说作品并演变为读者自主选择的读物；场所指社交型阅读空间、社区客厅、聚会场所、社会融入与和解场所、构建社区共同体的场所等①。后两个方面按中国的话语体系，很大程度上可以纳入文化功能。在信息功能方面，据个人的观察，美国公共图书馆的特点，一是建立专业化的分工体系，其中尤以法律图书馆系统为代表；二是与移民国家居民构成的多元化及对全球事务的广泛参与相适应，广泛收集来源于世界各地的各种文献信息资源，为公众各层面的需求提供服务与保障；三是基于公众生活需求提供信息咨询服务。因此，结合起来看，对公共图书馆而言，以文化方向作为转型发展的主要方向是一种普遍的趋势。

据我们亲身的观察，一代代信息技术的发展给图书馆服务带来深刻的变化。网络技术、数字技术、移动技术、智能技术先后改变了社会的信息交流渠道、介质媒体、阅读方式，以及公众与图书馆、与社会知识体系的联系机制，从而极大改变了并将持续改变图书馆服务的广度、深度。但美国公共图书馆发展的历史却表明，包括电视、互联网在内的与图书馆相关的重大技术进展却最终并没有给公共图书馆的发展与活力带来实质的损害。我们也看到，对公共图书馆而言，新技术促成了变革，却并非成为变革的目标；新技术为拓展新服务、开发新需求创新了手段、工具，但它无法改变人与社会知识体系之间基于主体的认知、思考、理解、转化的关系，也无法改变人的社会文化属性。王子舟教授归纳了德、英、美、俄、日、印、中等不同国家图书馆学的

---

① 威甘德.美国公共图书馆史［M］.谢欢，谢天，译.北京：国家图书馆出版社，2021.

特点，并将中国的特点归纳为"兼收并蓄风格"，个人深为认同①。个人以为，中国是泱泱大国，"兼收并蓄"就是我们传统文化的一个优点，作为一个发展中大国，各行各业都有必要吸收来自各个国家的一切先进理念与经验、成果。同时，应以现实主义、实事求是为原则，即一切吸收的目的都以满足自身需求、解决自身问题、发展自身事业为目标。但更为核心的是要坚守人文主义底色。对任何社会事业而言，问题不会穷尽，发展不会有穷期，理论也永远赶不上实践的变化，我们唯一能够始终坚守的，只有人文主义。中国是深具人文传统的国家，对人的关怀是传统文化的核心问题之一，人的主体价值的建立是改革开放事业深层次的、最重要的成果之一，追求人的自由而全面的发展是社会发展的终极目标。站在新的历史起点上，图书馆人既有"文化强国"、现代化强国的总体目标和方向，同时也面临诸多不确定性，但无论公共图书馆功能如何演变，我们都要守正，图书馆服务的根本目的，始终在于服务于人的价值实现。

（本文曾发表于《图书馆论坛》2023 年第 3 期）

---

① 王子舟.图书馆学是什么 [M].北京：北京大学出版社，2008：125-146.

以高质量党建引领图书馆事业高质量发展

黄广宇、唐琼、黄小娟、蒋智威、杨蝶、
吴泽龙、徐沛旭、廖莉莎、肖锐、韦蕾、郑雪薇

2012 年 12 月，广州图书馆新馆部分开放，次年 6 月全面开放。新馆开放十年来，在市委、市政府关怀下，在市人大执法监督下，在市文化广电新闻出版局党委和市文化广电旅游局党组的坚强领导下，广州图书馆党委（以下简称馆党委）深入学习贯彻党的十八大、十九大、二十大精神，坚持以习近平新时代中国特色社会主义思想为指导，始终牢记嘱托、感恩奋进，践行"传承文明、服务社会"的初心使命，坚决落实全面从严治党主体责任，不断加强组织建设，强化党建引领，团结带领全馆党员干部群众紧紧围绕中心任务扎实开展各项工作，做到党建工作与业务工作同谋划、同部署、同推进、同落实、同考核，服务社会成效显著。自 2014 年起，广州图书馆基本服务指标值稳居全国公共图书馆首位，年接待读者量峰值达 933 万人次，年文献外借量峰值达 1170 万册次，注册读者累计已达 245 万人，年举办读者活动峰值超过 4000 场次，被誉为"世界上最繁忙的图书馆"。

十年间，在馆党委的带领下和全体馆员的共同努力下，广州图书馆屡获殊荣，取得各类集体荣誉共 174 项，其中国际级 1 项、国家级（全国性）56 项、省级 58 项、市级 59 项。个人荣誉共 370 项，其中国家级（全国性）2 项、省级 4 项、市级 4 项、局级 36 项，其他为行业学会类奖项。2013 年，儿童与青少年部荣获"巾帼文明示范岗"荣誉称号；2016 年，馆党委荣获"广州市先进基层党组织"荣誉称号；2019 年，荣获"广东省巾帼文明岗""广东省扶残助残先进集体""2019 年度广州地区红色故事讲解工作优秀单位"荣誉称号；2020 年，荣获"广东省文明单位"荣誉称号，"专家志愿者咨询服务"项目被评为 2020 年度广州市最佳文旅志愿服务项目；2021 年，荣获"全国文化和旅游系统先进集体"荣誉称号，文献流通部荣获"全国巾帼文明岗"荣誉称号；2022 年，广州图书馆团委（以下简称馆团委）荣获"广州市五四红旗团委"荣誉称号，中心馆办公室荣获"广州市直机关共产党员先锋岗"荣誉称号。

1 馆党委十年发展历程——坚持和加强党的全面领导，促进事业发展行稳致远

1.1 开篇筑基石

2010 年 7 月，广州图书馆党总支正式升格为广州图书馆党委。2012 年，馆党委扎实推进新馆项目建设，积极克服各种困难，圆满完成新馆部分开放的中心任务。2013 年，新馆全面开放，完成绩效工资分配改革工作，制定绩效工资分配试行制度，平稳顺利实施绩效工资制度。2014 年，馆党委完成换届选举工作，设馆党委委员 5 人；成功申报"广州市反腐倡廉文化教育基地"。2015 年，面对新馆开放后服务"井喷"，人力资源紧缺的问题，馆党委成功申请编制 354 个；广州大典研究中心成立，人、财、物由广州图书馆统一管理。2016 年，广州图书馆获评为"广州市反腐倡廉文化教育基地"。2017 年，在业务调整的基础上，新馆完成第二次内设机构调整和人员竞聘工作。馆党委以高度的政治责任感和历史使命感，带领全馆干部职工完成新馆开放、业务转型等系列重要工作，为新馆事业跨越式发展奠定坚实的基础。

1.2 笃行践初心

2018 年，馆党委落实市委巡察反馈问题整改工作，建立健全规章制度；广州纪录片研究展示中心对外开放。2019 年，结合新中国成立 70 周年等重大主题，馆党委策划举办大型及系列活动；馆党委完成换届选举工作，设馆党委委员 7 人。2020 年，统筹推进疫情防控，有序开展图书馆公共服务。2021 年，馆党委扎实深入开展党史学习教育，扎实举办庆祝建党百年"七个 100"系列活动；实施每季度一次的岗位聘用。2022 年，馆党委继续做好市委巡察整改工作；高标准、高质量开展"读懂广州"系列活动；设立新时代文明实践中心；完成全馆党建氛围营造。馆党委坚守"传承文明，服务社会"初心，促进党建与业务深度融合，党政工团齐心协力，落实"一岗双责"，把制度建设贯穿其中，使管理更加规范化、制度化，为以高质量党建引领业务高质量发展提供良好条件和重要保障。

1.3 奋进谱新篇

馆党委认真贯彻落实党的二十大精神，深入推进新时代党的建设新的伟大工程，坚定不移全面从严治党，以党的政治建设统领党的建设各项工作。2023 年，馆党委完

成 2021 年上半年内部审计工作；扎实开展学习贯彻习近平新时代中国特色社会主义思想主题教育，以"学思想 阅未来"为主题，推出传承红色基因、传承中华优秀传统文化、推进乡村振兴、读懂广州等系列活动，全面抓好党的二十大精神的学习、宣传工作，共举办活动共 267 场次，参与人次达 223 万。同时，大力推进"图书馆之城"向"阅读之城"迈进，全力抓好"智慧图书馆之城"建设，扎实推进新时代古籍保护工作，推动公共图书馆事业高质量发展。

2 政治学习放首位——在学思践悟中筑牢思想根基

2.1 推动理论学习入心入脑

严格落实"第一议题"制度，集体学习习近平总书记重要讲话和重要指示批示精神共计 229 次。严格执行党委理论学习中心组学习制度，每年制定年度学习计划，坚持个人自学、集体学习研讨和专题调研相结合，每月至少开展 1 次集体学习研讨或专题调研活动。用党的创新理论武装头脑，组织广大党员干部认真学习《习近平谈治国理政》《习近平著作选读》等著作，围绕学习贯彻习近平总书记在广东考察时的重要讲话、重要指示批示精神以及党的十八大、十九大和二十大精神，充分发挥"三会一课"、主题党日等制度作用，通过上率下学、指导支部和党小组专题学等多种形式，把学习融入日常、抓在经常，推动政治理论学习走深走实，教育引导党员、干部不断增强"四个意识"、坚定"四个自信"、做到"两个维护"。

2.2 扎实开展系列主题教育

馆党委按照党中央统一部署，以习近平新时代中国特色社会主义思想为指导，在上级党组织的领导下，围绕馆中心工作，先后深入部署开展 6 次党内集中学习教育。2013 年 6 月开始，以为民务实清廉为主要内容，扎实开展党的群众路线教育实践活动，制定《广州图书馆服务承诺》等文件，自觉接受读者监督，建立健全规章制度 36 项，切实提高服务群众水平。2015 年 4 月开始，认真开展"三严三实"专题教育，着力整改解决"不严不实"问题，进一步改进工作作风。2016 年 2 月开始，开展"两学一做"学习教育，开设"光辉历程——中国共产党历史及成就图片展"、"两学一做"专题书架和宣传栏，广泛宣传党的光辉历程；组织系列专题学习活动，推动党内教育从"关键少数"向广大党员拓展。2019 年 5 月底开始，扎实开展"不忘初心、牢记使命"主题教育，组织广大党员、干部深入学习实践习近平新时代中国特色社会主义思想，深入开展调研，积极解决群众急难愁盼问题，强化了宗旨意识和为民情怀。2021 年 2 月开始，深入开展党史学习教育，重点推出"七个 100"系列活动，共开展活动 686 场次，参与人次达 280.4 万，获得"学习强国"等平台报道 115 篇次，教育引导全体党员、干部学党史、悟思想、办实事、开新局。2023 年 4 月开始，深入开展学习贯彻习近平新时代中国特色社会主义思想主题教育，印发"1+4+1"实施方案，制定 9 个调研课题，明确 13 个重点任务，全力打通理论学习、调查研究、推动发展、检视整改的内在联系。

2.3 推动党员学习教育制度化、常态化、长效化

馆党委将集中性教育与经常性教育结合起来，从实际出发，不断总结新的经验，加强顶层设计，推动建章立制。一是坚持以上率下。"第一议题"制度、党委理论学习中心组学习已形成长效机制，每月定期开展，每期列有重点，充分发挥馆领导干部"头雁"作用，做到先学一步，学深一层。二是坚持开展经常性学习。及时跟进发放学习资料，引导党员干部学原文、读原著、悟原理。充分利用"学习强国"平台、"广州机关建设"微信公众号等开展学习，推动理论学习成为党员干部的日常习惯。三是创新学习形式。严格落实主题党日、"三会一课"制度，创新开展讲授式、观摩式、体验式、沉浸式学习教育培训，使全体党员、干部接受深刻的思想教育、政治锻炼、党性锤炼和实践历练，在思想上更加统一、政治上更加团结、作风上更加务实、行动上更加一致。

3 持续深化组织建设——在强基固本中建强战斗堡垒

3.1 完善组织架构体系，推动党建工作网格化

馆党委认真贯彻落实上级党组织部署要求，着眼于将基层党组织建设成为党的领导的坚强战斗堡垒，突出增强政治功能，坚持一体推进，整体构建形成"馆党委—党支部—党小组"及"支部+支部"的纵向到底、横向到边的党建网格化管理体系，使其具有纵横联动、层层负责，覆盖全员、各有侧重、联合共享的特点，形成上下贯通、执行有力的严密体系。

2010 年，广州图书馆党委正式组建。何建平、王永东、方家忠、席涛当选为馆党委委员，其中何建平当选为馆党委书记。馆党委下设 3 个党支部。

2014 年 7 月，何建平、方家忠、席涛、黄秋玲、林志成当选为新一届馆党委委员，

其中何建平当选为馆党委书记。根据图书馆业务、服务布局的设置，对基层党支部进行调整，由原来的 3 个党支部调整为 5 个党支部。

2019 年，王长庆、方家忠、刘平清、李慧敏、黄秋玲、陈深贵、罗逸生等同志当选为新一届馆党委委员，王长庆同志当选馆党委书记。2020 年，因黄秋玲同志调动，唐琼同志被补选为馆党委委员。

2021 年，黄广宇同志任馆党委书记，方家忠、刘平清、李慧敏、陈深贵、唐琼、罗逸生为馆党委委员。馆党委下设 5 个党支部。

3.2　加强党支部标准化规范化建设，着力锻造坚强有力的基层党组织

3.2.1　党员队伍持续发展壮大

十年来，馆党委始终把党员队伍建设作为党的建设的基础性工作，不断吸收优秀新鲜血液，着力锻造先锋队伍，使党组织始终保持旺盛生命力和强大战斗力。

全馆在编在职党员数量稳步增长，截至 2023 年 5 月 31 日，党员总人数为 213 人（在职党员 172 人，离退休干部、职工中的党员 41 人），比 2013 年净增长 90 人，增长率为 73.2%。新增党员主要为新发展党员、历年公开招聘新进党员和分流安置的党员。

新发展党员 21 名中，40 岁及以下 18 人，占 85.7%；本科及以上学历的 20 人，占 95.2%。公开招聘新进的党员 83 人，分流安置党员 2 人，因工作调动、离职等转出 16 人。在编在职党员队伍呈现如下特点：

一是年龄结构呈现年轻化。2013 年在编在职党员平均年龄为 42 岁，2023 年在编在职党员平均年龄为 38 岁，党员队伍年龄结构呈年轻化。

二是学历结构持续优化。截至 2023 年 5 月 31 日，本科及以上学历党员 164 名，占比为 95.3%，比 2013 年提高 8.2%。本科学历党员人数占绝大多数，硕士研究生、博士研究生学历的党员人数逐年增长，党员队伍文化水平较高，整体素质不断提高。

三是职称结构进一步优化。高级职称党员 42 名，占比 24.4%，比 2013 年提高 15.5%；中级职称党员 84 人，占比为 48.8%，比 2013 年提高 5.2%；初级职称党员 46 人，占比为 26.7%，比 2013 年下降 20.8%，十年来，取得中、高级职称的党员人数大幅增长，专业技术水平不断提升，为新的赶考路上图书馆事业高质量发展提供有力保障。

3.2.2　党的组织生活更加严格规范

馆党委以认真的态度和钉钉子的精神抓好党的组织生活制度执行，按照党建工作要求，不断规范党内组织生活。一是坚持"三会一课"制度。各党支部认真落实"三

会一课"、主题党日等各项组织生活制度，10 年来，共召开支部大会 213 次，支委会 389 次，党小组会 1017 次，馆领导、支部书记带头讲党课 109 次，开展主题党日活动 432 次。二是坚持民主生活会和组织生活会制度。馆党委严格落实上级要求，坚持民主生活会和组织生活会制度，每年按要求召开年度馆领导班子民主生活会，各支部召开组织生活会，深刻对照检查、严肃认真开展批评和自我批评。三是坚持民主评议党员制度。各党支部每年对党员进行民主评议，督促党员对照党章规定的党员标准、对照入党誓词、联系个人实际等进行党性分析，不断强化党员意识、增强党的观念、提高党性修养。十年来，年度优秀党员达 524 人次。四是推动党支部标准化规范化建设。2018 年起，馆党委严格按照市直机关工委、局机关工委的部署要求，认真贯彻广东两轮基层党建三年行动计划，结合模范机关创建活动，深入开展星级党支部评比工作，扎实推动党支部标准化规范化建设。2019 年，第一党支部获评为局系统"先进党组织"。2021 年，第四党支部获得局系统"五星党支部"。2022 年，第二党支部获得局系统"五星党支部"。

3.2.3 党建工作形成特色品牌

2021 年，馆党委以全面提升党支部组织力凝聚力，焕发支部活力为目标，提出"一支部一品牌"工作方案。2022 年，各党支部立足主责主业，围绕中心工作，发挥业务优势，分别创建了各具特色的支部品牌。一是第一党支部打造"最美慈善空间，温暖常驻心间"品牌。以视障、老年人、未成年人等读者群体为服务对象，重点打造"广图盲读快乐营"、"爱"悦读等系列活动，让更多特殊群体享受到广州图书馆慈善空间的社会赋能。二是第二党支部打造"爱经典，做典范"党建品牌。通过传承、宣传、推广地方文化经典等方式，把基层党建工作与业务工作有机结合，加快《广州大典》的编纂、地方文献收集与整理工作，深入举办羊城学堂系列讲座，让地方文化经典以再生性方式得以传承。三是第三党支部打造"'老''外'爱广州"品牌。针对老年人、外国在穗人员等提供主题文化服务，如举办智能手机应用培训，开展端午传统文化体验活动，以及提供中外文化交流服务等，帮助外国在穗人员更好融入广州的社会文化生活。四是第四党支部打造"微心服务，我是先锋"品牌。充分发挥党员先锋模范作用，开展慰问探访、垃圾分类等志愿活动，创建"阅读微心愿"项目，向志愿者推出 100 个阅读心愿单。

3.3 强化责任担当，让党旗在抗疫一线高高飘扬

2020 至 2022 年，面对突如其来的新冠疫情，全体党员干部展现广图担当，扛着战

旗"逆行",为"人民至上、生命至上"写下生动注脚。2020年,张伟(资产与物业管理部副主任)、蔡东恺两位同志被授予"广州市抗击新冠肺炎疫情先进个人"称号。

3.3.1 组织有力勇担当

2021年,馆党委第一时间响应市文化广电旅游局号召,组建一支由94名党员群众组成的抗疫党员突击队。全体党员完成"双报到",累计参与抗疫等各类志愿活动514人次。蔡东恺同志积极响应号召,投身白云机场疫情防控专班一年,为守好祖国"南大门"贡献力量。

2022年,全馆上下众志成城、持续作战,积极参与抗击新冠疫情工作,火速组织党员干部群众投身疫情防控等各类志愿服务合计2773人次。特别是海珠区疫情防控期间,92名党员主动亮身份、做表率,下沉社区参与疫情防控志愿服务共2014人次;组织云登嘉措、刘志松、刘沛栋、李保东、周文绚、贺蔚、蒋啸南、詹田、邵雪、朱海、张诗阳、潘京花、彭康、李罗佶、吴志鹏15名党员、干部参加广州市文化广电旅游局的"百人团"海珠疫情突击队,以"越是艰险越向前"的坚韧斗志,安全处置疫区人员转运、核酸检测等紧急事件,且自身无一人感染,受到受援单位大塘片区及局党组的高度认可。同年,郑宝龙同志接过蔡东恺同志的接力棒,继续投身白云机场疫情防控专班3个月,圆满完成抗疫任务。

3.3.2 重点关怀显真情

2021年5月,广州图书馆部分职工身处芳村封控区。馆党委第一时间组织党群办建立微信慰问群,每日询问身体、心理等状况,在慰问的同时,鼓励有条件的党员积极就地转换开展志愿服务。当年6月解封后,馆党委为25名员工举办了"终于等到你"的欢迎仪式。2022年11月,在海珠区封控期间,个别职工家人因病得不到转移治疗,馆党委得知后立即向广州市文化广电旅游局报告。广州市文化广电旅游局领导高度重视,第一时间统筹协调,帮助我馆职工解决困难,使我馆干部职工深深感受到组织的关心关怀。

3.3.3 广泛宣传展精神

宣传工作是党的一项极端重要的工作。馆党委积极通过官网、官方微信、新闻媒体等渠道多种形式宣传我馆齐心协力抗击疫情的精气神。其中微信公众号发布的《姐姐给我验核酸》一文破17万次的阅读量,被多家媒体转载。2021年6月8日《中国旅游报》对广州图书馆疫情防控作专题报道,并刊发党委黄广宇书记的讲述文章《到疫情防控最危急的地方去》,对广州图书馆系列支援抗疫行动进行了社会宣传,展现广州图书馆人的社会责任和政治担当。

4 以高质量党建引领业务高质量发展——在服务大局中践行初心使命

4.1 扎实推进中心工作

4.1.1 基本服务不断优化，惠民数量显著增长

2013 年新馆全面开放以来，广州图书馆紧紧围绕发展规划的任务要求，积极作为、主动担当，自 2014 年起基本服务指标值稳居全国公共图书馆首位。高峰时期，年接待读者量达到 839 万人次、文献外借量突破 1034 万册次、注册读者超过 245 万人、利用数字资源达到 1.4 亿篇次（册次）、举办活动超过 4000 场次，让读者有更多、更直接、更实在的获得感、幸福感。

4.1.2 "图书馆之城"建设稳步推进，全市公共图书馆服务均等化水平显著提升

作为中心馆，广州图书馆在全面推进"图书馆之城"建设中，通过完善制度机制、加大经费保障力度、创新服务方式、吸引社会力量参与等措施不断完善服务体系框架。全市标准化均等化服务取得显著提升，主要人均指标位居全国大城市前三位。截至 2022 年，全市共有实现通借通还的总分馆、服务点 788 个，镇街公共图书馆覆盖率达到 100%。

4.1.3 创新服务方式，多元化精准服务读者

一是认真倾听群众呼声。邀请读者加入理事会、读者委员会参与决策。深入实际，深入基层，深入群众，认真调研，多渠道收集群众意见，创造性地开展工作。二是策划精准阅读服务。为"孕妈妈"办理读者证，为青少年开展红色研学，为视障人士开展无障碍电影阅读，为老人开展"蓝马甲"公益培训，满足不同读者个性化阅读需求。三是扎实开展文化惠民活动。积极开展进乡村、进社区、进企业、进军营等"七进"阅读推广活动，不断扩大阅读覆盖面。四是积极发动社会力量参与。成立"穗阅先锋"阅读推广专业志愿服务队，下沉区馆和分馆开展活动。

4.2 完善编制和岗位设置

4.2.1 申请编制是人才队伍建设的前提

在市委、局党委（党组）的正确领导下，馆党委分别于 2010 年、2015 年、2020 年成功申请编制。编制数量由 2012 年的 275 个（含内设机构 9 个，设正副部长 27 人）

增加到 2023 年的 354 个（含内设机构 14 个，设正副部长 39 人）。

4.2.2 岗位设置是人才队伍建设的关键

广州图书馆十年间先后 6 次申请岗位设置调整。通过岗位设置调整，专业化人才队伍发展的空间进一步扩大。广州图书馆岗位设置由 275 个增加到 354 个，其中管理岗由 12 个调增到 19 个，增加 7 个；专业技术岗从 248 个增加到 334 个，增加 86 个；工勤技能岗从 8 个调整为 1 个，减少 7 个。通过岗位聘用，广州图书馆实现了人员管理从身份管理转为岗位管理，为人才效能的发挥奠定基础。

4.2.3 事业发展规划是人才队伍建设的指引

2010—2020 年，广州图书馆先后制定《广州图书馆 2011—2015 年发展规划》《广州图书馆 2016—2020 年发展规划》《广州图书馆 2021—2025 年发展规划》等事业发展规划，以及《广州图书馆 2016—2020 人才队伍建设规划》事业发展配套规划，积极开拓创新、以转型促变革、坚守专业化底色，培养人才队伍建设核心竞争力，以推动事业高质量发展。

4.3 扎实推进人才队伍建设

4.3.1 党建引领，高位推进

馆党委认真学习贯彻党中央的路线方针政策，在局党组的坚强领导下，在梳理工作机制、机构编制、人才政策、目标任务"四张清单"的基础上，制定并实施关于完善人才队伍工作体系和推进机制的若干措施。着力构建"党建引领、高位推进、党政领导齐抓共管、各部门积极参与人才发展治理"的工作新格局，以更高工作标准、更强制度供给、更优氛围环境推动人才工作实现新突破。

4.3.2 广开渠道，引聚人才

馆党委认真贯彻落实中央、省委、市委和主管局关于人才工作的决策部署，大力实施人才强馆战略，严格政策、严肃纪律，以公开、平等、竞争、择优为基本原则，通过事业单位公开招聘、"优才计划"校园招聘、引进高层次人才和短缺专业人才等方式，共引进人才 156 名。按招聘渠道分类，事业单位公开招聘 122 人，占引进人才总数的 78.2%；"优才计划"校园招聘 29 人，占引进人才总数的 18.6%；高层次人才引进 4 人，占引进人才总数 2.6%；短缺专业人才引进 1 人，占引进人才总数的 0.6%。多渠道广纳人才，为党建引领业务的深化细化拓展，提供了有力的人才支撑。

4.3.3 分类培养，助力人才

馆党委坚持顶层引领、整体推进，通过不断构建完善科学的人才培养体系，着力培养出更多符合公共图书馆事业高质量发展的多层次人才，成果丰硕。一是用"新"培养青年人才。重点实施青年人才培养计划，通过青年理论学习小组学习、组织团员青年开展主题教育、选派青年馆员参加学习培训、推动团建与业务工作融合等方式，不断提高青年馆员政治站位和综合素质。二是用"情"培养高层次人才。坚持党委联系专家制度，积极营造尊重劳动、尊重知识、尊重人才、尊重创造的良好氛围，通过定期联系高层次人才，用心用情用功关爱人才，让高层次人才安心发展。三是用"严"培养管理人才。坚持党管干部原则，通过列席党委会第一议题、参加中心组学习、参观廉政教育基地、分批参加"事业单位中层人员任职班"专题培训等形式，增强中层干部思想政治素质、培育职业道德、更新知识结构、提高工作能力，在政治能力、专业水平上得到"双提升"。四是用"心"培养潜力人才。馆党委采取"精准帮扶"措施，及时宣传最新的人才政策；将高学历无职称人员、业绩丰富低职称人员纳入重点关怀对象，一对一给予指导督促；制定实施《广州市公共图书馆专业技术人员职称申报培训工作方案》，加强对申报职称人员的培训。

4.3.4　评先推优，推动人才

馆党委始终高度重视人才的选树、培养、推荐工作，通过评先推优，将优秀人才推动到更高的展示和交流平台，促进人才成长和发展。十年间，广州图书馆共推荐 36 人次申报宣传思想战线培养人才；推荐 1 人次申报广州市高层次人才 A 证、1 人次参加文化名家暨"四个一批"、1 人次参加"广东省青年拔尖人才（哲学社会科学、文化艺术领域）"选拔；历次推荐高级职称专业技术人员进入省市级图书资料职称评审委员会专家库，单 2022 年的推荐人次已达 95 人次，充分体现了馆党委助力优秀人才进入更高展示平台的初心和决心。

5　全面加强党的党风廉政建设——在从严管党治党中永葆先进纯洁

5.1　加强顶层设计，完善责任机制

馆党委认真落实全面从严治党工作，为图书馆事业高质量发展保驾护航。十年来，馆党委建立健全党风廉政各项工作制度，先后制定了 120 余份规章制度，严格规范党风廉政建设工作要求，明确反腐廉政建设的具体实施措施，进一步规范财产物资管理、财务管理、采购等内控制度，着力防范和化解廉政风险。严格落实党政"一把手""一

岗双责"制度，认真贯彻落实党风廉政建设责任制，按照主要领导负总责，分管领导抓分管，一级抓一级，层层抓落实的原则，将党风廉政建设网格化，不漏一点一线，形成整体推进党风廉政建设和反腐败工作新常态。

5.2 开展廉洁教育，夯实廉政根基

5.2.1 打造廉洁文化宣传阵地，营造风清气正社会氛围

馆党委深入挖掘本土廉洁文化资源，创设廉洁书刊专区、新时代红色学习空间，先后承办第六、七届广州市廉洁读书月活动，充分利用馆内宣传栏、电子屏、网站等宣传廉洁文化等，多元融合营造廉洁文化氛围，让广大干部群众处处时时见廉思廉。2016年，广州图书馆获评为"广州市反腐倡廉教育基地"。

5.2.2 多措并举强化教育，筑牢廉政基础

馆党委高度重视党风廉政教育，不断丰富教育形式和内容。通过深入开展纪律教育月活动，组织参观廉政教育基地、观看廉洁教育片等，充分发挥反面典型的警示教育作用。2021年以来，馆党委常态化召开每季度廉政教育学习会议，不断强化廉政意识。

5.2.3 签订党风廉政责任书，层层压实主体责任

2018年以来，馆党委每年举行党风廉政责任书签约仪式，组织签订《年度党风廉政建设工作责任书》，层层压实责任，切实落实"一岗双责"。

5.3 强化监督管理，促进作风建设

馆党委始终坚持用制度管事、用制度管人，不断建立健全规章制度，加强源头治理，完善包括内部审计、因私出国（境）、社会团体兼职、违规经商办企业、意识形态等内控规章制度。通过制度性创新成果，把"问题清单"变成"成果清单"，让干部知敬畏、存戒惧、守底线，把严守纪律规矩落到实处，形成遵规守纪的高度自觉。

5.3.1 制定内部审计工作制度，推进审计工作全方位落实

2021年，馆党委制定《广州图书馆内部审计工作制度（试行）》，多方位不断构筑完善内部审计形式，采用内部审计小组定期专项抽查与年度向社会购买专业审计服务相结合的形式，每半年对广州图书馆经济活动进行审计指导监督，其中年中为专项审计，次年第二季度对上一年度进行综合审计。通过全面审查内部审计项目，确保审计工作质量，多层级多维度多形式增强审计监督合力。

5.3.2 完善因私出国（境）管理，深化干部因私出国（境）全流程监督

坚持把干部管理工作抓在日常、严在经常，进一步完善《广州图书馆国家工作人员因私出国（境）管理办法》，全方位扎紧干部管理的制度笼子，增强制度执行力，建立经常性监督检查机制，用监督传导压力，用压力推动落实，确保制度执行到人到事到底。2022年6月，广州图书馆对2019年以来干部因私出国（境）领用证照逾期交证情况和逾期交证人员出入境情况进行核查，并在此基础上，对2018年4月以来全体干部职工持有因私出国（境）证照及出入境情况全面核查，针对发现的问题开展整改工作，重新梳理出入境证件保管台账，合计保管干部因私出入境证件共552本。

5.3.3 扎实履行意识形态全面领导责任，加强意识形态工作全过程监管

一是建立健全制度体系。馆党委坚决贯彻落实意识形态全面领导责任。成立意识形态工作管理领导小组，全面落实馆党委书记"第一责任人"责任和班子成员"一岗双责"；制定《广州图书馆意识形态工作管理办法》等6项规章制度，构建较为完善的意识形态制度体系；层层压实责任，馆党委每年与各部门签订意识形态管理责任状。二是严把审核关。严抓文献核查工作。建立《进口文献内容审查管理办法》等制度，认真抓好文献资料招标、采访、编目、清查闭环管理，定期开展核查，发现问题图书，迅速屏蔽书目数据和下架封存。严抓展览活动管理工作。按照"谁主办，谁负责；谁审批，谁监督"的原则，加强活动内容审核和全过程管理。严抓网络安全管理工作。严格落实网络信息发布"三审三校"制度，定期开展局域网的全网安全漏洞扫描，部分核心业务系统实现7×24小时网络安全监控服务。三是守牢意识形态主阵地。设立新时代文明实践中心、新时代红色学习空间，在官网上开设学习党的二十大精神专栏、在微信订阅号发布党建专题信息、在馆内电子大屏幕和宣传屏播放宣传海报和视频，大力弘扬红色文化。

5.3.4 规范社会团体兼职管理，进一步加强干部队伍全覆盖监管

严格落实上级关于干部兼职管理的相关规定，从严抓实干部兼职管理工作，广州图书馆于2018年制定了《广州图书馆社会团体兼职管理规定》，对全体在编人员在社会团体兼职做出严格要求，明确审批流程，全面加强管理。2022年，根据巡察工作要求，馆党委按干部管理权限对中层及以下干部担任兼职情况进一步自查，并责令5名干部清退整改其所担任的超过其兼职数量的兼职职务。同时，进一步修订、完善《广州图书馆关于干部在社会团体和高校（科研院所）兼职的管理规定》。截至2022年12月，广州图书馆和广州大典研究中心有现职局管干部6名、退休局管干部1名担任兼职职务；广州图书馆和广州大典研究中心共有26名中层及以下干部担任兼职职务，全

体中层及以下干部担任兼职均按干部管理权限经馆党委审批，并落实每年底向所在单位报告兼职情况。

5.3.5 开展违规经商办企业专项治理，强化干部队伍管理全链条监督

严格落实全面从严治党主体责任，从严管理教育监督干部，特别是加强对领导干部违规经商办企业的监督。广州图书馆于 2018 年 7 月起先后开展 4 次公职人员违规经商办企业问题专项治理自查自纠整改落实工作。督促各部门负责人严格落实"一岗双责"工作要求，早发现、早提醒、早制止，从源头上防范廉政风险。

6 发扬群团组织优势——在团结奋斗中汇聚发展合力

6.1 推动工会发挥职能作用，凝心聚力做好各项工作

十年来，广州图书馆工会（以下简称馆工会）在市总工会和文化工会的正确指导下，在馆党委的正确领导下，充分发挥工会职能，心系职工、围绕中心、服务大局，工会各项工作成效显著。十年来，办理女职工安康互助保障、购买住院二次医保、住院关爱计划、特种重大疾病参保等送温暖工作 20 次，并按实际情况做好职工生育、住院等关爱慰问工作，共投入资金 52 万余元；开展员工传统节日慰问、生日慰问等 2959 人次。在"三八"国际妇女节、"六一"国际儿童节等重要节日，举办形式多样的文体活动 50 余次。馆工会在 2012 年 3 月被市文化广电新闻出版局评为 2011 年度"工会工作目标考核模范单位"；2012 年 12 月荣获广东省总工会授予的"广东省模范职工之家"称号；2023 年 3 月女职工委员会被广东省总工会授予"2022 年度最美女职工组织"称号。

6.2 深化馆团委建设，青年活动组织有声有色

广州图书馆团委在馆党委的正确领导下，始终坚持把培养社会主义建设者和接班人作为根本任务，不断增强馆团委对青年的凝聚力、组织力、号召力。十年来，馆团委的各项工作取得长足发展。一是强化青年政治引领。馆团委积极贯彻党中央和团中央的路线、方针、政策，围绕各类主题教育开展丰富多彩的学习实践活动，引导教育团员青年坚定跟党走的信念。二是指导加强团的自身建设。2012 年，完成广州图书馆团委设置工作，选举产生第一届团委班子；先后完成第二届团委换届选举和第三届团委的组建工作；加强团支部标准化、规范化建设。修订、完善《共青团广州图书馆委

员会议事制度》等制度。三是统筹志愿服务，为推动全民阅读贡献力量。2013 年，成立"广州图书馆新馆志愿服务队"，广泛吸纳社会力量参与志愿服务工作。广州图书馆志愿服务队伍持续壮大，截至 2022 年底累计注册志愿者已达到 2.7 万人，服务时长达 16.4 万小时；成立广州首支阅读推广专业志愿服务队"穗阅先锋"。四是丰富青年文化生活。组织开展建馆 30 周年新春联欢活动、员工摄影分享会、学雷锋全民志愿服务爱心接力活动、馆外拓展活动、短视频征集、庆祝共青团成立 100 周年馆内青年交流会等多种多样的青年活动，极大丰富了青年的文化生活。

7 勇立潮头再扬帆——新征程上新展望

7.1 在思想引领上取得新提高

坚持不懈加强党的创新理论学习，深入学习习近平新时代中国特色社会主义思想，认真学习宣传贯彻党的二十大精神，把党的二十大精神与习近平总书记重要讲话和重要指示精神以及习近平文化思想等结合起来，一体学习领会、一体贯彻落实，深刻领悟"两个确立"的决定性意义，增强"四个意识"、坚定"四个自信"、坚决做到"两个维护"，推动理论学习走深走实，做到学思用贯通，知信行统一。

7.2 在服务大局上交出新答卷

紧紧围绕高质量发展这个首要任务和全馆中心工作，着力推动党建与业务深度融合，全面落实广州市"图书馆之城"建设五年行动计划，推进总分馆体系建设，做到全市公共图书馆服务"一盘棋"，持续推进"图书馆之城"向"阅读之城""智慧图书馆之城"迈进；切实做好古籍保护工作，大力传承弘扬优秀岭南文化；坚持以读者为中心，进一步提升现代化服务管理水平，提升知识服务，引领全面阅读，强化公共空间功能，打造最具影响力的综合性城市文化平台，更好满足人民群众新期待。

7.3 在队伍建设上谋求新突破

以广州图书馆"十四五"发展规划为指导，贯彻落实《广州图书馆人才工作方案》，坚持全馆"一盘棋"，统筹做好人才培养工作，加强人才梯队建设，进一步畅通多元化人才培养渠道，为人才发展提供展示平台；进一步优化培养、使用和激励机制，把人才这个"关键变量"转化为高质量发展的"最大增量"；坚持党管干部原则，选人任用突出忠诚干净担当，培养选拔优秀年轻干部，全面增强干部本领，以高素质干部队伍支撑高质量发展。

7.4　在全面从严治党上彰显新担当

强化政治担当、履行主体责任，切实担负起管党治党政治责任，以敢抓敢管、善管善抓的理念持续正风肃纪反腐。持续强化自身建设，以政治建设为统领，严格执行党章党规党纪，深入推进新时代党的建设新的伟大工程，营造良好的政治生态。强化日常监督，做实廉洁教育，加强正面教育引导与反面警示，筑牢党员干部廉洁自律防线。坚定落实中央八项规定，持之以恒纠治"四风"，不断完善制度体系，标本兼治，切实防范廉政风险。

展望未来，在市文广旅局的正确领导下，馆党委将以新馆全面开放十年为契机，始终坚持以习近平新时代中国特色社会主义思想为指导，深入学习贯彻习近平总书记视察广东的重要讲话、重要指示精神和党的二十大精神，全面贯彻落实省委十三届三次全会部署要求，深刻把握"再造一个新广州"的动员令，以"走在前列"为总目标，团结带领全馆党员干部群众自信自强、守正创新，踔厉奋发、勇毅前行，以时不我待、只争朝夕的紧迫感、以奋发有为的精气神，努力在新时代展现新气象、干出新成绩，以新担当新作为奋力谱写广州图书馆高质量发展新篇章。

设施体系化　服务专业化　发展高质量

——广州市"图书馆之城"建设实践与展望

陈深贵　陈丽纳　李保东　周远　张诗阳　赵晋芝　龚晓华　徐璇

党的二十大报告指出，全面建设社会主义现代化国家，必须坚持中国特色社会主义文化发展道路，增强文化自信，健全现代公共文化服务体系，创新实施文化惠民工程①。图书馆是国家文化发展水平的重要标志，是文化强国建设的重要内容。建设"图书馆之城"，是广州市扎实推进城市文化综合实力出新出彩，打造社会主义文化强国的城市范例的重要内容。在广州市委、市政府高度重视和支持下，在广州市文化广电旅游局领导推动下，广州市以公共图书馆立法为契机，大力推动公共图书馆事业快速发展，在制度、保障、体系、效能等方面均取得历史性跨越。广州市"图书馆之城"建设一期任务基本完成，可以更好地满足公众美好生活需求，使公众幸福感和文化获得感得到进一步提升，使城市文化软实力明显提高。

1　广州市"图书馆之城"建设回顾

广州是我国较早开展图书馆分馆、服务点建设探索的城市之一。早在 20 世纪 80 年代，广州图书馆就创办广东省首家汽车图书馆，内设书架 8 个，配备图书 2000 多册，在城市周边地区设立 20 多个服务点②。1989 年，广州图书馆敞开发放借书证，为公众提供平等的公共图书馆服务。1990 年 2 月 17 日，广州图书馆与竹料镇政府合办的联合图书馆开馆。这是广州图书馆开办的第一家联合图书馆，开创了一种馆外延伸服务的新模式③。1995 年以后，广州图书馆不断拓展联合办馆的领域，陆续与部队、社区、企业等合作开办联合图书馆。1998 年，广州少年儿童图书馆在花都区建立第一家少儿

① 习近平：高举中国特色社会主义伟大旗帜　为全面建设社会主义现代化国家而团结奋斗——在中国共产党第二十次全国代表大会上的报告 [EB/OL]. [2023-07-14]. https://www.gov.cn/xin-wen/2022-10/25/content_5721685.htm.
② 方家忠.风正帆悬：广州图书馆 40 年（1982—2022）[M].广州：广州出版社，2021：24.
③ 方家忠.风正帆悬：广州图书馆 40 年（1982—2022）[M].广州：广州出版社，2021：30.

分馆，每年为分馆提供图书近 5000 册。与此同时，各区也陆续开展分馆、服务点建设，如越秀区图书馆积极探索越秀区街道分馆、图书流通点的建设等。早期的分馆建设将公共图书馆服务延伸到了基层，但市级、区级图书馆大多只负责配备图书、业务指导等基础工作。由于当时条件所限，大部分分馆未采用系统化管理。2005 年 9 月 29 日，广州图书馆车陂广氮分馆开馆，这是广州图书馆首个藏书达 3 万册、面积达 200 平方米并采用 ILAS 图书管理系统的社会分馆①。2010 年 9 月 26 日，广州图书馆与白云区图书馆实现通借通还，这标志着市属公共图书馆进入联盟服务时期。2012 年，广州市级、区级公共图书馆全部纳入通借通还服务网络，之后全市通借通还服务网络进一步发展壮大，截至 2015 年底，全市实现通借通还的图书馆共有 87 个，其中市级馆 2 个、区级 11 个（馆舍合计 17 个）、镇（街道）和社区（村）分馆 68 个②。

在开展体系建设实践的同时，广州市积极启动"图书馆之城"制度建设。2006 年 5 月，中共广州市委宣传部委托中山大学资讯管理系牵头开展《广州市图书馆条例》立法研究项目和文本起草工作③。2008 年，立法工作转入深化调研、完善阶段。2012 年 4 月，市长陈建华到市文化广电新闻出版局调研，提出要"加强社区文化建设，把广州建设成为'图书馆之城'"。同年，广州市正式启动图书馆立法和规划制定工作，旨在规范和促进广州市公共图书馆事业健康发展。2015 年，《广州市公共图书馆条例》（以下简称《条例》）和《广州市"图书馆之城"建设规划（2015—2020）》（以下简称《规划》）先后发布，这标志着广州市公共图书馆事业步入法治化建设轨道。

2 广州市"图书馆之城"建设成效

广州市"图书馆之城"自 2012 年启动以来，建设成效显著，主要表现在以下五个方面。

2.1 制度设计

2015 年以来，在中共广州市委、市政府、市人大、市文化广电新闻出版局（以下

---

① 方家忠.风正帆悬：广州图书馆 40 年（1982—2022）[M].广州：广州出版社，2021：80.

② 广州图书馆.广州市公共图书馆事业 2015 年度报告 [R/OL]. [2023-07-14]. https://www. gzlib. org. cn/ndbg/148675. jhtml.

③ 程焕文.全面履行政府的图书馆责任　充分保障市民的图书馆权利 [J].图书馆论坛，2015 (8)：6-8，5.

简称"市文广新局"）、广州图书馆等相关主体的共同努力下，广州市公共图书馆立法工作顺利完成，截至 2022 年底，共制定 15 项配套制度（含标准），构建了覆盖公共图书馆建设、管理和服务等方面的制度体系，并结合实际进行修订，为广州市"图书馆之城"建设提供强有力的法规和制度保障。

2015 年 5 月 1 日，《条例》颁布实施，这是我国第一部省会城市公共图书馆法规。《条例》首次在地方图书馆立法中规定公共图书馆的建筑面积、纸质信息资源总藏量、年新增纸质信息资源和工作人员配备等量化指标，界定了各级政府在公共图书馆建设中的主体责任；提出建立以广州图书馆为中心馆，区公共图书馆为区域总馆，镇、街道公共图书馆为分馆的"中心馆—总分馆"体系化发展模式，明确规定各层级图书馆的职责和专业化分工，创新了公共图书馆管理体制和运行机制①。同年，市文广新局印发《规划》，明确全市公共图书馆服务体系建设的路线图以及基层分馆建设标准，高标准推进"图书馆之城"建设②。2018 年 7 月，市文化广电新闻出版局印发《关于全面推进我市公共图书馆总分馆制建设的实施意见》（以下简称《实施意见》），进一步规定注册读者率等五项服务效益的量化指标，并要求按照市区两级"2∶3"的比例分配，坚持以效能为导向促进提升全市整体服务效能，为衡量政府投入与服务产出提供了标准和依据③。2022 年 7 月，广州市文化广电旅游局（以下简称市文广旅局）正式印发《广州市"图书馆之城"建设五年行动计划（2022—2026）》（以下简称《行动计划》），提出全面建成"图书馆之城""智慧图书馆之城""阅读之城"的目标，形成国内一流、国际领先的城市公共图书馆服务体系④。

2.2　政府保障情况

2.2.1　覆盖率与达标率

覆盖率是衡量公共图书馆服务体系建设水平的重要指标⑤。截至 2022 年底，广州

---

① 广州市公共图书馆条例［EB/OL］.［2023-07-14］. https://www. gzlib. org. cn/policiesRegula-tions/78168. jhtml.

② 广州市"图书馆之城"建设规划（2015—2020）［EB/OL］.［2023-07-14］. https://www. gzlib. org. cn/policiesRegulations/148307. jhtml.

③ 关于全面推进我市公共图书馆总分馆制建设的实施意见［EB/OL］.［2023-07-14］. https://www. gzlib. org. cn/policiesRegulations/163037. jhtml.

④ 广州市"图书馆之城"建设五年行动计划（2022—2026）［EB/OL］.［2023-07-14］. ht-tps://www. gzlib. org. cn/policiesRegulations/201308. jhtml.

⑤ 程焕文. 新时代公共图书馆服务与建设创新的重点和难点［J］. 图书情报知识，2020（1）：9-14，31.

市实现通借通还的公共图书馆（含分馆、服务点）共计 788 个。全市实现通借通还且对所有公众免费开放的公共图书馆（分馆）346 个，比 2015 年广州市启动"图书馆之城"建设时数量增加 259 个，包括市级图书馆 2 个、区级图书馆 11 个（馆舍 20 座）、镇街级分馆 244 个、社区级分馆 80 个。此外，还有面向所有公众免费开放的服务点 97 个；面向特定群体开放的公共图书馆（分馆）、服务点 345 个，见表 1。2021 年起全市实现图书馆覆盖率 100%，所有镇街均设有实现通借通还且面向所有公众免费开放的公共图书馆（分馆）。

自 2015 年以来，广州市公共图书馆分馆和服务点数量持续增长，其中分馆是广州市"图书馆之城"建设的主体。随着全市公共图书馆服务体系逐步完善，分馆数量增长将会减缓，但基层分馆仍是体系建设和发展的关键，重点工作将转向基层分馆优化升级，提高建设质量和服务水平。

表 1　2015—2022 年广州市公共图书馆（含分馆、服务点）数量

年份	市、区级图书馆/个	镇街级分馆/个	社区级分馆/个	社会力量参与分馆/个	服务点/个	面向特定群体开放分馆、服务点/个	合计
2015	19	54	14	—	—	—	87
2016	19	84	19	—	—	—	122
2017	19	108	8	21	—	—	156
2018	19	121	10	41	—	—	191
2019	20	188	38	—	53	134	433
2020	20	221	53	—	72	200	566
2021	21	233	67	—	87	286	694
2022	22	244	80	—	97	345	788

注：区级图书馆数量以馆舍数为准。

达标率是广州市公共图书馆服务体系建设的另一个重要衡量指标。《实施意见》规定街镇分馆的建设标准：在常住人口达到十万以上的镇设立面积不少于 1000 平方米（阅览室面积不得少于 600 平方米）的分馆，在街道和常住人口少于十万的镇设立面积不少于 500 平方米（阅览室面积不得少于 300 平方米）的分馆①。按照"建筑面积不少于 500 平方米且阅览面积不少于 300 平方米"的标准，2022 年，全市镇街级分馆的达标率是 83.55%，呈逐年增长态势，但由于部分区街镇分馆馆舍旧且小，尚未达到规定标准。

---

① 关于全面推进我市公共图书馆总分馆制建设的实施意见 [EB/OL]. [2023-07-14]. https://www. gzlib. org. cn/policiesRegulations/163037. jhtml.

2.2.2　建筑面积

截至 2022 年底，广州市公共图书馆建筑面积合计为 57.47 万平方米，较 2012 年全市公共图书馆建筑面积增加 33.46 万平方米，增长率为 139.36%，见图 1；每千人建筑面积合计为 30.68 平方米，较 2012 年的 18.70 平方米增长 64.06%。十年间，广州市公共图书馆建筑面积持续增加，馆舍保障水平不断提高，见图 2。

2022 年，市级公共图书馆建筑面积合计为 13.41 万平方米，比 2012 年增长 0.72 万平方米，见图 1；市级公共图书馆每千人建筑面积合计为 7.16 平方米，比 2012 年每千人建筑面积下降 27.53%。各区公共图书馆建筑面积合计为 44.06 万平方米，每千人建筑面积合计为 23.52 平方米，较 2012 年分别增长 32.74 万平方米、14.70 平方米，见图 2。

单位：万平方米

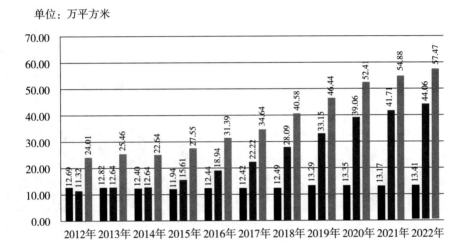

图 1　2012—2022 年广州市公共图书馆建筑面积

单位：平方米

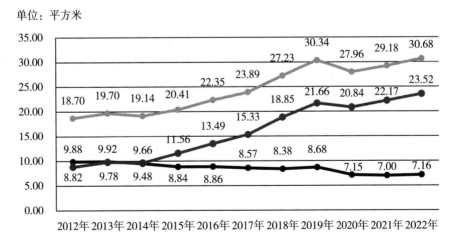

图 2　2012—2022 年广州市公共图书馆每千人建筑面积

2.2.3 文献信息资源

截至 2022 年，广州市公共图书馆馆藏总量合计为 3243.39 万册（件），人均馆藏量合计为 1.73 册（件），分别比 2012 年增长 169.55% 和 84.60%。广州图书馆馆藏文献信息资源在 2019 年首次突破 1000 万，广州市公共图书馆馆藏文献信息资源在 2021 年首次突破 3000 万。2012—2022 年，市级公共图书馆馆藏总量从 758.00 万册（件）增长至 1689.14 万册（件），增长率为 122.84%；人均馆藏量由 0.59 册（件）增长为 0.90 册（件），增长率为 52.54%。各区公共图书馆馆藏总量从 445.24 万册（件）增长至 1554.24 万册（件），增长率为 249.08%；人均馆藏量由 2012 年的 0.35 册（件）增长为 2022 年的 0.83 册（件），增长率为 137.14%，见图 3。

单位：万册（件）

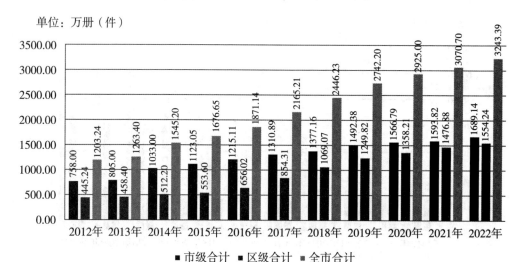

图 3　2012—2022 年广州市公共图书馆馆藏总量

2.2.4 工作人员

2022 年，广州市公共图书馆共有从业人员 1695 人，比 2012 年的 564 人增长 200.53%，平均约每 1.11 万人常住人口配备 1 名工作人员。2012—2022 年，广州市公共图书馆从业人员队伍不断壮大，公共图书馆人员配备状况逐步改善，见表 2。

表 2　2012—2022 年广州市公共图书馆工作人员数量

图书馆	2012 年	2013 年	2014 年	2015 年	2016 年	2017 年	2018 年	2019 年	2020 年	2021 年	2022 年
市级合计/人	305	301	310	486	581	592	625	606	620	608	651
区级合计/人	259	257	267	539	602	653	759	887	1017	1022	1044
全市合计/人	564	558	577	1025	1183	1245	1384	1493	1637	1630	1695

2022 年，市级公共图书馆及其分馆共有工作人员 651 人，比 2012 年增加 346 人，平均约每 2.88 万常住人口配备 1 名工作人员，见表 2、表 3。截至 2022 年底，广州市 11 个区域总馆均设有专门负责区域总分馆体系建设的职能部门或者承担相应职责的部门，并配备专职或者兼职工作人员负责区域总分馆体系建设，南沙区、增城区、白云区、黄埔区等由区域总馆向镇街分馆直接派驻专职工作人员。

表 3　2012—2022 年广州市每名工作人员服务常住人口数

图书馆	2012 年	2013 年	2014 年	2015 年	2016 年	2017 年	2018 年	2019 年	2020 年	2021 年	2022 年
市级合计/万人	4.21	4.31	4.22	2.78	2.42	2.45	2.38	2.53	3.02	3.09	2.88
各区合计/万人	4.96	5.05	4.90	2.50	2.33	2.22	1.96	1.73	1.84	1.84	1.79
全市合计/万人	2.28	2.32	2.27	1.32	1.19	1.16	1.08	1.03	1.14	1.15	1.11

2022 年，广州市公共图书馆专业技术人员合计为 634 人，专业技术人员队伍不断壮大，见表 4。其中，市级、区级公共图书馆专业技术人员为 619 人，比 2012 年的 366 人增加 253 人，2022 年全市分馆专业技术人员为 15 人。职称结构方面，2022 年全市公共图书馆专业技术人员中正高级、副高级、中级、初级专业技术人员数量分别为 11 人、78 人、303 人、242 人。专业类型方面，全市公共图书馆图书资料专业技术人员 579 人，其他专业技术人员 55 人。广州市公共图书馆通过购买服务来保障基层工作人员配置，同时积极探索新型用工管理方式，如南沙区在向分馆派驻工作人员同时，引导辅助人员职称申报并采用职称与工资待遇挂钩等方式建设专业化、可持续发展的人才队伍。

表 4　2012—2022 年广州市公共图书馆专业技术工作人员数量

图书馆	2012 年	2013 年	2014 年	2015 年	2016 年	2017 年	2018 年	2019 年	2020 年	2021 年	2022 年
市级合计/人	224	223	223	293	294	289	275	285	296	304	347
区级合计/人	142	142	162	160	163	162	165	196	224	223	272
全市合计/人	366	365	385	453	457	451	440	481	520	527	619
分馆统计/人	—	—	—	—	—	—	—	—	14	11	15

2.2.5 经费投入

2022 年，广州市公共图书馆总经费为历年最高，合计约为 5.36 亿元，人均经费 28.59 元，较 2012 年分别增长 213.49%、114.80%。市级公共图书馆总经费约为 3.34 亿元，较 2012 年增长 218.48%；人均经费为 17.81 元，较 2012 年增长 118.26%。区级公共图书馆总经费约为 2.02 亿元，比 2012 年增长 205.57%；人均经费为 10.78 元，比 2012 年增长 109.32%，见图 4、图 5。2012—2022 年间，全市公共图书馆总经费呈持续增长态势，于 2019 年超过 5 亿元，经过两年下降后再次增长，于 2022 年达到历史最高水平。

单位：万元

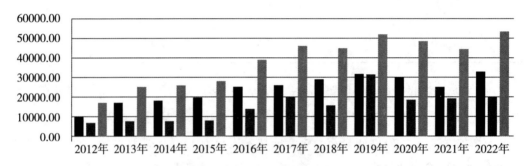

图 4 2012—2022 年广州市公共图书馆总经费

单位：元/人

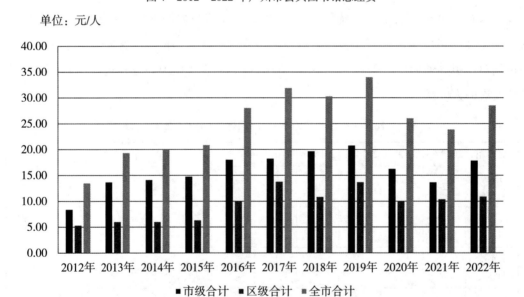

图 5 2012—2022 年广州市公共图书馆人均经费

2.3　服务效能情况

2012—2022 年，广州市公共图书馆总分馆服务体系建设不断完善，服务效能持续提升，后受新冠疫情影响，服务效能有所波动。

2.3.1　读者到馆人次

2022 年，广州市公共图书馆读者到馆人次为 1650.79 万人次，比 2012 年增长52.57%，见图 6；人均到馆次数为 0.88 次。其中 2019 年读者到馆人次为 2940.84 万人次，人均到馆次数为 1.92 次，均为历年最高。2012—2015 年，全市公共图书馆读者到馆人次呈匀速增长，增幅缓慢；2016—2019 年，广州市"图书馆之城"建设迅速发展，全市公共图书馆读者到馆人次随之快速增长；2020—2022 年，读者到馆人次于 2020 年下降至 960.16 万人次，之后逐步恢复。

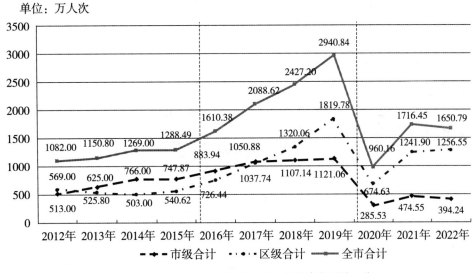

图 6　2012—2022 年广州市公共图书馆读者到馆人次

2017—2022 年，广州市各区公共图书馆的读者到馆人次占全市的比重逐年上升，由 49.69%上升至 76.12%。从总分馆体系来看，广州市公共图书馆分馆的读者到馆人次占总数百分比逐年上升，由 13.84%上升至 46.85%。

2.3.2　外借文献量

2022 年，广州市公共图书馆外借文献量为 2937.31 万册次，比 2012 年增长373.15%，见图 7；人均外借文献量为 1.57 册次。2021 年外借文献量最高，为 3272.21 万册次，人均外借文献量为 2.13 册次，均为历年最高。与读者到馆人次趋势一致，2012—2015 年，全市公共图书馆外借文献量增幅缓慢，年均增长量为 250.73 万册次；

2016—2019 年，全市公共图书馆外借文献量随之快速增长，年均增长量为 472.63 万册次，相当于 2012—2015 年年均增长量的 1.9 倍；2020—2022 年，全市公共图书馆外借文献量于 2020 年下降至 2436.39 万册次，之后逐步恢复，但仍远高于 2012 年。

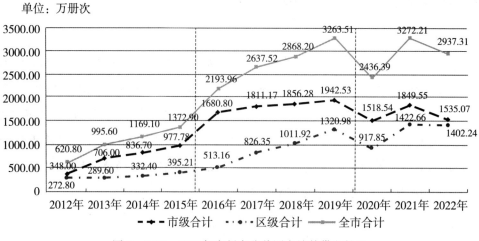

图 7　2012—2022 年广州市公共图书馆外借文献量

2.3.3　注册读者量

2022 年，广州市公共图书馆注册读者量为 511.33 万人，达历年最高，比 2012 年增长 465.88%，见图 8；读者注册率为 27.29%，亦为历年最高，见图 9。2012—2022 年，全市公共图书馆注册读者量稳定增长，年均增长量为 42.10 万人。

图 8　2012——2022 年广州市公共图书馆注册读者量

2015 年，各区公共图书馆的读者注册率在 1.31% 和 7.96% 之间；2022 年，各区的读者注册率在 4.55% 和 27.76% 之间。2022 年，黄埔区的读者注册率最高，与广州市的读者注册率 27.29% 基本持平；相比 2015 年上升最快，增量为 20.71%。

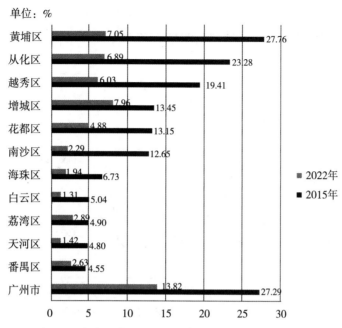

单位：%

图9　2015与2022年广州市公共图书馆、各区公共图书馆读者注册率对比

2.3.4　读者活动量

2022年，广州市公共图书馆举办的读者活动、参加活动的读者分别为17060场、2556.33万人次，分别比开始有统计数据的2015年增长395.93%、1348.02%。其中，举办线上、线下读者活动分别为5710场、11350场，参加线上、线下读者活动人次分别为2167.05万人次、389.28万人次。2020年以来，广州市公共图书馆大力拓展线上服务渠道，线上读者活动成为亮点。但是，多数活动仍为线下，约占活动场次的70%。线上活动因其不限人数、不拘地点而吸引大量读者参与其中，超过80%的读者活动人次来自线上活动。其中，2021年、2022年分别是举办读者活动场次、参加读者活动人次最高的一年，见图10、见图11。

单位：场次

图10　2015—2022年广州市公共图书馆举办读者活动数量

单位：万人次

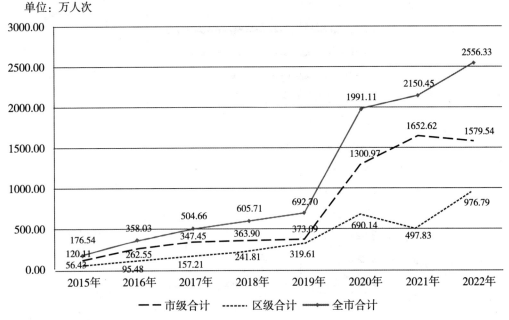

图 11　2015—2022 年广州市公共图书馆参加活动的读者数量

2.3.5　数字图书馆服务

2022 年是近年数字资源浏览、下载量最高的一年，广州市公共图书馆数字资源浏览、下载量为 17929.13 万篇次（册次），比 2017 年增长 231.03%，见图 12。2017—2022 年，属于线上服务效能的数字资源浏览量、下载量基本呈匀速增长，年均增长量为 2502.58 万篇次（册次）。

单位：万篇次（册次）

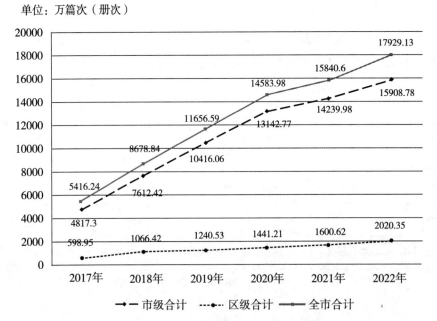

图 12　2017—2022 年广州市公共图书馆数字资源浏览量、下载量

纵观 2012—2022 年服务效能数据，广州市公共图书馆基本服务效能是国家平均水平的 2 至 4 倍，广州市公共图书馆事业积极发挥在全国的引领作用，大步向高效能、高质量发展方向迈进。

2.4　管理运行机制

广州图书馆作为《条例》规定的全市服务体系的中心馆，充分发挥专业引领作用，积极推进"图书馆之城"和公共图书馆服务标准化、均等化建设。

一是负责全市公共图书馆业务指导和协调。2017 年 5 月，成立广州市公共图书馆区域总分馆体系建设专家指导小组，由专家顾问组、广州图书馆项目支持组与协调联络组构成，建立运行常态化的指导和协调机制；成立区域总分馆体系建设协调小组，实现专人对接，提供精准的业务指导和支持。截至 2022 年底，广州图书馆累计召开 17 次广州市公共图书馆馆长联席会议，议题涉及"图书馆之城"建设、管理与服务的重点和难点。

二是负责制定和组织实施全市公共图书馆统一的业务标准和服务规范。广州图书馆先后协助市文广旅局制定《广州市"图书馆之城"建设五年行动计划（2022—2026）》等《条例》系列配套制度，组织制定并实施《广州市公共图书馆馆长联席会议章程》等 6 项全市统一业务标准，以及 4 项技术标准，推动公共图书馆服务实现标准化、规范化和专业化。

三是负责统筹全市公共图书馆通借通还服务网络、信息化管理系统和数字图书馆建设。首先，完善通借通还服务网络。市级和区级图书馆之间的物流配送实现常态化，2022 年，全市通借通还外借文献量合计达到 431.42 万册次，约是 2015 年《条例》实施当年的 2.87 倍。其次，健全信息化管理系统。做好信息化系统的运维和功能研发，完成与广州少年儿童图书馆集群管理系统合并，为广州市公共图书馆服务的标准化、一体化向更高层次迈进奠定坚实基础。探索应用大数据技术，在 10 个区图书馆安装客流统计系统，并利用微信平台实时展示全市公共图书馆主要服务效能数据。再次，建设广州数字图书馆，宣传推广数字化服务。2018 年，整合广州少年儿童图书馆数字资源库，市级图书馆 35 个数字资源库面向全市共享；2019 年，实现"广州数字图书馆"门户在从化、荔湾、花都三个区馆共享应用；开发"广州公共图书馆局域网共享数字资源"网页，聚合商业、自建、开放获取等 80 个数据库供读者使用。2022 年，完善广州数字图书馆服务功能，上线跨库检索系统，优化微信公众号、"广图+"小程序等服务功能。

四是负责组织全市公共图书馆工作人员专业化培训。广州图书馆依托广州市图书馆学会，自 2016 年开始逐步建立制度化的培训机制，提供多层次、专业化的系列培训。协助市文广旅局举办三届"广州市公共图书馆高级人才研修班"、五届全市公共图书馆新入职人员培训班、中层管理人员和业务骨干培训班，致力于培养多层次的专业化人才队伍。

五是建立业务统计分析与信息公开制度。2016—2023 年连续八年编印《广州市"图书馆之城"建设年度报告》，并连续六年公开出版，及时、专业地记录了《条例》实施进展，为领导决策提供支持，成为推动广州市"图书馆之城"建设的重要工具。同时，年报也起到了加强社会宣传、争取社会各界支持等作用。其中，《广州市"图书馆之城"建设 2017 年度报告》被认为是中国图书馆界最早正式出版的年度报告①。2019 年，建立季度统计机制，次年建立规范的月度统计机制。

六是指导和支持区域总分馆体系建设。首先，指导支持区域总馆履行法定职责。各区馆已实现区域总馆职能，全市 11 个区域总分馆体系全部实现纸质文献信息资源的统采统编、统一物流配送、通借通还、标准化服务。其次，支持区域总馆做大做强，为各区新馆建设、体系建设提供专业指导。截至 2022 年底，广州图书馆支持各区馆、分馆等共 108 个，支援图书超 150 万册（件）。再次，支持各区镇街分馆实现专业化改造。重点支持北部山区从化区吕田镇、花都区梯面镇等 6 个街镇图书馆完成专业化设计、设施设备改造、文献支持等。

2.5 社会力量参与

广州市坚持政府主导、社会参与原则，通过文商融合、文企融合、文教融合等方式，与书店、企业园区、咖啡店、房地产商、教育机构、学校、政府机构等共建分馆，市、区图书馆负责提供图书、业务管理系统、专业技术支持，社会力量合作方负责提供场地设施、设备、人员等，双方资源优化组合，将服务延伸至社区。社会力量合建分馆被纳入全市公共图书馆通借通还服务体系，实行统一规则、统一服务，部分合建分馆被派驻专职工作人员，确保专业化服务水平。广州市社会力量参与建设分馆建设成效显著，互利合作共建机制持续完善，先后获得中华人民共和国文化和旅游部、省文化和旅游厅领导的高度肯定。

截至 2022 年，广州市公共图书馆通借通还服务体系中与社会力量合建分馆 231 个，其中面向所有公众免费开放的分馆为 123 个，占面向公众开放的分馆数量的 1/3，全年投入资金 13067.49 万元，投入空间资源 8.54 万平方米，配备专职工作人员 198 人，见

---

① 方家忠.关于图书馆年报工作的回顾与思考［J］.图书馆建设，2018（12）：13-16.

表5。在服务效能方面，2022年接待读者143.48万人次、外借文献97.88万册次、举办线上线下读者活动2074场次，参加活动的读者达23.68万人次。2022年，全市公共图书馆累计注册志愿者8.48万人，志愿服务参加人次为7.54万人次、志愿服务时长为94.48万小时，在一定程度上缓解了人力资源不足问题。

广州市于2021年启动馆校合作试点建设，积极推动公共图书馆与中小学图书馆资源互联互通，深化馆校合作。从化、黄埔两区实现全区中小学图书馆与全市公共图书馆图书的通借通还。越秀、天河、海珠、增城等区亦陆续启动、推进馆校合作项目。截至2022年底，全市学校图书馆分馆、服务点、自助图书馆、流动书车点合计为343个，其中学校图书馆分馆、服务点212个。

表5　2016—2022年广州市公共图书馆社会力量合建分馆情况统计表

年份	合建分馆数量/个	投入经费/万元	投入空间资源/万平方米	专职工作人员/人	读者到馆人次/万人次	外借文献册次/万册次
2016	11	—	—	—	—	—
2017	21	—	0.98	31	59.38	31.66
2018	41	4320.10	2.59	63	146.57	52.26
2019	75	8185.24	5.16	119	298.35	78.456
2020	88	8160.07	6.37	135	123.46	58.20
2021	104	8362.70	6.78	137	171.28	104.07
2022	123	13067.49	8.54	198	143.48	97.88

3　广州市"图书馆之城"建设亮点

纵观广州市"图书馆之城"建设历程，比较明显地呈现出以下亮点：

3.1　顶层设计科学

广州市"图书馆之城"建设的最显著特点在于科学合理的顶层设计。广州作为副省级城市，具有地方立法权。广州市委和市政府深刻地认识到：公共图书馆事业的发展不能仅靠某个人或者某些人的觉悟，必须要有政策的支持和立法的保障，只有这样公共图书馆才能走上法治化和可持续发展的道路①。唯有立法驱动，才有可能从根本上

---

① 程焕文.岭南模式：崛起的广东公共图书馆事业 ［J］.中国图书馆学报，2007（3）：15-25.

解决公共图书馆服务体系建设中最为核心的制度创新问题。因此，广州在全国省会城市率先探索公共图书馆立法。为全面贯彻落实《条例》，广州市陆续印发并实施《条例》配套政策制度及地方标准共15项，从整体规划、总分馆制建设、服务规范、技术标准、第三方评估、社会力量参与、文献剔除、统一标识等方面为"图书馆之城"建设提供全方位政策保障和指引。实践证明，《条例》和与之配套的15项政策文件所构建的科学合理的顶层设计制度体系符合广州实际，顺应行业发展趋势，在推动和保障广州市公共图书馆事业高效能和高质量发展中发挥了巨大的作用。

3.2 政府保障有力

政府保障有力，是广州市"图书馆之城"建设的一大亮点。政府保障有力主要体现在三个方面：一是经费投入保障到位。《条例》实施以来，广州市各级政府依法保障，积极履行公共图书馆建设责任。2022年，广州市公共图书馆建筑面积、馆藏总量、工作人员数量、总经费比2012年分别增长139.36%、169.55%、200.53%、213.49%。二是设施建设实现跨越发展。市级图书馆办馆条件全国领先，广州图书馆新馆建筑面积9.8万平方米，是世界上规模最大的城市图书馆之一。区级图书馆设施建设成效显著。自2015年以来，黄埔、从化、海珠、越秀、白云、南沙、花都、番禺等8个区完成区图书馆或区少年儿童图书馆的新建或改造并对外开放。此外，截至2024年6月，海珠区图书馆新馆正在建设中。随着番禺区图书馆新馆的建成开放以及其他区图书馆新馆建设项目的不断推进，区级图书馆设施建设还将实现新的跨越。三是评估考核有力有效。《条例》实施以来，广州市人大相继开展《条例》执法检查与立法后评估工作；广州市文化广电旅游局相继开展广州市公共图书馆总分馆制试点及验收、首次广州市公共图书馆第三方评估等重点工作，有力地促进了广州市公共图书馆事业良性持续发展。

3.3 服务效能突出

著名学者程焕文教授在广州市图书馆学会与广州图书馆联合举办的"公共图书馆历史使命与时代使命"学术研讨会的主旨演讲中高度评价广州图书馆服务效能，其认为广州图书馆自2013年全面开放以来，在读者进馆量和文献外借量上一直在全国遥遥领先，亦令欧美公共图书馆望尘莫及，这充分展示了公共图书馆在城市现代化进程中的文化力量，有力凸显了中国公共图书馆在世界公共图书馆之林的引领作用。自2015年《条例》实施以来，广州地区公共图书馆读者到馆人次、注册读者量、外借文献量等核心绩效指标实现了快速提升，稳居全国前列，创造了值得业界和学界深入观察和研究的"广州现象"。以注册读者量指标为例，截至 2022 年底，广州图书馆注册读者总量达到 244.88 万，全市公共馆的注册读者量达到 511.33 万人，注册读者率达 27.29%，居于全国前列，与世界先进国家和城市的差距逐步缩小。

3.4　社会参与积极

社会力量参与是广州市"图书馆之城"建设的又一亮点。广州在"图书馆之城"建设进程中，十分注重社会力量参与。《规划》提出，以政府为主导，鼓励社会各界参与"图书馆之城"建设，设立市"图书馆之城"发展社会基金，对加入"图书馆之城"服务体系的图书馆事业给予适当资助①。为进一步加大社会力量参与建设的力度，市文广旅局于 2019 年专项制定《广州市公共图书馆与社会力量合建分馆工作指引》，鼓励和支持公共图书馆与企事业单位、社会组织、个人等社会力量合建分馆，鼓励优先选取学校、公园、企业、园区、居民社区等场所，尊重和支持社会力量借助分馆建设提升品牌影响力的合理诉求，从建设标准、建设流程、保障机制等多个方面对公共图书馆与社会力量合建分馆作出明确要求，取得了积极成效②。截至 2022 年底，全市社会力量参与建设和运营的分馆数量超过了全部分馆数量的三分之一，实现了以财政小投入撬动社会大投入的预期目标。

3.5　专业研究扎实

广州市在推进"图书馆之城"建设进程中，十分重视专业研究工作。一是业务统计工作扎实规范。广州图书馆切实履行中心馆职责，率先在业界牵头或深度参与开展年度报告编制、行业标准《公共图书馆总分馆业务规范》编制③、图书馆统计等主题研究和交流，发挥了示范引领作用；二是学术研究工作稳步推进。2020—2022 年广州图书馆连续三年出版《广州市"图书馆之城"研究论文集》，联合中山大学信息管理学院编辑出版《公共图书馆工作人员入职培训教材》④ 等，带动各馆提升业务研究和学术研究能力建设；三是有序推进《广州市"图书馆之城"建设志（2012—2021）》编纂工作，目前已完成初稿汇总及审校，正在深化修改和完善。

---

① 广州市"图书馆之城"建设规划（2015—2020）［EB/OL］.［2023-07-14］. https://www.gzlib. org. cn/policiesRegulations/148307. jhtml.

② 广州市公共图书馆与社会力量合建分馆工作指引［EB/OL］.［2023-07-14］. https://www.gzlib. org. cn/policiesRegulations/169768. jhtml.

③ 文化和旅游部. 文化行业标准 WH/T 89—2020 公共图书馆总分馆业务规范［S/OL］.［2023-07-14］. https://www.mct. gov. cn/whzx/zxgz/wlbzhgz/202009/t20200928_875564. htm.

④ 张靖，陈深贵. 公共图书馆工作人员入职培训教材［M］. 广州：中山大学出版社，2022.

4 广州市"图书馆之城"建设现存不足

随着广州市"图书馆之城"建设不断推进，广州市公共图书馆事业持续向好发展，但与此同时，仍存在着发展不平衡不充分、事业队伍建设有待强化、社会力量参与机制有待健全等不足。

4.1 各区发展不平衡

一是政府保障水平不平衡。部分政府对公共图书馆事业的地位和作用认识还不够深入，履行政府保障责任不力，保障力度有待加大。在经费投入方面，2022 年，黄埔区公共图书馆总经费为各区最高，达 5330.77 万元；总经费最低的区仅 676.97 万元，不足黄埔区的七分之一，其经费比 2012 年还下降 3.57%。在设施保障方面，2022 年，黄埔区公共图书馆建筑面积达 8.81 万平方米，为各区最高，是最低的区公共图书馆建筑面积的 4 倍。

二是区域总分馆体系建设水平不平衡。总馆建设方面，黄埔、从化等 8 个区均已完成区级图书馆或少年儿童图书馆的新建或改造，推动本区域总分馆体系建设实现跨越发展。而个别区图书馆总馆建筑面积较小，馆舍设施陈旧，不足以承担区域总馆各项法定职责，同时，新馆建设项目进展缓慢，阻碍了区域公共图书馆服务体系的建设和发展。分馆建设方面，2022 年，按照镇街级分馆"建筑面积不少于 500 平方米且阅览面积不少于 300 平方米"的标准来看，越秀、黄埔、花都、从化、南沙等 5 个区的镇街级分馆达标率均达到 100%，而达标率最低的区仅为 28.57%，分馆设施保障水平亟待提升。

三是图书馆服务效能水平不平衡。一方面，各区公共图书馆服务效能整体水平不平衡。2022 年，南沙、花都、黄埔区公共图书馆外借文献量均超过 200 万册次，其中南沙区公共图书馆外借文献量达 218.40 万册次，居各区第一，而外借文献量最低的区仅 45.92 万册次，约为南沙区的五分之一。另一方面，分馆之间服务效能水平差距较大。2022 年，全市服务效能前 50 的分馆外借文献量均超过 3.8 万册次，外借文献量最高的沙湾分馆达 19.36 万册次。与此同时，部分分馆外借文献量则较低。

四是图书馆智慧化发展水平不平衡。一方面，各区图书馆智慧化建设水平不平衡。南沙、黄埔等区智慧化建设水平较高，其中南沙区图书馆应用资源导航小程序、AR 眼镜等多项新技术服务公众；黄埔区建成"平台+内容+终端+服务"的一站式区级公共文化云应用系统。而个别区图书馆建筑空间、设施设备陈旧，智慧化建设滞后。另一方面，基层分馆智慧化管理水平不平衡。黄埔区、越秀区实现对分馆的线上管理，而部分分馆的日常管理方式仍为人工管理，智慧化管理水平亟待提升。

4.2　图书馆事业队伍建设有待强化

与图书馆事业高质量发展的人才需求对比，人力资源保障水平有待提高，人才队伍建设有待强化。一是工作人员数量不足，与服务人口不匹配。2022 年，有 7 个区的工作人员数量尚未达到《条例》规定的标准"每一万人至一万五千人配备一名工作人员"，与《广州市"图书馆之城"建设五年行动计划（2022—2026）》中 2026 年目标值"每名工作人员服务 0.75 万常住人口"，还存在较大差距。

二是区级图书馆专业技术人员数量较少。2022 年，各区图书馆专业技术人员共有 272 人，仅占区级图书馆工作人员总数的 38.69%，不足 50%。同时，区级图书馆高层次专业技术人员短缺，区域范围内领军型人才缺失，各区中仅越秀区图书馆有 1 名正高级专业技术人员，各区图书馆副高级专业技术人员仅 17 人。

三是分馆工作人员专业化水平亟待提升。2022 年，全市分馆专业技术人员 15 人，仅占全市分馆专职工作人员总数的 2.90%，所占比重过低。

4.3　社会力量参与机制有待健全完善

广州市已基本形成政府与社会力量互利合作共建机制，社会力量与公共图书馆广泛合作，参与公共图书馆的分馆建设、运营管理、活动开展等。但是，如何保持社会力量参与的持续性与稳定性、找到公共图书馆与社会力量的长久互利共赢点等问题有待解决，公共图书馆与社会力量的长效合作机制有待健全。其次，对社会力量参与过程的管理有待规范，社会力量参与公共图书馆建设的准入退出机制有待明确。此外，社会力量参与建设公共图书馆的具体税收优惠政策还未较好落地实施，具体实施办法也未明确。另外，社会基金是吸引社会资本支持、参与广州市公共图书馆事业建设的重要平台，但广州市公共图书馆事业发展社会基金尚未设立。

5　广州市"图书馆之城"建设思考与展望

党的二十大擘画了全面建设社会主义现代化国家、以中国式现代化全面推进中华民族伟大复兴的宏伟蓝图。广州作为国家中心城市之一，面向 2035 年基本实现社会主义现代化的远景目标，广州市"图书馆之城"建设应主动发挥示范引领效应，深入贯彻落实《广州市"图书馆之城"建设五年行动计划（2022—2026）》，全面建成"图书馆之城""智慧图书馆之城""阅读之城"，为群众提供更高质量、更有效率、更加公平、更可持续发展的公共图书馆服务。通过推进广州市公共图书馆事业高质量发展，率先提炼可复制、可推广、行之有效的建设中国特色、世界一流图书馆的经验，为实现中国公共图书馆事业高质量发展贡献"广州智慧""广州方案"。同时，通过凝聚行业高质量发展合力，协同推进实现中国公共图书馆事业发展的战略目标和战略任务，高质量建设中国特色社会主义文化强国。

5.1 强化要素保障投入，夯实高质量发展基础

一是落实政府保障责任，增加经费投入。面向文化强国远景目标，《广州市"图书馆之城"建设五年行动计划（2022—2026）》将广州市公共图书馆服务体系发展水平定位为国内一流、接近公共图书馆事业发达国家和地区约70%的水平。建议各级政府从保障并加大经费投入（特别是文献购置费）着手，履行《条例》的法定保障责任，大力增加优质服务资源供给，以实际行动重视并支持公共图书馆事业实现高质量发展，为人民群众提供更高质量、更有效率、更加公平、更可持续的公共图书馆服务。

二是完善设施体系，推进资源下沉基层，大力提升均等化水平。广州市"图书馆之城"旨在建设国内一流、国际领先的城市公共图书馆服务体系。关注标志性大馆建设，积极推进海珠区图书馆新馆建成开放，积极推动天河区和荔湾区图书馆新馆立项，显著改善办馆条件，加强服务阵地建设；聚力基层补短板强弱项，推进效能倍增、资源激活、强优扶弱。有效发挥区域总馆作用，树立服务社区意识、培养服务社区能力，大力推进资源与服务下沉镇街及以下基层分馆（服务点），因地制宜强化分馆的资源建设及有效配置，鼓励和支持有条件的区域总分馆服务体系向社区（村）一级有效延伸公共图书馆服务。有效整合基层文化服务资源，推进共建共享、融合发展。例如，合理利用祠堂、家塾等文物建筑，不断拓展延伸"图书馆之城"服务体系，将公共图书馆服务送至公众身边。

三是培育专业化人才队伍，增强专业化、高质量发展后劲。其一，加强中心馆行业统筹力。中心馆在制度规范建设、业务专业化、学术科研能力提升、业务统筹、业务辅导等方面更多发挥行业龙头和顶层设计作用，指导和推动区馆高质量发展。其二，大力激发区馆专业化内生动力，提升区馆业务研究和学术研究能力。其三，强化业务建设和人才队伍专业素养培育。建立健全人才的发现、培养、使用和评价机制，培养并构建科学、合理的人才队伍梯队；支持在区级图书馆设置正高职称岗位，有效发挥馆长、业务骨干等行业领军人才作用；支持各馆通过引进高级人才、向分馆派驻工作人员、引导辅助人员职称申报等方式建设专业化、可持续发展的人才队伍。

5.2　持续培育专业化、社会化、智慧化发展新优势，建设"阅读之城""智慧图书馆之城"

一是推进业务与服务专业化，深化阅读推广联动。贯彻落实习近平总书记致首届全民阅读大会贺信精神，广州市公共图书馆要更好发挥中心馆在专业领域的示范引领和统筹指导作用，大力提升区域总馆业务工作专业化水平，持续优化完善"中心馆—总分馆"的管理运营机制。同时，更好发挥公共图书馆作为全民阅读"主阵地""主力军"的作用。将深化全民阅读作为"图书馆之城"和"阅读之城"建设的重要内容，强化阅读推广活动的全市联动；推进阅读推广活动主题化、专业化、品牌化；切实保障未成年人、老年人、残障人士、农村居民和低收入人群，以及外国来穗人员等特殊群体的基本文化权益。因地制宜建设各具特色的主题图书馆分馆，体系化打造红色文化、岭南文化等主题分馆；持续创新活动内容和活动形式。积极拓展线上阅读推广服务，打造广州数字图书馆虚拟主题馆，丰富公共图书馆服务内涵和外延，形成线上线下相结合的阅读推广服务格局，有效满足公众多元化、个性化阅读需求。

二是积极引入社会资源，促进社会参与规范化、多元化和常态化。鼓励社会力量通过合建分馆、志愿服务、政府购买服务、公益捐赠等多种途径积极参与全民阅读推广；实施"图书馆+"工程，推进"花城市民文化空间""粤书吧"等新型阅读空间建设，促进提升社区文化品位、营造全民阅读良好氛围；全面推进"馆校合作"项目，在强化队伍建设、优化办馆条件、构建管理平台、丰富服务模式、打造品牌项目等方面积极发力，推动公共图书馆与中小学图书馆互联互通、一体化建设，促进中小学生实现健康成长和全面发展。同时，研究设立公共图书馆发展社会基金，出台税收优惠政策具体实施办法，制定实施社会力量参与分馆管理办法、推动实施社会力量参与退出机制等，为社会力量参与公共图书馆事业建设提供支持和指引。

三是积极探索建设"智慧图书馆之城"。立足现有条件及优势特色，契合智慧城市建设国家战略，对标国家顶层设计，广州市持续推进"图书馆之城"自动化、智能化、智慧化发展：多措并举推动实体服务与网络服务融合发展；完成全市公共图书馆服务体系集群系统整合；优化升级重要数字门户，依托"广州数字图书馆"等资源平台，推动数字资源跨平台整合和共享，完善相关平台的信息检索、知识发现和服务咨询功能；依托"广州公共文化云"等服务平台，建立完善集成需求征集、预约预订、在线互动等功能的公共数字门户，满足公众多样化的数字化信息需求；强化科技赋能，从智慧设施（设备）、智慧管理和智慧服务三个方面推进广州市智慧图书馆服务体系建设，打造全国智慧图书馆服务体系高水平建设的"广州范例"。

广州图书馆总分馆服务体系十年实践

——直属示范性服务体系建设探索与展望

李少鹏　张春华　邱骋　冯冰　李保东　程靖淇　林文庞

2010 年，广州图书馆制定第一个事业发展规划《广州图书馆 2011—2015 年发展规划》，2012 年 12 月新馆试运行开放，开启了事业发展新篇章。2015 年 5 月，正式实施的《广州市公共图书馆条例》（以下简称《条例》）赋予广州图书馆"全市公共图书馆中心馆"的法定地位，广州图书馆紧抓历史发展机遇，积极履行中心馆职责，推进广州市"图书馆之城"建设取得历史性突破。广州图书馆将探索和打造直属示范性总分馆服务体系（以下简称示范性服务体系）作为中心馆建设内容之一，得到市局和馆领导的高度重视和大力支持。截至 2022 年，历经十年发展，示范性服务体系效能显著，已然在全市公共图书馆服务体系建设和发展中发挥重要的示范和引领。

1　体系缘起、制度保障、组织支撑

1.1　体系缘起

20 世纪 90 年代以来，广州图书馆先后与乡镇、社区、部队、劳教所等合作办馆，打造特色馆外服务。始建于 20 世纪 90 年代的流动图书馆，成为省内首创，于 2007 年起实现与总馆通借通还；2010 年，光大花园等分馆实现通借通还；2012 年 2 月，全市首台街区 24 小时自助图书馆（以下简称自助图书馆）落户广州文化公园。截至 2012 年底，广州图书馆建成通借通还分馆 5 个、流动图书馆 1 部、自助图书馆 3 个，在全市总分馆体系建设中发挥引领带头作用。

21 世纪初，我国公共图书馆总分馆服务体系开启探索之路，到 2006 年被确定为国家文化发展政策。2011 年，总分馆模式在全国各地如佛山、嘉兴、上海等进入广泛实践和发展阶段。此时，广州图书馆馆外服务网络体系面临布点不完善、专业化和标准化程度不高、通借通还参与率低、服务效能不明显等问题，总分馆服务体系建设亟须探索适合自身特色的发展模式。

1.2 制度保障和组织支撑

2009 年，广州图书馆立足新馆建设，开始编制广州图书馆"十二五"发展规划，将"区域中心图书馆"作为五大使命之一，并提出"优化总分馆网络，继续推动广州图书馆服务向社区、农村和家庭延伸"的具体策略。2010 年 6 月，广州市机构编制委员会批复广州图书馆设立内设机构"研究协作部"①，负责馆外延伸服务业务。广州图书馆于 2012 年 6 月完成馆内组织架构与业务调整、人员岗位配置，在协作协调部设立社区分馆组，专项承接馆外延伸服务业务，将相关编制、规划落实落细，凸显对该业务的重视。

2015 年实施的《条例》中明确规定，中心馆可以根据发展规划和实际需要，设立直属综合性分馆和专业性分馆。为配合《条例》实施，广州图书馆申请增设内设部门中心图书馆办公室，建立中心馆工作机制，积极履行中心馆法定职责。该部门不仅代表广州图书馆履行全市中心馆法定职能，还负责直属综合和专业性分馆、流动图书馆、自助图书馆等规划、建设、管理与服务。广州图书馆"十三五"发展规划将"体系建设推手"作为第一条使命，明确提出"建设直属示范性分馆，建设示范性服务体系"行动方案，并据此制定《广州图书馆 2016—2020 年示范性服务体系发展规划》。至此，示范性服务体系进入了跨越式、高效能的发展时期。

"十四五"时期，高质量发展已成为公共图书馆发展的首要任务。广州图书馆立足于此，制定广州图书馆"十四五"发展规划，提出"一中心、四平台"五大使命、六大目标和二十一项策略，明确致力于发挥全市中心馆的作用，提出持续完善体系建设、探索高效专业管理模式、建立"服务+活动"基本服务结构等具体行动方案，以提升示范性服务体系的高质量服务供给，为全市总分馆体系建设提供范例和引领。

2　示范性服务体系建设成效

在不断深化认识和科学规划引领下，示范性服务体系建设紧扣广州图书馆转型发展和"图书馆之城"建设两大主题，积极推动管理和服务创新。其发展历程展现了从无到有、从有到优的跨越，十年间持续发展壮大、迭代升级、优化完善，到 2022 年底已正式踏入高质量发展新时代，建成直属分馆 27 个、网借分馆 1 个、流动图书车 1 部、

---

① 研究协作部内部组织架构命名为"协作协调部"。

自助图书馆 7+2① 个、新型公共阅读空间和服务点 8 个；总建筑面积约 2.26 万平方米，年外借文献量超过 100 万（不含续借）册次，初步形成"15+1+1+N"的基础网络布局②及"服务+活动"的基本服务结构，并积极创新探索建成艺术、影像音乐、非遗等一批特色鲜明的主题分馆，在地铁站、公园、园区等设立了一批形式灵活、功能齐全、品质优良的文旅融合新型空间。

2.1 基础网络体系构建

示范性服务体系的建设起步于"十二五"期间，以促进专业化改造和通借通还服务网络化为建设目标；到"十三五"期间，中心馆践行"体系建设推手"使命，着力探索"建设直属示范性分馆，建设示范性服务体系"，实现事业快速、高效能发展；进入"十四五"期间，开始探索推动构建更加完善、专业、高效以及高质量发展的示范性服务体系。

2.1.1 直属分馆的专业化升级和改造

2012 年，随着广州图书馆内设机构调整，协作协调部在馆领导的带领下，结合广州图书馆"十二五"发展规划"优化总分馆网络"、"实施示范分馆工程"的策略要求，通过完善规章制度、推进分馆/服务点专业化改造、标准化建设，建设自助图书馆、设立调配书库和启动通借通还物流服务等一系列措施，推进示范性服务体系取得阶段性成果，初步形成由 11 个分馆、1 部流动图书车、7 台自助图书馆组成的多层次、多类型的通借通还网络结构，服务效能显著提升，文献外借量从 2013 年的 6.19 万册次增长到 2015 年 31.44 万册次（不含社区图书室联合分馆），增长了 407.92%。更为重要的是为"十三五"期间体系的专业化、标准化、高效能发展和示范性建设积累了丰富的经验和奠定了非常坚实的基础。

2.1.2 示范性服务体系的构建和成型

"十三五"期间，结合广州图书馆"十三五"发展规划"建设直属示范性分馆，建设示范性服务体系"要求，广州图书馆积极推进示范性服务体系的标准化、示范性、高效能建设。一是探索社会力量共建，推进广州市儿童公园分馆、钟落潭分馆、广佛同城首家图书馆等特色化、高标准示范分馆建设，切实满足广大市民需求；灵活配置了海事法院分馆、城际花都站分馆、必胜客阅读基地等面向特定群体、特色鲜明、形

---

① 7 台街区 24 小时自助图书馆和 2 个无人值守新型自助服务空间。

② "15+1+1+N"基础网络布局：指建设 15 个示范性分馆、1 个网借分馆、1 个流动图书馆、以及一批新型公共阅读空间。

式创新，以及符合省市政策导向的各类型分馆或服务点，形成服务体系主体结构。二是为进一步发挥示范引领作用和丰富服务内容、提升服务质量，积极探索推出了系列创新服务。2018 年 5 月，启动"送书上门"业务，引领线上线下融合服务；2019 年，启动外派辅助馆员服务，助力分馆管理和服务水平的提升；2020 年，推进"服务+活动"基本服务结构建设，启动"示范性服务体系阅读推广项目"业务外包（以下简称阅读推广业务外包）以及开始探索新型空间/服务点的建设。此外，结合全市服务网络建设、实际需求等情况，每年对流动图书馆服务网点重新优化和调整，期间新设立服务点达 20 个。通过多措并举和创新服务，示范性服务体系得到长足进步、实现跨越式发展，同时为广州市"图书馆之城"服务体系的建设和管理提供可操作性的示范内容。

截至 2020 年底，示范性服务体系建成通借通还分馆 25 个、网借分馆 1 个、自助图书馆 7+2 个、流动图书车 1 部；文献总量超过 120 万册/件；文献外借量从 2015 年的 31.44 万册次增长到 2019 年的 135.66 万册次，增长了 331.49%，占全馆文献外借量的 15.97%；2020 年全市基层分馆外借服务量前十名中，广州图书馆直属分馆达 7 个；自主策划组织的读者活动场次实现从 0 到 223 场次/年的快速发展。

2.1.3 高质量服务体系的完善和发展

2021 年起，按照《条例》、广州图书馆"十四五"发展规划以及《关于推进现代公共文化服务高质量发展的实施意见》、《广州市"图书馆之城"建设五年行动计划（2022—2026）》（以下简称五年计划）要求，示范性服务体系进一步完善与提升直属示范性分馆建设标准，优化"服务+活动"基本服务结构，因地制宜建设各具特色的主题分馆、创新新型公共阅读空间建设，探索公共图书馆高质量发展新路径。2020—2022 年间，新冠疫情严重影响了示范性服务体系的正常开放和服务，致使整体的年文献外借量最高点停留在了 2019 年的 135.66 万册次。然而，示范性服务体系的发展从未停止，在高质量发展新路径指引和促进下，2022 年共组织各种读者服务活动 368 场次，比 2020 年增长 65.02%。截至 2022 年底，"15+1+1+N"的基础网络布局和"服务+活动"的基本服务结构已形成。

2.2 阅读推广体系构建

2018 年以来，为更好地推进示范性服务体系发展，中心图书馆办公室立足实际，结合事业发展需求，不断完善阅读推广项目建设。

2.2.1 初步系统推进，"服务+活动"格局雏形初现

2018 年，在全市各区域总分馆服务体系热火朝天铺开建点的大背景下，广州图书

馆系统梳理示范性服务体系阅读推广服务。一方面增强分馆积极性和主动性，引导各直属分馆/服务点组织和开展各类活动；另一方面发挥总馆桥梁纽带作用，搭建馆内各部门、广州阅读联盟与分馆/服务点间桥梁，推动活动的延伸，提升品牌效应和服务效能。期间，各分馆自主策划活动方面取得较大进步，如沙湾分馆打造"遇见·沙湾图书馆"系列活动、广州市儿童公园分馆创建以"童声故事荟，书香伴成长"为主题的全方位阅读品牌。此阶段开展的阅读推广活动在数量、质量和影响力已有了大幅提升，较好发挥了基层分馆的作用。

2.2.2 实现高速发展，"服务+活动"格局逐步完善

2020 年，开始逐步探索完善"服务+活动"基本服务结构，启动阅读推广业务外包，进一步充实内容和提升质量。期间，阅读推广活动覆盖面进一步扩大、活动类型更加丰富、受众群体更加广泛，并且重视专业化、主题化、品牌化的建设。其中，2020 年因新冠疫情原因，示范性服务体系仅半年时间共举办活动 223 场次，相当于 2019 年全年活动的 88.49%，丰富多彩的阅读推广活动，在一定程度上对推动基础借阅服务产生了良性刺激作用。2021 年更加重视活动的整体策划、体系联动和品牌建设，如统筹推进建党百年系列活动、策划红色主题流动图书馆等。2022 年，持续深化阅读活动开展，统筹推进"读懂广州"系列活动、拓展总馆资源和品牌服务下沉、加强"穗阅艺术"主题活动开展，继续推动分馆阅读品牌建设。此外，阅读推广业务外包新模式和新路径，有效地保障了服务效能的相对稳定。

2.3 服务管理运行

2.3.1 标准规范制度化

十年来，广州图书馆在历次的事业发展规划中不断深化总分馆及体系服务的建设发展要求，提出明确的策略和行动方案，为最终成型并得以高质量发展的示范性服务体系打下坚实根基。在标准规范的制度化建设方面，除组织实施全市统一的业务标准和服务规范外，还制定并印发了《广州市公共图书馆通借通还物流管理办法》《广州图书馆直属分馆建设办法》等一系列示范性服务体系的规章制度，为建设、管理及服务提供了科学的管理依据、规范的建设标准及有效的政策指导，从而提升了标准化、专业化建设。

2.3.2 文献保障体系化

文献资源保障是服务的基础，对于基层分馆更为重要。示范性服务体系的文献信息资源保障经历了从不确定性供给到制度化保障的过程。

一是深化基础馆藏资源建设。2014年开始设立专项调配书库，积极协调总馆资源以充实馆外服务，为分馆、流动图书馆、自助图书馆等开展服务配置针对性的文献资源；定期与采编中心开展交流，根据馆外服务的实际建设和服务需求提出文献数量、品种、复本等需求，以达到最佳服务效能；2020年启动主题文献资源专项建设工作，为主题馆建设提供艺术、法律、非遗等质量和特色兼具的主题文献资源；2022年，新修订的《广州图书馆文献信息采选管理办法》明确了示范性服务体系每年文献资源供给原则上不低于当年全馆纸质文献采选总量的20%。至此，示范性服务体系的文献资源达到内容丰富、结构优化、科学合理、特色鲜明和稳定性强的高水平保障新阶段。

二是建立有效调配及更新机制。2014年正式启动图书物流配送服务项目。在此基础上经过8年的探索，逐步建立起常态、有序、全覆盖的物流体系，2022年物流服务量已超100万册/件，并探索实施精准化配送机制，支持业务发展需求。例如，通过对各服务馆、服务点馆藏文献数据分析，对流通率低和滞架文献调整，不断优化馆藏结构，并保证每年更新或调配图书不少于分馆馆藏图书的20%，从而对服务效能增长提供支持。

2.3.3 人才队伍专业化

十年进程，示范性服务体系已从重建设阶段转变到建设服务管理并重阶段，而人才队伍是服务管理的主要因素之一。

（1）探索构建人员培训机制。一是2017年组织编写《直属分馆工作人员培训材料》并不断更新版本，成为人员培训重要基础材料，完善《示范性服务体系工作人员工作手册》。二是落实分馆新入职人员岗前培训，合计培训99人次。三是组织开展或参加专业培训班。2018—2022年，先后组织9次，共计培训315人次。示范性服务体系逐步构成常态化、多层次的人员培训机制，提升了人才队伍的专业化水平。

（2）探索向分馆外派辅助馆员。2019年开始，向分馆派送辅助馆员13名，实现人员统一配置，并建立馆员例会及培训制度，制定《分馆辅助馆员管理制度》，规范人员的管理和建设，全面提升分馆人员的综合技能和分馆服务水平，促进分馆的专业化、标准化发展。

（3）探索分馆志愿服务机制。文化志愿服务是社会力量参与公共文化服务的重要途径，也是公共文化服务高质量发展的重要抓手。2022年3月，首次在地铁番禺广场站服务点合作共建志愿服务基地并开展首批试点志愿服务，探索总馆统筹分馆志愿服务管理与运作的可行性路径。在"i志愿"平台申请注册"广图总分馆服务体系志愿服务队"账号,为分馆发布志愿者招募信息。2022 年共计开展志愿服务 110 场次,招募志愿者 224 人次,志愿服务时长 2113.5 小时,取得显著成效。

2.4 服务效能情况

2.4.1 基础网络体系效能分析

2013—2022 年,示范性服务体系服务成效显著。十年间累计接待读者访问 470.19 万人次,新增注册读者 112665 万人,外借文献 857.80 万册次,见表 1。其中 2015—2019 年增长最为迅速,2019 年与 2015 年同比接待访问量增长 848.33%、新增注册读者增长 128.52%、外借文献增长 331.49%;2020—2022 年,新冠疫情中断了"十三五"时期的增长趋势,各项服务指标波动较大。

表 1 2013—2022 年示范性服务体系服务效能概况

服务效能项目	2013 年	2014 年	2015 年	2016 年	2017 年	2018 年	2019 年	2020 年	2021 年	2022 年	合计
接待访问量/万人次	23.42	32.21	12.56	16.08	22.10	101.87	119.11	31.18	60.14	51.52	470.19
新增注册读者/人	1175	5199	6291	15262	14576	14943	14376	12772	16408	11663	112665
外借文献量/万册次	66.36	90.93	31.44	53.74	81.59	100.57	135.66	80.86	114.75	101.90	857.80

数据来源:方家忠. 广州图书馆年度报告 2022 [M].广州:广州出版社,2023:256-257.

整体读者访问量趋势呈波动增长。2013—2015 年通过分馆专业化升级改造,带动接待访问量持续增长;2015 年起统计口径变化①导致分馆接待访问量数据的下降,而 7 台自助图书馆陆续建成投入使用保持了其接待访问量的增长。2016—2019 年通借通还分馆/服务点数量增长以及 2018 年设备升级后更准确全面统计客流量,分馆接待访问量数据成倍增长。2020—2022 年受新冠疫情影响,分馆接待访问量下降,但得益于城际花都站和地铁番禺广场站服务点投入,2021—2022 年自助图书馆接待访问量逆势增长,具体见表 2。

---

① 表 1 中 2013 年、2014 年文献外借量包含通借通还分馆以及非通借通还社区图书室、联合分馆的数据,如只统计通借通还分馆数据,2013 年的年外借文献量为 6.19 万册次。2015 年起,直属分馆服务效能只统计纳入通借通还的分馆数据,不再统计社区图书室、联合分馆的数据。

表 2　2013—2022 年示范性服务体系接待访问量

年份	分馆/万人次	流动图书馆/万人次	自助图书馆/万人次	合计/万人次
2013	20.43	1.04	1.95	23.42
2014	25.94	3.72	2.55	32.21
2015	2.02	4.43	6.11	12.56
2016	3.49	5.82	6.77	16.08
2017	12.05	4.31	5.74	22.10
2018	93.49	3.80	4.58	101.87
2019	112.34	3.46	3.31	119.11
2020	28.98	0.77	1.43	31.18
2021	55.63	1.12	3.39	60.14
2022	44.73	0.87	5.92	51.52

　　新增注册读者量呈增长趋势，以 2016 年为界可分为两个阶段。2013—2015 年新增注册读者量快速增长，其中自助图书馆对整体增长的拉动效果最为明显。2016 年开始，体系中分馆数量逐年增加，整体年新增注册读者量增长明显；2020—2022 年，在疫情影响下办证量波动较大，尽管如此，2021 年办证量却成为十年间最高的一年，见表 3。原因是部分分馆启用的预约进馆系统带来办证量增长，以及新建成的广佛同城图书馆、地铁番禺广场站服务点吸引大量市民。

表 3　2013—2022 年示范性服务体系新增注册读者量

年份	分馆/万人次	流动图书馆/万人次	自助图书馆/万人次	合计/万人次
2013	14	552	609	1175
2014	1528	1458	2213	5199
2015	2134	1114	3043	6291
2016	10571	1803	2888	15262
2017	10261	1307	3008	14576
2018	12205	919	1819	14943
2019	12420	677	1279	14376
2020	11362	266	1144	12772
2021	13270	305	2833	16408
2022	7509	186	3968	11663

　　在外借文献量方面，也呈明显增长趋势。2013—2015 年，外借文献量在分馆升级

改造的拉动下快速增长。从 2016 年起，随着分馆数量增加以及 2018 年起新增"送书上门"服务，外借文献量迅速增长，文献外借量从 2015 年的 31.44 万册次增长到 2019 年 135.66 万册次，增长了 331.49%。2020 年开始受新冠疫情影响，服务量骤然下降。相比于分馆，疫情对流动图书馆、自助图书馆和"送书上门"服务的影响较小，因为这些服务可以避免接触，能够较稳定提供，特别是"送书上门"服务得益于其方便快捷的无接触借还形式而迎来外借量大幅度增长，2020 年同比 2019 年增长 54.40%，在总外借量中的占比由疫情前的不到 10% 增长到 15% 以上。

表 4 2013—2022 年示范性服务体系外借文献量

年份	分馆/万册次	流动图书馆/万册次	自助图书馆/万册次	送书上门/万册次	合计/万册次
2013	62.21	3.19	0.96	0	66.36
2014	78.72	8.47	3.74	0	90.93
2015	11.18	10.03	10.23	0	31.44
2016	26.06	17.12	10.56	0	53.74
2017	53.24	17.49	10.86	0	81.59
2018	68.76	18.17	10.06	3.58	100.57
2019	96.96	18.88	9.12	10.70	135.66
2020	46.13	14.71	3.51	16.52	80.86
2021	79.62	12.44	4.47	18.23	114.75
2022	65.48	16.11	4.29	16.02	101.90

综上所述，十年来，示范性服务体系持续扩张、服务条件升级完善，进而带动整体服务效能稳步增长。各项效能指标在全市范围处于引领位置，沙湾、洛浦、钟落潭等多个分馆常年位居全市分馆服务效能前十名。示范性服务体系出色的服务效能，也为全市基层图书馆服务效能提升树立标杆。

2.4.2 阅读推广体系效能分析

自 2018 年以来，阅读推广活动场次不断增加，参与人数总体呈上升趋势，见图 1。2021 和 2022 年虽受疫情影响，仍顺利完成年度目标，并且成功打造数个活动品牌。

实践证明，阅读推广服务活动对增加用户黏性、引导民众利用图书馆、养成阅读习惯有显著作用。2022 年开展的对各馆阅读推广活动满意度调查，共收集有效调查问卷 1011 份，总体满意度为 98.82%，后续的阅读推广活动意愿参与度为 99.51%。

通过阅读推广业务外包、自主活动策划、总馆品牌活动下沉等多种方式，服务体

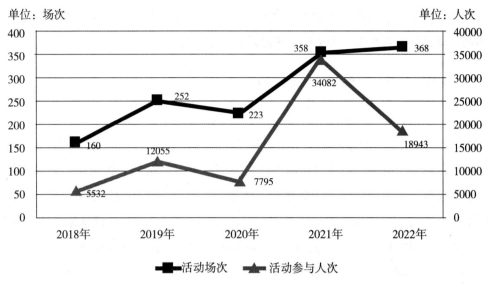

图1 2018—2022年活动场次及参与人次

系逐步形成完善的"服务+活动"基本服务结构，实现了活动主体从单一到多元、活动内容从单调到丰富、受众从以少儿为主到各类服务对象的有效覆盖，其辐射范围、活动规模及影响力获得增长，进一步发挥了服务体系在"图书馆之城"建设和发展中的引领、示范作用。

3 示范性服务体系建设亮点

3.1 《条例》导向，指引事业路径方向

《条例》明确了公共图书馆服务体系建设的广州路径，即构建"中心馆—总分馆"管理体系。广州图书馆被赋予中心馆地位，"十二五"时期积极构建起的总分馆服务网络，开启了面向示范分馆和示范性服务体系的建设发展之路。乘此契机，广州图书馆成立并形成专门的工作团队和工作机制，推动示范性服务体系的建设探索，实现从无到有、从有到优的跨越，为各区域总馆建设总分馆体系抛砖引玉，提供有效参考。

3.2 规划先行，为发展提供有效保障

十年来，示范性服务体系在规划引领下，明确策略和行动方案，并通过组织实施标准规范制度化建设（含系列专项规章制度制定），有效推进相关工作进程。在具体工作中，明确提出"统一平台、统一规范、统一标识、统一服务"建设标准，制定和不断完善分馆、服务点、通借通还物流等具体服务及管理办法等，使各项工作更加细致

并落到实处。上述规划及具体制度等有效推动示范性服务体系的专业化改造、转型升级和高质量发展，为其取得历史性、跨越式成效提供保障。

3.3 因地制宜，发挥示范引领作用

一是建设高标准综合性示范分馆。广州图书馆选取条件优越的场馆与合作单位（社会力量）共同打造服务效能常年位居全市基层图书馆前列的市儿童公园分馆、沙湾分馆和钟落潭分馆等。二是结合空间及地理环境特点设置分馆。如首家广佛同城图书馆、城际花都站和番禺广场站"旅途中的图书馆"等。三是建设特色创新分馆。结合"粤书吧"、文旅融合发展要求，建成 TIT 艺术主题分馆、必胜客阅读基地等特色鲜明、与社区融合共生的新型公共阅读空间。四是面向特定群体开展精准服务。如开展学校、福利院等特定分馆服务。分馆/服务点切实满足了市民免费、便利、均等享受公共文化服务的需求。一些特色项目还得到了业界、社会的广泛认可，示范作用显著。例如，南海天河城分馆被中国图书馆学会选为"2021 年特色阅读空间系列风采展示图书馆"，并获评为"2018 广东公共文化研讨会优秀案例"等。

3.4 因情施策，创新管理和服务

一是积极探索社会力量共建分馆。2016 年，建成全市首个社会力量共建分馆，随后市儿童公园分馆等相继开放，引领全市公共图书馆与社会力量合作热潮。进入 2020 年，结合文旅融合及新型公共文化空间和主题分馆等要求，共建主体由以地产企业为主转变为企事业单位、社会组织、个人的多元主体。二是在服务管理上不断探索新的社会力量参与模式。外派辅助馆员购买服务、阅读推广业务外包均取得显著成效，"送书上门"创新服务提供更便捷、高品质服务体验。三是调整和优化流动图书馆服务方向。示范性服务体系流动图书馆文献外借量由 2013 年的 3.19 万册次到 2019 年最高峰的 18.88 万册次，流动图书馆文献外借量常年稳居全市流动图书馆服务前列。

3.5 效能突出，奠定高质量发展基础

一方面"15+1+1+N"基础网络结构布局基本形成，纳入全市通借通还服务的分馆/服务点数量由起初的 5 个增长到 45 个，其中，示范性分馆 9 个。另一方面，积极推进建设全覆盖、主题性、品牌化、体系化的总分馆阅读推广服务体系，到 2022 年读者活动已达 368 场次/年。十年间，示范性服务体系服务效能在全馆所占比重大幅提升，接待访问量从 5.20% 增长到 15.56%，新增注册读者从 0.44% 增长到 5.38%，外借文献量从 8.72% 增长到 18.07%。其中，文献外借量从 2015 年的 31.44 万册次增长到 2019

的 35.66 万册次，增长了 331.49%，成为广州图书馆事业增长和高质量发展的重要突破口之一。2020 年全市基层分馆外借服务量前十名中，直属分馆达 7 个，为"十四五"时期的广州图书馆事业高质量发展奠定基础。

4 示范性服务体系建设现存不足

"十四五"时期，示范性服务体系的发展虽取得不错成效，但在高质量发展背景下，其自身体系构建、管理模式、阅读推广、保障机制等仍需进一步完善。

4.1 服务体系内部发展不均衡

示范性服务体系区别于总馆的显著特点是场地、设施、人员以及管理和服务等基本由合作方提供，合作方的重视程度以及各种不稳定因素造成发展差异。一方面是发展不平衡。例如，光大花园分馆建筑空间不足 150 平方米，而海上明月分馆面积则超过 1500 平方米，两者差异巨大；富春山居分馆、星汇云城分馆服务效益较好，但因管理方稳定性差、积极性不足等制约了发展和服务效能提升等。二是服务效能水平差距较大。2022 年外借文献量最高的沙湾分馆达 19.36 万册次，位列全市基层图书馆第一名，与此同时，部分效能较低的分馆年外借文献量仅几千册。

4.2 高效专业管理模式尚未形成

随着示范性服务体系不断壮大发展及重心转向高质量服务，原有的管理模式、运行制度和管理手段等均已略显不足。一是针对主题分馆、新型公共文化空间，以及阅读推广体系建设的标准和规范等尚未建立。二是在管理手段方面，缺乏对现代化、网络化、智慧化管理手段的应用，需建设有效管理平台，实现对分馆服务数据的挖掘和分析，支撑包括智慧服务、智慧分析、智慧评估和辅助决策等功能在内的智慧化分馆运营模式。

4.3 阅读推广体系处于起步阶段

行之有效的阅读推广服务对增加用户黏性，引导民众利用图书馆，养成阅读习惯有显著作用。2020 年开启"服务+活动"阅读推广服务体系结构的探索，到 2022 年活动覆盖率达到 78.58%，但仍面临许多问题。一是阅读推广业务外包的供应商主体不稳定，制约项目的可持续发展。二是活动资源、品牌和服务对象主要集中在艺术、法律、心理等主题方面，更多的资源类型和服务形式仍需挖掘。三是适用于体系联动与总馆资源下沉的全馆协作机制仍在探索中。

4.4 管理服务保障机制有待加强

当前人员保障、制度保障等未能完全匹配事业高质量发展及持续发挥示范、引领作用的要求。一是在人员保障机制上，对于参与馆外固定服务的工作人员，缺乏科学用人机制和激励机制的政策支持，难以留住高素质人才，亟待通过畅通职称评审渠道等途径提升其职业价值感和专业化水平；对于临时用工，现有志愿者服务有一定的随机性和不稳定性，缺乏长效管理机制。二是人员数量不足，2022 年分馆工作人员仅 66人，大部分分馆/服务点限于提供基本服务，与高质量发展存在较大差距。三是社会力量参与分馆建设的制度保障上，一方面尚未形成完善的绩效考评以及对应合理的准入退出机制，另一方面缺乏合理的政策或制度激励机制，难以激发社会力量持续办好分馆服务。

5 探索未来推动实现高质量发展之路

"十四五"期间，示范性服务体系应贯彻落实《条例》、广州图书馆"十四五"发展规划等要求，以高质量发展为主题，以深化服务供给侧结构性改革为主线，进一步完善制度建设，强化创新驱动，持续探索构建更加完善、专业、高效的管理模式，走出符合时代发展、广州特性的高质量发展之路，助推、引领全市公共图书馆服务体系建设，发挥城市中心馆直属总分馆城市样本使命。

5.1 制度建设的科学化

十年建设和积累表明，示范性服务体系科学化、标准化规章制度的构建变得尤为重要。一是要贯彻落实国家、地方及行业标准规范，并配合"图书馆之城"建设探索适宜本地发展的标准规范；二是要强化管理层面的制度建设，在总结经验和研究基础上，采取动态优化机制，完善提升相关建设标准和要求，适时满足发展需要。如针对社会力量分馆的绩效考核及准入退出机制等。三是要以规划为引领，推进建立完善、专业、高效的管理和运作制度。

5.2 业务服务的专业化

图书馆专业化，是实现高质量发展的必由之路，以专业化驱动迈向新阶段，是新时代公共图书馆的战略任务和时代使命。方家忠馆长指出："公共服务专业化，主要通过细分服务的路径，细分服务人群、主题、方式、手段进而设计针对性的服务，以达到深化服务的目的。当然，就图书馆整体而言，专业化也内含系统化、体系化服务的要求，即服务要涵盖主要的群体和主要的主题领域，并形成一个逻辑连续、资源共享、流程衔接的有机整体"。当前，示范性服务体系正朝这一方向探索推进：一是优化体系布局，深化打造"15+1+1+N"基础网络结构，在现有体系基础上持续发掘地方特色，因地制宜推进特色主题分馆建设，并持续深化服务内容，加强与公共文化机构、社会力量融合，重点突出全市性示范点建设，打造新型公共阅读空间。二是切实推进未成年、老年人、残障人士、服刑人员等重点群体的针对性服务，如进一步加强与广州市社会儿童福利院合作升级分馆服务，切实推进与司法系统和市属监狱合作等。三是健全完善"服务+活动"基本服务结构，深化对讲座、展览、阅读推广、沙龙和数字资源覆盖等各类服务形式的应用，积极推动流动图书馆转型发展，打造全覆盖、主题性、品牌化、体系化的直属总分馆阅读推广服务体系。

5.3 主题融合的时代性

主题图书馆建设是城市公共图书馆高质量发展的主要途径之一，也是广州图书馆"十四五"发展规划提出的建设重要内容之一，之后的五年计划及《广州市关于推进现代公共文化服务高质量发展分工方案》也强调其为公共图书馆体系的发展方向和主要内容之一。在现有成效的基础上，还需继续因地制宜结合地域文化、产业布局、社会经济发展规划、受众需求等，持续发掘更多的特色主题分馆，如根据国家植物园、南沙方案、诗词之都、中新知识城等规划布局，持续深化服务内容，打造主题分馆体系。

融合发展是主题建设得以持续挖掘和深化发展的助力器。未来发展中，需积极拓宽社会各方力量参与公共图书馆的建设和服务，探索面向图书馆+酒店/商场/园区/景区等多主体、多业态深度融合发展模式的应用，突出共建共享、互利互赢、高质量发展。此外，也需结合各主体、各业态自身特点挖掘其主题特色和优势，同时以图书馆建设和服务转型升级的思路，探索建成一批有颜、有料、新潮、符合新时代阅读需求的复合型公共文化空间，持续引领全市体系供给格局。

5.4 阅读推广的体系化

阅读推广体系化建设是示范性服务体系建设、发展、提质、增效的常态化工作，也是凸显其引领、示范作用的重要举措。因此，需要系统梳理现有项目，深度打造阅读推广体系。一是实现全覆盖。结合"读懂广州"等特色活动，通过开展图书推荐、数字资源推广等常规系列活动，实现活动在分馆/服务点100%覆盖；通过加强活动质量监管、完善效能评估，高质量完成阅读推广业务外包项目；积极参与"广州市公共文化产品配送"项目引入资源下沉。二是着重主题性。依托主题分馆、特色资源，形成集借阅、交流分享等于一体的空间，开展对象化服务；突出未成年人、残障人士等重点群体阅读推广活动。三是凸显品牌化。强化"穗阅艺术"等自主品牌活动建设，推动条件合适的分馆开展品牌建设；密切与总馆各部门合作，探索常态化联动机制，推动品牌活动资源向分馆/服务点延伸等；此外，积极引入社会力量参与品牌共建。四是彰显体系化。积极配合做好广州读书月、公共图书馆服务宣传周、羊城之夏等活动联动；强化示范性服务体系内展览、讲座、阅读活动的联动，充分发挥体系优势。

5.5 人才队伍的专业化

人才队伍的专业化是实现高质量发展的必要支撑。一是构建专业团队，夯实发展基础。强化以绩效管理为首要任务，不断优化人员配置、岗位设置，探索构建体系建设、运作管理、阅读推广等专业岗位，同时，贯彻业务工作专业化、专业工作学术化基本思路，推动工作实践与专业研究结合，赋能馆员成长和职业发展。二是重视基层工作人员队伍的专业化。基层工作人员队伍是专业化服务最重要和最直接的影响因素之一，有必要针对不同人员采取分层次、差异化培训策略从而提升分馆专业化服务水平。三是专业志愿者的引入能够有效提升整体队伍素质和专业化服务水平。应在全面综合考量分馆发展、服务特色等基础上，持续探索和建立符合分馆志愿服务的长效机制，谨慎挑选专业志愿者或项目合作团队，设立"市民馆长"等岗位，激励民间力量。

5.6 文献保障的品质化

文献保障是总分馆体系建设和服务的基础，直接影响分馆服务质量、读者满意度、服务效能等。一是提高入藏文献资源质量。当前馆藏量已突破百万册，年新增5至8万册以上，基本能满足日常运营。在这个条件下，未来更应关注提高入藏文献的品质，尽量丰富文献资源品种，加大新入藏资源利用率，提升新书年流通率占比。二是优化入藏文献学科类型，建设质量和特色兼具的主题文献资源。日常文献资源调配中注意相关主题资源的遴选；在新书采购中加强对已有主题特色文献的持续投入，保持其与新书出版同步的增长率；同时，应探索对特色馆藏数字资源的挖掘利用，以便更好地充实主题资源类型和特色。此外，对主题特色资源的采选还应有一定预见性，如针对粤港澳大湾区建设、岭南文化、海丝文化等主题特色资源给予重点关注。三是需进一步加强文献更新配置和流转的科学性研究，降低物流工作成本，提升资源利用效率，探索建成更加科学、有序、精准、高效的物流工作机制。

5.7 管理支撑的智慧化

信息技术对于推动图书馆事业发展有着深刻而积极的作用。近年来，国家层面颁布多项政策文件，指出要加强智慧图书馆建设，提升网络化、智能化服务水平。在智慧图书馆时代，新技术对于示范性服务体系的支撑主要体现在智慧化管理和智慧化服务两个层面。在支撑智慧化总分馆体系管理层面，应重点建设总分馆智慧管理服务平台。依托云计算、大数据等新一代信息技术，建立覆盖全部分馆、服务点、自助图书馆的智慧化管理架构，加强服务数据挖掘和分析能力。支撑包括智慧服务、智慧分析、智慧评估和辅助决策等功能在内的智慧化运营。在支撑智慧化服务方面，重点在于拓宽数字文化服务应用场景。以服务全民阅读为导向，主动适应公众阅读习惯和媒介传播方式变化，建设数字阅读大众化实体体验空间，加强数字艺术、沉浸式体验等新型文化业态在分馆中的应用，吸引更多群众特别是年轻人参与。加强"送书上门"等网络平台与政务服务平台、城市民生服务平台的互联互通，实现数据共享、统一认证，为读者提供"一体化"集成式平台服务，等等。

广州图书馆阅读推广活动十年发展研究

刘双喜

广州图书馆诞生于 1982 年改革开放之初，其发展与中国波澜壮阔的改革开放事业、与广州建设并跃升为现代化国际大都市的历程基本同步。2013 年 6 月 23 日，广州图书馆新馆正式全面开放。经历全面开放初期的文化交流活动实践，广州图书馆在 2015 年编制"十三五"发展规划中提出了拓展"公共交流平台"使命，最终在 2020 年编制"十四五"发展规划中提出要建设知识、学习、文化、交流四个平台，进一步推动图书馆机制的性质从中心向平台转型。图书馆的交流平台作用主要体现在深度连接公众、社群组织、政府机构等主体，围绕文献、知识、信息、文化、社交等人的需要开展各类交流活动，其最终目的既促进全民阅读，又推进社会共建共治共享。因此，从广义上来看，这与政府所倡导的"深入推进全民阅读"具有异曲同工之妙。

根据表 1，2013—2022 年，广州图书馆举办各类线上线下活动共计 25167 场次，类型包括展览、讲座报告会、读者培训及其他阅读推广活动，其中线下活动 21401 场次，2020 年—2022 年新增线上活动共计 3766 场次；2013—2022 年参与活动公众共计 4812.9 万人次，其中线下参与 1254.4 万人次，2020—2022 年新增线上活动参与人次 3558.5 万。线下活动量从初值到峰值增长 8.6 倍，峰值为 2019 年的 4360 场次；吸引公众参加活动人次增长 7.0 倍，峰值为 2018 年的 227 万人次；参加活动人次占图书馆接待访问量的比重增长 35.91 个百分点，历年均值为 22.10%[①]。广州图书馆阅读推广活动的蓬勃发展成为广州图书馆新馆服务效益位居全国前列的主要标志之一。

表 1　广州图书馆 2013—2022 年阅读推广活动基本效能

年份	活动量/场次	参加活动人次/人次	接待访问量/人次	参加活动人次占接待访问量的比重/%
2013	454	282632	4272166	6.62%
2014	1077	412043	6198238	6.65%
2015	1261	1133230	6153562	18.42%

---

① 由于线上活动为新冠疫情后新增统计项，为方便与历年情况进行对比，此处只选择"线下活动量"这一指标进行对比。

续表

年份	活动量/场次	参加活动人次/人次	接待访问量/人次	参加活动人次占接待访问量的比重/%
2016	1743	1458155	7396912	19.71%
2017	2631	1848790	7953082	23.25%
2018	3788	2272954	8393913	27.08%
2019	4360	2115365	7983790	26.50%
2020	1286 （含线上为2731）	649837 （含线上为11163748）	2085957	31.15%
2021	2837 （含线上为4029）	1181601 （含线上为12857390）	3530712	33.47%
2022	1964 （含线上为3093）	1189179 （含线上为14584803）	2796060	42.53%
合计	21401	12543786	56764392	22.10%

2019—2021年，广州图书馆连续三年被中国图书馆学会评为"2018年全民阅读先进单位""2019年全民阅读先进单位""全民阅读示范基地"。2021年，广州图书馆还被人力资源和社会保障部、文化和旅游部授予"全国文化和旅游系统先进集体"称号。荣誉是对发展的肯定和褒扬，更是对未来的鞭策和激励。俗话说，知来路，方知去路。回顾和梳理广州图书馆阅读推广活动的发展历程和成因，并对未来发展进行思考研判，将有助于广州图书馆在未来事业的高质量发展中赢得先机。

1 从七个方面看活动的蜕变

1.1 活动内容：服务活动化、活动品牌化

回顾广州图书馆阅读推广活动十年发展历程，可以说新馆全面开放开启了这部"美丽书籍"的序章。2013年6月23日全面开放仪式的策划思路：一是活动主题确定为"美丽书籍、全新绽放"；二是活动地点选在一楼大堂，考虑当天新馆还需对外开放，整个活动仪式控制在半个小时左右，尽量减少对读者的影响；三是活动亮点为展开一幅反映广州图书馆新馆的"珠江边上 美丽书籍"画卷，并邀请现场嘉宾共同签名留念；四是将6月下旬至7月下旬为期一个月时间确定为新馆开放月，主体活动除开放仪式外，还包括举办"图书馆·城市·国家——广州国际友好城市图片展""羊城风情摄影展""参天之木有其根怀山之水有其源——家谱文化展"等四项

展览，以及"人·图书馆·城市"论坛和"大都市的公共图书馆事业"国际学术研讨会等。

新馆全面开放仪式嘉宾邀请范围广泛，包括读者代表、各级领导、设计方、建设方、支持者、业界代表、馆员代表等。活动现场，50余位特邀嘉宾受邀出席。广州图书馆向受邀读者代表颁发"荣誉读者证"，读者和合作伙伴代表向广州图书馆赠送文艺作品。这些文艺作品后期被装饰在广州图书馆的公共空间之中。根据上述的策划，可以看出其中两条逻辑：一是广州图书馆重点打造文化服务特色，包括本土文化、多元文化；二是广州图书馆是社会共建共享的公共文化空间。

从全面开放的探索实践出发，广州图书馆十年中不断梳理和完善服务框架，最终形成由文献信息服务、公共交流服务、数字化服务、体系化服务构成的，既契合需求，又面向未来的多样化服务框架。同时以主题化、对象化为路径，实现公共服务细分和专业化，将服务全面覆盖主要领域和所有群体。服务活动化和活动品牌化情况，见表2。

表2 广州图书馆服务活动化、活动品牌化框架

服务区域	服务/活动品牌
报刊区、普通视听资料区、文学图书区、综合图书区、考试资料区	文艺名家公开课、健康大讲堂、广图导览、开卷广州、阅读养心沙龙等
广州人文馆（广州文献区、名人专藏、家谱查询中心等）、多元文化馆、语言学习馆、创意设计馆、创客空间、多媒体鉴赏馆、阅读体验区、休闲生活馆、广州纪录片研究展示中心、新时代红色学习空间、新时代文明实践中心	广州小故事、刘斯翰先生诗词专题系列讲座、故纸觅羊城之广州通史·读懂广州系列讲座、唐诗宋词粤语讲座、粤剧粤曲大家谈系列讲演、"扎根岭南——本土经典文本导读"系列活动、"环球之旅"多元文化系列活动、"一起创"系列活动、"友创意"系列活动、周末电影、广图英语角、广图粤语角、广图百语荟、音乐零距离、"轻车熟录"录音知识科普讲座、"WE纪录"创作培训营、"盛夏纪·纪录影像"嘉年华、"七个一"主题服务等
视障人士服务区、亲子绘本阅读馆、中小学生文学艺术图书区、中小学生综合书刊区	广图盲读快乐营、阅创空间、"小樱桃"阅读树、小河马玩具馆、"悦读童行"儿童与青少年阅读攀登计划、"签·约世界"国际青少年书签设计交流活动、漫绘阅读、书及远方——广图研学、文学后花园等
报告厅、展览厅等	广州新年诗会、羊城学堂、雅村文化空间、文史广州、九三讲堂、广州读书月、广州公益阅读、"广佛同城共读"活动等
信息咨询中心、研究写作室	专家志愿者咨询服务、法律专家一对一、心理专家一对一、研究分享会
电子阅览室（信息技能学习区）	"智慧助老"公益课堂、"IT学堂"系列活动等

1.2 活动主体：从"1+3"到"1+N"

社会活动推广部是广州图书馆新馆部分开放前成立的新部门，旨在统筹发展广州图书馆的阅读推广活动和公共关系，面向社会宣传推广广州图书馆的服务和活动。也就是说，社会活动推广部要注重发展综合性、大型并具影响力的活动，在全年整体活动项目策划等方面发挥牵头作用。在十年中，随着业务的不断拓展，活动主体部门逐步发生变化，从最初的"1（社会活动推广部）+3（儿童与青少年部、文献流通部、信息咨询部）"，后来陆续新增了中心图书馆办公室、专题服务部、网络服务部、广州纪录片研究展示中心等4个部门，最终形成了全馆所有的服务部门都参与阅读推广活动发展的格局。

当然，馆内的业务拓展和调整离不开公众等社会力量的积极参与。阅读推广活动的运营理念不仅将公众视为服务的对象，更视为服务的参与者和建构者，并将图书馆、政府、企业、社会组织、公众等各方面主体视为一个公共文化共同体，从而构建一个深度合作、协同发展的文化生态圈。

因此，广州图书馆一直将拓展社会力量参与作为阅读推广活动发展的重要一环。除2013年未专门统计合作伙伴数量外，广州图书馆的合作伙伴数量从2014年的80个发展到2022年的307个，见表3，从低位到高位增长近3倍，从2021年开始基本稳定在年均300个左右，其中既有战略合作伙伴、中长期合作伙伴，也有一次性合作伙伴，真正形成了"1+N"的发展格局。

值得一提的是，广州公益阅读是广州图书馆拓展社会力量合作的又一成功案例。2017年4月，广州图书馆首倡广州阅读联盟，意在联合社会力量共同举办阅读推广活动，致力于让阅读成为一种生活方式。同年，爱读书会、广州微笑阅读成长中心等24家阅读组织与广州图书馆签订合作协议。2019年3月，广州阅读联盟更名为广州公益阅读，改为项目制管理，即每年面向广州市各类阅读组织征集"广州公益阅读创投项目"。至2022年，广州公益阅读共支持143个创投项目，在社区、学校、图书馆、书店等场所联合举办活动2659场，直接受益人次约97.03万。

表3　广州图书馆2013—2022年合作伙伴数量

年份	合作伙伴/个	年份	合作伙伴/个
2013	未统计	2016	162
2014	80	2017	171
2015	150	2018	190

续表

年份	合作伙伴/个	年份	合作伙伴/个
2019	288	2021	309
2020	262	2022	307

注：本表数据根据广州图书馆历年年报整理。

纵观新馆发展的十年，合作伙伴类型包括党政团组织、企事业单位、文化团体、媒体、公益组织甚至个人等，参与的服务非常广泛，包括本土文化服务、多元文化服务、都市文化服务、未成年人服务及特殊群体阅读推广服务等。

以 2022 年为例，广州图书馆自主组织的活动全年共 2001 场次，占活动总量的 64.69%，与合作伙伴联合举办活动 1087 场次，占活动总量 35.14%（仅为社会提供场地的 5 场活动不计）。关于合作伙伴人力、物力、财力等投入折算成经费投入占图书馆年度经费总投入的比例，2017 年达到峰值为 3039.4 万元，约占年度总经费的 14.8%。2020—2022 年，受疫情影响社会合作投入趋于下降。

1.3 活动辐射：从本馆到总分馆体系、全广州、大湾区、国内外

广州图书馆的阅读推广活动辐射不仅仅在本馆，更拓展至总分馆体系、全广州、大湾区和国内外。在联动总分馆体系和全城方面，广州图书馆通过活动联办、品牌活动下沉、与广州公益阅读组织合作等方式将活动辐射至区域总馆、分馆、社区等地，活动联办包括共同举办"广州读书月"活动、"七个 100"系列活动、"读懂广州"系列活动等。2022 年，在"读懂广州"系列活动中，广州图书馆联动广州少年儿童图书馆等八家公共图书馆巡回展出"读懂广州——文献中的广州"数字资源主题展，并通过流动图书馆深入社区、学校、部队、公园等进行宣传推广。2022 年，广州图书馆推动多项品牌活动下沉区域总馆和直属分馆，其中在直属分馆共计举办活动 254 场，共计 1.3 万人次参与。

2019 年以来，为贯彻落实《粤港澳大湾区发展规划纲要》，促进粤港澳大湾区人文交流，广州图书馆举办了一系列活动。例如，为促进广佛同城化建设，广州图书馆、佛山市图书馆于 2019 年起连续举办"广佛同城共读"活动，截至 2022 年，先后评选出"广佛同城共读一本书"的图书有《岭南草木状》《老码头，流转千年这座城》《广州传》《赵佗归汉》等，形成共荐、共选、共评、共读的活动模式。2019 年 9 月，为庆祝澳门回归祖国 20 周年，广州图书馆、广州大典研究中心与澳门大学图书馆合作举办"珠水情牵濠镜开——《广州大典》澳门展"，开启了《广州大典》大湾区巡回展的序幕。同年 12 月，广州图书馆、广州大典研究中心同澳门科技大学图书馆、澳门科

技大学社会和文化研究所以及广州文仕文化博物档案馆合作，在广州图书馆举办"全球地图中的广州"展览，得到省市领导的充分肯定。

在推动阅读推广活动国内外发展方面，广州图书馆的特点是与国内对口合作城市及其他城市图书馆、国际友好城市图书馆共同开展。2018—2019 年，广州图书馆与广州对口合作城市图书馆——黑龙江省齐齐哈尔市图书馆实现互办展览。2018 年，广州图书馆"一起创"活动首次联合长沙市图书馆举办创客大赛，开展活动 49 场，创作作品 458 件；2019 年，"一起创"活动联动长沙市图书馆、武汉市图书馆开展，开展培训 50 场、参赛 552 人次。2013 年起，广州图书馆启动"签·约世界"国际青少年书签设计交流项目，截至 2022 年，活动已成功举办十届，包括美国洛杉矶、法国里昂、俄罗斯叶卡捷琳堡等广州国际友好城市和多个国内城市图书馆共同参与项目，征集作品超过 6 万份。2021—2022 年，广州纪录片研究展示中心的"WE 纪录"创作培训营活动辐射国内外 30 多个城市和地区，共吸引 1.03 万人次参加线上培训；2022 年通过培训孵化共征集到纪录片 88 部，其中评选出的 20 部优秀作品被收入馆藏。

1.4　活动方式：从线下到线上再到融合发展

2020 年，广州图书馆积极应对疫情带来的不利影响，将部分活动从线下转移至线上，活动形式包括线上讲座、线上读书、线上展览、线上征集、线上培训、线上读剧和线上咨询等。全年举办线上线下活动共 2731 场，参加活动 1116.4 万人次，其中线上活动约占 53%，达到 1445 场，线上活动人次约占 94.18%，超过 1051 万人次。与"南都直播"平台合作开展"羊城学堂"公益讲座网络直播，举办"东野圭吾推理小说解码"等线上讲座 29 场，共吸引 530 万人次在线观看，受到《广州日报》等多家媒体的报道，并获推"学习强国"平台。携手广州大剧院、MEGA 戏真多工作室、广州市天河区民间文艺家协会共同推出"悦读分享会"巨匠系列经典文学作品"读剧慧演"线上读剧会，在哔哩哔哩平台开展直播，带领读者共同感受莎士比亚喜剧《仲夏夜之梦》的艺术魅力。

2021 年，广州图书馆举办活动共 4029 场，参加活动 1285.7 万人次。其中线上活动约占 29.6%，达到 1192 场，线上活动人次约占 90.8%，达 1167.6 万人次。2022 年，共举办线上活动 1129 场，占活动总量的 36.50%，占比较 2021 年继续提升。2023 年，阅读推广活动已呈现出融合发展的新局面，如线下讲座线上同步直播、线下展览线上直播讲解等。

在与媒体合作直播的过程中，广州图书馆进一步意识到要加快新媒体平台和自主直播平台发展，最终形成了自主平台和合作平台并行发展的格局。自主平台分别包括"广图直播"微信公众号栏目、微信视频号和官方微博视频，合作平台分别包括南都直播、虎牙直播、触电直播、粤听 App 等。2022 年通过自主平台、合作平台直播 141 场次，观看直播人次超过 10 万的活动达 38 场次，极大地拓宽了本馆活动的受众范围，提升了本馆活动的影响力。大量直播活动的开展也提升了微博服务的影响力，微博通过私信推流、向微博平台争取推流等方式反哺提升了直播活动的热度。

1.5 活动营销：抓住重要时间节点和平台

纵观十年来的发展历程，抓住重要时间节点，借助重大平台进行营销是阅读推广活动发展的重要机遇。2014 年元旦，广州新年诗会在广州图书馆西广场首次举办，此次户外活动吸引近百位诗人和 500 多位观众参与。2014 年 10 月，借全国古籍保护工作会议在国家图书馆召开之机，广州图书馆在会场外推出了"《广州大典》暨广州公共文化建设剪影"展览，吸引了来自全国各地参会代表的关注目光。2015 年 12 月，广州图书馆利用中国图书馆年会在广州召开的机会，在广州白云国际会议中心和馆内举办了"迈向权利保障时代——广州地区公共图书馆事业发展图片展"、"千年古城的根和魂——《广州大典》展"、世界图书馆建筑图片展、2015 年中国图书馆榜样人物和最美基层图书馆展等五大展览，以及"图书馆之夜"活动，获得国际图联主席多娜·席德尔女士等国内外嘉宾的一致好评。2016 年是中、英两国的戏剧大师汤显祖与莎士比亚逝世 400 周年纪念，2017 年 1 月举办的广州新年诗会以"时间之间·汤显祖与莎士比亚"为主题，从诗歌和戏剧的层面来深入探讨两位大师的世界征象。2017 年是党的十九大召开之年，也是鲁迅莅穗讲学 90 周年和香港回归祖国 20 周年，广州图书馆先后举办了"鲁迅的身影——原版照片珍藏展""粤·港·聚世界——香港回归历程展""红旗飘飘——中国共产党党旗诞生历程珍贵档案展""学海苦航——刘逸生学术成就研讨会暨诗书画展"等大型展览。2018 年 12 月，利用中国（广州）国际纪录片节在广州图书馆召开的机会，广州纪录片研究展示中心正式开放。纪录片服务作为全新的服务领域对广州图书馆乃至全国图书馆事业发展具有里程碑意义。2019 年，为庆祝中华人民共和国成立 70 周年并纪念五四运动 100 周年，广州图书馆举办了"中国民主革命策源地——广州（1840—1949）图片展""青春心向党——广州共青团纪念五四运动100 周年图片展""影像广州 70 年展览"等大型展览。2020 年，广州图书馆围绕抗击疫情主题策划举办近 70 场活动，活动形式有展览、线上征集、线上咨询、比赛、纪录片展映及交流、诗文朗诵、讲座及读书会等。推出"'疫'路同行"线上咨询活动，做好公众法律问题释疑和疫情心理疏导，受众达 13.7 万人次。2021 年，为庆祝中国共产党成立 100 周年，广州图书馆策划举办"'永远跟党走'——广州图书馆庆祝中国共产党成立 100 周年'七个 100'系列活动"，包括"读 100 本红色经典读本""听 100个红色（党史）故事""唱 100 首红色歌曲""赏 100 部红色影片""讲 100 场红色宣讲""联动 100 个图书馆""办 100 场活动"，共举办活动 686 场次，共计 280.4 万人次参与。2022 年为广州图书馆建馆 40 周年，广州图书馆策划举办"我与广图 40 年"征集活动、"风正帆悬——广州图书馆 40 年"展览、"广图 40 年 40 人"短视频宣传，并制作首部口述史纪录片《风正帆悬——口述广图 40 年》在广州广播电视台等平台播出，共吸引 6.1 万人次在线观看。

1.6 活动传播：坚持自媒体、媒体和业界传播相结合

阅读推广活动的策划与传播相辅相成二者缺一不可。传播方式按活动阶段可分为活动前信息发布、活动中直播或互动、活动后二次传播和受众意见反馈；按传播途径可分为政府、媒体、自主平台、合作方、读者、业界甚至馆员等；按传播内容可分为图片、文字、短视频、音频、宣传片、纪录片、文创产品等。广州图书馆于 2011 年开通新浪微博，2013 年开通腾讯微博（2018 年关闭），2014 年开通微信服务号并创刊《广州图书馆通讯》，2016 年广州数字图书馆改版上线，2021 年开通微信视频号、抖音号，2022 年开通微信订阅号，最终形成了"一网一刊五号"的全媒体格局。2021 年，广州图书馆活动原创报道共计 871 篇次，占全年媒体报道总量的 62.17%。2022 年，受疫情影响，这一比例略有下降，活动原创报道共计 610 篇次，占全年媒体报道总量的50.66%。随着活动数量的不断增加，发布渠道日益多元化，2020 年广州图书馆开始规范活动信息发布机制，要求各部门应将计划举办的所有活动信息统一发布至广州数字图书馆活动栏目，并及时在《广州图书馆每月活动安排》刊载。

在业界传播方面，广州图书馆注重优秀案例申报。据统计曾获省市级以上荣誉的活动项目（品牌）有 21 个，占总活动项目（品牌）约三成，在国际上有一定影响力的活动品牌有广州新年诗会、"环球之旅"多元文化系列活动、"签·约世界"国际青少年书签设计交流活动等。其中，2016 年，羊城学堂获"书香岭南"全民阅读活动"优秀阅读项目"。广州新年诗会先后获得 2018 年第三届广东省图书情报创新服务奖、2018 年国际图联营销大奖最富于启发性项目之一、2022 年广州市公共文化服务高质量发展创新项目（优秀案例）、2022 年广东省公共文化服务优秀案例，可谓活动品牌中的王牌项目。广州图书馆"环球之旅"项目荣获 2020 年美国图书馆协会"国际图书馆创新项目主席奖"。"广佛同城共读"活动荣获中国图书馆学会 2021 年阅读推广展示项目。"广州图书馆专家志愿者咨询服务"入选文化和旅游部 2022 年文化和旅游志愿服

务典型案例。诸如此类的荣誉还有很多,不一而足。

1.7 活动意义:带来三大变化

一是丰富了图书馆的服务内容并促进了服务结构的转变。广州图书馆从以前的以文献为中心的服务结构,转变为以人为中心,围绕人的知识、信息、文化需求,广泛举办文献、知识、信息、展览、讲座、报告、"真人书"等活动。图书馆不仅是知识获取、学习交流、文化传播的平台,更成为城市公共生活的一部分。通过总结发现,广州图书馆的到馆活动率(即参加线下活动人次和接待访问人次的比值)总体上呈稳步上升态势,而到馆借书率(即到馆外借人次和接待访问人次的比值)在疫情前整体趋势向下,疫情防控期间比重有一定程度提升,见图1。

图 1 广州图书馆到馆借书率和到馆活动率趋势图

二是对图书馆传播和阅读推广产生价值。阅读推广活动的开展及其媒体报道吸引更多潜在公众了解、认识图书馆,进而转化为图书馆的读者。2013—2022 年线下阅读推广活动与大众媒体报道量对比见表4。通过将 2013—2022 年新增注册读者量与参加线下活动人次进行对比,最终得出历年平均比值约为 28.84%,见表5。

表 4 广州图书馆 2013—2022 年线下阅读推广活动与大众媒体报道量

年份	线下活动量		活动报道量	
	数量/场次	增幅/%	数量/篇次	增幅/%
2013	454	—	379	
2014	1077	137.2	451	19.0

续表

年份	线下活动量		活动报道量	
	数量/场次	增幅/%	数量/篇次	增幅/%
2015	1261	17.1	509	12.9
2016	1743	38.2	622	22.2
2017	2631	50.9	650	4.5
2018	3788	44.0	600	-7.7
2019	4360	15.1	856	42.7
2020	1286	-70.5	765	-10.6
2021	2837	120.6	871	13.9
2022	1964	-30.8	610	-30.0
合计	21401	—	6313	—

表5 广州图书馆2013—2022年参加线下活动人次与新增注册读者量对比

年份	参加线下活动人次/人次	新增注册读者量/人
2013	282632	397566
2014	412043	296775
2015	1133230	310914
2016	1458155	334837
2017	1848790	312054
2018	2272954	270761
2019	2115365	256499
2020	649837	333931
2021	1181601	610833
2022	1189179	494027
合计	12543786	3618197

三是促进了传统服务的利用。通过"书人比"（外借文献册次与进馆人数的比值）可发现，广州图书馆2013—2019年间"书人比"的比值在1.20—1.66之间，2020—2022年疫情防控期间更达到3.93的峰值。历年均值达到1.67，是全国图书馆同期均值的约2.14倍（见表6）。

表 6　广州图书馆 2013—2022 年"书人比"

年份	广州图书馆			全国公共图书馆		
	接待访问量/人次	外借文献量/册次	书人比	接待访问量/万人次	外借文献量/万册次	书人比
2013 年	4272166	6950659	1.63	49232	40869	0.83
2014 年	6198238	9149842	1.48	53036	46734	0.88
2015 年	6153562	10213482	1.66	58892	50896	0.86
2016 年	7396912	10963004	1.48	66037	54725	0.83
2017 年	7953082	10542309	1.33	74450	55091	0.74
2018 年	8393913	10083700	1.20	82032	58010	0.71
2019 年	7983790	10340239	1.30	90135	61373	0.68
2020 年	2085957	8191305	3.93	54146	42087	0.78
2021 年	3530712	9884292	2.80	—	—	—
2022 年	2796060	8300744	2.97	—	—	—
合计	56764392	94619576	1.67	527960	409785	0.78

注：全国公共图书馆数据根据国家图书馆研究院编历年《中国公共图书馆事业发展基础数据概览》整理。

2　活动蓬勃发展的内在原因分析

2.1　时代背景变化的外在驱动

党的十八大以后，新的历史方位和社会主要矛盾的变化标志着公共图书馆发展的时代背景发生了历史性变革。从我国人均 GDP 的变化来看，2003 年超过 1000 美元，2012 年超过 6000 美元，至 2022 年达到人均约 1.27 万美元，比 2012 年翻了一番。国际经验表明，人均 GDP 超过 1000 美元，这标志着消费需求升级、生活需求开始出现多样化倾向，对公共服务、社会设施等方面的需求提高，特别是文化需求增强。当人均 GDP 超过 5000 美元时，人们的文化需求将日益旺盛，会形成井喷式的发展。而同期，2013 年我国 4G 网络正式开始商用，这标志着我国进入真正意义上的移动互联网时代。智能手机的迭代更新、微博和微信等新媒体的蓬勃发展，激发了公众的线上文化需求和社交需求。

因此，广州图书馆新馆全面开放后，基于时代背景、公众需求、本土优势等多重因素考虑，提出了系统开展文化服务和交流服务的思路，将构建实体公共文化空间和虚拟数字公共空间相统一，并将其作为广州图书馆服务的鲜明特色之一。十年中，广州图书馆不断推动中华优秀传统文化创造性转化、创新性发展，擦亮广州的红色文化、岭南文化、海丝文化和创新文化等四大文化品牌，以提升公众的文化获得感和幸福感。

2.2 转型发展的内在需求

在公共图书馆的空间理论方面，二十世纪五六十年代德国哲学家汉娜·阿伦特和哈贝马斯先后阐述的"公共领域（Public Sphere）"概念得到新的阐发。1989 年，美国城市社会学家雷·奥登伯格在其著作《伟大的好地方》（*The Great Good Place*）一书中提出，第一空间指家庭，第二空间是工作场所，第三空间是除第一空间和第二空间之外的社会公共空间，包括啤酒花园、主街、酒吧、咖啡屋、社区中心、邮局、图书馆等。第三空间具有"自由、宽松、便利"的特征。2009 年，在意大利都灵召开的国际图联年会将"作为第三空间的图书馆"作为主题以后，"第三空间"理论和空间服务进一步被图书馆所认可和接纳。

根据广州图书馆方家忠馆长的研究，"第三空间"理论是广州图书馆转型发展的主要理论基础。广州图书馆新馆建筑设计较好地契合了"第三空间"理论，为新馆作为"第三空间"突出交流功能、获得旺盛的"人气"创造了硬件条件。因此，广州图书馆从 2010 年开始启动制订发展规划，并于 2011 年颁布了第一个五年发展规划，至2021 年，广州图书馆颁布了第三个发展规划，以此来推动广州图书馆的转型发展。在2011—2015 年"十二五"发展规划期，广州图书馆在新馆立项的基本功能需求的基础上，细化设计各区域功能，确定服务对象、馆藏结构、资源配置，形成由基本服务、主题服务、对象服务、交流服务四大功能区域组成的功能布局。在 2016—2020 年"十三五"发展规划期，广州图书馆提出拓展"公共交流平台"的使命。各类社会主体广泛利用广州图书馆开展社会宣传与交流，参与公共服务、公共事务。这些主体包括个人、社会群体组织，也包括政府各部门。在 2021—2025 年"十四五"发展规划中，广州图书馆将使命概括为"一中心、四平台"，即"体系中心、知识平台、学习平台、文化平台和交流平台"。在发展目标中提出"强化公共空间功能，为公众和社会各层面交流提供机遇"，持续强化公共图书馆作为社会公共空间的公共性、包容性，进一步推动图书馆机制的性质从中心向平台转型。

2.3 相关政策和法律法规的科学指引与保障

广州图书馆阅读推广活动的蓬勃发展与国家、省市对公共文化和全民阅读工作的高度重视息息相关。2011 年 1 月，文化部、财政部联合下发《关于推进全国美术馆公共图书馆文化馆（站）免费开放工作的意见》，要求全国所有的公共图书馆和文化馆（站），在 2011 年底之前实现无障碍免费开放。这项政策的出台对于保障公众的基本文化权益，彰显公共图书馆的公益属性，促进公共图书馆服务的均等化具有划时代意义，同时也释放了公共图书馆服务创新的巨大活力。2012 年，"全民阅读"首次被写入党的十八大报告，2022 年，党的二十大报告提出"深化全民阅读活动"，这充分体现了"全民阅读"已成为党中央一项重要的发展战略。从 2014 年到 2023 年，"全民阅读"连续 10 年被写入政府工作报告，2015 年中共中央办公厅、国务院办公厅发布《关于加快构建现代公共文化服务体系的意见》，2017 年和 2018 年国家相继颁布实施了《中华人民共和国公共文化服务保障法》《中华人民共和国公共图书馆法》，这些政策和法律法规对促进公共图书馆事业发展和开展阅读推广活动提供了坚实的制度保障。2019 年9 月，习近平总书记给国家图书馆八位老专家回信，强调坚持正确政治方向，弘扬优秀传统文化；2022 年 4 月，习近平总书记向首届全民阅读大会致贺信，希望全社会都参与到阅读中来，形成爱读书、读好书、善读书的浓厚氛围。这两封信极大地鼓舞了所有图书馆人，为新时代公共图书馆和全民阅读发展指明了方向。

1995 年，联合国教科文组织将 4 月 23 日正式确立为"世界图书与版权日"（又称"世界读书日"）。此后，越来越多的图书馆成了阅读节日活动的主要组织者和参与者。广州市从 2006 年开始举办"书香羊城"全民阅读系列活动。2015 年广州市颁布实施了《广州市公共图书馆条例》，其中规定"每年四月为广州读书月"，并将"开展全民阅读推广活动和信息素养教育，举办公益讲座、展览、培训等社会教育活动，为公众终身学习提供条件和支持"作为公共图书馆的基本服务之一。因此，从 2016 年开始，广州图书馆每年 4 月举办"广州读书月"活动成了惯例。

2.4　强化交流服务机制、制度建设

推动阅读推广活动发展，离不开交流服务机制和制度建设。交流服务机制方面，广州图书馆对内采取由社会活动推广部统筹阅读推广活动，各服务部门共同参与的形式。统筹内容包括年度活动总体计划、活动品牌设计、活动宣传推广、活动统计与分析、活动经费分配、活动设计制作经费公开招标、活动案例申报、活动空间使用调配等。例如，广州图书馆从 2015 年起每年通过年报来总结梳理阅读推广活动发展情况，这不仅发挥了年报信息公开的作用，也为总结、提升和研究阅读推广活动提供重要参考。对外，广州图书馆 2018 年建立了公共交流服务专家咨询委员会，探索利用社会的专业力量，在公共图书馆公益服务背景下，建立与之相适应的社会公众利用图书馆公共交流资源的管理机制。专家咨询委员会每届任期 2 年，由 5 人组成，其中主任委员 1名，原则上由广州图书馆理事会的文化艺术界代表理事担任，委员涵盖书法、绘画、摄影等艺术领域，以及人文历史、科学普及、专业策展等领域。截至 2022 年 12 月，专

家咨询委员会共历经 2 届，审核活动及展览约 90 场，主题涉及摄影、书画、科普、历史、文化等，为促进广州图书馆公共活动空间利用、提升活动质量水平发挥了积极作用。

除交流机制外，广州图书馆还注重健全和完善交流制度。2022 年 9 月，广州图书馆正式颁布了《广州图书馆公共交流活动规范》和《广州图书馆活动品牌建设促进办法（试行）》。前者从总则、职责与分工、活动内容管理、过程管理、合作管理等方面进行了全面规范；后者从总则、品牌创建、品牌培育与管理、激励机制、保障措施等方面进行了全面阐述，为活动品牌建设和发展提供了有力保障。此外，广州图书馆还将活动的经费管理、安全管理、意识形态管理、宣传管理等纳入相关管理制度之中。

3 对未来活动发展的思考

3.1 从量到质：促进专业化和高质量发展

经过十年的发展，广州图书馆的服务转型尚未最终完成，以人为中心的业务流程还需优化，专业化服务和管理还需强化。一方面，应深入分析受众及其需求变化，如人口老龄化背景下的老年群体、城市化背景下的弱势群体和来穗人员群体、"双减"背景下的儿童与青少年文化需求等。创新活动方式和方法，特别是结合从文献到知识、信息、文化的需求变化完善相应的服务和活动框架，不断拓展服务及活动的广度和深度。如进一步认识及拓展阅读推广的内涵，重视和发掘在大众阅读、休闲阅读，尤其是经典阅读的文化功能，广泛利用已有的各学科领域的经典文献提升公众和整个社会的现代人文素养、现代公民素养；大力推动与生态文明建设、与健康生活方式相关的自然科学知识传播、普及和服务，大力强化和提升公众的信息素养、数字素养、健康素养、技术素养等。

另一方面，应加强活动的标准化、规范化、社会化和品牌化管理。在已制定的《广州图书馆活动品牌建设促进办法（试行）》规章制度的基础上进一步完善活动要素和活动环节的配套制度建设，如社会合作指引与管理、活动空间管理、活动绩效评价管理等，拓展更多社会合作伙伴、志愿者等社会力量支持活动高质量发展。同时，应进一步梳理现有活动品牌，加强顶层设计，系统开展品牌建设和形象塑造，在活动品牌的创建、培育和管理等方面逐步实现系统化、规范化，根据新情况新形势不断调整品牌策略，包括但不限于品牌的重新定位、名称与标志更新、整合、优化等，形成以优质品牌为龙头、布局合理的品牌体系。

3.2 从点到面：迈向"阅读之城"

随着广州图书馆服务效益和影响的逐步扩大，广州市公共图书馆服务的提升也引起了社会各界的高度关注和热烈讨论。2021年12月，广州市人民政府参事室提交了一份报告，指出"图书馆之城"基础设施使用不均衡、重场馆建设轻阅读推广、阅读品牌影响力不强等问题，并建议推动广州市从"图书馆之城"向"阅读之城"迈进。2022年7月，广州市文化广电旅游局正式印发了《广州市"图书馆之城"建设五年行动计划（2022—2026）》，该行动计划提出"经过五年发展，广州市全面建成'图书馆之城''智慧图书馆之城'和'阅读之城'，在'开放、包容、专业、联动、创新'的理念引领下，构建更加科学有效的管理运行机制、更加均衡完善的城乡基础设施格局、更加特色鲜明的文献信息资源体系、更加多元丰富的服务供给格局、更加便捷智慧的数字文化生态，形成国内一流、国际领先的城市公共图书馆服务体系"。这也意味着现在和未来活动的发展需要将美好蓝图转化为手中的施工图，更加注重从点到面和区域协调发展，打造阅读广州品牌矩阵。

当然，在实践探索的同时还需注重制度建设的顶层设计。2019—2023年，本人有幸参与国家社会科学基金重大项目"图书馆阅读推广理论与实践研究"的子项目"公共图书馆阅读推广制度建设的研究"。该研究项目从2021年开始着重针对公共图书馆服务体系的制度建设进行了全方位研究。本人在拙文中提出公共图书馆服务体系阅读推广制度的构建应因地制宜，全面规范体系内的阅读推广活动，明确体系内各馆的角色定位，充分发挥中心馆的统筹协调和业务指导作用，基本制度构成包括基本业务规范、组织管理与联系协调制度、业务统计与汇报制度、多层次的审核制度、分级培训制度、考评与激励制度。

3.3 从专到精：实现业务与人才共成长

阅读推广活动发展的背后离不开一支高素质、专业化的人才队伍，如专业的主持人、阅读推广人、策展人等各类型人才，并具备各种专业化能力，如学习能力、策划能力、撰写能力、营销能力、研究能力等。《广州图书馆2016—2020年人才建设规划》中曾提出"一个精神、两大素养、七大能力"的人才建设思路，《广州市"图书馆之城"建设五年行动计划（2022—2026）》中指出："汇聚、培育一批领读者、阅读推广人和阅读社群，构建梯次分布、多元参与的阅读推广'人才库'和'朋友圈'。"

从十年来的发展来看，广州图书馆注重通过人才引进、人才交流、社会合作、继续教育、项目锻炼、课题研究等多种方式提升馆员的专业化服务能力，促使人才得到快速成长。然而，从现实状况来看，现有的人才队伍与面临的新形势、新任务、新要求仍然存在一定的差距，如部分馆员存在学习和创新意识不强、研究能力不强、文字功夫不扎实等问题。专业化的终极目标应是培育精品活动，注重活动的精细化管理，并进而培养一批精通业务的专业化人才队伍，实现业务与人才共成长。

从"以文献为中心"到"以人为中心"

——广州图书馆基础服务十年发展转型路径

罗逸生　潘飞

公共图书馆基础服务是为了保障图书馆基本功能实现，长期形成的和图书馆规章所要求的常规性服务，主要包括图书借阅、参考咨询、馆际互借、文献传递和为读者提供学习空间等①。回顾广州图书馆新馆开放十载历程，新馆建设带来的馆藏、空间、设施设备等资源结构升级，以及服务理念、服务内容和服务模式的创新发展，共同奠定了广州图书馆基本服务效益连续多年名列全国公共图书馆首位的发展基础。从基础服务的各项数据指标看，广州图书馆的年外借文献总量、年信息服务总量、年阅读推广活动总量等基本服务效益核心指标，长期处于国内同行业最高水平，被誉为"世界上最繁忙的图书馆"，为我国公共图书馆基础服务高质量发展探索了路径，积累了经验，提供了示范。

1 广州图书馆基础服务十年发展创新实践

1.1 用户保障服务：以管理优化畅通用户阅览渠道

1.1.1 科技赋能的读者证服务

新馆开放后，广州图书馆改变了传统的纸质读者证管理模式，突破性地引入电子读者证管理模式，其中电子读者证有实体读者证（包括读者卡、身份证、社保卡等）和虚拟读者证（二维码电子证）两种。广州图书馆不限户籍、不限国籍，免费向所有进馆读者提供多种类型的读者证自助或人工办证服务。近年来，广州图书馆不断放宽读者证注册条件和优化读者证注册方式和渠道，有效提升了用户注册效率。从 2013 年起，每年新增注册读者量保持稳定增长，10 年来累计新增注册读者量接近 360 万个。其中，新冠疫情防控期间新增注册读者量达到以往均值的 2 倍，这与广州图书馆防控期间所实行的预约入馆政策有直接关系。

---

① 吴汉华.图书馆延伸服务的含义与边界［J］.大学图书馆学报，2010（6）：21-26.

单位：万个

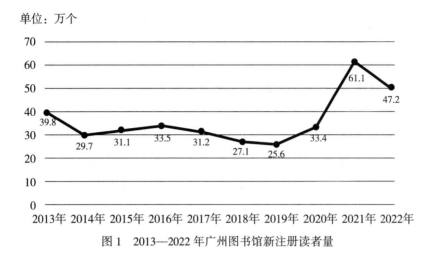

图 1　2013—2022 年广州图书馆新注册读者量

1.1.2　全时域的一般咨询服务

广州图书馆按照两班次编制配备专业图书馆员，为到馆读者提供开放期间 12 小时不间断一般性咨询服务。十年来，广州图书馆积极主动向普通公众、专业人士、社会组织与政府部门等群体推广本馆 App、官网、微信、微博等信息检索工具和平台，并根据其用户群体的个性化、定制化需求持续深化书刊推荐、知识导航、信息增值和决策咨询等信息咨询服务，满足了不同用户群体的一般咨询服务需求。2018 年，为推动一般咨询服务的专业化、高质量发展，广州图书馆进一步整合咨询岗、电话岗、办证岗，建立三位一体的咨询服务体系，为用户提供全面、规范、便捷的咨询服务。此外，广州图书馆还重视加强一般性咨询服务的内部管理，开展移动咨询服务，实行首询负责制，提高咨询服务质量和效率。十年来，广州图书馆一般性咨询服务量总体保持稳定增长趋势，其中 2022 年完成一般性咨询服务 141 万人次。一般性咨询服务已成为广州图书馆基础服务工作中的重要组成部分。

1.1.3　面向新用户的信息素养提升服务

广州图书馆非常重视培育和提升新用户信息素养，通过为新用户提供专项培训和服务讲解，极大地降低新用户从认识到使用资源与服务的时间成本。例如，广州图书馆面向新用户群体，设计和开展了"认识广图"读者培训（原"广图导览"读者培训）活动，活动围绕文明阅读礼仪、服务项目推介、馆藏资源布局及特色资源推介、书目信息解读、自助服务技巧、新技术服务推介、易错问题解答等主题开展，旨在培养读者文明阅读习惯、引导读者认识和利用图书馆、提升读者使用图书馆服务的技能和效率。该活动 2016 年发起，至今已走过 8 个年头①。其中 2016 年至 2019 年间，每

---

①　2020 年受新冠疫情影响没有开展，2021 年恢复。

年分别举办了 37 场、38 场、95 场、108 场，为公众快速了解和使用广州图书馆基础服务提供了实实在在的帮助，助力基本服务效益高增长。

1.2 阅览流通服务：以便捷服务满足用户阅览需求

1.2.1 灵活式的文献流通服务

当下公共图书馆对于文献藏用关系的看法已发生转变，"以用为主，以藏为辅"成为主流思想。文献流通服务是图书馆最基本、最基础的基础服务，也是图书馆自存在以来一直延续的工作。新馆全面开放后，广州图书馆对于馆藏文献始终秉持"以读者需求为中心"的文献服务理念，通过降低借阅门槛、增加借阅册数、延长借阅期限，以及开通送书上门、图书预借、通借通还等服务，开展线上线下读者荐购活动、"你选书 我买单"选书活动等，从横向上延展了基础服务的宽度和广度，体现了广州图书馆以人为中心的发展理念。另根据不同时期藏书情况、文献外借情况、读者需求情况等多重因素，广州图书馆分别于 2012 年、2018 年、2019 年、2020 年四次调整个人读者证外借文献数量。其中，2020 年，为应对新冠疫情影响，广州图书馆提出通过增加图书续借次数和提升文献可外借总量来满足疫情防控常态化时期读者的文献阅览需求。灵活式的文献借阅规则，不仅是公共图书馆保障基本服务效益稳定增长的关键举措，同时也是满足用户文献借阅需求体现藏书使用价值的现实要求。

单位：万册次

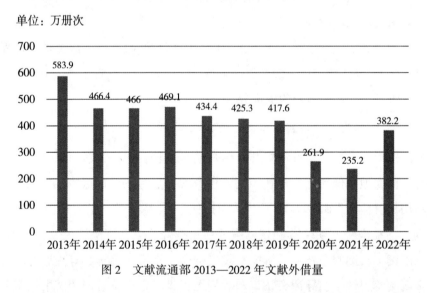

图 2 文献流通部 2013—2022 年文献外借量

从图 2 中文献流通部的文献外借数据看，10 年来累计外借文献达 4142 万册次。其中，2020 年、2021 年受新冠疫情影响较大，外借量大幅下降，2022 年逐渐回升。从综合实际到馆人数和日常馆内读者阅览情况看，这与新馆建成开放后阅览环境不断改善，越来越多的读者选择到馆阅览图书的现实情况有很大关系。

1.2.2 体系化的通借通还服务

通借通还服务是建立在由广州图书馆主导建设的广州市公共图书馆服务体系框架上的基础性服务。2010 年，广州图书馆牵头建设广州市公共图书馆服务体系通借通还服务网络；2012 年，广州市公共图书馆通借通还服务网络基本建立；2014 年，广州图书馆北一楼通借通还服务区正式对外开放；2015 年，广州市通借通还文献量达 120 万册次。2014 年来，全市通借通还文献量总体呈稳定增长趋势，8 年共完成同全市通借通还文献量 1821.7 万册次，年平均达 227.7 万册次，2021 年全市通借通还文献量较 2014 年增长了 9 倍。具体见图 3。

单位：万册次

图 3　2014—2021 年广州市通借通还文献量

作为体系中心馆，广州图书馆主导修订和制定一系列配套制度，保障全市范围内不受地理位置限制的文献通借通还服务，如《广州地区公共图书馆通借通还服务规则》《广州市通借通还图书物流处理办法（试行）》《广州市公共图书馆统一借阅规则》。经过十余年快速发展，截至 2021 年底，广州市实现通借通还的公共图书馆（分馆）、服务点、自助图书馆共有 694 个。全市 176 个镇街均设立有公共图书馆（分馆），图书馆覆盖率达到 100%。现阶段，基于体系框架的通借通还服务发展迅猛，已成为广州图书馆履行体系职能实现基础服务效能增长的关键环节。

1.2.3 主动式的送书上门服务

早期的送书上门服务是广州图书馆与广州市盲人学校合作开展的一项公益活动，活动于 2014 年 4 月正式启动，每年均有开展。2018 年 5 月，进行全新升级，在与从化图书馆联合共建"网络分馆"基础上，以用户自愿支付基本物流费用为前提，提供广州地区范围内送书上门服务。需特别指出，基于网络分馆平台的送书上门服务主要面向普通用户群体，视障用户群体依旧享有本馆盲文文献免费送书上门服务。2019 年 4

月，提出面向持有第二代中华人民共和国残疾人证且残疾程度为一级、二级的注册读者推出"优惠读者证"，每年免费提供"送书上门"服务 24 单。同时，在"广州读书月"期间，面向所有用户推出 10000 单免费"送书上门"便民服务。2021 年 5 月升级提速，引进顺丰和 EMS 邮政快递服务，全面提升送书上门服务效率，当年共完成送书上门服务 3 万多单，外借文献 29 万余册。广州图书馆 2018—2021 年送书上门服务情况见图 4。四年来，送书上门服务单数与外借文献册次从 2018 年的 7481 单 35723 册提高到 2021 年的 31653 单 291684 册，并最终保持在年均 3 万单 29 万册次。送书上门服务成为推动广州图书馆基础服务效能增长的重要引擎。

图 4　广州图书馆 2018—2021 年送书上门服务情况

1.2.4　标准化的典藏资源服务

近年来，随着馆藏文献体系的逐步完善，以及典藏书库 10 年建设经验的厚实积累，广州图书馆的典藏资源已逐渐具备对外服务的条件和基础。为了推进典藏工作的高质量发展，广州图书馆制定了《典藏书库管理办法》《馆外书库管理办法》《流转书库管理办法》等 15 个规章制度，进一步规范管理流程，有效提升各项业务工作的管理水平。2021 年，为实现基础书库的准时开放，文献流通部完成了《典藏书库·基础书库馆内阅览服务方案》《国内公共图书馆典藏书库文献利用情况调研报告》等配套文件，为基础书库定期对外开放服务奠定了基础。中文报纸合订本、古籍开放调阅权限后，使用率也逐步攀升，服务效益日渐凸显。其中古籍从 2021 年 8 月开始开放调阅，实行预约制，分级审批。截至 2022 年底，共提供典藏资源服务 137 人次，调阅古籍 658 册。此外，在对外服务上，广州图书馆助力广州国家版本馆项目建设，共完成约 75 万余册文献的搬运、甄选、采集、打包、分类存放的工作。

1.3　文献推广服务：以活动推广增强用户品牌黏性

作为全民阅读示范基地，广州图书馆通过创新活动形式、充实活动内容、优化活动结构，不断提升用户对阅读推广活动品牌的满意度和忠诚度，引领全民阅读。

1.3.1 "品游荟"活动品牌

"品游荟"活动品牌是由广州图书馆于2020年推出的"美食·旅游"阅读推广品牌活动。活动主题为旅游、美食，围绕美食科普、茶文化鉴赏、旅游分享三大内容开展。该品牌活动包括"旅游达人talk"系列活动、新生活·分享会系列活动、"书雅茶香·读懂茶文化"活动、"读懂广州、热爱广州、奉献广州"本土文化系列活动等。截至2022年底，举办各式各样的主题活动38场次，其中文献推广活动28场次，讲座、展览、分享会等10场次，活动反响热烈，社会参与度较高。

1.3.2 "悦读家"活动品牌

为配合2022年广东省家庭教育宣传周活动开展，广州图书馆创立"悦读家"活动品牌项目，持续开展系列活动，活动主题主要涵盖儿童心理学、社会关系学、医学、亲子沟通、夫妻关系、婚姻与家庭、哺育喂养、修身养性、形象气质等方面。项目自2022年起，利用每年5月9日—13日全国家庭教育宣传周期间，以"幸福在我身边 家教伴我成长"为主题，开展系列家庭阅读活动。2022年，"悦读家"活动被新华网、《广州日报》、《南方日报》等媒体原创报道11篇次。

1.3.3 "文艺名家公开课"活动品牌

"文艺名家公开课"是由广州图书馆与广东省文艺评论家协会于2015年共同创办的文学类阅读推广活动品牌。活动致力于打造属于普通群众的名家文艺课堂，引领读者品味文艺之美，提高市民生活品质和文学素养，助力文学湾区建设。内容主要涉及文学、艺术、诗歌、绘画、民俗等各个方面，曾经邀请的名家包括刘斯奋、费勇、陈思和、谢有顺等，活动整体而言具有学者高端、受众普遍、形式亲民等特点。截至2022年底，已举办线下活动32场次，现场观众反响非常热烈，提问热情高涨。

1.3.4 "乐享非遗，传承文化"活动品牌

2022年，为进一步组织开展优秀传统文化学习教育活动，推动读者了解中华民族优秀文化传统，增强文化自觉、坚定文化自信，促进非物质文化遗产的活化和利用，广州图书馆与广州市大新文化创意发展有限公司联合开展"乐享非遗，传承文化"培训和体验活动。活动以"工艺美术+非物质文化遗产"形式开展，虽然只举办了3场，主题分别为"乐享非遗文化 体验剪纸艺术""乐享非遗文化 体验押花艺术""乐享非遗文化 体验广彩魅力"，但活动收效甚好，反馈显示读者需求高涨。活动实实在在地让读者从"言传"到"身教"体验了一把非遗文化的魅力，也为公众了解广州乃至国家的非遗文化提供了新窗口、新体验。

1.3.5 "新生活"活动品牌

2020年12月，广州图书馆全新推出"新生活"主题系列活动，引导公众树立更加健康文明的新生活方式，帮助人们确立起正确的需求观、消费观、幸福观，正确处理人与自身、人与自然、人与社会的关系，引领社会健康文明新风尚。活动形式多样、内容丰富，有讲座、观影、分享会、在线知识竞赛等。截至2021年底，总计举办活动70场，线下约2055人次、线上约5.6万人次参与活动，活动效益突出，受到社会公众的热烈欢迎。

1.3.6 "健康大讲堂"活动品牌

健康大讲堂是广州图书馆和南方医科大学附属第三医院联合创办的公益阅读推广品牌活动。该公益品牌活动于2017年启动，2018年获得广州市科技计划项目立项，致力于向公众普及医学保健知识，倡导健康生活方式和培育良好阅读习惯。活动自启动以来，坚持每月一讲，主题多样，截至2022年底已成功举办38场次。活动以线上文献推广和活动宣传，加线下讲座和发放健康手册等形式进行，内容主要涵盖心血管疾病、糖尿病、风湿关节病、婴幼儿护理、产前检查、宫颈癌和乳腺癌预防等。活动得到了《羊城晚报》、《新快报》、南方生活广播等主流媒体，以及家庭医生在线、39健康网等健康平台的大力支持。健康大讲堂相关视频网络点击量合计超10万余次。

1.4 主题空间服务：以空间改造释放空间资源潜能

广州图书馆立足馆藏文献资源优势，推动主题空间再造，进一步释放主题空间服务潜能，设立了休闲生活空间、银发悦读空间、文学主题空间、新时代红色学习空间等主题空间，有效提升基础服务的精准化、精细化、对象化服务水平。

1.4.1 休闲生活空间

2013年，以新馆建成开放为契机，广州图书馆以顺应公共图书馆基础服务主题化、对象化发展趋势，倡导建设都市文化主题窗口，设立休闲生活馆。休闲生活馆设有"食在广州"和"旅游"两个专题馆藏，主要以美食（包含食品加工）、养生、旅游等主题藏书为主。2013年至2021年底，休闲生活馆文献外借量共计188.8万册次，年均外借文献近21万册次。休闲生活馆除了依托本区丰富的藏书资源为公众提供文献阅览流通服务和文献推广服务外，还通过自有的空间资源向社会公众提供讲座、展览、培训等公共交流活动，设有"品游荟""悦读家"两个阅读推广活动品牌，活动主要以"线上+线下""文献推广+主题活动"相结合的方式开展，线上主要通过本馆电子平台（电视墙）、数字媒体平台（官网、微信公众号）、合作方数字媒体平台（抖音、微信公众号）宣传，线下主要以举办讲座、展览、分享会的形式进行，打造一个立体化的多元品牌活动空间。

1.4.2 银发悦读空间

广州图书馆非常重视保障和维护老年读者群体的基本文化服务权益，结合广州地区老年读者群体喜爱读报的阅读习惯，在北二楼中外文报刊区设立了"银发悦读"主题空间。主题空间内设有"银发悦读中心专题书架"，定期分主题陈列推荐期刊、音像资料及图书，每年围绕图书利用、读书及生活智慧等专题开展 4 期以上的乐读活动，帮助老年人便捷地获得文献资源，在阅读的同时学会智慧地生活。为了方便老年读者阅读，服务台还专为老年读者提供老花镜、放大镜外借服务，充分体现了广州图书馆的服务温度。同时，为了激发老年读者群体的其他阅读兴趣，制定有《老年人专座管理办法》，要求在各阅览区域设置有足够的老年读者阅览专座，每楼层设置 20 个老年人专座，全馆共 140 个，充分保障老年人群体的基本公共文化权益。此外，还通过联合老龄委成员单位和老龄办宣传平台等单位开展《老年人权益保障法》宣传月活动，大力营造全社会学法、懂法、知法、守法氛围，不断增强全民尊老、敬老、爱老的意识。

1.4.3 文学主题空间

1984 年 5 月，3 万册文学类文献首批开架阅览试点，成为广州图书馆发展历史的重要见证者。40 年来，文学类文献资源服务始终是广州图书馆众多文献资源服务中最核心的部分，呈现文献流通总量大、服务读者数量多、服务效能突出等特点。2018 年，为进一步提升文学类资源服务效能，广州图书馆将北三楼设置为中国小说区，北四楼设为文学图书区（非中国小说），此外还设立了馆内主题分馆——文学馆。文学馆立足自身馆藏特色，通过空间改造、活动升级、技术融合、专业服务等手段，以创造性的方法、创新性的手段，激发用户潜在阅读需求，催化阅读推广活动效用，实现文学馆立体化阅读服务升级。依托文学主题空间，广州图书馆构建了集"品""学""观""听""享"为一体的立体化文学阅读服务体系，持续推进"文艺名家公开课"、"开卷广州"系列阅读活动、"信步琼林"文学展、"听·见"文学影音鉴赏会等系列活动常态化开展，带领地区民众品味文艺之美、人文之美。

1.4.4 新时代红色学习空间

为了顺应时代发展需要，探索"图书馆+党建"的创新发展模式，2018 年广州图书馆将"廉政专题区"升级改造成"新时代红色学习空间"。新时代红色学习空间设立在广州图书馆北五楼，依托楼层丰富的红色、廉政文献资源，向社会群体（主要面向单位）提供"学党史·悟思想"的党课学习和交流空间。2021 年，为庆祝中国共产党成立 100 周年，广州图书馆深入挖掘红色基因，举办庆祝中国共产党成立 100 周年"七个 100"系列活动，以新时代红色学习空间和新时代文明实践中心为依托，发挥典藏资源优势，精选红色期刊、图书、音像资料等文献，开展党史学习教育，举办一系列文献推广活动 90 余场次，服务读者 2500 多人次。通过红色经典故事诵读活动，不仅让广大读者接受了一次红色革命思想和传统美德的洗礼，而且也进一步弘扬了伟大建党精神，坚定了树牢听党话、永远跟党走的决心，在广大市民读者心中厚植了爱党、爱国、爱人民的深厚情怀。

2 广州图书馆基础服务高效能发展的客观逻辑和主观经验

2.1 客观视角的底层逻辑

广州图书馆十年发展取得的良好服务效益，首先应归功于新馆优越的区位条件、便利的公共交通、浓厚的知识氛围、丰富的资源供给等，然而事实上并非仅仅如此①。从客观视角看，良好的服务效益主要得益于立法先行的法治态度、政策驱动的体系力度、理念倡导的内涵温度、规划引领的战略高度等四个方向的支撑和推动。

2.1.1 立法先行：广州图书馆基础服务高效能发展的根本保障

广州图书馆新馆十年建设与发展经验告诉我们，地方立法是公共图书馆事业可持续、高效能发展最强有力的根本保障，具有最强大的驱动力。《广州市公共图书馆条例》从 2006 年 5 月启动立法，2015 年 1 月审议通过，再到 2015 年 5 月 1 日正式施行，经历了整整 9 个年头②。该条例是我国继深圳、内蒙古、湖北、北京和四川之后的第六部地方性图书馆法规，也是我国省会级城市的第一部公共图书馆立法，为广州市公共图书馆事业的可持续发展提供强有力的法律保障，为地区民众的基本文化权益披上了法治化外衣。

立法先行主要有保障和服务两个主体维度。保障主体维度，表现为政府重视从立法的高度去维护和保障公众依法享有基本文化权益，以及政府主动将公共图书馆事业纳入国民经济和社会发展规划和年度计划，充分保障公共图书馆设施、设备人员等方面的经费投入；服务主体维度，表现为从立法上将公共图书馆普遍、平等、免费、开

---

① 方家忠.广州市公共图书馆发展的六个核心理念 [J].图书馆论坛，2015（11）：57-65.
② 潘燕桃，彭小群，等.《广州市公共图书馆条例》解读 [M].广东：广东人民出版社，2015：142.

放和便利的服务原则上升为一种义务和责任,并规定公共图书馆应当为公众提供文献信息服务、阅读推广服务、主题空间服务等基本服务。可见,立法先行的法治态度不仅从立法层面上保障了广州图书馆新馆全面开放后人财物资源供给的持续和均衡,同时也要求了广州图书馆要重视履行基本公共文化服务职责,为公众提供满足美好生活需要的文献资源和信息服务。

2.1.2　政策驱动:广州图书馆基础服务高效能发展的关键举措

随着图书馆政策法规和管理机制的不断完善,广州地区公共图书馆事业加速进入立法先行、政策驱动的规范化、标准化、均等化、专业化发展时代。2015 年 12 月 30 日,《广州市"图书馆之城"建设规划(2015—2020)》的印发实施,推动了广州图书馆基础服务从总馆延伸到全市各个分馆和服务网点;2016 年 10 月 13 日,《广州市加快构建现代公共文化服务体系的实施意见》明确提出,要"完善公共文化设施网络、提升公共文化服务效能、优化公共文化产品供给体系、优化公共文化管理和运行机制";2017 年 1 月 9 日,《广州市公共图书馆服务规范》的颁布试行,促进了广州图书馆基础服务的规范化、标准化和专业化发展,极大提升了基础服务水平和基本服务效能;2018 年 7 月 10 日,《关于全面推进我市公共图书馆总分馆制建设的实施意见》的印发实施,明确规定注册读者率、人均外借纸质信息资源量、人均访问图书馆次数等五项服务效益基本量化指标;2020 年 6 月 11 日,由广州图书馆主要参与起草的《公共图书馆服务质量规范》和《公共图书馆通借通还技术规范》两项地方标准文件的发布,加快了公共图书馆基础服务的标准化发展进程。强大的政策驱动力,使得广州地区在不足十年时间里就搭建起"中心馆—总分馆"四级公共图书馆服务体系,实现公共图书馆线下服务网络全市镇街 100% 覆盖,有效地保障了地区公共文化服务的普遍均等,实现了全市范围内的基础服务规范和标准统一。

2.1.3　理念倡导:广州图书馆基础服务高效能发展的内涵要求

对比广州图书馆"十二五""十三五""十四五"发展规划内容可以看出,从"十三五"时期起,"以人为中心"的发展理念代替了"以读者为本",成为引领广州图书馆基础服务高质量发展的新价值导向。总体而言,"以人为中心"和"以读者为本"理念是一脉相承的,二者的价值取向都是全心全意为人民服务,前者是后者的升华①。目标群体从"读者"扩大到"人",看似目标对象的泛化,其实不然。目标群体从"读者"变成"人",既是对公共图书馆用户群体的系统全面概括,也是强调图书馆不

---

① 杨愉."以人为本"到"以人民为中心"的理论演进及升华 [J].中共南昌市委党校学报,2019(1):26–31.

仅要维系好现有读者群体，还要挖掘和发展潜在用户群体。相较于后者，"以人为中心"的发展理念更注重发挥"人"的主观能动性，强调发展过程中"人"的参与和发展目标促进"人"的全面发展，体现到公共图书馆基础服务上，表现为"以人为中心"的发展理念要求，公共图书馆的用户保障服务、阅览流通服务、文献推广服务等活动都要紧紧围绕"人"这个中心开展，注重"人"的全过程参与。由此可见，从2016年起广州图书馆的发展理念更趋主动性，更具人性化，更重视人在图书馆基础服务各方面、全过程中的参与，体现了广州图书馆基础服务高效能发展的人性温度。"以人为中心，促进人的全面发展"是广州图书馆最本质、最核心的价值追求，也是驱动基础服务效能高速增长的内在动力。

2.1.4 *规划引领：广州图书馆基础服务高效能发展的战略选择*

通过制定发展规划引领图书馆事业高质量发展，在图书馆界早已形成普遍共识。广州图书馆作为城市中心图书馆，编制适应新发展阶段和事业发展趋向的中长期规划，有利于在未来的发展进程中有条不紊、按部就班地推进公共文化服务均等化、标准化进程。广州图书馆编制与国民经济和社会发展同期的战略规划始于2010年，是基于图书馆内部条件的良好基础和外部环境的大好机遇推动形成的，现已连续编制3个计划年度。对比广州图书馆三个阶段的接待访问量、外借文献量和馆藏总量的变化趋势发现："十一五"时期（未编制发展规划），读者服务、文献借阅和馆藏建设处于较低水平；"十二五"时期（第一次编制），发展动能得到部分释放，各项数据同比均出现明显增长，其中外借文献量增长162%；"十三五"时期，上述数据依然维持较高水平增长，馆藏总量突破千万册（件），综合实力迈进大型公共图书馆前列；"十四五"时期，各项基本服务数据依然保持稳定增长趋势，基本服务效益依然名列全国公共图书馆首位，被誉为"世界上最繁忙的图书馆"。可以说，广州图书馆近十年的跨越式发展，就是一系列战略规划编制和实践的最好证明。可见，从"十二五"时期促进服务效能高速增长到"十三五"时期推动服务体系化建设，再到"十四五"时期推进服务高质量发展，广州图书馆用三个五年规划完成了服务转型从效能提升到理念创新再到高质量发展的战略布局。

2.2 主观视角的建设经验

从主观视角看，真正决定服务效益的关键因素，并非客观层面的优越条件，而是在客观认识世界的基础上主观改造世界的能动性，即如何让优越的客观条件为图书馆服务效益增长所服务。在此方向上，广州图书馆已经摸索出一条从推动服务转型、重视绩效管理、强化科技赋能、引入社会参与等多方面激发基础服务效能增长活力，提升基本服务效益的建设路径。

2.2.1 服务转型：主动寻求服务转型，培育效能新增长点

新馆全面开放的十载历程，常被视作广州图书馆推进服务转型和模式创新的探索与实践历程。2009 年，时任广州图书馆副馆长的方家忠，在赴美学习调研期间，提出"人气"重要论断，为后期推动广州图书馆服务转型奠定了理论基础①。"人气"即需求，是公共图书馆实实在在"看得见、摸得着"的服务效益，是政府愿意持续加大财政投入的动力来源②。为了激发公众的阅读需求，增加广州图书馆"人气"，广州图书馆的决策者们不间断地组织科学调研、实地考察、现场观察，摸索出一条在传统服务区开展文化交流活动来吸引和留住读者的"人气"提升路径。经过十年实践，广州图书馆利用传统服务区开展文化交流活动来提升基本服务效益的转型方向和路径被证明是正确的、有效的。对比各项基本服务效能数据指标，广州图书馆文化交流活动场次、参与人次、外借文献量从 2013 年的 454 场次、30.9 万人次、568.8 万册次提高到 2020 年 4029 场次、496.9 万人次、932.0 万册次，分别增长了 9 倍、16 倍、1.6 倍。文化交流活动的增加带来了旺盛的人气，同时也带动了文献外借量等基本服务数据指标的快速增长，广州图书馆基本服务效益连续多年名列全国公共图书馆首位。广州图书馆十年发展实践证明，拓展基础服务的交流价值，以活动凝聚更多"人气"，不失为一个提升公共图书馆服务效能的良方。

2.2.2 绩效管理：发挥导向引领作用，精准定位发展要求

广州图书馆坚定履行"做最好的图书管理服务"使命目标。从绩效管理视角看，服务转型主要呈现三个方向的导向引领作用。一是需求导向。以不同用户群体个性化、多元化、专业化的文献、信息、空间和文化活动需求为指引，推动图书馆资源建设、空间改造和活动设计，并为用户了解、参与和使用图书馆基础服务提供便利化条件。二是问题导向。针对读者反馈最多的噪声大、找书难、占座、误借、漏借等老大难问题，广州图书馆建立高效、畅通的用户沟通渠道，随时与读者保持有效沟通，持续跟进问题处理进度，确实解决读者难题，提升读者满意度。十年来，广州图书馆通过内部管理优化，不断提升新书上架效率、图书回架效率、在架准确率和定位精准度，有效降低了读者对基础服务的投诉率。三是目标导向。"十四五"时期，广州图书馆为推

---

① 方家忠.新时代中国城市图书馆发展——"广州模式"支撑研究 ［M］广州：广东人民出版社，2018：247.

② 方家忠.广州市公共图书馆发展的六个核心理念 ［J］.图书馆论坛，2015（11）：57-65.

动实现"建设以人为中心，国际一流的大都市图书馆"总体目标，设立有 6 个具体目标、21 大策略和 125 条行动计划来确保总体目标的实现，并建立 15 个关键指标、32 个质量指标、9 个发展指标和 29 个统计指标来支撑战略目标实现。服务转型的战略导向下，广州图书馆基础服务的内容、结构与形式正发生积极变化，服务转型所释放出的效能增长活力正日益凸显。

2.2.3 科技赋能：强化科学技术赋能，提升用户服务体验

科技的发展，推动了图书馆智能化设备的普及和广泛使用，解放了图书馆员被传统服务所束缚的双手，让馆员可以从烦琐、低价值的机械劳动中释放出来，参与到高价值、高知识的专业化服务中来，大大降低基础服务成本，提升服务效率和社会价值。回顾广州图书馆基础服务的发展历程，可以发现智能化设备的应用是支撑和推动其基本服务效益高效能发展的关键要素。如自助办证机、自助借还设备、自助检索设备等多种自助服务设备的投入使用，减少了不必要的服务岗位配置，缓解了正处在公共财政保障力度持续减弱所导致的公共图书馆人力不足的危机，有效降低基础服务业务成本和空间成本。另一方面，基于移动互联网终端的微信、微博、抖音等新媒体平台的广泛应用，为传统服务活动提供了新的宣传和参与渠道，有助于公共图书馆不断优化服务功能，增强服务影响力。如基于微信平台构建的广州图书馆微信公众号，将大部分传统的基础服务从线下转移到线上，实现了读者证的网上注册、馆藏资源的线上检索、数字资源的直接利用、阅读推广活动的线上宣传等，切实改善用户服务体验，增强用户黏性。此外，广州图书馆"十四五"发展规划提出要持续深化云计算、物联网、区块链、5G、AR 等新技术赋能，推动图书馆智慧化的升级，打造"以用户需求为中心"的精准化智能导引服务、定制化信息推送服务和精细化用户体验服务，有望进一步增强基础服务的趣味性、活动性和知识性，提升基础服务的社会价值和用户黏性。

2.2.4 社会参与：引导社会有效参与，弥补服务专业不足

结合十年发展历程看，广州图书馆十分重视引入社会力量参与图书馆建设、管理与服务，为图书馆事业发展注入创新活力。从参与的模式看，社会力量参与广州图书馆基础服务（阅读相关服务）的模式主要有合建分馆式、互助合作式、公益创投式、公民参与式、政府购买式和志愿服务式 6 种①。从以场馆共建模式为图书馆文献阅览流通服务提供相应的配套设施、管理人员和阅读空间，到以项目共建模式为图书馆阅读推广活动提供项目设计、品牌塑造和营销推广，再到以服务共建模式为图书馆基础服

---

① 邹也静. "图书馆之城"背景下社会力量参与广州图书馆公益性阅读服务研究 [J]. 图书馆学研究，2021（1）：15–21.

务的业务管理和专业服务提供参与式、购买式和志愿式常态化和专业化服务，很大程度上缓解了广州图书馆基础服务覆盖面不足、服务主体单一、服务内容专业水平低等问题，补齐了基础服务的发展短板。特别是政府购买式服务模式为广州图书馆的基础性服务带来了专业化的图书服务辅助团队，很大程度上降低了图书馆高重复率的基础性服务所产生的固定性经营成本，减少了对政府有限财政的依赖，释放了更多基础服务的发展活力。由此可见，社会力量的多方面参与是支撑广州图书馆 10 年基础服务高效能发展的关键力量，不仅加速了广州图书馆基础服务的均等化、标准化、专业化发展进程，同时也在一定程度上提升了基础服务的专业化能力和水平。

高质量发展是大势所趋。广州图书馆基础服务的高质量发展，就是在准确把握高质量发展科学内涵的基础上，坚持以基础服务供给侧结构性改革为主线，推动公共图书馆服务功能调整和结构优化[1]，实现由以传统文献为中心的服务转向以人为中心的信息、知识、文化和交流服务，更加强调基础服务的智慧化、专业化和知识化发展，集中力量补短板、强弱项、提质量。

3.1 补短板：补齐基础服务的智慧化短板

总体而言，广州图书馆的基础服务正处在智能化服务向智慧化服务的转型阶段。具体而言，广州图书馆的读者证注册服务、信息检索服务、图书外借服务等虽已基本实现智能化自助服务，用户可以通过图书馆自动化设备完成从办证、检索、借阅到还书一体化的文献阅览和流通，但基于云计算、物联网、区块链、5G、AR 等新技术应用在图书馆智慧化场景建设和服务的程度仍较低。未来，广州图书馆的基础服务应在现有智能化设备的基础上，加大力度推进智慧图书馆建设，主要完成传统书架和用户管理（办证、借阅、座位预约等）系统的智慧化升级，推动实现基于大数据分析的个性化信息推送服务、基于超高频 RFID 技术的实时智能定位导引服务、基于 AR 虚拟现实技术的智慧场景展示服务等，充分发挥科技赋能的新技术优势，补齐基础服务智慧化建设短板，推动广州图书馆基础服务从高效能增长转向高质量发展。

3.2 强弱项：增强基础服务的专业化能力

在 2021 年 4 月举行的第二届中国图书馆馆长高级论坛上，与会专家对推动图书馆

---

① 方家忠.公共图书馆高质量发展：实质与内涵［J］.图书馆论坛，2021（2）：41-45.

专业化发展达成了共识①。倡导专业化，需要我们正确梳理专业化与职业化的关系，充分认识到专业化是职业化的基础组成部分，倡导专业化必将推动职业化进程②。可以预见，未来我国公共图书馆必将进入以专业化、职业化发展推动事业高质量发展的新时代。结合公共图书馆基础服务高质量发展的趋势看，倡导基础服务的专业化需要加强专业人才队伍的职业化培育和教育，切实提升基础服务馆员的专业化能力和职业化水平。一方面，加强基础服务专业人才、学术科研人才和核心团队培养，以业务工作专业化、专业工作学术化为基本思路，推动工作实践与专业研究、学术成果相互转化。另一方面，通过构建专业岗位内部资格认证制度、加强馆员自主学习及部门交流、探索精准培训和分层施教等方式，设立专业阅读推广人、学科馆员、专家馆员等岗位，不断深化基础服务层次。

3.3 提质量：提升基础服务的知识化水平

随着用户信息素养的提升，基于传统文献信息检索、推送和借阅的基础服务已经难以满足当前大部分用户的现实需求，社会公众需要深层次的知识服务。高质量发展背景下，未来广州图书馆将更重视强调基础服务的知识属性和知识含量，更关注基础服务的知识化发展。基础服务的知识化生产过程中，用户个性化知识需求是基础，文献资源知识生产是关键，活动推广知识成果是方向。用户个性化知识需求方面，应通过不断创新工作方法，建立和畅通用户个性化需求沟通渠道，及时、全面地了解和掌握用户真实需求，并在知识挖掘、生产和推广中予以回应；文献资源知识加工方面，要不断深化对馆藏文献和信息资源的深度加工，挖掘其深层次的知识属性，并通过知识汇聚形成具有高价值的知识成果；活动推广知识成果方面，要认识到知识生产并不代表基础服务知识化转型的结束，知识生产的成果还需要通过阅读推广活动的形式推广出去，最后成为用户信息素养的一部分。

① 北京大学信息管理系，中国图书馆馆长高级论坛.推动图书馆专业化发展倡议书 [N].图书馆报，2021-05-07 (1).
② 方家忠.公共图书馆需要大力倡导专业化发展 [J].图书馆建设，2021 (6)：9-14, 20.

广州图书馆新馆十年残障群体服务报告

陆秋洁　蔡东恺　李芷筠　李燕

党中央高度重视公共文化服务建设，对残障群体各方面的权益格外关心和关注，站在为人民谋幸福、为民族谋复兴的高度，全力改善残疾人的精神生活品质，促进残疾人的全面发展，满足他们对美好生活的期待。国家出台的《中共中央关于全面深化改革的若干重大问题的决定》《关于加快构建现代公共文化服务体系的意见》《中华人民共和国公共文化服务保障法》《中华人民共和国公共图书馆法》等一系列政策、法规，保障了残障群体共享公共文化服务的权利，全面推动公共图书馆残障群体阅读服务事业建设，深入推进全民阅读。"十二五""十三五"期间，政府致力构建覆盖面更广的公共文化服务体系，各级公共图书馆从主抓基础设施到提升服务效能发展，"十四五"时期，提出以推进高质量发展为事业目标。在国家政策的保驾护航下，我国公共文化服务体系建设得到长足发展，公共图书馆在残障群体阅读服务方面取得令人瞩目的成就。

广州图书馆紧紧围绕党中央关于提升残疾人精神文化建设的大目标，在省、市相关政府机构的方向指导和大力支持下，坚守"传承文明，服务社会"的初心，在各方面建设迎来高速发展，残障群体阅读服务也随着广州图书馆事业的发展不断取得新成绩，迈入新篇章。广州图书馆人扎实推进残障群体阅读服务，高质量完成了广州图书馆"十二五""十三五"的目标，自2021年起，更是以奋发担当的精神积极实践广州图书馆"十四五"发展规划，得到社会公众特别是残障群体的认可。

2013年新馆开放，广州图书馆在北一楼设置了视障人士服务区，残障群体的阅读服务依托视障人士服务区，以残障群体的特殊文化属性、以创新的服务形式、以"引进来、走出去"的策略，链接社会力量资源共建共享，满足残障群体日益增长的阅读需求。十年来的视障人士服务区，在馆藏建设方面，截至2022年底累计新增馆藏文献1.3万册/件；基础服务方面，截至2022年底累计外借文献3.89万册/件；在阅读推广方面，开展以残障群体中的视障群体、肢体残疾人、孤独症群体等为对象的阅读推广活动共632场次，参与人次67.2万。本文将围绕广州图书馆十年残障群体读者服务工作情况进行梳理，并对未来服务进行展望。

1 守正创新，夯实基础服务供给

残障群体拥有平等、公正、便利地利用图书馆服务的权利，公共图书馆为残障群体提供服务及帮助是责无旁贷的社会责任。政策支持、馆藏、空间和馆员是广州图书馆开展残障群体阅读服务的基础。十年来，广州图书馆持续根据残障群体特殊的文化属性，优化馆舍空间，延伸服务触角，深化服务内容，为残障群体阅读服务提供立体多元的阅读体验。

1.1 政策的支持与重视

从法律层面，2015 年 5 月 1 日起施行的《广州市公共图书馆条例》第四十八条内容为："公共图书馆应当为老年人、残疾人等特殊群体提供设施、设备、文献信息资源等方面的便利服务。中心馆、区域总馆应当设置盲人阅览室和残疾人专座。"① 2018 年 1 月实施的《中华人民共和国公共图书馆法》第 34 条提到，"公共图书馆应考虑残疾用户群体的特点，为其提供适合的文献信息、无障碍设备和服务"②，为公共图书馆服务残障群体包括残疾人阅读推广工作、残疾人平等享受图书馆服务提出要求与保障。从公共图书馆行业规范发展层面，《广州图书馆 2016—2020 年发展规划》第 47 条行动方案提到"全面引入国内、国际相关标准，通过加强无障碍设施建设、提供专用设备等方法，积极消除特殊群体利用图书馆服务的物理障碍、技术障碍和文化障碍。"第 49 条行动方案提到"引导特殊群体利用公共服务、参与公共活动，有针对性地为每个特殊群体至少提供一项公共服务。"第 50 条行动方案提到"通过定点送书上门等方式，为特殊群体提供知识援助。"《广州图书馆 2021—2025 年发展规划》第 43 条行动方案提到"拓展针对重点群体的阅读推广服务。以视障人士服务区为依托，建设无障碍服务平台，延伸拓展特殊群体服务对象及服务内容。提升特殊群体服务理念、服务意识和服务能力，注重细节、优化体验。"第 91 条行动方案提到"对特殊群体举办的公益活动在场地、资源等方面优先予以保障。"从发展规划看，广州图书馆非常重视残障群体服务。

---

① 广州市公共图书馆条例 [EB/OL]. [2024-03-01]. https://flk.npc.gov.cn/detail2.html? NDAyOGFi Y2M2MTI3Nzc5MzAxNjEyN2U0YjA3YTIzYjc.
② 中华人民共和国公共图书馆法 [EB/OL]. [2024-03-01]. http://www.npc.gov.cn/zgrdw/npc/ xinwen/2018-11/05/content_2065662.htm.

1.2　服务环境的优化

广州图书馆无障碍设施建设依据《城市道路和建筑物无障碍设计规范》（JGJ 50—2001）等要求进行设计。广州图书馆全馆范围内均设有残疾人无障碍通道；西门负一层至升降电梯、西门广场至视障人士服务区铺设有盲道；在电梯的各层控制部分及梯内的控制面板部分设有盲文按键和低位控制装置；各楼层均设有残障人士专用座厕；首层大厅服务总台、咨询台、自助借还区、各楼层阅览区域均设置低位服务台；一般阅览区域即北楼1—8层、南楼3—6层、报告厅均设有轮椅专用座位。

视障人士服务区设在北楼一楼，建筑面积300余平方米，从西门或者从负一层入馆到达该服务区都比较便捷。北一楼西侧的视障人士服务区，从西门广场至视障人士服务区铺设有盲道。广州图书馆在首层与负一层安装了无线感应导航系统。导航系统共设置31个信号源覆盖视障人士服务区、阅览区、书架、电梯、洗手间、东西门出入口。服务区中配备40套手持式接收无线感应导航系统手机，辅助视障读者在区域内行走。区域内常设视障读者专用座位24个。盲文书架设置盲文标识、盲文书籍粘贴盲文标签。

1.3　服务资源供给的积累

视障人士的阅读需要借助辅助设备或者符合视力范围的盲文图书、大字本图书等来实现。新馆的视障人士服务区配备有盲人专用电脑12台、盲人手机40台、台式电子助视器2套、手持电子助视器5套、用于外借的SD卡192张等多种专用辅助阅读设备，陆续添加盲人智能听书机830台以及广州市行政区域盲人地图。

从新增馆藏文献数量的变化来看，2013—2023年新增盲文书刊、音像资料、大字版图书文献资源约1.3万册（件），平均每年入藏1444册（件）。2013—2015年新增文献最少，入藏高峰为2016年和2019年，分别为3029册（件）、5524册（件），新增态势波动较大（见图1）。

盲文图书受全国独家发行的限制，全国公共图书馆都面临品种、数量少、畅销以及经典盲文书补购难的问题。十年来，视障人士服务区盲文馆藏顺应盲文读物的发展，分别入藏双拼、现行和通用三种盲文版本的盲文书，以及大字本图书、明盲对照绘本和无障碍影视资源。2018年国家推行通用盲文方案，广州图书馆积极响应国家相应政策的号召，调整采购策略，以采购通用盲文新书为主、现行盲文新书补充为辅的资源采购策略，构建视障人士服务区馆藏服务体系。该服务区根据资源特征设立双拼、现行、通用版本盲文藏书区，明盲对照绘本藏书区，无障碍影视资源藏书区，完善并更新书架盲文导牌标识，整理资源借阅电子目录。2019年，广州图书馆响应国家数字阅

单位：册/件

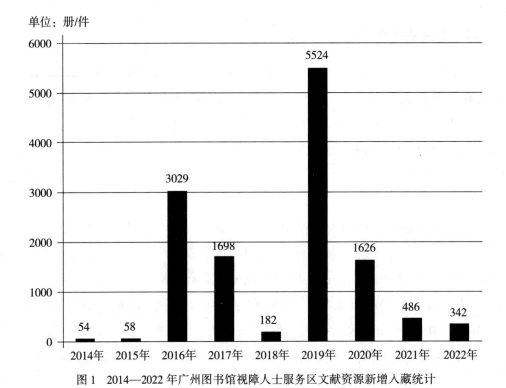

图 1　2014—2022 年广州图书馆视障人士服务区文献资源新增入藏统计

读推广工程，新采购 800 台盲人智能听书机。2022 年，引进"百听听书"无障碍融合阅读空间，多元化构建视障群体阅读资源服务体系。该服务区实行服务资源专人专项管理，不断理顺视障人士服务区设备资源、文献资源管理制度，内容包括文献流通管理，设备外借、馆内使用、视障读者用机等台账管理、日常维护与管理等。

1.4　基础服务的情况及分析

截至 2022 年底，视障人士服务区累计外借文献 38959 册/件。视障人士服务区年借阅人次、册次从 2013 年 139 人次、368 册次增长到最高年份 2019 年的 1660 人次、7856册次。除了 2020 年至 2023 年受新冠疫情的影响，文献借阅册数基本逐年攀升。2017年是一个转折点，2017 年的借阅量是 2016 年的 2.6 倍，2018 年和 2019 年持续增长。2020 至 2022 年受新冠疫情的影响有一定的下降幅度，但是维持了较高的水平，均超过5000 册次，而视障人士服务区拥有的文献资源总量仅是 1 万多册/件，文献流通率维持在较高水平。见图 2。

视障人士服务区于 2013 年 4 月 23 日推出"视障读者免费送书上门"服务，于2014 年 7 月启动"图书馆服务进校园"活动项目。不定期以推文或书目的形式进行盲文图书推荐。一直以来，视障人士服务区以活动为导向开展服务，在读者活动中嵌入文献推广，因此，文献借阅量的攀升和阅读推广活动密不可分。

图 2　广州图书馆视障人士服务区借阅数据一览表

1.5　专业化馆员队伍的建设

阅读推广工作是否有效，很大程度上取决于图书馆员的素养，而残障群体阅读推广服务对象的特殊性对服务队伍提出了更高的要求。服务残障群体的馆员不仅需要具备图书馆工作所有要求的专业技能和知识，还需要具备帮助残障读者使用辅助阅读设备和与他们沟通的能力，更重要的是面对残障群体，要有真正接纳、尊重、理解和包容他们的专业价值观。在十年发展历程中，广州图书馆残障群体阅读推广逐步建立了一支兼具党员先锋模范作用和馆员专业服务素养的人才队伍。截至 2022 年底，面向残障读者服务的专业馆员 7 人，其中硕士研究生学历 2 人，本科学历 4 人，大专学历 1 人。其专业结构呈多元化：旅游管理+中国古典文献学 1 人，生物技术 1 人，计算机科学与技术 1 人，工商管理 1 人，社会工作 1 人，环境艺术设计 1 人，英语教育+公共管理 1 人。取得高级职称 1 人，中级职称 5 人，初级职称 1 人。馆员服务队伍负责广州图书馆北一楼的读者服务工作，除了残障服务，还负责忙碌的自助服务区、通借通还区和休闲生活馆的服务。在日常充实的服务实践中，馆员队伍素质有了较大的提升：他们有能力，有爱心，负责任，他们主动了解残障群体的特点，积极参加与残障服务有关的培训，主动学习有关服务技巧，注重收集残障群体的服务需求，不断拓宽残障群体的服务对象，在服务实践中不断增强综合素质。

此外，广州图书馆通过"红棉爱有声"志愿服务队、"心融"志愿服务队等人才队伍的组建，吸纳了一批专业志愿者为残障群体提供服务，为 2022 年"穗阅先锋"专业阅读推广志愿服务队的组建奠定了基础。常驻广州图书馆残障群体阅读推广项目的社会志愿服务组织包括星辰社、广州爱心读书团、心聆感影、突破 46 读书会、广州 YMCA 心跃组、启智志愿服务总队、百企百艺公益项目志愿服务队等志愿服务组织，他们在各自的服务领域共同为广州图书馆的文化助残事业贡献志愿力量，提供了重要的人才支撑。

2 深耕阅读推广活动，搭建无障碍服务平台

十年的残障服务之路，也是十年的无障碍服务之路。广州图书馆视障人士服务区依托丰富的馆藏资源，深耕阅读推广活动，探索和丰富服务模式，满足残障人士的文化阅读需求，创新服务方式，扩大社会服务效益，不断提高服务群体覆盖面，开展的各项残障群体的阅读服务实现跨越式发展，促进均等化、标准化、专业化方面不断取得新突破，切实保障公众特别是残障群体的基本文化权益，提升残障群体的文化获得感、幸福感。

2.1 服务十载，有爱无碍

自 2013 年以来，广州图书馆各项残障群体阅读推广活动开展得如火如荼。据统计，2013—2022 年广州图书馆视障人士服务区举办残障群体阅读推广活动共计 632 场次，逾百万人次参加了活动。2013 年开馆之初举办 5 场，参与者 438 人次至 2022 年增长到举办 135 场，参与者 317037 人次。

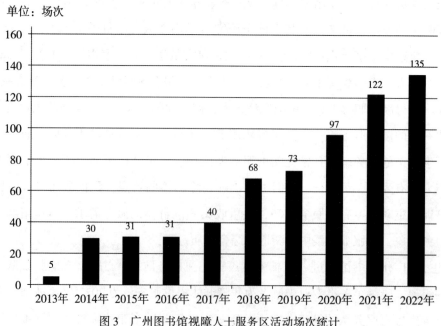

图 3　广州图书馆视障人士服务区活动场次统计

单位：人次

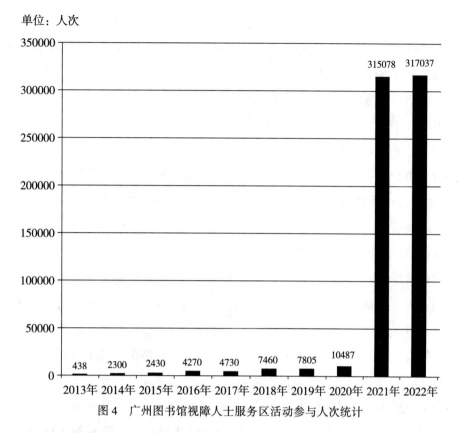

图 4　广州图书馆视障人士服务区活动参与人次统计

以下对广州图书馆残障群体阅读推广活动进行概述。

2.1.1 "广图盲读快乐营" 系列活动

广州图书馆视障人士服务区 2013 年开始面向视障人士举办"无障碍电影欣赏会"系列活动，视障人士从此可以无障碍"听"大片。2014 年开始面向视障人士举办"视障读者免费送书上门"服务，还把盲文图书集中送进广州市启明学校，让他们足不出户可以借阅图书；同年开始举办盲人诗歌散文朗诵暨征文比赛系列活动，给他们展示自我才华的平台。基于前两年的服务基础，视障人士服务区于 2015 年整合活动资源，创建"广图盲读快乐营"，这是一个面向视障群体设立的服务项目，以满足视障读者的阅读需求、以适合他们阅读的方式开展服务，主要包括口述影像服务、盲人诗歌散文朗诵暨征文比赛、非视觉摄影潜能发掘、国际盲人节庆祝活动、"融·溢"阅读分享会、阅读微心愿、志愿者培训、粤读角读书会、有声相约等多个活动子项目。

（1）口述影像服务

口述影像服务，简称口述影像，是一种通过口语叙述的方式，将视障人士无法接收的影像信息转换成语言，让视障人士能克服视觉障碍，协助他们克服生活、学习和就业环境中各种影像障碍的服务。简单地说,口述影像就是把看见的说出来①。口述影像服务是保障残疾人权益,推进信息平等和文化平权的重要体现。口述影像服务是面向视障群体阅读推广服务的基础,广州图书馆视障人士服务区开展的口述影像服务主要包括口述动态影像的电影、纪录片、直播和静态影像的展览、绘本、博物馆等。广州图书馆联合社会力量,每月定期在馆内举办口述电影活动,不定期举办口述纪录片、展览、绘本、博物馆等其他口述影像服务。

2013 年开始的口述影像服务主要以播放无障碍电影为主,无障碍电影是指专门为了方便残障人士观看的加入口述旁白的电影。后来以口述电影为主,口述影像员利用简洁、生动的语言,将视障人士无法收视的影像信息描述、传达给视障人士,协助他们理解其内容。广州图书馆视障人士服务区从 2013 年起开展视障人士参观图书馆活动,由馆员口述。2018 年开展口述绘本图书和口述足球赛服务,还开展口述展览、博物馆活动,举办"亮心灯 看世界"参观广州市城市规划展览中心活动,口述的范围逐渐扩大,口述的内容不断丰富;2019 年,对在广州图书馆展厅举办的"影像广州七十年""潮起珠江·巨变天河 珠江新城变迁二十年"两个展览进行口述,并于同年10 月 1 日举办口述现场直播阅兵式活动。口述阅兵式活动由广州图书馆读者委员会视障读者张文东提出需求并挑选出合适的口述员,最后由广州市残疾人联合会、广州市民政局、广州图书馆、广州市盲人协会等共同组织实施。近 250 位视障读者及陪同人员参加了活动。活动形式新颖,受到媒体和社会的广泛关注。2020 年受新冠疫情影响,馆员不能现场举办活动,但口述影像活动没有停歇,每周五举办开创线上无障碍电影展播活动。广州图书馆还不断创新视障人士口述影像服务活动的服务形式,不但"请进来",还"走出去",去盲校、去社区、去电影院、去其他图书馆,积极与广州市黄埔区图书馆、佛山图书馆等进行合作②。

(2)广州市盲人诗歌散文朗诵暨散文创作比赛

广州图书馆视障人士服务区 2014 年起开始举办广州市盲人诗歌散文朗诵暨散文创作比赛。每年一度的比赛成为广州地区的视障朋友比拼才艺、才情、才气的舞台,展示了他们的文学创作力和艺术审美力,也彰显了广州图书馆在促进残障群体阅读文化服务的社会价值和领先地位。

(3)非视觉摄影潜能发掘

非视觉摄影是视障群体的摄影方式。他们运用听觉判断距离,用触觉和嗅觉发现

---

① 符艺.口述影像在公共图书馆视障服务中的应用与思考 [J].图书馆论坛,2014 (8):77-81.

② 陆秋洁.视障人士口述影像服务的实践与思考——以广州图书馆为例 [J].图书馆界,2020 (6):33-37.

事物，用手臂丈量远近，用身体测量高度，用声音感知距离，用手触摸自然……随着手机摄像功能的智能化、盲用读屏软件的无障碍化，非视觉摄影成为视障者认识世界、参与社会活动的一种方式。广州图书馆视障人士服务区为视障人士举办非视觉摄影学习营，并举办摄影作品摄影展览。

广州图书馆视障人士服务区自 2015 年、2017 年和 2019 年相继与广州市盲人学校、"广州 YMCA 心跃组"合作举办四期视障人士非视觉摄影学习营，吸引了广州市内以及珠海、肇庆等地区的视障朋友的踊跃参与。2016 年和 2019 年分别举办"触碰光明　融合社会"、"光·影·梦"两场视障学员的摄影作品摄影展览。其中"光·影·梦"视障人士非视觉摄影展览广受社会各界的关注与支持，展览持续到 2020 年 9 月，即使是新冠疫情防控期间，"光·影·梦"视障人士非视觉摄影展览也分别在南京特殊教育师范学院、广州希尔顿逸林酒店、广府文化会馆、广州东方博物馆、中国大酒店广州长隆酒店举办了巡展。非视觉摄影理念跨省、跨界地向公众传达着摄影的初衷与价值，促进了残健融合交流。

（4）国际盲人节庆祝活动

每年的 10 月 15 日为"国际盲人节"。为活跃盲人的生活，体现公众对盲人的关怀，广州图书馆联合广州市盲人协会自 2018 年起，每年举办庆祝活动。每年围绕当年国际盲人节的主题，广州图书馆馆员们和广州市盲人协会展开合作，精心设计紧扣题意的才艺表演、嘉宾分享和有奖互动问答等活动环节，邀请活跃在各个专业领域的视障朋友来与大家分享交流。

（5）"融·溢"阅读分享会

通过挖掘文献知识，通过触觉、听觉和嗅觉等多感官阅读的设计，广州图书馆视障人士服务区 2018 年起开展"融·溢"阅读分享会系列活动，具体包括开展"触读世界"读书会，让视障人士通过触摸著名建筑模型认识世界；开展"走读广州"认识一座城市活动；开展非视觉茶文化体验、逛花市嗅花香等活动，促使视障人士更好地融入社会。

（6）志愿者培训

作为保障公民文化权益阵地之一，广州图书馆为推动视障人士服务标准化、体系化建设，促进视障人士平等参与社会，共享社会文化成果，积极贡献力量。广州图书馆视障人士服务区自 2018 年起不定期举办助残志愿者培训系列活动，吸引众多社会爱心人士加入助残扶残行列。广州图书馆助残志愿者培训系列活动主要有四个方向：一是开展志愿者助残技能培训。二是开展口述影像专业培训。邀请资深口述员讲解口述影像的基本知识与技巧，让口述电影的志愿者能更好地用声音诠释电影艺术魅力，提升口述影片场景的精准描述能力，传达语言艺术，让视障读者能和普通人一样享受和汲取丰硕的文化成果，推动促进残健融合。三是开展盲人智能听书机助教志愿者培训。广州图书馆配备800台"阳光听书郎"盲人智能听书机，此设备可依托盲人读物融合与传播平台，为视障读者提供有声读物和数字阅读的服务，并持续性地提供内容资源更新、软件升级和设备维护服务。为了切实有效地开展与满足视障读者的阅读需求，视障人士服务区面向社会个人、团体志愿者开展盲人智能听书机助教培训，借助社会参与力量帮助视障群体享受基本文化权益。四是开展有声书培训。就有关有声书、电子书的制作步骤、方法、注意事项等对志愿者进行培训。

（7）粤读角读书会

2019年6月起，广州图书馆视障人士服务区面向视障人士推出粤读角读书会，该系列活动每月举办两期，以文献为媒介，挖掘图书馆中含有"广州"主题的馆藏资源，通过多感官的阅读方式，用粤语讲述广州的故事，为视障人士搭建品味广州古城书香、感知广州人文、发现广州魅力的现场听书平台。读书会开展以来已为残障群体读了《广州掌故》《老广州记忆》《藏在唐诗宋词里的趣事》《探索之路——丝路故事书》《广州传》《三家巷》等图书，传播广州文化、岭南文化、海丝文化。

（8）有声相约

出行不便是视障群体参与和享受社会公共文化活动最大的难点。广州图书馆视障人士服务区在2020年新冠疫情暴发初期顺势推出"有声相约"线上文化服务。"有声相约"不受时空限制，利用线上直播平台优势，为视障群体搭建足不出户享受文化盛宴的窗口，为社会专业志愿者创建知识分享、文化交流的平台。2022年广州图书馆视障人士服务区举办了"牵手盲童 共读好书"融合阅读空间体验活动。此外"无障碍影视作品展播""粤韵传书"两大主题已形成每周一场次的频率。周五相约看电影、周六相约听书已成为视障读者学习的生活习惯。

（9）阅读微心愿

2021年广州图书馆视障人士服务区对服务进行升级整合，面向视障群体推出"阅读微心愿"资源服务项目，面向视障人士开展个性化服务，并积极开展志愿者的专业技能培训，保证服务质量。该项目通过收集视障人士阅读愿望，招募志愿者来实现，目前已完成有声书98册，电子书50册。视障人士服务区将该项目的文献资源与盲人智能听书机服务相结合，把服务送进校园、送进社区、送进按摩院，提高资源服务效能。

2.1.2 助读·认知系列活动

广州图书馆视障人士服务区2017年创建"助读·认知"系列活动，受众群体包括肢体障碍群体、言语障碍群体、心智障碍群体、听障群体等。该服务项目以文献为纽带，开展残疾人文学艺术分享会、脑卒中健康知识讲座和伴读计划、法律专题角法律咨询服务、孤独症青年绘画潜能培育、心友伴阅读计划等活动。

（1）残疾人文学艺术分享会

2017年6月，广州图书馆视障人士服务区举办"广州市残疾人文学爱好者协会年刊《珠江左岸》首发式暨分享会"，50多名残疾人文学爱好者欢聚于此，分享自己的心路历程、人生经历，诵读残疾人文学作品等。此后，在2018年至2019年，广州图书馆视障人士服务区每月都会举办一次诵读沙龙。残疾人文学爱好者如饥似渴地学习写作，创作了大量贴近生活的优秀作品。他们用作品讴歌生命、激励人生，每一部作品都迸发出不屈的火花，闪耀着生命的光亮。视障人士服务区举办相关分享会，旨在让社会上更多的人了解和关心残疾人，也鼓励更多的残障人士积极参与文学创作。

（2）脑卒中健康知识讲座和伴读计划

脑卒中已经成为我国成年人死亡率、致残率最高的疾病。2019年至2020年，为向公众普及脑卒中健康知识，提升公众的疾病预防能力，广州图书馆视障人士服务区和广州市阳光关爱脑卒中患者康复志愿者协会联合举办了脑卒中健康知识讲座和伴读计划活动，主要讲授脑卒中康复、认知康复、脑卒中预防及科普知识。

（3）法律专题角法律咨询服务

为提升服务效能，充分利用馆内文献资源，2021年5月16日，广州图书馆视障人士服务区联合北京市盈科（广州）律师事务所开展公益法律专题角法律咨询服务，为全市特殊群体开展普法、法律咨询服务。此后每个月的第三个星期日上午10∶00—12∶00，公益律师志愿者为读者提供普法、法律咨询等法律专业服务，为他们解难题、讲法律、保权益、提建议。

（4）孤独症青年绘画潜能培育

2022年7月，广州图书馆视障人士服务区联合广州市残疾人联合会、广州市心友心智障碍者服务协会等单位为孤独症青年开展设计绘画培训，在创作的同时，通过课程设计和任务布置，为孤独症青年探寻成长和进步方向。培训课程中诞生了约四十幅作品，2022年8月28日，广州图书馆负一层展示了部分画作，获得多方认可。绘画培训每周一次，活动内容着重设计方面的训练，并在培训过程中进一步锻炼孤独症青年的社会融入能力，协助孤独症青年推出自己的文创设计，分享创意，创造价值。

孤独症青年绘画潜能培育自2022年引进广州图书馆，邝炜文、卢诗雅、王夏京、肖癸汶、杨尚羲5名"心青年"开启了在广州图书馆的追梦之旅。广州图书馆建筑、环境、服务三位一体的人文景观，为孤独症"心青年"提供绘画艺术创作灵感。不管是身披绶带的志愿者、游走于书架中的读者，还是馆舍里色彩斑斓的花草，甚至是馆员用相机为他们记录的课堂瞬间，都成为他们笔下生花的主题，精彩跃然纸上。

（5）心友伴阅读计划

2022 年，广州图书馆视障人士服务区联系广州市心友心智障碍者服务协会、广东实验中学圆点公益，集结社会资源和力量开展"星星守望伴读计划"，从 2022 年 2 月起每逢周六下午为心智障碍群体持续搭建"书香致远，幸福陪伴"的新学习环境。活动中，志愿者们与"心青年"结对伴读，用阅读搭建沟通的桥梁，用爱心跨越社交的障碍，在欢乐时光中收获知识与友谊，以陪伴学习、运动、游戏等方式协助"星孩""心友"们自立自强。

2.1.3 "携手并肩，圆梦阅读"优秀助残代表表彰活动

每年年末，广州图书馆视障人士服务区举办"携手并肩，圆梦阅读"优秀助残代表表彰活动，对在残障群体阅读推广中表现突出的优秀志愿团队、优秀志愿者进行表彰，这是广州图书馆残障群体无障碍阅读服务交答卷、开新章的盛事，是多向奔赴的下一个起跑线，也是弘扬志愿服务精神、倡导扶残助残社会风尚、展示文化助残成果、传递正能量的盛会。

2.2 打造了常态化服务品牌

十年来，广州图书馆残障群体阅读推广项目采用多种阅读服务推广模式，如联合推广、单独推广、数字阅读推广等，进一步扩大活动影响力，开展了形式多样、内容丰富的阅读推广活动，活动品牌效应进一步凸显。其中部分喜闻乐见的活动经受住了时间的考验，在特殊群体的参与和支持下持续举办，成为广州图书馆常态化的阅读推广服务品牌，如"广图盲读快乐营"，其子项目口述影像服务、盲人诗歌散文朗诵暨散文创作比赛、国际盲人节庆祝活动和优秀助残代表表彰等活动深受视障人士喜爱。

2.3 构建了多感官服务体系

广州图书馆开展以"口述电影""触读世界""非视觉摄影"等活动为内容的多感官阅读项目，既丰富了读者的阅读形式，也帮助视障人士开阔了"视野"。其中"触读"世界系列活动通过实物模型打开视障人群阅读世界、认识世界的窗口，并邀请本土的外国志愿者现场双语分享见闻，其知识性、趣味性激发视障读者探索世界的好奇心。此外联合社会力量开展的逛花市嗅花香、非视觉茶文化体验活动也给予视障读者更多认识世界的多重体验。根据馆员观察，不少参加多感官阅读活动的视障读者心态

变得开朗，更加主动地走出家门与人交流，融入社会。此外，视障人士服务区配置的可触摸地球仪和中国地图册也吸引了视障读者前来摸读，为他们学习地理知识、形成地理概念提供了便利。

2.4　形成了规范化服务体系

广州图书馆在新馆十年的阅读推广工作中，持续完善服务制度，如《广州图书馆视障人士服务区读者须知》《广州图书馆盲人智能听书机服务办法》《视障还书业务邮局系统操作指引》《视障读者个性化服务流程》《助残志愿者技能培训材料》等，使之与不断发展变化的工作形势相适应，保障残障群体服务权益。除此之外，视障人士服务区主动适应志愿服务事业的新形势、新特点、新要求，联动多个职能部门及各类社会组织和团队，整合形成的分级化志愿者培训体系，对专门从事口述影像、有声书录制和安全伴读的志愿者根据专业化程度要求定期举办培训，出台相应的管理办法，并在每年优秀助残代表表彰活动上对积极参与残障群体阅读推广的志愿者组织和个人进行表彰。

2.5　形成了个性化服务体系

视障人士服务区通过持续不间断的阅读推广活动，培养了一批具有自主阅读习惯的视障读者，他们不但了解广州图书馆的馆藏资源和读者服务，还会结合自身出于提升生活质量或应对升学考试的需要向广州图书馆提出个性化服务需求。馆员不断丰富残障群体阅读推广的活动形式和服务供给，为读者提供个性化服务。其中具有代表性的是：广州图书馆读者委员会于 2018 年首次聘请了视障人士担任委员，该委员从视障群体角度出发策划了"走读广图""非视觉茶文化体验"活动，并对庆祝中华人民共和国成立 70 周年阅兵式进行口述直播，得到了社会广泛关注。视障人士服务区 2021 年开启的"阅读微心愿"项目，主要根据视障人士提出的阅读需求录制有声书，是典型的个性化服务项目。从这个角度来看，个性化服务需求的培养也是不断推动广州图书馆残障群体阅读推广项目多元化布局、精细化运作的动力之一。

2.6　开拓了虚拟与实体空间共存的多元化服务路径

视障人士服务区落实"盲人数字阅读推广工程"的要求，从 2019 年 4 月读书月开始推出 800 台阳光智能听书机外借服务，制定相应的《广州图书馆盲人智能听书机服务办法》，并推动志愿者智能听书机使用技巧培训工作，社会效益良好。自此，同步开展智能听书机的阅读推广活动，主动送机和培训服务进学校、进盲人按摩院、进社区、进定点服务点等，为视障人士提供了贴心便捷的服务，得到了视障群体的支持和喜爱。

2020 年新冠疫情暴发后，视障人士服务区推出"有声相约"系列活动，借助网络直播平台，在线上定期举办无障碍电影展播、"粤韵传书"粤语读书直播活动，打破了空间限制，使得残障读者足不出户就能够参与广州图书馆残障群体阅读推广活动；2021 年该服务区与广州广播电台新闻资讯广播、金曲音乐广播联合推出广州百辑党史《声音广州之百载辉煌粤韵颂》专题节目，馆员结合文献资源编撰出 100 集广州党史故事，由电台主播用粤语录制成节目，上线花城 FM 电台，为包括视障读者在内的超过 96 万人次的听众讲述在广州发生的百年辉煌党史故事。2021 年 1 月视障人士服务区为拓展服务内容、保障视障读者阅读权利，面向阅读障碍群体推出"阅读微心愿"服务项目，由接受过培训的志愿者录制的有声书大大拓展了阅读障碍者的阅读范围。2022 年 5 月 17 日，视障人士服务区联合朗声图书、百听听书在馆内视障人士服务区举行"牵手盲童　共读好书"融合阅读空间体验活动，活动运用"听书"资源打破阅读壁垒，借助科技的力量实现无障碍阅读，让视障人群也能享受到读书和求知的乐趣。

3　激发社会合作，社会效益凸显

广州图书馆视障人士服务区以《残疾人权益保障法》《公共图书馆法》为指南，践行"平等、开放、理性、包容"的理念，"以活动带动阅读，以活动推广图书馆服务"，充分发挥馆员主观能动性，充分发挥广州图书馆在残障群体公共文化服务中示范引领作用，以奋发担当的精神积极实践《广州图书馆 2021—2025 年发展规划》中进一步提升服务对象化、主题化、智能化的目标，把更好满足残障群体对美好精神文化需求与广州建设书香羊城的文化发展目标结合起来，让广州图书馆成为残障群体学习、交流、阅读、互动的"文化客厅"。

3.1　扩大社会合作，延展服务半径

视障人士服务区积极探索与社会力量的合作，社会合作逐年加强，社会影响力持续增强。自 2013 年以来，该服务区与广州市盲人协会、广州爱心读书团、星辰社、心聆感影项目组、突破 46 读书会，吴晓波书友会频道、广州市残疾人联合会、广州市各区残疾人联合会、广州市启明学校、广州青年志愿者协会启智服务总队、广州市越秀区捌零柒社会服务中心等多达 40 余家机构单位合作，认真落实残健共融的服务理念，不断满足残障群体多元的精神文化需求。广州图书馆和社会力量共建社会化活动空间，

通过阅读推广方面的残健有机融合，进一步增强社会对残障群体的理解和认识，让社会各界更加关心和关注图书馆残障群体阅读服务。

3.2 拓展服务对象，拓宽服务内容

在《广州图书馆 2021—2025 年发展规划》实施之前，视障人士服务区的服务对象已经开始逐步拓展。服务区在 2017 年 10 月举办了"广州市残疾人文学爱好者协会年刊《珠江左岸》首发式暨分享会"，50 多名残疾人文学爱好者欢聚于此。2018 年起，服务区积极与相关社会机构合作，面向除了视力障碍之外的其他残疾群体，如听障群体、肢残群体、脑卒中康复群体和心智障碍群体等举办"助读·认知"系列活动。《广州图书馆 2021—2025 年发展规划》第 43 条行动方案提到："拓展针对重点群体的阅读推广服务。以视障人士服务区为依托，建设无障碍服务平台，延伸拓展特殊群体服务对象及服务内容。提升特殊群体服务理念、服务意识和服务能力，注重细节、优化体验。"这其实是对服务对象拓宽的一项计划。2022 年，"助读·认知"项目与"百企百艺"公益项目合作开展"助读·认知之百企百艺——残疾人潜能培育点"课程，服务心智障碍青年。2022 年 2 月，服务区开始为心智障碍青少年开展心友伴阅读计划，协助该群体自立自强、融入社会。

3.3 肩负使命，载誉前行

由于一直以来视障人士服务区服务团队真诚服务残障群体，广州图书馆收获了较多的荣誉。广州图书馆自 2014 年起至今连续 9 年获得广州市盲人诗歌散文朗诵暨散文创作大赛"优秀组织奖"；2018 年，广州图书馆文献流通部视障人士服务区申报的《"广图盲读快乐营"之助读 认知阅读分享会》案例荣获"2018 年优秀阅读推广案例评选活动优秀奖"；2018 年，广州图书馆视障人士服务区申报的"广州图书馆视障人士多感官阅读志愿服务项目"评为"2018 年度广州市优秀文化和旅游志愿服务项目"；2019 年，广州图书馆视障人士服务区申报的"广州图书馆视障人士多感官阅读志愿服务项目"评为"2019 年度广州市优秀文化和旅游志愿服务项目"；2019 年，广州图书馆获得"广东省扶残助残先进集体"称号；2020 年，广州图书馆视障人士服务区申报的"'融溢悦享'盲读快乐营——广州图书馆视障人士多感官阅读志愿服务项目"被评为"2020 年广东省文化和旅游资源服务优秀项目"，并获得扶持金 2 万元；2021 年，广州图书馆荣获"爱心单位"称号、"无障碍环境建设先进单位"称号，入选 2021 年度广州慈善榜"最具慈善文化传播影响力单位"；2021 年，视障人士服务区馆员李芷筠获得"优秀服务奖""感动人物"称号；2022 年，广州图书馆慈善空间被评为

"2022 年度最佳合作伙伴空间"。据不完全统计，2013 年至 2022 年，残障服务获得的有关奖项有 21 项。

3.4 媒体广泛报道，凸显社会效益

广州图书馆的残障服务受到媒体的关注及社会的认可，据不完全统计，截至 2023 年 5 月，新华网、新华社 App、新华视点秒拍、《南方日报》、《广州日报》、《信息时报》、广东电视台、广州电视台等多家主流媒体和新媒体平台对相关服务的报道共 153 多篇次，社会影响力进一步增强。其中以口述影像、盲人诗歌散文朗诵暨散文创作比赛、为广州特殊群体办实事系列活动媒体报道数量最多。

其中，2019 年 10 月，广州图书馆首次口述直播阅兵式的尝试得到新华社等国家级主流媒体的认可，各类媒体共刊发了 26 篇原创报道，原创报道被网络媒体转载 157 次。其中，新华社 "新华视点" 推送的《点赞！志愿者为视障人士口述直播国庆阅兵》视频新闻，浏览量达到 600 多万次。因为本次活动的独创性，《北京青年报》等国内知名媒体还对参与活动的馆员、口述志愿者团队做了专访。

3.5 锐意进取，开拓创新

十载的无障碍服务，也是探索之路。服务团队首创口述直播阅兵式，主动送书进盲校，率先在广州影院口述电影，在馆外开拓服务点，开启 "走读" 服务、"触读" 服务，开启线上 "有声相约" 直播尝试，首创和电台合作用粤语讲述广州党史故事……在开展服务的过程中，有很多的第一次，也有很多成功的尝试，最终取得了较好的社会效果，获得了残障人士的认可。这些创新服务在业界能够起到很好的引领作用。

3.6 读者认可，砥砺前行

专业馆员队伍和志愿者团队用心服务，获得了残障人士的真心回报，每次活动结束，读者活动临时沟通群的信息总是好评如潮。以下选取了一些视障人士对残障服务的评价。

视障读者高伟雄，也是一名视障义工，他热心公益，认为这样既是帮人也是帮自己。他平时喜欢钓鱼、唱歌，爱作打油诗。高伟雄先生在 2021 年 9 月听完《声音广州之百载辉煌粤韵颂》百辑党史音频故事后，用即兴打油诗作了以下评价：

> 百载辉煌粤韵颂！
>
> 残友爱听好感动！

> 关心关怀好有用！
>
> 感恩感德爱完梦！

2023 年 5 月 7 日，高伟雄先生"看"完口述电影《中国乒乓》后用即兴打油诗作了以下评价：

> 中国乒乓！
>
> 乒乓乒乓！
>
> 广图温馨！
>
> 全是精英！
>
> 一起赏乒！
>
> 一路掌声！

视障读者冼广翎，爱读书，有信念，关心广州图书馆与视障人士相关的活动项目以及为他们提供的电子书和有声书。2023 年 3 月，冼广翎撰文《我要做闪耀生命火花的强者》参加广州图书馆举办的广州市第九届盲人散文创作比赛，其作品在众多的参赛作品中脱颖而出，并获得了广东省第九届盲人散文创作大赛一等奖。文中叙述的"情系广图""爱在影院""阅读创新""也学摄影""亮相舞台"五个故事，正是她一直以来参加广州图书馆无障碍服务中的典型服务案例。她在文章的最后表达了她对广州图书馆服务的认同和赞许：

> 感激广图四十年，与百万读者风雨同舟，携手前行。书香随风飘扬，感动弱势群体，他们认真地做到"尽馆所能"，开拓创新，把温暖送到我们的心坎。有精神世界的丰满，荒野和沙漠，也变成了鸟语花香的仙境；有爱心人士的帮扶，事业成功，就像芝麻开花节节高。我，爱图书馆，爱读书，更爱生命的价值！每一个脚印，流淌着辛勤的汗水。一个人要走过多少路，才能被称为真正的人？我要做闪耀生命火花的强者。下面，让我献上心中的诗篇：
>
> 如虎添翼朗日高，
>
> 增广见闻珠江潮。
>
> 书香粤韵心田醉，
>
> "好读者之星"揭晓。
>
> 传媒飞讯入云霄，
>
> 十颗"星星"荣光耀。
>
> 不负韶华广图情，
>
> 红棉似火花城娇。

4 未来展望

习近平总书记在党的二十大报告中提出，增进民生福祉，提高人民生活品质，完善残疾人社会保障制度和关爱服务体系，促进残疾人事业全面发展。习近平总书记还提出推进文化自信自强，铸就社会主义文化新辉煌。他十分关心关爱残疾人，高度重视残疾人事业发展，曾强调："古今中外，残疾人身残志不残、自尊自立、奉献社会的奋斗事迹不胜枚举。残疾人完全有志向、有能力为人类社会作出重大贡献。"[①]

广州图书馆残障群体服务未来发展将围绕无障碍服务平台建设、打造专业化馆员队伍、扩大服务范围、数字化阅读、服务的营销与宣传、经费的保障等方面向前迈进。

4.1 建设无障碍服务平台，创设多元阅读空间

以视障人士服务区阵地为依托，建设无障碍服务平台。未来将延伸拓展残障群体的服务对象和服务内容，对服务区域进行空间改造，使其适合多种残障人士的阅读需求，创设有爱心的服务氛围，不断提升服务的包容性。

4.2 建立长效的项目化管理机制，打造专业化馆员队伍

建立长效的项目化管理机制，设置专职岗位，建立残障群体服务团队和个人的激励制度。这样可以让投身残障服务的馆员团队更加稳定，有利于打造专业化馆员队伍，为可持续发展提供保障。专业的服务队伍应该掌握一定的盲文、手语以及沟通技巧、接待技巧、心理知识等。随着业务的拓展，可考虑设特殊群体服务部，分老年组、视障组、孤独症组、听障组、肢残组等。另外由馆员对专业志愿服务团队开展培训，壮大志愿服务队伍，使其成为服务残障人士人力资源的有益补充。

4.3 延伸服务触角，扩大服务半径

《广州图书馆2021—2025年发展规划》行动方案提到拓展针对重点群体的阅读推广服务。今后，继续扩大残障服务对象的覆盖面，特别是针对视障残疾、肢体残疾、听力残疾、心智障碍等群体，不断提升特殊群体服务理念、服务意识和服务能力。

---

① 习近平会见自强模范暨助残先进集体和个人代表 李克强等参加［EB/OL］.［2024-03-01］. https://www.gov.cn/xinwen/2014-05/16/content_2681073.htm.

4.4　建设线上无障碍服务平台，提供数字化阅读服务

《马拉喀什条约》在我国落地实施为阅读障碍者获取更多作品和接受教育提供了法律保障。将《马拉喀什条约》在我国落地的政策红利转化为资源优势，做好做实做大现有"阅读微心愿"项目，录制有声书，并探索线上无障碍信息服务平台建设。借助社会力量，继续和"百听听书"探索建设无障碍数字阅读平台。利用喜马拉雅、中国盲人数字图书馆等资源，提供智慧化、数字化的无障碍服务，丰富无障碍信息交流方式，扩展无障碍社会服务的内容范围。

4.5　加强服务的营销与宣传

加强现有阅读推广品牌服务项目的建设。在活动品牌化的基础上，加强活动品牌营销与宣传推广，借助合作伙伴、社会力量、名人效应、媒体报道、短视频推广等方式，在残障读者群和图书馆界乃至全社会产生持续影响力。

4.6　多重保障残障服务的经费

加大残障群体服务的资金保障，完善投入机制。积极鼓励与支持公民、法人和其他组织以捐赠、资助等形式参与志愿公益事业，并规范公益资金的使用。

亲子阅读服务

冯莉　胡晨曦　范加丽　郭起云　黄卉　吴玲　招建平　曾源茜子

　　广州图书馆亲子绘本阅读馆于 2013 年 6 月 14 日正式对外开放，历经 10 年的探索与践行，亲子阅读服务形成了既定的服务群体、服务范围、馆藏资源和活动项目。2018 年《中华人民共和国公共图书馆法》颁布实施，第三十四条对亲子阅读服务空间、少儿馆员专业性、亲子阅读推广活动的开展等方面都提出了相应的法治要求①。2010—2020 年，广州图书馆"十二五""十三五""十四五"三个时期的发展规划接续实施，为亲子阅读服务持续提供了发展指向。广州图书馆地处广州市的新城市中心，是广州的文化窗口，这为阅读推广服务发展提供了更多的资源与机遇。

　　从专业的角度看，图书馆儿童服务由专门馆藏、专门空间、专业人员、针对少年儿童的服务与活动、合作网络五个要素组成②。广州图书馆亲子阅读服务基于上述五个要素，以馆藏提质为根基，以空间友好为推手，以阅读推广为抓手，以合作交流为加速器，以馆员成长为发动机，推动亲子阅读服务向多元化、特色化、纵深化方向发展。

1　馆藏提质：亲子服务的根基

　　《公共图书馆宣言 2022》③ 提到，"所有年龄的群体都能在公共图书馆找到适合其需要的资料"。广州图书馆发展规划对亲子阅读馆藏资源建设要求有着清晰的发展脉络；广州图书馆"十二五"发展规划提到"设立亲子阅读空间，配备绘本资源"；"十三五"发展规划提到"增加多语种绘本资源"；"十四五"发展规划提出"强化资源挖掘的深度与广度"，一系列规划完整地展现了广州图书馆亲子阅读馆藏资源建设从量化建设向高质量发展的转变。同时结合日新月异的出版动向，以及公众不断变化的阅读

---

① 中华人民共和国公共图书馆法 ［EB/OL］.［2023-05-30］. http://www.gov.cn/xinwen/2017-11/05/content_5237326.htm.

② 张靖，吴翠红.未成年人图书馆与信息服务专业性研究 ［M］.北京：社会科学文献出版社，2019：67.

③ 《中国图书馆学报》编辑部，吴建中.国际图联/联合国教科文组织公共图书馆宣言 2022 ［J］.中国图书馆学报，2022（6）：126-128.

需求，广州图书馆在儿童馆藏资源的采选、构建和布局等工作方面做出动态的、科学的决策，为服务发展奠定坚实的根基。

1.1 系出名门：保障绘本入藏质量

广州图书馆亲子绘本阅读馆馆藏文献数量从 2013 年新馆开放之初的 8 万册增长至 2022 年底的约 30 万册，其中中文绘本占比约为 70%，婴幼儿读物占比约为 20%，进口原版绘本占比约为 10%。其中重点入藏的有：凯迪克大奖、凯特·格林纳威奖、信宜图画书奖、丰子恺儿童图画书奖等大奖系列绘本；知名绘本出版品牌，如爱心树、蒲蒲兰、信谊、启发、乐乐趣出版的绘本；中外著名绘本大师作品。这为高品质的馆藏建设提供强有力的支撑，每次绘本阅读都如同一次与绘本大师的"对话"。

1.2 科学调配：回应儿童阅读需求

《广州图书馆 2022 年新出版图书借阅排行榜》[①] Top10（少儿类）显示，婴幼儿读物《中国幼儿汉字小字典》，绘本《山海经幼儿美绘本》《嘎嘎的人体科普光照书》上榜，由此说明绘本的阅读需求"长盛不衰"，婴幼儿读物的需求有所提升。广州图书馆充分思考不同年龄段未成年人的阅读差异，持续完善馆藏建设的数量、质量和构成，以不断推动供给、需求之间的平衡发展。

1.2.1 强化中国原创绘本保障

未成年人文献资源建设与未成年人出版现状密不可分[②]。从入藏绘本出版地区来看，2013—2022 年广州图书馆新入藏中国原创绘本呈增长态势，2013 年新入藏中国原创绘本近 4000 册，到 2022 年已超 2 万册。近年来原创绘本创作紧贴时代脉搏，突破创作瓶颈，实现飞跃式发展，我国涌现出一批优秀的作家、插画家，出现许多高水准的绘本作品。亲子绘本阅读馆设立"中国原创绘本"专架，为中国原创绘本建立展示创作成果、培育中华优秀传统文化的平台，让儿童从小接受中华优秀传统文化的熏陶。

1.2.2 回应阅读需求发展。

广州市统计局《主要年份全市户籍总人口自然变动情况》[③] 显示，随着"二孩""三孩"政策的相继落地，2013—2021 年，广州户籍出生人口年均超过 11.39 万，2017

---

① 广州图书馆 2022 年新出版图书借阅排行榜［EB/OL］.［2023-05-10］.file:///C:/Users/fengli/Downloads/1-2%E6%9C%88%E5%8F%B7%E5%90%88%E5%88%8A.pdf.
② 范并思.公共图书馆未成年人服务［M］.北京：北京师范大学出版社，2012：53.
③ 广州市统计局.主要年份全市户籍总人口自然变动情况［EB/OL］.［2023-05-29］.https://lwzb.gzstats.gov.cn：20001/datav/admin/home/www_nj/.pdf.

年出生人口超过 20.10 万，这也为图书馆带来了更庞大的低龄读者群体。据广州图书馆文献流通管理系统数据显示，"婴幼儿读物"外借文献量呈上升趋势，2013—2017 年年均借阅量超 30 万册，2018 年借阅量超 41 万册，2019 年近 59 万册，达到峰值，2020—2022 年因疫情原因有所回落，但年均值也超 45 万册。广州图书馆以儿童分级阅读理论为依据，设立"婴幼儿读物"专架，加强适合 0—3 岁婴幼儿阅读的纸板书、洞洞书、触摸书、翻翻书等馆藏资源的建设，引导家长选择适合亲子阅读的读物，开启早期阅读启蒙智慧之旅，营造亲子阅读的浓郁氛围。

1.3 规则优化：拉动馆藏服务效能

广州图书馆新馆开放 10 年以来，开放理念也逐渐成为主导服务规则创新的思潮，亲子服务经历多次服务设计优化，不断创新借阅服务规则。借阅规则的变化有其清晰的时间脉络，以及与之同频的借阅量的大幅提升。总结而言，借阅规则创新从根本上带动了相关文献的服务效能的提升。2013—2022 年亲子绘本阅读馆外借服务数据统计情况见表 1，近十年，广州图书馆绘本借阅量占全馆少儿文献外借量的比重整体呈现持续增长的态势，2022 年略有回落。

表 1 2013—2022 年亲子绘本阅读馆外借服务数据统计

时间	亲子绘本阅读馆外借文献量/册次	儿童与青少年部外借文献量/册次	亲子绘本阅读馆借阅量占部门比重	借阅册次调整
2013 年 6 月—2013 年 12 月	340942	1288275	26.47%	无
2014 年	729996	2557881	28.54%	无
2015 年	850825	2767544	30.74%	2015 年 9 月 17 日少儿文献可外借册数从 10 册（件）提高至 15 册（件）
2016 年	1059223	3061079	34.60%	无
2017 年	1010865	2890054	34.98%	无
2018 年	1020075	2891780	35.27%	无
2019 年	1167182	3102627	37.62%	2019 年 2 月 1 日，广州市、区两级公共图书馆调整单个读者证最多可外借文献量，由 15 册（件）提升至 20 册（件）。2020 年 4 月 23 日单个读者证可外借文献量由 20 册（件）增至 30 册（件）
2020 年	786672	1929509	40.77%	
2021 年	1165716	2786293	41.84%	
2022 年	955051	2331732	40.96%	无

2017—2022 年原版绘本外借服务数据统计情况见表 2，从中可见，自 2016 年原版绘本开放外借服务以后，原版绘本的借阅量占绘本借阅总量的比重也呈上升的趋势，2022 年略有回落。

表 2　2017—2022 年原版绘本外借服务数据统计

时间	原版绘本外借册次/册次	全部绘本外借册次/册次	原版绘本占全部绘本外借册次比例/%	原版绘本借阅册次调整
2017 年	31231	1010865	3.09%	无
2018 年	36836	1020075	3.61%	每证可外借港台绘本从 2 册调整为 4 册，外文绘本从 2 册调整为 6 册
2019 年	50713	1167182	4.34%	每证最多可外借少儿港台绘本从 4 册调整为 6 册，外文绘本从 6 册调整为 9 册
2020 年	40490	786672	5.15%	每证可外借外文绘本不超过 15 册，港台绘本不超过 15 册
2021 年	61845	1165716	5.31%	无
2022 年	40559	955051	4.25%	无

根据以上数据，可从不同角度分析亲子借阅服务规则的优化：

第一，从整体的文献借阅角度。少儿借阅证可外借册次的提升带动了绘本文献借阅量占比的升高。这与绘本的易读性有着密切的关系，图画相较文字更易于被理解，读者能更容易辨识文本的内容。

第二，从原版绘本的借阅角度。原版绘本的服务规则，是从"完全保守"向"开放利用"转变。2013 年新馆开放之初，原版绘本仅供阅览，不提供外借，经过了一系列严谨科学的研判，新馆最终在 2016 年开通了外借服务，并在 2018 至 2020 年相继提升可外借册次。同时，充分利用推荐书目宣传单和设立新书架宣传推介馆藏资源，开展读书会、展览等丰富多彩的活动，进一步推动了原版绘本资源的有效利用。

第三，从其他途径优化文献借阅的角度。除了调整文献的可外借册次以外，10 年来，广州图书馆还尝试通过调整办证人群年龄段、开通通借通还服务等举措拉动服务效能提升。2021 年 7 月，为打造"生育友好型"城市，广州图书馆为怀孕的准妈妈们推出"孕妈妈"专享读者证，孕期女性可凭相关证明来馆办理，并借阅 30 册少儿文献。

2 空间友好：服务发展的平台

《广州市公共图书馆条例》《中华人民共和国公共图书馆法》均对少年儿童阅览区域面积提出法制要求。2021 年发布的《中国儿童发展纲要（2021—2030 年）》[①] 提出了"儿童成长空间友好"等关键词。服务空间的不断提升，见证了广州图书馆亲子服务敢为人先的城市中心图书馆创新实践精神。

2.1 一米视角：尊重儿童天性

2021 年国务院发展改革委等 23 部门联合发布《关于推进儿童友好城市建设的指导意见》[②] 引入"1 米高度看城市"这一概念，提出优化公共空间设计，推进城市建设适应儿童身心发展，满足儿童服务和活动需求。亲子绘本阅读馆的建筑由玻璃幕墙、斜面立柱和插画墙体组成，整体宽敞明亮。在空间色彩上，采用和谐的冷暖色调搭配，营造温馨舒适的亲子阅读环境。馆内环境布置充分考虑儿童的个体发展和行为特点，

图 1　适儿化书架

① 国务院. 中国儿童发展纲要（2021—2030 年）［EB/OL］. ［2023-04-20］. http://www.gov.cn/zhengce/zhengceku/ 2022-04/09/content_5684258. htm.

② 国务院发展改革委，等. 关于推进儿童友好城市建设的指导意见［EB/OL］. ［2023-04-20］. https://www.ndrc.gov.cn/xxgk/jd/jd/202110/t20211028_1301429_ext.html.

兼具趣味性、安全性与实用性。在书架设置方面，以大面积曲线造型的矮书架为主，便于儿童自行取阅图书，为儿童提供自主参与阅读的机会。在空间配饰方面，采用契合儿童身高的测量尺和"立体云朵块"造型等配饰，既能提升儿童在阅读空间中的代入感，也能拉近儿童与空间的距离。在展览区域，广州图书馆持续向幼儿园、学校、公益组织以及社会个人征集原创绘本、手抄报、玩具搭建模型和书签等阅读创作成果，长期在亲子绘本阅读馆的玻璃橱窗作展示。馆员定期根据传统文化、红色文化、科技创新等主题更新相应的作品，力求为读者带来不同形式、内容的阅读成果展示。展柜、展品的高度设置、内容设置也充分从儿童视角出发，在儿童自然观望时作品能轻松跃进其视野。

图 2　儿童身高测量尺　　　　　　　　图 3　适儿化展柜

2.2　活动区域：有声阅读延伸

亲子绘本阅读馆内设有玩具图书馆、"悦读伴岛"等阅读功能区域，用于开展各类阅读推广活动。玩具图书馆用于开展玩具服务活动，馆内配有玩具柜和树木造型书架，彰显阅读与游戏融合的价值。

"悦读伴岛"是 2022 年通过空间升级改造而来的阅读空间，空间入口处巧妙地设计成一本书的造型，书中主人公为广州图书馆少儿服务 IP——小 R（"R"代表英文 Reading），入口处小 R 眺望窗外海景，"悦读伴岛"的字眼随即跃入眼帘，犹如书名一样巧妙地告知读者"悦读伴岛"里有丰富的故事内容和历险情节，吸引儿童乐于阅读、坚持阅读、热爱阅读。"悦读伴岛"内部，无论是地面、墙体、家具还是配饰，都能做到冷暖色调搭配恰当、清新自然、繁简得当，充分契合儿童心理发展特点。

图 4　玩具图书馆

图 5　玩具柜

图 6 "悦读伴岛"入口

图 7 通往"悦读伴岛"的过道

图 8 "悦读伴岛"大门

图 9 "悦读伴岛"内部

为进一步增进阅读的自由度和愉悦度，让阅读尽早成为儿童生活中密不可分的成长伙伴，亲子绘本阅读馆打破动静空间的边界，在阅览区设置阅读分享开放区。馆员或文化志愿者会在此区域作即兴的故事分享，读者身旁书香环绕，故事与时间在方寸之间流转，定格无数珍贵的亲子共读美好时光。

图 10　开放故事分享区

2.3　细微之处：体现人文关怀

在开馆之初，亲子绘本阅读馆就设立了母婴室，地点设定在阅览区最为便利的中庭，为有需要的亲子家庭提供温暖且人性化的服务。随着到馆阅读的婴幼儿家庭越来

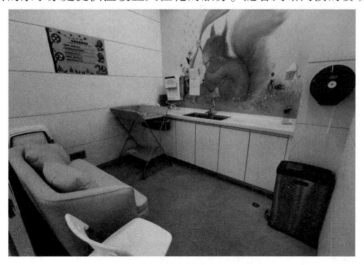

图 11　母婴室

越多，2023年亲子绘本阅读馆在电梯门前设置了婴儿推车集中存放点，既方便了读者，也保障了阅览空间安全畅通。作为广州的文化地标，广州图书馆推出的系列举措无不体现着这座城市的温度。

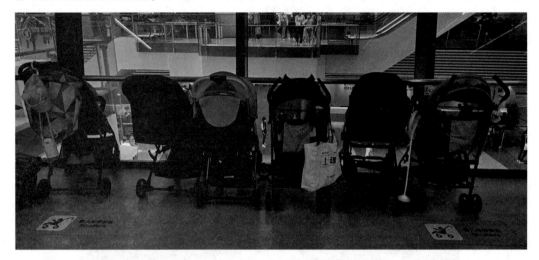

图12　婴儿推车存放点

方家忠馆长认为，广州图书馆新馆建筑应具备平等、亲切、吸引人的"第三空间"特性①。10年来，亲子绘本阅读馆历经了两次大型空间优化改造，改造思路主要有以下两点：第一，凸显主题性。两次空间变革均为亲子绘本阅读馆输入大量原创插画作品，不同插画之间有着故事的衔接性，每幅插画也有其独立的故事价值，从任何角度都能看到在知识海洋中踏浪远航的深刻意义，这为广州图书馆的少儿服务书写了自己独特的故事，突出服务主题，让所有到馆读者都能感受到浓厚的阅读气息。第二，提升开放度。为缓解周末节假日入馆读者激增的问题，亲子绘本阅读馆通过空间升级改造，增设了小型书架和适量可移动的阅览座椅供读者使用，有效扩充了阅览服务面积。历经10年的发展，亲子绘本阅读馆在空间服务上主动思变，掷地有声地回应公共图书馆专业建设、儿童社会性认知发展要求。

3　阅读推广：服务发展的抓手

3.1　以绘本推广阅读，亲子阅读服务的起点

广州图书馆亲子阅读服务以绘本阅读作为起点，除了提供绘本借阅服务以外，还

---

① 方家忠.新时代中国城市图书馆发展：广州模式支撑研究［M］.广州：广东人民出版社，2018：90.

定期开展亲子绘本阅读推广活动，以亲子家庭为服务对象，以激发儿童阅读兴趣、倡导亲子共读为宗旨，培养了一大批热爱绘本阅读的亲子家庭。10 年来亲子绘本阅读推广活动遵循发展规划要求，呈现出一定的发展特征。

3.1.1 从零散化转向品牌化、系列化

《广州图书馆 2011—2015 年发展规划》提出实施趣味阅读项目，激发儿童阅读兴趣，培养儿童阅读习惯，建立绘本阅读活动品牌，为亲子绘本阅读推广活动提出了发展要求。《广州图书馆 2016—2020 年发展规划》提出应优化亲子绘本阅读服务，推动亲子读书会等阅读推广活动品牌化、系列化、专业化。从连续两个五年发展规划的变化可以看出，亲子绘本阅读服务从基础、零散转向品牌化、系列化、专业化。2017 年，为提升项目辨识度，顺应更多元化的读者阅读需求，在中山四路旧馆已创建和初步培育的广州图书馆亲子阅读活动项目"爱绘本、爱阅读"亲子读书会登上新馆更广阔的舞台。项目更名为"小樱桃"阅读树亲子读书会，设计了品牌 Logo——一对大小樱桃，绿叶呈书本形状，寓意亲子阅读之乐。樱桃的边线呈字母 E 字，代表"小樱桃"阅读树的四大活动宗旨：平等（equality）、热情（enthusiasm）、效能（efficiency）、优秀（excellence），此举有效提升了"小樱桃"阅读树的品牌辨识度。另一方面，在系列发展上也有所突破，"小樱桃"阅读树拓展出 5 个活动系列，例如"多元读书会"是与儿童分享多国家绘本故事的活动；"樱桃爸爸讲故事"邀请男性馆员或文化志愿者为儿童分享绘本故事，从男性视角发现故事中不一样的亮点，鼓励男性家长更多地参与亲子阅读。广州图书馆亲子阅读服务既遵循发展规划要求，也有效回应了社会需求。

3.1.2 从单一服务年龄段向全龄段发展

绘本是儿童早期阅读的最佳材料，而亲子阅读也是儿童早期教育的最佳方式之一。长期以来，由于基础设施受限，缺乏阅读推广人才和科学、专业的阅读指导措施，广州图书馆亲子绘本阅读推广活动目标人群往往聚焦在学龄前儿童或小学低年级学生。亲子阅读服务亟须补齐面向 0—1 岁新生婴儿、2—3 岁幼儿的服务"短板"，积极拓展 0—3 岁婴幼儿的绘本阅读推广服务。而事实上，在国际社会，公共图书馆界早已将儿童服务按年龄进行了细分，1987 年美国公共图书馆协会出版物《公共图书馆规划与角色确定》[①] 中指出，公共图书馆儿童阅读推广服务应从婴儿期开始，提供各种有助于婴幼儿实现自我满足并发现阅读和学习乐趣的服务。针对新生儿数量的大幅攀升，在亲子绘本阅读推广活动方面，广州图书馆推出了为 0—3 岁婴幼儿家庭打造的绘本阅读推

---

① MCCLURE C R, OWEN A. Planning and role setting for public libraries［M］. Chicago：American Library Association，1987：37.

广项目"咿呀"大本营，活动以 0—3 岁婴幼儿家庭为单位，主要通过绘本故事讲述，辅以童谣、儿歌合唱，亲子互动，游戏等形式进行阅读推广，旨在提倡和鼓励婴幼儿尽早接触绘本，让家长和孩子共同分享阅读快乐，从而推动婴幼儿绘本阅读推广理念和实践的发展。

3.1.3 以艺术创作呈现绘本阅读成果

《广州图书馆 2021—2025 年发展规划》提出要以绘本、科普资料、艺术图书等特色资源为基础，形成集借阅、展览、交流分享为一体的服务空间。2020—2023 年，广州图书馆携手社会力量每年组织举办"图书馆，让童年更美好"——新春少年儿童原创绘本展，鼓励少年儿童用绘本的艺术形式进行创作，激发其阅读兴趣与创作热情。活动已成功举办四届，展出原创绘本作品超 4500 份，累计参观人数超 6.7 万人次，深受广大读者的喜爱及社会的广泛关注。儿童对绘本阅读的二次创作能够有效激发其阅读兴趣，而交流展示更能让阅读成果得到有效的输出。

3.1.4 以线上推广拓宽绘本阅读深度和广度

2020 年初，受新冠疫情防控措施影响，广州图书馆将阅读推广活动转移至线上平台，亲子绘本阅读服务也推出了全新的、内容丰富的、传播方式更加灵活的"宅家阅读，玩转绘本""云上童声"等线上阅读推广活动，让读者能够足不出户就享受到精彩纷呈的绘本故事会，了解不同主题的绘本推荐，感受亲子阅读的温暖瞬间，既满足了亲子家庭足不出户的阅读需求，又让读者获得新鲜的阅读体验感。

3.1.5 馆员"讲好故事"促进专业技术发展

少儿馆员一直是绘本阅读推广的生力军。《广州图书馆 2016—2020 年发展规划》提出"建立儿童阅读馆员品牌"。事实上，馆员与活动参与者的直接交流能够促进其专业能力的正向发展，也能提高、完善读者对馆员这一职业的认知。馆员广泛参与活动主持和策划，树立了良好的专业阅读推广馆员形象，赢得读者的一致好评。

3.2 以玩具促进阅读：亲子阅读方式的创新

玩具图书馆于 2014 年 1 月 1 日正式对公众开放，是亲子阅读推广的重点项目，有其独立的服务空间、专门的玩具资源和专业服务人员。玩具图书馆共有功能型玩具 500 多套，以教育学的加德纳多元智能理论为依据，划分为角色与交流、构建与空间、视觉与艺术、自然与科学、逻辑与数学 5 大类，充分与公共图书馆各项主题服务进行连接，将玩具拼搭融入绘本故事、传统文化、非遗技艺、红色教育、国防教育、建筑技术、动物科普主题活动，寓教于乐，让孩子在快乐玩耍中学到知识，开发智能。

3.2.1 为什么要建立玩具图书馆？

国际玩具图书馆协会对玩具图书馆的定义是：玩具图书馆为游戏、训练有素的工作人员和专用空间提供支持，其中玩具和游戏是最重要的活动①。《儿童权利公约》提到儿童有游戏的权利。玩具资源的开发与利用，为儿童阅读注入了游戏的价值，为儿童游戏添加了阅读的意义。

玩具图书馆的建立就是以广州图书馆新馆开放为契机，以广州图书馆发展规划为导向，是广州图书馆探索适合儿童发展的建馆之路的新突破。自2010年起，广州图书馆发展规划文本均对玩具图书馆的发展提出规划定位，玩具图书馆在公共图书馆的发展创新思路以"利用玩具活动发展儿童阅读能力"为宗旨而展开，理清了通过创新服务方式、内容推动公共文化服务高质量发展的路径。

3.2.2 玩具图书馆提供什么服务？

第一，主题活动。主题活动是在老师的带领下围绕一个主题开展活动的形式。其特色如下：①绘本故事的演绎贯穿玩具活动。玩具图书馆利用亲子绘本阅读馆的馆藏优势，充分挖掘可利用的绘本作为活动的素材，有效调动小朋友的积极性，让他们在老师的讲述中理解故事，再动手用积木搭一搭故事中的人或物，演一演故事中的情节，通过听、做、演，对绘本有更深入的理解，提升其绘本鉴赏力。②活动以节日作为契机，将玩具搭建与绘本阅读相融合。每逢传统节日如春节、中秋节、端午节等，馆员利用相关的绘本导入活动，在活动中分享节日的习俗及相关知识。如在端午节分享绘本《端午节》，学习端午节习俗，再用玩具来搭建龙舟，并分组来进行"划龙舟"比赛。③科学小实验与科学类绘本相结合。玩具图书馆里配置了一些科学实验玩具，如显微镜、电磁动力积木、嗅觉桶、造纸实验、趣味导电实验等。在做相关的科学主题活动时，馆员将科学实验与绘本相结合，让孩子们在自主探究中寻找真相，发现身边的科学，从而保持对科学的浓厚兴趣。

第二，亲子活动。亲子活动面向0—8岁亲子家庭开放，在每周一至周五亲子活动时段，8岁以下孩子可预约进入，而每周末的4场主题活动，则进行了更加细致的读者年龄划分（分为0—1岁感统活动、2—3岁幼儿认知活动、4—5岁绘本阅读活动、6—8岁多元智能活动）。年龄层的细化，使活动的针对性更强、效果更佳，服务对象更加认可公共图书馆的专业化服务。

第三，玩具创意交流。除主题活动和亲子活动外，玩具图书馆面向全体服务对象

---

① ITLA. About ITLA［EB/OL］.［2017-10-01］. http://itla-toylibraries.org/home/about-itla/.

举办玩具创意交流活动，以增强读者的互动参与度，实现儿童从被动接受向主动参与的转变。2015—2022 年，玩具图书馆共成功举办了 8 届玩具创意交流活动，共计 3000 多名小读者参加。参与活动的小朋友或亲子家庭挑选喜欢的绘本，将自己对绘本的理解融入玩具的构建中并表述出来，使创意搭建与绘本讲述相结合，既是创意的交流，也是儿童阅读推广的新尝试。

3.2.3 如何用规范创新服务发展？

在不断丰富阅读推广活动内容的同时，建立健全阅读推广管理机制也是必不可少的，良好的管理机制可以让阅读推广活动走向规范化、可复制化。玩具图书馆活动在管理机制方面不断推陈出新，形成了一定的经验总结和理论成果，其中比较有代表性的是《广州图书馆玩具图书馆管理手册》和《公共图书馆绘本阅读和玩具服务融合发展指南》。

《广州图书馆玩具图书馆管理手册》科学梳理了玩具图书馆各项管理规则、服务内容、使用方法等规章制度。该手册包括开馆流程、专业术语、工作职责、活动预约、工作统计五方面内容，使每一步工作都有章可循。其中汇总了各年龄段主题活动的示范案例，详细叙述了对活动的前期准备（包括场地准备、玩具配置、人员配备）、活动流程、活动推广策略等，可作为日后学习和推广经验的案例材料。

《公共图书馆绘本阅读和玩具服务融合发展指南》是中国图书馆学会阅读推广规范指南类课题的成果之一，研发了玩具和绘本服务功能融合的具体操作方法，具有极强的实践性、科学性、规范性和可操作性。据此操作方式，玩具图书馆在 2020 年实现多家直属分馆联动开展玩具创意交流活动，为更多少儿阅读推广活动向服务体系延伸指明了方向。

3.3 以家庭驱动阅读：亲子阅读价值的赋能

公共图书馆做好家庭阅读推广工作，可以营造良好的家庭阅读氛围，提升家庭成员的整体素质，促进孩子身心全面发展，并助力学校教育[①]。家庭阅读推广主要有两个目标，一是帮助父母或主要监护人了解家庭阅读环境对孩子的重要影响，二是帮助父母或主要监护人提升阅读指导能力，使他们能够科学地有针对性地引导、指导孩子阅读。家庭阅读推广的举措具体如下。

---

① 朱芸，吴爱武，向君.“双减”政策背景下公共图书馆开展家庭阅读推广活动的研究 [J]. 图书馆理论与实践，2023（1）：131-136.

3.3.1 免费发放阅读包

2019 年广州图书馆"悦读童行"——婴幼儿阅读攀登计划正式推出，有力填补了孕妈妈、新生婴儿和低幼儿童阅读推广工作的空白。该计划以向 0—3 岁婴幼儿亲子家庭免费发放阅读包的方式推广家庭阅读，阅读包内含推荐书目、婴幼儿荐读百宝箱（0—3 周岁）、阅读护照（完成相应挑战，可在护照上盖章，集章兑换礼品）、儿童早期阅读倡议书、阅读成长尺、婴幼儿亲子阅读指导宣传页、绘本赠书等。后续该计划还广泛联合家庭阅读专业机构，持续为阅读包注入新鲜活力。2020 年蒲蒲兰绘本馆提供其自编手册《婴儿阅读法》，向家长传递用绘本与 0—36 月龄的宝宝互动的技巧；2021 年广东省南方阅读公益基金会提供随包赠送绘本《小魔怪要上学》；2022 年深圳市爱阅公益基金会提供阅芽测量尺、亲子阅读指导手册等资料。同时，阅读项目持续精细化，逐步覆盖了孕妈妈群体，精准衔接 0 岁前怀胎期、0—3 岁婴幼儿期和 4—6 岁学龄前期各阶段的个体阅读需求。

3.3.2 联合社会力量共促亲子家庭阅读技巧

广州图书馆邀请专业人士为馆员、家长、儿童教育工作者、儿童阅读爱好者分享早期婴幼儿亲子阅读的方法和技巧；与公益基金会合作开展绘本阅读成长营，培育更多的文化志愿者加入阅读推广人队伍，并计划将项目成果沉淀、推广、复制到更多社区和家庭，以点带面，让更多亲子家庭受益，赋能亲子阅读，提升家庭阅读能力。

3.3.3 开展家庭阅读调研以支持实践

2015—2017 年由广州图书馆馆员组成的"公共图书馆婴幼儿阅读推广实践研究"课题组开展了一系列关于家庭阅读的调研，持续跟踪该项目是否明显提升婴幼儿阅读能力，通过阅读包发放和回收了大量问卷数据，并将这些数据投入亲子阅读的科学研究中，有针对性地分析项目是否有助于拉近儿童和图书以及图书馆的距离，是否增强了儿童的认知、理解和学习能力，以调查数据保障项目价值及有效性。

4 合作交流：服务发展的加速器

《中华人民共和国公共图书馆法》明确了社会参与在公共图书馆建设中的合法地位。为响应立法要求，进一步满足公众日益增长的阅读需求，广州图书馆在推进亲子阅读服务发展的过程中，通过整合社会各界阅读资源，通过合作不断优化服务内容，扩大服务范围，促进技术内化。

4.1 以合作优化服务内容

社会合作有利于公共图书馆联合更多、更好的阅读推广专业人员，得到更多活动创意和想法，为广州图书馆亲子阅读服务带来有力的专业性支撑。

4.1.1 绘本阅读

多年来，广州图书馆联合广东省南方阅读公益基金会、广州市微笑公益服务中心、耐读文化空间、蒲蒲兰绘本馆等阅读推广组织或社会阅读推广人，形成合力，共同推进亲子绘本阅读推广活动的发展。公益阅读推广组织或社会个人组成志愿服务力量，在广州图书馆开展绘本阅读推广活动，惠及广大亲子家庭；广州图书馆馆员定期为公益阅读推广组织志愿者开展培训，以强化阅读推广志愿服务水平。[①]

4.1.2 美育提升

绘本，是公认的、最适合少儿认知发展的阅读载体，其文学艺术创作的高品质，不但能帮助儿童轻松"读"出故事内容，还能提升儿童的艺术鉴赏能力[①]。在实践发展中，美育教育可以有效优化绘本阅读推广的发展走向。2019 年 5 月，儿童与青少年部与广东省幸福帮帮文化教育发展基金会合作主办"小艺术家·大创想"色彩艺术路演活动，将扎染等艺术创作活动融入图书馆的服务。2021 年、2022 年春节，广州图书馆联合广东省南方阅读公益基金会和广东省少儿美育艺术研究院合作举办"图书馆，让童年更美好"——新春少年儿童原创绘本展，给在穗过年的少年送上一份新春阅读大礼。这些丰富多彩的绘本阅读及创作活动有着积极的美育教育作用。

4.1.3 科学普及

科学普及活动需要专业人员、设备，因此社会合作是公共图书馆开展科普活动的有效途径。2019 年，广州图书馆与广东省科学院广州地理研究所联合开展了"无人机"主题讲座，将地理知识技能与定向活动巧妙结合，让孩子们体验丰富的地理科技创新活动；同年，广州图书馆联合广州市科学技术协会举办汽车文化讲座，让儿童感受汽车科技的无穷魅力和无限乐趣，并加深他们对交通知识的了解。

4.2 以馆校合作扩大服务范围

"馆校合作"是指图书馆联合教育机构资源开展阅读推广相关工作[②]，教育机构主

---

① 方家忠.广州图书馆年度报告 2020［M］.广州：广州出版社，2022.

② 顾玉青，赵俊玲.社会资源与图书馆阅读推广［M］.北京：朝华出版社，2022：48.

要包括幼儿园、小学、中学及大学以及其他的社会教育机构。

4.2.1 引领儿童走进图书馆

2014 年，广州图书馆开设了"遇见图书馆"活动项目，主要由馆员带领幼儿园、学校师生走进图书馆进行参观，引导儿童了解图书馆、探究图书馆，从而爱上图书馆，培养图书馆意识，提升图书馆素养，成为图书馆的终身用户。2020 年因新冠疫情影响，馆员及时调整服务方式，创建"遇见图书馆"线上模式，线上模式不受空间条件制约，图书馆得以持续为幼儿园班级提供优质的图书资源、专业的阅读指导、丰富的阅读活动及宽广的展示平台。

4.2.2 馆员走进幼儿园

广州图书馆组织馆员主动走进幼儿园、学校、教育机构，给班级儿童带去图书馆相关服务知识，告诉儿童什么是图书馆以及如何使用图书馆，从小培养儿童的图书馆意识，让儿童对图书馆产生美好向往。

4.3 以合作促进技术内化

玩具图书馆有其独立的服务空间、专门的玩具资源和服务人员。其服务内容涵盖课程设计、活动开展、玩具采选以及服务交流等方面。在专门服务人员的配备方面，采用外聘专业团队协助运营的形式，馆员负责活动策划、日常管理、规范制定、监督实施、宣传推广和发展研究等内容，外聘专业团队则在采选玩具和课程设计上为图书馆提供指导意见。这种合作的形式有利于促进服务技术的内化，逐步推动馆员的专业化发展。

5 馆员成长：服务发展的发动机

《中华人民共和国公共文化服务保障法》提到"地方各级人民政府应当按照公共文化设施的功能、任务和服务人口规模，合理设置公共文化服务岗位，配备相应专业人员"[①]。《中华人民共和国公共图书馆法》提出政府设立的公共图书馆应根据少年儿童的特点配备相应的专业人员。图书馆职业是图书馆工作人员运用相关专业和学科知识，

---

① 中华人民共和国公共文化服务保障法 [EB/OL]. [2023-04-20]. http://www.npc.gov.cn/npc/c12435/201612/ edd80cb56b844ca3ab27b1e8185bc84a.shtml.

对人类社会活动实践所产生的信息进行收集、整理、传播和利用的职业①。专业能力提升是馆员职业成长的必要条件，专业能力是个人知识、技能、职业精神的综合体。由于少儿读者的认知水平和阅读能力有着极其显著的阶段性特征，图书馆在服务管理方面需要考量的因素会更为复杂。图书馆事业的发展推动图书馆服务的变革，对图书馆员的专业要求也不断提升，这些与社会需求的加大共同形成了馆员专业化发展的动因；而服务变革与社会需求的发展也持续推动了服务创新，为图书馆员的专业化发展带来了不同的路径。

5.1 业务实践：专业成长的助推器

"实践、理论、再实践"是人的认知形成的过程，馆员的成长永远是以实践为起点的。馆员通过参与具体业务工作，实现从实践探索到形成研究理论的过程，形成"实践到理论，理论指导实践再形成新的理论"的螺旋式上升发展的过程。

5.1.1 咨询交流

通常指基础服务工作，解答读者的关于图书馆的各项管理规则、设备设施、馆藏资源和阅读活动等方面的咨询。通过咨询交流工作实践，馆员可以快速了解到图书馆儿童服务规则、绘本馆藏的发展与布局、阅读活动规划情况等。

5.1.2 组织参与

馆员利用自身专业优势，组织开展不同形式、内容的活动。如英语专业馆员可以组织开展英文绘本故事会；音乐、舞蹈等艺术类专业馆员除了在绘本阅读推广活动中融合艺术表现手法外，更能利用立体阅读方式激发儿童的想象力；教育学专业馆员从儿童心理发展特点入手，为不同年龄段的儿童开展精细化活动，分龄段推荐绘本图书。

5.1.3 项目管理

阅读推广活动项目的运营推动着馆员多方面能力的发展。《国际图联儿童图书馆服务发展指南》提到，儿童馆员具有分析读者需求，对服务和活动项目进行设计、实施和评估的能力②。10年来，广州图书馆通过"小樱桃"阅读树亲子读书会、玩具图书馆、少年儿童原创绘本展、婴幼儿阅读攀登计划等项目的开展管理，促使馆员在写作、宣传推广、沟通交流、组织落实、服务评价与应变应急等方面的能力得到了有效的提升。

---

① 盛小平，刘泳洁.图书馆职业发展与制度建设［M］.北京：科学出版社，2016：2-3.
② IFLA. Guidelines for Children's Library Services［EB/OL］.［2023-04-15］. https://repository.ifla. org/handle/123456789/169.

5.2 理论赋能：职业素养提升的开端

对实践工作的理论性提炼，可以达到进一步指导实践工作、推广实践经验以及创新服务理论体系的目的。理论自觉是图书馆员具备专业素养的重要标识。《图书馆中用研究来促进识字与阅读：图书馆员指南》中指出，要通过系统的文献回顾，收集数据，分析研究结果的研究过程，帮助图书馆员达到提高业务水平、扩展工作视野和深度、提升战略决策能力和职业能力的目的[①]。馆员的理论水平发展可以分为以下几个阶段：

第一，参与图书馆学会或其他行业的相关主题培训。例如中国图书馆学会举办的"阅读推广人"培育行动、广东图书馆学会主办的"广东省少儿阅读推广人"培训班等。除了主动吸收专业知识以外，馆员也会进行成果输出，结合自身专业知识和实践经验，定期为服务体系分馆馆员、公益阅读组织、幼儿园老师、绘本相关从业人员等开展不同主题阅读培训。如广州图书馆开展了绘本的起源与发展、绘本的种类、活动开展技巧、绘本讲述技巧等主题的阅读培训。培训形式包括线下沙龙、大型讲座、线上会议直播、录播等，以丰富的培训拓展绘本阅读影响范围，着力推动绘本阅读的高质量发展。

第二，课题研究。课题研究可以体现馆员的学术管理能力以及团队攻克学术难题的研究能力。多年来，广州图书馆馆员队伍在亲子阅读服务研究方面申报了多个立项课题，产出了多项课题研究成果。①实践成果。打造婴幼儿阅读攀登计划实践项目；研制了具有公共图书馆特色的外文原版绘本阅读推广的模式，开放了原版绘本外借服务，有效提升原版绘本资源利用率。②制度成果。编制《公共图书馆绘本阅读和玩具服务融合发展指南》《广州图书馆玩具图书馆管理手册》，为绘本阅读与玩具搭建的融合性发展指引方向。③理论成果。完成"广州地区公共图书馆少儿体系化服务成效研究"科研课题，完善了公共图书馆学前儿童阅读推广绩效研究的理论体系。④在研课题。"'图书馆之城'建设背景下的公共图书馆绘本阅读推广模式研究""城市中心图书馆未成年人'图书馆+家庭'阅读推广模式研究"正在研究适用于公共图书馆的绘本阅读体系化发展模式、图书馆为家庭阅读赋能的可行计划。2023年度广州市哲学社会科学发展"十四五"规划共建课题"广州儿童友好图书馆高质量发展路径研究：基于儿童参与的视角"旨在推进广州图书馆阅读服务项目和适儿化建设的精准性与科学性。⑤规范编制。编制《广州市儿童友好图书馆的儿童参与规范指引》，在打造儿童友

---

① Using Research to Promote Literacy and Reading in Libraries：Guidelines for Librarians ［EB/OL］.［2022-03-07］. https://www. ifla. org/publications/ifla-professional-reports-125？og＝8708.

好型图书馆的工作中发挥中心馆的引领价值。

第三，论文撰写。10 年来，广州图书馆亲子阅读服务衍生出丰富的实践经验，馆员也积极将实践经验提炼成新锐的理论观点，公开发表研究论文 20 余篇，以论文成果将实践经验加以推广与应用，推进了亲子阅读在图书馆业界的学术体系构建。

5.3　职称评定：专业技术发展的标志

图书馆工作是专业技术岗位工作，而职称评定几乎是通往职业认证的唯一途径，一直以来带动着儿童馆员的进步与发展。儿童馆员对自己高标准、严要求，对个人职业发展和专业技术提升持有正面的态度，近 10 年来不断取得突破，所有馆员均收获职称晋升，更有部分还晋升为图书馆资料副研究馆员（副高级）、图书馆资料研究馆员（正高级）职称，这是馆员专业技术发展的重要标识，形成了实践、理论、职业认证，再到实践的一个高质量发展的过程。

6　未来走向：往更精更实更标准的方向发展

10 年来，广州图书馆亲子绘本阅读馆 6 次荣获中国图书馆学会授予的"全国十佳绘本馆""年度影响力绘本馆"等荣誉称号；2023 年 4 月被评为广东省家庭亲子阅读体验基地；2023 年 9 月，入选了第一批广州市儿童友好系列试点，是国内公共图书馆亲子阅读服务的先行者。广州图书馆亲子阅读服务将持续紧紧围绕"绘本""玩具"等核心资源载体，通过品牌提升、体系化发展、理论搭建和人员培育等方式，持续在服务理念、服务方式、服务机制等方面激发引领价值。过往 10 年皆为序章，广州图书馆亲子阅读服务将变得更精、更实、更标准。

6.1　更精：精炼精准

精炼活动品牌。儿童与青少年部将从整合现有活动项目、深化服务内容等两方面入手，打造精品活动，以提升广州图书馆少儿服务在业界的辨识度。整合现有活动项目，以"合并同类项"的方式精炼活动品牌。从长远发展的角度可以考虑将同类活动进行整合，避免服务方式、内容重合，以不断优化项目的质量和专业深度，打造拳头品牌项目。

精准目标人群。除了服务普通儿童以外，亲子服务还应以科学的手段发力，帮助困境儿童养成阅读习惯，快乐阅读，健康成长。第一，发挥馆藏多元功能。对于因身体机能的特殊性无法正常享受阅读权利的儿童，有声绘本、触摸型绘本资源可以提高视障儿童、听障儿童的阅读可能性，而玩具搭建可以帮助孤独症儿童在一定程度上完成社交行为，因此向特殊儿童家庭推广家庭阅读理念和方法，可以提升特殊儿童家庭的亲子共读水平。第二，发挥服务体系的作用。生活在城市边缘的流动儿童，因社会网络支持不足和生活存在方方面面的差距，不能享有应有的教育及文化服务，广州图书馆要充分发挥"城市中心图书馆—区属总馆—区属分馆"服务体系功能，让阅读资源触及城市的边缘角落。

6.2 更实：务实笃实

服务内容更务实。所有的服务发展都应体现出其对推动阅读的价值。亲子阅读服务发展均应与馆藏利用相关联。通过社会合作，公共图书馆赢得了不少创新服务的发展机遇与资源，但往往因其形式新颖、内容丰富，逐渐模糊了图书馆对阅读推广边界的觉知。广州图书馆近年来吸纳了将舞蹈、戏剧表演和美术创作等手段导入亲子绘本阅读活动的创意和社会资源，作为绘本阅读的推手，着力推动绘本资源的充分利用。所有与推动阅读的目的相背离或是没有任何推动作用的，再独特的资源也不应予以考虑。

馆员素养谨慎笃实。"谨慎"是指对专业和知识的一种敬畏与追求，严谨治学、对专业知识的一种实事求是态度和精神。作为少儿馆员，除了具备图书馆学一般性专业知识以外，还应具备正确的儿童观，掌握与教育心理学、教育学等相关的理论知识，并积极养成掌握紧扣前沿理论研究的素养，具备以研究助力一线服务实践的能力。"笃实"即踏实稳定，是指对职业发展的一种务实沉稳的态度，应包括对工作所肩负社会责任的正确认知，以及对工作道德和伦理行为规范的遵守[①]。只有正向的职业观、发展观以及合理的知识结构三者协同发展，才能培育出既有专业能力又有职业素养的馆员，才能适应图书馆事业飞速发展的要求。

6.3 更标准：服务管理规范化

"更标准"是指不断加大推进工作制度化的力度。持续制定、修订对具体工作或相关人员有指导性、约束性和实操意义的规程，对服务管理的方方面面进行明确的要求，在保障服务发展的同时，能有效规避工作中可能出现的各种随意性和不确定性[②]。

---

① 冯莉.阅读推广视角下的馆员制度构建 [J].图书馆建设，2020（5）：93-98.
② 肖红凌.我国公共图书馆阅读推广制度研究 [J].图书馆建设，2020（5）：53-63.

2018—2022 年，儿童与青少年部先后制定《馆员职业素养与行为规范》《儿童与青少年服务读者须知》《服务安全管理规范》《玩具管理规范》《阅读推广工作规范》，让少年儿童服务工作的每一环节都有章可循，形成科学发展的长效机制。加强制度建设的力度，除了为自身发展保驾护航，还可以为工作基础较为单薄的基层分馆提供参考和指导。特别是在服务空间、服务安全和服务组织与管理三个基础性方面，需要重点加强标准化建设。

第一，儿童服务空间设置与馆藏布局。儿童服务功能区域应包括两部分：文献阅览区、阅读活动区①。文献阅览区对馆藏的布局讲究专业性、科学性和实用性，阅读活动区讲究动态性、灵活性。但对于资源保障力度不足的基层分馆或服务点而言，相关指导性制度有着无可估量的参照价值，参照制度条文开展服务，在一定程度上节约了人员成本。

第二，儿童服务安全管理。亲子阅读服务对象中儿童年龄集中在 0—6 周岁，这个年龄段的儿童与其他未成年人相比，危机意识非常淡薄，面对危险基本不能做出准确的判断，因此图书馆服务安全管理制度尤为重要。安全管理应急预案，安全行为守则，以及定期开设阅读活动提升儿童、家长的安全意识等都应写入制度。

第三，儿童活动的组织与管理。图书馆要厘清不同类型亲子阅读活动的必备环节，如基础保障、人员保障、场地保障、活动内容和形式、活动效果跟踪以及活动品牌管理等。通过制度设计，清晰厘定每个活动环节的具体操作步骤、必备事项、工作要求和需要注意的问题等，形成一套规范性的指导流程，帮助图书馆员依据制度规范有序地开展阅读推广活动。除此以外，这类规范性指南更适用于人力财力和物力较为单薄的基层服务点。

2022 年 4 月 23 日，习近平总书记在致首届全民阅读大会的贺信中强调："希望孩子们养成阅读习惯，快乐阅读，健康成长。"② 亲子阅读是发展书香家庭、构筑书香社会的基石，广州图书馆亲子阅读服务应勇于思变，谋求更具前瞻性和预见性发展策略，推动公共文化服务高质量发展。

---

① 范并思，吕梅，胡海荣.公共图书馆未成年人服务［M］.北京：北京师范大学出版社，2015：79-102.
② 习近平.习近平致首届全民阅读大会举办的贺信［EB/OL］.［2023-05-10］.http://www.gov.cn/xinwen/2019-09/09/content_5428594.htm.

中小学生阅读服务

陈思任、冯蕾、招建平、冼伟红、贺资婧、吕满钊
邓杰明、潘京花、周文绚、颜紫琦、洪骏、陈思航

公共图书馆是向社会公众提供文献借阅的重要场所，中小学生是公共图书馆的重要服务对象。广州图书馆作为广州市的大型综合性公共图书馆之一，设立了儿童与青少年部为未成年人及其家长提供阅读服务。十年来，广州图书馆坚持以习近平新时代中国特色社会主义思想为指导，认真贯彻落实《中华人民共和国公共图书馆法》《中华人民共和国未成年人保护法》《关于进一步减轻义务教育阶段学生作业负担和校外培训负担的意见》《中国儿童发展纲要》等国家方针政策，以《广州图书馆2011—2015年发展规划》《广州图书馆2016—2020年发展规划》《广州图书馆2021—2025年发展规划》为引领，深耕中小学生阅读服务，聚焦价值观引领，自2013年新馆开馆以来，设置了中小学生文学艺术图书区、中小学生综合书刊区两大主要区域，面向中小学生群体开展阅读服务，并不断丰富阅读资源、打造良好环境、创新服务形式，以满足中小学生日益增长的阅读需求，积累了不少经验。在馆藏建设方面，截至2022年底，累计新增馆藏文献75.16万册；基础服务方面，截至2022年底，累计外借文献1659.13万册/件；阅读推广方面，开展以中小学生读者为对象的阅读推广活动共计3128场次，323.3万人次参与活动。

阮冈纳赞曾提出，图书馆是一个生长着的有机体。公共图书馆中小学生服务同样是不断发展进步的。本文将围绕十年来广州图书馆中小学生读者服务工作情况进行梳理和分析，并对广州图书馆的中小学生读者服务发展方向进行展望。

1 优化基础服务供给，筑牢中小学生阅读服务根基

馆藏、空间和馆员是公共图书馆赖以提供服务的根本，十年来，广州图书馆持续优化针对中小学生读者的文献资源建设、阅读空间建设和人力资源建设，为中小学生读者群体提供更优质的阅读体验。

1.1 夯实馆藏文献资源建设基础

从新增馆藏文献数量变化来看（见图1），2013—2022年中小学生新增馆藏文献合计74.42万册，平均每年新增7.52万册，其中2013年最低，为2.89万册，2018年最高，为10.93万册，新增态势呈周期波动。

单位：册（件）

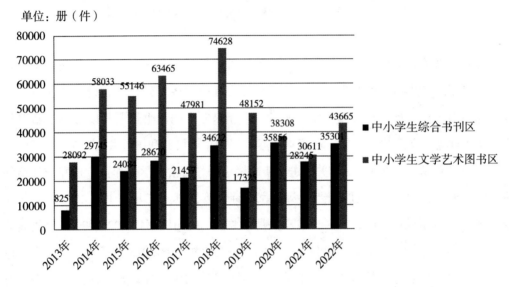

图1 2013—2022年中小学生服务区域新购入藏量

注：本图根据中小学生服务区域2013—2022年新购入藏量数据整理而成。

十年来，广州图书馆中小学生图书馆藏建设整体趋势顺应童书市场发展趋势，作出了相应调整。不同类型的少儿图书市场占有情况变化非常明显：2012年儿童文学占整体少儿图书市场的44.58%，2017年占比为39.07%，到了2022年9月占比缩减至21.18%；与少儿文学不断收缩，相对应的是少儿科普百科的不断扩张，2012年该类占比仅为12.49%，2017年逐步增长至18.23%，到2022年9月占比为26.89%，少儿科普百科已成为少儿图书市场占比最高的细分类①。

从馆藏文献资源结构来看，馆藏文献资源结构趋向相对稳定、完备，基本建立了文献信息资源保障体系，实现馆藏文献资源管理规范化。截至2022年12月底，广州图书馆中小学生馆藏文献资源涵盖5个基本部类22个基本大类的图书、音像资料、报纸和期刊，总量合计62.9万册。其中中小学生文学艺术图书区馆藏文献资源37万册，占比58.82%；中小学生综合书刊区馆藏文献资源25.9万册，占比41.18%。

---

① 2012—2022少儿出版回顾与盘点［EB/OL］.［2023-06-15］. https://mp.weixin.qq.com/s/Y39ey3TQrORS LLIKgySVcQ.

配合各种服务措施，儿童与青少年部不断强化文献资源管理，实现资源统筹配置、专人专项管理、全流程台账记录，基本理顺资源管理全流程，涵盖上架、流通、下架、调拨、报废、剔旧等环节，并设立馆藏文献数据季报、年报制度，形成较为完善的资源管理规范。

截至 2022 年底，广州图书馆中小学生服务区域累计外借文献 1659.13 万册（件）。2013 年 6 月 1 日，广州图书馆新馆正式向中小学生群体提供文献借阅服务。自此至 2019 年，总体上文献借阅量保持平稳。2020—2022 年受新冠疫情影响，文献借阅量下滑（见图 2）。随着防控政策调整和馆藏文献优化措施的实施，2023 年预期将有较大增长。随着音像出版行业数字化转型、群体阅读习惯变化，音像资料外借量整体呈下降趋势。

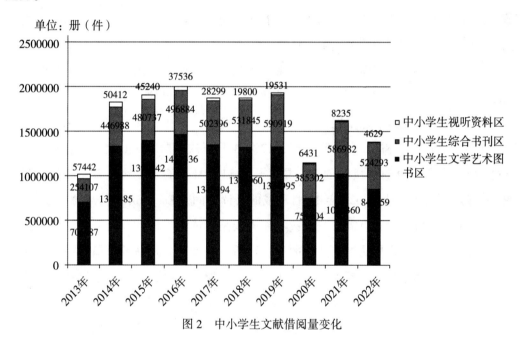

图 2　中小学生文献借阅量变化

注：本图根据中小学生服务区域 2013—2022 年文献借阅量数据整理而成。

近年来，广州市委、市政府高度重视公共图书馆事业发展，着力保障公共图书馆图书资源建设投入。广州图书馆持续优化调整借阅规则，满足广大读者阅读需求。广州图书馆少儿及青少年读者每证最多可外借文献量在新馆开放初期为 10 册/件，2016年提升至 15 册/件，2019 年提升至 20 册/件，2020 年达到 30 册/件。同时，馆员通过各类形式的书目推荐、主题书架更新，搭建中小学生馆藏文献资源与读者需求间的桥梁。2013—2022 年间，图书推荐工作常态化，坚持馆员原创，结合专业背景、阅读兴趣以及知识储备，达到助力读者阅读、提升文献资源流通率的目的。推荐主题多样，紧扣社会热点，既有热门图书，也包括小众优质图书；推荐形式上，自新馆开放起每月各服务区域发布推荐书单，至 2020 年统一汇总为面向儿童与青少年推荐书目手册，并通过微信、阅览室电子屏轮播等多种形式推出，2021 年起，更在六一国际儿童节期间联合相关媒体发布年度书单，推广成效越发显著。截至 2022 年底，儿童与青少年部合计推荐各类文献 404 期 5489 册。

1.2 拓展优质新型阅读空间

广州图书馆设有面向中小学生服务的资源服务区，建筑面积合计 4286 平方米，阅览面积合计 2494 平方米，其中包括中小学生文学艺术图书区（含易读空间）、中小学生综合书刊区（含阅创空间、中小学生视听资料区）。

从资源分布来看，中小学生资源服务区域细分为文学图书区、艺术图书区、社会科学图书区、自然科学图书区、报刊区、音像资料区、港台外文图书区、国际大奖小说区 8 个资源区，主要为读者提供基础借阅服务。

为优化服务供给，面向中小学生读者提供契合不同阅读需求的空间，广州图书馆先后增设"阅创空间""易读空间"两个平等、开放、融合的主题服务空间，改造完成中小学生科普展览区、艺术展览区两个展示服务区。其中，阅创空间是融阅读、创作、分享、展示于一体的特色空间，于 2017 年 1 月正式面向 5—16 周岁儿童与青少年开放，配置电脑、3D 打印机等创客工具可开展 STEAM 教育、创客教育、科普教育等公益科普创客创新活动。2022 年 12 月落成的易读空间（Easy-to-read Area）是一个进行读写障碍信息宣传及为有需要提升读写能力或是有读写障碍的读者开展易读资源服务的阅读空间，设置定期从当代儿童故事、童话、寓言、图画书及短篇小说等国内外优秀儿童文学作品中精选包括桥梁书在内的易读资源的专架，以及开展旨在增加读者阅读兴趣、改善读写困难、提高读写能力的易读活动。

主题服务空间的建立，提高了服务空间的利用，将单一的借阅空间，升级为融借阅、活动、宣传、展示于一体的多功能空间，是中小学生服务区域创新服务的体现。展示服务区则以展示读者阅读成果为主，体现中小学生阅读创意和阅读印记，并配合"漫绘阅读""签·约世界""阅读攀登计划"等品牌活动的宣传推广，是中小学生服务区域阅读推广服务的有力支撑。至此，广州图书馆中小学生服务区初步形成以中小学生文献资源区为主体，配以主题服务区、展示推广服务区等的综合服务空间，推动了基于空间资源的服务内容变革，有效促进阅读空间高质量发展。

1.3 专业馆员队伍在实践中成长

专业馆员是广州图书馆开展中小学生阅读服务的核心力量，对阅读推广起到非常关键的作用。十年来，广州图书馆中小学生阅读服务的专业馆员队伍深耕服务实践，在人员数量、专业结构和专业素质方面都有较大提升，为中小学生阅读提供坚实人才保障，合计超过 25 人次馆员取得新一级职称。截至 2022 年底，面向中小学生读者服务的专业馆员 17 人。人员情况主要有如下特点：①专业技术架构较为合理，取得中级职称 6 人，初级职称 8 人；②教育程度与服务需求基本匹配，现有馆员硕士研究生学历 6 人，本科学历 11 人；③专业结构趋多元化，图书馆学（信息管理）专业 6 人，管理学 3 人，教育学 2 人，心理学、法律、音乐、传媒、汉语言文学、日语各 1 人，其中教育工作相关经历 4 人，专业人才总体满足和应对中小学生日趋变化和增长的服务需求。④专业培训赋能馆员成长，14 人陆续参加各类阅读推广人培训，参培率 82.4%，其中有 6 位专业馆员获得中国图书馆学会阅读推广人称号，7 人获得广东省阅读推广人称号，专业馆员的阅读推广能力得到长足提高。

2 强化阅读活动供给，支持中小学生综合素养提升

十年来，广州图书馆牢牢把握主旋律，强化中小学生服务阅读推广、全民阅读服务引领，推进交流服务顶层设计，开展活动品牌建设、服务主题化建设，形成集科普、艺术、文学等多元化、立体化、主题化的中小学生阅读推广服务体系，活动覆盖中小学生读者全年龄段，高度关注特殊群体服务，着力保障服务均等化，促进阅读推广服务提质增效。2013—2022 年，开展以中小学生读者为对象的阅读推广活动共计 3128 场次，参与人次 323.3 万人次，其中线上活动 353 场次，参与人次 63.5 万人次，线下活动 2775 场次，参与人次 259.8 万人次。

其中，2013 年 6 月至 12 月新馆开放初期的半年内，开展活动 19 场次，参与人次 3856 人次，增减情况不满一年不作同比。2014 年全年开展活动 210 场次，到 2022 年增长至全年 573 场次，共增加 363 场次，增长率为 172.8%，全年参与人次从 2014 年 5.3 万到 2022 年 83.3 万，增长了 14.7 倍。其中，2020 年受新冠疫情影响，活动量呈较大幅度下滑（见图 3）。总体而言，广州图书馆中小学生阅读推广活动的场次、参与人次呈上升趋势，阅读推广活动形式越来越丰富。

2.1 立德树人：把握主旋律，强化主题活动社会教育职能

广州图书馆贯彻落实国家战略规划，结合中华人民共和国成立 70 周年、中国共产党成立 100 周年、五四运动 100 周年、北京冬奥会、粤港澳大湾区建设等主题，组织开

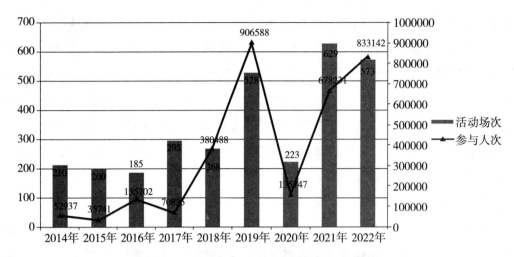

图 3　2013—2022 年活动阅读推广活动开展情况

注：本图根据中小学生服务区域 2013—2022 年活动阅读推广活动开展情况数据整理而成。

展形式多样、内容丰富的系列活动。着力突出馆藏文献资源和空间优势，充分发挥文化平台和交流平台作用，围绕"红色文化""创新文化""海丝文化""传统文化"系列，以培养中小学生的价值体认、责任担当、问题解决、创意物化等综合素养为目标，以中小学生需求为导向，陆续开展了"小小创客""知书达礼""阅读攀登计划""漫绘阅读""文学后花园""书及远方""N+1 家阅读"等品牌活动。

2.2　素养培育：丰富活动形式，助力中小学生的多元化发展

十年来，广州图书馆儿童与青少年部充分发挥阅读推广主体职能，持续开展各类展览、讲座、培训等各类阅读推广活动。从学科门类来看，活动主题包括了文学类（如"文学后花园"）、理工类（如"小小创客"）、艺术类（如"漫绘阅读"）、科普类（如"科普小达人"）、经济类（如少儿财商课堂）、法律类（如"以法护苗"）等。除了关注未成年人的阅读需求外，还着力培育中小学生读者的核心素养，主动对接中小学生文学、科学、劳动、艺术、心理等素质教育需求，搭建社会实践教育平台，每年为中小学生提供超过 100 场的主题实践活动。2021 年，全新策划"书及远方"广图研学项目，满足中小学生通过课外综合实践活动提升综合素质的刚性需求，以公共图书馆特色资源和服务为基础保障，充分发挥公共图书馆社会教育和阅读推广职能（见图 4）。

2.3　权益保障：拓宽活动对象覆盖面，推动服务精细化、均等化

中小学生读者年龄跨度大，广州图书馆根据不同年龄阶段的读者阅读能力、阅读兴趣、阅读需求为其提供差异化的服务，关注每一个孩子的需求，惠及更多的中小学

图 4   "书及远方"广图研学活动读者合影

生。加强对身体障碍人群、边远地区儿童、孤独症儿童等群体的关注和关怀，提供了多样化、针对性的阅读服务。如"爱悦读"重点关注特殊儿童群体阅读，走出图书馆为广东省康复中心特殊儿童以及边远地区儿童提供阅读服务。2021 年广州图书馆新开拓家庭式阅读指导活动"n+1 家阅读"，致力于推动家庭阅读，分别针对不同阅读阶段的儿童提供亲子阅读指导（见图 5）。

图 5   "n+1 家阅读"活动现场

为满足特殊儿童的阅读需求，广州图书馆有针对性地建设服务空间、积极拓展服务方式，为特殊群体设立专场服务和融合式教育服务，如：为读写困难读者特设"易读空间"并提供伴读辅导服务；"漫绘阅读"青少年儿童艺术素养提升项目特设"逆之美"专项榜单，为孤独症儿童、留守儿童等困境儿童提供展现艺术才能的机会和平台；为听障儿童提供手语导读，由馆员带领听障儿童共读红色经典连环画；为视障儿童开展口述影像和口述绘本活动，以及"植物带你回家"展览导赏活动；为偏远地区学校的学生开展"爱'悦'读——图书馆来了"阅读活动等。

2.4 辐射引领：阅读推广活动品牌化发展

广州图书馆儿童与青少年部围绕中小学生阅读需求，依托多元的活动形式，深耕活动内容，不断提升活动品质，寻找活动品牌建设的实现路径。十年来累计形成的定位清晰、规模化、标准化的活动品牌共有 16 个，其中综合素养品牌 1 个，即"书及远方"广图研学项目；阅读素养品牌 6 个，分别为"爱'悦'读"项目、"遇见·图书馆"项目、"悦赏书影"项目、"悦读童行"儿童与青少年阅读攀登计划项目、"阅刊越快乐 读报读精彩"少儿报刊阅读季项目、"n+1 家阅读"项目；科学素养品牌 5 个，分别为"我是科普小达人"项目、"小小创客"项目、"身边的科学"科普系列讲座项目、"科普广图"科普系列活动、"以法护苗"青少年法律活动项目；文学艺术素养品牌 3 个，分别为"'签·约世界'国际青少年书签设计交流活动"项目、"漫绘阅读"青少年儿童艺术素养提升项目、"文学后花园"青少年儿童艺术素养提升项目；礼仪文化素养品牌 1 个，为"知书达礼"儿童礼仪服务项目。各品牌详细介绍如下。

2.4.1 综合素养品牌

"书及远方"广图研学活动始于 2021 年，是响应"十四五"规划以来各级政府部门的政策号召，适应现代教育和旅游发展新趋势、文旅融合发展新要求，以图书馆特色资源和服务为基础保障，联合社会力量，将研究性学习和旅行体验相结合的"图书馆+研学"系列性活动。活动围绕优秀传统文化、革命传统教育、劳动教育、国防科工、自然生态、国情教育、生命与安全教育七大主题板块开展。

2.4.2 阅读素养品牌

（1）"爱'悦'读"项目始于 2012 年。为了关注特殊儿童群体的阅读，让他们带着爱和阅读前行，广州图书馆和广东省康复中心合作开展特殊儿童的阅读服务，使特殊儿童群体能够在阅读中体验和享受生活，加强对图书馆的了解和认识，让书本逐渐融入其生活。2014 年开始，为了让更多图书资源相对匮乏、阅读条件相对不佳的偏远学校享受优质的阅读资源，以及更平衡、更全面、针对性强的未成年人阅读服务，服务对象拓展至边远地区儿童，开展"爱'悦'读——图书馆来了"阅读活动，将广州图书馆优质成熟的阅读活动送到偏远、资源贫乏的每个学校，让孩子们爱上阅读、爱上图书馆。

（2）"遇见·图书馆"项目自 2013 年开始，是专为儿童与青少年开设认识与利用图书馆的活动，包括"图书馆之旅""图书馆素养""伴读计划""小小管理员""校园推广"等子系列项目。活动将认识馆藏与阅读推广紧密结合，发挥公共图书馆社会教育职能，拉近公共图书馆与未成年人的心灵距离，提升其阅读兴趣，培养其阅读习惯。活动接受学校等机构预约并于寒暑假期间或非周末时间开展。

（3）"悦赏书影"项目始于 2014 年，面向 6—18 岁未成年人，结合文学名著与视频资源开展活动，帮助读者从多方面的阅读角度思考、理解图书主旨与作者创作意图，充分体验阅读的快乐。

（4）"悦读童行"儿童与青少年阅读攀登计划自 2017 年启动，由"阅读星"挑战赛、"阅创达人"挑战赛、21 天"阅读攀登"挑战赛、"活动达人"挑战赛等组成。小读者通过挑战获取积分，阅读头衔可从"书童"升级至"秀才""举人""进士""探花""榜眼"，最终达到"状元"。表现优秀的小读者有机会在广州图书馆展示自己的阅读成果。

（5）"阅刊越快乐 读报读精彩"少儿报刊阅读季系列活动：始于 2018 年，以推进全民阅读为宗旨，鼓励儿童与青少年充分利用报刊资源进行阅读创作，发挥优秀报刊的阅读教育作用。活动内容包括报刊总动员、报刊朗读者、阅刊读报分享会和报刊阅读创作等。

（6）"n+1 家阅读"项目自 2021 年开始，以"图书馆+家庭"的模式，从以往图书馆员单向传播阅读经验，转为馆员和优秀阅读家庭共同展示阅读经验，搭建图书馆与读者之间双向沟通平台，引导亲子家庭更好地阅读。

2.4.3 科学素养品牌

（1）"我是科普小达人"项目始于 2013 年，是广州图书馆依托本馆科普资源，每月开展的内容丰富、贴近生活、公众喜闻乐见的特色科普活动项目，适合 4—16 岁的儿童与青少年参加。活动主题涉及天文、地理、化学、建筑等科普知识，形式包括专题小讲座、科普游戏、手工书 DIY、科普展览等。

（2）"小小创客"项目自 2016 年开始，是为了激发儿童的创新能力和发散性思维，每月定期举办的公益小创客课程，适合 5—18 岁儿童与青少年参加。课程融合科学、艺术、阅读、创意、手工于一体，包括创作电子积木拼搭、3D 打印体验活动、创意儿童编程等。

(3) "身边的科学"科普系列讲座始于 2014 年，是广州图书馆充分发挥公共图书馆社会教育职能和科普基地示范作用，依托本馆科普资源而举办的大型科普系列讲座。讲座内容广泛，旨在积极推动科普教育，传播科学思想，提高青少年和市民科学素养。

(4) "科普广图"科普系列活动主要是面向青少年的活动，同样自 2014 年开始，是配合科技部、中宣部、中国科协主办的全国科技活动周、全国科普日系列活动的开展，立足广州图书馆的科普资源，发挥科普基地的作用，而组织的群众性科普阅读推广活动，旨在推动全民科学素质全面提升，推动在全社会形成讲科学、爱科学、学科学、用科学的良好氛围。

(5) "以法护苗"青少年法律活动项目始于 2015 年。为大力宣传宪法和国家法律，开展社会主义法治理念教育，推进全民守法普法，广州图书馆儿童与青少年部依托本馆法律资源并联合社会力量开展了这个青少年普法项目。活动采取线下线上相结合的方式，以法律小剧场、模拟法庭、法律职业体验、法律真人书、法律小讲堂等形式，立体化开展我国《宪法》《民法典》《未成年人保护法》等的普及教育与实践活动。

2.4.4 文学艺术素养品牌

(1) "签·约世界"国际青少年书签设计交流活动自 2013 年开始，由广州图书馆与美国洛杉矶、法国里昂、俄罗斯叶卡捷琳堡等地图书馆合作主办，以促进儿童与青少年多元文化交流为宗旨，每年结合不同阅读主题，鼓励通过孩童视角和稚嫩笔触，描绘其对阅读的热爱，抒发其对城市的情感，展现书签艺术及各地文化的魅力。优胜作品在各国公共图书馆巡回展览。截至 2022 年，活动已成功举办十届，累计 7 个国际友好城市和 16 个国内城市图书馆参与，收集作品超过 60000 份。

(2) "漫绘阅读"青少年儿童艺术素养提升计划始于 2018 年，是在中共中央、国务院办公厅印发的《关于全面加强和改进新时代学校美育工作的意见》大背景下，将阅读与美育有机融合，以培养和提升儿童与青少年阅读能力和审美情趣为目的，立足中华传统文化，突出岭南文化、广府文化和非遗文化的传承，集讲座、创作、分享、展览于一体的大型系列性活动。内容包括专题文献资源推介、作品展览、名家讲座、名家导赏、青少年艺术坊、读书会、作品征集与交流。

(3) "文学后花园"青少年儿童文学素养提升计划自 2018 年开始，依托中小学生文学艺术区图书资源，主要针对 6—18 岁的小学生开展文学欣赏和创作引导为主的活动，包括"诗歌欣赏及创作""少儿阅读沙龙"以及"书影对话"等，引导青少年更加了解文学、热爱文学。

2.4.5 礼仪文化素养品牌

"知书达礼"儿童礼仪课堂始于 2016 年，旨在培养未成年人良好的文明礼仪习惯，全面提升未成年人的思想道德素质和文明礼仪素养。活动内容丰富，包括仪容仪表、言谈举止、文明交往、公共场所礼仪、餐桌礼仪等礼仪小知识；形式多样，包括专题小讲座、情景剧、主题演讲、实景培训等。

2.4.6 品牌化发展特点

儿童与青少年部十年来在阅读推广活动品牌打造的过程中，定位逐渐清晰，经历了更新迭代，具有可复制性，形成了活动品牌化的可持续发展态势，主要表现为以下特点：

活动品牌定位清晰化。在活动实施过程中，每个品牌逐渐完善品牌 Logo、品牌形象、视觉元素，同时细分读者需求，精准提供读者需要的相应活动。例如"书及远方"广图研学活动的内容设计以中小学生需求为导向，形式则聚焦于将研究性学习和探索性体验相结合的活动体验。

活动品牌不断更新迭代。品牌活动在实施过程中，根据读者需求调整活动内容，使得品牌可持续、高质量地发展。如 2007 年启动的"在阅读中成长——广州市青少年十年阅读系列活动"连续十年顺利开展并在 2016 年圆满落幕，项目取得良好的社会效益。为进一步紧密连接基础服务与阅读推广，传承发展十年阅读活动的项目优势及成果，致力打造"阅读成长计划"年度品牌，2017 年起，广州图书馆全新策划"悦读童行——儿童与青少年阅读攀登计划"激励性阅读项目，面向 0—18 岁儿童设计分龄阅读推荐，设置阅读任务，以"儿童阅读护照"为连接点，通过记录阅读足迹的方式鼓励读者将所阅读的书籍及体验等不断传递，倡导全方位、多元阅读的教育理念。又如"文学后花园"项目，从最初"书影对话"的线下单一活动形式，增加了"选对译本读好书""故事里的事"等线上子项目，收到社会各界良好反馈。

图 6 "签·约世界"国际青少年书签设计交流活动 2014 年成果展示

活动品牌具有可复制性。品牌活动除了在广州图书馆开展服务以外，还积极面向直属示范性分馆进行拓展，对服务体系内区馆、分馆提供业务指导，力求为广大读者提供更优质、更便利的阅读服务。例如"签·约世界"国际青少年书签设计交流活动（图6）、"我的中国故事"广东青少年儿童美术创作交流活动（图7）等已成功在广州市多家公共图书馆复制推广。其中，"签·约世界"国际青少年书签设计交流活动在2020年由中国图书馆学会阅读推广委员会牵头主办，实现了活动在全国范围的公共图书馆复制推广。

图7 "我的中国故事"广东青少年儿童美术创作交流活动展览现场

3 搭建公共文化服务平台，扩大社会参与

2013—2022年中小学生阅读推广服务社会合作力量从2013年的37家发展至2022年的247家，增长了565%，初步形成了跨领域、跨学科社会合作服务体系。从合作机构构成来看，246家机构包括：天河区员村小学等中小学校83家，广州少年儿童图书馆等行业领域机构47家，广东省美术家协会等文化团体与组织30家，《广州日报》等媒体及其他机构30家，树华美术培训中心等教育培训类机构30家，美国洛杉矶县立图书馆等多元文化领域合作伙伴12家，华南理工大学志愿服务队等大学生志愿团体10家，广东省康复中心等特殊群体服务机构5家。各类社会力量的参与有效丰富了活动主题和形式，提升了活动的专业性，扩大了公共图书馆阅读推广活动的群体覆盖面和社会影响力，形成馆社双赢局面。如广州图书馆与广东省美术家协会联合打造的"漫

绘阅读"青少年儿童艺术素养提升计划，广东省美术家协会作为行业的专业学术机构，为项目注入专家志愿者、团体、平台等资源，共同组织、策划青少年儿童艺术阅读推广活动，逾 10 万名读者受益。

3.1 依托服务体系建设，加强交流合作

据《广州市"图书馆之城"建设年度报告 2021》，截至 2021 年底，广州市公共图书馆覆盖率达到 100%，依托已有的公共图书馆服务体系，广州图书馆持续把文献资源、品牌活动、展览带到各区公共图书馆和分馆，让更多中小学生读者在家门口、在学校享受公共图书馆服务，包括基础性的文献资源通借通还服务，以及"漫绘阅读"青少年儿童艺术素养提升计划、"签·约世界"国际青少年书签设计交流活动等，将广州图书馆的服务资源向外延伸。

3.2 深度开发馆社合作，探索跨界融合

十年来，广州图书馆积极响应《"十四五"文化和旅游发展规划》"推动公共文化服务与旅游、教育融合发展""促进文教结合、旅教结合，培育研学旅行项目"① 号召，积极联合教育、艺术、科技等各学科领域社会力量，为中小学生提供文化服务。以"青少年艺术坊"主题活动为例，广州图书馆吸纳社会艺术教育领域机构、专家志愿者开设中外漫画欣赏、拼贴画艺术、版画艺术、折纸艺术、超轻黏土艺术等艺术欣赏与阅读创作系列课程合计超过 300 场次，持续激发中小学生阅读兴趣，拓宽其阅读视野，培养其艺术赏析及创作能力。

与学校合作方面，十年间，广州图书馆不断拓展"馆校合作"形式，通过"在阅读中成长——广州市青少年十年阅读系列活动""阅读成长计划"等持续性的阅读项目在教育体系内发挥推广阅读活动主体职能，助力中小学生阅读素养的提升。在 2021 年《关于进一步减轻义务教育阶段学生作业负担和校外培训负担的意见》（简称"双减"政策）出台后，广州图书馆以需求为导向，主持策划以核心资源为保障，以培养中小学生的阅读能力、责任担当、问题解决等综合素养为目标的"书及远方"广图研学项目，与中小学校开展深度合作，反响热烈。

3.3 搭建社会实践平台，发挥志愿服务实践育人作用

广州图书馆不仅关注中小学生的阅读需求，还积极搭建社会实践平台，为中小学

---

① 文化和旅游部. "十四五"文化和旅游发展规划［EB/OL］.［2023-06-15］. https://www.gov.cn/zhengce/zhengceku/2021-06/03/5615106/files/2520519f03024eb2b21461a2f7c2613c.pdf.

生成长赋能。截至 2022 年底，合计注册志愿者超过 2.4 万，开展社会实践活动超过 5000 场次。除参与图书整理、阅读导引等基础服务外，不少志愿者还深耕各类阅读活动服务的组织和策划工作，在"奉献、友爱、互助、进步"中实现自我价值，获得社会公众一致好评。其中不乏伴随广州图书馆新馆发展，从普通读者成长为图书馆志愿者的代表——荣获 2022 年度广州图书馆"好读者"的沈欣霖，今年十三岁的她已经是持证 8 年的"老读者"了，在图书馆阅读服务的陪伴下，从参与图书馆阅读活动、享受图书馆服务的小读者慢慢成长为能独当一面主持阅读活动、参与阅读推广的志愿者。她的成长轨迹正是广州图书馆中小学生社会实践平台良好育人机制的生动展现。

4　社会影响力持续提升

十年间，广州图书馆中小学生阅读服务不断优化，在社会各界当中形成了较好的口碑，社会影响力持续提升。

4.1　社会各界积极参与，获得广泛认可

公共图书馆阅读推广活动的蓬勃发展离不开与社会各界的广泛合作，在广州图书馆新馆开放十年间，合作持续呈现增长态势。馆社合作模式更加灵活多元。跨界合作增加，不但合作机构数量增长可观，涉及的行业也不断拓宽，已吸引政府行政机关或职能部门、社会公益组织、行业协会、出版传媒机构、文化教育机构、专业阅读机构、公共媒体等单位的持续参与。除此之外，广州图书馆将家长、教师、阅读推广人、阅读研究专家个人等也吸收到合作联盟之中。

十年来，广州图书馆先后入选广东省和广州市科学技术普及基地、中小学生研学实践教育基地、广州市少先队校外实践教育营地（基地）等。2006 年 11 月，广州图书馆被广州市科学技术局认定为广州市科学技术普及基地。2022 年，被广东省科学技术协会认定为广东省科学技术普及基地。2021 年起，广州图书馆探索开展中小学生研学活动，并于 2022 年通过市教育部门的严格审核，被认定为广州市第二批中小学生研学实践教育基地。2022 年 6 月 1 日，广州图书馆正式由共青团广州市委员会授牌，成为广州市少先队校外实践教育营地（基地）之一。

4.2　媒体宣传渠道多样，影响与日俱增

十年来，广州图书馆各中小学生服务项目先后吸引新华社客户端、《人民日报》艺

术频道、广东电视台、广州电视台等多家媒体报道 311 篇次。

在自媒体方面，自 2014 年广州图书馆微信服务号开设以来，累计发布中小学生阅读活动 284 条，累计阅览量 76.7 万人次。为了面向未成年人读者提供更精准的阅读服务，2016 年儿童与青少年部开设"广图少儿"微信公众号，截至 2022 年 12 月，累计关注量达 2.4 万人，发布推文共 726 期 1061 条，阅读量约 31.8 万人次。此外，各相关活动项目收到社会各界良好反馈，先后被广东省文化和旅游厅、广州市教研院、广州市少年宫及多家公共图书馆官方公众号转发。

4.3 学术研究成果丰富，专业能力提升

2013—2022 年间，各品牌活动积极参与优秀案例评选，并取得不俗的成绩。"我是科普小达人"项目获得 2018 年中国图书馆学会举办的科普阅读推广优秀案例征集评选活动一等奖；"悦读童行"儿童与青少年阅读攀登计划项目获得 2018 年第一届公共图书馆创新创意征集推广活动优秀奖；"签·约世界"国际青少年书签设计交流活动先后获得 2018 年中国图书馆学会阅读推广优秀项目，2018 年广佛肇清云韶六市图书馆学会联合年会的创新服务案例，2019 年"未成年人阅读、学习与赋能国际研讨会"最佳实践海报评选优秀实践海报奖；"爱'悦读'"项目获得 2020 年中国图书馆学会学术论文和业务案例二等案例奖，"书及远方"广图研学项目获得广州市图书馆学会未成年人服务专业委员会 2022 年"4·2 国际儿童图书日"暨"广州读书月"之最美未成年人阅读推广项目，项目实践案例入选 2022 年中国图书馆学会学术论文和业务案例征集活动（专题交流活动征集）交流名单；"漫绘阅读"青少年儿童艺术素养提升项目实践案例入选 2022 年中国图书馆学会学术论文和业务案例征集活动（专题交流活动征集）交流名单。

以各品牌活动为基础发表的论文，如《少儿阅读激励项目实践研究——以广州图书馆"阅读攀登计划"为实例》《公共图书馆创作交流项目发展策略研究——以"签·约世界"青少年书签设计交流项目为起点》，分别刊登在《图书馆研究》2021 年第 2 期和 2022 年第 4 期。

5 未来展望

党的二十大报告提出，中国式现代化是全体人民共同富裕的现代化，是物质文明

和精神文明相协调的现代化①。公共图书馆作为人民群众丰富精神世界、接受社会教育、培育文化自信的重要场所，有责任推动中小学生阅读服务高质量发展。

广州图书馆未来将围绕基础资源建设与服务方式创新、活动品牌升级与宣传、工作机制优化与人员激励等方面继续深化发展。

5.1 夯实基础资源，创新服务形式

公共图书馆的服务离不开基础资源，基础资源建设是公共图书馆未来发展的重要发展基点。馆藏文献资源是基础资源的重要一环，广州图书馆要根据中小学生认知规律和身心发展的特点，不断加强引导中小学生历史文化、科普知识、法律常识、卫生健康等方面的阅读，及时补充馆藏文献资源；同时结合中小学课程标准要求，跟踪研究教育部每两年发布的中小学图书馆馆配推荐书目，配合日常服务中的荐购机制，最大限度满足中小学生读者日益丰富的阅读需求；推动完善广州数字图书馆活动平台和中小学生数字资源库，提供更多适宜、优质、多样、健康的数字阅读资源；持续优化空间建设，为中小学生读者打造更舒适、更适宜阅读的环境。

除了夯实基础资源建设，也需要创新服务形式。一方面是充分发挥阅读推广主体的职能，围绕全民阅读国家战略目标，积极对接中小学校素质教育的需求，了解中小学生读者的知识接受情况，并利用自身丰富的馆藏文献资源，联动学校、教育培训机构、大学生志愿者团队等开展多元化合作，创新活动形式，构建线上线下相结合的阅读推广模式，扩大活动覆盖面。另一方面立足本土，面向世界，拓展文化交流项目。围绕岭南文化等主题开展研学、成果展等系列项目，发挥广州作为国家中心城市的优势，与粤港澳大湾区及广州国际友好城市图书馆等机构合作举办文化交流活动，促进优秀传统文化在青少年层面的现代传播。

5.2 推动品牌升级，深化品牌宣传

中小学生阅读推广品牌建设的重点在于明确品牌建设的定位、品牌内涵和目标受众，深入研究不同中小学生读者的阅读习惯和需求特性，充分发挥公共图书馆的资源优势，吸收社会专业力量，形成完整的具有馆际特色的公共图书馆中小学生阅读推广品牌。

一是从顶层系统设计入手，系统梳理广州图书馆中小学生阅读品牌活动，凝聚多方力量支持，广泛吸纳社会力量参与合作，提升品牌活动的专业性，培养核心竞争力。

---

① 习近平：高举中国特色社会主义伟大旗帜　为全面建设社会主义现代化国家而团结奋斗——在中国共产党第二十次全国代表大会上的报告 [EB/OL]．[2022-10-25]．https://www.gov.cn/xinwen/2022-10/25/content_5721685.htm.

二是构建活动品牌管理体系，从品牌保障、品牌创新和品牌效力评估三方面内容加强品牌的建设与管理能力。在品牌保障方面，可以在政府的支持下与业界各阅读推广机构进行联动，形成品牌建设合力；在品牌创新方面，需要加强对用户需求的调研，在提升用户体验感的基础上，紧扣国家方针政策，不断更新和丰富品牌内涵，保证中小学生阅读品牌建设的可持续性；在品牌效力评估方面，建立健全活动绩效评估机制和专业化标准，多维度测算投入投出比来综合评估品牌效益。三是制定营销传播统筹机制和统一的宣传策略，整合新媒体传播运营团队，及时利用各种新媒体提升传播能力，取得社会各界的认可，提升品牌的知名度和影响力。

5.3 优化工作机制，激发主体活力

公共图书馆服务质量需要通过图书馆员的履职行为而得以呈现。为中小学生提供服务的图书馆员必须树立服务育人的主体意识，以内在的工作需求和价值体现为动力来完善自身。

首先，要完善规划管理制度，明确责任主体，以提升中小学生读者服务效能为导向，进一步优化服务管理考核指标及绩效管理制度，形成基础业务、专业能力、项目管理、学术科研及安全责任等多维度的综合考评体系，并对专业职称、岗位聘任实施动态管理，从而激发中小学生阅读服务主体活力。

其次，图书馆应做好宏观布局与系统实施，促使职业技能提升贯穿于馆员职业生涯发展的全周期、全链条。实施过程中，不仅要注重新馆员的职业技能培养，也要关注处于职业中期和职业后期馆员的职业技能提升。

第三，不断优化内部管理体系，将馆员视为图书馆中小学生阅读服务建设发展过程中的第一资源，努力为馆员的职业发展创设良好的文化生态，使他们在职业发展中个人潜能得到激发，得到个人价值的正向反馈。

5.4 规范社会合作，建立管理机制

未来公共图书馆的发展趋势将是平台化，即面向社会各界打造公共交流与合作的平台。《中华人民共和国公共图书馆法》中提到引导和鼓励社会力量参与，《广州市公共图书馆条例》中亦鼓励社会各界参与"图书馆之城"建设，可见公共图书馆与社会力量合作受到政府重视。但目前社会力量参与公共图书馆建设仍缺乏较为正规的管理机制，不利于合作后期的监管与评估。需通过建立报告制、备案制、审批制等机制对社会合作的准入进行规范管理，并且要签署具体合作协议，明确规定社会合作机构的责任与义务，确保社会合作的全流程规范化。

数字图书馆服务十年发展回顾与思考

伦惠莲

推动公共文化服务高质量发展，是进一步深化文化体制改革、发展社会主义先进文化的重要任务。加快推进公共文化服务数字化，是在新的形势下更好推动公共文化服务实现高质量发展的主要任务之一①。公共图书馆作为社会主义公共文化服务体系的重要组成部分，在高质量发展阶段中应当把握推进服务数字化这一主要任务，挖掘具有中国特色和时代特色的创新突破着力点，丰富服务内容、提高服务质量，推动服务品质发展。广州数字图书馆是广州图书馆在新馆全面开放十年间推进服务数字化的重要实践之一，自启动建设至今完成了建设网络化服务平台体系、提供图书馆数字化服务、提升图书馆服务效能等多项任务，实现了高效能发展目标，并稳步迈进高质量发展阶段。

1 发展思路

广州数字图书馆的发展始终聚焦国家法律政策赋予的职责任务以及广州图书馆的发展规划开展。根据《中华人民共和国公共图书馆法》，公共图书馆应当建立线上线下相结合的文献信息共享平台，利用数字化、网络化技术向社会公众提供便捷服务，并运用现代信息技术和传播技术提高公共图书馆的服务效能。建设平台、提供服务、提升效能这三大主要任务贯穿广州数字图书馆发展的全过程，三者在依序开展的同时相互交叉影响。

广州数字图书馆发展初期以建设一个面向全市公共图书馆用户的，区域内共建共享的，以用户需求驱动的服务主导型的数字图书馆为基本思路，建立一个具有统一的服务平台、管理平台、资源平台、技术平台的数字图书馆服务体系，努力完成建设标准化的硬件平台、建设开放互联的软件平台、建设高度共享的资源体系、建设覆盖全媒体的服务平台、建设全市集成的业务管理平台、建设多元文化服务平台等六大建设任务。

---

① 文化和旅游部，国家发展改革委，财政部.关于推动公共文化服务高质量发展的意见［EB/OL］.［2023-04-23］. http://www.gov.cn/zhengce/zhengceku/2021-03/23/content_5595153.htm.

　　自启动建设至今十年间，广州数字图书馆的发展在牢牢把握主要任务的基础上，适时调整具体发展方向，以更好地将日新月异的科技发展成果应用到更高质量的服务建设中，满足社会公众对公共文化服务的新要求与新期待。纵观广州图书馆 2011 年至 2025 年的三个五年发展规划，广州数字图书馆服务的具体发展思路从广州图书馆"十二五"发展规划中的服务网络化发展至"十三五"发展规划中的服务均等化、便利化，再进一步在"十四五"发展规划中向线上线下融合发展并逐步向智慧化升级，这体现了广州数字图书馆在不同发展阶段中从服务可用到服务易用，再到服务好用的发展目标变化。面向高质量发展目标，广州数字图书馆继续贯彻落实广州图书馆发展规划要求，以提质增效为发展重点，坚持以用户为中心的服务思路，依托以网站、微信、移动客户端为主要平台的立体式服务体系，增强服务能力，提升服务质量，为读者持续提供智能化、多元化、特色化的高质量数字化服务，推动广州数字图书馆服务稳步迈入高质量发展阶段。

2　发展历程

　　广州数字图书馆在建设发展的十年间，完成了建立服务平台形成数字图书馆服务体系的主要任务，并在此基础上着力发展功能服务建设与资源服务建设，通过功能服务应用与资源服务模式的创新，不断丰满广州数字图书馆的羽翼，推动服务效能在十年间快速提升，实现高效能发展。

2.1　服务体系建设：起步与成型

2.1.1　前期准备

　　2012 年，广州图书馆启动了广州数字图书馆建设的前期调研准备，并于年底召开广州数字图书馆建设研讨会，确定了广州数字图书馆建设的基本思路和框架，包括发展方向、目标、任务、功能需求等，并讨论了在此基本框架内的图书馆业务管理系统功能需求。2013 年，广州图书馆制定《广州数字图书馆建设基本框架》，明确广州数字图书馆建设的基本思路、建设目标、建设任务等内容。2014 年，广州图书馆制定《广州图书馆·广州数字图书馆实施（细化）方案》，正式开始广州数字图书馆的建设实施。

2.1.2　服务平台建设

　　广州数字图书馆在正式开展建设实施后三年，先后完成微信、移动客户端、网站三大网络化平台的建成与上线，实现服务体系的基本建设，为数字图书馆服务提供了平台能力基础。2014 年 4 月 22 日，广州图书馆微信服务号（以下简称广图服务号）正式为读者提供移动图书馆服务，首先推出书目查询、借阅查询与图书续借功能等传统图书馆服务的数字化服务。2015 年 12 月 15 日，"广州图书馆"移动客户端上线，为读者提供数字资源服务、书目检索、借阅服务、在线注册、参考咨询、图书荐购、读者留言等多元化、个性化服务。2016 年 4 月 1 日，广州数字图书馆新版门户网站正式上线，取代广州图书馆旧版门户网站。广州数字图书馆门户网站包括"首页""资源""服务""活动""互动""专题""关于我们"等板块，提供少儿版、社交版、移动版、多语言版（英文版）、无障碍版等多版本服务。读者在广州图书馆馆外使用读者证号在广州数字图书馆门户网站登录后，可使用广州数字图书馆的数字资源。紧接着，广州数字图书馆陆续制定了服务管理规范（2016 年）、信息发布安全工作规范（2017年）、突发事件应急管理预案（2018 年）等多项规章制度，并建立常态化巡检机制，为广州数字图书馆的稳定运行提供制度保障。

广州数字图书馆作为全市性数字图书馆服务门户并承担广州图书馆网站功能，搭建了一个跨平台、多媒体的立体服务体系，包括桌面门户、移动客户端、微信服务号三大平台，提供数字资源服务、参考咨询、原文传递、互动交流、读者共建等多样化功能，并为图书馆传统服务提供数字化支持。随着广州数字图书馆三大平台的建成，广州图书馆数字化服务体系已基本形成，取代原有单一网站平台的结构，为数字化服务的建设发展与效能提升以及广州市"图书馆之城"体系内的共建共享提供了强大的能力基础。

2.2 功能服务建设：创新与融合

在广州数字图书馆多平台服务体系的基础上，广州图书馆适应移动阅读趋势，以微信服务平台为主要阵地，依托广图服务号开展传统服务数字化与数字化服务创新，并不断提升服务网络化程度，持续为社会公众提供优质便捷的图书馆数字化服务，以稳步推动广州数字图书馆顺利度过高效能发展阶段，并昂首迈入高质量发展阶段。

2.2.1 传统服务数字化、网络化

2014 年，广图服务号正式为读者提供移动图书馆服务，首先推动传统文献服务在移动端的数字化与网络化。书目查询、借阅查询、图书续借、二维码读者证等文献服务先后完成移动数字化，并以功能菜单的形式在广图服务号为读者提供服务入口。同年年底，广图服务号开始利用微信公众平台的消息推送功能，结合数字化文献服务，

为读者提供自动提醒功能，包括文献到期提醒以及后续增加的借还提醒等，充分发挥了微信服务号相较于其他平台特有的信息及时推送优势。经过两年的运行与酝酿，广图服务号于 2015 年 12 月上线新版服务大厅主界面，新增逾期费支付、预约查询等多项文献服务功能，为读者提供一站式服务体验，同时大大提升了移动数字化服务的易用性。

2.2.2 服务多元拓展

2016 年至 2018 年，广图服务号在稳步推进文献服务数字化的同时，着力拓展数字化服务范围，开通数字资源服务并围绕公共交流服务推出多项数字化服务。2017 年，广图服务号上线数字资源服务功能，拓展广州数字图书馆在移动端的数字资源服务能力，使读者在广州数字图书馆三大平台中均可使用广州图书馆馆藏数字资源，推动广州数字图书馆数字资源服务进入高效能发展阶段。广州图书馆被誉为"世界上最繁忙的图书馆"，其大量的接待访问量、读者活动量以及服务多元化对其公共交流服务能力有着极高的要求。广州数字图书馆作为广州图书馆"一中心，四平台"使命任务的支撑，根据公共交流服务的实际需求针对性地推出读者证在线注册、活动签到、场地预约、上网用机查询等连接线下的支撑功能，并根据读者阅读数据推出自动生成的阅读行为分析报告与畅销图书清单，增强图书馆与读者之间的互动交流。此外，广州图书馆于 2018 年 5 月 30 日推出送（还）书上门服务，在广州数字图书馆的微信服务号与网站平台均设置了服务入口，极大地方便了广州市公共图书馆服务体系内的持证读者（暂不含广州少年儿童图书馆读者）远程使用广州图书馆文献服务，发挥了数字化服务在线上线下服务融合中的优势。

2.2.3 服务融合创新

2019 年至今，广州数字图书馆聚焦线上线下服务融合，在微信服务平台利用服务号与小程序的服务能力结合图书馆服务发展需求，以在线注册服务为着力点，推动广州数字图书馆服务高效能发展。在线注册服务是公共图书馆数字化服务的重要组成部分，是数字图书馆服务向纵深发展的前序环节。2019 年 5 月 31 日，广州图书馆微信小程序"广图+"（以下简称广图小程序）上线，以在线注册服务为核心，应用人脸识别技术，实现广佛户籍人员在线认证注册读者证即时生效。2020 年 2 月，广图小程序采用多源定位技术，使在线注册服务的覆盖人群由广佛户籍人员拓展至广佛本地人员，并开通广州图书馆临时读者证注册与续证功能。2020 年 9 月，广图小程序开通境外人士在线审核注册通道，并增加英文版服务界面。

2020 年，突如其来的新冠疫情给公共图书馆带来了巨大的冲击，也为群众使用图书馆服务增添难度。为及时解决特殊时期中服务开放的问题，广州数字图书馆充分发挥数字化平台的专业优势，抓住机遇采用技术手段实现服务路径改造与升级。2020 年3 月，广图服务号应运上线预约进馆功能，支撑广州图书馆有序开放服务措施。远程读者可以通过微信小程序注册并远程使用数字图书馆服务，到馆读者可以通过微信小程序与公众号办理注册与预约进馆，两种场景的结合有力地支撑广州图书馆服务在特殊时期的正常开放，保障群众使用图书馆服务的权益。通过数字化服务与到馆服务的结合，广州数字图书馆助力解决了广州图书馆服务的实际问题，并在危机中迎来了显著的效能增长。

2021 年 7 月 14 日，广图服务号采用全新的服务流程与设计语言，上线焕然一新的新版服务界面，新增多个读者证绑定与切换功能，读者可集中管理本人与家人的读者证。这项服务功能为困扰许多读者的多证管理问题提供了实际有效的解决方案，为提高广图服务号的用户黏性带来了正向影响，成为广州数字图书馆创新发展的又一项有益实践。

2.3 资源服务建设：自建与共享

数字资源服务是图书馆数字化服务的重要构成之一，同时也是广州图书馆推进数字化服务共建共享最有力的抓手。

2.3.1 特色资源自建

广州数字图书馆在建设服务体系的同时，不断推进特色数字资源服务的建设，建立多个极具广州本土特色与广州图书馆馆藏资源特色的数字资源服务平台。2012 年至2022 年间，广州图书馆先后建成并开放广州人文数字图书馆、《广州大典》网络服务平台、中国政府公开信息整合服务平台·广州站、广州市纪录片虚拟博物馆、广图影音数据库 5 个自建特色资源服务平台，这些平台一方面由古至今全面收录广州政治、经济、文化、民生等方面的信息资源，另一方面将广州图书馆典藏音乐、影视资源进行高质量数字化加工，满足读者学习研究、娱乐享受等不同方面的需求。截至 2022 年底，广州图书馆合计开放 8 个自建特色资源服务平台。

2.3.2 体系资源共享

广州图书馆作为广州市"图书馆之城"的中心馆，负责建立全市统一的通用数字信息资源库，并开放给全市公共图书馆用户使用。2008 年，经与供应商沟通，广州图书馆就已将自己购置的十余个数据库资源向区县馆开放，区县馆读者凭本馆证号即可使用广州图书馆的数字资源。2016 年广州数字图书馆门户网站开放，延续与强化了这一功能。2019 年，广州图书馆推进广州市"图书馆之城"数字信息资源共建共享工作，强化与广州少年儿童图书馆以及各区县馆联合实施的数据库资源共享服务，在广州数字图书馆中建设"广州公共图书馆局域网共享数字资源"网页，整合广州图书馆开放共享的 23 个数据库资源与广州少年儿童图书馆开放共享的 11 个数据库资源，供广州市公共图书馆用户在局域网中使用，进一步完善广州市公共图书馆数字信息资源共享平台。截至 2022 年底，"广州公共图书馆局域网共享数字资源"网页合计开放共享数据库资源 31 个。

3 服务成效

广州数字图书馆依托跨平台、多媒体的立体式服务体系，融合网站、微信、移动客户端等多元的网络化服务平台，持续提供数字阅读、在线注册、预约进馆、借阅管理、参考咨询、活动报名等多方面的高质量数字化服务，在服务中提升品质，在协作中寻求增长，不断提高用户的服务体验，推动数字化服务效能持续提升。

3.1 达成高水平服务效能

平台访问量、数字资源服务量是衡量数字图书馆服务效能的关键指标。广州图书馆新馆开放十年，广州数字图书馆的首页点击量与数字资源使用量总体保持快速增长。自 2016 年广州数字图书馆服务体系基本建成以来，广州数字图书馆服务效能增速更是显著提高。广州数字图书馆首页点击量在 2022 年达 2119.8 万次（见图 1），其中微信平台占 57.7%，网站平台占 42.3%。广州数字图书馆数字资源使用量在 2020 年破亿，2022 年达 14084.3 万篇（册）次（见图 2），其中网站平台 7719.4 万篇（册）次，移

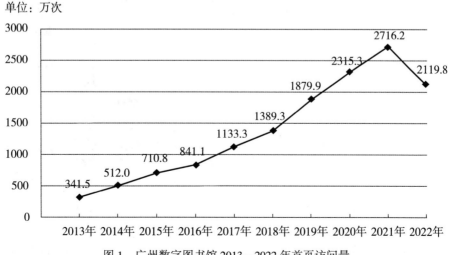

图 1　广州数字图书馆 2013—2022 年首页访问量

动客户端平台 2961.7 万篇（册）次，微信平台 1433.9 万篇（册）次，各平台服务效能仍在持续增长。

单位：万篇（册）次

图 2　广州数字图书馆 2013—2022 年数字资源使用量

3.2　连接图书馆与读者

广州数字图书馆为读者提供了公共图书馆服务的数字化空间，是连接图书馆与读者的又一重要桥梁。广州数字图书馆自 2016 年服务体系基本建成至今，其用户量在六年间保持快速的增长，2022 年底达 225.3 万人（其中 92.7% 是微信平台的用户），同年，200.4 万人通过广图服务号使用广州数字图书馆的服务（见图 3）。"广州图书馆用户满意度调查"中，46.7% 的受访用户表示通过广图服务号获取广州图书馆相关资讯，展示出微信平台在广州数字图书馆服务体系中连接图书馆与用户的突出能力。

单位：万人

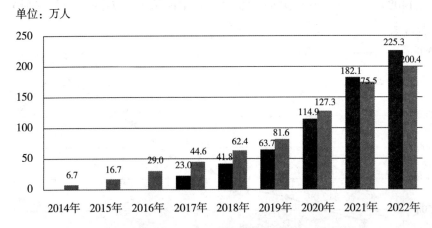

■ 广州数字图书馆用户量　　■ "广州图书馆"微信服务号关注量

图 3　广州数字图书馆 2014—2022 年用户量

注：广州数字图书馆用户量于 2019 年起调整统计口径，将微信平台、移动客户端平台用户量纳入统计范围。

3.3 提升图书馆服务价值

广州数字图书馆通过图书馆传统服务数字化、图书馆数字化服务创新以及推动线上线下服务融合，努力提升广州图书馆服务的价值。在线注册服务是广州数字图书馆服务中的典型实践。新增在线注册量是衡量在线注册服务效能的关键指标，广州数字图书馆近十年的新增在线注册量见图4，2022 年新增在线注册 39.2 万人。在传统服务数字化与网络化阶段（2012—2018 年），广州数字图书馆着力在服务体系各网络化平台中实现注册服务的数字化，新增在线注册量缓慢发展，维持在每年数千人的水平。在数字化服务创新阶段（2019 年），广州数字图书馆通过技术应用创新实现广图小程序在线注册即时生效，通过服务模式创新实现广州图书馆与佛山市图书馆注册服务合作，通过服务渠道创新实现支付宝平台在线注册，合力为新增在线注册量带来首次过万人的显著提速。在线上线下服务融合阶段（2020 年至今），广州数字图书馆将在线注册服务与预约进馆流程融合，并在线上线下跨界联动宣传推广，让在线注册量的发展得到质的飞跃，年新增在线注册量迅速提升至数十万人的水平，同时带动广州数字图书馆其他服务效能的增长。

单位：万人

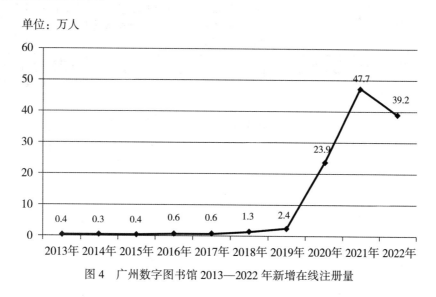

图 4　广州数字图书馆 2013—2022 年新增在线注册量

3.4 形成行业示范效应

广州数字图书馆服务经过近十年的发展，已形成成熟的数字化服务模式与信息服务模式。广州数字图书馆多项服务项目先后获得的荣誉，代表了业内对广州数字图书馆服务的肯定（见表 1）。在一次次的案例分享中，广州数字图书馆积极主动地对服务工作进行实践回顾与经验总结，与同行分享经验、推广做法、探讨发展，进一步提升广州数字图书馆在行业内的影响力，为公共图书馆数字化服务的高质量发展贡献力量。此外，广州数字图书馆服务团队先后受邀在全国 4 省市公共图书馆，以及在广州市公共图书馆新入职工作人员培训班中开展数字化服务专项业务培训，得到了参会同人的较高评价与广泛赞誉，推动广州数字图书馆服务模式成为可持续、可复制、可推广的行业数字化服务标杆。广图服务号关注量连续多年稳居行业第一，而自广州数字图书馆首创使用微信小程序升级在线注册服务并取得一定成效后，全国多个公共图书馆陆续开展了注册服务在微信小程序上的建设，在业界内形成了良好的示范效应。

表 1　广州数字图书馆 2013—2022 年荣誉情况

获得时间	获得者	荣誉名称	颁发部门
2015 年 11 月	"广州图书馆"微信服务号	广东十大"最具影响力政务微信公众号"	2015 广东互联网政务论坛
2017 年 11 月	广州图书馆"图书自动分拣、微信服务及智能流动图书馆"项目	广东图书馆学会 2017 年学术年会"图书馆网络与智能应用案例"征集活动优秀案例	广东图书馆学会
2018 年 6 月	"广州图书馆"微信服务号	"'微服务　新智能'——第五届图书馆微服务研讨会暨第一届图书馆新媒体创新服务案例评选活动"获评第一届图书馆新媒体创新服务优秀案例一等奖	上海市图书馆学会
2018 年 7 月	"广州图书馆"微信服务号	第三届"大众喜爱的 50 个阅读微信公众号"	中国新闻出版传媒集团、中国全民阅读媒体联盟
2021 年	广州图书馆在线注册服务	中国图书馆学会 2021 年学术论文和业务案例征集"全国基层图书馆新媒体服务案例"分主题推荐交流名单入选	中国图书馆学会

3.5　彰显品牌社会价值

广州数字图书馆是广州图书馆数字化服务窗口，除了为读者提供优质的数字化服务外，同时也通过服务向社会展示广州图书馆的品牌形象。广图小程序是广州数字图书馆近十年发展中重要的服务创新成果，自上线以来，多次被新华网、金羊网、南方+等媒体进行报道或转载。2020 年 1 月，广东广播电视台新闻频道、南方卫视对广图小程序实现广佛本地人员在线注册服务进行报道，新闻报道以"广州图书馆新举措：下月起在线注册广图读者证不分户籍"为题在多个栏目播出，特约评论员李樾巍评论此举"眼光长远，心胸开阔，给全国的图书馆界树立榜样"。广州数字图书馆的服务成果，向社会传递广州图书馆以人为中心，理性、开放、包容、平等的品牌形象，通过服务数字化体现其在推动公共文化服务均等化、便利化中的社会价值。

4 服务经验

广州数字图书馆是广州图书馆转型发展中的重要且成功的实践，在服务效能的持续提升中通过两次提速实现了高效能发展，并带动了图书馆服务价值的提升。广州数字图书馆服务的实践探索成果，离不开其在发展路径、体系建设、技术应用、服务设计、宣传推广等方面的努力。

4.1 发展路径

发展思路是建设发展有的放矢的前提。建设平台、提供服务、提升效能这三大主要任务是广州数字图书馆在发展过程中始终的聚焦点，而广州图书馆的发展规划则在每个阶段指出了建设发展的重点。回顾广州数字图书馆过去十年的发展，可以看到一条逐渐清晰的发展路径：先通过传统服务数字化实现服务可用性，再通过数字化服务的网络化与创新提高服务易用性，继而通过服务融合推动服务质量的提升。在丰富多元的图书馆服务面前，广州数字图书馆在服务的创新发展探索中，首先挖掘单项服务作为着力点集中力量开展尝试，当找寻到成功案例后，再总结提炼过程与经验，形成可模仿的发展道路，带动更多的图书馆服务项目进行数字化创新与探索。

4.2 体系建设

体系建设是数字图书馆服务发展的能力基础。在广州数字图书馆服务平台体系中，网站平台与微信平台已成为最重要的两大阵地。得益于在前期规划中的提前布局，广州数字图书馆的平台体系结构充分考虑了具有发展潜力的移动平台，为后续新平台的成长与服务探索留下了发展空间。经过近十年的发展，网站平台成为服务的基本阵地，而微信平台成为服务的先锋阵地，这很大程度上是由平台的技术特点与用户的使用习惯决定的。从服务效能主要贡献点中可以看到，网站平台以数字资源服务为主，微信平台以功能服务为主。图书馆的多元服务在不同平台中有着差异化的发展情况，因此要有侧重点地推进不同平台的建设与发展，充分利用平台优势与用户特点，让资源的投入可以得到更大的回报。此外，广州数字图书馆还承担着支持地区图书馆服务体系建设的基本任务。作为中心馆的数字图书馆，广州数字图书馆在服务体系的建设过程中提前考虑了区域总馆的实际情况，通过分网站形式和资源整合网页，为后续区域总馆的平台使用与资源共享提供了必要的基础，方便区域总馆借助平台建成自己的网站，便捷地使用体系开放共享资源提高了广州市"图书馆之城"在数字化服务方面的建设效率。

4.3 技术应用

技术是推动数字图书馆服务发展的重要因素和重要力量。广州数字图书馆服务的实践证明，技术的应用可以为服务质量与效能的发展带来质的飞跃。以在线注册服务为例，广州数字图书馆应用微信小程序的人脸识别能力与多源定位能力实现了在线注册服务从人工审核注册到即时自动注册的转变，极大地提高了服务效率，降低了人工成本，并让读者的服务体验有显著的提升。这一项成功的实践，也为其他数字化服务带来了具有可行性的发展思路，带动广州数字图书馆服务发展迈入下一个阶段。面对发展瓶颈或难题，广州数字图书馆服务把握现代信息技术的发展变化，通过挖掘领先技术与实际问题的结合点，寻求突破口，顺应读者的图书馆服务实际需求与数字化服务使用倾向，数字图书馆服务带来新的变革与增长点。

4.4 服务设计

服务设计直接关系广州数字图书馆服务的生命力。广州数字图书馆通过线上线下服务融合的服务设计思路，让数字图书馆服务得以借力发挥更大的能量。在新冠疫情防控期间，广州数字图书馆及时对服务流程进行调整，根据有序开放背景下的预约进馆制度要求，将广图小程序在线注册服务嵌入预约进馆服务流程，经过持续的调整优化与相关服务配合，形成高效稳定的操作路径，为读者提供安全无接触且高效便捷的注册预约通道。此次适时的服务设计调整，为有序开放提供必要条件，有力地支撑了城市防疫政策之下的预约进馆制度，同时使在线注册服务效能创下历年来最高水平，展现出线上线下服务融合的思路在图书馆服务设计中的巨大能量。

4.5 宣传推广

宣传推广是提升广州数字图书馆服务覆盖范围与影响力的重要工作。广州数字图书馆采用新媒体时代的思路，通过跨界合作与线上线下融合的方式，对宣传推广工作进行创新探索，有效推动数字化服务知名度与影响力提升。2020年世界读书日当天，广州数字图书馆在线下与广州地铁联合推出阅读地铁专列，在线上与微信朋友圈合作同步精准投放数字阅读主题设计作品，配合广州图书馆数字阅读平台中的精选数字资源展示与注册流程引导，获得百万人次的曝光量以及多家媒体报道，展现出喜人的宣传推广效果。行业与空间融合的创新方式，在广州数字图书馆的宣传推广工作中效果突出，有力地扩大宣传效应、拓展用户范围，从而提升服务影响力。

5 发展启示

在公共文化服务高质量发展的重要任务要求下，广州数字图书馆正在加快从高效能发展转向高质量发展的脚步。面向公共图书馆的中国式现代化目标，广州数字图书馆汲取过去十年的发展积淀，在思考中收获启示，蓄势待发，奋力迈向高质量发展的征程。

5.1 思路层面

推动公共文化服务实现高质量发展是我国公共图书馆的共同任务。在此重要任务下，公共图书馆在数字图书馆建设中要着力挖掘具有中国特色和时代特色的创新突破着力点，丰富服务内容、提高服务质量，推动服务品质发展。锚定时代背景下的任务要求，广州数字图书馆应当紧随广州图书馆发展规划思路，建设中国式现代化的数字图书馆：以读者为中心，创新数字图书馆服务、丰富服务内容，同时支撑广州图书馆基本服务与公共交流服务的高质量发展；推动广州市"图书馆之城"服务体系数字图书馆资源与服务的共建共享；通过线上线下融合发展实践，参与广州图书馆的智慧化建设，为社会公众提供高质量的数字化公共文化服务，推动广州图书馆实现从高效能发展向高质量发展的转变。

在此发展目标下，广州数字图书馆可以沿用发展路径并据此开拓更多的实现方式。在丰富服务内容方面，一方面通过服务数字化稳步将图书馆服务进行数字化改造，形成具备大多数图书馆服务且发挥了数字化优势、提升了服务质量的数字化空间；另一方面把握新形势催生的，特别是实体空间无法满足的读者需求与社会需求，重点围绕数字阅读、公共文化交流、支撑公共文化发展的领域，设计建成创新的特色数字化服务，不断对服务体系进行增补。在提高服务质量方面，积极探求线上线下融合、业内协作、行业跨界等多种协同方式，寻求利益共同点并各取所长，相互借力，提升服务品质，为广州数字图书馆服务的高质量发展寻找新的契机与新的驱动力。

5.2　产品层面

数字图书馆是公共图书馆服务平台中距离读者最近、触达读者范围最广的服务平台，首先为读者直接提供服务，其次为公共图书馆其他服务提供支撑。成熟的数字图书馆，应该是一个一体化的公共图书馆资源与服务的仓储空间，资源以细颗粒度的知识形态存在，单项服务通过服务流程连通彼此。读者在其中能够轻易精准地找到需要的知识，并发现可能需要的下一项服务，以此维持甚至提高读者使用图书馆服务的意愿，拉动图书馆整体服务的价值提升。

数字图书馆服务设计的过程要始终坚持需求导向，将数字化作为赋能的手段，而不能反之为服务使用带来障碍。服务产品设计决定服务价值，关系到服务能走多好；服务流程设计决定服务体验，关系到服务能走多远。在服务设计的过程中充分对产品和流程两方面进行综合考虑，能帮助数字图书馆服务有更长远的发展。截至 2022 年底，广州数字图书馆的资源服务以数据库形式提供，功能服务相互独立，读者在使用的过程中容易产生割裂感，因此急需加速广州数字图书馆一体化建设的开展。应当优先从数字阅读平台的建设入手，重点解决资源以数据库形式存在而产生的壁垒。通过建设资源融合、功能融合、场景融合的一体化数字阅读平台，广州数字图书馆可以让读者在多场景中顺畅地进行数字阅读，以提高服务核心价值、提升用户获得与留存能力。一体化数字阅读平台的建设将为广州数字图书馆补齐数字阅读服务现有短板，为服务实现质的提升带来全新契机。

5.3　技术层面

技术力量对于数字图书馆的服务能力水平有着至关重要的影响，也关系着创新的服务设计能不能如愿实现。当数字图书馆的发展遇到瓶颈时，从技术路线着力，或许能寻求新的突破点与转折点。应对日渐增长的技术能力要求，数字图书馆应当重视技术力量的补充，一方面要充实自有技术团队力量，培养同时具备图书馆专业知识与信息技术能力的复合型人才，实现自主灵活地对数字图书馆服务创新迭代与技术应用；另一方面寻求强大的技术支持合作，关注成熟的技术解决方案，结合图书馆服务中遇到的现实问题，推进高尖技术在图书馆服务中的应用探索。

广州数字图书馆应有意识地进行服务的更新迭代，并逐步实现服务连通，推动一体化服务体系建设，实现数字图书馆服务整体从多到好的转变。此外，强化数据统计分析能力是广州数字图书馆高质量发展需要重视的课题，能提供有效的辅助工具对服务状况进行全面的、及时的洞察，以找到提升突破口，从而有的放矢地投入资源。在现有以指标数据为主的数据统计分析体系下，需要进一步细化增补与关键效能目标有直接关联的过程数据，通过掌握真实的数据动态，提升对外界变化做出动态调整的能力，以应对不断变化的环境带来的机遇与挑战，推动广州数字图书馆稳步迈入高质量发展阶段。

5.4 运营层面

融合发展是广州图书馆发展规划为广州数字图书馆指出的发展思路，经实践证明是有效的发展手段。在充分保障人员团队、管理制度的前提下，积极开展多方面的融合探索，有助于提升数字图书馆服务的质量与价值。

从公共图书馆内部来看，线上服务的发展始终需要依托线下服务。数字图书馆服务作为线上服务的主要构成部分，图书馆应当谨慎考虑其与线下服务的关系，创造关联与流量流通的通道，合理根据差异化优势设计结合方式，强化两者的融合互动以促进同步发展，保持线下服务对线上服务的有效驱动，再在后续新的机遇中寻求突破与发展。对于公共图书馆服务整体而言，将数字化赋能后的服务逐步融入现有服务流程中，与线下服务紧密结合，相互带动，可以稳步推进服务的建设与发展，从而提高整体的服务品质。

从公共图书馆外部来看，无论在技术应用方面或是宣传推广方面，通过行业跨界合作实施融合发展，都能借助专业团队与成熟案例的力量，快速开拓彼此的视野，充分结合各自的优势，有效地推动信息技术实施与宣传推广活动在数字图书馆服务项目中的落地。数字图书馆作为公共图书馆服务创新的先锋阵地，应跳出固有的思维模式，积极吸收新环境中衍生出的新思维与新理念，通过跨行业的融合发展与合作交流，实现资源与能力的共享与合作，共同创造更具有专业性与前瞻性的服务成果，从而持续提升公共图书馆服务的质量，推动公共图书馆全面迈进高质量发展阶段。

新媒体服务

江海潮　伦惠莲　刘晶　陈颖　李菲菲

"图书馆是一个生长着的有机体"。新媒体技术应用的不断深入，为公共图书馆的发展带来了全新的机遇和平台，公共图书馆也深度地融入了这场信息技术发展浪潮中，利用新媒体技术为读者提供更主动、更及时、更近距离的知识服务，宣传推广图书馆的资源、活动和服务，塑造图书馆品牌形象，促进公共图书馆事业的转型升级和高质量发展。

何为"新媒体"？学者普遍认为新媒体是一个相对的、不断更新的概念。随着传媒技术的进步，相对于报刊，广播电视是新媒体；相对于广播电视，互联网是新媒体。新媒体存在着"昨日之新"和"今日之新"，将来还会有"明日之新"。当前时代的"新媒体"是指通过数字化交互性的固定或移动的多媒体终端向用户提供信息和服务的传播形态[①]，即"数字化互动式的新媒体"。从技术上看，新媒体是数字化的，从传播特征看，新媒体具有高度的互动性，数字化和互动性是新媒体的根本特征[②]。

进入新世纪以来，新媒体平台不断出现，主要经历了门户网站、BBS、博客、微博、微信、BiliBili、抖音等阶段，如今形成了微博、微信、各类视频号等社交平台和传统媒体（机构）线上客户端共同繁荣的局面。中国移动互联网高度发展，2022年手机网民规模为10.47亿[③]。新媒体平台也具有显著的移动互联特征，哪里有移动互联网信号，哪里就有用户。个人用户和机构用户在新媒体平台上开设账号，发布信息，用户之间互动沟通，形成了热闹且丰富多彩的网络环境。

自媒体是新媒体发展到最新阶段的产物之一，是以新媒体技术为支撑形成的信息共享的即时交互平台[④]，个人或机构经由数字科技与全球知识体系相连，提供与分享他们真实看法、自身新闻的途径[⑤]。像个人用户一样，越来越多的政府机关、事业单位在

①　廖祥忠. 何为新媒体？［J］. 现代传播（中国传媒大学学报），2008（5）：121-125.
②　匡文波. "新媒体"概念辨析［J］. 国际新闻界，2008（6）：66-69.
③　第51次《中国互联网络发展状况统计报告》［EB/OL］. ［2023-10-20］. https://www.cnnic.net.cn/NMediaFile/2023/0807/MAIN169137187130308PEDV637M.pdf.
④　吴潮. 新媒体与自媒体的定义梳理及二者关系辨析［J］. 浙江传媒学院学报，2014（5）：33-37.
⑤　邓新民. 自媒体：新媒体发展的最新阶段及其特点［J］. 探索，2006（2）：134-138.

各类社交媒体平台开设账号，实行机构实名认证，建立政务微博和政务微信。学者将这些账号统称为"政务自媒体"①，它们不仅成为政务公开、资源推广、形象塑造的平台和窗口，也成为政府机关、事业单位等公共部门与公众之间沟通的桥梁，助力社会发展。

1 广州图书馆新媒体发展历程

广州图书馆新媒体运营史的每个关键节点都与新媒体发展的关键节点密切相关，体现了广州图书馆积极、主动拥抱信息技术和新媒体发展潮流的态度，生动地演绎着"图书馆是生长着的有机体"这句行业经典名言。广州图书馆新馆于 2012 年底部分开放，2013 年 6 月全面开放，自媒体运营很好地服务了新馆十年发展的需要，是新馆十年事业发展的重要成果之一。

广州图书馆是由广州市政府设立的公益性公共文化机构，由广州图书馆运营的自媒体属于政务自媒体。根据上线时间的先后顺序，广州图书馆的在线服务平台有官方网站、微博、微信公众号服务号（以下简称微信服务号）、手机客户端、微信视频号、抖音号、微信公众号订阅号（以下简称微信订阅号）。基于新媒体的"数字化"和"互动性"两大特征，本文主要展示和阐述广州图书馆微博、微信服务号、微信视频号、抖音号、"小鹅通"平台广图直播和微信订阅号的相关情况。

微博是一种微型博客，用户在微博平台发布文字、图片、视频、音频、网页链接等信息，并且可以转发、评论和点赞其他用户的信息，微博的核心功能就是信息发布和社会交往。新浪微博于 2009 年 8 月上线，发展至今仍是中国占据领先地位的社交媒体平台之一。2011 年 7 月 1 日，广州图书馆发出了自己的第一条微博，庆祝中国共产党成立 90 周年，从此开启了广州图书馆官方微博的运营之路，至 2023 年 6 月已满 12 年，可见广州图书馆微博的运营史与政务微博的发展史基本同步。

微信于 2011 年上线。微信的公众号功能为机构组织建立自己的公众服务渠道提供了全新的平台，机构组织可以在公众号中向关注自身账号的用户推送信息，继而开展品牌宣传与用户管理。包括图书馆在内的各类机构组织纷纷投入微信公众号的应用探索中，2013 年被称为政务微信元年。微信公众号包括服务号和订阅号两种。广州

---

① 张志安，曹艳辉.政务微博和政务微信：传承与协同 [J].新闻与写作，2014（12）：57-60.

图书馆是图书馆行业内较早在微信端开设新媒体平台的公共图书馆之一，微信服务号"广州图书馆"于 2014 年初正式上线，提供信息服务与功能服务，是广州图书馆数字化、信息化、泛在化服务的重要载体。作为微信服务号的补充，微信订阅号"广州图书馆信使"于 2022 年 7 月正式上线，主要服务于提升广州图书馆的信息发布能力。

5G 技术带来传输速度的变革，为视频的传播发展提供了强大的支持，互联网流量也显著地转移到短视频、直播等平台。流量的发展方向代表着用户的流动方向，图书馆要主动拥抱技术潮流，满足用户需求。2020 年以来，以国家图书馆、上海图书馆等公共图书馆为代表，许多公共图书馆积极入驻短视频平台和各直播平台，以期达到宣传推广、与读者互动的目的，短视频、直播逐渐成为公共图书馆不可或缺的宣传推广和服务方式，并取得良好传播效果。广州图书馆于 2021 年 6 月开通了微信视频号和官方抖音号，于 2021 年 9 月搭建"广图直播"官方直播平台，利用短视频、直播等形式，为读者提供线上线下相结合的新媒体服务。

2 广州图书馆新媒体发展成果

从 2011 年官方微博上线至 2022 年，广州图书馆主动进驻了各个历史阶段主流的新媒体平台，注册账号，实名认证，形成了官方微博、微信公众号、微信视频号、抖音号等各具特色、优势互补、协同发展的自媒体格局，建立起了兼具录制、剪辑和内容转播分发能力的视频直播平台，在实践中培养了新媒体运营的人才队伍。总体而言，广州图书馆称得上是海量政务自媒体中影响力较大的运营主体之一。截至 2023 年 4 月底，广州图书馆自媒体拥有关注粉丝超过 224.31 万人，自媒体的影响力等多项评价指标位居全国公共图书馆前列，先后获得多项重要奖项。

2.1 微博

广州图书馆官方微博于 2011 年 7 月上线，已经运营 12 周年，截至 2023 年 4 月底，共发布微博 2.3 万条，拥有关注粉丝 14 万人，获得用户转发、评论和点赞共计 63.6 万次，总阅读量超过 10 亿。

2.1.1 广州图书馆微博的功能定位

微博有两项核心功能：信息的发布和获取①。在微博开设账号后，广州图书馆获得了一个信息公开与发布的平台，相关用户则通过微博获取有关广州图书馆的权威官方信息。而基于web2.0技术的微博，决定了微博不是单向的信息发布与信息获取，而是能够及时获得反馈的互动式信息发布，互动方式包括@信息、转发、评论、点赞、私信等。在此基础上，广州图书馆的官方微博功能定位为发挥对外宣传和信息交流的作用，打造与社会公众沟通的平台，及时向外界发布有关广州图书馆的最新举措和服务资讯，畅通读者意见反映渠道，提升广州图书馆的形象和影响力，发挥促进全民阅读的重要作用。此外，除了信息发布和互动，在微博这个开放的"广场"中，随时随地都可能有涉及广州图书馆的声音在发出，官方微博可以主动关注这些声音，并形成一套应对的机制。综上，广州图书馆微博运营的核心内容有三项：信息发布、互动沟通、舆情监测。

2.1.2 广州图书馆微博的影响力评价指标

根据新浪网和人民网设计开发的相关算法，政务微博影响力的评价指标有四个：传播力、服务力、互动力和认同度。"传播力"依据阅读数和视频播放量计算，"服务力"依据原创发博数、视频发博数、主动评论和转发数、私信数计算，"互动力"依据微博被转发和评论数、被@数、收私信数计算，"认同度"依据被点赞数和微博阅读数计算。因此，勤发高质量的微博、勤互动、勤回应是微博运营的不二法则。多年来，广州图书馆微博多次表现出优秀的影响力，例如获评"2020年度政务服务优秀微博"，2020、2021、2022年均入围"全国十大图书馆微博"，多次进入文化政务微博、文博系统微博影响力月榜单、周榜单TOP20，最高时排名第二。广州图书馆微博主编获评"2022年度金牌政务主编"。

2.1.3 广州图书馆微博的辨识度：分类话题、精准标题、规范行文

运营官方微博，微博主编的文字表达能力务必功底过硬，在亲民、友善、活泼、碎片化的基础上，还要做到表达规范、清晰，树立语言文字工作的典范。话题是微博内容的标签；标题能够提炼出整条微博内容的核心思想，优秀的标题不仅能够精准概括微博的内容，还能吸引用户继续阅读正文。广州图书馆微博内容包括三大部分：话题、标题和正文（见图1），经过长年的坚持，已经形成了鲜明的辨识度，也实现微博运营工作"有章可循"。

---

① 喻国明.微博价值：核心功能、延伸功能与附加功能［J］.新闻与写作，2010（3）：61-63.

广州图书馆 ⊛
2022-12-10 来自 微博直播平台

#广图直播#【如何应对焦虑抑郁情绪】你有过这些体验吗？突然有一段时间情绪低落，思考困难，不想去上班/上课；工作/学习压力加大，烦躁，易怒，坐立不安，注意力难以集中；人际关系困扰；难入眠，早醒，失眠，各种想法在脑海中盘旋……这些都是抑郁焦虑情绪的表现。本期#羊城学堂#邀请暨南大学附属第一医院精神医学科主任贾艳滨医生，为大家讲讲如何应对焦虑抑郁情绪。 □广州图书馆的微博视频 收起

图1　话题词+标题+正文的微博样式

表1　广州图书馆微博话题一览表

序号	话题	话题内容
1	广图早读	发布隽永的文摘，滋养读者的心灵，吸引读者去关注或阅读某本图书
2	广图荐书	推荐馆藏资源，引导读者借阅或在线访问数字资源
3	活动预告	预告即将举办的活动
4	活动回顾	发布精彩活动回顾、活动报道
5	广图展览	发布和宣传各种展览，包括展览导赏
6	广图直播	直播各种活动、服务和现场动态
7	羊城学堂	宣传羊城学堂讲座的预告、回顾、直播等
8	广图普法	发布广图研究写作室法律主题研究室的各项内容
9	广图维问	发布广图信息咨询中心"维问"的各种功能和服务
10	媒体看广图	精选其他媒体对广州图书馆的报道进行发布
11	图书馆之城	精选延伸服务以及各区级图书馆的信息进行发布，发挥中心图书馆的作用，展现广州建设"图书馆之城"的成果
12	广州读书月	每年4月是广州读书月，该话题发布与读书月相关的活动、服务和信息

2.1.4　广州图书馆微博的三大功能：阅读推广、交流互动、社会合作

阅读推广。书籍和读者是图书馆最重要的资源。广州图书馆微博的"广图荐书"

和"广图早读"栏目在为书籍和读者搭建桥梁方面发挥了重要作用。前者通过线上推荐馆藏阅读资源，引导读者到线下借阅或在线访问数字资源，后者通过重要的一句或一段书摘，引导读者去关注，进而阅读某本图书。据统计，在2018—2022年间，广州图书馆微博发布"广图荐书"1076条，阅读量超过3300万；发布"广图早读"微博逾1500条，内容阅读量超过3000万。经过长期坚持和打磨，由广州图书馆主持的"广图荐书""广图早读"微博话题已具有规模和品牌效应，所推荐的图书被微博用户转发近3万次，有效发挥了公共图书馆在促进全民阅读中的作用。"广图荐书"曾入围我国图书馆优质话题榜单，多次入围公共图书馆话题TOP10榜单。

交流互动。官方微博运营工作中，注重与用户开展互动，策划多项活动，增强粉丝黏性，也成功打造了广州图书馆作为精神文化生活引领者的形象。部分影响力较大的活动如下：在历年广州读书月期间，策划实施"书籍推荐官"活动，激励和邀请广大网友推荐好书，形成线上良好的阅读氛围，并成功邀请止庵等作家、名人参与，通过名人的传播提升广州图书馆影响力；2021年是中国共产党成立100周年，微博主编原创题目发起98期"党史知识问答"，有6.2万人参与；2022年1月，微博策划推出"祝广州图书馆建馆40年快乐"活动，众多粉丝在微博平台公开向广州图书馆表露心声，祝福广州图书馆事业发展，该活动还带动社会力量投入价值4354元的好书为粉丝提供活动福利，极大地增进了图书馆与粉丝的互动交流；2022年7月，广州图书馆微博联合微博平台、《农民日报》等社会力量实施"一本好书送给历经风雨的你"分享互助活动，收到了广大网友寄来的捐给广东灾区的图书；2022年10月，策划实施"带一本书打卡图书馆"翻牌赠好书活动等，鼓励大家利用国庆节期间走进身边的图书馆，来一次精神之旅。

社会合作。作为藏书和阅读推广的公益机构，广州图书馆与图书出品方、发行方、出版社等商业机构在社会功能方面有一些交集，这些商业机构乐于在广州图书馆的平台开展图书推介活动，并且提供图书作为福利回馈广州图书馆的微博粉丝。2018年以来，广州图书馆微博创新工作方式，在保证公益性的原则下与出版社等机构开展合作，累计带动社会力量投入12.9万元支持广州图书馆新媒体运营工作，社会力量投入产生了大量的微博互动，极大地助力了广州图书馆微博影响力的提升。

2.2 微信服务号

广州图书馆微信服务号自2014年上线运营以来，关注人数连年增长（见图2）。截至2023年4月底，广州图书馆微信服务号关注人数达207.3万人，其中2016年关注人数居国内公共图书馆首位，至今本号关注人数仍位居公共图书馆微信服务号前列。上线以来推送内容 400 余次共计 2400 余篇，总阅读量 1166 万次，单条内容推文最高阅读量达 22.7 万次。根据 2022 年开展的广州图书馆用户满意度调查，46.65%的受访用户表示通过微信服务号获取广州图书馆相关资讯，可见微信服务号已成为广州图书馆资讯传播的主要渠道之一。

单位：万人

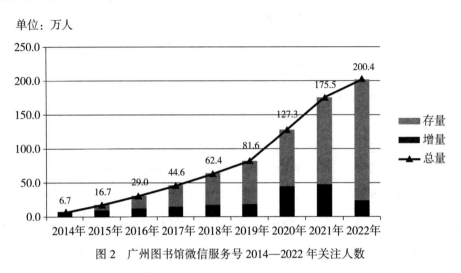

图 2　广州图书馆微信服务号 2014—2022 年关注人数

2.2.1　微信服务号的功能

广州图书馆微信服务号主要有信息发布、数字图书馆服务两大功能（见图 3）。

①信息发布。向社会公众主动推送信息是广图服务号重要的功能之一。信息发布大致经历了三个阶段的发展：第一阶段，主要向读者发布图书馆信息公告、活动宣传推广等时效性强的信息；第二阶段，围绕馆藏资源与读者服务，增加资源推荐、服务指南与宣传、读者互动交流等内容；第三阶段，提升内容质量，在研判数字阅读趋势、分析微信语言表现特点、把握读者阅读诉求基础上，推出数字资源推荐、数字素养培训等主题的阅读专栏。②数字图书馆服务。借助微信公众平台能力，嵌入广州图书馆数字图书馆服务，提供如图书检索、借阅查询、在线注册等传统服务的数字化服务，以及活动报名、视频直播等互动交流服务，并提供二十余种数字资源供注册读者在移动端免费使用。

图 3　广州图书馆微信服务号功能图

2.2.2 微信服务号的效益

微信服务号属于新媒体传播的"终端服务"之一，其服务运营的创新模式对公共图书馆的对外宣传交流、用户获得带来了积极的影响。新媒体技术在公共图书馆中的应用，推动了图书馆服务的数字化、泛在化，并为其创造了新的机遇和服务风格。微信服务号在公共图书馆服务的利用中表现出了许多相较于传统服务的优势：①投入产出比高。微信服务号在信息服务方面的利用不需要对平台建设与维护投入资金，只需建立小团队编辑发布结合面向全馆征集内容的信息服务运营模式即可，可以在减少人力投入的同时为全馆的服务与活动提供信息发布与宣传推广。②信息时效性强。广州图书馆被誉为"世界上最繁忙的图书馆"，其大量的接待访问量、读者活动量以及服务多元化对其信息发布能力有着极高的要求，而微信服务号及时传达最新信息的能力使其成为最强有力的支撑，提高图书馆与读者之间的信息交流效率。③内容多样化。微信服务号信息服务的内容可以根据图书馆服务需要以及读者需求设计，广州图书馆微信服务号在其发展的不同阶段中根据实际需要不断丰富发布的信息内容，从时效性强的信息拓展至服务推介内容再发展至主题阅读专栏，持续提高信息服务内容的质量与服务效能。④服务数字化。相较于其他政务自媒体平台，公共图书馆微信服务号的优势在于除了提供信息服务外，还能利用微信公众平台的能力提供数字化服务，拓展了数字图书馆的服务渠道。

2.2.3 微信服务号的荣誉与影响力

广州图书馆微信服务号经历近十年的发展，在公共图书馆微信公众号中一直有着位居前列的影响力。在山东省图书馆2023年3月发布的全国公共图书馆微信微博监测月报中，广州图书馆微信公众号在全国市级以上公共图书馆微信影响力指数排行榜中排名第三位；在清博智能2023年4月的清博指数微信指数排行榜中，广州图书馆排名第三位，WCI指数达819.82。除了影响力排行，广州图书馆微信服务号的影响力同样在其获得的多项荣誉中体现，如2015年11月在"2015广东互联网政务论坛"上入选广东十大"最具影响力政务微信公众号"，2018年6月在上海市图书馆学会组织的"'微服务 新智能'——第五届图书馆微服务研讨会暨第一届图书馆新媒体创新服务案例评选活动"中获评第一届图书馆新媒体创新服务优秀案例一等奖，2018年7月入选由中国新闻出版传媒集团与中国全民阅读媒体联盟组织评选的第三届"大众喜爱的50个阅读微信公众号"，等等。随着广州图书馆服务号服务模式的逐步成熟与服务效能的显著提升，微信服务号运营团队先后受邀为全国4省市图书馆，以及广州市公共图书馆网络体系内的各图书馆开展新媒体服务专项业务培训，推动广州图书馆微信服务号服务模式成为可持续、可复制、可推广的行业新媒体服务标杆。

2.3 视频平台

视频平台是基于 5G 传输技术而快速崛起的新媒体平台。区别于微信公众号、微博等以用户关注来决定平台首页内容的内容分发机制，短视频平台利用算法分发技术在合适的场景中进行精准推送，基于大数据将用户细化，可以实现内容的定向投放，达到更好的宣传推广效果。以"图书推荐"短视频为例，平台通过大数据将受众"标签化"，使图书推荐短视频被智能分发到热爱阅读的潜在读者面前，借助对于短视频平台视频完播率和互动率（点赞、评论、转发等）等指标的计算，每当对图书短视频感兴趣的读者播完此条视频或与视频互动，就会让此视频被推送到更多与该读者有相同标签与兴趣的读者面前，达到裂变式传播效果。

2021 年，广州图书馆开始筹备运营视频平台的工作，包括采购摄像机、导播台等拍摄制作视频和直播需要的设备，建立起视频平台工作团队。目前广州图书馆主要运营微信视频号、抖音号，同时根据实际工作需要，推动全馆的服务与活动向线上进行视频直播（见表 2）。

表 2　广州图书馆运营的视频平台

	微信视频号	抖音号	广图直播
平台	微信	抖音	小鹅通（嵌入微信）
内容	短视频为主	短视频	长视频为主
平台费用	免费	免费	付费
直播	√	√	√
内容定位	服务宣传、阅读推广、知识科普、品牌推广	知识科普、阅读推广	直播分发平台，讲座直播、活动直播

广州图书馆微信视频号于 2021 年 6 月正式开通，截至 2023 年 4 月底，视频号拥有关注粉丝 9281 人，共发布视频 215 条，共获浏览量 80 万以上，其中单条最高浏览量 4 万以上，最高赞数 1534 次。据山东省图书馆发布的《2022 年全国公共图书馆视频服务监测季报》，2022 年第一季度，广州图书馆微信视频号的转发、评论、点赞、收藏数与影响力指数均位居全国公共图书馆第七位。

广州图书馆官方抖音号于 2021 年 6 月正式开通，截至 2023 年 4 月底，抖音号拥有关注粉丝 1.7 万人，共发布视频 230 条，共获浏览量 715 万以上。

2.3.1　视频内容的运营——分平台定制内容

视频号与抖音平台的受众群体、推送方式均不一致，因此在内容制作上要根据平台特性和定位定制不同的内容。

广州图书馆视频号定位为承担本馆服务宣传的角色，内容主要为服务宣传、品牌推广等方面的视频，加上少量阅读推广以及知识科普相关内容。开通以来，广州图书馆微信视频号、抖音号相继推出了"广图40年40人""图书推荐""馆员日常"等栏目，在栏目下生产制作一系列视频。在广州图书馆建馆40周年之际，"广图40年40人"栏目遴选汪翊、阿冲等40名读者讲述与广州图书馆共同成长的心路历程，获得良好的传播效果。其中《视障读者阿冲："我在广图的任何一个角落都自在"》短视频作品荣获2022年度广东省公共文化服务优秀短视频。"馆员日常"栏目主要展现广图馆员的日常工作，特别是一些读者较少看到的面向，以拉近与读者的距离。第一期视频《服务台馆员的一天》推出后，迅速引起广大读者的反响，不到一个月的时间，该视频观看量达3.7万次，点赞531次。读者纷纷留言表达对广州图书馆的喜爱、对馆员一日忙碌工作的肯定和支持，更有不少读者表示图书馆员工作与自己想象中的有很大不同。

广州图书馆抖音号定位是承担知识科普与阅读推广，内容主要为知识科普与阅读推广相关的视频。其中，知识科普系列的"读懂广州"栏目共发布62期视频，获得360万+阅读量，深受粉丝喜爱，引爆流量，让账号迅速涨粉。

2.3.2 视频内容的宣传推广——多平台分发

为提升视频内容的影响力，给视频账号引流涨粉，广州图书馆将视频内容分发到多个平台进行宣传推广。

广州图书馆在每周发布的微信服务号推文末尾嵌入1条视频号视频内容，并在推文底部插入视频号、抖音号二维码，为视频和视频账号引流；将视频号、抖音号发布的视频同步在微博推送，获取不同平台的更多曝光；精选优秀的视频内容，向"学习强国"客户端、"新花城"客户端等大平台投稿，获得多次采用。例如，党史读书会视频《陈延年与广州手车夫工人的故事》被"学习强国"App转载，将该视频推向了全国性平台，有效提升了广州图书馆视频内容的曝光度。

2.3.3 直播的实现方式——嵌入微信，多端转播

2021年9月，广州图书馆正式搭建起"广图直播"平台，使用"小鹅通"移动端店铺，将"广图直播"嵌入广州图书馆微信服务号菜单栏，利用小鹅通的转播功能，将直播视频同时分发到广州图书馆官方微博、微信视频号、南方都市报App、虎牙等平台，极大地提高了直播观看受众面。而广州图书馆微博和视频号的直播分发，又起到了为各自平台引流读者的作用，有效地增加了两个平台的粉丝关注量。截至2023年4

月底，"广图直播"共完成羊城学堂讲座、文史广州讲座、纪录片展映与交流活动、城市创新讲坛、老年人智能手机培训等多个品牌活动共 194 场直播，累计吸引 710 万人次线上观看。"广图直播"极大地拓宽了广州图书馆活动的服务群体，提升了活动影响力。

2.4 微信订阅号

作为微信服务号"广州图书馆"的补充，微信订阅号"广州图书馆信使"的开设丰富和优化了广州图书馆的信息发布载体。微信服务号的推文发布条数受限于每周 1 次、每次 8 条，对于累计注册读者超过 240 万人、全年活动超过 4000 场次的大型公共图书馆来说，全年一共不超过 416 条（8 条×52 周）的信息发布数量无法满足服务读者的基本需求，尤其由于服务号每周只能发布 1 次推文的限制，临时闭馆等重要信息无法及时以推文的形式传达给广州图书馆的 200 多万关注用户。为了弥补微信服务号在信息发布数量和时效性方面的不足，广州图书馆于 2022 年 7 月 29 日正式上线微信订阅号"广州图书馆信使"。服务号与订阅号各自运营，内容互不影响。截至 2023 年 4 月底，"广州图书馆信使"共发布推文 120 篇，关注用户达 3804 人，总阅读次数为 6.2 万。

2.4.1 微信订阅号的功能

微信订阅号最重要的功能就是推送文章，基于此，订阅号"广州图书馆信使"的功能如下：一是发布全馆性重要信息和部门重要服务信息；二是发挥营销推广功能，例如通过品牌活动报道等推广公共图书馆服务理念，打造广州图书馆品牌形象，并积极推进全民阅读推广。订阅号的定位在未来运营过程中将视具体情况逐步调整优化。

2.4.2 微信订阅号的栏目

基于以上功能定位，目前"广州图书馆信使"开设了 3 个栏目："信息速递"、"服务推广"和"阅读时光"，分别对应广州图书馆的信息知识服务及阅读推广功能，旨在传播广州图书馆的服务理念，打造广州图书馆的品牌形象，发布最新信息，展示和推广创新服务，加强与读者及公众的沟通，广泛建立广州图书馆与社会各界的联系。

2.4.3 微信订阅号的日常运营

开通以来，订阅号注重推文发布的系列化，发布时在标题中采用了广图活动、广图服务、广图公告/重要公告、广图普法、广图讲座、广图展览、馆员风采、馆员荐书、广图党建、广州公益阅读、读懂广州等多个标签，以此体现广州图书馆丰富多元的信息发布及创新服务。同时，紧密考虑信息发布的时效性，在新冠疫情防控特殊时期，及时有效地发布了开闭馆信息、入馆疫情防控要求、个人健康防疫宣传知识等。在党的二十大期间主动开展相关宣传推送，推出"馆员风采"系列推文，深入挖掘宣传馆内优秀馆员的有关事迹，该系列已推出《方家忠：掌舵全世界最繁忙的图书馆是一种怎样的体验？》《李保东：打破广州市公共图书馆界国社科研究零立项》等4篇报道。此外，订阅号还第一时间向社会宣传了广州图书馆所获奖项及荣誉，主动让社会公众了解到广州图书馆人的工作成就。

2.5 整体分析

经过12年的发展，广州图书馆形成了比较完整的新媒体运营架构，充分利用不同平台的特点，实现了各平台运营重点突出、优势互补、信息互联、协同发展。

微博具有高度的互动性，微博运营重点是信息发布、互动交流、舆情监测，通过综合运用各种运营手段，打造优质的公共图书馆形象，传播现代公共图书馆的理念，提升公众的图书馆素养。微信服务号与广州图书馆在线服务、数字资源深度关联，吸引了超过240万用户关注，为重要活动和重要信息发布提供了大额的目标用户，因此微信服务号的运营重点是重大信息发布、在线办事、资源服务。微信订阅号主要弥补服务号推文次数和数量的限制，提升广州图书馆在微信平台的信息发布能力。官方视频号、抖音号重点是以视频的形式进行信息发布、资源推荐和形象宣传。广图直播平台具有直播信号分发功能，将广州图书馆微博、微信服务号连接起来，实现多平台同内容、同时间直播。

广州图书馆新媒体服务发展成果的"秘诀"是：理念、专业和人才。回顾新馆开放十年来新媒体事业发展的历程，广州图书馆始终选择站在时代的前沿，秉持先进的理念，主动拥抱移动互联网发展的新技术、新潮流，及时地采纳这些技术用于服务新馆事业的发展；在运营新媒体过程中，广州图书馆始终围绕"图书馆学""公共文化服务"这些专业领域来打造内容，体现鲜明的行业特色和专业化的水平；广州图书馆注重培养新媒体运营人才队伍，通过实践、培训、行业交流、继续教育、学历深造等综合手段，为馆员提供学习的机会和平台。

3 未来展望

3.1 坚持"正能量、管得住、用得好"的总要求

首先，我们要坚持正确的政治方向、舆论方向、价值取向，及时发布准确、权威的信息，宣传现代公共图书馆的理念，提供优质的文化服务，推广广州图书馆丰富的

资源和多样的活动，展现阅读生活的美好。其次，吸纳图书馆学、公共关系学、视觉和广告创意等领域的优秀人才组建新媒体团队，推动"一网（官网）一刊（《广州图书馆通讯》）五号（微博、微信服务号、微信订阅号、微信视频号、抖音号）"全媒体融合发展，形成差异发展、协同高效的全媒体传播体系；最后，利用好微博的"开放"特性，如遇突发事件通过微博快速、广泛传播主流舆论，发挥"养兵千日，用兵一时"的关键作用。

3.2 坚持融合发展，不断创新

融媒体发展是新媒体发展的趋势，强调"开放、兼容、多元、承接"。从单一新媒体向融媒体的转型，广州图书馆的新媒体服务要充分利用不同的新媒体平台，整合共性、发挥特性，实现"资源通融、内容兼容、宣传互融、利益共融"。以老带新，在当前阶段，已发展成熟的微信服务号、微博要帮助处于起步阶段的微信视频号、抖音号、微信订阅号引流，增加后者的粉丝，提升后者的影响力。今后在开展新的应用之始要首先明确平台定位，了解平台用户特征，这决定着内容建设的方向，为平台的长远发展、突显特色、塑造品牌奠定良好的基础。

应对新媒体向融媒体的转变，新媒体运营工作应在工作团队与工作机制两方面进行全面整合。打造专职的新媒体运营团队，吸纳图书馆学、公共关系学、导演和编剧、视觉和广告创意等领域的优秀人才组建新媒体团队，综合运营微博、微信、抖音等平台账号，可以提高内容产出专业化、品牌化和高效性，实现相同的内容在不同平台差异化发布传播，形成宣传推广合力，整体提升广州图书馆新媒体运营水平。此外，为提升新媒体服务工作效能，还应该建立完善的新媒体服务工作机制，对内容管理、服务规范、运行制度、版权保护、人员管理、保障制度等方面进行统筹管理。

回顾过去的发展，新媒体运营服务工作还应当强化以下思维理念：①跨界思维理念。主动跨界，与其他行业合作推广，提升显示度；勇于自我颠覆，将其他行业的元素有机地融入图书馆和阅读推广行业，实现破圈。②平台思维理念。基于自有平台能力，拓展与第三方平台合作，通过平台间相互嵌入导流，构建多方共赢的平台生态圈，突破自有平台的限制，提高广州图书馆品牌在不同领域的显示度。③大数据思维理念。主动利用大数据技术，进行图书馆服务的精准投放，提高运营管理水平。④社会化思维理念。网络时代的民众不满足于层级式的层层转办、逐级回应，需要一步到位获得想要的信息和服务，政务新媒体无论从时效还是沟通效率来看，都是更直接、响应更快捷的平台渠道。广州图书馆也要重塑新媒体平台与用户之间的关系模式，在信息发布的基础上，更加强化互动，及时处理读者留言，解决读者问题，增进读者（用户）

对广州图书馆的好感。⑤迭代思维理念。通过持续迭代内容产品、功能产品以满足用户在新环境下需求的动态变化。⑥用户思维理念。注重用户的参与和体验，提供能解决用户痛点的优质服务。

5G 技术的快速发展，在今后一段时间内，以视频为主体的内容是新媒体平台的内容风口。微信公众号、微博的内容都要从图文向图文音视频融合发展。新媒体运营团队要提高新闻敏感度，结合社会新闻热点，策划推出有机融入了行业元素的内容。逢重大时间节点，要合理利用资源跨界联动，巧用创意内容吸引受众，基于网友关注热点设置议题。提升亲和力，从标题语言到正文内容，都使用合适得体的网络语言，既保证文字运用的规范性，也要让信息的传达更生动活泼，激发读者互动交流的欲望。视频号、抖音号要进一步摸清平台内容的分发机制，精耕细作出精品视频，达到良好的传播效果。

3.3 坚持拓展社会合作

充分利用政府部门、社会组织、供应商、媒体机构等图书馆外部的社会力量，助力广州图书馆宣传推广和资源推介工作，通过投稿精品内容、互助合作等方式，形成多层次、多渠道、多方位的宣传矩阵，扩大图书馆的社会影响力，促进图书馆与社会的良性互动，争取让广州图书馆获得来自政府和社会的更多支持。

公共图书馆多元文化服务"广州模式"的发展路径

詹田　惠冬芳　林雪芳　周明易　龙柳亭　刘怡　刘思佳　邓灵慧　邹娅一

1　广州图书馆多元文化服务的开展背景

1.1　政策背景：推进中外文明交流互鉴的宏观要求

党的十八大以来，习近平总书记在多个重要场合提出要推进中外文明交流互鉴。党的二十大报告强调，"深化文明交流互鉴，推动中华文化更好走向世界"，既要"以海纳百川的宽阔胸襟借鉴吸收人类一切优秀文明成果，推动建设更加美好的世界"，也要"提炼展示中华文明的精神标识和文化精髓，加快构建中国话语和中国叙事体系，讲好中国故事、传播好中国声音，展现可信、可爱、可敬的中国形象"①。

2022年，中共中央办公厅、国务院办公厅印发《"十四五"文化发展规划》，明确"中华文化影响力进一步提升，中外文化交流和文明对话更加深入"的目标任务②。《中华人民共和国公共图书馆法》也明确了公共图书馆应传承中华优秀传统文化，国家鼓励和支持在公共图书馆领域开展国际交流与合作③。在此背景之下，公共图书馆如何以书为媒搭建跨国界、跨文明的交流合作平台，推动不同文明交流对话，深化中华文明与世界文明的交融互鉴，是当下应该思考的议题，也为广州图书馆开展多元文化服务，推进对外文化交流提供了政策依据。

1.2　理论背景：图书馆多元文化服务的缘起及定义

20世纪80年代初，一个旨在联合各个国家共同讨论少数族群服务的团体——国际

---

① 习近平：高举中国特色社会主义伟大旗帜　为全面建设社会主义现代化国家而团结奋斗——在中国共产党第二十次全国代表大会上的报告［EB/OL］．［2023-05-01］．https://www.gov.cn/xinwen/2022-10/25/content_5721685.htm.

② 中共中央办公厅　国务院办公厅印发《"十四五"文化发展规划》［EB/OL］．［2023-05-01］．https://www.gov.cn/zhengce/2022-08/16/content_5705612.htm.

③ 中华人民共和国公共图书馆法［EB/OL］．［2023-05-01］．http://www.npc.gov.cn/npc/c12435/201811/3885276ceafc4ed788695e8c45c55dcc.shtml.

图联多元文化图书馆服务工作组成立，从此拉开了国际图书馆界关注多元文化服务的序幕。2009 年，联合国教科文组织与国际图联联合签署了《多元文化图书馆宣言》（*IFLA/UNESCO Multicultural Library Manifesto*，以下简称《宣言》），指出"在多元化文化和语言背景下，图书馆与信息服务既包括为各类图书馆用户提供服务，也包括专门针对服务水平不足的文化和语言群体提供图书馆服务。应特别关注多元文化社会中常处于边缘化的群体，即少数民族、寻求庇护者和难民、持临时居留证者、移民工人以及土著群体。"[1]

随着《宣言》成为指导全球图书馆开展多元文化服务的重要文件，国内图书馆界针对多元文化服务的探讨也日益增多，但目前国内对多元文化服务的定义尚没有统一的标准。有学者根据国际图联对多元文化服务的界定，结合国外图书馆的服务实践，把多元文化的服务对象划分为：①外籍人士，主要包括移民、难民、外来劳工、留学生等；②少数民族、少数语种群体或土著居民[2]。也有部分学者认为多元文化的服务对象应涵盖更广泛的弱势群体，如城市外来人口、残障人士等[3]。近年来，亦有学者提出多元文化服务的概念存在广义和狭义之分，广义的多元文化服务外延较为宽泛，既包括向所有类型的用户提供多元文化信息，也包括专门针对多元文化群体[4]提供的服务；而狭义的多元文化服务的内涵侧重指为多元文化群体提供的服务，是针对不同的语言、文化、社会背景的群体提供的图书馆服务，并非指图书馆向所有类型的用户提供的多样性服务[5]。

1.3 现实背景：城市对外开放个性及人民日益增长的文化需求

广州自古以来就是对外开放的门户城市。截至 2023 年 2 月，广州共与 67 个国家的 102 个城市建立了友好关系，其中签约的国际友好城市共 38 个，友城数量和交往水平均居全国前列[6]。同时，广州已经成为外国在华设立领馆数量增长最快的地区，截至

---

① IFLA/UNESCO Multicultural Library Manifesto [EB/OL]. [2023-05-01]. http://www.ifla.org/node/8976.

② 赵润娣. 国内图书馆多元文化服务的问题与对策研究 [J]. 情报理论与实践，2010（4）：68-71.

③ 潘拥军. 图书馆多元文化服务探析 [J]. 图书馆工作与研究，2014（11）：17-20.

④ 此处的多元文化群体，指《宣言》里提到的"服务水平不足的文化和语言群体"，也是学者一般认为的狭义的多元文化服务对象，即外籍人士、少数民族或原住民，甚至弱势群体等。这类群体与普通用户存在区别，因为他们有不同的语言和文化背景。

⑤ 刘仁翔. 公共图书馆合作提供多元文化服务之研究 [D]. 台北：台湾师范大学，2012.

⑥ 广州市人民政府外事办公室.《广州市国际友城一览表》（截至 2023 年 2 月）[EB/OL]. [2023-05-01]. http://www.gzfao.gov.cn/ztlm/yhcs/content/post_238650.html.

2022 年 10 月，各国在广州设立的总领事馆已达 67 个①。随着友好城市和领馆数量的不断增加，广州与世界各国的关系也越来越密切，交流更加频繁。同时，随着人们物质生活水平的提高，人们对精神文化生活的需求也日益增长，出现了高品质、多样化、个性化的需求特点。走出国门增长见识，体验异国历史文化、风情民俗成为人们满足自身精神文化需求的重要渠道。广东统计年鉴相关数据显示，新冠疫情暴发前，2019年广州旅行社组团出境游人数超 258 万人次，相较 2009 年的 65.6 万人次提升了近 3倍②。广州图书馆作为城市文化地标，既应担负起推动广州与友好城市之间民间交往的职责，也应为市民了解多元文化提供机会。

此外，广州拥有外国人聚居区的历史由来已久。随着广州城市的快速发展，吸引了越来越多的外国人在穗投资、经商、创业和居住。根据广州市人民政府新闻办公室发布的官方数据，在新冠疫情暴发前，2019 年广州在住外国人为 86475 人，其中人数最多的 5 个国家分别为韩国、日本、印度、美国和俄罗斯③。虽然广州的外籍群体人数占全市总人口比例并不高，但来源国广泛，群体聚集度高，特别是在天河、越秀、白云、番禺 4 个区域中④，外籍人口较为集中，形成了一定规模的社区，呈现出人口结构多样、文化多元的特点。

随着外籍人口的聚集，广州图书馆的注册外籍读者人数从旧馆的零星数目发展到2400 余人。广州图书馆曾以"广州地区公共图书馆的外籍群体多元文化服务"为研究课题，对在穗外籍群体利用图书馆的情况开展问卷调查。调查结果显示，70.1%的受访对象访问过广州地区的公共图书馆，但利用范围大都局限在省、市级公共图书馆，去过区馆的普遍不多。值得注意的是，对那些从未访问过广州地区公共图书馆的受访者来说，大多数人（占 76.6%）在原住国都有过使用公共图书馆的经历，有的人几乎每天都去图书馆，这说明很多外籍人士有使用图书馆的习惯和需求。如何让这些外籍人士和本地居民一样平等享受公共文化服务，帮助其融入社区，促进不同文化的交流，是公共图书馆开展多元文化服务的意义所在。

---

① 广州市人民政府外事办公室.《外国驻广州总领事馆一览表》（截至 2022 年 10 月 8 日）[EB/OL].［2023-05-01］. http://www.gzfao.gov.cn/ztlm/zslg/content/post_237619.html.

② 广东统计年鉴［EB/OL］.［2023-05-01］. http://stats.gd.gov.cn/gdtjnj/.

③ 广州市政府新闻办疫情防控新闻发布会（第七十三场）［EB/OL］.［2020-10-01］. http://www.gz.gov.cn/zt/gzsrmzfxwfbh/fbt/content/post_5815413.html.

④ 广州在住外国人达 8.34 万，人数最多竟是这个国家！［EB/OL］.［2020-10-01］. https://baijiahao.baidu.com/s?id=1639291193300854607&wfr=spider&for=pc.

2 多元文化服务"广州模式"的实践探索

广州图书馆新馆于 2013 年全面开放，在旧馆外文书刊室、地方文献室等专题文献区的基础之上，建立了多元文化馆、语言学习馆、广州人文馆等主题馆，旨在以主题空间为阵地，通过汇集主题文献资源、打造品牌活动等形式开展多元文化服务实践及研究。10 年来，广州图书馆结合广州的城市特性和公众文化需求，逐步探索发展出图书馆多元文化服务的"广州模式"。

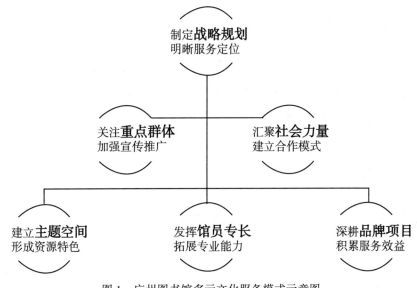

图 1 广州图书馆多元文化服务模式示意图

2.1 制定战略规划，明晰服务定位

从"十二五"时期开始，广州图书馆始终将多元文化服务纳入发展规划框架，从宏观的发展使命及目标，到具体的策略及行动方案，均做出过详细的规划。从宏观层面看，《广州图书馆 2011—2015 年发展规划》（广州图书馆在"十二五"发展规划）中首次提出"多元文化窗口"的使命和特色服务发展路径。该使命立足于广州一直作为我国对外开放口岸城市的历史和文化传统，能够充分利用大量的社会资源，如广州众多的高校与教师资源、大量的文化机构与团体的力量、丰富的外国领事馆资源和众多的国际友好城市资源等，总体上可行性较高[①]。过去 10 年，广州图书馆始终坚持了

[①] 方家忠.公共图书馆的中国式现代化——广州图书馆转型发展的历程、评估与思考［J］.图书馆论坛，2023（3）：6-20.

文化服务的方向,特别是在"十二五"和"十三五"时期,拓展和深化多元文化服务一直是广州图书馆的发展目标之一,多元文化服务的相关经验也在这两个阶段得到长足的积累,服务模式也逐渐发展成熟。

从具体层面看,多元文化服务的发展策略主要围绕"传统与本土文化"、"世界多元文化"和"现代都市文化"三个方向制定,针对的对象是"文化需求多样化"的不同群体。可以看出,广州图书馆推行的多元文化服务是广义的多元文化服务。既是服务内容上的广义,也是服务对象上的广义;结合广州作为岭南文化中心、国际现代化大都市的城市定位,同时为本地居民和外来群体提供服务,促进城市对外交流,推动文明交流互鉴。

2.2 建立主题空间,形成资源特色

围绕"传统与本土文化""世界多元文化""现代都市文化"三条服务主线,广州图书馆在新馆开放之初就设立了相应的主题空间,并在后续发展过程中逐步优化完善。空间资源与专题馆藏资源紧密联系,共同发挥主题服务功能。

表1 广州图书馆主题空间及其资源特色

服务方向	主题空间	资源特色
传统与本土文化	广州人文馆(2013年)	广州政治、经济、历史、文化、地理等各方面文献资料、名人专藏、家谱文献等特色馆藏
	东山书苑(2022年)	收藏展示具有代表性的影印传统典籍和影印近现代(以民国时期为主)史料文献
世界多元文化	多元文化馆(2013年)	围绕不同国家主题区,收藏国内(包括港台)及海外出版的中外文专题文献
	语言学习馆(2013年)	收藏语言学习类书籍、期刊、音像资料及数据库资源
现代都市文化	创意设计馆(2013年)	收藏国内外出版的艺术、平面设计、广告设计、工业设计等方面专题文献
	创客空间(2016年)	提供创客设计制作所需文献、工具、设备等资源
	多媒体鉴赏区(2017年)	收藏音乐、电影类CD、DVD、蓝光光盘等资源,提供用于影音鉴赏及专业化录音的设备

囿于篇幅,下文拟以多元文化馆、语言学习馆两个主题空间为主要研究对象,重点探讨广州图书馆在"世界多元文化服务"方面的做法和成效。

《广州图书馆文献信息资源采选条例》明确,多元文化主题文献属于重点发展的特藏文献,应包含反映世界主要国家、民族基本情况的多元文化著作,还应重点采选世界主要语言、国内主要方言的学习资料,代表性的语言辞典等资源。10年来,广州图

书馆通过设立多元文化馆和语言学习馆，对多元文化及多语种资源进行集中管理，迄今两馆馆藏总量近 13 万册（件），包括图书、期刊和数据库等资源类型，涵盖英语、法语、德语、意大利语等 51 个语种，涉及粤语、客家话、上海话等 34 个方言种类。多元文化馆还聚集了许多国家的专题文献，"主题化"特色明显。

与友好城市图书馆等机构开展文献交流，拓宽资源获取渠道。2010 年以来，广州图书馆先后与韩国光州广域市市立图书馆、加拿大温哥华公共图书馆等 15 个广州国际友好城市的图书馆签署了合作交流备忘录，在此基础上开展文献交换。截至 2022 年底，累计向 10 个友好城市图书馆赠出图书 13258 册，促进中国文化、岭南文化"走出去"；收到赠书 9357 册，绝大部分为外文原版书刊，供读者开架借阅。从图书体裁来看，赠书资源涵盖了旅游、文学、语言学习等多个类目，为读者借阅新书、获取新信息提供了便利。

以书展、二三次文献为手段，形成阅读推广新常态。展示和推广主题文献也是多元文化服务的重要内容。过去 10 年，多元文化馆和语言学习馆累计开展了 50 余场主题书展。语言学习馆先后编辑《英语入门馆藏资源推荐手册》《粤语文献资源推荐手册》《小语种馆藏资源宣传手册》，为读者利用资源提供便利；多元文化馆则对外文馆藏进行挖掘整理、翻译编辑，围绕不同国家的人文、历史撰写一系列专题文章，汇集成《在途》主题刊物，为读者提供以馆藏资源为基础的多元文化信息服务。

2.3　深耕品牌项目，创造服务效益

在活动项目打造方面，多元文化馆和语言学习馆各有侧重，过去 10 年分别打造了以世界多元文化推介为重点的"环球之旅"项目，以及聚焦外语、粤语学习的"广图英语角""广图百语荟""广图粤语角"项目。实际上，国际图联也建议图书馆开展文化节日等活动，促进跨文化对话，倡导图书馆开展以英语作为第二外语的公共课程、多语种的故事会等活动，加强用户教育、帮助新移民融入。由此可见，广州图书馆围绕"文化"和"语言"开展活动的思路与国际图联的指引相契合，但在服务对象、服务方式等方面存在一定差别，广州图书馆逐步形成了适宜广州受众需求的活动模式。

2.3.1　"环球之旅"项目

多元文化馆于 2013 年 9 月推出"环球之旅"活动项目，围绕各国文化，以展览为核心，配套举办讲座、广图真人书、悦读分享会等一系列活动。截至 2023 年 6 月，共开展了 44 个系列的 338 场活动，涉及了位于欧洲、亚洲、北美洲、南美洲及大洋洲五大洲的 30 多个国家，其中包括 17 个"一带一路"合作国家，线上线下累计参与人次过百万。

形成年度主题活动模式，获得社会效益和行业关注。自 2019 年开始，广州图书馆的"环球之旅"项目每年推出一个年度主题活动，迄今已打造了"不可能的相遇——达芬奇的艺术""不可能的相遇——拉斐尔的艺术"等 4 个主题系列。系列活动围绕一个主题，整合全馆资源，综合展览、讲座、中英文导赏、工作坊、作品征集、读者研学等各类活动形式，兼顾不同年龄层、不同国籍群体，兼具专业性与科普性，注重体验感与互动性，受到公众广泛关注，一度成为广州城内的"文化盛事"。各项活动获人民日报社、新华社等中央媒体，广东电视台、南方日报社、广州日报社等省、市主流媒体，意大利主流外交媒体 giornale diplomatico 等境外媒体累计报道上百篇次，其中意大利语、英语、法语、西班牙语等多语种报道近 20 篇次；收到广州市人民政府外事办公室和新加坡、意大利、波兰等国驻穗领事馆感谢信多封，取得了广泛的社会效益，让广州图书馆成为公众了解世界文化的"瞭望口"。

2020 年，"环球之旅"项目获美国图书馆学会"国际图书馆创新项目主席奖"，国际图联表彰该项目"为其他图书馆树立了可持续发展和引领的典范"[1]。2021 年，国际图联官网专门发布了"拉斐尔的艺术——不可能的相遇"活动的成果报道，介绍广州图书馆多元文化服务的优秀实践[2]。2022 年，广州图书馆馆长方家忠被意大利政府授予"意大利之星"骑士勋章，以此表彰广州图书馆在促进中意文化交流方面的重大贡献。

促进友好城市文化交流，打造城市公共外交平台。如前文所述，广州是对外交流的门户城市，与诸多城市建立了友好合作关系。10 年来，在广东省和广州市人民政府外事办公室的指导和支持之下，广州图书馆举办过"相知者不以万里为远——广州市国际友城 35 周年展""绿色发展·文明互鉴——2022 广州市国际友好城市结好周年逢五逢十摄影展"等主题活动，同时吸引了加拿大温哥华、瑞典林雪平、法国里昂、日本福冈等多座友好城市的文化资源"走进"广图。多国友好城市的市长代表团到穗参加活动开幕仪式，面向公众举办"友城市长面对面"专题讲座，见证广州图书馆与友好城市图书馆签署合作备忘录。

在备忘录框架之下，广州图书馆与友好城市图书馆持续开展展览互办，先后引进来自韩国光州的"市井闲情绘韩冈——朴仁珠水墨画展"，英国伯明翰的"更迭——英

---

① ALA. International Innovators：ALA Presidential Citations honor forward-thinking global libraries [EB/OL]. [2023-05-01]. https://americanlibrariesmagazine.org/2020/07/01/international-innovators-2020/.

② IFLA/UNESCO "The Art of Raffaello：Opera Omnia" Exhibition at the Guangzhou Library" [EB/OL]. [2023-05-01]. https://www.ifla.org/news/the-art-of-raffaello-opera-omnia-exhibition-at-the-guang-zhou-library/.

国摄影艺术家镜头下的中英图书馆变迁"摄影作品展等 10 余场展览；同时将"羊城风情摄影展""广州市青少年拼贴画优秀作品展"等 10 余场展览资源送至瑞典林雪平、新西兰奥克兰、法国里昂等友好城市图书馆，并连续多年与美国洛杉矶县立公共图书馆等友好城市图书馆联合举办"签·约世界"国际青少年书签设计交流活动。在促进民间文化交流的同时，图书馆之间还开展了人员互访、专业讲座等业务交流活动。2018 年，广州市政府正式成立广州公共外交协会，广州图书馆入选协会单位会员，成为广州市对外开展公共外交的文化平台。

2.3.2 语言学习类项目

语言学习馆于 2013 年 6 月开馆，并逐步建立了"广图英语角""广图粤语角""广图百语荟"三大品牌活动。迄今该馆累计举办活动 600 余场，服务读者近 55 万人次，致力为外语爱好者学习交流、来穗人员学习粤语提供多层次、立体化的交流和学习平台。

打造多语种服务窗口，满足语言学习者的多样化需求。依托"广图英语角"和"广图百语荟"活动项目，语言学习馆提供 13 个语种的主题服务，涵盖了英语、法语、俄语、西班牙语联合国确定的 4 种世界通用语，以及日语、德语、意大利语等小语种，覆盖面广泛。总的来说，英语主题活动已发展成为融合了"听、说、学、演、译"5个层面的立体式服务项目，比如以语言学习知识和方法为主要内容的"名师教你学英语"系列讲座，以展演为主要内容的"'图书馆杯'英语口语大赛"等；小语种活动则侧重于将语言与文化相结合，以美食、建筑、文学等方面的文化知识为媒介，通过日常用语、情境对话、互动游戏等方式，将小语种的语言特色、文化内涵、学习方法介绍给读者，满足公众的小语种学习需要。基于语言学习馆多语种服务的优势和特色，2023 年语言学习馆联合高校及社会力量建立了"中华传统文化多语研学基地"，并于7—10 月与上海图书馆共同开展了首届"中华经典翻译马拉松"活动，吸引来自全国的 1797 位选手报名参与，成为当时公共图书馆界规模最大的中华经典主题公共翻译赛事。

发掘发挥粤语资源优势，助力本地语言文化推广。"广图粤语角"结合广州的城市文化特性，以及公众对粤语学习的兴趣和需求设计不同维度的主题活动，比如针对粤语文化举办"知粤讲堂""粤趣沙龙"等活动；针对粤语实践开展公益粤语培训班、"粤趣学堂"研学班等活动。由于具有鲜明本地文化特色，"粤语角"在读者当中一直热度颇高，截至 2022 年底广州图书馆共举办相关活动 145 场，线上线下参与人次 11万。在服务对象方面，"广图粤语角"重点关注来穗群体。2019 年开展 6 场"公益粤语培训班"专场活动，为来穗群体和外籍群体教授趣味粤语口语课，共培训学员 250

余人次，覆盖老中青不同年龄段、不同方言区，甚至包括来自乌克兰、越南、法国等不同国家的学员，以粤语学习为媒介，增进了公众对广府文化的理解与认同。在活动主题方面，近年来"广图粤语角"结合城市历史文化特色不断进行创新融合。2021 年围绕建党 100 周年开展"党史小故事　粤读接龙"活动；2022 年围绕"读懂广州"主题，举办"畅游粤景　由您导赏"音频征集活动，在此过程中积累了著名粤语相声表演艺术家黄俊英等嘉宾资源，同时吸引了不同行业市民的广泛参与，累计聘任"粤读大使"及"声音志愿者"62 位，制作发布音频作品 103 条，引导公众知粤语、学粤语，用粤语讲好广州故事。

2.4　关注重点群体，加强宣传推广

如前文所述，广义的多元文化服务既为所有类型的用户提供多元文化信息，也包括重点针对多元文化群体提供服务。过去 10 年，多元文化馆和语言学习馆有针对性地开展图书馆服务的宣传推广，提升外籍群体对图书馆的认知水平和利用程度。

编印多语种宣传资料，为外籍群体提供"指南式服务"。为了保障外籍群体平等利用图书馆服务的权益，自 2016 年开始，广州图书馆推进官网"广州数字图书馆"多语种版本的建设，截至 2023 年 6 月官网已上线英语、法语、日语、俄语 4 个语种的网页版本，并提供相应语种的服务指引。在此基础上还编印了《广州图书馆多语种宣传折页》，涉及英语、阿拉伯语、德语、俄语、法语、韩语、日语、西班牙语等 9 个语种，方便外籍群体了解图书馆的服务空间及基本服务内容。2022 年，为了增进外籍群体对图书馆主题空间和特色资源的了解，编印《外籍人员服务宣传册》（中英双语），重点介绍多元文化馆、创意设计馆、语言学习馆、多媒体鉴赏区等区域的馆藏和服务。

开展针对性活动项目，为外籍群体提供"体验式服务"。多元文化馆自开馆之初就尝试开展针对外籍群体的图书馆认知及体验类活动。2014 至 2015 年，以美籍馆员 Sam 为主策划了"与 Sam 同游图书馆"活动项目，通过联络在穗外籍人员的学校，各国驻穗领馆及相关机构、团体，组织开展图书馆参观及书目检索、办证指引等图书馆使用的指导活动。2018 年，"爱上图书馆"项目启动，带领外籍群体认识图书馆的同时，重点针对体验类、特色化的主题服务进行宣传推广。一方面吸引外籍群体走进来，多次组织高校留学生群体、国际学校师生、外籍家庭等走进图书馆，开展"'悦读分享会'——中外共读红楼梦"等中国文化体验活动，以及"图书馆遇见普拉多——国王、画家和他们的画"等世界文化体验活动。另一方面积极走出去，主动走进国际学校，为外籍师生办理借书证，并提供现场咨询及借阅服务；走进外国人管理服务工作站，为外籍群体提供法律咨询、政策解读及办证咨询等服务。项目截至 2023 年 6 月累计开

展活动 50 余场，参与活动的外籍人士 1000 多人次，其中多场活动被主流媒体报道。

2.5 汇聚社会力量，建立合作模式

10 年来，随着在城市中的文化引领和标杆作用的日益增强，广州图书馆吸引了越来越多专业化的社会合作主体参与多元文化服务。在多元文化馆和语言学习馆，几乎每类服务、每场活动都有合作方或志愿者的参与，并呈现出"国际化"与"本地化"共存，"短期项目合作"与"长期基地建设"相结合的合作特点。

2.5.1 多元文化馆：国际合作为主要方向，项目合作为主要形式

10 年来，与多元文化馆开展过合作的机构近百所，主要分为国内外政府部门、外国驻穗机构、国际友好城市图书馆、国内外文化教育机构四个类别。合作方主要以提供资源的形式支持读者活动，历年来累计为 50 多场展览提供资源方面的助力，邀请了200 多位主讲嘉宾，其中有 20 余位国家驻穗总领事曾担任阅读推广活动嘉宾。法国里昂、德国法兰克福、日本福冈等市政府的国际部门，俄罗斯奥斯特洛夫斯基故居博物馆、法国拉封丹博物馆、西班牙普拉多博物馆等文化机构都与多元文化馆开展过合作。探索国外机构的有利资源，寻求合作的契合点联合推进多元文化服务，已经成为多元文化馆的重要合作方向，"国际化"也成为广州图书馆服务的特点之一。

在合作形式方面，多元文化馆主要依托"环球之旅"与社会各界开展项目合作。每次系列活动的合作时间一般持续三个月，属于短期项目合作。近年来，随着"环球之旅"的合作模式逐渐成熟，很多项目形成了品牌效应，带来了更广泛的合作资源，也拓展了新的合作领域。2020 年，"娓娓葡语，文学情思"葡萄牙文学作品书评征集活动吸引了广东外语外贸大学图书馆、北京师范大学（珠海）图书馆联合举办；2021年，"建党 100 周年·重读《钢铁是怎样炼成的》"系列活动还首次走进佛山市图书馆，成为"广佛文化同城"的特色项目。

2.5.2 语言学习馆：本地资源为依托，基地模式为特色

过去 10 年，语言学习馆的读者服务很大程度上得益于合作方的支持。从合作方类型来看，语言学习馆集中挖掘了广州的语言学习和教育资源，包括本地外语类院校、本地语言培训机构、本地语言研究机构和文化协会等，呈现很强的"本地化"特色。从合作形式来看，语言学习馆在建馆之初就建立了"广东外语外贸大学教研实践基地"，2023 年又设立了"中华传统文化多语研学基地"，形成了依托基地与外语类院校、社会机构等开展长期合作的特色。其中最为成熟的是与广东外语外贸大学英语教育学院、西方语言文化学院等开展的合作，为公众带来稳定的专业师资资源的同时，

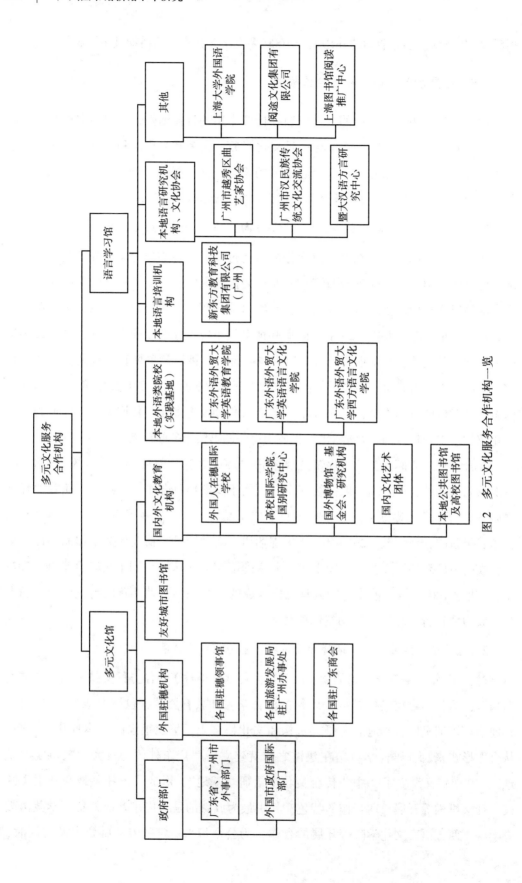

图 2 多元文化服务合作机构一览

也为高校学生积累教学实践经验提供公共平台。

基于与高校的合作基础，2017 年语言学习馆建立了"多语言专业志愿服务队"，广泛吸纳高校师生、社会机构、专业志愿者团队，同时设置"志愿主讲人""荐书官""多语言导赏员"等服务岗位，为读者提供规范化、高质量的语言类文化志愿服务。迄今，已有 1200 余人次的志愿者参与了 335 场读者活动，服务读者超 94 万人次，多语种的专业志愿服务已成为语言学习馆的服务特色。

2.6 发挥馆员专长，拓展专业能力

图书馆员在服务建构中发挥着至关重要的作用。为了匹配相关岗位的要求，广州图书馆从事多元文化服务的馆员大多都具备相关专业背景。以多元文化馆和语言学习馆为例，12 位馆员均具有外语专业背景，涉及英语、俄语、日语、法语、德语、西班牙语 6 个语种，此外部分馆员还具备粤语专长。

除了语言专长，馆员还在工作中积累了经验，并拓展了多项专业能力，包括多元文化领域的专业知识和素养、项目管理能力、策展实践能力等等，这些能力与文献服务能力相互融合，形成了具有图书馆特色的策展能力。以近年来开展的年度主题活动为例，"图书馆遇见普拉多——国王、画家和他们的画""萨尔瓦多·达利——魔幻与现实"等展览的策展工作均由馆员团队完成，前者的策展思路还被后续巡展的主办方继续沿用，后者则首次由馆员自主策划推出与画展平行的文献展——通过挖掘图书馆的主题文献信息，以展览的形式呈现达利的生平故事和创作背景，为读者提供在图书馆"阅读展览"的独特体验。在这个过程中，馆员的"原创性"和"专业性"得到体现，图书馆的展览服务方式也得到了创新。

3 多元文化服务"广州模式"实现的内在路径

3.1 发展契机：图书馆事业转型发展的趋势推动

过去 10 多年来，转型发展一直是图书馆界关注的重要话题。广州图书馆新馆建成在图书馆转型发展的关键时期，新馆开放的 10 年也是国内图书馆事业高速发展的阶段。正是为了顺应转型发展的趋势，广州图书馆在制定实施新馆专项规划时，确定了从一个以传统文献服务为主的图书馆向"基本服务、主题服务、对象服务、交流服务"这一体系化服务的转变。其中主题服务的重要抓手就是包括传统与本土文化、世界多元文化、现代都市文化在内的多元文化服务。10 年来，广州图书馆系统推进多元文化

主题服务，依托①空间主题化——建立主题馆，将图书馆的多元文化服务功能落实到具体区域；②馆藏专门化——为各个主题馆配备与其服务对象、服务范围、服务功能相符的专门馆藏资源，形成各自的馆藏特色；③服务品牌化——以各个主题馆的空间和馆藏资源为依托，开展反映本区域特色的品牌活动项目，将图书馆的多元文化服务整合在一个框架内，发挥整体效用，同时积累了主题馆建设和运营的宝贵经验。

多元文化服务在广州图书馆的成功实践，契合了第三空间、主题图书馆等建设发展趋势，成为转型发展的代表性案例。可以说，图书馆事业转型发展的时代趋势催生了广州图书馆的多元文化服务实践，而多元文化服务"广州模式"的实现则又促进了广州图书馆的转型发展。

3.2 理念创新：多元文化服务理念的"中国式"转化

从图书馆多元文化服务理念形成的背景来看，有研究者认为这一概念起源于20世纪六七十年代的北美、西欧、澳大利亚等地区与国家，是美国民权运动与国际劳动力迁移的产物①。以澳大利亚、加拿大等移民国家为例，多元文化主义是其民族文化的核心理念，也是国家立法的关键组成部分。这一理念早在20世纪70年代就已成形，其初衷是为了解决移民问题。直至现在，西方很多国家推行多元文化服务都是基于对移民群体的关注。国际图联推出《宣言》等政策文件时，也在很大程度上参照了澳大利亚等国家先期制定的服务标准文件，因此带有较明显的"西方特色"。

从这方面来看，中国在人口结构等国情方面均与西方存在差异，多元文化服务理念形成的背景不一样。对国内图书馆来说，城市的快速发展带来人口多元化，但多元文化服务不仅关照文化和语言背景层面的少数群体，更是为了满足人民日益增长的多样化文化需求。因此广州图书馆在确立多元文化服务理念时，其出发点不仅是解决移民或外籍群体的融入问题，而是将每一个群体都视作多元文化社会的一部分，希望满足人们对多元文化信息获取和多元文化交流的普遍需求，促进更广泛的文化融合与交流。相对国际图书馆界重点"针对服务水平不足的文化和语言群体"，在服务实践中主要关注移民、原住民、难民等少数族群的多元文化服务，广州图书馆的多元文化服务是结合中国国情和广州城市特性，满足在穗不同群体的文化需求，创新开展的主题化服务实践，是对多元文化服务理念的"中国式"转化。这种转化是从我国国情和城市特性出发进行的个性化探索，也是对图书馆多元文化服务内涵的拓展和延伸。

---

① 金晶.日本图书馆多元文化服务研究［J］.图书馆杂志，2021（6）：90-95.

3.3 实践创新：广州文化交流资源的优势发挥

除了理念层面的创新，广州图书馆过去 10 年一直在探索符合本地情况、适应本地文化结构的"本土"策略。如前文所述，通过建立多元文化馆、语言学习馆等主题馆，制定战略规划、培育活动品牌、拓展社会合作等方式，广州图书馆逐步构建了一套行之有效的多元文化服务模式，在此过程中，因地制宜地利用广州丰富的历史文化和对外交流资源，是"广州模式"得以实现的关键因素。

首先，广州图书馆的多元文化服务是兼顾传统与本土文化、世界多元文化和现代都市文化的综合性服务。三方面的服务都与广州拥有的历史文化资源紧密相关。正是以这些资源为基础，通过广泛开展社会合作，广州图书馆才为公众搭建了了解世界多元文化、学习各国语言、熟悉粤语文化的渠道，满足了公众对多元文化信息的需求。由此可见，利用、整合、展示本地丰富的文化资源是"广州模式"实现的重要保障。

此外，广州作为对外交往的重要口岸，政府层面搭建的友好城市交流平台为民间交流创造了机会。通过与友好城市图书馆持续开展图书交换、展览互办和馆员交流，广州图书馆不仅丰富了多元文化服务的内涵，还发挥了公共图书馆的"公共外交"功能。目前，广州已形成友好城市—友好城区—友好港口—友好机构"四位一体"的友好城市格局。在 2019 年举办的纪念广州开展国际友好城市工作 40 周年大会上，广州图书馆作为友好机构代表，在友好城市文化交流层面开展的工作获得市委、市政府的高度肯定。利用广州对外交往的区位优势，丰富广州在文化层面的国际交流与合作，也逐渐成为多元文化服务"广州模式"的重要特色。

4　多元文化服务作为主题服务的高质量发展思考

经过持续的探索，广州图书馆已明确了将基本服务全面转向细分群体、主题服务以提升专业化服务水平的持续发展路径①。当前，行业内越来越重视服务管理的规范化、品质化和多样化，主题服务意识不断增强，满足人们高品质文化需求的主题服务实践日渐丰富。多元文化服务作为主题服务的重要内容，未来继续提升专业化服务水平的方向是什么，路径在哪里，是"十四五"期间乃至此后都需要深入思考的问题。

---

① 方家忠.公共图书馆的中国式现代化——广州图书馆转型发展的历程、评估与思考［J］.图书馆论坛，2023（3）：6-20.

4.1 探索适合国情的多元文化服务规范

经过 10 年的发展，广州图书馆的多元文化服务基本实现了馆内相关发展规划中预期的目标。虽然目前国内图书馆界尚未对多元文化服务形成统一的定义，也没有制定相关的服务标准和指引，但《公共图书馆服务规范》（GB/T 28220—2023）在某些条款中已体现了与多元文化服务相关要求，例如在"总则"中明确"公共图书馆注重与其他图书馆的交流与合作，开展联合服务，实现文献信息共建共享，并积极开展国际交流与合作"；在"导引标识"条款中明确公共信息标识根据需求可采用双语或多语言对照。对于广州图书馆来说，总结 10 年来的实践经验，并在此基础上形成适宜自身及广州地区图书馆的多元文化服务规范或标准，或是未来可探索的方向。

从外部条件看，美国、加拿大、澳大利亚等国的图书馆组织均根据本国的情况制定了多元文化服务的方针，相关标准的制定原则、方式和文本内容均可成为广州图书馆的参考蓝本。从内部条件看，广州图书馆历次发展规划中均对多元文化服务的发展方向和具体策略给出了指引，研究制定多元文化服务的相关规范具备一定现实基础，其在多元文化服务领域的相关实践亦可为业界提供案例范本，切实促进多元文化服务在国内公共图书馆界的发展和进步。

4.2 提升馆员与社会力量的专业化水平

图书馆的转型发展离不开一支强大的专业化团队作为后备支撑。"十四五"时期高质量发展的要求，无疑为图书馆员职业能力和专业化发展带来新的挑战。当前，我国图书馆在转型升级过程中所需的知识储备已由原来的图书馆学情报学等专业知识向多元学科知识转变，所提供的服务亦呈现出专业化、多样化等特点[①]。在多元文化服务领域，广州图书馆吸收了大量文史哲专业背景人才，特别是多语种专业背景的人才，在服务过程中强调策展、主持、对外交流等新能力。对这些新能力的学习和掌握，既需要馆员自我培养、自我完善，也需要图书馆相关专业组织的开发培养，同时还需要吸收社会力量作为"专业化"服务团队的有力补充。

过去 10 年，广州图书馆的多元文化服务团队在专业化、职业化发展方面积累了一定经验，比如广州图书馆探索打造了多元文化服务领域的"策展团队"——以馆员为核心负责策展思路和内容的构建，在此基础上引进"策展顾问"的专业人士为展览提供专业指导意见；在语言服务方面，以多语种专业馆员为主体，吸纳外语类高校学生

---

① 陈岘筠. 新时代赋能图书馆员专业化成长路径探索 [J]. 图书馆研究与工作，2021（9）：58-61.

等社会力量组建"多语言专业志愿服务队"。面向新的发展阶段,延续和巩固"以专业馆员为主体,社会专业力量为补充,专项服务团队为抓手"的发展模式,有利于赋能馆员的专业成长,也有助于吸纳更多专业力量的加入,共同提升多元文化服务的专业化水平。

4.3 提供以知识服务为导向的高质量服务

广州图书馆的多元文化服务是依托主题馆开展实施的。关于主题图书馆,国内业界普遍认可的定义是 2009 年王世伟在《主题图书馆述略》中提出的概念:主题图书馆是通过特定领域(某一领域或数领域)专藏和服务来满足人们对专类知识和信息的需求的图书馆①。可见,主题服务的核心是满足知识和信息需求的服务。有学者从知识服务的角度出发,探讨未来公共图书馆事业建设的新要求,即使知识服务赋能公共图书馆的转型发展,提升服务的品质和实效性,以此重塑公共图书馆空间功能与服务②。广州图书馆方家忠馆长也指出,新时代的主题是高质量发展,广州图书馆在此基础上进一步提升服务,无疑就进入了知识服务的新层次③。

过去 10 年,广州图书馆通过在文献信息资源构成的知识体系中分出不同的主题开展服务并取得了一定成效,2020 年编制《广州图书馆 2021—2025 年发展规划》时,也已将知识服务作为新时期重点任务之一,但向知识服务的实践演进还未真正完成。关于图书馆知识服务,有研究将其概括为"对馆内外各种信息资源进行存储、加工、整合、提炼,使之有序化,以此为广大用户提供知识产品或解决方案的服务。"④ 过去 10 年在多元文化服务领域,涉及多元文化信息挖掘、整合和展示的部分服务已具备知识服务的特征。在新的发展阶段,以知识服务为导向,深度挖掘和揭示多元文化资源与服务,特别是在本土和世界历史文化资源方面进行重点探索,将其中的知识内容进行有效整合与开发、共享与连接,提升公众的现代人文素养,将会是图书馆服务效益新的增长点,也是助力图书馆进一步转型发展的有效途径。

---

① 王世伟.主题图书馆述略 [J].山东图书馆学刊,2009(4):36-38.

② 姚雪梅.面向知识服务的公共图书馆空间再造研究 [J].图书馆工作与研究,2023(1):28-34.

③ 方家忠.公共图书馆的中国式现代化——广州图书馆转型发展的历程、评估与思考 [J].图书馆论坛,2023(3):6-20.

④ 姚雪梅.面向知识服务的公共图书馆空间再造研究 [J].图书馆工作与研究,2023(1):28-34.

都市文化主题服务

萧凯茵　　陈欣

1　城市与图书馆：都市文化服务的背景

自广州市被赋予"国家中心城市"目标定位以来①，广州图书馆以国家中心城市图书馆为目标，在珠江新城核心区建成新馆并向公众开放，成为"城市客厅"的文化窗口。在城市与公共图书馆共同发展的进程中，广州图书馆作为广州最主要的文化中心、重要的文化地标和全市公共文化服务的重点机构，在新时代的要求下积极探索开展都市文化主题服务。

1.1　都市化与城市发展：奠定都市文化服务的基础

21 世纪以来，中国改革开放进入全面发展的新时期，都市化与城市发展成为中国现代化的核心，物质条件与社会环境的巨变带来新的思维方式、价值观念、行为方式等，逐渐形成都市生活方式与都市文化模式。在当代语境中，都市文化是在当代都市空间中形成的新的文化形态②，开放兼容、敢为人先的岭南文化是广州都市文化的重要组成部分，因此，广州都市文化除具有一般都市文化共有的特征，还呈现出开放性、创新性等地域特点。

2008 年，国务院正式批复《珠江三角洲地区改革发展规划纲要（2008—2020年）》，其中提出"增强文化软实力，提升城市综合竞争力，强化国家中心城市、综合性门户城市和区域文化教育中心的地位，提高辐射带动能力……将广州建设成为广东宜居城乡的'首善之区'，建成面向世界、服务全国的国际大都市。"③这明确赋予广州"国家中心城市""综合性门户城市""国际大都市"等建设目标定位。2011 年《广州市国民经济和社会发展第十二个五年规划纲要》提出强化建成开放、包容、多元的世界文化名城以及国家创新型城市等目标，要求丰富拓展现代都市文化，增强创新主体

---

①③　珠江三角洲地区改革发展规划纲要（2008—2020 年）［EB/OL］.［2023-07-13］. https://www.ndrc.gov.cn/fzggw/jgsj/dqs/sjdt/200901/P020190909569239591089.doc.

②　刘士林. 中国都市化及文化审美问题研究［M］. 上海：上海交通大学出版社，2018：12.

活力①。上述规划的实施大力推动广州城市化快速、高质量发展，为图书馆展开都市文化服务提供了充分的政策依据。

1.2 主题图书馆兴起：迎接都市文化服务的机遇

21 世纪初，上海、杭州、东莞等地率先开始主题图书馆建设的实践，图书馆业界不断加深对主题图书馆的认识，逐渐意识到主题图书馆的建设是图书馆事业发展中以人为本服务理念与图书馆服务个性化、多样化、专业化发展趋势的体现②，认为主题图书馆能够弥补综合性图书馆服务同质化的缺陷，是公共图书馆服务体系的重要组成部分③。主题图书馆的实践与研究，为广州图书馆开拓新型主题服务提供了有益的经验和充分的信心。

尽管已经发展出了馆中馆、馆外馆等建设模式，但国内大多主题图书馆仍直接聚焦单个特色主题开展服务，而从文化层面统筹多个主题服务的做法在当时并不多见。广州图书馆借 2013 年新馆全面开放的契机，推进传统服务按主题化逻辑层层细分，搭建起"传统与本土文化""世界多元文化""现代都市文化"三条主线主题服务框架。广州图书馆率先站在文化战略高度探索图书馆主题服务，在尚无成熟案例参考的情况下把握机遇，走出了一条独特的都市文化主题服务发展之路。

1.3 图书馆发展规划：引领都市文化服务的方向

在中共广州市委、广州市政府全面构建现代化大都市文化体系的战略部署下，广州图书馆配合"十二五"至"十四五"时期规划，自 2010 年起每五年制定发展规划，指引事业发展。在第一个事业发展规划《广州图书馆 2011—2015 年发展规划》中，广州图书馆将推进服务主题化列入知识信息和文献服务的目标之一，提出基于群体性阅读需求发展主题图书馆的要求。随后，《广州图书馆 2016—2020 年发展规划》明确指出，现代都市文化的馆藏与服务是构建多元文化窗口的重要组成部分，并针对拓展专题服务、传播现代都市文化提出四项具体行动。《广州图书馆 2021—2025 年发展规划》将传播现代都市文化的价值扩大为参与城市文化展示、交流与传播平台的构建，还首次在相关策略表述中强调激发城市创新活力。此次规划在打造综合性城市文化平台的目标下，对传播现代都市文化、激发城市创新活力的要求进一步细化，列举了资源整

① 广州市国民经济和社会发展第十二个五年规划纲要［EB/OL］.［2023-07-13］https://gz.gov.cn/zwgk/ fggw/szfwj/content/post_4757502. html.

② 王世伟. 主题图书馆述略［J］. 山东图书馆学刊，2009（4）：36-38.

③ 许慧颖. 我国主题图书馆的发展分析［J］. 图书馆学研究，2013（7）：23-27.

合、主题扩充、空间优化等共八项行动方案。

纵观"十二五"至"十四五"时期三个阶段的发展规划，广州图书馆对现代都市文化服务日益重视，在发展蓝图中清晰勾勒都市文化服务目标与策略。广州图书馆通过发展规划的编制与实施，根据自身发展定位并利用各时期面临的机遇，不断引领都市文化服务从服务开拓、拓展向服务优化、融合进一步深化发展。

2 拓展与深化：都市文化服务的发展

新馆全面开放十年以来，广州图书馆结合广州都市发展特点、把握主题图书馆发展机遇、践行本馆发展规划要求，在都市文化服务框架下相继打造并完善创意设计馆、多媒体鉴赏区、创客空间、广州纪录片研究展示中心、休闲生活馆等馆内主题空间，提供丰富多彩的主题服务。鉴于创意设计馆、多媒体鉴赏区、创客空间的服务实践能较完整地展现广州图书馆都市文化服务的发展脉络，具有一定代表性，本文将重点以其代表的艺术与设计，电影、音乐、录音，创客与创新三类都市文化主题服务为例，梳理广州图书馆都市文化服务 2013—2023 年间的发展历程。

2.1 "十二五"时期：推进服务主题化，适应城市文化发展

2011 年，广东省文化厅颁布的《关于加快珠江三角洲地区文化创意产业发展的指导意见》指出，重点支持广州等地发展创意设计、影视制作等高端和新兴文化创意产业，建设"设计之都""创意之城"①。同时，随着社会经济发展及生活品质的提高，广州的音乐会等艺术演出以及电影等的消费市场也越来越活跃，本地公众对都市文化生活的需求日益凸显。"十二五"时期，广州图书馆处于新馆建成的历史机遇期，以建设国内一流、国际先进的国家中心城市图书馆为总体目标推进事业发展。为建设适应国家中心城市文化发展需求的文献信息资源，构建专业化、富有活力的服务组织，形成体现广州图书馆传统服务优势和时代发展要求，体现经济社会发展和图书馆事业发展互动等发展格局，广州图书馆提出推进服务主题化的目标，设立都市休闲生活主题馆（即现在的"休闲生活馆"）、建设创意设计主题馆（即现在的"创意设计馆"）等行动方案。其中，创意设计主题馆致力面向创意产业人士和艺术设计院校师

---

① 广东省文化厅.关于加快珠江三角洲地区文化创意产业发展的指导意见［EB/OL］.［2023-07-13］.https://www.gd.gov.cn/gkmlpt/content/0/139/post_139881.html#7.

生等，以当时的艺术设计资料室为基础，进一步集中各类型载体资源，增加相应的设备设施，拓展信息咨询服务，强化交流服务，以专题性、多层面服务支持地方创意产业的发展。

在本阶段发展都市文化服务，主要采取以下两项举措。①加大主题资源建设投入，推动实体空间与馆藏文献建设齐头并进。在新馆北八楼建设创意设计馆特色主题空间，在原艺术设计资料室的馆藏基础上通过增加购书经费，达到年新增图书 2000 册。调研考察杭州图书馆、厦门图书馆、阳江世界发烧音响博物馆等多家图书馆及社会机构后，在新馆南六楼建设多媒体鉴赏区，配备听音室、多功能播映室、多媒体录音室、自助录音室以及个人影音鉴赏专用的电脑机位，并从馆内调取音像资料，集中打造一批精品影音主题资源。②转变主题服务方式，提高读者利用都市文化服务的便利性。在新馆实现以人为本的"藏借阅咨"一体化服务模式、降低读者利用图书馆门槛的相关规定等管理模式调整下，创意设计馆实行全开架免证阅览和参考借阅方式，并大幅下调押金金额、上调外借类文献占比至 95%；多媒体鉴赏区结合影音鉴赏设备，对原本藏而不用的音像资料实行闭架阅览服务。

2.2 "十三五"时期：拓展专题服务，营造多元都市文化

2015 年，"创客"一词首次被写入国务院政府工作报告①，在全国掀起"双创"热潮，广州市被选作"双创"示范基地②，广州图书馆新馆也成为政府举办创新创业与科技活动的热门选址。"十三五"时期，广州图书馆进入服务体系构建、服务专业化、管理精细化的全面发展期，以建设以人为中心、一流的国际大都市图书馆为总体目标争取跨越式发展。为提供与广州相称的多元文化服务、公共交流空间，全面提升现代公民素质的优质服务，广州图书馆提出拓展和深化多元文化服务、满足不同群体的多样性文化需求的目标，进一步拓展专题服务，传播现代都市文化。具体行动方案包括：以创意设计馆、多媒体鉴赏区等为基础平台，强化与创意设计人士、设计院校和设计专业机构的合作，丰富创意交流活动，并拓展艺术收藏和美术、音乐等艺术鉴赏类活动；整合社会力量开拓主题创客空间，为用户提供实践和创新的平台；围绕现代都市生活，利用各种空间、资源和平台组织活动，丰富公众精神文化生活。

为实现本阶段都市文化服务目标，广州图书馆主要采取以下三项举措。①加快服

---

① 政府工作报告——2015 年 3 月 5 日在第十二届全国人民代表大会第三次会议上 ［EB/OL］.［2023-07-13］. https://www.gov.cn/guowuyuan/2015-03/16/content_2835101.htm.

② 国务院办公厅关于建设大众创业万众创新示范基地的实施意见 ［EB/OL］. ［2023-07-13］. https://www.gov.cn/zhengce/content/2016-05/12/content_5072633.htm.

务队伍建设与培养，提升都市文化服务专业化水平。在多媒体鉴赏区、创客空间针对性补充了音乐、录音、电子工程等学科专业对口的馆员配置，利用设计思维方法加强以人为本与创新服务意识的培训。②扩大社会合作，共建都市文化服务空间。创客空间由深圳第一家创客空间"柴火空间"和广州"创新林创客空间"参与援建，由北八楼原工具书区改造而成，2016年年底正式对外开放服务。创意设计馆、多媒体鉴赏区、创客空间与设有艺术、设计、电影、音乐、录音、创客相关专业的广州高校，以及本地教育机构、社会团体、企业紧密合作，以合办活动、志愿服务等形式吸纳社会力量参与都市文化服务的供给。2020年起每年举办创新创客大赛，依托广州国际创新节、广州科普嘉年华等社会平台和资源组织系列活动。③优化调整组织架构，提高都市文化服务管理效能。2017年广州图书馆正式成立专题服务部，打破创意设计馆、多媒体鉴赏区、创客空间在楼层位置上的物理空间分隔，将原本分属不同职能部门的三类都市文化主题服务纳入统一管理。

2.3 "十四五"时期：提升服务质量，赋能城市文化建设

"十四五"时期，广州图书馆从高效能发展迈入高质量发展的新阶段，继续以建设以人为中心、国际一流的大都市图书馆为总体目标推动自身转型发展。为此，广州图书馆提出打造最具影响力的综合性城市文化平台、丰富城市文化地标和城市窗口内涵的目标，致力传播现代都市文化，激发城市创新活力。具体行动方案包括：通过视听资源整合利用、实体空间改造、影音设备升级等方式，全面提升视听服务水平，打造有标识度的视听体验空间，引领新型、时尚的文化休闲方式；在创意设计馆的基础上，整合扩充艺术类资源，升级打造艺术图书馆；优化改造创客空间布局，开拓生活美学体验服务，推介相应资源、发掘生活达人，分主题、系统化地组织开展手工创作、技能分享等活动，打造有生活气息的文艺休闲场所；利用"一起创"创客大赛等活动契机，收集、整理、保存创客创新相关优秀案例，逐步形成较为完备的专题资源库；依托"广州国际城市创新奖"等相关资源，推介城市、社会领域的创新理念及实践案例，以创新思维解决城市问题，服务城市创新发展。

截至2023年，本阶段都市文化服务的发展进程已过半，主要通过以下三项举措来推进目标实现。①加强发挥项目制作用，以项目带动都市文化主题服务的一体化建设。利用"不可能的相遇——拉斐尔的艺术""图书馆遇见普拉多——国王、画家和他们的画""萨尔瓦多·达利——魔幻与现实"等艺术展览项目的契机，多个主题活动品牌联手举办相关主题的艺术设计讲座和工作坊、影片放映与交流、展览导赏活动，并整合全馆相关艺术主题馆藏资源，利用馆藏图书策划举办专题书展、文献展，推动艺术图

书馆建设。开创"艺术周末"美育项目，横向打通美术、音乐、电影三个方向的主题馆藏与活动，提供生活美学体验。与广州市人民政府外事办公室共同成立"国际城市创新实验室"，收集、整合历届"广州国际城市创新奖"相关信息与活动资源。②丰富线上虚拟服务方式，以数字平台探索都市文化主题资源融合路径。推进自建数据库"多媒体鉴赏区点播系统"上线提供浏览服务，持续完善 CD 唱片、DVD 影视光盘等实体馆藏资料的数字化加工。依托广图直播、讲座点播等平台，以视频为载体建设主题活动资源，充实都市文化主题的数字资源库。③统筹现有各类主题服务，提升都市文化主题服务体验。创客空间整合不同品牌活动资源，充分发挥空间资源作用，提出打造活动频次更高、体验内容形式更丰富的"全年不打烊"主题服务。

3　创新与突破：都市文化服务的成效

广州图书馆的都市文化主题服务在实践过程中经历了一段较长时间的探索。新馆开放之初，都市文化主题服务基本以创意设计馆的艺术设计服务为主，多媒体鉴赏区、创客空间建成后提供的相应主题服务仍十分有限，尚不能完全满足现代读者日益多样化与个性化的都市文化需求。为充分调动主题馆资源、扩大主题服务范围，推动三个主题馆全部功能区对外开放服务，分别将创意设计馆、多媒体鉴赏区、创客空间打造为艺术设计信息共享空间、电影音乐交流平台、创新实践与展示平台。

目前已基本形成了以活动化服务与常规化服务相结合的创新服务体系，进一步完善以馆藏文献资源为基础、空间资源为特色的资源结构，实现服务效益的突破性提升。

3.1　服务体系基本形成

广州图书馆基于创意设计馆、多媒体鉴赏区、创客空间等主题空间的建设，围绕艺术设计、电影音乐录音、创客创新三类主题基本形成了活动化服务与常规化服务相结合的都市文化主题服务体系（见表 1），与一般的主题服务相比具有一定创新性。

表 1　广州图书馆都市文化主题服务体系

主题			
类型	艺术、设计	电影、音乐、录音	创客、创新
活动化服务	"友创意"品牌活动	"周末电影"　"音乐零距离" "轻车熟录"品牌活动	"一起创"　"城市创新讲坛"品牌活动
	"艺术周末"品牌活动		
常规化服务	参考借阅、集体阅览	音像阅览、自助录音	基础借阅、自助制作

通过举办丰富多样的活动，提供更加主动、动态的都市文化服务，令读者对相关服务有更多的认识和了解。各类主题活动全面发展，成功打造了七个较为成熟的活动品牌：艺术与设计主题服务主要以"友创意"品牌开展活动，通过展览、讲座、沙龙、工作坊的形式为市民提供在图书馆欣赏艺术、激发创意、学习设计、交流分享、获取艺术信息的服务；电影、音乐、录音主题服务主要以"周末电影"组织馆藏主题电影观影及赏析，"音乐零距离"推出兼具知识性和观赏性的现场音乐表演和音乐普及讲座，"轻车熟录"开展一系列录音知识培训和录音知识讲堂；跨主题类别的"艺术周末"品牌整合了美术、电影、音乐三个方向的美育工作坊、音乐主题讲座及展演、电影鉴赏等活动；创客与创新主题服务通过"一起创"品牌提供激励全民创新的赛事、系统化的创客技能课程培训、零基础制作体验、创意阅读与社会创新共创活动等，"城市创新讲坛"以讲座形式介绍广州国际城市创新奖中来自全球各地的创新实践。

在馆藏借阅与空间使用等常规服务的基础上，提供更加个性、便捷的都市文化服务，满足读者差异化的都市文化需求。根据主题类别与服务对象的特点，形成了六种特色服务形式：针对艺术与设计类主题，既提供面向个人的主题图书参考借阅服务，也提供面向行业协会或学校为单位的定制化集体阅览服务；针对电影、录音、音乐类主题，主要以馆藏音像视听资料结合专业影音鉴赏设备提供注重体验的阅览服务，以各类规格的录音室提供具有一定品质的音频作品自助录制服务；针对创客、创新类主题，在提供科普、实用的文献借阅服务基础上，提供支持读者自助制作创客创新作品的多元化设备、工具与技术服务。

3.2 资源结构进一步完善

随着艺术设计、电影音乐录音、创客创新三类主题服务的发展，广州图书馆逐步完善以馆藏文献资源为基础、空间资源为特色的资源结构。

都市文化主题馆藏文献资源更加充实。创意设计馆将原艺术设计资料室以服装、室内设计、平面广告、建筑、艺术为主的3000余种特色图书、150余种期刊、500余种图片光盘等馆藏文献资源，扩充为涵盖国内外艺术、绘画摄影、平面设计、广告设计、工业设计、珠宝首饰设计、服装设计、装饰装修、建筑及园林设计等领域的近43000册精品图书、400多种期刊，文献语言涵盖中文、英文、日文、法文、德文、意大利文、韩文及俄文等。由此建立起以图片为主的精品图书特色馆藏，无论在品种、数量、质量上均走在全国公共图书馆前列。多媒体鉴赏区新增约4500册、近2500种馆藏资料，共藏有2100件蓝光视盘，约14000件CD唱盘、DVD数字视盘，形成丰富的电影、音乐主题音像资源。创客空间除入藏创客文化、虚拟现实、人工智能、3D打印、电子制作、Arduino 实战等主题图书以外，更持续收集历届广州国际城市创新奖入围城市案例汇编、城市创新最新研究等文献资料，逐步构建城市创新类主题资源。

都市文化主题空间资源更加多样化。多媒体鉴赏区的实体空间配备以高保真环绕声、高清画质、3D 电影放映、专业声学装修作为核心指标建设的 1/2 号听音室、多功能播映室，提供高品质影音鉴赏服务。多媒体鉴赏区将录音作为特色功能打造，围绕录音服务建设了多媒体录音室、自助录音室，形成录音一条龙服务——使用自助录音室的视唱设备进行练习，通过多媒体录音室或自助录音室录制作品，再利用听音室欣赏录制完成的作品。开放的电脑机位与各种规格的影音功能室相结合，满足个人、家庭等不同规模的用户，对一般到专业等不同级别的影音鉴赏、录音制作的需求。创客空间在硬件方面配备 3D 打印机、3D 打印笔、Arduino 套件等设备和材料，以及艺术设计常用工具、创客硬件、皮具工具、服装工具等四大类共 144 小类工程用具；在软件方面配有苹果电脑及 Adobe 系列 Photoshop、Illustrator、Dreamweaver、Premiere 和 Corel-DRAW 等正版平面设计、3D 建模、多媒体编辑软件和在线数据库等学习资源；在场地方面既设有文献阅读、软件设计等偏静态服务的功能区，也有专门动手制作、讨论交流等提供动态服务的分区，读者可以根据各自创新项目进展阶段选择适宜的空间使用。

3.3 服务效益突破性增长

如今，读者阅读习惯与利用图书馆的方式已经发生较大转变。在此背景下，广州图书馆通过开展丰富多样的新服务，适应公众都市文化生活的新需求，令都市文化主题服务效益突破瓶颈，取得新增长。

都市文化主题服务的公众参与度不断提高，服务对象更趋多元。创意设计馆在 2013 年至 2022 年间的外借文献总量为 168109 册次，外借量为 51109 人次，举办活动 212 场（含线上活动 18 场），累计 574185 人次参与。多媒体鉴赏区自 2017 年 10 月起为读者全面提供馆藏音像资料借阅及自助录音服务，截至 2022 年底共提供馆藏借阅 6741 册次，提供影音鉴赏及自助录音等空间服务 8538 场、15776 人次，举办主题活动共 1026 场，吸引 52597 人次参与，线上活动共 73 场，观看量高达 395.6 万人次。创客空间从 2017 年正式开放至 2022 年间，累计 15775 人次使用过空间服务，各类创客创新活动举办 432 场，吸引 569318 人次参与，各类线上培训课程观看量达 16.6 万人次。不仅以"一起创"创客大赛等活动吸引 4 至 62 岁不同年龄的公众共同参与，服务还延伸至更多群体，举办面向特殊人群的活动超过 15 场，对象包括社会福利院儿童、心智障碍者、视障成人与儿童、外地来穗家庭、在穗外籍人士等。

都市文化主题服务的社会影响力更加突出。创客空间为现代社会需求塑造各类创客创新作品雏形超 1000 件，在创客微社区手机平台吸引公众发帖交流共 658 篇次。"一起创""音乐零距离""友创意""艺术周末"等品牌活动得到广州日报社、信息时报社、广东科技报社、网易、南方网、新华网、腾讯新闻等社会媒体报道共 128 篇次，阅读量高达 138 万，引起社会广泛关注。

都市文化主题服务在国内外图书馆业内影响力得到提升。"一起创"创客大赛活动获得 2017 年中国图书馆学会公共图书馆分会主办的第一届公共图书馆创新创意征集推广活动最佳创意奖和优秀案例奖，入选 2018 年第三十届全国十五城市公共图书馆工作研讨会案例集、国际图联世界图书馆与信息大会海报展示环节等。2020 年完成以《运用设计思维提升国内图书馆创客空间服务的研究》为题的广州市哲学社会科学发展"十三五"规划共建课题研究，形成具有推广意义与参考价值的学术成果。

4 融合与发展：都市文化服务的前景

过去十年社会经济文化的快速发展带来都市文化需求的提高，推动公共图书馆服务创新。广州图书馆都市文化主题服务发挥区域优势特点，确立并完善了以创意设计馆、多媒体鉴赏区、创客空间等主题馆为基础的艺术设计、电影音乐录音、创客创新三类主题服务，并取得一定的社会成效。在此期间，广大市民的都市文化生活得到了丰富与充实，广州城市创新能力也不断攀升。根据中国科学技术发展战略研究院、广州生产力促进中心等联合发布的《广州城市创新指数报告 2020》，2010—2019 年广州创新指数年均增长 10.86%，清晰地勾勒出"十三五"期间城市创新能力的"上扬曲线"[1]；至 2021 年广州的创新能力指数在全国 72 个创新型城市中位列第三[2]。

2022 年党的二十大报告中指出，促进城乡融合发展，打造宜居、韧性、智慧城市[3]。城市是贯彻新发展理念的重要载体、构建新发展格局的重要支点，而文化是现代化都市不可或缺的元素[4]。为把城市建设成为人与人、人与自然和谐共处的美丽家园，

---

① 中国科学技术发展战略研究院，等.广州城市创新指数报告 2020 [EB/OL]. [2023-05-05]. http://guangzhou.gov.cn/202101/07/156098_53743644.htm.

② 2021 国家创新型城市排行榜出炉 广州创新能力排名第三 [EB/OL]. [2023-05-05]. http://www.guangzhou.gov.cn/202202/16/156096_54195972.htm.

③ 习近平：高举中国特色社会主义伟大旗帜 为全面建设社会主义现代化国家而团结奋斗——在中国共产党第二十次全国代表大会上的报告 [EB/OL]. [2022-10-16]. https://www.gov.cn/xinwen/2022-10/25/content_5721685.htm.

④ 王蒙徽：实施城市更新行动 [EB/OL]. [2020-12-29]. https://www.gov.cn/xinwen/2020-12/29/content_5574417.htm.

未来依然需要重视都市文化的培育与传播。广州图书馆新馆开放第十年，也是贯彻党的二十大精神的开局之年，广州图书馆都市文化主题服务需要通过重点加强服务队伍建设、整合主题资源、提升服务体验等举措，持续推进公共图书馆服务的高质量发展，赋能现代化城市的建设与发展。

4.1 壮大队伍，加强馆外馆内协同建设

从服务发展进程看，广州图书馆都市文化主题服务已经基本完成初期建设与探索，从全面开放服务进入高质量服务的新阶段。一方面，图书馆需要清醒认识到，政府对公共图书馆人力、物力、财力的保障有限，社会化是补充图书馆发展资源的方式之一。这意味着与社会主体合作举办主题活动、招募志愿者参与主题服务等方式仍然是引导社会资源进入公共图书馆、降低都市文化主题服务运作成本的重要解决路径。另一方面，大幅提升图书馆服务效能、切实发挥图书馆主体作用可以争取政府更多支持、推动社会力量更多参与，专业化服务与管理运营是图书馆在新时代把握机遇、应对挑战的策略[①]。因此，在都市文化主题服务层面，广州图书馆需要立足图书馆自身的专业化服务与管理运营，以多种方式壮大服务队伍力量：一是推动主题服务馆员队伍的专业化发展，充分培养并发挥每一位馆员的专业特长，建立一支以馆员为核心的多元化、高质量主题服务队伍；二是继续扩大社会合作的对象，推进都市文化主题服务对象参与相关图书馆服务，根据都市文化主题特点打造专业志愿者团队，加快建立志愿者招募、培训、激励等相关机制，对接共青团广东省委员会、广州市文化和旅游志愿者总队等专业的志愿者管理平台；三是完善社会合作机制，依托与广州本地相关高校、教育机构、社会团体、企业等合作关系的同时，始终坚持以公众的都市文化需求为导向、以践行图书馆使命为目标开展都市文化主题服务。

4.2 整合主题，强化主题知识汇聚与发现

打破不同主题之间的壁垒，加强主题资源与服务的汇集，也是广州图书馆都市文化服务进一步发展的重要方向之一。根据《广州图书馆 2021—2025 年发展规划》，为强化知识汇聚与发现、传播现代都市文化，在现有各类都市文化主题服务的基础上，推进"艺术图书馆"主题馆建设。参照《中国图书馆分类法》，第十类 J 即艺术类细分为以下十二个门类：J0 艺术理论，J1 世界各国艺术概况，J19 专题艺术与现代边缘艺

---

① 方家忠. 体系化为表 专业化为里——文化强国愿景下公共图书馆的发展思路 [J]. 中国图书馆学报，2021（6）：62-75.

术，J2 绘画，J29 书法、篆刻，J3 雕塑，J4 摄影艺术，J5 工艺美术，J6 音乐，J7 舞蹈，J8 戏剧、曲艺、杂技艺术，J9 电影、电视艺术①，可见"艺术"一词在广义上包含丰富的主题。在现阶段，"艺术图书馆"并非在广州图书馆现有都市文化主题馆的基础上新增一个实体主题空间，而更多作为一个整合视觉艺术、设计、音乐、电影等主题文献信息资源与服务的概念空间，落实汇集主题资源与服务的发展思路。在构建"艺术图书馆"前期启动的"艺术周末"美育项目，以项目带动美术、音乐、电影三个方向主题馆藏与活动的整合，并通过输出活动将艺术主题的都市文化服务延伸至其他分馆、社区及公共空间。此外，广州图书馆还将继续推进城市创新主题的资源与服务整合，将"国际城市创新实验室"打造成为共建城市创新、可持续发展知识中心与交流中心，向公众长期全面展示广州国际城市创新奖取得的成果和最新动态，普及城市创新理念，推动创新案例的应用转化。

4.3 技术升级，提升主题服务体验

广州图书馆多媒体鉴赏区、创客空间的实体空间分别建于 2013 年、2016 年，当时所配设备设施的技术滞后与物理损耗问题日益突出。一方面是现有设备设施滞后于现代科技发展，难以及时满足服务对象的需求，这一问题在技术更新换代速度较快的多媒体、创客等领域更为显著。近十年来，电视机逐渐大屏化，8K、HDR、OLED、MiniLED 等技术快速发展，显示效果越来越优秀，搭载这些技术的终端产品也迅速在社会普及；而作为创客最为热门技术之一的 3D 打印技术，随着材料科学、软件算法、机器人技术等方面的不断发展，其应用领域和生产效率已得到进一步提高，设备、材料成本降低，加工时间也大大缩短。另一方面是设备设施经过多年使用，呈现出不同程度的损耗，对服务体验也会产生一定影响。且在尤其注重体验感受的都市文化主题服务中，广州图书馆当前提供的部分多媒体鉴赏、创客加工设备与常规家用产品与其他机构提供使用的同类服务相比并无明显优势，很快将成为服务短板。在党的二十大报告提出建设智慧城市的要求下，图书馆服务也迫切需要紧跟智慧城市发展的步伐。为满足公众越来越高的都市文化需求，广州图书馆需要结合智慧图书馆发展趋势，推进主题服务的技术升级，尤其是多功能播映空间及设备系统、创客加工设备的优化，提高观影与创作体验能令读者更好地利用馆藏资源、参与主题活动，有力提升图书馆都市文化主题服务效能，帮助图书馆应对新时代的挑战。

---

① 国家图书馆《中国图书馆分类法》编辑委员会.中国图书馆分类法 [M].5 版.北京：国家图书馆出版社，2010：9

纪实影音文献服务创新实践与思考

曾洁　马泳娴

党的二十大报告对"推进文化自信自强，铸就社会主义文化新辉煌"作出战略部署，提出"实施国家文化数字化战略，健全现代公共文化服务体系，创新实施文化惠民工程"等实施路径①，为公共文化服务高质量发展提出了要求。

公共图书馆作为现代公共文化服务体系的重要组成部分，深入探索在转型背景下构建馆藏资源和服务形式创新发展格局，对持续提升公共文化服务水平具有重要意义。广州图书馆顺应转型发展趋势，于2018年建成国内首个面向公众的专业纪录片收藏与服务平台——广州纪录片研究展示中心（以下简称纪录片中心），从资源建设到服务模式和成效均具一定创新性和代表性。本文对纪录片中心的创建发展背景和工作实践予以梳理总结，一方面为自身在新时代丰富服务层次、实现高质量发展提供支撑，另一方面也为业界同行拓宽服务格局、创新发展路径提供借鉴参考。

1　广州纪录片研究展示中心建设情况

1.1　创建发展背景

1.1.1　政策依据：城市文化发展与图书馆转型发展的结合契机

广州一直致力于打造中国"纪录片之都"。中国（广州）国际纪录片节（以下简称广州纪录片节）自2003年创立，每年12月在中国广州举行。为了更好地推进"纪录片之都"建设工作，面向广州市民推广和普及纪录片文化，培育纪录片观众，2012年，广州市市长陈建华提出在广州图书馆建立广州纪录片研究展示中心，随后该项目被列入广州市"十二五"时期文化基础建设设施的重点工程之一，成为市委重点督办的民生项目。

2013年，广州图书馆新馆落成正式面向公众开放，从这一年起广州纪录片节在广

---

① 习近平：高举中国特色社会主义伟大旗帜　为全面建设社会主义现代化国家而团结奋斗——在中国共产党第二十次全国代表大会上的报告［EB/OL］.［2023-07-04］. https://www.gov.cn/xin-wen/2022-10/25/content_5721685.htm.

州图书馆举办。广州图书馆以此为契机，与中国（广州）国际纪录片节组委会持续合作，举办一系列纪录片公益展映，使纪录片公共服务初具雏形。此后，广州图书馆将城市文化发展规划与自身转型发展紧密结合，以纪录片中心的建设作为开辟公共服务新领域的抓手之一，在编制机构"十三五"发展规划时，提出"广泛开展对外合作，将纪录片、电影、微电影、口述史等影像资源建设成为新的资源类型"的实施路径，通过充实资源基础支撑新功能与新服务的扩展，为纪录片中心的稳步筹建和开放服务指明方向。《广州图书馆 2021—2025 发展规划》以及《广州市"图书馆之城"建设五年行动计划（2022—2026）》①均提出，利用纪录片中心资源优势和平台优势，助推广州建设中国"纪录片之都"，进一步明确了纪录片中心的使命。

1.1.2 学理基础：纪录片文化基因与公共图书馆使命相互契合

纪录片的英文"documentary"源自"documentaire"一词，原意为"与文献相关的"。1922 年"纪录片之父"约翰·格里尔逊（John Grierson）将"对现实的创造性处理"的影片命名为"纪录片（documentary）"。他和"电影眼"理论开创者吉加·维尔托夫（Dziga Vertov）等人一致认为，纪录片是通过摄影机对现实世界的记录、思考，帮助人们认识世界。法国《电影辞典》（1991）将纪录片定义为"具有文献资料性质的、以文献资料为基础制作的影片"②。由此可见，纪录片的文献性、纪实性和教育性的特点与公共图书馆的文献收藏、文化服务和社会教育等使命高度契合。因此公共图书馆不但可以将纪录片纳入文献资源体系，而且还可以拓展其服务功能和内涵。

随着媒介传播方式和公众阅读习惯的改变，以真实为核心的纪录片等纪实影音作品已成为文化交流与传播的重要媒介之一，得到越来越多公共文化机构的重视。据调研了解，截至 2022 年 11 月底，新加坡国家档案馆收藏有约 36 万部（集）纪录片、纪实电视节目以及自制公开课、活动等视频资源，已对 5600 余位受访者开展口述历史采访，采集口述历史资料时长达到 2.5 万小时。我国国家图书馆近年开始收藏不同题材和形式的纪录片，并开展口述影像文献采录；南京图书馆、河北省图书馆等公共图书馆也自主创作了一批专题片。

1.1.3 法理基础：公共图书馆履行自身职能要顺应新时代要求

其一是公共图书馆文献收藏职能内涵在新时代有所拓展。根据国际图联、联合国教科文组织 1994 年发布的《公共图书馆宣言》，公共图书馆必须藏有并提供包括各种

---

① 广州市"图书馆之城"建设五年行动计划（2022—2026）［EB/OL］.［2023-07-14］. https：//www. gzlib. org. cn/policiesRegulations/201308. jhtml.

② 单万里. 纪录电影文献［M］. 北京：中国广播电视出版社，2001：1.

合适的载体和现代技术以及传统的书刊资料，馆藏资料必须反映当前趋势和社会发展过程，以及记载人类活动和想象的历史①。《国际图联战略框架 2019—2024》强调图书馆应"致力于保护、加强并提升包括传统的、历史的、本土的和当代表达等形态各异的世界文化遗产"②。影像资源一直以来都是图书馆馆藏资源的重要组成部分，对于纪录片等兼具史料价值和文化功能的纪实影音文献，公共图书馆应有计划地进行系统收集、规范整理和合理使用。

其二是新时代对公共图书馆履行社会教育职能提出新要求。《中华人民共和国公共图书馆法》明确指出"开展社会教育"是公共图书馆的职能之一。对标社会教育整体目标复合化转向的趋势，新时代图书馆社会教育的目标也应当从单一走向多元，核心是从传递知识转向赋能发展③。观看一部优秀的纪录片就如阅读一本优质的书，不同之处在于纪录片利用声音、图像、动画等将知识和信息进行可视化的表达和传播，深入浅出，通俗易懂，是公共图书馆开展社会教育的理想文献资源载体④。因此，公共图书馆可以充分利用纪录片等纪实影音文献，面向不同年龄、身份、文化背景的人群组织社会教育活动，促进全民终身学习，提升科学文化素养。

1.2 建成情况

纪录片中心筹建于 2016 年，并在 2018 年 12 月正式对公众开放。秉承能收尽收，择优利用的资源建设原则和兼顾专业化和大众化的读者服务思路⑤，纪录片中心明确了专注推动纪录片发展的公共文化平台的定位，确立五大职责：①保存和展示中国及世界的纪录片文化遗产；②系统保存、整理广州本土纪录片和纪实影像，传承城市文明和记忆；③发挥纪录片在公共文化服务和教育领域的作用，提高公民文明素质；④推动纪录片人才培养和专业研究；⑤促进以纪录片为媒介的中外文化交流，增进世界与中国的相互理解。

纪录片中心位于广州图书馆负一层，占地面积约 1000 平方米，集展览、展映、交流、互动于一体，包括序厅、时光隧道、放映厅、设备展示区、纪录片主题区、场景

① IFLA, UNESCO. IFLA/UNESCO Public Library Manifesto 1994 [EB/OL]. [2023-04-26]. https://www.ifla.org/publications/iflaunesco-public-library-manifesto-1994.

② IFLA. IFLA STRATEGY 2019-2024 [EB/OL]. [2021-02-20]. https://www.ifla.org/files/assets/hq/gb/strategic-plan/ifla-strategy-2019-2024-zh.pdf.

③ 彭松林. 新时代图书馆社会教育变革的关键词：赋能，连接与超越 [J]. 图书馆工作与研究，2022 (1):5-13.

④⑤ 郭晓婉. 公共图书馆建设纪录片中心的实践探索——以广州图书馆为例 [J]. 图书馆研究，2020 (5): 29-36.

模拟区、虚拟博物馆和尾厅八个空间。其中，放映厅有固定座位 48 个，最多可容纳 80 人，是纪录片中心举办放映、研讨、交流等活动的主要阵地。

自开放以来，纪录片中心在纪实影音文献馆藏和服务方面不断探索和实践，为市民提供高质量、多元化的创新服务，社会效益显著。2020 年，广州图书馆被中国（广州）国际纪录片节组委会评为"中国十大纪录片推动者"，纪录片中心公共文化服务案例入选广东省文化和旅游公共服务体系建设优秀案例。

2   纪实影音文献资源建设与管理实践

立足不断拓展的新时代图书馆文献收藏的丰富内涵，纪录片中心广泛开展纪实影音文献资源建设，并依托纪录片、专题节目、口述历史等多种视频资源，打造了中外经典纪录片、中外优秀纪录片、中国（广州）国际纪录片节优秀作品、广州纪实影像四大特色系列馆藏（表 1）。

表 1   广州纪录片研究展示中心馆藏系列

馆藏系列	内容
中外经典纪录片	中外纪录片历史上具有较高艺术价值、学术价值和历史价值的经典作品
中外优秀纪录片	有社会教育意义、传播价值、学术参考价值、史料和文献价值、体现世界文明传播成果与影响力的纪录片
中国（广州）国际纪录片节优秀作品	中国（广州）国际纪录片节获奖以及终评入围的优秀纪录片作品
广州纪实影像	代表广州地区人文精神内涵、区域特色、文化特色的纪实影像文献

在开放之初，纪录片中心 90% 的纪录片馆藏资源为 DVD 介质的出版音像制品。随着国内音像出版行业萎缩，纪录片 DVD 发行量骤减，图书馆可用于读者服务的纪录片资源明显受限。因此，纪录片中心除了为读者提供线下纪录片展映服务外，还建立了纪录片虚拟博物馆，为读者提供可通过外网访问的线上纪录片阅览服务。但实践发现，纪录片在网络传播权过程中版权购买费用高，且使用授权期限较短，不利于图书馆可持续的资源建设和资源服务。针对以上问题，纪录片中心从资源类型开发、公益版权探索、资源渠道拓展、社会合作、培训孵化、资源智慧管理等方面破题，逐渐探索出纪实影音文献资源建设与管理的可持续性发展路径。

2.1 资源建设

2.1.1 拓展资源类型，建立共建共享模式

由广播电视播出机构采编和制作的纪实影像节目，往往记录了一个国家、地区和城市的社会变迁、民情风俗以及历史原貌，是国家、地区和城市记忆最有价值的组成部分。为加快广州本土纪实影像资源建设，纪录片中心积极推动广州图书馆与广州市广播电视台（以下简称广州台）建立战略合作关系。双方分别作为文献资源的保存者、服务者和城市影像的记录者，通过三大合作机制实现资源共享。一是纪录片资源合作机制，广州台将自主拍摄制作的纪录片，授权广州图书馆保存和开展公众服务；二是广州台纪实节目资源共享机制，广州台将其摄制的富有历史价值、反映时代特征、彰显城市特色的节目资源共享给广州图书馆并授权其公益使用，内容覆盖 20 世纪 80 年代以来的政治、历史、文化、经济等内容，节目时长总计约 9 万小时；三是双方共同对影像资源进行分类、整理、编目。截至 2023 年 6 月底，广州图书馆引入馆藏并获得授权的纪录片 20 部（共 54 集），广州城市历史影像数字资源 1.7 万小时。

2.1.2 与市场接轨，建立公益版权采购模式

在全球范围内，图书馆和学校是纪录片商业发行体系之外的重要发行和放映渠道①，而国内纪录片行业尚未建立专门面向公益机构的发行市场体系。纪录片中心于 2020 年开始尝试依托广州纪录片节平台与纪录片市场接轨，主动向各播出机构、纪录片制作机构和发行机构表达收藏意愿和诉求，并探讨纪录片公益版权采购和发行模式。

2022 年 1 月，纪录片中心举办了"公共图书馆纪录片公益版权制度研讨会"，针对已践行的公益版权购藏模式，邀请图书馆界、纪录片界的专家学者、资深从业者围绕如何平衡好纪录片版权的公共利益和市场利益，以及如何创造图书馆与纪录片行业的合作契机进行深入交流和探讨。来自纪录片制作播出机构的代表对公益版权持积极认可态度，并表示愿意与广州图书馆合作，共同传播纪录片文化。经过三年的摸索与实践，纪录片中心通过公益版权采购方式引入数字格式的中外优秀纪录片 240 部/集，且获得的版权授权范围不断扩大。

2.1.3 加强社会合作，拓展资源捐赠范围

对于公共图书馆而言，无论采取何种方式接受的社会捐赠，其资源价值通常都在图书馆接受捐赠所支付的成本之上，对于馆藏资源建设而言，这部分资源具有无偿性

---

① 张同道.电影眼看世界［M］.北京：中国广播影视出版社，2016：51.

的特点。纪录片中心主要通过活动合作、学术交流等方式获得资源捐赠，捐赠主体包括机构和个人，目前社会捐赠已成为纪录片中心资源建设的重要方式之一。

纪录片中心在 2018 年举办了"中国纪录片奠基人"黎民伟作品展映及研讨会，获得黎民伟之子黎锡捐赠的珍贵纪实影像《勋业千秋》和《淞沪会战》；与北京师范大学纪录片研究中心共同策划举办"'电影眼睛派'创始人吉加·维尔托夫"作品展映及研讨会，获得由俄罗斯国家电影基金会捐赠的维尔托夫的珍贵影像资料。此后，还与中央新闻纪录电影制片厂（集团）、上海广播电视台纪实人文频道、广东广播电视台马志丹工作室、广东音像出版社等机构开展研讨会或展映交流会，并与国内知名纪录片导演张同道、张以庆、焦波、宋坤儒等合作，开展作品展映交流以及举办展览，累计获得捐赠纪录片作品 470 余部/集。

2.1.4 开展专业创作培训，孵化征集优秀作品

纪录片中心自 2019 年起，每年为公众提供"零门槛"的纪录片创作公益培训，不但邀请纪录片领域的专家学者和优秀从业者授课，还鼓励参训学员进行自主创作，将理论积累转化为创作实践；同时开通征集渠道，为纪录片的爱好者和创作者搭建一个展示和交流的平台。2019 年，纪录片中心与中国传媒大学影像行动力训练营联合举办"影像广州七十年"口述历史培训工作坊，培训学员最终完成口述史纪录片 5 部，均被纪录片中心收藏。2021 年培训期间开展"我和广州图书馆"的主题征集活动，从学员作品中评选出 3 部优秀作品收入馆藏；2022 年，开展"我·青春"的主题征集活动，共征集到纪录片 88 部，最后评选出 20 部优秀作品收入馆藏。

以创作培训为依托，纪录片中心不但可以助力学员个人能力提升和自我价值实现，也可以激发纪录片中心资源建设的内在动力。

2.1.5 采集口述史料，开拓资源自建路径

在多媒体依赖普遍存在的"后文字时代"，口述资料的收藏是图书馆恢复传统与开拓发展的新机遇。图书馆不仅要履行搜集和整理资料的职责，而且要结合人文、地域等自身特点，借助数字媒体技术"生产"出特色资源——口述资料①。口述史料的采集和建设对图书馆有着不可估量的史料价值和人文价值。

2021 年，在广州图书馆建馆 40 周年之际，纪录片中心开展了馆史口述影像采集工作，对参与广州图书馆建设的群体和个人进行拍摄。项目组经过广泛深入调研，最后选择了 29 位采访拍摄对象，其中有为图书馆发展谋篇布局的政府官员，有将人生中最

---

① 王子舟，尹培丽.口述资料采集与收藏的先行者——美国班克罗夫特图书馆［J］.中国图书馆学报，2013（1）：13-21.

美好的时光奉献给图书馆事业的馆员，有从"旧馆"到"新馆"一直相伴而行的老读者。经过一年多的前期调研、采访拍摄，项目组采集视频素材 100 余小时，整理出来的口述史料近 45 万字，最后制作完成 10 分钟先导片，于 2021 年在"公共图书馆历史使命与时代使命"学术研讨会上公映，得到业界好评；2022 年制作完成 57 分钟的纪录片，于 2022 年 4 月 23 日在广州市广播电视台正式播出。

通过此项目的开展，纪录片中心探索出口述史料采集及纪录片制作的资源建设新途径，同时形成了由图书馆员主导纪实影音文献规划、选题、收集、组织和整理的工作模式。

2.1.6 推动藏品建设，构建多元馆藏体系

为构建专业、丰富、多元的馆藏体系，向纪录片业界和学界提供高文献价值和研究价值的资源，纪录片中心通过咨询业内专家以及寻访藏家，着手引入中外纪录片发展史相关的藏品资源。2023 年，成功引入中国纪录片研究学者、导演张同道历时二十多年拍摄的中外纪录电影大师深度访谈影像资源，内容为张同道与雅克·贝汉、阿涅斯·瓦尔达、阿尔伯特·梅索斯、让·鲁什、司徒兆敦、黎锡、刘效礼等国内外 20 位纪录片大师，共同探讨经典作品的背后故事和创作理念，内容专业深入，是纪录片研究的独家影像资料，具有珍贵的文献价值。同时，还引入了中国电影教育先驱孙明经及夫人吕锦瑷的教案、编译稿、静映卷片、信件、照片、底片、藏书等近千件（套），种类繁多，内容丰富，是研究孙明经及中国电影教育发展的珍贵史料，兼具文献价值和文物价值。

为了摸索藏品管理和利用模式，纪录片中心着手根据藏品介质进行分类，按照分类标准划分文物藏品，并为藏品建立电子档案。结合展陈和文献服务规划，逐步推进对底片、信件、静映卷片等的数字化工作，以便未来对藏品进行记录、挖掘、诠释和应用，从藏品挖掘的信息中发现新知识、创造新价值，从而为读者提供高质量的知识服务。

2.2 资源管理

2.2.1 搭建智慧媒资管理平台，提升资源管理效能

由于纪录片中心之前没有专门对资源进行统一数字化管理的系统，导致馆藏纪实影音文献在存储安全、版权管理方面存在风险。同时，现行的文献编目规则对影音文献适用性不强，使得纪实影音文献资源无法进行精细化揭示，不能充分满足读者需求。

为解决上述问题，2021 年开始，纪录片中心抓住全国智慧图书馆体系建设的机遇，对馆藏的 5000 余部（集）纪录片资源和 1.7 万小时的城市影像资源开展细颗粒度建设

和标签标引，并同步建设完成国内公共图书馆首个以纪录片为主体资源的智慧媒资管理平台，可实现对存储在不同介质的纪实影音文献进行采集，并对编目元数据描述信息、版权信息等进行统一规范管理。利用人脸识别、语音识别、文字识别等智能计算技术，对媒资内容中的人物、机构、地点等进行识别分析并生成标签（图1）。同时，在《中国文献编目规则》（第二版）和《中国图书馆分类法》（第五版）的基础上，融合了《广播电视音像资料编目规范》（GY/T 202.2—2016）的著录规则，可对各种音视频文件进行基于时间线操作方式的多级编目（包括场景层、片段层、镜头层），对所选媒体资源内容拆分的结构要求符合《广播电视音像资料编目规范》（GY/T 202.2—2016），不但可满足纪录片等纪实影音文献的编目，还可满足与广播电视台共建共享资源的编目。

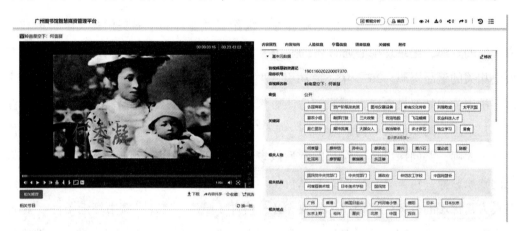

图 1　广州图书馆智慧媒资管理平台智能标签页面

2023 年，纪录片中心建成面向读者的智慧媒资服务平台（图2），该平台可通过电脑端为读者提供精细化检索、浏览、标签标引使用、专题聚类等智慧化服务，方便读者准确快捷查询更为精细化的媒资内容，并通过标签标引快速定位查询内容所对应的视频帧。

图 2　广州图书馆智慧媒资服务平台读者阅览页面

以人工智能为驱动的智慧媒资管理更符合智慧图书馆的发展趋势。一方面，可对纪实影音文献资源的处理过程和工作流程实现自动化管理，节约管理成本，提高管理效率。另一方面，对纪实影音文献资源进行细颗粒度智能标签标引和专题聚类，可提升检索效率和检索结果的准确性，以及媒体素材的应用价值①。智慧媒资管理平台在提升图书馆的知识发现能力、强化图书馆的知识服务功能、充分发掘图书馆的资源价值等方面发挥着重要作用，将全面拓宽广州图书馆媒体资源的应用层面和应用深度。

2.2.2 规范版权管理，拓宽版权使用范围

对于授权范围和期限各不相同的纪实影音文献资源，纪录片中心主要通过"技防+人防"的手段对版权进行规范管理。首先，与版权方签署授权协议，做好协议纸质版和电子版的归档保存。其次，依托智慧媒资管理平台，对入藏资源的版权方、责任人、版权类型、版权期限、版权使用区域等信息进行分类录入和日常管理（图3），平台将根据记录进行提示，防止版权使用违规的风险。再次，制定《广州图书馆纪实影音文献版权使用管理办法》，该办法适用于广州市公共图书馆服务体系，体系内的成员馆如有纪实影音文献版权使用需求，可根据该办法进行申请。

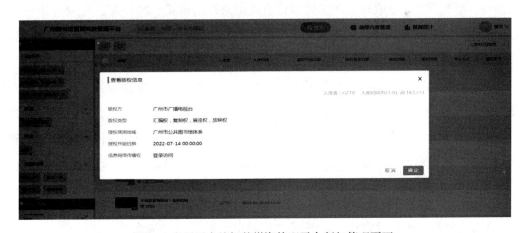

图3　广州图书馆智慧媒资管理平台版权管理页面

在规范管理版权的基础上，纪录片中心结合纪实影音文献的主要用途，不断丰富授权类型和拓宽版权使用范围。其一，2021年与广州台开展资源共建共享合作后，按照资源属性，在放映权、展览权、信息网络传播权的基础上增加汇编权，方便日后对资源进行深度加工及拓展服务范围。其二，2022年在与市场对接公益版权采购过程中，将纪录片线下使用范围从广州图书馆及直属分馆逐步拓展至广州市公共图书馆服务体

---

① 曾洁.图书馆智慧媒资管理平台建设实践探索［J］.图书馆研究与工作，2023（3）：76-80.

系内成员馆，实现直属分馆可以共享纪录片资源并进行线下展映。纪实影音文献版权使用范围的拓展，对进一步提升广州市"图书馆之城"服务效能有着重要意义。

3 特色公共文化服务实践

纪录片中心利用优质的纪实影音文献资源，面向公众组织、策划纪录片展映交流、展览、培训、研讨等活动，以丰富的形式呈现和传播纪实影像的文化内涵。截至 2023 年 6 月底，纪录片中心累计接待观众 15.05 万人次，组织各类活动 990 余场，线下参与活动的读者超过 12 万人次，线上覆盖受众超过 392.8 万人次。

3.1 充分利用空间和馆藏资源，打造放映服务品牌

纪录片中心结合文化、科学、教育、非遗等多个领域举办主题展映活动，启发公众以另一种"阅读"方式认知世界，获取知识，分享感受。截至 2023 年 6 月底，纪录片中心已开展"影像中的阅读""百态人生""读懂广州"等一百多个主题的纪录片放映活动，形成周末、节假日及寒暑假固定放映纪录片的模式。2021 年，纪录片中心打造"盛夏季·影像嘉年华"暑期放映品牌，按照不同主题策划放映系列，覆盖全年龄段观众，深受读者喜爱。

此外，纪录片中心还精心挑选了 100 部红色经典纪录片，结合服务场景打造"光影学党史"专题服务品牌，面向各级党政机关、社会团体、企事业单位及社会组织开放服务预约，除了提供学习活动空间和纪录片鉴赏服务，还配合预约团体组织开展阅读分享会、专题学习会、党课大讲堂等形式多样的党史学习教育。截至 2023 年 6 月底，已开展相关活动 16 场，累计服务 450 人次。

3.2 挖掘纪录片社会价值，开展"有温度"的展映交流活动

纪录片中心的服务以传递人文价值为旨归，聚焦诗歌、亲子教育等一系列主题开展交流活动，为公众与纪录片创作者、片中人物架构起一座交流的桥梁。例如，纪录片中心把握每年的"广州读书月"节点，在 2019 年策划"影像中的阅读"系列纪录片展映交流活动，邀请著名诗人余秀华等嘉宾出席活动；在 2021 年 4 月，举办纪录片《我不是笨小孩》展映与交流活动，特邀导演樊启鹏和在读写障碍儿童教育方面有丰富经验的教师及专家共同探讨读写障碍儿童的教育问题；2021 年 7 月，首次与哔哩哔哩弹幕网建立合作，共同举办 2021 年白玉兰奖最佳系列纪录片《小小少年》展映及亲子

交流会，邀请总导演孙超、片中主角在现场交流自然之道、亲子关系、儿童教育等话题内容。

除了挖掘纪录片主题和内容上的人文关怀，纪录片中心也注重为特殊群体提供"有温度"的文化服务。2021 年，围绕庆祝中国共产党成立 100 周年，纪录片中心联合文献流通部、公益社团星辰社举办"红色印记"口述纪录片专题活动，首次以口述形式为视障人士呈现纪实影像。此后，纪录片中心逐步将口述影像纳入常规服务范围，截至 2023 年 6 月底，共举办无障碍口述纪录片活动 4 场，参与活动读者 175 人次。在口述影像服务中，志愿者们通过增补大量配音解说，让视障人士能够"观看"纪录片，切身感受纪录片艺术的魅力，以新形式享受公共文化服务成果。

3.3　探索线上活动形式，拓展受众覆盖面

受新冠疫情影响，2021 年底，纪录片中心开始尝试将展映交流活动拓展至线上，积极整合直播平台资源，拓展受众覆盖面。首先主动与广州虎牙科技有限公司合作，在虎牙文化直播平台开设活动直播专区，首场直播"纪录片《中国民居》线上展映交流"获 4.7 万人次观看。之后，通过探索线上线下直播互动形式，拓展直播平台，使传播影响力不断提升。纪录片中心还会同步录播获得授权的活动，并在官方新媒体平台进行"再传播"，进一步拓宽受众覆盖面，服务效益显著提升。例如，2022 年 4—7月期间举办"读懂广州——'影像广府'纪录片系列展映及交流活动"，6 场活动通过央视频、新华网、南方网、花城+、虎牙直播的文化栏目、广州图书馆官方微信视频号、新浪微博号等平台同步直播，线上观看累计达 139.02 万人次。

3.4　立足空间因时制宜，探索新型展览模式

纪录片中心深挖特色资源、呼应时代主题、加强社会合作，以多样态展陈方式及配套服务传递纪实影像的文化内涵。截至 2023 年 6 月底，已举办 8 场大型纪实影像展（表 2），向大众传播纪录电影知识和纪录片文化，得到《人民日报》、中央广播电视总台、新华网、中国新闻网、广东广播电视台、《广州日报》、《羊城晚报》、《南方都市报》等媒体的广泛报道。

表 2　纪录片中心大型纪实影像展一览表（2019 年—2023 年 6 月）

序号	开展时间	展览内容	社会合作
1	2019 年 7 月	中国电影教育奠基人孙明经纪实影像展	孙明经之子孙健三提供素材支持

续表

序号	开展时间	展览内容	社会合作
2	2019 年 9 月	"影像广州七十年"纪实影像展	①面向各界公开征集纪实影像，获得广州日报社、广州市广播电视台、珠江电影集团等机构以及安哥、许培武、黄亦民、刘远、杨对荣等广州知名纪实摄影师提供的作品；②收到市民捐赠的个人及家庭影像共 46 份
3	2020 年 8 月	同心战"疫"纪实影像展	①面向广州市民征集 200 余幅纪实作品；②得到广州出版社、广东省中医院、广州市青年文化宫等多家协办单位的大力支持
4	2020 年 12 月	"俺爹俺娘——中国人的乡村岁月和家庭记忆"焦波影像展	纪实摄影师焦波提供素材支持
5	2021 年 10 月	"一代天娇——红线女"纪实影像展	与红线女艺术中心联合主办，得到珍贵藏品及素材支持
6	2022 年 6 月	"美学散步·张同道纪实影像路"展览	纪录片导演、学者张同道提供素材支持
7	2022 年 12 月	"流动的光影——农村电影放映展"	与广州市花都区平山电影文化博物馆和广州市演出电影有限公司联合主办
8	2023 年 6 月	"双城·纪——亚运之光"纪实影像展	与杭州图书馆联合主办，得到杭州亚运会组委会宣传部、广州亚运会亚残运会博物馆、浙江文澜图书馆事业基金会支持

在策划和组织展览服务过程中，纪录片中心逐步实现四个"突破"。其一是推出线上导赏，拓宽展览服务形式。例如，2020 年，联合《南方都市报》对同心战"疫"纪实影像展进行线上直播，吸引近 20 万网友在线观展。受此启发，馆员开始自主录制导赏视频，在广州图书馆社交媒体平台和展览现场播放，既可以让读者"云观展"，同时也可以作为展览的内容延伸。其二是建立"展览+"模式，提供闭环服务。将线下团体预约导赏服务与"光影学党史"专题服务等资源整合，提供"一站式"纪录片专业服务。其三是展览资源服务包下基层，助力广州市"图书馆之城"建设。2022 年将"一代天娇——红线女"和"美学散步·张同道纪实影像路"展览的物料、场刊以及导赏视频等资料以服务包的形式下沉至 6 个分馆进行巡展，累计接待观展读者 2420 人次。实践证明，"展览+服务包"的纪录片服务资源推广到广州市公共图书馆服务体系具有可行性。其四是探索联合展览模式，以共同发掘、保存、展示城市记忆为宗旨，整合跨城市资源，增强馆际合作，进而促进城市之间的文化交流。

3.5 打造纪录片创作培训品牌，培养"市民导演"

纪录片中心自 2019 年起举办纪录片创作培训，深受读者喜欢，获得业界、学界、媒体的关注。为满足公众对信息获取和知识传播的新需求，探索创作培训的可持续发展模式，纪录片中心于 2021 年正式建立培训品牌"WE 纪录"，并从三个角度入手进行品牌策划。

首先是确立品牌理念和标识，树立品牌形象。"WE 纪录"意为"我们一起记录"，传递出"这个时代，人人都是记录者"的品牌理念。同时"WE"也是"World Explorer"的缩写，在表达纪录片内涵的同时，传递出图书馆通过纪录片文化服务推动社会教育和提升公众文化素质的愿景。其次是找出品牌差异化优势，明确品牌的目标定位。通过与市场上相关培训比较，确立"WE 纪录"品牌目标定位：推广纪录片文化，培训和鼓励全民参与记录创作；赋能人才成长，为具备一定纪录片专业知识和技能的人群提供展示平台和创业机遇；提升城市文化内涵，推动广州建立中国"纪录片之都"。再次是整合品牌传播，从品牌价值共鸣到品牌价值共创。与价值观相似的品牌或项目开展合作，丰富"WE 纪录"的内容外延，持续提升品牌影响力。例如，在 2022 年和 2023 年与佳能（中国）有限公司广州分公司举办集设备体验、拍摄讲座、优秀作品颁奖和展映于一体的"WE 纪录 & R Camp"纪录分享嘉年华。

自 2019 年起，纪录片中心每年 7—9 月举办"WE 纪录"创作培训营，通过大众课程、纪录片征集活动、进阶专业指导、宣传推广优秀作品四个阶段，为读者提供培训、创作、播映、推广的全链条服务。截至 2022 年底，"WE 纪录"创作培训营的参与量累计超过 1.6 万人次（图 4）。纪录片中心自 2020 年探索开展线上培训以来，服务范围从广州本地拓展到全国 30 余个城市和地区，辐射到美国、英国、马来西亚、日本、新加坡、澳大利亚等十多个海外国家和地区。其中，学员年龄最大的 77 岁，最小的 14 岁。

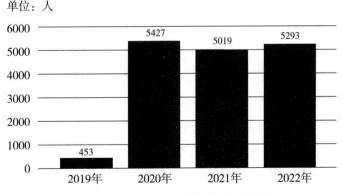

图 4 2019—2022 年纪录片创作培训参训人次

75 岁的卢绮萍是连续四年参加创作培训的"资深学员",她在专业老师指导下创作的纪录片在广州纪录片节展映,完成了从"卢阿姨"到"卢导"的蜕变,得到了《人民日报》的特别报道。

3.6 学术研讨汇集专业力量,推动公共图书馆纪录片服务发展

纪录片中心一直致力于推动图书馆与纪录片界以及更多领域的跨界融合,通过具有深度的学术研讨活动,探索纪实影音文献在图书馆的典藏、传播、服务的路径,同时为文化机构之间开展纪实影音文献建设、公共文化服务以及宣传推广搭建交流合作的平台。

自 2018 年起,纪录片中心先后邀请英国国家电影学会、俄罗斯国家电影基金会、新华社、中央新闻纪录电影制片厂(集团)、北京师范大学纪录片中心等国内外多家机构合作开展纪录片主题研讨,如维尔托夫、格里尔逊等大师作品研讨会和"大师的对望:弗雷德里克·怀斯曼和司徒兆敦"线下论坛等。各种学术研讨活动作为广州纪录片节的组成部分,得到了国内外纪录片业内人士的关注和好评。

自 2019 年起,纪录片中心与国家图书馆中国记忆项目中心开展一系列合作,积极推动公共图书馆纪实影音文献建设发展。2020 年,共同举办"予纪录片以殿堂——公共图书馆纪录片典藏体系建设研讨会",邀请纪录片界、图书馆界的知名学者和从业者参与研讨,推动国内图书馆行业首次深入探讨公共图书馆纪录片典藏体系建设这一议题。2021 年,共同举办"个体记忆里的家国往事"口述纪录片主题研讨会,探讨口述史纪录片的文献价值、史料价值和艺术价值,面向观众传播口述史文化。2022 年 12 月,共同举办"图书馆纪实影音文献建设的发展与创新"主题研讨会,这是国内公共图书馆界首次联动博物馆、美术馆、档案馆、纪录片业界进行跨界交流,线上观看突破 23 万人次,同时得到广州市人民政府网站以及《光明日报》《中国艺术报》等媒体的报道,引起行业内外广泛关注。

4 广州纪录片研究展示中心实践经验与思考

4.1 公共图书馆纪录片服务实践经验

4.1.1 管理支撑:运用跨界思维,引入"中央厨房"运作模式

"中央厨房"概念来自餐饮业,后来被广泛应用到媒体行业中。在融媒体运营中,

"中央厨房"模式是指采集同一个内容素材进入全媒体数据库，各类传播渠道、子媒体根据需要对素材进行二次加工，生产出各种形态的新闻产品，最后，按照介质特点、传播速度、传播需要，通过多种媒介逐级发布、传播①。

面对资源建设的"多源化"和公共服务的"多元化"，纪录片中心在工作中引入"中央厨房"运作模式（图5），以智慧媒资管理平台整合资源建设和活动推广两大主营业务，将丰富的馆藏文献更有效地转化为服务公众的资源。资源建设将从多种途径采集到的纪实影音文献上传至智慧媒资管理平台；活动推广则结合策划从平台调用所需的资源用于公共服务及宣传推广。该模式实现了纪录片中心资源从采集、编目到应用的全流程的高效管理和应用。

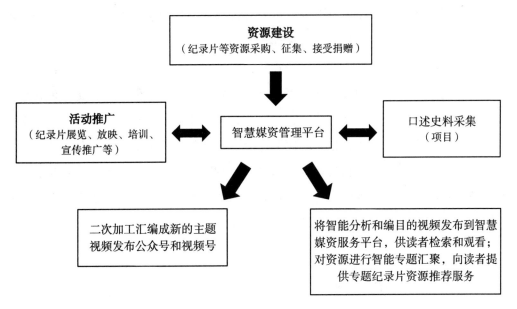

图5　广州纪录片研究展示中心"中央厨房"工作模式

4.1.2　发展路径：推进社会合作，深化品牌建设

纪录片中心在建设和服务过程中，非常重视和鼓励社会力量的参与。例如，通过向社会公益征集照片和视频丰富展览内容的同时，拓展资源类型；与机构、导演合作展映交流，为其提供公益宣传平台，助力作品的传播②，同时获得机构和个人的作品捐赠；与纪录片学界专家开展学术合作，深入研究和挖掘纪实影像的文献价值，推动纪录片馆藏资源服务和应用高质量发展③。

在强化社会合作的同时，纪录片中心也不断促进品牌延伸，深化品牌建设。例如，

---

①　朱剑飞.当代主流媒体融合发展大解码［M］.世界图书出版广东有限公司，2018：60.

②③　曾洁.图书馆公共文化空间视域下纪录片服务研究［J］.图书馆学刊，2022（9）：64-69.

创作培训品牌"WE 纪录"在 2021 年与广东省博物馆合作举办创作分享活动；公共学术品牌"纪实影像照见未来"在 2022 年引入"LAM"理念，将探讨领域拓展到美术馆、博物馆、档案馆，覆盖的专业领域受众大幅增加；促进城市文化交流的活动品牌"双城·纪"，于 2022 年与上海音像资料馆合作举办纪实影像赏析交流活动，在 2023 年与杭州图书馆共同举办亚运主题展览。纪录片中心的实践充分证明，通过调动社会力量，以品牌为抓手实现共建共享是一个可持续的发展路径。

4.1.3 服务形式：打造多元化、多层次服务，传递知识和人文价值

纪录片的文献价值、审美价值和社会影响力决定了其是多层次文化服务的资源利器，至少可以从三个维度为公众带来影响：作为珍贵档案史料让公众更好地了解历史，认识世界；作为影视艺术作品引发观众思考并探寻深层逻辑和内在本质；作为社会重大事件和热点的缩影促进文化互鉴、推动社会发展①。

纪录片中心以公众需求为导向，以纪实影音文献为媒介，通过多元化的服务形式、多层次的服务内容，在助推公共文化服务高质量发展的同时，促进社会交流理解和社会包容发展。其一是形成涵盖科普知识、专业指导、职业发展和学术研究的多层次纪录片服务，并培养了一批相对稳定的服务受众，包括纪录片爱好者、具备一定专业知识的纪录片行业专家、学者和从业者。其二是针对特殊群体开展一系列展映和交流活动，呼吁社会对阅读障碍群体、心智障碍群体和农村留守儿童等人群给予更多关注和关怀。其三是从口述纪录片实践出发，在资源建设过程中倡导纪录片无障碍格式版本的制作和推广，惠及更多残障人士。

4.2 关于未来发展的思考

第一，推动纪录片公益版权市场和制度的建立，在满足大众需求的同时彰显对特殊群体的人文关怀。纪录片中心在国内率先探索的公益版权采购模式是公共图书馆建设纪录片资源的创新尝试。为确保公益版权采购可持续发展，在平衡权利人的经济利益与社会获取知识的需要的前提下，纪录片中心将探索建立与市场经济相适应的公益版权制度。首先，呼吁和推动更多播出机构、纪录片制作机构、影视节展运营机构参与建立纪录片公益版权发行体系；其次，建立纪录片公益版权联盟，推动纪录片公益版权供需市场成形。通过集结图书馆、博物馆、美术馆等公益文化机构对纪录片的需求，以及阅读障碍人士的特定需求，为公益版权发行市场奠定基础；再次，拓展纪录

---

① 马泳娴.基于 SWOT 分析的公共图书馆纪录片资源建设研究［C］//陈深贵.广州市"图书馆之城"研究论文集 2021.广州：广州出版社，2021：87-96.

片公益版权合作与发展路径，推动纪录片公益版权制度的建立。

第二，强化对纪实影音文献资源的智慧化管理与应用，建立立体化资源服务体系。随着纪实影音文献免费资源、增值资源、集成资源的比重不断变化，纪录片中心资源建设和利用的同步拓展至关重要。一方面将提升资源加工的深度，比如对获得汇编权的纪实影音文献资源进行深度加工，整合生成高附加值的信息产品，从而享有著作权，以此提高文献的可利用价值，并可通过互联网提供服务。另一方面将进一步提升资源管理和利用的智慧化能力，实现包括图书馆资源以及个人创作资源等知识内容的细颗粒度揭示、综合语义关联和集成管理服务，建立读者可通过多种应用终端获取资源的立体化服务体系。

第三，强化跨界资源整合，发掘纪实影音文献多元价值并提升活动品牌价值。首先，与研究机构通过学术研讨、课题研究合作，充分发掘纪实影音资源的文献价值、应用价值、传播价值，以满足不同受众的需求；与学校等教育机构等合作，推动纪实影音文献助力未成年人的文化素质教育；与中国（广州）国际纪录片节组委会等机构加强合作，共同举办公益展映和学术研讨并开展产业发展研究，成为连接纪录片产、学、研的资源枢纽。其次，深入探索以"文献资源+多元服务"的服务包形式，推进纪实影音文献资源与研究成果融入广州市公共图书馆服务体系，实现资源价值的最大化。再次，进一步强化品牌建设，以技术创新、管理创新赋能品牌发展；树立品牌形象，通过增强读者与品牌间的联系来提高品牌传播价值；强化以品牌驱动的跨城市区域资源整合，搭建文化交流和展示平台，促进城市间的文化交流与合作。

第四，创新服务多元发展，展示图书馆新形象。首先，培养高水平复合型人才。立足纪录片中心人才队伍学科背景多元化的特点，引导和鼓励馆员在深化图书馆学科专业知识、技能的同时，拓展与纪实影音文献资源建设和文化服务相关的知识、技能。例如，影音文献的保存、整理及研究，口述史料采集、整理、应用，新媒体应用和传播等，以更优质、精准和专业的服务革新社会对图书馆的印象，提高社会对图书馆专业化的认知。其次，建立以用户需求为导向的智慧图书馆服务意识。依托新技术将纪实影音文献的服务场景和服务入口从线下空间泛化至更多工作、学习、生活的场景，从应对式的被动服务发展成为智能化和智慧化的主动服务①。再次，运用跨界思维整合相关领域的优秀经验并进行内化和输出。例如，借鉴博物馆、档案馆、美术馆等机构

---

① 方家忠.体系化为表 专业化为里——文化强国愿景下公共图书馆的发展思路 [J].中国图书馆学报，2021（6）：62-75.

的策展理念和思维，结合图书馆的文献研究方法，基于受众分析将专业内容转化为便于理解和接收的信息，并以能被受众感官感知的可视化和空间化表达进行展示①，真正提供"以人为中心"的服务，助力建设以人为本的公共图书馆。

---

① 周婧景.文献收藏机构展览的开发利用 [N].中国社会科学报，2022-09-27 (6).

名人专藏建设、开发与服务

陈智颖　苏晓明　金峰　何虹　于会强

公共图书馆承担着传播文化、提升全民文化素质的重任。地方名人专藏具有重要的科研价值、史料价值和社会教育功能，对图书馆发展特色化馆藏、开展主动服务、提升自身形象都有重要意义。图书馆设立名人专藏是彰显地域文化特色、拓展名人资源利用、扩大地方名人影响力以服务于社会发展的现实需要。广州图书馆抓住新馆开放、地方名人专藏开放服务的契机，引入信息共享空间的服务理念，用十年时间成功打造了文献专藏、阅读推广、文化交流三位一体的地方人文专题阅览空间，充分体现了现代公共图书馆自由、平等、开放的精神，适应时代发展潮流，成为公共图书馆在构筑全民智慧共享空间进程中的新范本。

1　广州图书馆名人专藏建设历程

习近平总书记在党的二十大报告中作出推进文化自信自强、铸就社会主义文化新辉煌的重大战略部署，鲜明提出坚守中华文化立场，提炼展示中华文明的精神标识和文化精髓，加快构建中国话语和中国叙事体系，讲好中国故事、传播好中国声音，展现可信、可爱、可敬的中国形象。唯有文化自信，才能文化自强。作为我国文化事业的重要组成部分，公共图书馆肩负着坚定文化自信的重任，应发挥文化阵地作用。《中华人民共和国公共图书馆法》提出，"公共图书馆是指向社会公众免费开放，收集、整理、保存文献信息并提供查询、借阅及相关服务，开展社会教育的公共文化设施。"地方名人是城市独特的人文资源，图书馆设立名人专藏是彰显地域文化特色、拓展名人资源利用、扩大地方名人影响力以服务社会发展的现实需要。2008年12月27日，"纪念改革开放30年——'南粤风华一家'赠书仪式暨苏家杰先生装帧设计作品展剪彩仪式"揭开了广州图书馆名人专藏建设的序幕。

广州图书馆自2009年起正式开展广州名人专藏建设。在《广州图书馆2011—2015年发展规划》中，广州图书馆确定了"发展地方性专题服务，保存地方文化遗产，弘扬岭南文化"的策略。广州图书馆名人专藏入藏岭南学者、本地专家和社会知名人士的专著及藏书，供读者阅览及研究参考。专藏的藏主或是广州乃至岭南文化名人，或是其所在领域的著名学者，各专藏都具有一定规模、体系和特色，极具文献价值和文化传承价值。2013 年 6 月广州图书馆新馆全面开放，广州人文馆的欧初赠书、可居室藏书、南粤一家藏书、刘逸生刘斯奋家族藏书及姜伯勤教授藏书等五个地方名人专藏正式对公众开放服务，成为新馆开放的一大亮点。此后，通过引进、征集等手段，名人专藏不断拓展，建设规模不断壮大。专藏图书按数量多少和规模大小分为专区、专柜、专架进行管理并提供服务。从 2013 年新馆开馆至 2022 年末，名人专藏从 5 个专区增至 8 个专区、5 个专柜，共计 13 个名人、家族、机构藏书区域。专藏建设手段以引进为主，征集为辅，累计征集文献近 2000 册，专藏文献从新馆运行初期的 1.5 万册增至 5 万余册，学科涵盖社会、经济、历史、文化、艺术等多个领域，兼具地方性、学术性、专题性，富有特色的名人专藏体系已初步形成。稳步增长的专藏文献为后续的读者服务、阅读推广、文献开发研究工作提供了强有力的支撑和保障。广州人文馆对名人专藏实行精细化管理，具体办法包括：对专藏实行专人专门管理，编制专藏书目，开展专藏宣传；为藏主及家人、友人、学生、研究者等提供场地及文献支持，举行研究交流活动等等。

1.1 广州图书馆名人专藏（专区部分）建设情况

1.1.1 欧初赠书

2013 年开放服务。欧初（1921—2017），字德正，号五桂山人。欧初先生是广州著名的诗人、书画家、鉴藏家，在书画、诗词、金石等领域皆有较高造诣。关注中华优秀传统文化艺术事业建设，重视继承、弘扬岭南文化，对广州等地文化建设多有贡献，业绩卓然。先后出版《欧初书画集》《五桂山房集》《五桂山房用印藏印集》等。21 世纪之初，欧初先生向广州图书馆捐赠包括《古铜印汇》《鸟鼠山人小集》等多部珍贵古籍在内的图书 2000 多册，具有较高的文献保存和研究使用价值。为纪念欧初先生，2019 年广州图书馆编纂出版《广州图书馆藏欧初先生赠书目录》。

1.1.2 可居室藏书

2013 年开放服务。王贵忱（1928—2022），号可居，斋名可居室。王贵忱先生是著名文献学家、钱币学家、金石学家、收藏家及书法家，是当代岭南文史学界的一位通才式学者。其学术研究博涉文献、古泉、金石、历史、书画艺术等多个领域，所藏图籍、钱币、金石、书翰等蔚为可观。广州图书馆现收藏可居室专藏 1400 多册，主要包括古籍、名人手稿等，其中以形成系列的龚自珍著作及相关文献、张之洞手札、广东地方文献等最具特色，如民国潘景郑先生印江标刻《定盦续集己亥杂诗》一卷红印本，翁同龢题跋、朱墨笔批校的清晚期山隐居校刊本顾炎武《亭林文集》六卷余集一卷，明万历年间清响斋刻本《三先生逸书》八卷，张之洞致张佩纶、张曾扬、梁敦彦、瞿鸿禨、外务部等信札九十余通等，均属珍稀之什。《古史》六十卷（明万历刻本，胡承珙批校并跋、莫伯骥跋，存卷一至六）入选第三批《国家珍贵古籍名录》。2012 年、2017 年广州图书馆分别编纂出版《广州图书馆藏可居室文献图录》《广州图书馆藏可居室文献图录（增补版）》，以专书图录的形式展示王贵忱先生历年来所珍藏的旧籍。

1.1.3　南粤一家藏书

2013 年开放服务。以林墉、苏华伉俪为代表的"南粤一家"演绎了一部墨韵缤纷的家族传奇。"南粤一家"是岭南美术界一个颇具影响力的大家庭，三代人共出了九位女画家，分别是母亲吴丽娥，四个女儿苏华、苏家芬、苏家芳和苏小华在各自的领域里均卓有成就。四个孙女林蓝、韦潞、苏芸、李山珊作为新生代艺术家，在家庭艺术氛围的熏陶下，凭借自身努力开创了自己的艺术之路。"苏门五杰"中唯一的男儿苏家杰与苏家芬之夫韦振中、苏家芳之子乔乐也都在美术事业里耕耘。"南粤一家"专藏立足一个大家族的创作成果，拥有源源不断的生命力，这些作品曾代表广州市人民政府远赴法国里昂展出。专藏涵盖美术作品种类之多、质量之高、影响范围之广在南粤大地上首屈一指。截至 2022 年底，南粤一家专藏收藏近 4000 册，专藏文献系统完整，具有重要的史料价值、艺术价值、人文价值与社会价值。2008 年广州图书馆整理编印了《南粤风华一家赠书精粹集》，目前，《苏家杰先生图书封面设计集》也已进入出版流程。随着专藏资源的持续入藏以及深入开发与传播，"南粤一家"家族的传奇将在中国美术史乃至世界美术史上留下浓墨重彩的一页。

1.1.4　刘逸生刘斯奋家族藏书

2013 年开放服务。刘逸生（1917—2001），号逸堂，新闻工作者、中国古典文学著名专家、诗人。刘斯奋（1944—　），号蝠堂，著名小说家、山水人物画家、书法家、诗人，历任第四、五、六届广东省文学艺术界联合会主席，他所著长篇历史小说《白门柳》获中国作家协会第四届茅盾文学奖。刘逸生先生长子刘斯奋、次女刘圣宜、次子刘斯翰等在文史领域均各有造诣。刘逸生刘斯奋家族藏书侧重于古代文学（特别是古典诗词研究）、古代文化研究、艺术、历史等方面，形成了比较完整的中国古代文学和古代文化研究体系，具有较高的文献价值、学术价值、文化价值。截至 2022 年底，刘逸生刘斯奋家族藏书共 7000 多册。2017 年适逢刘逸生先生 100 周年诞辰，为纪念刘逸生先生的学术成就，广州图书馆编纂出版《广州图书馆藏刘逸生刘斯奋家族藏书目录》，集中展示其藏书特色。

1.1.5 姜伯勤教授藏书

2013 年开放服务。姜伯勤（1938— ），湖北武汉人，中山大学历史系教授、博士研究生导师、敦煌研究院研究员、中国敦煌吐鲁番学会副会长、敦煌石窟保护基金会名誉理事长，中国史学会副会长。他是国际知名的敦煌学家，在敦煌学、隋唐史、丝绸之路史等领域均有精深造诣，广泛涉及中外艺术史、明清禅学史等诸多领域，主要从事隋唐史、敦煌学、丝绸之路史研究，在艺术史、明清禅学史等领域亦有卓越建树。截至 2022 年底，广州人文馆馆藏 8400 多册，另有线装书 28 种，手稿尚在整理中。藏书主要集中在敦煌学、隋唐史、丝绸之路史及艺术史、明清禅学史等领域。其手稿具有如下特点：其一，学术价值高、数量庞大；其二，学术领域广泛、专业性强；其三，文献载体类型多样、种类丰富；其四，部分手稿文献属于档案文书，具有一定的隐私性。

1.1.6 蔡鸿生教授藏书

2015 年开放服务。蔡鸿生（1933—2021），广东汕头人，中山大学历史系教授，2011 年获"广东省优秀社会科学家"称号。蔡鸿生先生长期从事中外关系史的教学和研究，其主要研究领域包括唐代蕃胡的历史文化、俄罗斯与中俄关系、市舶时代的南海文明、清代广州与西洋文明、佛教僧尼史事等，出版了《唐代九姓胡与突厥文化》《俄罗斯馆纪事》《中外文化交流史事考述》等多部学术著作，具有鲜明的治学风格。其藏书广泛涉及唐代至晚清中外关系史研究的诸多领域，门类丰富，中文为主，外文为辅，具有专业性的特色。截至 2022 年底，广州人文馆馆藏 9748 册，仍不断有补充。

1.1.7 李龙潜教授藏书

2017 年开放服务。李龙潜（1931—2015），广东化州人。1956 年毕业于中山大学历史系，曾任暨南大学历史系教授。1993 年荣获国务院颁发的"有突出贡献专家"证书，享受政府特殊津贴。李龙潜先生主要研究领域为明清经济史、香港经济史、广东史等，出版《明清经济史》《明清经济探微初编》《十四世纪以来广东社会经济的发展》（主编）等 9 部学术著作，发表学术论文 79 篇、历史小品文 6 篇。截至 2022 年底，广州图书馆馆藏 4800 多册，其中 200 多册为线装书。其藏书覆盖全面的明清史各类典籍和文献资料，尤其长期积累收集的完整古籍刊物、60 余本读书小札、史料抄本、论文手稿等珍贵资料，展示了广东学者在中国古代后期历史研究的卓越成就，是史学专业图书之精品，明清经济史研究的宝贵材料。

1.1.8 朱雷教授藏书

2019 年开放服务。朱雷（1937—2021），祖籍浙江海盐，武汉大学历史学院教授、博士生导师。1988 年获"国家有突出贡献中青年专家"称号。专攻魏晋南北朝隋唐史及敦煌吐鲁番文书研究，是唐长孺教授主编《吐鲁番出土文书》一书的整理小组的主要参加者之一。出版有《敦煌吐鲁番文书论丛》等专著数部，发表《敦煌两种写本〈燕子赋〉中所见唐代浮逃户处置的变化及其他》等论文数十篇，曾承担国家社科基金重点项目《海内外吐鲁番文书总目（国内卷）》等多项重要课题。朱雷教授藏书以历史文献和史学著述为主，其中有关魏晋南北朝、隋唐史及敦煌学的研究最为丰富，佛教类藏书数量也极为可观，还有相当数量的宋史及明清社会、经济史，以及关于马克思主义和儒道等传统文化典籍。截至 2022 年底，广州人文馆馆藏 6000 多册，另有线装古籍 19 种、手稿类文献 150 种。为了反映朱雷教授治学的知识体系结构，2020 年广州图书馆编纂出版了《广州图书馆藏朱雷教授藏书目录》。

1.2 广州图书馆名人专藏（专柜部分）建设情况

1.2.1 曾庆榴教授赠书

曾庆榴教授曾任广东省委党校党史教研室副主任、主任，广东省委党校教育长、副校长。广州图书馆（旧址）地方文献室开设专柜提供阅览服务。截至 2022 年底，广州图书馆馆藏 3500 多册。

1.2.2 卓炯赠书

2015 年开放服务。卓炯（1908—1987），其代表作《论社会主义商品经济》在 1999 年中国社会科学院经济研究所和广东经济出版社共同发起的推选"影响新中国经济建设的十本经济学著作"活动中获选，成为新中国经济理论发展的"十面旗帜"之一。截至 2022 年底，广州图书馆馆藏 600 多册。

1.2.3 中山大学戴裔煊教授藏书

2016 年开放服务。戴裔煊（1908—1988），1908 年出生于广东阳江。治学领域涵盖历史学、民族学，是一位有多方面建树的历史学家，深受陈寅恪先生器重，获得"后生可畏"的赞语。他倾注心力最多的学术领域，一为中葡关系和澳门史，一为中外关系史，戴裔煊先生是中葡关系和澳门史研究的著名先驱。主要论著包括《西方民族学史》《干兰——西南中国原始住宅的研究》等，截至 2022 年底，广州图书馆馆藏 700 多册。

1.2.4 广州美术学院方楚雄藏书

2017 年开放服务。方楚雄（1950— ），广东普宁人，被中国文学艺术界联合会、中国美术家协会评为"'97 中国画坛百杰"，其作品多次入选全国美术作品展览并获奖，其代表作被人民大会堂、钓鱼台国宾馆、军事博物馆、北京唐风美术馆及多家美术馆、博物馆等单位收藏。截至 2022 年底，广州图书馆馆藏 700 多册。

1.2.5 原广州文史馆藏书

2021 年开放服务。广州文史馆编有《广州市人民政府文史研究馆馆藏古籍书目》，收录大量广州人民政府文史研究馆馆藏古籍，十分珍贵。2020 年广州图书馆接收广州市文史研究馆移藏文献 1 万多册（件），字画及工艺品 1600 多件

2 广州图书馆名人专藏的整理开发与服务

广州图书馆抓住地方名人专藏开放服务的契机，引入信息共享空间的服务理念，成功打造文献专藏整理、阅读推广、文化交流三位一体的专题阅览空间，积极拓展公共文化服务的广度和深度。信息咨询部利用广州人文馆空间，依托丰富的名人专藏文献和特色资源，以服务读者为宗旨，开展丰富多彩、形式多样的阅读推广活动；整理开发文献资源，进行二三次文献、索引性文献、工具书的编制；积极申报奖项，不断扩大名人专藏的知名度与影响力。名人专藏的建设，吸引了专藏藏主及社会大众到馆参观和利用资源；开展阅读推广和交流活动，则有助于专藏文献的丰富和壮大，同时也使广州人文馆形成地方文化交流平台，服务本土文化建设，使图书馆服务深入本土文化生活。

2.1 积极开展阅读推广，打造优质品牌活动

2.1.1 名人专藏主题沙龙

广州图书馆依托名人专藏文献资源开展各种阅读推广、文化交流活动，邀请名人或其后人以及相关学者前来与读者进行面对面的交流，提升专藏的知名度。活动与名人自身的影响力相得益彰，为读者打开研究之门。以林墉、苏华伉俪为领军人物的"南粤一家"和以刘斯奋为领军人物的刘逸生刘斯奋家族是在全国颇具影响力的本土知名文化家族。"南粤一家"藏书和刘逸生刘斯奋家族藏书是广州图书馆新馆首批开放的名人专藏，在广州图书馆名人专藏建设过程中意义重大。新馆开放之初，为提升广州

人文馆名人专藏的知名度，依托本地两大知名文化家族藏书，分别邀请"南粤一家"和刘逸生刘斯奋家族举办访谈活动。2013年7月27日，"墨韵缤纷 艺术传承——从文化家族的视角认知南粤风华一家"主题馆日活动在广州人文馆举办，本次活动邀请"南粤一家"全体家族成员，从苏家杰赠书切入专藏的构建，各成员分别从自身的求学、事业和艺术成就谈家族的艺术传承，同年10月13日，举办"岭南文脉一世家——刘逸生刘斯奋家族访谈"活动，邀请以刘斯奋先生为首的6位家族代表，现场与大家分享他们各自的成就和"书香世家"的文化传承。从设立"刘逸生刘斯奋家族藏书"专区的起源谈起，讲述在公共图书馆设立地方名人藏书专区的社会意义。两场家族访谈活动均在颇具西关特色厅堂装饰风格的广州人文馆互动交流区内举行，在满洲窗、西关特色屏风、八仙台、太师椅等装饰元素和家具环境中，营造出古色古香、浓郁的老广州风情。活动打破思维定式，突破以往讲座嘉宾在大型报告厅作专场演讲的传统方式，实现了嘉宾与读者近距离、面对面的互动。

2.1.2 刘斯翰先生诗词系列讲座

为丰富读者活动内容，打造广州人文馆活动品牌，拉近广州图书馆与市民之间的距离，使读者活动向常态化、系列化、规模化、品牌化方向发展，2014年3月起，依托刘逸生刘斯奋家族专藏文献，广州人文馆策划举办"刘斯翰先生诗词系列讲座"，由专藏藏主之一刘斯翰先生主讲。刘斯翰是著名的岭南学者、诗人、文学研究员，曾任广东《学术研究》杂志主编、广州《诗词报》总编辑。长期从事中国古代文学、文化研究，著有《汉赋：唯美文学之潮》《史与诗》《曲江集校注》《海绡词笺注》《诗海禅心——岭南禅诗欣赏》《今文选·近代政论文选》《童轩词》等十数种著作。其父为中国诗词鉴赏新流派开创者之一刘逸生。讲座以古代诗词赏析交流为主题，每月一讲，已成为广州市单一主讲人、持续时间最长、固定听众最多的品牌讲座。2022年与时俱进，推陈出新，继续创新阅读推广模式，将"刘斯翰先生诗词系列讲座"纳入战略合作板块，在广东广播电视台"粤听"App创建"粤庭童轩品词"专辑，提供音频回顾，为无法到场参与的读者提供了更为便捷的渠道，欣赏宋词、品味宋词。截至2022年底，共举办讲座65讲，现场参与者近4000人次。讲座举办9年以来，刘斯翰先生带领读者一起赏析苏轼、温庭筠、李煜等14位词人的140余首词作，受到诗词爱好者的喜爱及推崇。2017年，在"出版界图书馆界全民阅读年会"上，"刘斯翰先生诗词系列讲座"得到与会专家一致认可，荣获由中国图书馆学会等联合颁发的"2017全民阅读优秀案例一等奖"称号。

2.1.3 唐宋诗词粤语讲座

2017年1月，中共中央办公厅、国务院办公厅印发了《关于实施中华优秀传统文化传承发展工程的意见》，为图书馆的传统文化阅读推广工作指明了方向。党的二十大也作出推进文化自信自强、铸就社会主义文化新辉煌的重大战略部署。为响应习近平总书记视察广东重要讲话精神，广州市全力打造"诗词之都"。诗词以极精短的体裁容纳广大的涵蕴，在中国古代文学中占据不可取代的地位。粤语有完整的九声六调，与古诗词在音乐上具有独特适配性，两者融合可以大大提高诗词赏析的美学体验感。为推动广州"诗词之都"建设，推广广州图书馆名人专藏文献，信息咨询部广州人文馆充分考虑本土语言资源与读者需求，求新求变，在刘斯翰先生诗词系列讲座的基础上全力打造"唐宋诗词粤语讲座"。2018 年 3 月，"唐宋诗词粤语讲座"在广州人文馆正式开讲，带领读者从诗句中品味古韵，引导市民群众热爱粤语、热爱广州，传承和发扬广府文化，读懂广州。

讲座邀请了刘斯翰、周克光、石牛三位本地诗词界专家、学者进行讲授。三位主讲老师在本土文化研究方面浸润多年，具有较高的知名度与影响力，授课题材各有侧重，讲座风格各具特色，拥有数量不少的粉丝。讲座首次与广东广播电视台"粤听"App 合作实现音频直播，在"粤听"App 开设广州图书馆专用频道"粤听人文古韵"，用于上传讲座回顾音频，有效打破时间和空间的限制，让读者可以随时随地畅游诗海。新冠疫情防控期间，积极应对疫情防控动态，适时调整讲座安排，以线上讲座的方式保证广大读者丰富的文化生活。截至 2023 年 4 月，共举办讲座 54 讲，累计现场参与读者 1400 人次（2020—2022 年无现场读者），直播听众超 52 万人次，回顾收听 25 万人次，推荐文献 57 篇，讲座的影响力和辐射度不断拓展。2018 年登上中央电视台新闻网络直播报道。第 23 讲"杜甫诗歌的意象营造和艺术技法"获"学习强国"平台采用并于 2020 年 7 月推送。2021 年"唐宋诗词粤语讲座"获选广东广播电视台"文化传承优秀合作案例"。2023 年 4 月 17 日，"唐宋诗词粤语讲座"第 54 讲——"审美的意义：人工智能与诗词写作"获《广州日报》报道。

唐宋诗词粤语讲座紧跟时代步伐，兼具国际视野，让古典诗词与现代粤语产生碰撞，为传统文化赋予新的时代特色。2023 年在 ChatGPT 火爆全球之际，特别策划"ChatGPT 时代的诗歌研讨"相关主题，与读者面对面探讨 ChatGPT 对诗词创作的冲击与革新，引发读者对于 AI 算法视域下诗词写作的思考与讨论。讲座在活动主题、场地、语言的选取上都充分融入本土元素，突出岭南地域文化内涵，实现了传统文化、本土语言与阅读推广有机融合，是公共图书馆充分利用资源优势，发挥文化育人作用，打造传统文化品牌的有效尝试。

刘斯翰先生诗词系列讲座、"唐宋诗词粤语讲座"通过广州图书馆、广州人文馆微信公众号、广州图书馆官网发布预告，让读者及时获知活动信息。采用读者报名、先到先得的方式，合理规范现场座位数量，优化讲座环境，保证读者参与舒适度。与广东广播电视台"粤听"App合作上线音频，无须报名，直接扫码即可收听讲座，有效打破空间和时间的制约，延伸辐射半径，让海内外华人均可同步欣赏诗词之美。2022年，两个诗词系列活动进一步规范社会合作模式，与主讲嘉宾签订授权书，与直播平台签订《战略合作框架协议》，规范合作三方的运作，保证讲座内容的真实性、合法性及平台上线的稳定性。两个系列讲座以古代诗词赏析为主题，各有侧重，一个以古词的赏析解读为主，以普通话讲授；一个侧重于古诗的鉴赏兼现代诗歌写作技巧，以粤语讲授。基于地方名人专藏持续策划和举办诗词系列讲座，有助于挖掘和利用地方特色文化资源，将本土特色文化通过立体化的推广方式进行传播和传承，打造优秀的传统文化推广品牌，为广州建设"诗词之都"发挥积极且重要的作用。

2.1.4 苏家杰书籍装帧设计作品展

2019年，依托"南粤风华一家"（现"南粤一家"）藏书举办"苏家杰书籍装帧设计作品展"。苏家杰先生是广东省著名的画家和装帧设计师，是闻名岭南艺术界的苏氏家族成员之一，是广州图书馆"南粤一家"藏书藏主之一，是自20世纪80年代以来广东省出版的文学书籍的主要装帧设计者之一，曾经获得60多项全国及省级以上设计奖。四十年来其担任装帧设计的3000多种文学艺术图书在全国的发行量已有4亿余册。本次展览以苏家杰先生惠赠本馆的部分设计样书为主体，并精选部分书籍封面设计原图以及创作说明，向读者展示。图片展设前言、"三十年的设计与千年偏见""苏家杰先生赠送广州图书馆图书概况""苏家杰先生设计封面精选"4个部分以及图书展示区。图书展示区陈列展示苏家杰先生20世纪70年代至今的图书装帧设计作品，反映其不同时期的创作理念以及设计特点。本次展览共推荐图书88种，参观读者人数逾1.5万人次。广州人文馆微信号、广州图书馆官网等网站转载了此次展览信息。

2.2 重视专藏文献开发与研究，研究成果丰富

自广州图书馆名人专藏区构建和开放以来，在丰富的专藏文献资源基础上，日益重视专藏文献开发与研究，重心从基础的文献服务向深度的文献整理开发转移。在名人专藏文献的基础上，通过对专藏文献的整理与开发，更好地为读者提供信息检索及文献研究服务，实现专藏文献的深度挖掘，充分体现文献的内在价值。同时，专藏的整理开发需要馆员对专藏有深入的了解，进一步提升了图书馆员的专业水平和研究能力。

2008年编印了《南粤风华一家赠书精粹集》，揭开名人专藏文献整理开发的序幕。

2.2.1 整理出版《广州图书馆藏刘逸生刘斯奋家族藏书目录》

刘逸生刘斯奋家族是岭南知名文化世家。刘氏一门能人辈出，传为佳话。2017 年，恰逢刘逸生先生 100 周年诞辰，为纪念刘逸生先生的学术成就，弘扬其尚文、勤奋、开放、平等、自强的良好家风，集中展示其藏书特色，配合"学海苦航——刘逸生学术成就研讨会暨诗书画展"的举办，广州图书馆整理出版了《广州图书馆藏刘逸生刘斯奋家族藏书目录》，收录广州图书馆 2017 年前入藏的刘逸生刘斯奋家族所藏线装书 256 种、普通图书 4677 种，手稿剪报 139 件。

2.2.2 整理出版《广州图书馆藏欧初先生赠书目录》

欧初先生是广州著名的诗人、书画家、鉴藏家。21 世纪之初，欧初先生向广州图书馆捐赠包括多部珍贵古籍在内的图书 2000 多册，广州人文馆设立"欧初赠书"专区整体保存这批图书。2017 年 10 月，欧初先生与世长辞。为纪念欧初先生的成就及其对社会做出的贡献，感谢其对广州图书馆的大力支持，也为更好地反映广州图书馆专藏特色和文献价值，服务社会，2019 年广州图书馆编纂出版《广州图书馆藏欧初先生赠书目录》，以满足普通市民、学术研究人员、社会各界人士阅览和研究的需要。《广州图书馆藏欧初先生赠书目录》收录《御纂周易折中》《武夷志》《南华真经旁注》《才调集》等珍贵古籍在内的线装书 94 种，《千山剩人和尚年谱》《玉轮轩戏曲新论》《岭南俗文学简史》《国宝沉浮录：故宫散佚书画见闻考略》等普通图书 1759 种。

2.2.3 编辑出版《苏家杰先生图书封面设计集》

根据《2018—2020 年广州人文馆名人专藏文献书目编印方案》，广州图书馆将《苏家杰先生图书封面设计集》整理编印作为名人藏书目录系列的独立项目开展。本书在苏家杰先生捐赠广州图书馆的图书封面设计作品（"南粤一家"专藏）基础上，广泛收集其设计生涯所存的图书装帧设计作品 2084 幅。《文学的长河——封面·构成》把一位装帧设计师四十年来的封面设计作品按图书编目标准整理出版的做法，不仅反映了广州图书馆开展名人专藏整理工作的系列成果，更代表了改革开放以来广东出版界、文化界发展的一个侧面和缩影，是重要的地方史料与文化象征。

2.2.4 姜伯勤教授藏书手稿整理研究

《广州图书馆 2021—2025 年发展规划》策略 11 提出了"探索开展'新手稿'等服务项目"的行动方案。广州人文馆围绕这一方案，于 2021 年启动了"拓展'新手稿'、灰色文献等内容的收集整理与开发利用"专项工作，主要基于此前已经开展的中山大学姜伯勤教授藏书手稿整理，进一步推动深化相关研究。

由于姜伯勤教授藏书手稿具有学术价值高、学术领域广泛、文献载体类型多样等特点，广州人文馆在进行手稿整理的同时开展手稿研究工作，主要包括：①针对姜伯勤手稿整理工作的研究，明确分类整理的原则，在文献编目规则的基础上，参考档案文书等整理规则，研究编制《姜伯勤手稿整理工作方案》《姜伯勤手稿整理编号规则》，还研究编制了5个一级类别、25个二级类别的整理细则，为手稿整理工作奠定了坚实基础；②针对手稿内容的研究开发，对姜伯勤手稿中同一文献的多版本文稿，特别是一些未刊稿学术价值的研究，以及姜伯勤学术交流、学术传播和影响力等问题的研究，不仅有助于引发学界对相关问题的关注，更有助于揭示"新手稿"类文献独特的学术价值和社会价值，有助于推动"新手稿"文献的收集整理和保护工作。

3 广州图书馆名人专藏开发与服务特点

3.1 阅读推广定位精准化，宣传方式多样化，注重品牌建设

广州图书馆结合名人专藏文献开展的阅读推广主要有刘斯翰先生诗词系列讲座和"唐宋诗词粤语讲座"。这两个系列讲座以古代诗词赏析为主题，各有侧重，为主讲者与听众提供一个近距离交流的平台，既能满足读者与主讲者之间沟通与交流需要，又能调动读者参与活动的积极性，使讲座赢得良好的口碑，进而增加人气，具有很高的参与性、互动性和品牌核心竞争力。专藏阅读推广以项目组形式开展，项目化团队成熟、专业，分工合理，流程规范、流畅，手续完备。

专藏阅读推广积极寻求多样化的宣传手段。以广州图书馆及广州人文馆两个微信公众号为中心，结合海报、宣传折页、词友群等多种形式，为读者提供多样化的宣传手段，因此拥有一批忠实的听众和粉丝。通过广州人文馆的微信、"粤听"App等现代化手段推送讲座文字回顾和音频回顾，突破时空局限。立体化、多角度的宣传推广有效吸引众多读者参与活动，公众参与度持续提升，广州人文馆作为知识资源创造、输出与共享空间的品牌影响力得到集中体现。

3.2 与新媒体等社会力量联动，实现双赢

在有效整合名人资源的前提下，对资源进行深挖掘、广开发。运用现代化手段，比如挖掘专藏中珍贵的戏曲艺术、戏曲文学等相关文献，通过自媒体开展专藏文献阅读推广，使专藏文献的利用率得到较大提高。名人专藏资源建设的规范有序、资源的优化整合，形成了内容完整、结构清晰的专藏资源架构，为阅读推广工作提供更为详尽的专藏文献资源，有助于深化挖掘层次，活化推荐模式。

善于与馆外资源展开共享与合作，强化社会机构的参与和融合，全方位、多角度地调动各方力量，才能使阅览空间更好发挥作用，进一步提升其社会价值。在专题阅览空间的打造和运营过程中开拓思路，充分利用一切可以进行合作的资源，包括主动联系名人专藏的藏主，与本地文化名人和机构合作，强强联合，有效整合多方资源，实现资源共享。除此以外，建立与大众媒体的沟通和联系，大胆创新，敢于与新媒体合作，利用新的网络传播方式，创建特色的文化品牌空间。

3.3 构建藏、阅、推广三位一体的名人专藏阅览空间，让阅读成为"悦"读

阅览空间的建设要科学合理、因地制宜、动静结合，更要结合专藏的内容特点、文化特征等因素。名人专藏区所处的广州人文馆位于广州图书馆新馆北九楼，馆内装饰具有浓厚岭南建筑特色。为突出人文公共交流平台的作用，根据动静分隔的原则，按照服务功能分别设置文献阅览区、活动交流区和展览区，为人文交流和学术研讨提供具有鲜明岭南特色的活动场所。另外，广州人文馆使用了花窗、屏风、八仙台、太师椅等极具广州西关特色的装饰元素，营造出古色古香、浓郁的老广州风情。环境衬托了活动，活动渲染了环境，两者相互辉映，形成岭南文化交流空间。

3.4 重视专藏文献开发与研究，为读者提供更便利的使用途径

在名人专藏文献的基础上，通过对专藏文献的整理与开发来编制目录，更好地为读者提供信息检索及文献研究服务，实现专藏文献的深度挖掘，充分体现文献的内在价值。

同时，专藏的整理开发需要馆员对专藏有深入的了解。通过对专藏文献的整理和研究，进一步提高团队文献甄别、开发、研究的水平，更好地促进图书馆员专业水平的提升。

4 未来展望

4.1 进一步明确广州图书馆名人专藏建设定位，规范工作准则

广州图书馆的名人专藏建设是公共图书馆挖掘馆藏特色，深化个性服务的一次有效尝试，既丰富了广州图书馆馆藏，亦为图书馆专业服务、深度服务提供有力的文献资源保障，有助于提升广州图书馆声誉。今后在专藏文献建设方面可将资源数字化作为专藏资源建设的重点。名人专藏建设已成为公共图书馆特色馆藏建设的重要组成部

分，在资源建设中所占比例日趋增加，实体文献保管场地趋于饱和，对专藏文献进行优化整合与数字化管理已迫在眉睫。组建以专藏区分的读者检索系统或资源库，进一步建立有关名人专藏的专题全文电子资源库，既便于读者使用专藏文献，也利于珍贵专藏文献的保存和管理。现有的名人专藏设立于广州人文馆，但这些专藏已不局限于传统概念上的广州地方文献，而是以藏主多年从事学术研究的方向和领域为主题对藏书进行集中存放与管理，需要进一步明确名人专藏的入藏原则、建设准则、服务深度，规范工作准则，制定广州图书馆名人专藏管理办法，构建既特色分明又拥有丰富文献价值、学术价值、文化价值的名人专藏文献体系，使专藏图书更加适合专家学者开展学术研究。此外，专藏主均为在社会或各自专业领域具有较高知名度及广泛影响力的名人，这对图书馆员进行专藏文献的整理开发、服务推广等提出更高的要求。

4.2　开拓沉浸式、互动体验感强的推广交流模式

随着时代发展，公共图书馆作为公众知识共享、交流互动、休闲娱乐的城市文化空间已成为一种趋势。广州图书馆在地方名人专藏建设和专藏阅览空间运营的过程中，积极发挥自身文化资源优势，成功打造了多个生动的阅读推广案例，逐步改变名人专藏长期以来带给公众的刻板形象。今后在专藏阅读空间构建过程中，广州图书馆将继续探讨多渠道的推广交流模式，为读者提供数字照片、视频、音频、实物等各种载体形式的内容丰富的文献服务，提供沉浸式体验，提升专藏服务的互动性和体验感，使专藏更加鲜活展现在读者眼前，成为市民大众走近名人生活，了解名人学术研究成果的桥梁和纽带，充分体现了现代公共图书馆自由、平等、开放的精神，适应时代发展潮流，成为公共图书馆在构筑全民智慧共享空间进程中的新范本。

4.3　不断拓展内容丰富、载体形式多样的专藏类型

拓展内容丰富、载体形式多样的专藏是广州图书馆名人专藏的长远规划之一。围绕《广州图书馆 2021—2025 年发展规划》中"拓展多种形式专藏"的任务要求，2021年广州人文馆启动了"家庭文献收集整理"专项工作，主要面向广州地方学术界、文化界知名人士，开展具有"属人"性质的家庭文献的收集整理工作。以广州大学赵春晨教授、冷东教授等为代表，所征集的文献主要包括两人与国际、国内知名学者来往信函、开展学术科研活动的各类证照、协议（扫描件）、名家书法作品等。这些家庭文献，是反映作为社会细胞的"家庭"基本状况的重要当代史料，是记录地方文化和学术活动的重要载体。今后，将围绕如何拓展家庭文献征集群体，构建成规模、成体系的家庭文献资源，以及如何推动家庭文献的整理、服务和利用等问题，进行探索性研究。

在收藏的学科领域方面，广州人文馆名人专藏文献除了持续入藏传统人文历史社科方向的文献以外，正在逐步拓宽至文化艺术领域，既延续传统学术文脉，也涵盖已系统搜集的民间俗文学文献史料。民间俗文学多为直接史料，具备口头性及非物质文化遗产特征，体现出专藏文献学科领域与史料种类的广度。如正在筹建的以王建勋先生粤剧专藏文献为代表的民间戏曲民俗文献专藏。王建勋先生专藏品种丰富、载体类型众多，其中大部分为直接史料，包括濒临灭绝的粤剧排场、古腔、南音、木鱼书、粤讴等史料，具有原始记录性和不可再生性，具有重要文献价值与历史价值。

今后，将继续拓展多种形式的主题专藏体系，包括围绕主题专藏搜集的档案、文物等史料，包括历史上各时代重要艺术品、手稿、图书资料、音像资料、代表性实物等，为图书馆专藏文献资源建设开拓更宽广的路径。

4.4 继续深化名人专藏文献整理、开发和研究

基于《广州图书馆2011—2015年发展规划》的构想，广州人文馆的名人专藏文献的深化整理、开发和研究工作，未来将着重在以下几个方面展开：

第一，开展具有"属人"性质的"新手稿""家庭文献"等灰色文献资源建设的研究。即"眼光向下"，以作为社会细胞、能够呈现社会现实和历史微观面貌的手稿类文献和家庭文献为突破口，重视征集具有原始性、唯一性的个性化灰色文献，从而推动构建广州人文馆具有时代特色、地方特色的资源体系。

第二，加强专藏文献整理、研究的专业性。即通过发挥馆员专业优势、推动与学界合作等各种方式，加强与图书馆专业相结合的名人专藏文献的专业化整理和开发、研究。

第三，围绕研究性服务推动文献资源的开发利用。围绕学术研究开展专藏文献的服务和开发利用，不仅有利于发挥专藏特色，也有助于提升广州人文馆研究性服务的工作水平。此外，广州人文馆将重点研究如何既保障服务，又保障当事人法律权益等公共图书馆的服务机制问题。

第四，开展公共图书馆"新手稿""家庭文献"等灰色文献整理的工作机制、定义指标等理论问题的研究，探索构建行业标准。

在目前手稿整理研究的基础上，继续深化针对"新手稿"等灰色文献的整理工作专业标准的研究。"新手稿"等灰色文献整理是公共图书馆一项具有前瞻性、开创性的文献建设工作。后续，将延伸至对"新手稿"等灰色文献公共服务机制的研究。目前对姜伯勤手稿的服务和开发利用主要限于学术研究的范畴，由此可进一步开展对如何既能保障此类专藏文献研究性利用的公共服务又能保障相关人员的隐私等法律权益的研究，这是目前公共图书馆亟待研究和解决的一个重要问题，相关研究有待破局。

地方文献工作十年回顾

陈智颖　朱俊芳　吕果　袁露明　黄妙贤　谢亚欣　赵静

地方文献既是区域文化变迁的历史见证，又是传承和开发地域特色文化的重要资源，在推动文化建设、经济发展、社会进步等方面发挥着重要作用。2018 年《中华人民共和国公共图书馆法》正式实施，明确要求公共图书馆必须系统地收集地方文献，以保护和传承地方文化；2022 年《关于推进新时代古籍工作的意见》也指出，做好古籍工作对赓续中华文脉、弘扬民族精神、增强国家文化软实力、建设社会主义文化强国有重要意义。作为城市大型公共图书馆，广州图书馆历来重视地方文献资源的建设、开发与服务。1982 年 1 月广州图书馆开放伊始，即把地方文献工作正式列入馆内业务范畴和工作日程。四十多年来，在广州市委、市政府的大力支持和社会公众的积极参与下，广州图书馆地方文献工作和研究取得了长足进步，在征集方式、开发利用、信息服务、文献整理出版等方面创新改革，并逐渐形成自身特色。

1　广州人文馆概况

1996 年 12 月 26 日，广州图书馆正式成立广州地方文献室，馆藏资料以半开架管理方式向市民提供免费阅览服务。2013 年广州地方文献室重组，在此基础上成立广州人文馆，并于 2013 年 6 月 28 日正式对外开放。

广州人文馆致力地方文献建设和本土文化服务，重点拓展地方名人专藏，收集名人、著名家族的著述、相关文献和藏书，保存和展示本土文化精华。广州人文馆以拓展地方人文专题服务，保存地方文化遗产，弘扬岭南文化为目标，以人文社科藏书为主，重点开展《广州大典》、地方名人专藏、家谱族谱、广府文化等专题资料服务，是地方人文专题服务和开展广府文化研究的品牌基地，岭南地方人文文化的展示、交流和共享空间。广州人文馆主要分为广州文献区、地方名人专藏区、家谱查询中心三大板块。

广州文献区重点收藏广州地区政治、经济、历史、文化、地理等图书、内部发行报刊、音像资料和电子出版物等，为读者提供纵览广州历史与现状、研究广州文化的良好平台。广州文献区于 2014 年设置政府公开信息查询专区，旨在对广州市政府公开信息进行整合并提供一站式服务。该服务专区有"政府公开信息查询"标识和相关设施设备，包括政府公开信息查询机 3 台，阅览座位 16 个，打印、复印、扫描一体机 1 台。该专区还提供可公开的政府纸质文件及相关信息查询服务，包括《广州市人民政府公报》等纸质版资料，并由专人负责政府公报的上架、更新、阅览服务及专区维护工作。读者可利用政府公开信息资料，查找相应的法律法规文件，解决实际生活中遇到的相关问题。

地方名人专藏区收集名人、著名家族的著述、相关文献和藏书，地方名人藏书藏量 5 万多册，并将不断开拓名人专藏，逐步打造具备浓郁岭南人文蕴涵的广州名人专藏体系。

家谱查询中心专门收藏家谱及相关文献，以广东为重点辐射全国，现有藏书 2 万余册（含书库所藏），与世界最大家谱收藏机构美国犹他家谱学会进行国际合作，提供全球范围内的家谱查询服务。

广州人文馆的图书、音像资料实行半开架服务，仅供阅览。阅览服务不设门槛，对于无证的读者，采用灵活填单的方式，确保每一位读者均可阅览心仪的文献。内部发行报刊采用开架阅览模式，读者可自由阅览，不需要提供任何证件。另设有检索机供读者查阅数据库、电子图书等资料。

2 地方文献工作及发展特点

自 2013 年迁入新馆，广州人文馆的建成标志着广州图书馆地方文献建设进入一个全新的发展阶段，在空间布局、藏书规模、业务内容、服务方式等方面发生了质的飞跃。

其一，广州人文馆装饰与布局参照广州西关大屋风格，趟栊门、满洲窗、酸枝八仙桌套装、酸枝镶嵌云石大桌、太师椅、花几茶几等配备齐全，极富广州地方特色，使空间布局与广州地方文献达到了形式与内容的协调一致、高度匹配，为读者提供了优雅闲适的阅读环境，也便于读者获得情景交融的沉浸式体验。

其二，重视文献资源配置，新馆开馆时广州地方文献在架数量为 17810 册，自 2013 年初，通过采购和征集两种方式着力加强文献资源建设，藏书量逐年递增。至 2023 年 3 月底，新增广州地方文献 16590 种 18330 册，广州地方文献在架数量 36100 余册，形成了门类相对齐全、体系相对完整的地方文献资源架构。其中，《广州大典》是系统搜集整理和抢救保护广州文献典籍、传播广州历史文化的大型地方文献丛书，依经、史、子、集、丛五部分类，收录清代以前广州文献 4064 种，编成 520 册；《广州大典·曲类》隶属《广州大典·集部》，依照"个别内容完整、史料特殊的文献，独立成辑出版"，单独成辑，收录南音、木鱼书、龙舟歌、粤讴及粤剧粤曲等说唱、戏曲文献 1589 种，新编成书 43 册（最后一册附索引）；《广州大典总目》1 册，分为"总目""索引"两大部分。广州地方文献区建设时间短，收藏的文献大多是 20 世纪 80 年代以后的资料，《广州大典》的入藏不仅极大地丰富了广州地方文献的种类、内容和形式，而且大大提高广州地方文献的时间上限，成为广州地方文献区的重要补充和特色资源之一。

其三，业务内容日益广泛，主要包括文献征集、文献借阅、信息咨询、文献整理、编辑出版、展览、活动、数据库建设等，地方文献已形成了立体化、多层次的服务体系。

此外，立足馆藏资源，与时俱进，不断创新服务方式，推动各类活动的多元融合发展，逐步形成广州文库、扎根岭南、广州小故事等重要品牌。自 2013 年 6 月至 2023 年 3 月，地方文献累计举办各类讲座、展览、阅读推广等活动 179 场，累计吸引 125.1 万余人次的读者参与其中。

2.1 地方文献征集逐步规范

首先，在广州市各级党政领导和上级部门的重视和支持下，广州图书馆地方文献征集工作得到了有力保障。早在 1985 年及 1995 年，广州市政府曾两次发文（穗府办〔1985〕74 号、穗府办〔1995〕39 号）指定广州图书馆为"市征集地方文献资料的工作机构之一"。2015 年施行的《广州市公共图书馆条例》（以下简称《条例》）中规定："公共图书馆应当加强对地方文献的搜集、整理和保护，逐步形成资料齐全、体系完整、具有地方特色的馆藏体系或者专题系列"①。《条例》中有关呈缴本制度的规定界定了呈缴范围，规定了呈缴方式、呈缴时间、呈缴数量，并设立了鼓励呈缴和信息公开的相关条款，对广州市公共图书馆地方文献征集工作具有针对性的指导意义，也为广州图书馆顺利开展地方文献征集工作提供了法律依据。

其次，与广州市各级政府机关、企事业单位等机构保持密切联系，逐步建立并完善地方文献征集网络系统。例如由于村镇街志是重要地方文献，及时向广州市人民政

---

① 广州市公共图书馆条例［EB/OL］．［2023-05-22］. http://www.gd.gov.cn/zwgk/wjk/zcfgk/content/post_2531782.html.

府地方志办公室征集其编印的村镇街史志类图书，有力地保证了广州地区村镇街史志类图书的连续系统入藏，为读者提供最为及时、优质、全面的广州地区近代村、镇、街历史专题咨询阅览服务，据统计，2012—2023 年间，广州图书馆征集到广州地区村镇街史志类图书约 100 种。同时，多年来一直与原广州市文化广电旅游局新闻出版处及广州地区出版物新闻工作者协会进行沟通，积极游说其支持地方文献征集工作，为广州内部报刊系统的连续征集工作打下坚实基础。另外积极参与"广州地区内部资料出版物展示会"的展后资料收集工作，保证了内部报刊批量征集工作的可持续性，大大提升了与协会相关的部分内刊的征集效率。

再次，定期编制地方文献征集目录，促进地方文献专题化建设和读者服务相关工作。2015 年编制《广州图书馆馆藏广州地区村镇史志目录》，收入广州图书馆所藏广州地区村镇史志类图书 129 种，其中村史村志 68 种，镇志资料 57 种，综合型村镇资料 4 种；2016 年编制《广州图书馆藏广州地区街道史志图书目录》，收录广州图书馆藏广州地区街道史志图书共 131 种，涉及街道 75 条，图书除街志外，还包括该条街道的其他相关资料，如规划、宣传画册、汇报材料、报刊等；2022 年编制包含 591 条记录的《2021 年正式出版的广州图书目录》，整理为表格和卡片两种形式的记录，并进行出版社、出版地、入藏情况的分析，为相关的资源建设和阅读推广工作提供参考借鉴。

最后，面向社会大力宣传，不断扩大征集渠道，成功策划组织多次地方文献捐赠仪式。2015 年，广州市文联原主席王建勋先生及其子王坚先生赠书 700 多册，其中，粤曲（剧）76 种 87 册，是一批反映广州文学艺术界历史的特色资料，具有一定史料价值。2017 年，羊城设计联盟内约 30 家机构赠书 70 多种 160 多册，并举办赠书仪式，取得良好的征集效果，为民营企业的广州地方文献征集开辟了新的渠道和形式。2018 年，广州图书馆接收并整理广州画院及院内多位画家个人赠送图书约 47 种 93 册。这一系列活动受到广大市民和读者朋友的好评，并为广州画院和广州图书馆长期开展合作公益惠民活动打下了良好基础。2019 年，由刘平清副馆长牵头，筹办完成广州日报报业集团赠书仪式和相关图书展，接收整理赠书 119 种 163 册。活动受到广州日报报业集团、广州图书馆领导和广大市民的关注和好评，提升了广大市民捐赠意识，提升广州图书馆与社会机构公益合作的效益。2020 年，广州图书馆策划组织了广州市城市建设档案馆的赠书仪式，收到广州市城市建设档案馆捐赠的特色资料：《广州城市地图集》《五羊城脉——1911—1949 广州城市建设》及 3 个版本的《珠江全景图》等 9 种 18 册珍贵图书。

2.2　地方文献开发多样创新

2.2.1　广州小故事

为贯彻习近平总书记讲好中国故事的讲话精神，为更好地履行公共图书馆推广阅读馆藏文献和弘扬优秀文化的职责和使命，从 2018 年 2 月起，广州人文馆依托丰富的广州地方文献资源成立广州小故事专项工作组，撰写广州小故事并打造微信特色栏目。栏目由专项组馆员深入挖掘整理馆藏广州地方文献，以独特新颖的视角、轻松的语言、翔实的内容、丰富的图片、设计精当的排版，为读者编撰一个个妙趣横生又意蕴深远的广州历史文化故事，定期发布在广州图书馆和广州人文馆的微信公众号上，旨在向读者推荐相关馆藏文献图书，与读者分享深度阅读的乐趣，引发公众关于广州文化自信的思考，为传扬广州优秀的历史文化添砖加瓦。

2019 年，广州小故事栏目与广东广播电视台旗下的"粤听" App 签订相关协议，合作推出普粤双语音频版"广州小故事"。其中，粤语版聘请本地讲古名家何启明老师以粤语讲古（粤语说书）的形式讲述，普通话版则由人工智能人婉君讲述，受到读者的广泛好评。2021 年，"广州小故事"被中国图书馆学会评为"经典阅读推广创新实践案例"，并受到评审专家的高度评价："广州小故事"，极具地方特色，选题具有较强现实价值，分析翔实深入，应用微信活化地方文献推广工作，为其他公共图书馆地方文献阅读推广工作的模式创新提供参考，非常有推广价值。截至 2023 年 4 月，栏目共推出 40 篇故事推文，同时推荐阅读图书 80 种 110 册，广州小故事推文中提及的历史事件、建筑物等，均引起历史人物的后人或者建筑物所属单位注意，相关文章被多个机构和个人转发，其中 3 篇被杂志转载。另外自 2020 年起，广州图书馆官方微博开始推出部分广州小故事，截至 2023 年 4 月，共推出 23 篇小故事。栏目全部已发推文的线上阅读量合超 47 万。

2.2.2　"阅读广州　悦读分享"系列活动

"阅读广州　悦读分享"系列活动项目启动于 2016 年，至今已连续举办 7 年。该品牌依托馆藏广州地方文献，在"广州文库"评选成果的基础上，引入专家评委、图书作者、出版编辑、书评家等举办一系列阅读推广活动，培育了"悦读分享会""广州人文沙龙""本土作家作品展""阅读广州"图书推荐等多个主题板块，采取多渠道、多形式，线上线下相结合的模式搭建文化交流和文献推介平台，让公众实现地方文献零障碍的入门与解读，与地方文化进行零距离的交融与对话。项目至今已然发展成为包括五大主题多项活动的综合性活动，涵盖地方文献"荐、评、藏、赏、用"五个方面，各个主题板块动态穿插运作且彼此关联，截至 2023 年 4 月，累计举办线下讲座、沙龙及展览 78 场，刘斯奋、李明华、章以武、李庆新、陆键东、曾应枫、陈泽泓、连登、梁凤莲等本土文化名家学者多达 90 人参与其中，推广地方文献 644 种，内容涵盖多个主题，参与人数逾 31.8 万人次；线上配套图书导读与电子资源推介累计推送 60 期，阅读量逾 20.84 万人次，有力促进地方文献阅读。项目获得南方日报社、广州日报社、信息时报社、新快报社、大洋网、人民网广东频道、南方网、东方头条、新浪网、腾讯网等媒体报道转载 50 余次，活动品牌影响力和品牌价值持续提升。此外，"阅读广州　悦读分享"系列讲座经评选获得"2018 年全民阅读优秀案例"称号，重点项目之一的"广州文库"评选活动也获颁中国图书馆学会首届公共图书馆创新创意征集推广活动"最佳创新奖"，其成效得到业内认可。综上，"阅读广州　悦读分享"项目是以优势馆藏为依据，以读者需求为基础，以特色差异为导向，走出了一条具有广州图书馆特色的地方文献阅读推广道路。

2.3　地方文献服务丰富多彩

2.3.1　信息参考咨询服务

广州图书馆依托丰富的地方文献馆藏及专业人员团队，多年来为政府部门及读者提供多层次、个性化地方文献知识及信息参考咨询服务，近十年咨询服务数量、质量不断提升。其中在 2023 年初，中共广州市委外事工作委员会办公室（以下简称市外办）收到瑞士驻广州总领事馆照会，称荔湾区沙面大街 64 号建筑为瑞士驻广州领事馆旧址，提出设置地面旅游路标指示，并在建筑物悬挂标识信息的要求。市外办从穗瑞友好合作大局考虑，函请市有关部门提供历史佐证材料。广州图书馆在接到信息咨询服务请求后，通过查阅馆藏图书、晚清及民国时期期刊全文数据库（1833—1949）等资料，结合线上访谈、线下走访，形成《关于确定沙面大街 64 号曾为瑞士领事机构旧址的咨询服务报告》提交市外办，并参加专家论证会做解读陈述。该信息咨询服务报告因所列证据翔实权威、分析过程科学严谨、论证逻辑清晰完整，受到市外办领导及论证会列席专家一致认可。

2.3.2　地方文献特色活动

为了宣传广府历史印记，展现岭南文化独特魅力，广州图书馆通过举办多样化的专题展览、阅读推广活动等，积极推介地方文献，以吸引更多读者的参与。

展览方面，以文献为基础举办专题展览，是进行阅读推广的有效手段。广州图书馆分别于 2021 年、2022 年举办了两次内部发行报刊展，参观人次达 12000 人，有效地推介了优秀的广州地方报刊。

另外，以党的建设、统一战线、武装斗争为主线，选取1921年建党初期至1927年大革命失败曾经在广州这片红色热土上发生的革命事件、涌现的革命人物和留下的革命遗迹，策划了"筚路蓝缕　砥砺奋进：1921—1927年中国共产党在广州的印记"展；依托丰富的地方文献馆藏，精选出《毛泽东在广州》《周恩来与广东》《广州农民运动讲习所人物传略》《工运先驱》《南粤英烈传》《黄埔一期的红色传奇》等红色文献近30册，举办了"红色书目展"；还以广州图书馆从新西兰长老会研究中心引进的一批老照片为基础，通过辨识、整理，推出了学校、医院等为专题的"广州老照片系列展"。

读者活动方面，广州图书馆开展了一系列具有地方特色的读者活动，已逐渐成为本地的文化名片。

"故纸觅羊城之广州通史系列讲座"启动于2019年，旨在从政治、经济、民族、军事、学术文化等各方面全面梳理广州数千年历史发展脉络和广州城市发展的主轴线与基本架构，梳理广州在中国现代化进程中"先行一步"的发展轨迹，从文化史、微观史的角度重新审视广州的文化与社会生活，向市民讲述断裂的城市历史记忆。已邀请过黄淼章、吴凌云、温春来、赵立彬、江滢河、程存洁、全洪、曹家齐、朱海仁、李庆新等知名专家学者，每次现场驻足旁听者不计其数，受到市民群众、主讲嘉宾和合作单位的一致好评和高度认可，取得了良好的社会效益和广泛的社会影响。

为推动经典阅读，弘扬优秀岭南文化，进一步坚定文化自信，2020年8月起广州人文馆与广州市社科院岭南文化研究中心，联袂打造了地方文献深度阅读推广品牌："扎根岭南——本土经典文本导读"系列活动。活动致力挖掘地方文献中经久不衰、广泛流传的文学作品，或在某一专业领域具有典范性与权威性的著作，通过邀请专家学者、著名作家、文艺评论家等在广州人文馆进行座谈分享，带领读者走近本土书写、品读本土经典。同时，活动对馆藏本土经典文本进行系统梳理，通过重新聚焦、汇聚资源、专业领读、媒体联动等形式，调动社会各界的力量来增强服务效能和影响力，不断强化广州阅读分享的历史感、文化感与地方特色，让传承文明、弘扬优秀传统文化的使命在公共图书馆服务中得以更好推行。截至2022年12月，"扎根岭南——本土经典文本导读"系列活动已策划举办13场，深度推介地方文献32种，线上阅览量达73.4万人次。活动邀请洪三泰、罗铭恩、董上德、梁凤莲、纪德君、曾应枫、黄礼孩等众多作者或研究者参与，为读者导读《广东新语》《二十年目睹之怪现状》《三家巷》《虾球传》《镇海楼传奇》等本土经典文本，并同步完成地方文献征集539种557册，多次获得《广州日报》《新快报》《羊城晚报》等主流媒体采访报道，影响力持续扩大。

2.4 文献研究成果日益丰硕

在开展相关工作的同时，广州图书馆也长期致力深度挖掘馆藏文献资源，不断推进地方文献整理开发与编印出版工作。

2013 年广州图书馆开馆伊始，编印《广州图书馆专题推介目录——广州地方人文专题》，该书目包括书影、作者、索书号以及内容简介、推荐理由等内容，为读者推荐了 212 种广州人文馆入藏的有价值的地方文献图书。

为弘扬岭南文化优良传统，发扬广东开放、包容、务实的人文精神，汇辑广东人物及其著述，凸显广东文化底蕴，广州地方文献组于 2012 年至 2020 年陆续编辑出版了《广东历代著者要录（广州府部）》《广东历代著者要录（广州府外）》，这是一套以地方历史人物及其著述为主要内容的工具书。采用清代中期广东行政区划，收录著者的地理范围包括广州府、潮州府、惠州府、韶州府、南雄府、肇庆府、高州府、廉州府、雷州府、琼州府 10 府 90 余州、厅、县，共收录广东历史人物 10000 人，涉及著述 20000 余种。

为反映广州的地情旧貌，特从《广东百年图录》《百年广州》《老广州》《老广州——屐声帆影》《广州旧闻》《民国广州的疍民、人力车夫和村落》等书中精选二百余幅二十世纪上半叶广州旧照片，并配以文字说明编成《二十世纪上半叶广州风情录》。分为社会风貌、公共服务、市民生活、工商业与贸易等类。

《广州图书馆藏广州地区街道史志图书目录》收录广州图书馆藏广州地区街道史志图书共 131 种，书目数据采集时间截至 2015 年 6 月。

《广州图书馆馆藏广州地区村镇史志目录》收入广州图书馆所藏广州地区村镇史志类图书共 129 种，数据采集截至 2015 年 8 月 23 日。

《广州地方文献综录（1949—1978）》以 20 世纪 70 年代广州行政区域即 6 区 6 县为基本区域范围，采用广义地方文献概念，最终形成汇集 1949 至 1978 年三十年间包括图书、报刊、音像资料等文献类型在内的广州地方文献总目。现已收集文献资料近 16500 条。

《广交会中文文献汇编》收录 1957 年广交会开办至 2022 年 12 月与广交会有关的著作、论文、媒体报道、音像资料等文献类型的中文文献资料。现已收集著作类文献资料 376 条，1979 年至 2021 年来源于中国内地、香港等地区的报刊报道约 30000 篇次，1979 年至 2022 年期刊论文约 5100 篇。

3 地方文献建设的现状分析

十年来，在上级领导的正确指导和各部门的积极协助下，广州图书馆不断创新思维，突破自身局限，地方文献资源建设得到了长足发展。但由于人力、财力、物力等资源条件限制，既有工作仍不全面，依然存在若干不足，尚需进一步改进和完善。

3.1 文献征集质量有待加强

尽管已初步建立起地方文献的征集网络，但广州图书馆在征集地方文献资源时仍未形成收藏重点，征集的文献资源质量比如文献的准确性、完整性和可信度等方面参差不齐，同时也缺乏对征集到的文献进行审核和验证的机制，可能使用户面临信息不准确或不可靠的困扰。此外地方影音文献、多媒体资源在征集中所占比例过低也影响了馆藏地方文献类型结构的完整性。

针对以上问题，今后可尝试采取以下措施。首先，推进标准化管理，建立统一的地方文献资源管理制度，以促进文献征集工作有序开展，并通过对现有馆藏文献的系统梳理，明确征集文献的重点范围，理清征集的工作流程，从而有针对性地查漏补缺。其次，要加强数据质量管理，建立科学的文献审核和验证机制，确保征集到的地方文献数据质量，提高文献信息的可信度和准确性。再次，应继续加强对地方文献征集与管理人员的培训和专业支持，提升其专业水平和能力，以更好地推动地方文献征集工作。最后，还要大力提倡读者参与反馈，积极倾听用户需求，开展读者调研，建立读者反馈机制，以更好地了解读者需求，改进地方文献征集工作，并提供更加符合读者期望的服务。

3.2 文献开发利用亟须完善

目前广州图书馆地方文献资源与现代知识融合不足，与当代社会、经济和文化发展的紧密联系较少，这导致地方文献在利用开发中的实用性和现实意义受到一定限制。同时，地方文献的利用开发缺乏个性化推荐机制，无法根据读者的兴趣和需求为其精准推荐资源，这使得读者无法在海量地方文献中快速找到自己感兴趣的内容。尤其是在面对需要高质量服务的特定读者时，对文献的开发利用能力有所欠缺。

据此，广州图书馆还需进一步加强地方文献与现代知识体系的融合。例如，现当代广州地方文献内容与本地受众关联高，容易引发共鸣，其鲜明的时代性和实践性，也更贴合时代和人们的需求，具有丰富的人文价值。在当前重历史文献轻现当代文献、重收集整理轻推广利用的背景下，广州人文馆加强现当代地方文献的阅读推广不仅十分必要而且独具优势。此外，通过引入智能化技术，如人工智能和机器学习算法，构建个性化推荐系统，并根据用户的阅读偏好和历史行为分析，为用户提供个性化的地方文献，提高用户的检索效率和满意度。另外，还应重视对读者的教育和培训，提高读者对地方文献利用的意识和能力，开展相关培训课程和讲座，提供使用地方文献的技巧和方法，帮助读者更好地利用地方文献资源。

3.3 文献信息服务尚待深入

广州图书馆地方文献信息参考咨询服务的内容深度还有待提升，参考信息源中的网络地方文献收集还处于起步阶段，尚缺乏实践应用和相应的人力物力投入。利用地方文献为图书馆用户提供知识及信息参考咨询服务，是人文馆地方文献工作的重要组成部分。要提供高质量的地方文献知识及信息参考咨询服务离不开以下要素支持：

一是重视参考信息源建设。做好地方文献资源开发、知识及信息参考咨询服务必须以丰富的信息资源为基础。地方文献工作团队需重视对原始文献的收集、整理工作，通过各种途径、多种方式广泛收集有关地方文献，保证地方文献资源体系完整性。同时要增强地方文献资源的组织以及管理，着重建立具有专业性、特色性并且满足读者需求的目录、索引及摘要等，这既有利于提高馆藏文献资源的使用率，还能促进知识及信息参考咨询服务工作的可持续发展。

二是加强信息队伍建设，提高人员素质。知识及信息参考咨询服务的核心是信息工作，要提高参考咨询服务的水平，离不开高素质的信息工作队伍。为提升馆员参考咨询水平，广州人文馆应采取"老带新、新促旧"策略，根据专题咨询的性质及难易情况组建2—3人小队，新老搭配，让参考咨询服务经验丰富的专业馆员带动新入职馆员，在传递信息检索经验的同时锻造职业道德素质，同时，年轻馆员也可以促进新技术、新理念在参考咨询服务中的应用。

三是强化合作交流，实现信息资源互补。单个公共图书馆很难满足各类型、各层次图书馆用户的信息需求。因此广州图书馆应主动与省内其他公共图书馆、高校图书馆、专门图书馆，以及档案馆、方志馆、博物馆等机构联络，加强馆际合作交流，实现馆与馆之间信息资源的互补和共享。

除此以外，以地方文献征集、阅读推广活动组织为契机，馆员还可适当与各领域专家学者保持密切联络，如遇上陌生领域专题性咨询可以请求相关领域专家学者提供指引。

3.4 数字资源建设进展缓慢

近些年，虽然广州图书馆地方文献的数字化工作在不断推进，但地方文献资源仍然以纸质形式为主，缺乏有效的数字化处理，这给地方文献的检索、浏览和利用带来不便，也影响了读者的使用体验和效率。同时又由于地方文献资源类型繁杂、数字化技术水平有限、信息化标准与规范未统一以及资源投入的不稳定等因素，导致地方文献资源的数字化进展仍相对滞后。

鉴于当前图书馆行业正处于向数字化、智能化发展的转轨时期，广州图书馆理应加大对地方文献数字化的投入和资源支持，包括财政资金、技术设备和人力资源等方面。第一，要建立统一的地方文献数字化标准和规范，包括数据格式、元数据描述、数字化处理流程等方面，以提高数字化工作的一致性和互通性，便于资源共享和利用。第二，优先选择对广州具有重要历史、文化或学术价值的地方文献进行数字化处理。同时可积极寻求政府、学术机构和社会团体的支持，进行资源整合并共同开展数字化项目。第三，要与其他公共图书馆加强合作与共享，建立数字化资源共享平台，通过资源共享，可避免重复劳动，节省资源投入，并使更多的地方文献资源得到数字化处理和广泛利用。第四，应重视对地方文献数字化工作的宣传推广，提高公众对数字化资源的认识和利用意识，同时为读者提供使用数字资源的培训和指导，以提升公众的数字素养和资源利用能力。

4 地方文献工作的未来展望

4.1 智能化

党的十九大报告提出建设"智慧社会"，我国图书馆事业由数字图书馆向智慧图书馆发展的风口期已经来临。广州图书馆须响应时代趋势，进一步加快地方文献工作的智能化转型。

一是依托全国智慧图书馆体系建设项目，重点围绕广州地方特色文化，比如反映本地民风民俗、文化遗产、历史地理等具有鲜明地域特色、较高代表性和较高历史、人文、科学价值的地方特色资源等开展数字化建设，并对现有符合要求的文献存量进行 OCR 等基础化加工，持续完善地方文献资源数字化工作。

二是加大与科研机构、高等院校等的合作力度，积极引入人工智能技术提升地方文献服务质量。例如利用虚拟现实、增强现实等技术，为读者提供更加沉浸式的阅读体验，使读者可以在数字化馆藏库中浏览古籍内容，领略古籍之美；也可利用自然语言处理和机器学习等技术，实现智能化的阅读服务和问答服务，提高读者体验和服务质量。此外，还可将地方文献资源与知识图谱进行结合，更好地展示地方文献之间的关联关系，帮助读者更加全面、深入了解地方文献资源。

三是在地方文献工作中充分利用数据挖掘与分析技术，通过深入挖掘数字化地方文献馆藏库和数据库中的信息，发掘地方文献资源的潜在价值。例如，通过对地方文献资源的分析，形成一些历史事件的新见解，或者为学术研究提供新的线索和方向。

综上，未来地方文献工作将紧密结合智能化手段，打造特色数字化资源，为读者提供更加高效、便捷、个性化的地方文献资源服务。

4.2 品牌化

优质的地方文献服务品牌是提升地方文献资源利用率，打造图书馆特色资源的重要手段，同时也具有彰显地方文化价值的社会意义。过去十年，广州图书馆地方文献工作取得了可喜的成绩，也形成了"阅读广州　悦读分享""广州小故事"等本土文化品牌，但却仍缺乏在国内知名的、能代表广州地方文献独特价值的著名文化品牌。由此，如何打造广州地方文献知名品牌将成为今后工作的主要目标。

首先，高质量的地方文献资源是地方文献服务品牌创立的基础和前提，这需要持续提高广州地方文献资源的品质，切实保障和提高地方文献的可读性、可用性及知识性。

其次，地方文献服务品牌需要建立在地方文献的社会影响力上，要对广州图书馆有关地方文献的展览、讲座、交流活动等进行统一整合和规划，并制定统一的推广策略，同时加强与社会力量、学术机构、文化团体等的线下合作，不断提升地方文献在社会发展中的影响力。

再次，要锻造特色品牌，还需要提供新颖的地方文献服务，包括智能化服务、出版物制作、数字人文分析、文献信息挖掘等创新服务，同时还应重视个性化定制服务，如为重点读者提供专题信息检索服务、定题参考咨询服务、决策咨询服务、舆情信息服务、课题申报服务等。

最后，建设地方文献的品牌形象，还应利用品牌策划、品牌设计等手段，打造品牌标识、标语、宣传语等品牌元素，从而提高广州地方文献品牌的知名度和美誉度；另外还可充分利用微信、抖音、B站等社交媒体平台开展形式多样的宣传和推广，提高读者对广州图书馆地方文献服务品牌的知晓率。

4.3 多元化

随着图书馆事业的发展和信息资源共建共享，地方文献的征集、服务、宣传、整理及开发利用等越来越多地呈现出多元化的发展模式。广州图书馆也理应从以下方面促进地方文献工作的多元化。

第一，打造多元化的地方文献资源体系，逐步扩大地方文献馆藏范围，除了传统的书籍、期刊、报纸、舆图等文献，还需提高音视频资料、图片、档案、网络文献等不同形式资源的收藏比例，尤其是应发挥自身专业优势对广州地区的民间历史文献进行大力搜集、整理与保护，从而满足不同读者对多种资源的需求。

第二，提供更加多元化的地方文献利用服务，使地方文献资源更好为公众和学术研究服务，通过建立多种形式的地方文献信息服务平台，用知识标引标注平台如"广州记忆"平台、"文献中的广州"微信小程序等，进一步提高广州人文馆地方文献信息服务水平。

第三，扩大多元化合作主体的范围，加强与其他机构的互助合作，如方志馆、档案馆、文化馆、博物馆、教育机构、新闻媒体、各级地方政府等，共同推进地方文献资源的建设、开发和利用，实现资源共享、合作共赢。同时积极与社会力量建立合作关系，通过社会化参与拓展地方文献馆藏来源途径、合作开展丰富多彩的读者活动等。

第四，不断拓展地方文献的多元化利用方式，包括数字化利用、学术研究利用、文化创意利用、社会教育利用等，以达到活化地方文献资源的目的，最终让广州地方文献的价值得到真正实现。

4.4 专业化

在信息社会大环境下，地方文献的本土性使其成为重复建设率最低的文献资源之一。因此进一步加强地方文献建设的专业化和规范化，以更好地保护地方文献的独特价值，应成为新时代广州图书馆地方文献工作的重要任务。

一方面，要逐步形成专业的文献收集、整理及评估机制，包括深入开展地方文献调查和研究，制定更加系统的文献征集规划，精准收集和整理地方文献资源，建立清晰的文献管理体系和科学的评估标准，加强地方文献的质量管控，保证文献资源的真实性、可靠性和学术价值。

另一方面，还应搭建专业的学术交流平台，持续提高地方文献相关的学术研究和知识服务能力，以提升广州地区地方文献研究和学术交流的深度和广度，发掘地方文献的潜在价值和意义，进而提高广州图书馆地方文献研究的水平和影响力。

此外，为培养一支专业素质过硬、业务能力较强的专业人才队伍，还应定期组织地方文献工作专题培训，并邀请专家学者等前来指导和授课。同时也可以引入具有高水平的专业人才，充实地方文献的研究队伍，持续提升地方文献工作的专业化水平和创新力度。

总之，广州图书馆地方文献工作向专业化发展需要结合实际情况和用户需求，采取多种措施和方法，逐步提升工作的专业化水平和服务质量，为广州地方文化保护和传承做出更大的贡献。

家谱建设、开发与服务

陈智颖、何映雯、王富鹏、彭康、张文燕

古语有云：家事国事天下事，事事关心。家、国、天下这层层递进的三者之间，反映了在中国文化中"家庭"这个最小最基础的社会细胞的重要性，千万个家庭的正向发展汇集成流，就是中华民族整个社会的正向发展。随着中国经济、文化的发展与繁荣，国家对家庭文化、民族文化等中华优秀传统文化的传承和发展高度重视。

早在 2016 年开始实施的《中国共产党廉洁自律准则》第八条就已明确要求，党员领导干部要"廉洁齐家，自觉带头树立良好家风"①。2017 年 1 月中共中央办公厅、国务院办公厅印发的《关于实施中华优秀传统文化传承发展工程的意见》中指出："弘扬孝敬文化、慈善文化、诚信文化等，开展节俭养德全民行动和学雷锋志愿服务。广泛开展文明家庭创建活动，挖掘和整理家训、家书文化，用优良的家风家教培育青少年。"② 习近平总书记多次呼吁良好家风的建设，2017 年 3 月 5 日，习近平总书记参加十二届全国人大五次会议时肯定了家风、村风与民风建设③。时隔仅数月，习近平总书记在中央农村工作会议上又指出："乡村振兴，既要塑形，也要铸魂，要形成文明乡风、良好家风、淳朴民风，焕发文明新气象。"④

在中国的传统文化中，家风家训等家庭文化由家谱、族谱记录。家谱从先秦时期三皇五帝、帝王诸侯的世系记载，发展到魏晋南北朝时期官修家谱大繁荣，再到宋朝民间修谱盛行，反映了中国历史的发展，从不一样的角度诠释了文以载道的文化传统。

《关于实施中华优秀传统文化传承发展工程的意见》指出："文化是民族的血脉，是人民的精神家园。文化自信是更基本、更深层、更持久的力量。中华文化独一无二的理念、智慧、气度、神韵，增添了中国人民和中华民族内心深处的自信和自豪。"意

---

① 中国共产党廉洁自律准则［EB/OL］.［2023-07-03］. http://www.nrta.gov.cn/art/2019/6/29/art_3618_46456.html.

② 中共中央办公厅　国务院办公厅印发《关于实施中华优秀传统文化传承发展工程的意见》［EB/OL］.［2023-07-03］. https://www.gov.cn/zhengce/2017-01/25/content_5163472.htm.

③ 上海各界热议习近平总书记重要讲话——表示加快建设现代化国际大都市［EB/OL］.［2023-07-03］. http://cpc.people.com.cn/n1/2017/0306/c64387-29125014.html.

④ 习近平同志《论党的宣传思想工作》主要篇目介绍［EB/OL］.［2023-07-03］. http://jhsjk.people.cn/article/31924799.

见还强调应当发挥各方力量大力弘扬中华优秀传统文化，"充分发挥图书馆、文化馆、博物馆、群艺馆、美术馆等公共文化机构在传承发展中华优秀传统文化中的作用"①。

从哪里来，到哪里去，这是人类的永恒之问。因此，普通人的寻根问祖也就具有了形而上的哲学意义和价值。现代人寻根问祖、追寻家族的历史，查阅家谱族谱是最为方便的途径。

家谱族谱是记载家族或族群繁衍、迁徙乃至文化变迁史的重要文献，是家族文献的重要组成部分，是国家民族历史文献的组成部分，是中华民族传统文化的重要组成部分。家谱不仅是编修正史的参考资料，也是研究国家民族的历史、文学、社会学乃至人类学的重要参考。

为了弘扬中华优秀传统文化，保存家谱文献，保护家谱古籍，满足充分利用家谱资源、引导辅助读者寻根问祖以及研究历史文化的需要，广州图书馆将在既有的基础上，努力搜集广府家谱。把广府家谱和岭南家族文献的搜集和整理作为今后的工作重点，努力打造可供收藏、查阅广府家谱和岭南家族文献的家谱查询中心，满足研究广府历史文化以及寻根问祖的需要。

1　概况

广州图书馆家谱查询中心 2010 年启动筹备工作，2011 年实施家谱征集项目拓展家谱馆藏，2013 年 6 月 23 日，广州人文馆正式开放使用，作为其三大业务板块之一的家谱查询亦同步提供服务。

广州图书馆家谱文献收藏始于广州图书馆原广州地方文献室，其中所藏数百册广东家谱是家谱文献收藏的基础。2013 年，原广州地方文献室扩展为广州人文馆，并成立家谱查询中心。家谱查询中心致力家谱文献资源的建设及开发利用，以保存家谱文化遗产、弘扬家谱文化、弘扬地方文化和民族精神为目标，征集全国各姓氏家谱，并以广府家谱为征集重点，为读者进行家谱查询提供了一个高效的平台。

从 2013 年至 2023 年开放十年间，家谱查询中心经历了从无到有的建设，文献资源数量日益增长，截至 2023 年 5 月，现代平装家谱约 7000 册，线装家谱约 15000 册。

2013 年，广州图书馆与世界最大家谱收藏机构——美国犹他家谱学会（下文简称

---

① 中共中央办公厅　国务院办公厅印发《关于实施中华优秀传统文化传承发展工程的意见》[EB/OL]．[2023-07-03]. https://www.gov.cn/zhengce/2017-01/25/content_5163472.htm.

为犹他家谱学会）合作，将犹他家谱学会网站作为家谱查询中心查询平台，提供在线家谱查询服务。2016 年，广州图书馆与其再度合作，开展馆藏家谱电子化项目，完成18000 余册馆藏家谱的电子化。

2021 年，广州图书馆引进"观书堂家谱数据库"，读者通过广州图书馆网站便可进入，数据库可提供家谱数据的全文检索。

至此，从实体文献、家谱查询阅览室平台、共建家谱电子文献、家谱数据库四个维度基本建成了完整的家谱文献体系。

2 家谱文献体系建设

2.1 实体文献资源情况

2013 年家谱查询中心藏现代平装、精装家谱 2000 余册，古籍书库藏线装家谱数量极少。在这十年间，通过采购、征集等方式持续加强家谱文献资源建设。2023 年家谱查询中心藏现代平装、精装家谱 7000 余册，古籍书库藏家谱 15000 余册。未来将把广府族谱和岭南家族文献的征集、采购作为实体文献建设的工作重点，并辅助以广东省内村镇志书等方志的文献专藏，逐步打造具备广府文化特色的谱牒文献体系。

2.2 家谱查询阅览室平台

基于对家谱文献的保存、使用及开发利用的共同追求，广州图书馆与犹他家谱学会开展了一系列的合作。

2013 年 3 月，广州图书馆与犹他家谱学会签署《FAMILYSEARCH 国际合作图书馆协议》，开展家谱查询阅览合作。家谱查询阅览室辅导读者查询、使用犹他家谱学会网站的大量家谱电子资源，协助读者借阅犹他家谱学会收藏的缩微胶卷。犹他家谱学会位于美国西北部犹他州首府盐湖城，成立于 1894 年，后来扩充为如今的规模，自成立以来，犹他家谱学会陆续从世界各地一百多个国家，搜集各地家族有关资料，从 1938 年至今，犹他家谱学会共收藏约 30 万册图书、200 多万卷的缩微胶卷复制件（包括中国家谱），仅中国的家谱就收藏了约 2 万种。以犹他家谱学会网站为平台，为读者提供线上查询服务，成为家谱查询服务有力的补充。

2.3 共建电子文献

依托广州图书馆和犹他家谱学会共同打造的家谱查询阅览室平台，基于保护家谱文献、促进中国家谱文化在更广范围的传播、提高海外华人更便利地获取并利用家谱资料等目标，广州图书馆在 2016 年 1 月与犹他家谱学会签署《数字图像制作和分享协议》，对广州图书馆馆藏家谱进行数字化。馆藏家谱数字化项目使家谱查询中心、古籍书库 2 个馆藏地点的 18325 册家谱实现了数字化。馆藏家谱数字化项目于 2020 年顺利结束，数字化后的 1287GB 电子数据现储存于广州图书馆技术部门的云端。

2.4　观书堂家谱数据库

"观书堂家谱数据库"收录了世界各地 400 余个姓氏华人的家谱 2 万余种 60 余万册，包含 1400 万幅图片，以每月增加数千册家谱的速度进行持续更新，建成全国最全面的家谱查询与体验平台。所涉地区涵盖全国 31 个省份，还包括新加坡、马来西亚等国家。这些家谱大多为明清两代、民国期间木活字本和刊本。著录信息参考《中国家谱综合目录》等的信息标准，进行规范标引。数据库除了具备全文检索、浏览、下载等功能外，还设姓氏源流族群分布可视化、世系可视化、输名寻祖、在线修谱、族谱编印、族群社交等方面的功能。从使用角度来看，可以满足从事人口史、人类学、民族史、民俗学、文化史等方面研究需要，提供弥足珍贵的原始资料，同时也反映了我国人口迁移、民族民俗的变迁、民间文化的传播路径，通过人工智能技术对族谱文献数字化加工后的数据进行关联与挖掘，完成海量人物数据分析与可视化呈现。

3　家谱文献征集工作

家谱文献馆藏体系的建成必须以家谱文献征集工作为基础。家谱文献征集是一个需要长期积淀的工作，无法一蹴而就。同时征集工作与服务、活动、开发研究等工作相互交融，互为促进。

3.1　常规征集工作

家谱的常规征集以纸质文献资源与电子文献资源建设相辅相成为指导，主要通过宣传鼓励读者捐赠、搜集信息、馆员征集等方式。

3.1.1　纸质家谱文献资源的征集

纸质家谱文献除了采购途径外，征集方式灵活多样，所征集到的文献有宗亲会大批捐赠，有个别读者到馆捐赠、寄赠，还有家谱查询中心馆员深入村镇进行征集。

2021 年，家谱查询中心深入广州市黄埔村了解黄埔村四大姓氏家谱情况，辗转与四大姓氏的后人取得联系，征得《黄圃胡氏族谱》《冯氏家谱》等家谱，目前关于黄埔村四大姓的馆藏有黄埔村梁氏、胡氏、冯氏族谱。其中罗氏因家谱早已散佚，族中原件、复制件、电子件都没有保存，所以无法征集。

2022 年，家谱查询中心与江门市新会区南水村戴氏宗亲会会长取得联系，于 2023 年前往新会区南水村征得《天台戴氏族谱五修》简体本和繁体本等家谱文献。与新会区南水村戴氏宗亲会建立了良好畅通的沟通互动关系，又因戴氏宗亲会会长长居澳门，此举为新会、澳门的家谱资料征集建立人脉资源。

3.1.2　电子家谱文献资源的征集

在信息时代，电子文献的重要性日益凸显，在进行传统的纸质家谱文献征集的同时，电子家谱文献也是广州图书馆重要文献征集对象。电子家谱文献的征集来源一般有捐赠、家谱持有者借予图书馆复制等。家谱查询中心陆续征得广州市番禺区《屈氏家谱》《黄圃胡氏族谱》《李氏六修宗谱》《陈氏宗谱》《番禺小龙孔氏家谱》《梁氏家谱》（梁培基家谱）等百余种电子家谱文献。

经过甄选后可以对电子家谱文献其中一部分进行打印装订以供读者使用，是对纸质家谱文献的一个良好补充。

3.2　以服务带动征集

家谱查询中心在为读者提供咨询服务时，积极主动向读者宣传广州图书馆永久保存家谱文献的政策，为读者提供及时专业的咨询解答，为读者提供准确到位的深度咨询解答，与重点读者保持业务联系，专业且有温度的服务促进了征集工作的开展。

2012 年，广州市沥滘卫姓老人为了保护沥滘卫氏宗祠不被拆毁到广州图书馆查找家谱资料。老人有感于广州图书馆为其提供的积极专业的服务，同意图书馆对其家谱进行复制，《广州日报》对此进行了相关采访报道。

2013 年到 2023 年十年间，一位朱姓读者经常到家谱查询中心查找朱氏家谱资料，有感于家谱查询中心提供的积极的帮助与专业的服务，十年间捐赠十数种册的家谱及村镇志书等文献。

积极、专业、有温度的服务能激发读者的回馈心理，读者的回馈通过捐赠等方式实现，这是图书馆与读者之间良好正面的互动。

3.3　以家谱活动带动征集

通过家谱文献研究与利用，以研究带动活动，以活动带动征集，可以实现更具系统性、目的性的征集。

通过对家谱文献进行系统研究、提炼及呈现，引发具有相似文化特征的家族对家族历史的追寻、对家族史料保存的思考、对家族对社会影响的期待，从而推进家谱文献的征集。

2018 年开始的系列家谱展览"我们的家谱　我们的故事"，通过对广州商业、广州黄埔村等主题文献的研究，分别举办了相关的展览，先后征得《清末民初广东绅商陈勉畲族史》《黄圃胡氏族谱》《冯氏家谱》等家谱文献（具体情况在下文第五部分家谱活动中详细叙述）。

3.4　方志家谱联合征集

村镇志是记载村镇范围内自然和社会诸事物历史与现状的资料性文献，属于地方志书。地方志是中国传统文化的瑰宝，对地方史料的收集和保存，促进了地方文化的传承与弘扬。

习近平总书记将历史视为"最好的教科书"，他曾指出："修志是一项很有意义的工作。其意义，说通俗一点，就是使我们做一个明白人。"这是对地方志价值作用最精辟的评价和概括。地方志是传统文化的组成部分。地方志自汉代以来延绵两千多年，成为传承地方历史、弘扬地方文化不可或缺的生动载体。村镇志展示的是相对较小的特定地域，记述的人物和事件也相对普通，部分记载与家谱所记录的有重合之处，家谱与地方志书可以互为补充。

为了能让读者更好地了解广东的历史、地理、社会及人物等多方面的发展沿革，增进中华民族寻根溯源的信息传递，更好地为发扬中华民族传统文化服务，2021 年 1 月，广州图书馆启动广东省村镇志征集项目，并拟定《关于广州图书馆征集广东省内家谱、地方志的函》，一方面与省内各地方志办公室等单位联系征集，另一方面梳理广州图书馆内关于广东省内的地方志书。在与省内各地方志办公室等单位联系方面，与汕头市、湛江市、清远市、韶关市、梅州市等多地的多家地方志办机构进行接触沟通；与广州市地方志单位保持长期、稳定的联系交流，保证征集信息的畅通获取。在广州图书馆内，梳理了工具书区、文献流通部的在架广东省村镇志共计 245 册，并形成相应清单。

2021 年 1 月—2023 年 4 月，通过采购、征集等方式入藏广东省内村镇志书百余册。

4 家谱查询中心的整理、开发、研究工作

《关于实施中华优秀传统文化传承发展工程的意见》明确指出图书馆应该充分发挥在传承发展中华优秀传统文化中的作用，中华传统文化源远流长，深化对中华优秀传统文化重要性的认识，深入挖掘中华优秀传统文化价值，对增强文化自觉和文化自信具有重要意义。在《关于实施中华优秀传统文化传承发展工程的意见》的指导下，广州图书馆结合地域特色及家谱文献特点，在家谱文献开发研究中开展"粤世家文献汇编"等项目，在家谱文献整理方面以为群众提供更好的文化服务、为群众做实事为指导进行了家谱馆藏文献的整理。

4.1 家谱文献开发研究

国家、民族、家族、个人之间的关联，以及个人、家族之于民族和国家的意义毋庸赘述。每个人、每个家族的命运都与国家民族的命运紧密相连。每个家族的命运都联结着这个国家民族的命运。一个国家民族的文化基因，就隐藏在一个个家族的历史当中，尘封在泛黄的家族文献和家谱族谱当中。成规模的家族文献整理，不仅有助于某个地区、民族、国家的历史文化研究，同样也有助于人类学和社会学等学科的研究。

近年来，家族文学和家族文化研究逐渐受到学界的关注和重视，但家族文献的整理和研究尚未受到关注。虽然由于个别家族对于政治或历史的影响，其相关文献得以整理，但并非普遍意义上的对家族文献的整理和研究，因此，成规模的家族文献整理和研究并未受到学界的关注。

地方文献和文化是中华传统文化的有机组成部分。文化需要文献的支撑，没有文献的支撑，文化就会成为浮光虚响。地方文献整理、出版与保护也是我国地方政府和社会近几十年来非常重视的一项文化工作，各高校、图书馆和出版机构纷纷参与其中。现在所见各种地方文献的编纂和出版，主要是对各藏书机构现存成册图书的汇编出版和对个别名家著作的整理和点校，对地方文献的深度整理还有待进一步开展。

现在粤港澳大湾区正在开展"人文湾区"文化建设。植根于中华文化大传统的粤地传统文化就是"人文湾区"的灵魂。中华文明，家国同构。国家民族的历史最终要落实到一个个具体的家族之中。家族的命运与国家民族的命运紧密相连，一个个不同家族的文化和历史汇聚在一起，也就构成了国家民族的文化和历史。秦汉之后，粤地文明逐渐发育，经唐宋数百年的发展，到明清时期粤地文化臻于繁盛。在这一过程中

广东出现了很多延续数代的文化家族。这些家族对当地社会、经济、政治和文化等的影响巨大，甚至对我们国家和民族都产生了不小的影响。系统整理和研究粤地世代相续的文化家族留传下来的文献，不但是对地方传统文化和文献的保护、传承中华优秀传统文化和粤港澳大湾区"人文湾区"建设的需要，也是突显当下文化自信的需要。

自 2021 年上半年起广州图书馆综合本馆历史、基本定位、收藏特点和面向未来的发展方向等多方面的情况，再结合学术界近年来的发展情况，经过一段时间的调研、整理和思考，策划了一个文献专题："粤世家文献整理"。同时广州图书馆又制作了多个相关的文件，梳理出岭南文化世家 30 多家。2021 年底广州图书馆就"粤世家文献整理"召开了专题工作会议。

2022 年 7 月广州图书馆决定启动"粤世家文献整理"工作，2022 年 7 月制定了"粤世家文献汇编"的整体计划，同时，根据参与人员的情况，又制定了分阶段实施的计划。首先选择明末清初广府志士遗民家族（六家）作为第一期工作的内容。

4.2 家谱文献专题目录的整理

家谱查询中心在读者服务过程中总结了读者的需求，结合家谱查询的规律，以为群众做实事、为读者带来更好的文化服务为指导，以更快、更好、更准确地为读者提供信息为目标，对家谱查询中心馆藏的家谱文献做文献整理。

2019 年 7 月，广州人文馆藏家谱文献专题目录的整理编制工作启动，形成《广州图书馆广州人文馆馆藏家谱书目》，内容主要为 2019 年 7 月 11 日前入藏于广州图书馆广州人文馆家谱查询中心的谱牒，书目共收 319 个姓氏的 5742 种谱牒，其中广东谱 1251 种（含广州谱 323 种），香港谱 7 种。2021 年 11 月，家谱文献专题目录整理工作阶段性结束。

为家谱服务工作更便利高效，《广州图书馆广州人文馆馆藏家谱书目》在编制时采用一些独特技巧，其一突破图书分类与排架规则，以姓氏分类，有利于读者快速进行查找；其二整理标注出各条家谱条目的谱籍地，同时对图书馆官网中的部分谱籍地信息进行补充、细化及修正，尽量细化到具体县级市，方便读者对应地区查找；其三对选入《广州图书馆广州人文馆馆藏家谱书目》的《清代民国名人家谱选刊》等十二部丛书按种提取，按姓氏归类，便于读者按姓氏、谱籍地进行查询，提高丛书家谱的使用。

5 家谱活动

《关于实施中华优秀传统文化传承发展工程的意见》指出，中华优秀传统文化内涵应该更好更多地融入生产生活的各个方面。家谱文化是中华优秀传统文化的一部分，图书馆作为优秀传统文化传播的阵地，应发挥图书馆培育文化自信的社会作用，采取多种多样的服务方式，依托丰富的信息资源，推动全民阅读，开展家谱活动。家谱查询中心的活动举办希望达到两个目标：一是通过家谱与地方历史的结合，深挖总结其中的地方文化与特色，向群众推广广府地区的族群历史与家族文化；二是推广家谱知识，推广中华姓氏文化，深化群众对中华传统姓氏、家谱文化的认知。

5.1 "我们的家谱 我们的故事"系列展览

通过家谱与地方历史的结合，深挖其中的地方文化与特色，向群众推广广府地区的族群历史与家族文化，"我们的家谱 我们的故事"系列展览立足于家谱查询中心的家谱文献，依托地方文献，借助流通部门的相关文献资源，深入挖掘广府地区历史知名家族，以展板与文献推荐相结合的形式展示了广府地区历史上知名家族的姓氏源流、迁徙定居、生息繁衍、名人事迹、祠堂产业等，向读者展现岭南千年的家族文化和开发历史。

该系列展览于2018—2020年间共举办5期，分别为"陈氏""黄埔梁氏第一辑""黄埔梁氏第二辑""黄埔冯氏""新会茶坑村梁氏"，同时在图书馆的微信公众号推出推文。

第一期展览中，陈勉畬后人从广州、香港等地过来参观展览，对展览给予高度的评价和赞扬，并感谢广州图书馆让"族人重温家族史"。广州荔湾区地方志办公室原主任、副研究员胡文中一起参观了展览，并发表了公众号文章《广州图书馆九楼人文馆的陈氏族谱展》。

黄埔村系列展览中促成了黄圃胡氏、黄埔冯氏旁支等家族家谱的成功征集。该系列展览宣传了中华民族悠久的传统文化，深化了读者对黄埔村家族历史的认识，提高了读者对家谱文献的关注，促进了家谱文献的借阅，让读者对广府地区的家族有了更多的认识。

5.2 "家谱知多少"系列展览

在对读者进行服务的过程中，发现家谱文献中涉及的堂号、郡望、宗派等知识对大部分读者而言非常陌生，而姓氏的来源、发展变化读者则非常感兴趣。为了推广家谱知识，推广中华姓氏文化，深化群众对中华传统姓氏、家谱文化的认知，家谱查询中心于2019年开始举办"家谱知多少"系列展览，2019—2022年间举办"君自何处来""我的名字 我的姓氏""家谱犹国史""太史公立表垂范""始有姓氏 再有家谱"共计5期，共计143000人次参展，推荐文献178册。"家谱知多少"系列展览立足家谱文献资源，借助流通部门的相关文献，对家谱、姓氏等方面的知识做系统的梳理、总结，向读者介绍谱牒知识，宣传推广谱牒文化，包括族谱、家书、家训家风、祠堂古建等，帮助读者对家谱知识进行广泛深入的了解，同时促进家谱文献的开发利用。

5.3 广州图书馆与犹他家谱学会合作开展活动

在家谱查询中心建成开放之初，为了让群众更好地了解家族迁徙、寻根资源、家谱文化，也为了推广家谱查询中心的品牌与服务，广州图书馆与犹他家谱学会合作推出一系列展览讲座。

2013年6月，举办家谱文化展"参天之木有其根 怀山之水有其源——广州图书馆、美国犹他家谱学会家谱文化展"。展览介绍广州图书馆、犹他家谱学会的家谱文献资源情况，展示了家谱在中国历史中的演变情况，广东家族的迁徙等。2013年6月23日，举办家谱讲座"问问你从哪里来？——家谱文化沙龙"，由犹他家谱学会亚洲研究中心研究员钱正民主讲，讲座从寻根觅源的角度讲解了中国族谱收藏与发展现状及寻根资源等，中山大学骆伟教授总结发言，总结了家谱的重要性，以公藏机构在保护家谱方面所起的重要作用，呼吁对家谱的重视及保护。2016年4月，举办讲座"谱迹众寻——关于FamilySearch（美国犹他家谱学会）网站的使用"，由犹他家谱学会亚洲研究中心研究员钱正民讲解如何更好地利用犹他家谱学会网站查询家谱信息。

5.4 "钟鼎传家——世家的智慧"系列讲座

为弘扬家族传统文化，传承优良家风，推动广州图书馆家谱文献阅读，丰富广大市民的精神文化生活，2020年9月推出"钟鼎传家——世家的智慧"系列讲座活动。活动邀请广东人民出版社编辑、作家、《世说新语》品读人、广东省文化学会常务理事及特聘专家郝婧羽作为主讲嘉宾，她通过解读魏晋世家名族百年的历史，分享名士的胸中丘壑、趣味和审美，揭开魏晋著名家族维持家世不衰的秘密。

讲座于 2020—2022 年间共举办 9 期，分别是：一、"魏晋名门数百年兴盛不衰的秘密"；二、"如何看待生死：魏晋贵族的必修课"；三、"做人要有趣"；四、"现代人能有魏晋风度吗？"；五、"魏晋名士的为父哲学"；六、"魏晋'名门淑女'的品格"；七、"为什么王羲之能写出《兰亭序》？"；八、"言传身教——魏晋风度也是说话的艺术"；九、"魏晋文艺高峰与家族传承"。每期活动主题由讲座嘉宾提出，再和图书馆讨论确定，由图书馆负责审定，通过主题讲座宣传家族家风文化以及推广家谱文献阅读，其中第四至七期是线下主题讲座，其余五期采取线上讲座模式。

"钟鼎传家——世家的智慧"系列讲座，本质上是基于《世说新语》的美学分享和人生教育。每期讲座都以魏晋名士在岭南的经历故事破题，继而以一个个脍炙人口的故事展示魏晋名士的风度智慧和行事准则，最后分享他们对家族以及对后世的影响和启发，并探讨如何在生活中向魏晋名士汲取生活经验、学习品味生活的艺术，如第二讲"如何看待生死：魏晋贵族的必修课"，讲解魏晋名士的生死观念，以及他们对家族子弟的生死观教示；第四讲"现代人能有魏晋风度吗？"，探讨现代人想要拥有魏晋风度，最重要的是建立完整的内在价值体系；第九讲"魏晋文艺高峰与家族传承"，介绍了士族望族对家族子弟教育的重视以及培养家族人才的方式。其实魏晋不仅是一个时代，也是一种风度，是一种精神，一个个经典的瞬间，不仅传唱当时，同时也给今人留下了值得借鉴的范例。

9 场讲座共推荐文献 12 种 12 册，4 场线下讲座现场参加 190 人次，5 场线上讲座在线观看量为 11.35 万人次。

5.5　家谱活动带来的启示

"家有谱，州县有志，国有史，其义一也。"家谱是中华民族重要的历史文献类型，是以亲缘关系为纽带的平民的史书，是民众追源溯流的凭借，也是古代地域历史文化的重要载体。中华民族自古讲究"修身、齐家、治国、平天下"，"家"是普通人一生中极为重要的一环。图书馆履行社会职能，收藏、利用、宣传推广家谱家族文献，对弘扬中华传统美德，加强家庭、家教、家风建设，传承中华民族优秀传统文化，增强民族自信等都有重大的价值意义。家谱查询中心历年的活动，为今后工作的开展积累了经验，提供了启示。

5.5.1　以家谱为主题策划展览

家谱展览可以将馆员做的家谱文化研究，通过通俗有趣的文字、表格、图片等方式展示出来，将抽象的文化转化为具体的场景，直观地向读者分享家谱工作的成果。展览使知识平易近人，读者更易于理解和吸收，因此能广泛地吸引读者参加。对于大部分读者来说，家谱尤其是民国以前的家谱，难免晦涩难懂，家谱主题展览，让繁复的家谱家族知识变成简单有趣的图文，让读者能轻松地接收相关知识，获得游刃有余的成就感。家谱展览更好地向读者传播、普及家族文化，提高大众对家谱文献和家族文化的认知，增加了家谱的曝光度和影响力，有利于进一步拓展家谱服务工作。

5.5.2 举办讲座活动推广家谱文化

展览通过视觉启发思考，讲座则是通过听觉启发思考。图书馆邀请知识水平较高或有一定社会影响力的嘉宾讲座，讲座的主题可以是家风教育、谱牒知识、阅读分享、名人事迹。许多读者对家谱文献有一定的接触认识，但缺少更专业的知识及引导，讲座活动可以提供一个家谱领域的先行者的分析指导，普及家谱文化知识。同时讲座为广大读者提供了交流表达的机会，和展览相比，读者不是独自思考，而是互相交流，有利于调动读者的积极性，推动家谱文化的交流和共享。图书馆的讲座带有公益性目的，如"钟鼎传家——世家的智慧"系列讲座，旨在通过解读魏晋世族的家族文化与家庭教育，给读者的思想和家庭教育带来一点启发，但在传播知识和丰富精神文化之外，讲座活动也无形中提高了馆员的阅读推广服务水平，推动家谱文化的传播，宣传了家风家教建设，而良好的家风带动的是个人修养的提升和社会风气的改善，这对于弘扬中华传统美德，提高全社会文明程度都是极有益的。

5.5.3 借助网络媒体宣传

网络新媒体是当今宣传的主要渠道之一。家谱查询中心的讲座和展览活动，如果不借助新媒体宣传，那么活动举办信息的辐射范围仅限于极少部分图书馆读者，无法向大众传播。家谱查询中心会以微信推文方式向广大读者群体推送讲座预告和活动回顾，展览也会编辑成文，投放至广州图书馆公众号和广州人文馆公众号，效果良好。在家谱查询中心的实践中，网络媒体对传播家谱文化的作用更大，如"家谱知多少"系列展览，有读者发现展览内容没有及时编辑投放至网络媒体，专门发来提醒；再如"我们的家谱 我们的故事"系列展览的第一期推文，吸引了陈勉畲后人从广州、香港等地过来参观展览，第四期的展览推文推送给黄埔冯氏后裔之后，他们向图书馆捐献了冯氏族谱和冯氏家族照片等文献，可见微信等新媒体宣传，对家谱文献的征集也十分有利。当今网络媒体普及度越来越高，受众越来越大，不仅受年轻人追捧，中老年人也渐渐加入其中。中老年人是关注家谱文化的重要群体，而他们由于体力或工作原因，不会经常前往图书馆等公共场所参观展览或参加活动，这时网络媒体的宣传推送就十分重要，可以让读者随时了解家谱活动，接收家谱文化知识。当今年轻人对家谱的兴趣也越来越高，进一步吸引年轻人的注意，让家谱文化"后继有人"，是家谱查询中心今后的努力方向，这将更依赖日新月异的新媒体渠道。

当代社会进步，工业化和城镇化发展，使传统宗族、家族逐渐解体分散，家族观念越来越淡薄，修谱聚族文化也逐渐消逝。图书馆作为保存文化遗产和进行社会教育的重要阵地，理应发挥自己的优势，承担起收集保存、开发利用和宣传推广家谱文献的责任，利用讲座、展览等活动形式，推广家谱文献，推进家风教育，保存文化记忆，积极探索家谱文化的推广方式，去粗取精，让家谱成为传承和弘扬中华民族优秀文化的纽带，成为凝聚共同文化渊源和向心力的重要工具。

6　未来展望

根据家谱查询中心已经开展的服务、活动、开发与研究等方面的情况，未来拟从升级服务场馆、强化体系建设、打造研究品牌、创新活动特色等方面进行家谱查询中心的系统性建设。

6.1　升级服务场馆

为了拓展场地、增设服务，给读者提供更好的服务，家谱查询中心拟升级为家谱体验中心，包括家谱文献区、文献阅览区、家谱树打印制作区和家谱展览区等几大区域，整个区域实行封闭管理。在开展常规的咨询服务、展览活动、讲座活动之余，拟利用"观书堂家谱数据库"开展体验式家谱文献延伸性服务，即开展广州图书馆家谱体验中心的家谱树项目。

6.2　强化体系建设

6.2.1　开展广州家谱普查

家谱是国家宝贵历史文化遗产中亟待发掘的一部分，蕴藏着大量有关传统文化的历史资料。它不仅对开展学术研究有重要历史文化价值，而且对增强民族的向心力、凝聚力有着重要作用。

为了较为全面地了解广州地区的家谱编修及保存等基本情况，广州图书馆在2023年1月启动家谱普查项目。在前期调研阶段将开展关于普查的法律法规的调研和家谱普查涉及的内容、相关表格范例、开展模式、人力安排等方面的调查研究。

调研工作对相关的法规进行了调研，以《广东省自然村落历史人文普查工作手册》为参考依据；对浙江省丽水市、陕西省安康市紫阳县、浙江省金华市武义县、广东省佛山市顺德区四个有过家谱普查行为的对象进行网络资料收集与电话调查，写出《家谱普查工作前期调研阶段性汇报（2023 年 5 月）》。

调研结束后，应提交家谱普查工作方案，确定普查对象及次序、开展普查的方式方法和人员需求，制定相关普查表格、普查表填报说明等。

6.2.2 利用馆藏家谱数字化项目的数据建成数据库

广州图书馆与犹他家谱学会合作进行的馆藏家谱文献数字化项目中有 1287GB 电子数据现储存于广州图书馆技术部门的云端。

计划对这批电子数据进行整理，著录书名、页码及所对应的索书号等项目，后续将进行数据整理、申建家谱数据库的工作。

家谱数据库的建立有利于家谱文献的保存及利用，特别是古籍家谱的保存及利用。

因地缘关系，建立家谱数据库时可以重点进行广东家谱数据建设，除了馆藏的广东家谱外，可以尝试和其他机构以购买或交换的方式来获取更多的广东家谱电子数据，逐步充实广东家谱方面的数据。

6.3 打造研究品牌

打造研究品牌主要是打造"粤世家文献汇编"品牌。

在广泛搜集家族文献的基础上，参与文献整理的工作人员，可以从以下几个方面展开研究：①家族世系表（曾被各种文献记载的人物）；②重点人物考述；③著作考述；④琐录、图录；⑤家族事迹编年；⑥就某些历史或文学等具体问题的研究文章；⑦家族迁徙述考；⑧族谱编纂、过录考等。当积累到一定程度，可以结集成书如"某氏家族文献及文学研究"。

6.4 创新活动特色

6.4.1 广府著名家族资料汇集与活动

广府家族研究重点关注广府地区有影响力的家族，立足馆藏文献对其相关资料进行搜集与整理。目前已完成高第许氏家族、十三行潘振承家族、伍秉鉴家族、邓世昌家族、屈大均家族、朱执信家族、詹天佑家族等十四个家族的文献汇总，主要包括家族简介、家族名人、家族历史遗迹、家族馆藏文献情况等方面内容。该研究现在还处于前期的准备和探索阶段，在未来，有望依托相关文献信息的汇总建设，开展相关家族主题展览、相关家族文献专项研究等工作。具体来说，首先家族主题展览上，除了常规的家族相关介绍、名人遗迹、存世文献等展览内容外，还可以充分挖掘广府地区的地缘优势，邀请家族后人参与展览，录制展览讲解音频、视频，让展览更能突出广府文化特点；其二在家族文献专项研究上，对家族存世的作品可以进行文本研究，充分开发其文学与史学价值，并在此基础上开展以某家族为主题的学术研讨会，进行深入研究与挖掘；其三在研究成果的转化上，可以以家族为单位，出版相关介绍与研究成果的汇编等。

6.4.2 家谱编制打印活动

家谱编制打印活动即家谱树项目，是广州图书馆与福建两岸信息技术有限公司合作，利用"观书堂家谱数据库"开展的体验式家谱文献延伸性服务。

家谱树作为各姓氏源流族群分布和世系延伸的可视化展示，同时具有输名寻祖、在线修谱、在线制作族谱和族群社交等功能，极大地提升了传统家谱文献的服务效能。通过家谱人工智能识别加工云平台对上传的家谱图片进行人工智能 OCR 加工，云平台提供上传家谱体例与内容分析，产生规范的家谱章节文本数据与家谱树，数据库提供族谱编修体例有欧式、苏式、牒记式等供用户选择，在家谱树上维护新的家族成员关系后即完成家谱内容编修，生成电子家谱校对无误后，提交印制请求即可完成族谱编修的全流程。这种亲历体验式服务，不仅能加强图书馆与读者互动，也能启发读者自主学习创作，强化了图书馆作为知识资源共享平台的定位，提升图书馆提供知识服务的能力和水平。

信息咨询服务实践

林静　侯蕾　于慧慧　段林云　黄旖雯　孙鲁渝　陈露　严泽欣

为公众提供信息咨询服务是公共图书馆的基础职能之一。《广州市公共图书馆条例》明确规定了公共图书馆应当根据自身的业务能力免费为公众提供专题信息服务、为国家机关决策提供信息服务以及利用互联网、手机等信息技术手段和载体为用户提供远程查询、阅读等服务。习近平总书记在中央城市工作会议上指出"全心全意为人民服务，为人民群众提供精细的城市管理和良好的公共服务"①。自 1982 年开馆以来，广州图书馆一直秉持"读者至上"的服务理念，致力于为读者提供多样化、高质量的信息咨询服务。广州图书馆新馆对外开放后，信息咨询服务迎来了高速发展的新阶段。据统计，广州图书馆十年间信息咨询服务量呈现持续增长态势，2022 年服务量达到 160.5 万条，约为 2013 年服务量的 3 倍。在从传统图书馆到数字图书馆，再到智慧图书馆的变革中，信息咨询服务与时俱进，开启了从网络化、数字化迈向智能化的时代。

1　广州图书馆信息咨询服务概况

十年来，广州图书馆信息咨询服务坚持用户需求导向，积极探索信息服务融合与模式创新，不断提升用户体验。根据用户个性化信息需求，深化专题信息服务，持续推出定制化、系列化的信息服务产品；拓展数字参考咨询渠道，在广州图书馆官网、广州图书馆 App 及微信公众号开通网上咨询入口，上线自助式移动信息咨询服务平台"维问"，为读者咨询提供便利。数据显示，全馆信息咨询服务量、专题信息服务量及数字参考咨询服务量均实现大幅增长。信息咨询服务日益凸显出内容精准化、形式丰富化、渠道多样化等特点。

1.1　信息咨询服务

新馆开放第一年即 2013 年，信息咨询服务量达到 53.2 万条，约为前五年（2008—

---

① 习近平.习近平著作选读：第 1 卷 [M].北京：人民出版社，2023：413.

2012 年）服务量之和。之后信息咨询服务量迎来爆发式增长，2016 年突破 100 万条，2021 年更是高达 220.2 万条（见图 1）。从信息咨询服务构成来看，主要包括解答咨询、专题信息服务以及数字参考咨询服务等，其中解答咨询服务量占比超 90%。2019 年上线的"维问"自助式移动信息咨询服务平台，减轻了馆员解答咨询的压力，当年全馆信息咨询服务量首次出现下降。2020—2022 年由于疫情因素，受进馆读者数量波动较大的影响，信息咨询服务量随之出现较大波动，其中 2021 年咨询处被前移至馆舍入口处，方便读者咨询相关服务规定，当年的咨询量达到十年间最大峰值。总体来看，2013 年至 2022 年广州图书馆信息咨询服务量一直处于全国公共图书馆行业前列。

单位：万条

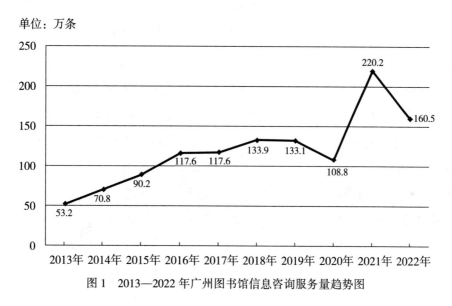

图 1　2013—2022 年广州图书馆信息咨询服务量趋势图

1.2　专题信息服务

随着信息技术迅猛发展以及用户群体和需求的变化，专题信息服务业务应势而变，广州图书馆借助新技术手段，持续创新服务品类，逐渐形成了涵盖主题讲座、图书展览、专辑制作、新媒体推广、印刷品宣传等多元化信息服务产品布局。十年间，专题信息服务量除 2020 年因疫情出现小幅降低外，总体保持稳步增长。信息咨询部于 2018 年下半年制定了《专题信息服务指标认定标准》，对全馆信息咨询服务进行全面规范，重新将专题信息服务界定为专题性咨询和指导性咨询，并制定相应的统计口径和统计办法，于 2019 年起实施。因此，本文只统计 2019 至 2022 年专题信息服务数据（见图 2）。

单位：条

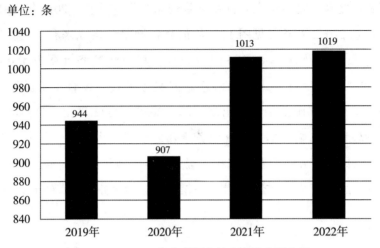

图2 2019—2022年广州图书馆专题信息服务量

1.2.1 专题性咨询

专题性咨询是指图书馆向用户提供事实性查询、信息查证、定题服务、文献信息开发等信息咨询服务。十年来，广州图书馆通过编制书目、索引、文摘、信息汇编、研究报告、文献综述等多种多样的信息服务形式，为读者提供各类专题性咨询解答。数据显示，2019年以来专题性咨询服务量逐年增长。2022年完成专题性咨询361条，是2019年的1.4倍（见表1）。专题性咨询服务群体包括政府机构、企事业单位、人大代表、政协委员及市民读者等。根据不同用户需求，先后制作了《人大工作参考》《文化体制改革专题资料汇编》《临空经济立法资料专辑》等内容丰富的信息产品，每年完成重大专题信息产品数十种，主流信息产品呈现出鲜明的"定制化、系列化、品牌化"特点。

表1 2019—2022年广州图书馆专题性咨询服务量统计表

	2019年	2020年	2021年	2022年
专题性咨询服务量/条	255	262	301	361

1.2.2 指导性咨询

指导性咨询主要包括：向用户提供图书馆资源与服务的使用辅导及用户教育；通过开设培训班、编制用户指南等形式，指导用户使用数据库等多类型检索工具；为研究型用户的科研和学习提供信息获取与利用指导。十年来，广州图书馆针对不同用户群体，积极为读者使用图书馆服务提供相应指引和辅导。例如面向老年人、务工人员等群体举办"爱心电脑俱乐部"系列活动，面向普通读者开展信息素养培训等活动，通过印制信息服务宣传折页、宣传册，举办主题多样、内容丰富的培训班、沙龙、阅读推广活动等，让更多读者走进和了解广州图书馆，更好地利用图书馆。根据统计，2019—2022 年总计完成指导性咨询 2704 条（见表 2），其中培训、沙龙、阅读推广活动占比最大，达到 66.51%，是指导性咨询服务的最主要形式；专家志愿者咨询服务占比 26.52%，是指导性咨询服务的重要形式（见图 3）。

表 2 2019—2022 年广州图书馆指导性咨询服务量统计表

	2019 年	2020 年	2021 年	2022 年
指导性咨询/条	689	645	712	658

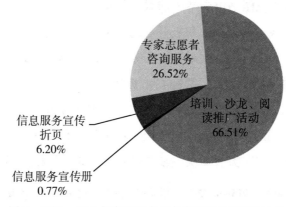

图 3 2019—2022 年广州图书馆各类型指导性咨询占比

1.3 数字参考咨询服务

数字参考咨询是以网络信息交互方式为主要服务手段，向用户提供不受时间和空间限制的信息咨询服务，是传统参考咨询服务在网络环境下的继承与延伸。历经十年的发展，广州图书馆数字参考咨询服务已形成包括官网咨询、App 咨询、微信公众号咨询、自助式移动信息咨询、微博咨询等多元咨询体系。当前，数字参考咨询服务方式主要包括网上咨询服务和自助式移动信息咨询服务，十年来广州图书馆累计为用户提供服务超过 153 万次。

1.3.1 网上咨询服务

网上咨询服务主要是为读者在线解答图书馆馆藏、服务、资源利用、文献检索等相关问题。根据服务内容，网上咨询服务被分为文献传递和本馆服务类咨询两大类。数据显示，2013—2022 年网上咨询服务总量达到 31.5 万次，用户满意度高达 99% 以上。2019 年之前，每年服务总量基本保持在 3.5 万次以上（见表 3），其中文献传递服务量占比 90% 以上。2021 年广州图书馆"十四五"发展规划正式实施，规划明确提出"提升微信公众号、小程序等移动端服务能力""推行自助式移动信息咨询服务"等行动方案，数字参考咨询服务重点围绕"本馆服务类咨询"开展，并大力推广"自助式移动信息咨询服务"，文献传递业务逐渐收缩，网上咨询服务总量相应减少。

表 3   2013—2022 年广州图书馆网上咨询服务量统计表

	2013 年	2014 年	2015 年	2016 年	2017 年	2018 年	2019 年	2020 年	2021 年	2022 年
网上咨询服务量/万次	2.0	3.6	4.0	3.5	3.7	3.9	3.8	2.8	1.9	2.3

1.3.1.1   文献传递

广州图书馆作为全国图书馆参考咨询联盟的早期加盟馆之一，秉承"为广大用户提供优质文献信息服务"的理念，积极开展跨区域、跨系统的网上联合参考咨询和文献传递服务，2013—2022 年完成文献传递服务共 28.2 万次，2014—2019 年连续六年文献传递服务量保持在 3 万次以上（见表 4）。近年来，随着网上咨询业务重心调整，文献传递业务人力投入缩减，年均文献传递服务量调整为 1.6 万次左右。十年间，广州图书馆先后荣获"全国图书馆参考咨询联盟先进单位"称号 5 次，获得"广东省文献资源共建共享服务贡献奖"荣誉 4 次，参考咨询员获得个人表彰 14 人次。

表 4   2013—2022 年广州图书馆文献传递服务量统计表

	2013 年	2014 年	2015 年	2016 年	2017 年	2018 年	2019 年	2020 年	2021 年	2022 年
文献传递服务量/万次	1.8	3.5	4.0	3.4	3.7	3.8	3.3	1.8	1.2	1.7

1.3.1.2   本馆服务类咨询

2016 年，广州图书馆参考咨询平台进行升级改造，通过广州数字图书馆网、广州图书馆 App 为读者提供咨询服务，因服务渠道、宣传方式等比较单一，读者了解度不高，导致读者对本馆服务类咨询提问量较少。根据统计，2016—2018 年，本馆服务类咨询总量仅有 408 次（因系统更换，2016 年以前的数据无法统计）。2019 年 4 月，广州图书馆官方微信增加了"网上咨询"服务功能，读者通过微信平台可以直接咨询，方便快捷。因此当年本馆服务类咨询爆发式增长，达 4930 次，是 2016—2018 年三年总量（408 次）的 12.1 倍，网上咨询服务重心也开始转向本馆服务类咨询。数据显示，2019—2022 年完成该类咨询总计 2.9 万次。值得一提的是，2020 年因新冠疫情突发，读者对网上信息服务需求量激增，参考咨询平台一直保持馆员在线值班，及时为读者解答各类咨询，当年本馆服务类咨询量突破 1 万次（见图 4），为十年峰值。

单位：次

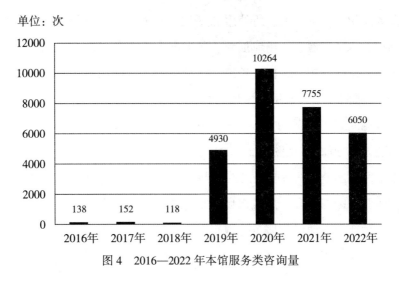

图 4　2016—2022 年本馆服务类咨询量

从咨询内容来看，本馆服务类咨询量排名前十的是：借还服务、账号密码、送书上门、文献检索、预约进馆、服务政策（疫情防控期间）、文献逾期、读者办证、广州数字图书馆服务及图书续借，咨询量共计 1.99 万次（见表 5），占比达到 68%。针对这些咨询问题涉及面广、类型多样等特点，信息咨询部坚持"以咨询促进服务，以服务推动咨询"原则，通过建立全馆各部门协同的服务机制、完善咨询记录统计分类、定期进行咨询馆员交流总结等多项举措，持续优化本馆服务类咨询服务。

表 5　本馆服务类咨询分类统计表（前 10 位）

咨询类型	咨询量/次
借还服务	4579
账号密码	3764
送书上门	2461
文献检索	1925
预约进馆	1618
服务政策（疫情防控期间）	1296
文献逾期	1231
读者办证	1048
广州数字图书馆服务	979
图书续借	978

1.3.2　自助式移动信息咨询服务

广州图书馆自助式移动信息咨询服务平台——"维问"于 2019 年上线服务，包括馆内 39 个服务区、328 个栏目，覆盖全馆公共服务区域。读者在馆内服务区，通过手机扫描带有"维问"标识的二维码自助获取所在服务区乃至全馆各服务区的指引信息，包括各区服务介绍、馆藏指引、所处服务区位置平面图、实时更新的活动信息等，同时提供活动报名、文献检索、场地预约、网上咨询等服务，助力读者精准获取服务信息，快速了解广州图书馆。2019—2022 年，"维问"总使用量超过 121 万次。2020 年因疫情影响，"维问"平台使用量出现短暂下降，2021—2022 年，基于平台先后开发了自助查询、常见问题等服务功能，精准对接读者需求，平台使用量大幅度增长，2022 年使用量高达 87.7 万次（见图 5）。

"维问"平台是广州图书馆提出的公共图书馆"小区间"服务理念的体现，将信息服务与实体服务区相结合，形成以区间信息服务为主体服务，依托移动互联网进行双向传输的一种新型移动信息服务，取得了良好效益，是我国公共图书馆探索创新移动信息服务的成功实践。

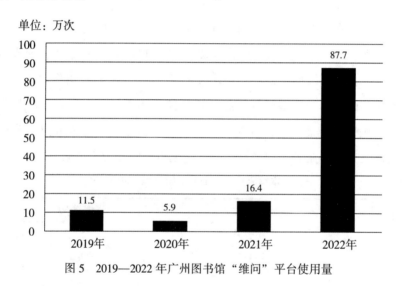

图 5 2019—2022 年广州图书馆"维问"平台使用量

2 广州图书馆信息咨询服务实践特点

在《中华人民共和国公共图书馆法》《广州市公共图书馆条例》《图书馆参考咨询服务规范》等法律、法规、标准的指引下，信息咨询部结合自身业务发展需要，制定一系列信息咨询服务规范标准；打破图书馆传统参考咨询服务的限定，推出"专家志愿者咨询服务""专家一对一"咨询服务及《明法·知理——广图普法》电子期刊等多个品牌项目，打造出"专业志愿者服务"创新模式；利用线上与线下的虚实空间，创建多样化知识信息服务平台；联合专业馆员、行业专家、社会机构等多方力量，组建多类型专业信息服务团队；提供精准服务，围绕立法服务、决策服务，积极拓展党政机关、人大代表、政协委员等用户群体。

2.1　建章立制，建立健全信息服务制度

《中华人民共和国公共图书馆法》《广州市公共图书馆条例》等法律、法规的实施，《图书馆参考咨询服务规范》（WH/T 71—2015）、《公共图书馆业务规范　第 2 部分　市级公共图书馆》（WH/T 87.2—2019)、《公共图书馆业务规范　第 2 部分　市级公共图书馆》（GB/T 40987.2—2021）等国家标准、行业标准的出台，促进了公共图书馆信息服务专业化发展。为贯彻落实上述制度标准，信息咨询部相继制定全馆信息服务规范标准，修订规章制度，规范信息服务各项业务发展。

2.1.1　制定全馆信息咨询服务标准规范

根据《广州图书馆 2016—2020 年发展规划》要求，为健全全馆信息咨询服务的协调管理机制，2016 年信息咨询部制定《广州图书馆协作咨询管理办法（试行）》，突出全馆公共服务部门的联合与协作，明确各部门的职责分工，拟定业务绩效考核方式，为全馆信息服务协作提供制度保障。2018 年，为加强信息咨询服务的协调管理工作，统筹、规范全馆信息服务指标，在《广州图书馆协作咨询管理办法（试行）》的框架基础上，制定《信息咨询服务协调管理办法》《信息咨询服务项目团队管理办法》《专题信息服务指标认定标准》等相关规定，推动全馆信息咨询协调服务机制建设和有效运作，提升全馆信息服务的协调管理、规范管理及质量管理水平。

2.1.2　修订信息咨询服务类管理办法

为适应业务发展需要，2019—2022 年信息咨询部陆续对《广州图书馆信息咨询服务管理办法》《广州图书馆网上参考咨询服务办法》《广州图书馆信息咨询工作规程》等规章制度中的过时内容进行了修改，以指导信息咨询服务工作有序开展。其中，《广州图书馆信息咨询服务管理办法》构建了由信息咨询部统筹、全馆各部门协同的服务机制，更新了服务流程。《广州图书馆网上参考咨询服务办法》修订了网上参考咨询的服务范围，完善了服务机制与流程，明确规定了各部门权责。

2.1.3　制定"维问"项目建设运营规范

2019 年底，根据"维问"的服务定位和项目规划，制定了《"维问"项目内容建设与运营管理工作规范》，明确规定了"维问"的覆盖范围、服务方式、工作机制、内容建设以及日常运营管理。在此基础上，2021 年制定了《广州图书馆移动信息服务平台"维问"管理办法》，有效保障"维问"项目持续健康运营。

2.1.4 制定并完善研究写作室使用规则

为发挥空间和资源优势，优化知识信息服务，加强研究型服务，成为城市专业服务的标杆，广州图书馆以新馆开放为契机，建立研究写作室并于2016年免费向读者开放服务。研究写作室是广州图书馆信息服务的一种全新模式，在空间服务的基础上，依托馆内丰富的馆藏文献和数字资源，为有研究写作需求的读者创建个性化的信息服务平台。为规范研究写作室日常管理工作，先后制定了包括《研究写作室使用守则》《广州图书馆研究写作室使用协议》《广州图书馆研究写作室读者服务指引》等一系列规章制度，满足研究写作室日常管理和服务用户的需要。

2.1.5 设立专业志愿者服务模式配套制度

广州图书馆借助研究写作室，依托用户资源和空间资源，联合各行业专家、行业协会、专业机构等社会力量，打造专业志愿者服务模式，推出"专家志愿者咨询服务""专家一对一"等系列信息服务品牌项目。并在此基础上，制定了《"专家志愿者咨询服务"工作管理规范》《"专家一对一"服务工作流程指引》《"专家一对一"服务回复指引》等管理规范，为项目持续健康运营提供了制度保障。

2.2 虚实结合，创建信息服务平台

信息咨询部基于研究写作室实体服务空间，利用信息传播技术，搭建"线上+线下"信息服务平台。通过打造研究型知识信息服务平台、网上参考咨询服务平台及自助式移动信息咨询服务平台，实现虚拟空间与实体空间的相互融合，拓展信息服务路径，丰富服务内容，彰显图书馆服务地位——知识和信息中心、信息服务和研究支持中心。

2.2.1 研究型知识信息服务平台

根据《广州图书馆2016—2020年发展规划》中"专设研究和写作服务区，加强研究型服务""支持相应领域的学术研究"的行动方案要求，广州图书馆设立研究型信息服务阵地——研究写作室，并于2016年免费向读者开放。研究写作室以空间服务为基础，以馆藏文献资源为支撑，将空间、专家、图书馆员多元融合，致力于为用户打造一个研究写作、专业信息咨询服务、研究成果交流分享三位一体的免费知识服务平台。受情境化服务概念的启发，广州图书馆携手多家专业机构和行业专家，在研究写作室下联合打造了"法律主题研究写作室""心理主题研究写作室""广府文化主题研究写作室"等多个主题室，定期免费提供不同领域、不同主题的专业信息咨询服务，为行业专家和公众提供"零距离"的交流空间和沟通平台，受到各界欢迎，社会效益显著。

2018 年，研究写作室以专题信息服务形式参编《广东设计四十年——建筑·室内·景观》作品集，该书编委会签约入驻研究写作室。签约仪式获新浪等媒体全程直播，观看人数超过 46 万人次，新浪家居报道超过 113.6 万人次点击量，有效提升了研究写作室作为知识信息服务平台的社会影响力。2019 年，研究写作室申报的"雅室研经卷，学林诠高作——广州图书馆研究型信息服务平台"案例获评第二届公共图书馆创新创意征集推广活动一等案例。

2.2.2　网上参考咨询平台

广州图书馆于 2004 年开通了网上咨询服务，并与广东省立中山图书馆签订《文献传递服务合作协议》，通过全国图书馆参考咨询联盟平台积极开展文献资源共建共享和联合参考咨询服务。2016 年，广州图书馆参考咨询平台升级改造，平台服务的便利性全面提升，并实现与全国图书馆参考咨询联盟平台无缝对接，咨询馆员一次登录就可以领取两个系统的咨询任务，有助于提高工作效率和扩大服务受众范围。借助该平台，用户可不受时间、空间的限制，通过表单咨询、常见问题、专题咨询、原文传递等方式获取服务，咨询馆员会在 3 个工作日内对用户的问题提供准确、及时的解答和指引。

2.2.3　自助式移动信息咨询服务平台

"维问"是由公共服务部门共建、共享，读者在馆内使用手机自助扫码获取服务信息的平台。以打造"小区间"精准服务为理念，以馆内服务区为基本元素，通过南北楼体、馆藏服务区的划分，建立平台框架结构。每个服务区内的栏目均由通用栏目与根据服务区特色组建的个性化栏目组成，既能提供基础性信息服务也能够最大限度地展现服务区的特色。"维问"的体系设计、实施及内容建设均遵循广州数字图书馆系统建设标准及相关规范，确保系统的有效协调，使互联互通及数据共享安全可靠。"维问"可深入服务区进行信息资源的整合建设，信息集成度较强，内容精准度较高，可缩短用户获取信息的时间，提升信息服务的时效性、精准性和有效性，具备虚拟咨询员的特征。

2.3　多方参与，建设专业服务团队

建设多类型、专业化的信息服务团队是信息服务高质量发展的重要基础。术业有专攻，信息咨询部通过招募馆内优秀馆员以及馆外各行业专家、行业协会、专业机构等社会力量，汇聚智力资源，打造专业化信息服务团队，为不同需求的读者提供多样化、个性化、品质化信息服务。

2.3.1 汇聚专业馆员，组建"大咨询"信息服务团队

依照《广州图书馆信息咨询服务管理办法》和《广州图书馆信息咨询服务项目团队管理办法》有关规定，信息咨询服务项目团队由信息咨询部牵头并联合公共服务部门业务骨干组建。团队成员按照信息咨询服务机制，完成全馆日常咨询、主题咨询、跨部门文献检索以及课题咨询等信息咨询服务工作。遇到重大课题咨询，团队成员各展所长，相互协作，充分发挥团队的整体优势，合作完成咨询解答任务。

2.3.2 联合社会力量，建立"专业馆员+行业专家"新型团队

研究写作室以专业信息咨询服务为核心，与不同领域的社会机构广泛开展合作，将律师、心理咨询师、医生等职业群体力量纳入公共图书馆服务体系，组建"专业馆员+行业专家"新型团队并形成长效机制，实现跨界合作，为读者提供更专业、更高效的服务，有效发挥"志愿服务+专家咨询"这一模式的作用。现有广州市律师协会、广东中立法律服务社、幸福广州心理服务与辅导基地、广东省心理学会员工援助专业委员会等9大合作伙伴，拥有律师240人、心理咨询师67人，组建的志愿者团队持续为公众提供专业信息咨询服务，合作开展相关课题研究、知识共享、咨询交流等方面的专题知识服务。

2.4 推陈出新，打造特色服务品牌

研究写作室基于用户资源，结合党中央关于设计一批高质量、专业化的志愿服务项目的指示精神，自2018年起探索信息服务新路径。以广州图书馆为平台，以专业咨询服务为核心，以读者专业背景为依托，以专家志愿者的公益服务需求为抓手，研究写作室邀请行业协会、专业机构等社会力量合作开展系列活动，定期推出知识产品，打造"图书馆为专家型读者服务，专家型读者反哺图书馆为更多普通读者服务"的咨询服务全新模式，实现公共图书馆信息咨询服务内容和服务形式的新突破，展现了广州图书馆信息咨询服务突破传统定义、引入专业群体社会力量、向专业志愿服务发展的崭新历程。

2.4.1 "专家志愿者咨询服务"项目

"专家志愿者咨询服务"项目创建于2018年，聚焦法治中国、健康中国，精心策划主题，展现图书馆服务专业优势，通过讲座、沙龙等形式，灵活采用现场分享和音频直播、视频录播等方式，线上、线下相结合，每月定期举办活动，以集体咨询为主，少量个案咨询为辅，同时推荐馆藏图书。已形成"聚焦民法典"系列、"普法漫谈"系列、"疫路同行"系列、"心理课堂"系列以及"谈'心'说'法'"系列五大主

题系列，满足公众日益增长的法律、心理等方面知识需求。截至 2022 年底，"专家志愿者咨询服务"项目累计举办活动 85 期，服务受众 141 万余人次，单场活动最高达 33 万人次。相关活动获新华社、新浪网等主流媒体报道，新浪微博图书馆专栏、甘肃省图书馆等图书馆微博转载，山东省济南市中级人民法院、山西省忻州市中级人民法院、陕西省铜川市人民检察院等法律机关微博转载。

近年来，"专家志愿者咨询服务"项目屡获殊荣。2020、2021 年均被评为"广州市最佳文旅志愿服务项目"；2022 年被评为"2022 年度广东省文化和旅游志愿服务项目典型案例"；在"2021 年度广州市学雷锋志愿服务先进典型"评选活动中被评为"最佳志愿服务项目"；2021 年入选广州市首批"我为群众办实事"志愿服务项目清单；在文化和旅游部会同中央精神文明建设办公室组织开展的 2022 年文化和旅游志愿服务典型案例遴选推荐活动中，成为全国 10 个"公共文化设施学雷锋志愿服务典型案例"之一。

2.4.2 "专家一对一"服务模式

WH/T 71—2015《图书馆参考咨询服务规范》规定，图书馆员不提供"须具有专业准入资质方可从事的咨询。如财经投资、医学、法律、工程指导等"。研究写作室另辟蹊径，积极探索专业咨询新思路，于 2019 年首创"专家一对一"公益咨询模式，推出"法律专家一对一""心理专家一对一"两大常态化公益个案咨询系列，律师、心理咨询师直接与公众面对面交流，提供针对性的咨询解答和专业帮助。截至 2022 年底，共举办"专家一对一"活动 81 期，服务公众 906 人次，其中"法律专家一对一"67 期，受众 759 人次；"心理专家一对一"14 期，受众 147 人次。"专家一对一"服务模式自创建以来，以其公益、专业可信、贴近民生的服务特色获得了良好的口碑。

2022 年，为推动专业志愿服务模式向社区推广和延伸，使公益服务真正下沉基层，满足更广大公众的个案咨询需求，研究写作室携手合作伙伴首度在基层图书馆开展活动。"法律专家一对一"成功下沉至黄埔区图书馆、广州图书馆洛浦分馆，共举办 6 期活动，受众 74 人次；"心理专家一对一"成功下沉至海珠区图书馆，共举办 4 期活动，受众 13 人次。在此基础上，2023 年"专家一对一"进一步延伸了服务半径，将惠及增城区、越秀区等更多民众。

"专家一对一"服务模式的定型和基层公共图书馆的"服务下沉"将有助于推进公共图书馆服务的均等化发展，为今后公共图书馆开展公益主题咨询服务提供实践参考。

2.4.3 《明法·知理——广图普法》电子期刊

为践行公共图书馆价值共创理念，将用户智慧融入知识生产和服务过程，满足人民群众日益增长的法律知识需求，研究写作室与法律专业机构联合编撰法律知识电子刊物《明法·知理——广图普法》。首期于 2021 年 5 月 31 日正式上线发布，截至 2022 年底共发布了 7 期，每期均以人民群众普遍关注的法律问题、法律热点事件为主题发布普法知识文章，包括高空抛物、劳动权益保护、食品安全监管等，主要设置新法速递、热点解读、邀您共读、法学纵横、律师说法等 5 个常规栏目。通过案例剖析、专业书籍推荐、法律专家解读等方式，为广大读者提供高质量的专业化知识服务，让更多读者和普通民众知法、懂法、守法。

《明法·知理——广图普法》每季度发布一期，主要通过广州图书馆官方微博、微信等平台为公众提供，2022 年 8 月起推出纸质版免费派发给读者。截至 2022 年底累计阅读量达 130 万人次，单篇文章阅读量高达 48 万人次。《明法·知理——广图普法》是公共文化服务与公共法律服务形成合力，为广大读者提供专业化信息知识产品的成功实践。

2.5　精准服务，拓展立法决策用户群体

《关于开展第七次全国县级以上公共图书馆评估定级工作的通知》指出，公共图书馆应为"立法机构提供信息服务，为人大代表、政协委员履行职责提供服务"，"为党政机关决策提供信息服务"。信息咨询部通过新媒体平台宣传、主动联系用户等方式，积极拓展用户群体，精准对接用户需求，为其提供合适的信息产品，提供的信息产品以针对性强、视角独到、观点新颖、对工作开展具有较强的参考价值而深受各界的肯定和好评，赢得了良好的口碑。据不完全统计，2013 年至 2022 年，先后收到广州市委组织部感谢信 1 次、广州市人大常委会办公厅感谢信 4 次、广州市公安局感谢信 3 次、广州市文化广电旅游局感谢信 1 次、政协委员感谢信 1 次。

2.5.1　立法服务

《广州图书馆 2021—2025 年发展规划》中提出了行动方案："依托馆内外文献信息资源，结合社会热点，为市人大代表、市政协委员等履职提供决策咨询服务。"信息咨询部据此积极开展立法服务，一方面针对市人大等的服务需求，提供精准信息服务，另一方面主动与人大代表、政协委员联系，为他们履行职责提供个性化的信息服务。

2013—2022 年，信息咨询部共提供立法服务超过 1000 次，先后制作出《广州市人大会议新闻报道汇编》《人大工作参考》《国内外交通微循环先进经验特辑》等专题信息产品，信息产品质量得到了用户的认可。2022 年广州市两会召开期间，每日向市人大、市委宣传部报送《广州市第十六届人民代表大会第一次会议新闻报道集》，广州市

人大官网每日同步发布该报道集电子版供人大代表下载阅读，提供履职参考。市人大常委会办公厅特意发来感谢信，对信息产品的编辑质量表示肯定并提出表扬。同年11月，信息咨询部积极协助市政协委员撰写相关提案，该提案获得了广州市卫生健康委的采纳。该委员为此专门致信广州图书馆，对信息咨询部的高质量服务表示感谢。

2.5.2 决策服务

广州图书馆在做好立法服务的同时，也积极为党政机关决策和开展有关问题研究提供文献信息等服务，当好"信息员"。面向市公安局、市委宣传部、市委组织部、市文化广电旅游局等政府机构、企事业单位等服务对象，提供政策法规类、城市建设管理类、新闻舆情监测类等多种类型的信息服务产品。

2013—2022年，信息咨询部共提供决策服务超过800次，先后制作《"广州过年花城看花"——广州迎春花市节庆活动新闻报道汇编》《科技警讯》《单霁翔"读懂中国"报道集》等信息产品。其中，2022年编制的《长篇小说〈乌江引〉新闻报道汇编》在广东省作家协会、广州市委宣传部、广州市文化广电旅游局主办的"长征解密与文本解码——《乌江引》"研讨会上，作为重要资料呈送给全国各地的领导和专家点评，先后得到中宣部、中国作家协会、广东省委和广州市委宣传部、广东省作家协会领导的高度评价。

3　未来展望

随着移动互联网、大数据、云计算、人工智能等技术的快速发展与普及，用户获取信息的方式日益多元化，图书馆信息咨询服务遇到前所未有的挑战。一方面，新技术应用催生了众多信息服务新业态，如在基于用户画像的信息推荐系统支持下，信息服务商能够精准地将信息、知识触达需求用户，深刻地改变了大众获取知识信息的习惯，用户对公共图书馆信息知识服务的依赖程度逐渐降低。另一方面，囿于政策、经费、人力等因素，图书馆的资源建设与开发受到限制，新技术的引进与应用相对滞后，这导致图书馆提供的信息咨询服务内容、方式逐渐丧失竞争力。此外，在新技术环境下，馆员的工作内容由单一变得更加复杂和融合，也对馆员的专业技能提出了更高的要求。在此背景下，图书馆信息咨询服务应求新应变，以用户需求为中心，利用新信息技术，挖掘自身优势资源，提升专业服务能力，巩固和强化图书馆作为知识、信息中心的作用。

3.1 技术赋能，助力服务模式迭代升级

随着 VR/AR、区块链、数字孪生等技术的不断成熟，越来越多的图书馆开始尝试将这些新技术应用到图书馆服务中，提升用户服务体验。未来信息服务将通过新技术赋能，结合空间服务、资源特色，为读者营造沉浸式氛围。例如：在虚拟现实和增强现实等技术支撑下，图书馆根据读者信息需求，将信息服务转换为具有立体性、交互性和想象性的三维信息，让读者身临其境；通过仿真的虚拟空间及数字人角色，让读者在虚拟世界与图书馆员、行业专家等面对面交流，实现情景感知，让服务更具人性化。引入"数字孪生+人工智能"技术，虚拟馆员可获取自主学习能力，主动感知读者信息需求，在虚拟空间为读者创建个性化信息服务空间，如阅读空间、信息素养孪生课堂、学习研究支持空间等，并根据读者使用数据，进行个性化知识信息推荐，促进信息服务智能化[①]。

3.2 用户驱动，优化和创新信息服务方式

"用户是图书馆存在的根本，无论时代如何变化，图书馆最为核心、最为关键的价值，是要体现以用户为中心。"[②] 针对用户需求的个性化，未来信息服务人员应对用户进行精细化管理，嵌入用户环境，实现精准供给。面向个人用户，通过引入画像系统，采集用户的人口属性、行为日志、兴趣偏好等数据，从不同维度、粒度对用户进行描述，提取用户重要变量特征，凝练出用户个性化的标签信息，构建用户画像。根据用户的使用场景，主动为用户提供针对性、灵活性的信息服务。面向政府机构、企事业等单位，进一步加强联系，建立合作伙伴关系，构建机构画像，为其提供连续性、及时性、嵌入式信息服务，实现信息产品与机构用户需求精准匹配。

3.3 内外合力，提升信息服务专业水平

为适应智慧图书馆的发展趋势，向读者提供更加专业、智慧的服务，促进信息服务高质量发展，未来图书馆将进一步完善"行业专家+专业馆员"服务模式，通过内外合力，建设一支高水平的智慧服务团队。一是聚才汇智，深化专家志愿服务；二是内部培养，提升馆员的专业化水平。

---

① 贺芳.智慧图书馆建设与应用研究 [M].长春：吉林大学出版社，2022：148-151.
② 初景利，秦小燕.从"地心说"到"日心说"——从以图书馆为中心到以用户为中心的转型变革 [J].图书情报工作，2018 (13)：5-10.

3.3.1 深化专家志愿服务

未来，图书馆信息咨询服务将以用户的知识创新、知识生产需求为工作指引，积极发挥公共图书馆知识中介属性，打通图书馆和社会机构组织之间的资源渠道，引入更多专业机构参与专业志愿服务，壮大专业志愿服务队伍。借助专业志愿服务力量，不断开拓高质量知识创新服务。同时不断完善服务模式，建设区域联动的专业志愿服务体系，扩展专业志愿服务半径，并制定高效的运营管理制度为服务的持续性开展提供保障。

3.3.2 提升馆员专业素养

随着智慧图书馆建设的有序推进，信息服务深度也由简单的文献资源服务、信息知识服务向智慧服务转变，这对馆员的专业素养也提出了更高的要求。未来信息咨询馆员应具备专业能力、沟通能力、创新能力、资源管理能力等多种能力。专业能力，即能够利用有效的信息源、信息处理工具及信息传播技术，优化知识信息生产环节，实现信息增值。沟通能力，即掌握沟通技巧，能引导读者清楚表达需求，并有效传递自己的想法。创新能力，即能够主动学习新技能，探索新模式，提升用户体验。资源管理能力，即面对复杂的用户需求，能够利用经验、技能，深入挖掘图书馆资源，揭示隐性知识，探寻解决方案。

3.4 区域联动，促进信息咨询服务提质增效

《中华人民共和国公共图书馆法》第三十条规定："公共图书馆应当加强馆际交流与合作。国家支持公共图书馆开展联合采购、联合编目、联合服务，实现文献信息的共建共享，促进文献信息的有效利用。"[1] 这一条款为公共图书馆开展区域内馆际信息服务合作提供了法律依据。随着广州市"图书馆之城"建设的深入推进，协同、开放、融合的发展理念深入人心。用户对信息服务的需求趋向多元化、个性化与精细化，未来图书馆应积极开展馆际合作，通过搭建联盟框架、制定联盟契约，开放交流与信息共建，构建图书馆云计算联盟知识共享平台，为图书馆创建开源知识资源池，为读者提供交互咨询服务平台、建设资源共享平台、打造知识创造平台，实现文献资源优质共享与信息服务一体化。

过去十年，广州图书馆深入践行"以用户为中心"的服务理念，不断健全和完善

---

① 中华人民共和国公共图书馆法 ［EB/OL］. ［2018-10-26］. https://flk. npc. gov. cn/detail2. html? ZmY4MDgw ODE2ZjEzNWY0NjAxNmYxY2U5MTcxNDExODE%3D.

信息咨询服务制度，持续探索创新信息咨询服务模式。面向用户千差万别的需求，组建专业化信息服务团队，开发多品类信息服务产品。突破图书馆传统服务边界，推出"专家志愿者咨询服务""专家一对一"咨询服务等品牌项目，打造"图书馆为专家型读者服务，专家型读者反哺图书馆为更多普通读者服务"的咨询服务全新模式。融合新技术手段，推出"维问"自助式移动信息咨询服务平台，精准对接用户需求。在"需求牵引+技术推动"的双向驱动下，广州图书馆信息咨询服务实现了体系化、专业化、数字化等各方面全面发展。当前，图书馆正向着智慧化图书馆转型，未来信息咨询服务将通过智能技术赋能，加强"行业专家+专业馆员"信息服务团队建设，开展馆际合作，构建图书馆云计算联盟知识共享平台等多种举措，继续探索创新，努力为读者提供动态化、情景化、个性化的信息知识服务，实现信息咨询服务高质量发展。

文献信息资源建设

戴斌　皮丽丽　王晓萌　金海红　赵梦雅　王婧

黄维文　钟吉鸿　黄颖　吴枫枫　谢永乐　彭琳彦

党的十八大以来，以习近平同志为核心的党中央高度重视公共文化服务体系建设，坚持满足人民文化需求和增强人民精神力量相统一，踔厉奋发、砥砺前行，开辟出一条具有中国特色的公共文化服务创新发展之路。作为党的文化事业的重要组成部分，公共图书馆在扎实推进中国式现代化进程中发挥了积极的作用。十年间，广州市全面贯彻落实《广州市公共图书馆条例》，《中华人民共和国公共文化服务保障法》《中华人民共和国公共图书馆法》也相继颁布实施，这些法律、法规共同推动全市公共图书馆事业发展驶入快车道。2012年以来，广州图书馆以新馆建设为契机，随着文献购置经费投入的增加，不断调整和完善馆藏发展政策，提升资源获取能力，以《广州图书馆2011—2015年发展规划》《广州图书馆2016—2020年发展规划》《广州图书馆2011—2025年发展规划》为指导，编制并组织实施《广州图书馆2016—2020年四个重点方向文献信息资源建设规划》《广州图书馆2021—2025年文献信息资源建设发展规划》等文献信息资源建设专项规划，馆藏文献信息资源呈快速增长的态势，立体化馆藏资源体系得到持续优化，为建设具有中国特色的公共图书馆事业提供了有力保障。截至2022年底，广州图书馆文献总藏量共计1156.02万册（件），电子图书277万册，采购数字资源44种，自建数字资源9种。

1　广州图书馆文献信息资源建设概况

广州图书馆自2004年起，文献购置经费迈上千万元台阶，2011年为筹备新馆开放，经申请增加了1000万元的新馆文献购置经费，2012年增加2000万元的新馆文献购置经费，至2022年文献购置经费为6638.22万元，采购文献89.63万余册（件）（见表1）。

表1 2013—2022 年广州图书馆文献购置经费及文献藏量统计表

年度	文献购置经费/万元	文献采选/万册（件）	馆藏总量/万册（件）
2013	3400.00	56.80	573.70
2014	4600.00	87.10	658.00
2015	3420.00	75.40	732.70
2016	3700.00	81.10	789.50
2017	4200.00	57.10	843.30
2018	4520.00	107.90	946.60
2019	5900.00	78.40	1025.60
2020	4783.60	66.80	1068.10
2021	2576.86	30.71	1084.00
2022	6638.22	89.63	1156.02

注：数据来自历年广州图书馆年报。

1.1 实体文献

广州图书馆馆藏实体文献以图书为主，截至 2022 年，图书数量在实体文献数量中占比最高，达到 91.48%，视听文献占比 6.92%，报刊占比 1.49%（见表2）。按学科类型分，广州图书馆馆藏实体文献分布囊括《中国图书馆分类法》22 个大类的全部学科类目，体系完整。在五大基本部类中，社会科学类文献占比 75.1%，自然科学类文献占比 18.6%，马克思主义、列宁主义、毛泽东思想、邓小平理论，哲学与宗教及综合性图书和其他图书占比 6.3%，馆藏量居前三位的类目分别为文学、艺术与工业技术（见表3），学科结构上体现了公共性、综合性和多元性等特点，各部类学科配置基本符合广州图书馆履行综合性大型公共图书馆、省会城市中心图书馆、国家中心城市图书馆的职责和要求。

表2 广州图书馆 2022 年馆藏实体文献类型统计

序号	文献类型	数量/册（件）
1	图书	10575620
2	其中：盲文图书	14611
3	其中：少儿文献	1493326
4	古籍	10283
5	其中：善本	954
6	报刊	172394

续表

序号	文献类型	数量/册（件）
7	视听文献	800365
8	缩微制品	51
9	其他	1520
10	在藏量中：开架书刊	8061208
	合计	11560233

表3 广州图书馆2022年馆藏实体文献类别结构

基本部类	大类	数量/册（件）	占比/%
马克思主义、列宁主义、毛泽东思想、邓小平理论	A 马克思主义、列宁主义、毛泽东思想、邓小平理论	32184	0.3
哲学与宗教	B 哲学、宗教	540744	4.7
社会科学	C 社会科学总论	235462	2.0
	D 政治、法律	513339	4.4
	E 军事	61705	0.5
	F 经济	1062075	9.2
	G 文化、科学、教育、体育	791294	6.8
	H 语言、文字	467889	4.1
	I 文学	3510103	30.4
	J 艺术	1143159	9.9
	K 历史、地理	897631	7.8
自然科学	N 自然科学总论	49214	0.4
	O 数理科学与化学	111444	1.0
	P 天文学、地球科学	65610	0.6
	Q 生物科学	96041	0.8
	R 医药、卫生	489209	4.2
	S 农业科学	78282	0.7
	T 工业技术	1133436	9.8
	U 交通运输	67809	0.6
	V 航空、航天	14317	0.1
	X 环境科学、安全科学	45754	0.4
综合性图书	Z 综合性图书	144966	1.3
其他		8566	0.1
合计		11560233	100

1.2　数字资源

广州图书馆数字资源建设途径包括购买商业数字资源与自建数字资源。截至 2022 年，广州图书馆购买商业数字资源情况如表 4 所示，文献类型涉及期刊论文、博硕论文、音频、视频、图书、期刊、报纸等，对馆藏实体文献资源有重要的补充作用。

表 4　广州图书馆 2022 年数字资源分类统计

序号	类别	数量
1	期刊论文	16450 万篇
2	博硕论文	1159 万篇
3	索引	1436 万条
4	报告、专业论文、会议论文	2398 万篇
5	图书	277 万种
6	音频	19.8 万小时
7	有声读物	31.7 万小时
8	视频	14.4 万小时
9	期刊	49663 种
10	报纸	2882 种

广州图书馆自建数字资源情况如表 5 所示，主要以广州地方文献为主，内容主要涉及广州历史文献、广州人物、广州数字文化、广州市政府公开信息以及广州图书馆活动音视频等，为配合纪录片资源建设，还搭建了"纪录片虚拟博物馆"在线纪录片观看平台。

表 5　广州图书馆自建数字资源情况

序号	数字资源名称	说明
1	广州图书馆视频点播系统	收录各类影视剧、知识讲座以及有关教育学习、旅游餐饮、文艺体育、历史地理、军事科技等内容
2	广州大典网络服务平台	广州图书馆与广州大典研究中心共建，是广州市重要的历史文献全文数据库
3	广州人物数据库	收录在广州活动过并具有一定影响的人物
4	广东历史文献书目数据库	收录粤人著述、寓贤著述、广东史料、粤版图书等
5	广州数字文化网	全国文化信息资源共享工程广州市支中心网站，为社会公众提供与广州文化信息资源相关的公开性政府文件
6	中国政府公开信息整合服务平台·广州站	中国国家数字图书馆推广工程资源联合建设的重要子项，对广州市政府公开信息进行整合并提供一站式服务

续表

序号	数字资源名称	说明
7	广州人文数字图书馆	全面囊括广州政治、经济、文化、民生，突出广州特色的信息资源
8	纪录片虚拟博物馆	在线纪录片观看平台，收集国内外各类纪录片，包括自然、历史、文化、教育、人物等
9	广图影音数据库（典藏音像资料播放系统）	将广州图书馆典藏音乐、影视资源进行高质量数字化加工，以在线点播的形式供读者馆内使用

2 广州图书馆文献信息资源建设十年发展的主要成就

2.1 优化实体馆藏配置，构建立体化文献信息资源体系

2.1.1 持续满足读者多元化阅读需要

党的十九大报告明确指出："中国特色社会主义进入新时代，我国社会主要矛盾已经转化为人民日益增长的美好生活需要和不平衡不充分的发展之间的矛盾。"① 社会主义不仅要满足人民的物质生活需求，而且要最大限度地满足人民的文化生活需求。广州图书馆新馆开放十年以来，馆藏文献信息资源建设始终以读者需求为中心，力求最大化满足读者借阅需求，在此基础上不断完善和丰富馆藏体系建设。"采购比-借阅比"反映了采购比例与读者借阅比例的吻合程度：差值越接近0，表明两者越接近；差值绝对值越大，表明两者差异越大。由表6、表7可见，广州图书馆文献信息资源的采购和借阅趋势基本一致，采购比例与读者借阅比例的吻合程度较高，说明广州图书馆馆藏文献资源建设策略行之有效，切合图书市场和读者需求实际，收到了良好的成效。

表6 2013—2022 年广州图书馆中文图书分类采购比和借阅比

文献类目	采购比	借阅比	采购比-借阅比
A 马克思主义、列宁主义、毛泽东思想、邓小平理论	0.22%	0.20%	0.02%
B 哲学	6.04%	6.53%	−0.49%
C 社科总论	2.19%	2.05%	0.14%

---

① 习近平：决胜全面建成小康社会 夺取新时代中国特色社会主义伟大胜利——在中国共产党第十九次全国代表大会上的报告［EB/OL］.［2023-08-01］. https://www.gov.cn/zhuanti/2017-10/27/content_5234876.htm.

续表

文献类目	采购比	借阅比	采购比-借阅比
D 政治、法律	4.11%	2.18%	1.93%
E 军事	0.49%	0.46%	0.03%
F 经济	10.73%	10.46%	0.27%
G 文化、科学、教育、体育	5.69%	3.98%	1.72%
H 语言、文字	3.68%	4.46%	−0.77%
I 文学	33.27%	37.90%	−4.62%
J 艺术	5.62%	5.92%	−0.30%
K 历史、地理	7.47%	7.40%	0.07%
N 自然科学总论	0.29%	0.14%	0.15%
O 数理科学和化学	0.85%	0.65%	0.20%
P 天文学、地球学	0.52%	0.28%	0.23%
Q 生物科学	0.67%	0.36%	0.31%
R 医药、卫生	4.36%	4.29%	0.07%
S 农业科学	0.71%	0.47%	0.25%
T 工业技术	11.43%	11.47%	−0.04%
U 交通运输	0.59%	0.37%	0.22%
V 航空、航天	0.13%	0.06%	0.07%
X 环境科学、安全科学	0.36%	0.12%	0.24%
Z 综合性图书	0.56%	0.27%	0.29%

表 7 2013—2022 年广州图书馆进口图书分类采购比和借阅比

文献类目	采购比	借阅比	采购比-借阅比
A 马克思主义、列宁主义、毛泽东思想、邓小平理论	0.02%	0.01%	0.01%
B 哲学	3.25%	3.00%	0.25%
C 社科总论	1.61%	1.34%	0.27%
D 政治、法律	0.99%	0.98%	0.01%
E 军事	0.24%	0.76%	−0.52%
F 经济	3.27%	4.38%	−1.11%
G 文化、科学、教育、体育	8.26%	11.36%	−3.10%
H 语言、文字	2.94%	5.20%	−2.26%
I 文学	33.56%	34.57%	−1.01%

文献类目	采购比	借阅比	采购比－借阅比
J 艺术	12.18%	11.67%	0.51%
K 历史、地理	8.21%	7.30%	0.91%
N 自然科学总论	0.44%	1.31%	−0.87%
O 数理科学和化学	0.36%	0.49%	−0.13%
Ｉ 天文学、地球学	0.51%	0.55%	−0.04%
Q 生物科学	1.34%	1.40%	−0.06%
R 医药、卫生	2.77%	3.00%	−0.23%
S 农业科学	0.77%	0.71%	0.06%
T 工业技术	10.87%	10.41%	0.46%
U 交通运输	0.25%	0.35%	−0.09%
V 航空、航天	0.12%	0.12%	0.00%
X 环境科学、安全科学	0.12%	0.12%	0.00%
Z 综合性图书	0.47%	0.97%	−0.50%

2.1.2 推动基础馆藏服务向主题阅读服务转型

阅读服务的开展离不开馆藏资源的支撑，广州图书馆资源建设紧跟服务需求，持续建设并积累了较丰富的具有本馆特色的特藏、专藏文献资源。《广州图书馆文献信息采选管理办法》明确指出，特藏、专藏文献，系指本馆具有一定基础、应持续补充完备的特色文献和选定重点发展的专题文献。广州图书馆特藏文献包括广州地方文献、多元文化主题文献、创意产业文献；广州图书馆重点发展的专题文献包括名人专藏、中国历史文献、纪录片资源、革命回忆录专题文献、书目文献、会展专题文献、休闲生活主题文献、地方鉴志资料等。十年来，广州图书馆持续保障和扩充特色和专题文献资源，表 8 主要选取与中文和进口图书采购项目相关的文献资源进行数据统计。

表 8　2013—2022 年广州图书馆特色和专题文献入藏情况

名称	种数/种	册数/册
广州地方文献	15609	17648
多元文化主题文献	48596	57516
创意产业文献	22471	57076
中国历史文献（K0-K81）	39665	172822
革命回忆录专题文献	164	164

续表

名称	种数/种	册数/册
书目文献（Z83）	1351	1911
会展专题文献（G245）	207	1142
休闲生活主题文献	19364	87457
地方鉴志资料（Z52）	852	1430
合计	148279	397166

除上述特色和专题文献外，广州图书馆还根据自身特点和优势，建设了语言学习馆、创客空间、考试资料区、新时代红色学习空间、新时代文明实践中心等主题服务区，提升了广州图书馆文献资源保障体系的专业性、专题性和针对性，对广州图书馆由基础服务向主题服务转型发展发挥了重要作用。

2.1.3 强化广州市公共文化服务体系资源建设保障

2012 年，广州市提出"图书馆之城"的建设目标。2013—2022 年广州图书馆作为广州地区的中心图书馆，统筹、协调、支持广州市公共图书馆服务体系文献信息资源建设。截至 2022 年，合计支持文献信息资源超过 153 万册，涉及南沙区图书馆、增城区图书馆等区域总馆以及基层图书馆共 108 个。广州图书馆通过支持直属示范性服务体系分馆（服务点）的文献信息资源建设，实现示范性服务体系效能整体提升。除常规文献资源保障，自 2022 年起，广州图书馆新增了法律、非遗、家具文化、影视和音乐等主题分馆，为此定向采选一批丰富的主题文献，为市民提供更具针对性的服务，体现了在广州图书馆的支持下，广州市公共文化服务体系文献信息资源建设呈现专业化、高质量化发展的新趋势。

2.2 深化数字资源建设，打造特色化、精品化、知识化、多维化的服务体系

数字资源是图书馆提供服务的一种重要资源，广州图书馆自 1998 年开始引进数字资源，2008 年尝试开放外网服务，当时数字资源仅有 6 种，包括中国知网、万方、人大复印资料、国研网、阿帕比电子图书和 e 线图情。2012 年新增采购 13 种数据库，在资源类型上进一步丰富和拓展，为广州图书馆数字资源服务奠定了资源基础，基本保障了广州图书馆用户使用需求。同时在广州市公共图书馆通借通还的推动下，广州图书馆从技术上找到了一条更好地服务于区域内共享的支撑途径——单点登录统一身份认证系统（Single Sign On 简称"SSO"），在政策、资源、技术的多重保障下，广州图书馆的数字资源建设和服务均迎来了新的发展高潮。

　　广州图书馆一直注重数字资源服务的延续性和完整性，对有价值的商业数据库采用包库资源和镜像资源同时采购的方式。包库资源以更新快、资源更全面的优势保障了用户使用的便利性及资源的完整性，镜像资源作为本地保存资料，保障了资源的延续性。在对外服务的过程中，广州图书馆一直采用以包库资源为主、镜像资源为辅的形式，对本地镜像资源进行管理，通过租用云平台服务器来存储提供保障。截至 2022 年底，广州图书馆可提供服务的数字资源共有 44 种，包含馆藏镜像资源 27 个，供广州市公共文化服务体系内共享访问的资源 31 个，可提供多终端服务的资源 24 个，对外服务的数字资源总量达到 1122.30TB。其中 2022 年的数字资源使用量达到 1.41 亿篇、册次，并且连续三年使用量超亿次。

　　截至 2022 年底，广州图书馆网站包含综合、教育/学习、休闲、专业和学术五类资源，在内容方面涵盖电子书、全文电子期刊、电子报纸、学位论文、会议论文、专利/标准、数值/事实、索引/文摘、音视频等（见表 9）。

表 9　2022 年广州图书馆可提供服务的数字资源

序号	广州图书馆采购数据库	服务分类
1	计算机技能自助式网络视频学习系统	教育/学习
2	超星名师讲坛数据库	
3	少儿多媒体图书馆	
4	新东方多媒体学习库	
5	MET 全民英语学习资源库	
6	银符考试模拟题库应用系统	
7	职业全能培训库	
8	"知识视界"视频图书馆	
9	环球英语多媒体资源库系统	
10	森途学院	
11	龙源人文电子期刊阅览室	休闲
12	库客数字音乐图书馆数据库	
13	博看电子期刊阅览系统	
14	书香中国（原创）数字图书馆及书香中国数字图书馆	
15	National Geographic Virtual Library（英国《国家地理》杂志虚拟图书馆）	
16	朗锐百听数字听书平台系统	
17	经典影院数据库	

续表

序号	广州图书馆采购数据库	服务分类
18	易读书数字阅读系统（QQ 阅读）	
19	"掌阅精选"品质阅读	
20	CNKI 系列数据库平台	学术
21	人大"复印报刊资料"数据库	
22	万方数据知识服务云系统	
23	国务院发展研究中心信息网及用户系统	
24	中宏区域分析比较系统	
25	皮书数据库	
26	晚清及民国时期期刊全文数据库（1833—1949）	
27	民国图书数据库	
28	籍合网	专业
29	观书堂家谱数据库	
30	粤剧粤曲镜像资源	
31	中华古籍与民国文献数字资源·中国基本古籍库和晚清民国大报数据库	
32	中华古籍与民国文献数字资源·民国史料文献全文检索数据库	
33	中华古籍与民国文献数字资源·广东地方历史文献数据库	
34	慧科 WiseOne 舆情系统	
35	FirstSearch 基本组数据库包	
36	连环画阅览室系统	
37	读秀学术搜索数据库	
38	cxstar 光盘数据库	
39	超星电子书	综合
40	畅想之星电子书	
41	阿帕比电子图书	
42	Emerald 回溯数据库	
43	Cambridge Journals Digital Archive（剑桥期刊电子回溯库）	

2.2.1 移动端数字资源全面覆盖

移动阅读服务随着智能手机的普及而发展，2014 年广州图书馆推出了微信服务号和公众号服务，将数字资源阅读带进了移动阅读阶段。建设初期，移动端数字资源依附于数字 PC 端数字资源的采购，一般以赠送的移动端数字资源为主，因此移动端的数字资源内容一般较少，远不如 PC 端数字资源丰富。但随着读者对移动阅读方式的接纳，移动端数字资源的使用量也有了较大增长，因此，广州图书馆于 2018 年正式采购了移动版中国知网数据库资源（全球学术快报 App）。自 2019 年起，广州图书馆要求所有资源供应商提供移动数字端资源，并且同步资源更新服务。截至 2022 年底，广州图书馆可提供多终端服务的资源共有 24 种，极大地便利了读者的使用，也开始了面向多终端的数字资源建设模式。

2.2.2 体系内数字资源全面共享

2015 年 5 月，《广州市公共图书馆条例》正式实施，明确了体系内共享服务的建设方向。2018 年广州图书馆健全完善广州市公共图书馆数字资源共享平台，联合广州少年儿童图书馆和各区图书馆全面实现数字资源体系内共享，将自购的 27 种和广州少年儿童图书馆的 9 种数据库资源面向体系内共享，同时收集整理了各馆所有的出口 IP 地址，在官网建设"广州公共图书馆局域网共享数字资源"页面，保障共享服务确实有效地在体系内各馆的实现，当年体系内各馆的数字资源使用量增幅达 62.80%，占当年总使用量的 11.05%。2022 年，广州图书馆可在体系内共享的资源达到 31 种，由共享带来的数字资源使用量占当年总使用量的 13.63%，数字资源服务的覆盖面和影响力进一步提升。

2.2.3 电子书数字资源全面完善

电子书数字资源是广州图书馆在数字资源建设初期非常重视的一种资源。截至 2022 年底，广州图书馆共有电子书资源 8 种，可提供约 277 万册电子书阅读服务。

作为数字出版的主要产品形态之一，电子书盗版侵权的问题仍给图书馆服务带来困扰。2019 年，广州图书馆在资源的各使用渠道通过"版权公告"页面对用户进行提示，同时制定了《广州图书馆数字资源使用管理办法》，也进一步规范和完善了数字资源的管理。

2.2.4 特色数字资源全面突破

2020 年依托"中华古籍及民国文献影印出版物采购项目"，广州图书馆完成了对市面上所有与特色文献相关的商业数据库的梳理和分析工作。2022 年成功引入"中华古籍与民国文献数字资源·中国基本古籍库和晚清民国大报数据库"、"中华古籍与民国文献数字资源·民国史料文献全文检索数据库"、"中华古籍与民国文献数字资源·广东地方历史文献数据库"、晚清及民国时期期刊全文数据库（1833—1949）的部分更新内容等，丰富了特色数字资源。

另外，广州图书馆纪录片研究中心成立以来，分批次引入了一些纪录片资源，以视频源数据形式进行采选，另外引入了粤剧粤曲资源的音频源数据。

2.3 强化特色资源建设，塑造以历史文献和地方史料资源为核心的特色馆藏体系

广州图书馆由引进著名文献学家王贵忱先生可居室藏书开始，迈出了新馆特色文献资源建设的第一步。此后不断推陈出新，立足本地资源，抓住新馆开放、广州大典研究中心成立、广州纪录片中心落户等历史机遇，经过十年的发展，构建了名人专藏、家谱族谱、广州地方文献、中国历史文献、纪录片资源等具有影响力的特色文献资源体系，标志着广州图书馆综合实力已经迈入大型公共图书馆前列。

2.3.1 聚焦地方文献，兼收并蓄国内外优秀文化资源

2015 年广州大典研究中心成立，与广州图书馆合署办公，该中心的建立及相应工作的开展进一步强化了广州图书馆在地方历史文献方面的收藏、整理、开发、出版与公众服务工作。广州图书馆"十四五"发展规划明确提出，要建立和完善广义地方文献资源建设和保障制度与常态化收集机制，构建体系完整、特色鲜明的馆藏体系，重点拓展历史文献和地方史料资源建设。

同时，广州图书馆将"建设以人为中心、国际一流的大都市图书馆"作为建设的总体目标，积极吸纳全国各地区以及全世界各个国家的优秀文化，继续挖掘、开发多元文化馆藏资源及外部资源，扩大文明交流互鉴。

2.3.2 广集历史文献，重点收藏民国时期的文献资料

广州图书馆在建馆伊始，特色文献建设方面重点放在当时广州本地的文献收藏上，基本形成了较为全面、系统的当代地方文献资源。2015 年，随着大型地方文献丛书"广州大典"（一期）4064 种图书的入藏，辛亥革命以前广州历史文献资料基本收集齐全。2017 年广州大典研究中心正式启动"广州大典"（民国篇）相关工作，广泛征集国内外档案馆、图书馆以及私人所藏 1912—1949 年广东相关文献资料，这将是一部具有广东地方特色的民国时期文献资料集成。2019 年广州图书馆启动了《广州图书馆实施中华古籍与民国文献影印出版物五年采购项目建设方案》，此计划的实施将全面、系统地补充古籍、民国时期文献影印出版物（含电子出版物），在文献内容层面，形成基本完整的文献信息资源保障体系，全面提升广州在中华古籍及民国时期文献收藏方面的全国影响力。

2.3.3 深挖专题文献，打造名人专藏特色资源体系

广州图书馆由建设名人专藏入手，专藏人物或是广州乃至岭南文化名人，或是所在领域的著名学者，其专藏都具有一定规模、体系和特色，既富文献价值，又极具文化传承价值。以历史专题的名人藏书为例，近年来广州图书馆先后引进了以海上丝绸

之路研究为中心的蔡鸿生教授藏书、以陆上丝绸之路研究为中心的姜伯勤教授藏书、以明清社会经济史研究为中心的李龙潜教授藏书、以隋唐社会史暨敦煌吐鲁番文书研究为中心的朱雷教授藏书，四个以历史名家个人藏书为基础的专藏。藏书类型包括学术资料、笔记、信札等，门类广博，主题精专，时间跨度大，几乎涵盖史学研究的基础文献和研究成果，以及大量国内外相关领域珍贵文献资料，具备专业图书馆规模。为今后广州图书馆进一步完善发展、逐步形成独具特色的历史专题文献资源奠定了坚实基础。

2.4 文献捐赠和交存工作成绩斐然，丰富图书馆的文献资源，助力特色馆藏资源的形成与持续发展

随着广州图书馆新馆全面开放，尤其是近几年广州图书馆的社会影响力、公众感召力日益增强，公民热爱图书馆、使用图书馆、建设图书馆的热情也被激发。同时，由于广州图书馆对赠书工作的重视，图书捐赠数量增长迅速，其中不乏古籍珍本善本、广州地方文献、家谱、名人专藏，极大地丰富了馆藏，尤其是特色馆藏。

2013—2022 年广州图书馆共接受捐赠和交存的文献数量达到 109928 册，平均每年超过 1 万册图书，详细的数量情况见表 10。

表 10　2013—2022 年广州图书馆接受捐赠和交存的文献数量

年份	中文图书/册	外文图书/册	音像/件	报刊/册	总册（件）数/册（件）
2013 年	29422	971	175	59	30627
2014 年	4635	915	0	0	5550
2015 年	15345	854	0	8	16207
2016 年	9551	2991	498	23	13063
2017 年	6084	539	0	0	6623
2018 年	8290	240	190	8	8728
2019 年	4184	962	51	2	5199
2020 年	8021	548	1214	0	9783
2021 年	7041	1000	333	1	8375
2022 年	4980	793	0	0	5773

2.4.1 注重特色文献引入

2013—2022 年广州图书馆接受了欧初、刘逸生刘斯奋家族、任仲夷伉俪等多个名人或家族藏书，并设专区或专架，在充分挖掘受赠文献价值的同时，也体现了图书馆

对捐赠者的尊重，这一举措为广州图书馆树立良好的受赠形象，增强其社会影响力，产生了显著的积极示范效应，有助于吸引更多的高价值文献被捐赠来馆"安家"。

2.4.2 出版社交存稳定发展

2015 年实施的《广州市公共图书馆条例》第三十条列明："在本市依法登记注册的出版单位出版的图书、报纸、期刊、音像制品、缩微制品、电子出版物等，应当在出版之日起六十日内，向广州图书馆呈缴两册（件）；少年儿童出版物应当同时向广州少年儿童图书馆呈缴两册（件）。"截至 2022 年底，向广州图书馆按《广州市公共图书馆条例》交存的本地注册的出版社为 6 家，分别为中山大学出版社、华南理工大学出版社、广州出版社、广东高等教育出版社、暨南大学出版社、南方日报出版社，交存数量呈稳定发展态势。2013—2022 年广州图书馆接受出版社交存情况详见图 1。

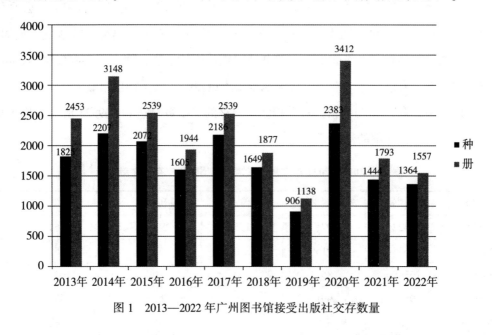

图 1　2013—2022 年广州图书馆接受出版社交存数量

3　广州图书馆文献信息资源建设十年发展的主要特征

3.1　持续优化馆藏资源建设，科学助力服务转型

文学图书和儿童绘本一直在广州图书馆外借文献中占比较高，广州图书馆持续优化此两类文献资源的质量，打造优质的文学和绘本资源，推进馆藏文献迈向高质量发展。同时对已有的创意设计、休闲生活、语言学习、工具书区、考试资料区、新时代红色学习空间等主题区的文献资源进行盘点和优化，进一步细化入藏规则，根据每个

主题的特点，采用使用部门的建议，制定符合该馆藏地点的入藏标准，形成体系完整、可持续发展的特色主题。充分挖掘相关适配图书，最大限度方便读者在特定区域查询、借阅相关图书。

积极推进"图书馆之城"建设，为主题分馆的建设提供切实有力的文献资源保障。在强化对广州市公共图书馆服务体系信息资源建设的统筹协调方面，协同中心图书馆办公室推进总分馆体系建设，保障每年度年新增藏量和人均年新增藏量，支持基层分馆的文献信息资源建设，实现广州图书馆示范性服务体系效能整体提升，推动体系实现可持续发展。

3.2 系统拓展历史文献与地方史料，资源建设与阅读推广互推互进

广州图书馆根据各专题藏书特点为公众提供阅览、研究、展览、讲座等多种服务。以书香世家"刘逸生刘斯奋家族藏书"、我国著名文献学家王贵忱"可居室藏书"为例。刘逸生先生是我国著名的新闻工作者和诗词学家，次子刘斯翰先生深受父亲影响，对诗词领域的研究颇有成就，为此广州图书馆推出"刘斯翰先生诗词系列讲座"，每月一讲，深受市民喜爱。这项活动在"出版界图书馆界全民阅读年会（2017）"中荣获全民阅读案例一等奖。王贵忱先生学问淹贯，富于收藏，是当代岭南文史界不可多得的一位通才式人物，广州图书馆所藏的可居室藏书不乏名人手稿、稿抄本、批校本等珍稀文献。为了充分挖掘这批文献的价值，广州图书馆对其进行全面梳理，对重点文献进行了整理研究，出版了包括《广州图书馆藏可居室文献图录》《张之洞致张佩纶未刊书札》《南海李应鸿先生行述》《李宗颢日记手稿》《南窑笔记》等五部专著。

资源建设与服务二者相互促进，相得益彰。截至2022年底，名人专藏已由最初的3个发展到现在的9个，藏书4万余册，展现了良好的发展态势，已成为广州图书馆知名的馆藏品牌。不断增加的专藏文献也为后续的读者服务、阅读推广、文献开发研究工作提供了强有力的支撑和保障。

3.3 积极探索多样化采购渠道，保障读者多元化阅读需求

十年间，无论是实体资源还是数字资源，资源获取的渠道和方式非常有限，尤其是进口图书和数字资源表现尤为突出。

进口图书主要通过有进出口资质的中标图书供应商提供，而全国有进出口资质的供应商共30多家，适合公共图书馆馆藏采购的仅几家，采购渠道非常有限，采购方式通常以书目采购为主、现场采购为辅。疫情时期进口采购更加被动，采购渠道也进一步缩减。广州图书馆在采选时也尝试了一些新的采购渠道，比如与出版社建立直接联

系获取第一手出版信息,通过书展目录的方式集中获取最新主题资源信息,通过互联网捕获热门图书信息,关注国外各类获奖图书情况等。在未来的进口图书采购中,应继续探索和优化采购方式,拓展更多样的资源获取方式。

数字资源仍以数据库采购为主要建设方式,要关注能够支撑知识服务及智慧图书馆的资源建设,尤其是对开放获取资源的利用及网络信息资源的搜集。要加强版权采购思想,例如电子书资源,应当积极地从作者、出版社等方面落实版权,提升资源服务质量。未来,随着社会的发展,以数据形式而产生的资源将更为多样,在元宇宙的背景下,几乎所有的实体都可以以一种数据形式被记录及被展示,广州图书馆应放宽眼界,提高数据采选意识,将数字资源的建设提升到所有文献类型最先层面进行搜集。

4　广州图书馆文献信息资源建设十年发展的主要动因

4.1　第三空间基础理论的指导,推动了文献服务向文化服务的转型

2013 年广州图书馆新馆全面开放,新馆建筑开放的空间设计,成为文化服务交流的窗口,与雷·奥登伯格定义的第三空间理论不谋而合,广州图书馆在充分挖掘文献信息资源与公共空间的关系,在新馆立项的基本功能需求的基础上,细化设计各区域功能,确定服务对象、馆藏结构、资源配置,从而形成由基本服务、主题服务、对象服务、交流服务四大功能区域组成的馆藏文献资源布局①。其中,文化服务为主的主题服务区域逐步形成了以广州地方文献、多元文化主题文献、创意产业文献等为核心的馆藏文献结构。另外重点发展的专题文献包括名人专藏、中国历史文献、纪录片资源、革命回忆录专题文献、书目文献、会展专题文献、休闲生活主题文献、地方鉴志资料等。同时还根据自身特点和优势,建设了语言学习、创客空间、考试资料、新时代红色学习空间、新时代文明实践中心等多个主题服务区,在这些区域汇聚了全面、系统、专业的主题文献资源。自此传统的文献信息资源建设重心全面转向细分群体、主题服务以提升专业化服务水平的持续发展路径。

4.2　发展规划的引领,指明了文献信息资源建设高质量发展的方向

2010 年 10 月,《广州图书馆 2011—2015 年发展规划》正式实施,该规划明确提出

---

① 方家忠. 公共图书馆的中国式现代化——广州图书馆转型发展的历程、评估与思考 [J]. 图书馆论坛, 2023 (3): 6-20.

要"建设丰富并具特色的资源体系，提升资源获取能力"的发展目标，并列出具体的实施策略及行动方案，在该规划的指导下，广州图书馆文献信息资源建设工作持续完善，为新馆实现全面开放及服务的全面提升提供了有力支持。

2015年11月，《广州图书馆2016—2020年发展规划》发布。其中，有关特色资源建设的目标、策略及行动方案有的放矢，更加具有前瞻性和指导性。随后广州图书馆利用广州大典研究中心与广州纪录片研究展示中心落户广州图书馆这两大发展机遇，结合社会需求、馆藏基础，制定了广州图书馆首个文献信息资源建设的专项发展规划——《广州图书馆2016—2020年四个重点方向文献信息资源建设规划》。该规划将广州历史文献收藏、广州人物（含家族）资料收藏、中国历史专题收藏（社会经济专题收藏）、纪录片收藏列为重点发展的特色资源。该规划不仅包括项目实施的背景、目标、策略，还明确了责任主体，推动了各项目标的顺利完成。

2020年12月，《广州图书馆2021—2025年发展规划》发布。该规划提出主题馆建设，"推进历史文献与地方文献史料建设"，进一步提升资源建设质量，形成馆藏特色，强化知识凝聚，为知识创新和知识服务提供资源支撑。

4.3 制度体系和治理体系的完善，保障了文献信息资源建设可持续、高质量发展

十年来我国公共图书馆法治建设取得突破性进展，由国家法律、部门规章、地方性法规、政府规范性文件等组成的中国特色社会主义法治体系不断健全，人民群众基本文化权益得到切实保障[①]。2015年，《广州市公共图书馆条例》的实施，明确了政府责任，它对广州图书馆文献信息资源建设工作起到了保障作用，在法律层面上明确公共图书馆馆藏资源量化标准。其中第十七条规定："公共图书馆的藏书总量应当高于国家标准。以公共图书馆服务范围内常住人口为基数计算，馆藏纸质信息资源人均拥有量到2020年应当达到下列要求：（一）市级公共图书馆合计达到一册（件）以上；（二）区域总馆和镇、街道分馆合计达到二册（件）以上。"第十八条规定："公共图书馆应当不断完善、丰富馆藏文献信息资源。文献信息资源建设应当兼顾纸质信息资源、数字信息资源和其他信息资源，满足服务人口的需求。以公共图书馆服务范围内常住人口为基数计算，公共图书馆年人均入藏纸质信息资源应当达到下列要求：（一）市级公共图书馆不少于0.06册（件）；（二）区域总馆和镇、街道分馆合计不少于

---

① 苗美娟，陆晓曦，张皓珏. 中国特色公共图书馆事业十年回顾与展望［J］. 中国图书馆学报，2023（1）：22-37.

0.14 册（件）。"① 馆藏总量和年新增馆藏量的标准的制定，实际上就是对每年文献信息资源采购经费保障的法定要求。2018 年，《中华人民共和国公共图书馆法》实施，全面构建起我国现代公共图书馆建设、管理、运行、服务的基本制度框架，进一步推动了广州市"图书馆之城"高质量建设。尤其在馆藏文献信息资源建设方面成效突出，全市公共图书馆馆藏总量在 2022 年突破 3000 万册（件），达到了 3423.39 万册（件）；全市人均馆藏量则从 2015 年的 1.24 册（件）增长至 2022 年的 1.73 册（件）。在经费投入方面，2022 年全市公共图书馆总经费达 5.36 亿元，比 2015 年增长了 90.75%。

5　广州图书馆文献信息资源建设高质量发展的未来展望与思考

5.1　对象主题化

随着大众传媒技术的更新迭代以及网络技术的不断发展，公共图书馆需要具备数字信息资源和网络信息资源的收集和管理能力，以优化馆藏结构。形成以图书、数字资源为基础，以专题文献、特色文献为核心，以实物、手稿、胶片、音视频、纪录片等其他文献类型为特色的全方位、多层次、立体化的资源采选体系。为保障文献采选的多样性，做到应收尽收、应藏尽藏。每一份文献资料看似一鳞半爪，但通过整合、揭示，可汇聚成全景式知识图谱，促进图书馆发挥保存人类文化遗产的职能。

5.2　资源在地化

广州是岭南文化中心地、海洋文明发祥地、民主革命策源地、改革开放先行地和中外贸易前沿阵地。在如此多元文化复杂交织的情况下，特色资源建设必须能够为本文化区域所接受，既要满足文化交融的需要，又能保存本土文化。

保障特色资源的在地化，就是保障文化认同和文化特色的存续。"文运同国运相牵，文脉同国脉相连。"广州图书馆应以"融合"为核心理念，以"在地"为行动指南，以期对抗资本全球化下的文化趋同和对地方文化的消解，以期增强文化自信，努力塑造与经济实力相匹配的文化优势。

5.3　渠道多元化

公共图书馆应改变以自身为单一主体视角开展的资源采选方式，拓宽采访渠道。

---

① 广州市公共图书馆条例［EB/OL］.［2022-08-01］. http://www.gd.gov.cn/zwgk/wjk/zcfgk/content/post_2531782.html.

可以采取"线上—线下"的双渠道、"馆员—读者"的双向模式，逐步去中心化，减少过度依赖供应商，从而不再受制于供应商良莠不齐、能力不足的局面，化被动为主动。根据读者个性化服务需求，提升读者荐购、读者选书活动的质量，注重读者的体验感，既保证图书品种，提高资源有效使用率，又让读者参与图书馆文献资源的建设，让公共图书馆作为城市公共文化空间所应具有的城市凝聚力得到充分发挥。同时，也应增强文献征集的力度，拓宽引入特色文献和古籍的渠道，如参与拍卖活动等。

5.4　流程智能化

公共图书馆在传统的采编工作中，采取的是相对独立的采编工作模式。到馆文献一般需要花费较长的时间才能上架，时效性比较差，这也会影响读者对图书馆服务的评价。随着人工智能技术的普及和广泛应用，广州图书馆的采编工作流程将趋于智能化方向发展，人工智能的引进也会对采编工作进行结构化的调整。广州图书馆将考虑引进智能化系统辅助采编工作，形成"人工智能+物联网"模式，打通采编全流程，缩短文献从采访、编目、审校到上架之间的流程，加快文献上架速度，提升用户体验感，提高服务效能。实现采编工作的自动化或半自动化，不仅可以提高采编工作的效率和准确性，也可将有限的人力资源用于特色文献征集、古籍修复等尚不能被人工智能替代的更加高端、复杂的领域。

5.5　馆员专业化

图书馆采编工作人员的能力素养对公共图书馆文献资源建设水平会产生直接的影响。在互联网环境下，文献类型多元化、灵活化、交叉化发展，建设一支全面的文献资源建设专业馆员队伍迫在眉睫。公共图书馆采编工作人员应具有敏锐的行业嗅觉和热点敏感度，除了密切关注出版和市场动态，对图书销售排行榜也应了如指掌，及时发现读者最迫切的需求，并以自身专业能力挑选优质的文献。在日常工作中应具有大局观念，时刻以广州图书馆文献资源建设发展规划为纲，自觉做到采访工作符合资源建设体系大纲，做到一体化、主题化。不囿于单一文献类型或载体，不被传统的工作方法和思维模式所桎梏，以积极开放的心态接收新思想，运用新技术，成为文献资源建设的中坚力量。

编目工作

蔡晓绚　谭丽琼　刘志松　吴俊锋　李少敏　李莺莺

李晔　彭沉　侯琳　陈雅　马金波　林丽文

编目工作是指按照一定的标准和规则，对图书馆馆藏文献资源进行分类组织、内容揭示和信息整理，从而建立馆藏目录体系，方便读者检索、阅览和利用，是图书馆开展文献信息服务及各类读者活动的根本保障，历来是图书馆核心基础业务工作。2017 年 11 月通过的《中华人民共和国公共图书馆法》第二十七条提出"公共图书馆应当按照国家公布的标准、规范对馆藏文献信息进行整理，建立馆藏文献信息目录，并依法通过其网站或者其他方式向社会公开"，从国家法律层面明确了馆藏文献信息目录的建立应该遵循标准化、规范化的要求；第三十条提出"国家支持公共图书馆开展联合采购、联合编目、联合服务，实现文献信息的共建共享，促进文献信息的有效利用"，确立了联合采购、联合编目、联合服务对于文献信息共建共享的重要意义，有利于推动公共图书馆的馆际交流与合作。地区方面，《广州市公共图书馆条例》（以下简称《条例》）于 2015 正式实施，基于广州市作为国际大都市的城市定位以及与国际接轨的需求而制定。《条例》规定"公共图书馆的藏书总量应当高于国家标准"，以公共图书馆服务范围人口基数计算，对图书馆的年均入藏纸质文献信息数和纸质文献总藏量均做了要求；第二十五条还规定了中心馆应当履行的职责。作为广州市"图书馆之城"中心图书馆，广州图书馆采编中心承担区域内编目工作业务指导职责，并发起建立联合编目中心，合作共建广州地区文献联合目录数据库，制定和组织实施统一的编目业务标准和服务规范。相关法律、规定的实施同时意味着广州图书馆的文献信息编目加工量将随着文献信息入藏量的增加而相应提升，在人力资源相对稳定的情况下，需要进一步优化编目业务流程，提高文献编目时效性。

广州图书馆新馆于 2012 年 12 月 28 日试运行，2013 年 6 月 23 日正式全面开放。旧馆到新馆，不单体现在地理位置的变更和馆舍空间的布局优化提升，更多的则是体现在制度优化、资源倍增、服务升级等方面。为应对大幅增长的公众访问量、注册读者量以及文献借阅需求，十年来广州图书馆十分重视文献信息建设，丰富实体文献信息和数字文献信息。2021 年底广州图书馆馆藏实体文献信息藏量首次突破千万册（件），跨入大型公共图书馆前列，排在上海图书馆、南京图书馆之后，位列全国公共图书馆第三位。截至 2022 年底，广州图书馆实体文献资源总藏量达到 1156 万册（件），比 2012 年底的 526.2 万册（件）翻了一番。文献信息藏量的快速增长及图书馆服务效能的显著提升对图书馆编目工作而言无疑是巨大的挑战，而新馆十年间相关政策、标准的发布以及信息技术的发展也为图书馆编目工作带来了更多的机遇和挑战。

1 资源倍增，编目加工数量巨大

2013—2022 年十年间，广州图书馆实体文献编目数据总量达到 134.07 万条，涉及文献总量 729.64 万册（件）（见表 1 和图 1）。受每年年度文献购置费增减的影响，广州图书馆的文献编目加工量有相应的起伏，其中 2013—2019 年平均年编目加工量达 14.03 万种、79.39 万册（件）。文献编目条数长年位居全国城市公共图书馆前列，文献编目数峰值为 2015 年的 18.44 万条。文献加工数峰值则为 2018 年 108.13 万册（件）。编目加工文献入藏量，按可比口径新增文献入藏量计算，2017—2021 年均达 70.50 万册（件），比照全国各大公共图书馆公开数字，位居全国公共图书馆首位。

其中，每年新品种文献编目条数占总体编目条数的 98.14%，其余 1.86% 则是早年采选旧书的复本数据。新文献中，纸质文献包括普通图书、报刊合订本、古典装帧文献以及手稿资料，占新文献编目条目数的 94.81% 和总编目条目数的 93.05%；非纸质文献则包括电子文献、视听文献、玩具资源等。

广州图书馆 2013—2022 年度各类型文献新增藏量如表 2 所示。编目加工新入藏文献总量为 715.98 万册（件），占广州图书馆实体文献总藏量 1156 万册（件）的 61.94%；年均新增文献藏量达到 12.10 万种、71.60 万册（件）。十年间广州图书馆文献新增藏量比例如图 2 所示，新增藏量以纸质图书为主，占比达到 94.32%，纸质报刊、手稿资料、电子及视听文献比例则分别为 0.48%、0.02%、5.18%。

表 1 广州图书馆 2013—2022 年实体文献编目总体情况

文献类型			2013 年	2014 年	2015 年	2016 年	2017 年	2018 年	2019 年	2020 年	2021 年	2022 年
新文献	纸质	种	79572	124152	138147	119067	100221	132744	137749	126377	98528	123834
		册（件）	484325	760147	694998	737371	584583	1026119	783999	646832	347013	723593
	非纸质	种	6235	6564	3622	4317	3686	3009	1897	400	874	—
		册（件）	46791	83280	52356	51780	45195	55139	29437	3423	4011	—

续表

文献类型		2013 年	2014 年	2015 年	2016 年	2017 年	2018 年	2019 年	2020 年	2021 年	2022 年
旧书加工	种	16959	43633	42591	14354	3583	—	—	3249	4960	365
	册（件）	16972	43633	43228	14354	3583	—	—	4956	8925	365
合计	种	102766	174349	184360	137738	107490	135753	139646	130026	104362	124199
	册（件）	548088	887060	790582	803505	633361	1081258	813436	655211	359949	723958

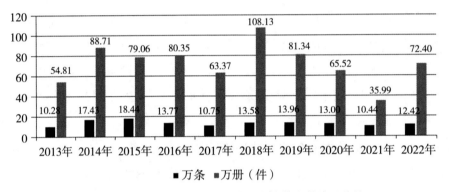

图 1　广州图书馆 2013—2022 年各年实体文献编目总量

表 2　广州图书馆 2013—2022 年度各类型文献新增藏量

文献类型		2013 年	2014 年	2015 年	2016 年	2017 年	2018 年	2019 年	2020 年	2021 年	2022 年	合计
纸质图书	种	77896	124152	133377	115752	88082	132595	134740	119964	95313	122902	1144773
	册	482649	760147	690228	734056	572444	1025963	780925	640419	343798	722648	6753277
纸质报刊	种	1676	—	4770	3315	12139	—	1800	6413	3215	855	34183
	册	1676	—	4770	3315	12139	—	1800	6413	3215	855	34183
手稿资料	种	—	—	—	—	—	149	1209	—	—	77	1435
	册（件）	—	—	—	—	—	156	1274	—	—	90	1520
电子及视听文献	种	6235	6564	3622	4317	3686	2490	1897	400	859	—	30070
	件	46791	83280	52356	51780	45195	54586	29437	3423	3996	—	370844
合计	种	85807	130716	141769	123384	103907	135234	139646	126777	99387	123834	1210461
	册（件）	531116	843427	747354	789151	629778	1080705	813436	650255	351009	723593	7159824

注：玩具资源未计入新增文献藏量。

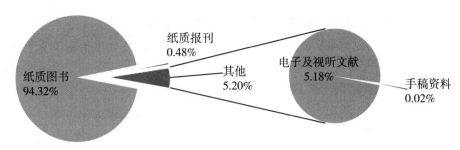

图 2　广州图书馆 2013—2022 各类型文献新增藏量占比

在纸质图书中，编目加工数量最大的纸质图书包括中文图书、外文图书、古典装帧文献、盲文图书等。广州图书馆 2013—2022 年纸质图书编目入藏情况如表 3 所示，十年共计入藏纸质图书 114.48 万种、675.33 万册。其中中文图书占比最大，总入藏量达到 104 万种、661.53 万册，占全部纸质图书的 97.96%（如图 3 所示），占全部新入藏文献的 92.40%；外文图书次之，占全部入藏文献总册数的 1.47%，古典装帧形式文献和盲文图书则分别占 0.55% 和 0.03%。

表 3　广州图书馆 2013—2022 年纸质图书编目入藏情况表

文献类型		2013 年	2014 年	2015 年	2016 年	2017 年	2018 年	2019 年	2020 年	2021 年	2022 年	合计
中文图书	种	72655	109945	121847	100235	72767	123306	125077	107296	88453	118461	1040042
	册	476710	741838	663356	716615	555106	1015190	771137	626836	331496	716991	6615275
外文图书	种	4909	12882	9980	15210	14692	8950	9624	11988	6021	4100	98356
	册	4909	12906	10057	15298	14950	8976	9639	12032	6058	4130	98955
古典装帧文献	种	332	1325	1550	307	623	339	39	58	668	120	5361
	册	1030	5403	16795	2143	2388	1797	149	627	5902	1037	37271
盲文图书	种								622	171	221	1014
	册								924	342	490	1756
合计	种	77896	124152	133377	115752	88082	132595	134740	119964	95313	122902	1144773
	册	482649	760147	690208	734056	572444	1025963	780925	640419	343798	722648	6753257

注：盲文图书 2013—2019 年合并计入中文图书，未单独统计编目入藏数。

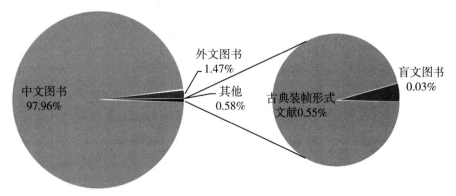

图 3　广州图书馆 2013—2022 年各类型纸质图书编目入藏比例图

　　古典装帧形式文献主要包括古籍、民国时期文献、现代古典装帧文献（现代新印古籍）等文献，虽然在总体馆藏中占比较低，但因其具有的文物价值和历史文献价值，在馆藏体系中占有重要的地位。2013—2022 年古典装帧形式文献编目入藏情况如表 4 所示。至 2022 年底，古典装帧形式文献总量较 2012 年的 16601 册增长了 256.41%，其中古籍藏量增长 112.38%（2012 年古籍总量为 4845 册）、民国时期文献总量增长 794.90%（2012 年民国文献总量为 1979 册）。另有入藏广州大典研究中心古典文献 391 种、1279 册（计入 2017—2018 年编目文献数）。十年间各类型古典装帧形式文献入藏总量占比如图 4 所示，其中古籍占 12.79%，民国时期文献占比 36.96%。所有入藏的古典装帧形式文献（含广州大典研究中心）均已完成编目工作，古籍及古典装帧形式民国时期文献均已完成国家普查登记工作。

表 4　广州图书馆 2013—2022 年古典装帧形式文献编目入藏情况表（不含广州大典研究中心）

类型		2013	2014	2015	2016	2017	2018	2019	2020	2021	2022	合计
古籍	种	41	419	86	13	19	18	3	0	303	8	910
	册	214	1703	698	79	42	53	3	0	2575	78	5445
民国时期文献	种	209	724	211	12	45	11	3	229	895	49	2388
	册	593	3384	2020	16	164	60	17	1936	7041	500	15731
现代古典装帧文献	种	82	182	1253	282	222	257	33	58	132	63	2564
	册	223	316	14077	2048	971	1625	129	627	914	460	21390
合计	种	332	1325	1550	307	286	286	39	287	1330	120	5862
	册	1030	5403	16795	2143	1177	1738	149	2563	10530	1038	42566

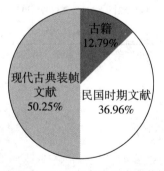

图 4　广州图书馆 2013—2022 年各类型古典装帧形式文献编目
入藏占比（不含广州大典研究中心）

2 融合多元文化，扩展编目文献语种

广州图书馆在 2013 年新馆开放时就特别建立了多元文化馆。多元文化馆以各国领事馆、广州国际友好城市图书馆等机构的赠书为基础，入藏了涵盖汉语、英语、法语、德语、日语、韩语等多个语种的文献。十年来，多元文化馆接收到各国领事馆的文献越来越多，这些文献包括印尼语、葡萄牙语、意大利语、泰语、阿拉伯语等。截至2022 年底，已完成编目的馆藏外文文献语种有 19 种，包括英语、法语、德语、俄语、阿拉伯语、西班牙语、葡萄牙语、意大利语、瑞典语、土耳其语、日语、韩语、泰语、越南语、菲律宾语、印度语、泰米尔语（斯里兰卡）、毛利语（新西兰）、拉丁语等。对不断增加的外文文献语种，广州图书馆除了引进外语人才，充分利用联机计算机图书馆中心（OCLC）数据库之外，还要求编目员学会利用各种工具，努力克服语言障碍，尽力了解文献内容，在客观编目著录的基础上，做好文献分类主题标引工作，为多元文化馆藏建设扫清障碍。

3 开拓探索，编目文献类型不断丰富

十年间，广州图书馆文献信息采选范围比过去更为广泛，文献载体更为多元，除继续入藏传统文献，还入藏了玩具、盲人听书设备、手稿、零散资料、纪录片、照片、书画等新型资源。为做好新资源的入藏整理，广州图书馆不断进行探索与编目创新，提升编目员文献信息的深度加工和知识发现能力，探索深层次、多角度的主题标引和知识揭示。

3.1 手稿资料

广州图书馆手稿资料整理以名人专藏中的名人手稿为切入点，涉及学科领域众多，种类包含著作手稿、信札、资料卡片、题词题字、笔记、日记、通讯录、简报、个人文书资料等，创作手稿又包含草稿、未定稿、校改稿等，包含大量的未出版文献信息，资料内容大多自成体系，不仅具有较大的文献价值，还具有独特的人文历史价值、史料价值与科学研究价值。

由于手稿资料的复杂性以及其所具有的档案属性，图书馆对手稿资料的整理和编

目目前并没有比较完善的方法，通常两极分化，一是进行非常简单的归类和著录，二是做数据库，用另一套标准进行手稿数据库的建设。广州图书馆新馆在名人专藏建设过程中积累的手稿越来越多，迫切需要探索合适的方法对这些手稿资料进行整理。2018 年《广州图书馆手稿整理与编目细则》出台，规定了手稿整理流程及在 MARC 框架下的手稿编目规则。经过几年的实践，截至 2022 年底已完成手稿资料编目 1435 种、1520 册（件），另有姜伯勤教授手稿、李龙潜教授手稿正在整理中，暂未计入编目入藏数。

3.2 照片、纪录片等资源

十年来，广州图书馆陆续收入书画、照片、工艺品、纪录片等实体资源及数字资源。这类资源具有真实、形象、生动等特点，是图书馆重要的资源类型，在记录历史、传播和传承文化方面具有不可代替的作用。但此类资源往往与博物馆、美术馆等收藏的资源多有交叉且在收藏、整理和利用上缺乏统一的标准，传统的文献著录标准适用性不强，在对资源进行整理时存在较大的难度。为此，广州图书馆对上述资源的开发利用进行了广泛的调研，做了大量的研究，最终形成了《广州图书馆知识资源数据建设方案》。

《广州图书馆知识资源数据建设方案》对该类资源从加工、整理、分类体系、元数据标引到平台建设等方面进行序化整理及建设的探索，最终呈现可一体化检索、以多媒体方式存贮的资源数据，同步开展特色馆藏文献信息数字化建设，利用语义网、知识图谱、大数据、智能计算等技术，开展对馆藏特色文献信息的细颗粒度内容标引、关键知识点标签和标引建设，力求实现资源的精细化揭示和知识化、专题化组织。

3.3 实物资源

新馆开放以来，广州图书馆创新性提供了实物资源借阅服务，包括电子阅览器、玩具资源、特殊群体阅读器等。为适应实物资源的借阅需求，广州图书馆开始探索实物资源的编目管理。

3.3.1 电子阅读器和平板电脑

广州图书馆于 2015 年开始提供电子阅读器和平板电脑给用户借阅使用。电子阅读器主要是易博士阅读器，平板电脑的型号包括 iPad（第 4 代）和 Surface Windows RT（32GB）。由于电子阅读器和平板电脑可以阅读图书馆部分馆藏资源，和图书馆借阅光盘等电子资源的原理一样，因此在编目时参照电子资源著录方式进行著录。为区别作为特殊载体的实物资源，新开实物著录的区段，方便资源管理和提供用户服务。

3.3.2 玩具资源

广州图书馆新馆在低幼儿童阅览区域设置了玩具阅览室，为做好玩具资源的管理和有效利用，广州图书馆对玩具资源进行了编目探索。在遵照国家规定的资源著录规则基础上，根据玩具资源的特点，制定了《玩具编目细则》，对馆藏玩具资源进行编目著录。与图书资料及音像资料著录不同：玩具资源在300"一般性附注"字段著录玩具的难易度；318"操作附注"字段著录玩具使用注意事项；330"提要文摘"字段，对玩具教育或者锻炼儿童何种能力等进行描述；333"使用对象附注"字段标注玩具适用年龄段；696"其他分类号"字段使用《广州图书馆玩具分类法》进行分类标引。《广州图书馆玩具分类法》基于加德纳多元智能理论，采用体系—组配的结构体系，把玩具资料分为逻辑与数学、构建与空间、角色与交流、视觉与艺术、自然与科学五大类。截至2022年底，已完成534种568件玩具资源的编目加工。

为更好地反映玩具资源特点，方便图书馆工作人员和用户利用，广州图书馆特地制作了玩具资源标签。玩具资源标签的项目包括：玩具编号、适合年龄、难易度、玩具名称、所属分类、材质、训练能力、注意事项等（如图5所示）。

玩具编号	GJ01-0020	适合年龄	5—7岁（大班）	难易度	1
玩具名称	新款化妆台（粉色）	所属分类	角色与交流	材质	木质

训练能力： 1. 培养儿童爱美意识； 2. 激发儿童内省智能； 3. 培养儿童交流表达智能。	
注意事项： 1. 请保持玩具清洁，禁止折叠踩踏玩具，请勿让水滴杂物沾染玩具； 2. 请家长保持警惕，防止儿童吞食琐碎零件，防止硬度较大的玩具对儿童造成伤害。	

图5 广州图书馆玩具资源标签

3.3.3 盲人听书机

随着信息技术的发展，特殊群体的阅读介质也在发展进步，不再局限于盲文纸质文献，听书机的出现为视障人群接收文献信息提供了更多的可能。2019年，广州图书馆开始将听书机纳入编目范畴，作为阅读资料的辅助器件提供用户借阅使用。听书机的编目格式参照音像资料信息资源著录，增加了337"系统需求附注"字段、345"采访信息附注"字段。

4 共建共享，联合编目工作得到进一步加强

4.1 积极参与全国及全球性联合编目工作

作为副省级公共图书馆，广州图书馆一直积极参与全国性图书馆联合编目工作。自 1995 年成为（深圳）地方版文献联合采编协作网成员馆起，陆续成为上海市文献联合编目中心及全国图书馆联合编目中心的成员馆。多年来，广州图书馆一直为全国图书馆联合编目体系中的活跃用户与数据生产者。

广州图书馆自成为（深圳）地方版文献联合采编协作网成员馆之后，每年都实时将特色文献的书目数据上传至协作网。而作为全国第一批联合目录成员馆，广州图书馆从 2011 年开始，每年都将全部馆藏目录提交至全国图书馆联合编目中心。以全国图书馆联合编目中心为例，广州图书馆在评估周期 2013—2016 年、2018—2021 年期间共向全国图书馆联合编目中心上传书目数据 188.3866 万条。

书目数据下载方面，2013—2022 年，广州图书馆下载全国图书馆联合编目中心书目数据 96 万多条（见表 5），下载上海市文献联合编目中心书目数据近 19 万条，下载（深圳）地方版文献联合采编协作网书目数据近 9 万条。以中文图书为例，广州图书馆每年约能下载 8 万多条完全匹配的数据，约占每年入藏文献的 75%。下载数据能避免文献的重复编目，减轻了编目工作强度，缩短了文献加工时间，提高新入藏文献的编目时效。

表 5　广州图书馆下载各编目中心数据统计表（2013—2022）

年份	编目中心				
	全国图书馆联合编目中心书目数据/条	上海市文献联合编目中心书目数据/条	（深圳）地方版文献联合采编协作网书目数据/条	联机计算机图书馆中心书目数据*/条	小计/条
2013	65767	2625	2035		
2014	105065	7869	2747	25533	494073
2015	107059	27147	10227		
2016	97848	22928	17223		
2017	74600	19758	11469	2676	108503
2018	104942	19901	17453	6676	148972
2019	114224	38214	10042	12807	175287
2020	90972	30224	6006	12956	140158
2021	84015	2564	7682	8359	102620

续表

年份	编目中心				
	全国图书馆联合编目中心书目数据/条	上海市文献联合编目中心书目数据/条	（深圳）地方版文献联合采编协作网书目数据/条	联机计算机图书馆中心书目数据*/条	小计/条
2022	118785	16302	3432	6652	145171
合计	963277	187532	88316	75659	1314784

注：全国图书馆联合编目中心 2013—2022 年的数据和联机计算机图书馆中心（OCLC）2017—2022 年的数据是从其客户端或官网统计得出（联机计算机图书馆中心的网页只能从 2017 年开始统计）。上海市文献联合编目中心 2013—2022 年的数据、（深圳）地方版文献联合编目协作网 2013—2022 年的数据和联机计算机图书馆中心 2013—2016 年的数据是由各编目中心提供，统计时间为每年 1 月 1 日 0：00 至 12 月 31 日 24：00。

* 联机计算机图书馆中心的书目数据是检索次数。

在新馆试运行前夕，2012 年 10 月广州图书馆正式成为联机计算机图书馆中心（OCLC）的成员馆，联合编目工作又跨上了一个新台阶，开始实现与全球图书馆书目数据资源共建共享。2013—2022 年，广州图书馆共检索联机计算机图书馆中心的 WorldCat 书目数据库达 7 万多次（见表 5）。

从 2015 年底开始，广州图书馆将馆藏书目数据上传至 OCLC 的 WorldCat 数据库，开始向全球图书馆开放共享广州图书馆编目成果。截止到 2022 年底，广州图书馆向 WorldCat 数据库上传馆藏目录近 210 万条（见表 6），上传数据量仅在国家图书馆和上海图书馆之后，排名全国第三位。其中，广州图书馆为 WorldCat 数据库新增书目数据 71.04 万条，占广州图书馆上传书目数据总量的 33.8%（如图 6 所示，Unique 为广州图书馆独有馆藏书目数据，即广州图书馆为 WorldCat 新增书目数据），在全球共建共享书目数据资源方面贡献了力量，也为广州图书馆与世界文化交流打下了坚实基础。

表 6 广州图书馆书目数据上传联机计算机图书馆中心情况

上传时间	上传数量/条
2016 年	1412924
2017 年	115182
2018 年	76416
2019 年	148125
2020 年	133141
2021 年	115924
2022 年	94519
合 计	2096231

注：2016 年 5 月广州图书馆正式向 WorldCat 数据库上传书目数据，故本表仅统计 2016—2022 年数据。

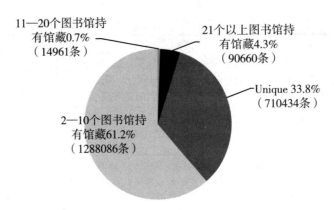

图6　2016—2022 年 WorldCat 数据库广州图书馆持有馆藏情况

注：数据来源 OCLC 官方使用统计。Unique 指广州图书馆独有馆藏。

4.2　扎实推进广州地区联合编目工作

为加强广州地区公共图书馆资源共建共享，促进地区公共图书馆联合编目事业的发展，广州图书馆于 2008 年组织成立了广州地区公共图书馆联合编目中心。该中心以广州图书馆为中心，联合并依托广州少年儿童图书馆，各区、县公共图书馆进行共同建设。该中心通过制订《广州地区公共图书馆联合编目中心章程》，规范了中心的成立和运作，并通过联合编目系统"图书馆集群管理系统 Interlib"，组织并开展地区联合编目工作。

作为广州地区中心图书馆，广州图书馆利用自身编目技术力量的优势，承担着中央书目数据库的主要建设任务，还承担着联合书目数据库的整理工作。在广州地区各成员馆的书目数据都汇聚在一个书目数据库后，由于各成员馆书目数据来源不一、编目水平参差不齐，联合编目数据库中数据重复、杂乱无章等质量问题突出，作为中心馆的广州图书馆需要对数据库中大量庞杂的重复数据进行整理，以确保数据库中的书目数据标准、统一、规范。如表 7 所示，以中文图书为例，平均每年进行合并的数据量占年新增数据总量的20%以上。

表 7　2016—2022 年中央书目库数据合并统计

年份	合并书目量/条	合并后剩余书目量/条	原有书目总量/条	书目合并比例/%
2016 年	32182	149935	182117	17.67
2017 年	26687	202163	228850	11.66
2018 年	43200	187793	230993	18.70
2019 年	95676	186069	281745	33.96
2020 年	68838	151386	220224	31.26

续表

年份	合并书目量/条	合并后剩余书目量/条	原有书目总量/条	书目合并比例/%
2021 年	44766	132195	176961	25.30
2022 年	37950	161069	199019	19.07
合计	349299	1170610	1519909	22.98

2020 年以广州图书馆为主要起草单位发布的广州市地方标准 DB4401/T 96—2020《公共图书馆通借通还技术规范》中的《广州市公共图书馆书目数据共建共享规则》，即为促进广州地区公共图书馆联合编目工作和共建共享书目数据库，为广州市"图书馆之城"建设的书目数据工作提出的制度规范。

2017 年起，广州地区公共图书馆的联合编目工作开始向专业/行业图书馆和学校图书馆推进。2017 年广州图书馆与广州市地方志馆实现联合编目，2019 年与广州城市职业学院实现联合编目，2022 年开始与广州市中小学校实现联合编目。

4.3 助力实现区域内文献通借通还

为打造城市十分钟文化圈，构建广州市"图书馆之城"，让市民在家门口就能利用公共图书馆，全市图书馆文献资源能够实现大流通，2009 年广州市启动了广州地区公共图书馆通借通还项目。为配合该项工作，广州图书馆于同年发布了《统一广州地区公共图书馆书目数据来源办法》《广州地区公共图书馆联合编目操作指南》等联机联合编目文件，统一了广州地区公共图书馆编目工作操作规程。同时，全市推行《广州地区公共图书馆条形码管理细则》，2010 年海珠区图书馆条码改造工程开始，随后，荔湾区、南沙区、海珠区等 11 个区陆续加入通借通还队伍，2016 年全市公共图书馆文献条码梳理、改造完毕并组织各区图书馆编目人员学习数据统一著录规则，逐步实现了广州地区公共图书馆文献通借通还和统一联合编目。

5 转型发展，编目工作未来展望

编目是图书馆的核心技术方法[①]，但在图书馆自动化、社会化进程当中，由于联合编目的发展及编目外包的普遍化，编目工作的核心性、重要性在遭受着质疑。随着数字环境下资源类型的快速变化、资源数量的迅速增长以及智能分编作业系统的研发和

---

① 程焕文. 文献编目：图书馆的最后专业技术领地 [J]. 国家图书馆学刊，2015，24（6）：6-9.

应用，传统编目工作的内容确实需要变化。因此，探索未来编目正确的转型方向，实现编目从数字化到数据化、知识化、关联化，实现图书馆数据与外部资源的链接，将是编目参与到新时期智慧图书馆建设、重新回归图书馆核心技术方法的重要转型变化。

5.1 同步掌握国际、国内编目标准新变化，明确编目转型方向

文献信息编目规则是编目工作的依据，掌握新规则、新标准的变化才能明确编目转型的正确方向。近年来，随着现代信息技术的快速发展，特别是语义网和关联数据技术的推动，编目环境、编目手段、用户需求发生改变，文献信息载体趋于多元，新的国际标准不断涌现并不断修订。如：《国际编目原则声明》（ICP）正式版于2009年发布；同年，以ICP为指导性纲领的国际编目规则《资源描述与检索》（RDA）问世，正式开启RDA编目时代；《国际标准书目著录（ISBD）（统一版）》于2011年出版，取代了ISBD专门规则，促进书目数据在语义环境下的可移植性及ISBD与其他内容标准之间的互操作性发展。机读目录格式（MARC）也产生了新的变化，国际图书馆协会联合会世界书目控制和国际MARC委员会（UBCIM）对《UNIMARC手册》进行了多次修订和更新，并于2008年正式出版了《UNIMARC手册：规范格式（第三版）》。基于关联数据模型的书目框架（BIBFRAME）于2012年诞生，用以改造图书馆数据以适应新的网络数字环境。

近十年为适应数字环境发展，基于数字时代信息组织和知识组织的需要，我国也相继发布相关各种元数据标准，如国家标准《信息与文献　期刊描述型元数据元素集》（GB/T 35430—2017）等，文化行业标准《网络资源元数据规范》（WH/T 50—2012）、《图像元数据规范》（WH/T 51—2012）等。这些信息组织和文献编目标准的发布在推动公共图书馆信息资源整理标准化提升的同时，也对各公共图书馆信息资源编目加工工作和数字化、智慧化转型提出了新的要求。

编目规则及标准的变化是为了适应编目对象复杂化和多样性的需要，最大限度满足用户的信息需求，从规则及标准的变化可以反观编目转型方向。如中国国家标准化管理委员会于2021年发布的最新的文献著录规则《信息与文献》（GB/T 3792—2012），该著录规则，依据ISBD统一版将各资源类型著录规则合并成一个统一标准，定位为面向各种类型资源的通用资源描述标准，相应的名称也由"文献著录"修改为"资源描述"，从中可以印证图书馆编目对象已发生变化，从以印本资源为主到以纸本、数字资源并重，文献编目体系已逐步向资源描述体系转型。

5.2 积极参与采编智能作业系统的研发和设计

图书馆自动化不是洪水猛兽，是图书馆提高工作效率、减少人工成本的一条必由之路。编目人员应利用自身的专业知识，综合采用工业机器人、机器视觉等新技术，参与设计适用于图书采分编业务流程的智能作业系统。作业系统将能实现自动机械化操作替代重复的人工操作，完成自动验收、智能化分类编目等信息化数据处理，以降低图书馆员劳动强度，提高服务效能，深化智慧图书馆理念，打造智能化编目新业态，为未来图书馆业务优化提供创新方案。

5.3 进一步探索资源组织的数据化、知识化、关联化

传统的 MARC 数据，一般为描述性元数据，每条记录结构化描述文档的书目信息，混合了作品、实例、单件的属性，呈现出来的是扁平化的单一线性结构。新的编目数据应该能够围绕书目资源建立起多层次结构模型，能够揭示文献资源的实体要素及关系，有利于实现书目数据分层导航浏览与检索。如基于 BIBFRAME 模型的 Share-VDE 项目配备了 3 个分层导航工具，以提供人/作品、出版物（实例）、单件层面发现相关资源，实现了基于实体对象检索的语义链接并呈现图书馆的书目信息，提高了图书馆资源的可见性。

传统的 MARC 格式是以记录为单位，每条记录对应一个文档，以揭示资源的外在特征为主，缺乏对文献信息的知识单元及关系的细粒度揭示，每条记录采用图书馆专用的标识系统包括字段、指示符、子字段等来表示书目数据，字段描述含义有重复，仅供机器可读，语义不明确，对于非专业用户并不友好。未来我们需要探索突破传统 MARC 格式框架，对资源进行细粒度语义揭示，如 BIBFRAME 利用万维网联盟的 RDF 三元组数据模型进行数据编码，以细粒度的语义数据为单位，提供了明确定义的语义概念，并采用 209 个属性以实现资源的描述。

目前，书目资源主要储存于图书馆内，并用高度结构化的 MARC 格式进行资源描述，使其只能在图书馆专门的软件系统如书目检索系统 OPAC 中运行，或通过 Z39.50 客户端进行查询，具有"孤岛式"封闭性。但在 Web 环境中，我们希望书目信息能走出"孤岛"，实现与其他网络数据的开放关联，通过数据关联机制，使书目数据以 URI 定义的方式与语义网中的任何资源建立链接关系，从而实现书目数据的开放性、语义性、关联性、可扩展性，为智慧图书馆建设提供书目的数据化支持。

5.4 探索编目人员转型为元数据管理人员

2017 年，美国图书馆协会（ALA）下属的图书馆馆藏与技术服务协会（Association for Library Collections and Technical Services，ALCTS）理事会发布了《编目和元数据专业馆员核心能力》（*Core Competencies for Cataloging and Metadata Professional Librarians*）标准，从知识能力、技能能力、行为能力三个方面界定了图书馆编目和元数据专业馆员的核心能力，为编目领域的工作人员搭建了能力提升框架，覆盖了编目和元数据工作等广泛领域。核心能力要求编目人员进行能力提升，进一步转型为元数据管理人员。

随着互联网的发展，图书馆编目范围并不仅限于图书馆馆藏，图书馆元数据也不仅包括图书馆自身创建的，还应该包括从其他机构获取的。与出版社、数据库商等其他机构建立广泛合作，不仅可以使图书馆充分利用外部元数据以丰富图书馆资源，而且可以将图书馆元数据广泛应用于互联网环境中，提升图书馆元数据的开放度、能见度及影响度，推动元数据的深层次开发利用。

互联网时代对元数据的管理提出了新的要求，即完整的生命周期管理、资源类型兼容、标准规范兼容、书目与规范控制、知识组织与知识融合。编目人员面对传统编目的不足，需要转型为元数据管理人员。元数据管理人员的责任包括：①规范编目流程，熟悉不同元数据标准，尤其是新型编目规则；②熟悉元数据表示的各种形式化语言，实现不同语言格式的数据转换；③明确在服务平台中对应的角色分工及操作规范；④管理控制元数据质量；⑤对生成的元数据记录进行有效管理（包括导入、导出、收割、映射、集成）等。这要求编目人员掌握新的能力，即知识及信息的组织能力，这也是网络时代图书馆的核心工作能力之一。如何通过元数据管理带动知识组织发展，是编目人员面临的挑战之一。

随着云计算、人工智能技术的发展及其在新一代图书馆系统中的应用，作为知识服务机构，图书馆如何有机地整合内外部资源，将开放存取资源、网络资源统一纳入馆藏资源管理中，建立与出版机构、数据库商、博物馆、档案馆等机构之间的资源合作与共享体系，形成自己独有的资源优势，这对于提升知识服务规模及水平具有重要价值。这在很大程度上取决于相应的知识组织理念、方法及手段。知识组织以知识的获取、表示、关联及整合为核心，旨在通过应用一系列知识组织工具，实现对知识的有序化管理，并提升知识处理效率。从满足用户知识需求角度而言，知识组织是图书馆机构提升服务的根本，随着图书馆与出版机构、数据库商所提供服务的日益趋同，知识组织也是图书馆获得未来竞争优势的基础，是顺应智慧图书馆知识服务需求的必然发展。智慧图书馆的发展，对知识服务提出更深化的要求，既要有适应多种应用情境的泛在化服务，还要求服务内容的贴身化及精准性。知识服务能力提升一方面将依赖于馆员素质及现代化技术手段，另一方面取决于编目人员如何有效地开展知识组织以推动资源的深层开发与利用。

规划引领转型发展

——广州图书馆实施规划管理的探索与实践[*]

张 伟

习近平总书记指出："编制和实施国民经济和社会发展五年规划，是我们党治国理政的重要方式。"[①] 图书馆战略规划是面向未来，确定图书馆使命、愿景、目标、战略及其实施计划的思维过程与框架[②]，具有引导图书馆应对变化，规范组织行为，宣传图书馆的价值等作用[③]，规划已经成为组织把握未来，在竞争中谋求生存与发展的重要工具。公共图书馆作为人类社会发展的一种制度性安排，社会环境的变化迫切要求图书馆重新调整自身的方向、目标，确定相应的发展策略，这个调整的过程就是规划管理的过程。

1 公共图书馆实施规划管理的背景

从世界范围来看，图书馆拥有战略规划意识是从 20 世纪 60 年代开始，到 20 世纪 80 年代，战略规划才真正成为国外图书馆进行战略管理的重要工具[④]。国内图书馆开展战略规划的管理总体晚于国外，改革开放之后才有部分图书馆引入战略规划的概念，这一时期的图书馆战略规划只能说具备了图书馆的战略意识，具体的内容还是以图书馆的工作计划为主，并未有机构制定真正意义上的图书馆战略规划。直到"十一五"时期，图书馆战略规划才进入实践探索和理论指导时期，但真正有制定图书馆战略规划意识的图书馆尚属少数。"十二五"时期，随着国家相关部门开始关注图书馆战略规

---

* 本文系 2023 年广东省图书馆科研课题"公共图书馆规划管理全流程研究"（课题号：GDTK23043）的研究成果之一。

① 习近平对"十四五"规划编制工作作出重要指示 [EB/OL]. [2024-06-20]. https://www.gov.cn/xinwen/2020-08/06/content_5532818.htm.

② 付立宏，袁琳. 图书馆管理学 [M]. 武汉：武汉大学出版社，2010：68.

③ 于良芝. 战略规划作为公共图书馆管理的工具应用、价值及其与我国公共图书馆的相关性 [J]. 图书馆建设，2008（4）：54-58.

④ 柯平. 图书馆战略规划：理论、模型与实证 [M]. 北京：国家图书馆出版社，2013：96.

划以及各个图书馆管理本身的需求，图书馆战略规划真正进入规范发展期，理论和实践层面都出现大量成果。近十年是图书馆战略规划编制的高潮，随着各级各类图书馆对规划编制工作的普遍重视，图书馆在规划编制的自觉性、主动性、科学性方面越来越成熟，规划编制工作成为各个图书馆管理工作中最重要的一个环节，成为行业整体走向规范管理的一个重要标志。据不完全统计，"十二五"时期全国各级各类图书馆共有 37 个编制了本机构的发展规划，而"十三五"时期，这一数字达到了 60 个，其中国家及行业层面的整体发展规划就有 5 个，国家图书馆和各省级公共图书馆的单馆发展规划有 29 个，地市级的单馆及体系发展规划有 20 个，另外各高校及科研院所、部分图书情报学会编制的规划有 6 个。其中广州图书馆、东莞图书馆、佛山图书馆、深圳图书馆、上海图书馆等是较为典型的代表，不论是在编制的思路、方法、流程、组织和实施等方面都形成各自的特色。

在理论研究层面，近十年针对图书馆发展规划的研究呈现周期性变化的特点，总体与五年规划的周期基本吻合，分别在 2010 年、2015 年和 2020 年形成三个高峰，研究领域主要集中于几个方面：一是对规划编制理论的研究，二是对上一个战略规划实施情况的总结与反思，三是对现阶段国外公共图书馆战略规划的分析与研究，四是对新一轮公共图书馆发展规划的思考与设想。理论研究丰富了图书馆战略规划管理的理论并为实践提供支持，同时进一步推动了公共图书馆走向专业化管理、规范化管理、科学化管理。

截至 2023 年，广州图书馆共编制及成功实施了《广州图书馆 2011—2015 年发展规划》、《广州图书馆 2016—2020 年发展规划》和《广州图书馆 2021—2025 年发展规划》三个五年发展规划，这些规则为广州图书馆的发展提供了一个相对科学的发展途径，推动广州图书馆不断实现转型发展，规划管理也逐渐成为广州图书馆的管理特色。

2　广州图书馆开展战略规划管理的实践

2.1　战略规划的编制

2.1.1　规划编制的历程

广州图书馆于 1982 年 1 月 2 日开馆，长期以来，其服务效益位居全国公共图书馆前列。广州图书馆新馆于 2006 年奠基，2012 年试运营，2013 年正式开放，作为广州市"十一五"重点建设项目，建成开放后成为广州市的新地标和城市文化窗口，并在当时跻身世界上最大的城市公共图书馆之列。2008 年 12 月，国务院赋予广州市国家中心城市的新定位，这要求广州图书馆相应地也要跃升为国家中心城市图书馆。新馆建设和广州要发展成为国家中心城市的新定位，为广州图书馆发展带来历史性的机遇。2009年，方家忠副馆长与刘洪辉馆长在美国交流学习时，看到美国的公共图书馆普遍制订发展规划作为事业发展指引和科学管理的手段，这给广州图书馆的发展带来了重要的启发。为实现建设世界一流新图书馆、国家中心城市图书馆的目标，强化科学管理，在时任方家忠副馆长的建议下，广州图书馆决定启动"十二五"发展规划的编制工作①。规划工作从 2009 年 11 月开始，到 2010 年 10 月结束，历时 11 个月，采用"馆校合作"模式，以规划管理、战略管理理论为指导，采用国际图书馆界通用体例，广泛吸收了国内、国际图书馆界的先进理念与经验。此次规划首次系统研究和明确了广州图书馆的愿景、使命、理念、目标、策略、行动方案和指标体系，标志着广州图书馆科学管理水平的提升，也由此开始形成规划引领的管理特色，并奠定以指标体系为依据的绩效管理的基础。"十二五"发展规划的顺利实施，使广州图书馆实现跨越式发展，构筑形成了专业化、多样化服务新框架，形成多元文化服务新特色，获得突出的服务效益与社会影响。

2015 年，随着《广州市公共图书馆条例》的颁布实施，广州市全面推进"图书馆之城"建设。广州图书馆被确定为全市公共图书馆服务体系中心馆。2015 年 8 月，《广州"图书馆之城"建设规划（2015—2020）（征求意见稿）》颁布，广州市全面推进"图书馆之城"建设。广州图书馆抓住难得的历史机遇，继续采用馆校合作的模式，编制完成"十三五"发展规划，首次提出"以人为中心"的发展目标，体现"以用户需求为导向"的服务理念，以体系建设为抓手，基本建设形成"图书馆之城"服务体系框架，图书馆的专业化能力实现新跨越，服务绩效与影响力进一步提升。

高质量发展是"十四五"时期的主题。2020 年 3 月，广州图书馆启动"十四五"发展规划的编制工作，并在吸收前两个规划编制经验和全面评估"十三五"发展规划实施效果的基础上，采用独立编制的方式，明确了将基本服务全面转向细分群体、主题服务以提升专业化服务水平的思路，由外延式发展转向内涵式发展。"随着广州图书馆'十四五'发展规划的制定，广州图书馆在公共服务领域（即横向）上，基本完成了从文献服务到阅读推广活动，再到文化交流，再到公共交流活动的逻辑演进过程，形成逻辑连续、有机衔接的同心圆服务架构；在服务层次（即纵向）上，提出了知识服务的新方向，明确了服务提升的新要求。"②

———————

① 方家忠.新馆十年［G］//罗小红.广州图书馆 40 年亲历文集.广州：广州出版社，2021：41-43.

② 方家忠.新馆十年［G］//罗小红.广州图书馆 40 年亲历文集.广州：广州出版社，2021：46.

2.1.2 规划编制的过程

广州图书馆发展规划的编制一般从上一个规划的末期开始，历时 8—11 个月。"十二五"和"十三五"发展规划均采用馆校合作模式，设置领导小组、工作小组、课题组和项目协调员。"十四五"发展规划采用独立编制模式，除领导小组和工作小组外，还设立了起草小组，该小组负责规划文本起草、修改、完善、审定。通过三个五年发展规划的编制，广州图书馆规划的编制形成了"三阶段"模式，即规划的编制一般会经过前期准备阶段、规划编制阶段、论证及定稿三个阶段。每个阶段的重点任务如下：①前期准备阶段。起草和通过规划编制方案，组建项目团队；评估上一轮规划实施情况和分析规划环境；形成规划框架；形成规划草案。②规划编制阶段。由课题组（"十四五"特别设立起草小组）提交规划草案，经工作小组审阅、讨论，不断修改和完善规划。③论证及定稿阶段。向图书馆界及文化界专家、全馆员工、公众征集书面论证意见，召开专家论证会，经全体职工大会、广州图书馆理事会审议通过。广州图书馆三个五年发展规划编制过程见表1。

表1　广州图书馆三个五年发展规划编制过程对比表

	"十二五"发展规划	"十三五"发展规划	"十四五"发展规划
编制模式	馆校合作	馆校合作	独立编制
历时	11个月	8个月	10个月
组织	领导小组：动员、指导、支持、监督、征询 工作小组：信息收集和研究；文本修改审定 课题组：支撑研究和规划起草 项目协调员：联络协调	领导小组：动员、指导、支持、监督 工作小组：信息收集和研究；组织实施和文本审核 课题组：支撑研究和规划起草 项目协调员：联络协调	领导小组：动员、方案审定、基本思路研讨、组织动员、文本审核 工作小组：项目实施、文字统稿、研究协调 文本拟写起草小组：规划文本起草、修改、完善、审定

2.1.3 规划的主要结构及内容

广州图书馆"十二五"发展规划采用了"愿景—使命—理念—目标—策略—行动方案"的整体结构，以"连接世界智慧，丰富阅读生活"为愿景，通过履行"知识信息枢纽、终身学习空间、促进阅读主体、多元文化窗口和区域中心图书馆"五大使命，贯彻"普遍开放，平等服务；服务立馆，效益办馆"的理念，并设立了一个总体目标："建设国内一流、国际先进的国家中心城市图书馆"，五个具体目标："致力于卓越的知识信息和文献服务；拓展多元文化服务，促进社会阅读和全民终身学习；建设丰富并具特色的资源体系，提升资源获取能力；打造专业化的服务团队；建立良好的发展保障"，并设计 31 个策略、124 个行动方案保障目标的实现。广州图书馆希望通过服务、功能、资源、人才和保障等各个方面的努力，致力于打造主题化、对象化、智能化等不同维度和层次的专业化服务框架，并积极应对信息技术给图书馆行业带来的挑战，力图为本地公众提供一个基于阅读需求的公共文化交流空间，从而提升广州市的公共文化服务水平，彰显广州作为现代化国际大都市所特有的书香气质。

"十三五"发展规划的基本框架与"十二五"发展规划一脉相承，即由愿景、使命、理念、目标、策略、行动方案、指标等组成，并且经过"十二五"发展规划的检验，证明这个结构是一个成熟的、有效的、具有可操作性的框架结构，能够切实推动广州图书馆事业的发展。具体而言："十三五"发展规划的愿景是对"十二五"发展规划的继承；理念则进一步提炼为"理性、开放、平等、包容"，更契合社会及行业的普世价值观；使命有继承也有发展，为"体系建设推手、城市文化地标、终身学习中心、泛在知识门户、公共交流平台多元文化窗口"，其中"体系建设推手"是对《广州市图书馆条例》的具体落实，"城市文化地标"和"公共交流平台"则是对"十二五"发展规划相关使命的拓展和升华；总体目标为"建设以人为中心、一流的国际大都市图书馆"，相比"十二五"发展规划有较大提升，"以人为中心"涵盖了读者和馆员两个层面，而"一流的国际大都市图书馆"则是进一步的发展和提升，主要是基于"十二五"发展期间突出的服务绩效，视野更加宏大，在实施方面也更具挑战性。"十三五"发展规划包含 8 个具体目标、28 个策略、158 个行动方案，较"十二五"发展规划更加具体和有针对性；指标体系既与"十二五"发展规划有衔接，又根据总体目标突出指标的与国际图书馆行业通行指标的可比较性，同时设置部分个性化的指标。

"十四五"发展规划的基本思路是以目标、需求、问题为导向，以专业化和开放性、可持续性为基本价值取向，推动从高效能发展向高质量发展迈进。主要任务是持续推动"以人为中心"的转型发展和高质量发展，强化广州图书馆作为城市知识传播和文化服务基础设施作用，推动广州市"图书馆之城"建设进入国际一流行列，成长为新时代具有标杆意义的公共图书馆。从提升服务质量、馆藏质量、人才质量和管理质量体现高质量发展的内在逻辑，强化对标国家战略，考虑服务当前与长远可持续发展的关系，处理好愿景与规划阶段性目标任务的关系，强调规划落地实施，协调好规划引领与馆员主体作用的关系，从而推动事业发展，大力强化内部激励机制。"十四五"发展规划的基本框架可以概括为"一中心、四平台、五项重点工作"，即致力于发挥全市公共图书馆体系中心馆的作用，成为城市的知识平台、学习平台、文化平台、交流平台，在打造一流体系、深化知识服务、引领全民阅读、共建人文湾区、推动管理变革等方面发挥更大的作用，推动文化强市建设和社会文明进步。

广州图书馆三个五年发展规划主要结构及内容见表2。

表2　广州图书馆三个五年发展规划主要结构及内容

内容	"十二五"发展规划	"十三五"发展规划	"十四五"发展规划
愿景	连接世界智慧，丰富阅读生活		
理念	普遍开放，平等服务；服务立馆，效益办馆	理性、开放、平等、包容	
使命	知识信息枢纽、终身学习空间、促进阅读主体、多元文化窗口、区域中心图书馆	体系建设推手、城市文化地标、终身学习中心、泛在知识门户、公共交流平台、多元文化窗口	体系中心、知识平台、学习平台、文化平台、交流平台
总体目标	建设国内一流、国际先进的国家中心城市图书馆	建设以人为中心、一流的国际大都市图书馆	建设以人为中心、国际一流的大都市图书馆
具体目标	①致力于卓越的知识信息和文献服务；②拓展多元文化服务，促进社会阅读和全民终身学习；③建设丰富并具特色的资源体系，提升资源获取能力；④打造专业化的服务团队；⑤建立良好的发展保障	①以社会需要为导向，充分理解并满足用户需求，夯实公共服务基础；②履行中心馆职责，推进全市服务体系建设，大幅提升服务标准化、均等化水平；③发挥空间和资源优势，优化公共服务，强化公共管理，提升城市文化氛围，体现城市文明水平；④推进全民阅读，强化学习功能；⑤推进公共数字文化服务，提升网络服务效能；⑥提供丰富、平等的交流机会，促进知识、信息交流和人际交流；⑦拓展和深化多元文化服务，满足不同群体的多样性文化需求；⑧完善发展生态圈，构建坚实支撑体系	①完善管理模式，率先实现公共图书馆服务均等化，推动全市服务体系进入国际一流行列；②提升知识服务，强化知识汇聚，扩大知识传播，推动知识创新；③引领全民阅读，支持终身学习，为公众自主发展赋能；④打造最具影响力的综合性城市文化平台，丰富城市文化地标、城市窗口内涵；⑤强化公共空间功能，为公众和社会各层面交流提供机遇；⑥提升管理运营的专业化水平，支撑高质量发展
特点	①首次采用馆校合作模式；②采用新的理念和框架；③采用国际图书馆界通用的规划体例；④开始形成规划引领的管理特色，奠定以指标体系为依据的绩效管理的基础；⑤形成国际、国内可横向比较的指标体系	①馆校合作的程度更深；②理论与实践的结合更加紧密；③首次提出"以人为中心"的目标表述；④指标的定量化和可参照，面向未来发展的绩效指标更明确	①首次采用"自研"模式，标志着广州图书馆科学化管理水平的再提升和专业化发展的新跨越；②从新的维度对指标体系进行设计，筛选出关键指标、质量指标、发展指标和统计指标4大类指标

2.1.4 三个规划的主要特点

"十二五"发展规划是一个以新的理念和框架编制的发展规划，以规划管理、战略管理理论为指导，采用国际图书馆界通用体例，广泛吸收了国内、国际图书馆界的先进理念与经验。首次系统研究和明确了广州图书馆的愿景、使命、理念、目标、策略、行动方案和指标体系，标志着广州图书馆科学管理水平的提升，也由此开始形成规划引领的管理特色，并奠定以指标体系为依据的绩效管理的基础。"十二五"发展规划提炼出"连接世界智慧，丰富阅读生活"的愿景和"建设国内一流、国际先进的国家中心城市图书馆"的总体目标，在使命层提出包含多元文化窗口在内的系统发展路径[①]。"十二五"发展规划采取"馆校合作"模式，由广州图书馆的专业研究团队与中山大学资讯管理学院曹树金教授团队合作研究编制，具有更强的科学性、可操作性和前瞻性，设立了相对独立于规划文本的、可测度的任务指标，并形成了可与国内先进地区和世界著名城市图书馆横向比较的指标体系。

"十三五"发展规划是广州图书馆承上启下的一个规划，相较"十二五"发展规划，广州图书馆在馆校合作中参与的程度更深。在规划编制过程中，广州图书馆除了委托中山大学课题组外，还组织成立了13个专项研究小组，与课题组同步开展研究工作，将高校的理论研究优势和本馆的实践工作特点紧密结合起来，使"十三五"发展规划的理论和实践结合得更加紧密。另外，"十三五"发展规划在总体目标中首次提出"以人为中心"这一目标表述，体现了"以用户需求为导向"的服务理念，表明广州图书馆在转型发展过程中的持续探索。规划的指标体系方面，"十三五"发展规划会给指标一个定量规定，并找到参照值，对未来的发展有比较明确的绩效指标。

"十四五"发展规划是广州图书馆在新时期擘画的"路线表"和"施工图"，主要有以下特点：①首次采用"独立编制"模式，改变之前的馆校合作模式，完全由广州图书馆依靠自身的力量完成，标志着广州图书馆科学化管理水平的再提升和专业化发展的新跨越。采用上述模式的主要原因有二：一是经过"十二五"和"十三五"两个发展规划，广州图书馆在规划的编制、实施及评价方面形成了规范的流程和方法。二是经过十年的发展，广州图书馆的专业化人才队伍不断壮大，高学历和高职称人才的占比不断提升，为"十四五"发展规划的编制奠定了坚实的人才基础。②对指标体系的重新设计。相较于前两个规划，"十四五"发展规划的指标增加到85个，在指标设计过程中，充分吸收了《图书馆统计工作共识》倡议的相关内容，遵循指标的全面性、可比性、可测量性和导向性等原则，从新的维度对指标体系进行设计，筛选出关键指

---

① 方家忠.新馆十年［G］//罗小红.广州图书馆40年亲历文集.广州：广州出版社，2021：42.

标 15 个、质量指标 32 个、发展指标 9 个、统计指标 29 个，符合绩效指标的发展趋势。

2.2 战略规划的实施

规划的真正意义在于实施，规划的生命力也在于实施，规划发挥效用的过程就是实施规划管理的过程。广州图书馆已经制订并成功实施了两个规划，且正在积极推进"十四五"发展规划的落地实施。通过对规划管理全过程的考察，本文将广州图书馆规划管理的实施总结为"三个结合"，即总体规划与专项规划的结合、战略管理与绩效管理的结合、长期战略与短期计划的结合。

2.2.1 总体规划与专项规划的结合

处理总体规划和专项规划的关系是广州图书馆在战略层面首先要面对的问题，也是三个规划得以成功实施的关键。总体规划是以图书馆整体业务发展为对象编制的规划，是总体性、纲领性的规划，在整个规划管理过程中处于"龙头"地位，是编制专项规划和年度计划的依据。专项规划是总体规划在特定方面的延伸和细化，是指导并决定该方面发展方向的依据。专项规划必须服从于总体规划，必须与总体规划衔接，充分体现总体规划的内容，一个好的总体规划应该以若干专项规划为依托。换而言之，总体规划和专项规划之间存在辩证统一的关系：总体规划的指导性和专项规划的目标性的统一、总体规划的战略性和专项规划的战术性的统一、总体规划的系统性和专项规划的针对性的统一。

新馆建设是"十二五"时期的一项重要工作。广州图书馆在编制新馆功能需求书的时候，对其功能和布局有基本的设计，但是更多的是对建筑及其内部结构的考虑，对图书馆未来功能方面的设计并不是十分明确和细致。"十二五"发展规划完成时，正值新馆建设需要细化功能需求与确定布局，以配合弱电、装修、家具设计等项目。2010 年 10 月—2011 年 3 月，方家忠副馆长和王永东、罗小红等同事立即着手组织研究实施新馆专项规划，细化和调整各区域功能，确定馆藏结构、资源配置，形成由基本服务、专题服务、对象服务、交流服务四大功能区域组成的功能布局，这也奠定了广州图书馆的服务结构的基本格局①。

转型提升是"十三五"时期的重要主题。"十三五"发展规划根据新的目标任务，围绕重点工作计划制订人才队伍建设规划、文献信息资源建设规划和多元文化服务规划三个专项规划。其中，人才队伍建设规划对广州图书馆当时的人才队伍现状、人才队伍发展的需求和人才队伍建设中存在的问题进行客观分析，提出人才队伍建设的总

---

① 方家忠.新馆十年［G］//罗小红.广州图书馆 40 年亲历文集.广州：广州出版社，2021：42-43.

体目标并确定 6 大具体目标和 74 个行动方案。从实施的效果看，人才队伍建设规划的实施帮助广州图书馆打造了一支近 300 人的专业化服务团队。文献信息资源建设规划从广州历史文献、广州人物（含家族）资料、中国历史专题和纪录片四个重点方向不断加强馆藏资源建设，着力构建信息资源保障体系。随着此专项规划的实施，广州图书馆的实体馆藏文献在 2019 年突破千万册（件），特色资源、主题资源、影像资源、数字资源建设成果丰硕，广州图书馆的综合实力迈入大型公共图书馆前列。多元文化服务是"十三五"时期广州图书馆发展的重点方向之一，需要有专项规划加以支撑，但因缺乏系统性的研究与思考，在实践经验上也存在一定的不足，此专项规划最终并未制订。

高质量发展是"十四五"时期需要实现的重要目标。"十四五"发展规划计划配套制订人才队伍建设规划、文献信息资源建设规划和公共交流活动规划三个专项规划。其中，人才队伍建设规划是以《广州图书馆人才工作方案》的形式呈现，从新时代人才工作的理念、人才工作领导小组成员组成及职责、人才队伍建设内容和人才服务保障体系四个方面加强人才队伍建设。文献信息资源建设规划的目标是建成纸质文献与数字资源相结合的高质量资源保障体系，为基本服务、专题服务、知识服务和体系化发展提供支持，关键是建立文献信息资源和知识体系保障的质量评价标准和提升机制。公共交流活动规划是"十四五"时期的重点专项规划之一，目的是进一步强化图书馆的公共空间功能，为公众与社会各层面的交流提供机遇。

2.2.2 战略管理与绩效管理的结合

战略管理是绩效管理的重要依据，而绩效管理是促使战略规划落地的一个重要方法和工具，两者在规划管理中的应用主要体现在以下方面：

一是绩效管理作为战略规划的重要行动方案。比如"十二五"发展规划提出以绩效考评为基础对各层面人员进行激励和约束。"十三五"发展规划提出将规划实施成效纳入各层级管理人员年度绩效考核范围，适时引入卓越绩效管理体系，完善岗位设置和内部绩效分配制度。"十四五"发展规划则进一步将绩效管理系统化，包括从用人绩效评价、项目绩效管理、绩效考核机制、绩效考核的过程管理和结果应用等方面重点推进人员绩效管理和引入卓越绩效管理体系框架。

二是指标体系可以考核战略规划的实施情况。指标体系作为图书馆战略规划中的量化指标，可作为考核战略规划实施状况与效果的标准，也可作为战略规划实施的参照[1]。规划指标由指标体系和说明文本组成，是规划的重要组成部分，在三个规划文本

---

[1] 柯平.图书馆战略规划：理论、模型与实证［M］.北京：国家图书馆出版社，2013：248.

中均占据相当大的篇幅。"十二五"发展规划设置了资源条件、服务效能、服务成果和影响贡献 4 个一级指标，以及 12 个二级指标和 44 个三级指标，"十三五"发展规划将一级指标调整为资源条件、资源与服务利用、服务效率与效果、影响与贡献，此外还有 12 个二级指标和 67 个三级指标；"十四五"发展规划则对指标进行进一步扩充，4 个一级指标沿用"十三五"发展规划的分类，此外还有 12 个二级指标、85 个三级指标。

三是规划实施效果评估是规划管理的一项重要工作。规划实施效果评估是为了考察规划最终的完成情况，是检验规划的制订是否科学的一个标准，同时也是制订下一个五年规划的依据。规划实施整体效果的评估包含两种机制：一是由各业务部门对规划完成情况对照分析，逐条对照规划的策略和行动方案的完成情况，包括完成度、完成的效果，对于未完成的任务，需要分析详细的原因，以此作为下一步分析总结的基础；二是撰写规划实施评估报告，通过对规划实施的整体情况进行分析，包括规划总体目标、具体目标、关键行动方案的完成效果，分析影响规划完成的因素以及对未来发展规划的建议。

2.2.3　长期战略与短期计划的结合

从战略规划的时间跨度上区分，可将组织的战略分为长期战略和短期计划。长期战略对组织的长远发展起作用，而短期计划则立足于组织的短期目标，两者的关系是：长期战略由许多短期计划组成，短期计划是为长期战略服务的，短期计划完成的好坏决定了长期战略的成功与否，长期战略和短期计划的有效结合才能保证规划的真正落地。就规划管理的实施而言，规划本身可以被看作长期战略，而按年度分解的规划任务则可被看作短期计划。

广州图书馆的三个五年规划在实施过程中都能将长期战略与短期计划很好地结合，具体体现在：一是每年的全馆年度工作计划都以规划为主要依据，根据规划的目标，按年度来铺排相关的工作任务，并明确年度计划的负责部门，以此保证规划主体内容的落实。二是年度绩效目标的设定以规划为主要依据。广州图书馆通过年度工作计划绩效管理表的形式将规划的行动方案进行分解，根据行动方案的描述设定绩效目标、任务、责任部门与项目团队、保障条件、考核时间及考核标准，在年底对绩效的完成情况进行考核。三是对规划内容的动态调整。在规划的实施层面设定相应的动态调整机制，以年度为单位对规划的内容进行讨论，并在实施的过程中进行动态的修订、补充、完善。

3　广州图书馆实施规划管理的特点

规划管理的主要特点是系统性，这种系统性体现在规划管理的全过程中，以下从管理思维、管理过程和管理效果的角度加以分析。

3.1　管理思维：体现系统思维的特点

从管理思维的角度看，规划管理属于系统思维。具体体现在以下几个方面：一是规划的制订需要进行系统的研究。"制订规划需要研究支撑作为基本条件，而且是对需求、服务、基础业务、技术支持、管理、外部环境、公共关系等整体研究支撑。"[1] 编制规划的过程也是进行系统的业务研究的过程。在规划启动阶段，广州图书馆通过对国内外公共图书馆的考察、调研，了解各图书馆在各领域的最新实践，为发展规划的编制带来许多新的思路和启发。在规划编制前，采用 PEST 研究方法、SWOT 分析法和"五力模型"等科学的研究方法，对可能影响图书馆未来发展的宏观、中观和微观三个层面的环境进行全面扫描和分析，形成战略环境分析报告，并以此作为后续各层面战略制定的基础。在规划编制阶段，广州图书馆通过设立专项研究小组，每个研究小组针对不同的主题开展深入分析，形成研究报告，并最终形成具体的策略和行动方案。在规划完成后，各专项小组通过对规划编制过程中的经验和问题进行系统性的总结和反思，形成研究论文。二是规划本身包含体系化的内容。广州图书馆采用国际图书馆行业通行的规划框架结构，包括愿景、理念、使命、目标、策略、行动方案、指标体系等从宏观到微观、从理念到行动、从服务到保障、从业务到管理等各方面内容，并且经过三个规划的成功实践，进一步证明这是一个科学的结构。三是规划的实践体现了系统性特征。规划的作用不仅在于引领认知，更重要的是指导实践。广州图书馆采用几个基本的机制保障规划的落实：①明确每个策略乃至行动方案的责任部门，并确定规划的大致时间和目标要求，要求相应的部门根据全馆规划主动贯彻落实；②每一个五年规划确定之后，总会面临业务架构、业务重点、绩效目标调整变化的问题，因此在规划制订后，全馆对业务架构、岗位资源配置、人力聘任依次进行调整，以此在组织结构的层面保障规划的落实；③规划期内，每年的全馆年度工作计划、年度绩效

---

① 方家忠.略论图书馆发展规划的制订——以广州图书馆为例 [J].图书馆论坛，2011（2）：58-60，171.

目标以规划为主要依据，以此对接、保障规划主体内容的落实；④配合总体规划，修订、完善如文献信息资源、人才队伍资源、技术保障等方面的专项规划，在专题领域进一步保障落实；⑤每年对规划内容进行讨论并不断修订完善。广州图书馆通过上述多项措施从全馆到部门、从组织到业务等不同层面推动规划的贯彻实施。广州图书馆三个五年规划的贯彻实施基本上都遵循上述路径，总体上取得了非常好的效果，逐步形成了规划引领的管理特点。

3.2 管理过程：具有动态管理的特征

战略规划的成功有赖于规划执行的持续性。持续性的执行并不意味着一成不变，相反是一个动态管理的过程，需要经常性地监测实施情况，并及时予以评估与控制①。广州图书馆规划管理的过程具有典型的动态管理特征，具体体现在：一是制定有关规划实施的制度或管理办法，并由专门的人员部门或跟进实施。二是对规划的任务进行分解，包括责任部门、任务和时间点的分解，确定每一个目标、策略、行动方案均有统筹部门，由统筹部门牵头组织具体的实施和管理。三是从行动方案、规划指标中析出关键策略、关键行动和关键指标，重点推进实施。四是健全评估监督机制，由专门部门开展规划实施效果的监督和评价，在每年的年终对规划阶段性目标的完成情况进行考核，在规划实施末期，对整个规划的完成情况进行系统全面的评估，包括行动方案的完成情况。五是建立动态调整机制，及时根据环境变化和实施效果对规划进行动态调整。比如"十四五"发展规划将广州图书馆的愿景确定为"连接世界智慧　共建书香羊城"。2022年习近平总书记在《习近平致首届全民阅读大会举办的贺信》中指出"阅读是人类获取知识、启智增慧、培养道德的重要途径，可以让人得到思想启发，树立崇高理想，涵养浩然之气。中华民族自古提倡阅读，讲究格物致知、诚意正心，传承中华民族生生不息的精神，塑造中国人民自信自强的品格。希望广大党员、干部带头读书学习，修身养志，增长才干；希望孩子们养成阅读习惯，快乐阅读，健康成长；希望全社会都参与到阅读中来，形成爱读书、读好书、善读书的浓厚氛围"②。《广州市"图书馆之城"建设五年行动计划（2022—2026）》提出要全面建成"图书馆之城""智慧图书馆之城""阅读之城"的目标。笔者认为，"智慧"和"阅读"符合整个社会对公共图书馆的期待，也是政府对公共图书馆工作的要求，于是启动规划实施的动态调整机制，在广泛征求馆内各部门意见后，将"十四五"发展规划中的愿景表述恢复为"十二五"

---

① 潘拥军.公共图书馆规划管理实践研究［J］.图书馆论坛，2011（3）：32-34，21.
② 习近平致首届全民阅读大会举办的贺信［EB/OL］.［2024-06-20］.https://www.gov.cn/xinwen/2022-04/23/content_5686827.htm.

发展规划和"十三五"发展规划的表述,即"连接世界智慧,丰富阅读生活"。

3.3 管理效果:体现价值导向的原则

规划管理的效果主要体现在规划的价值,具体包含两个方面,即规划本身的价值和对图书馆管理的价值。从管理的角度看,规划本身的价值体现在规划管理为图书馆的管理提供了一个科学的管理工具或者管理框架。广州图书馆已经成功制订并实施的三个规划至少说明了以下几点:一是规划在图书馆管理中能够发挥显著作用;二是在图书馆面临外部环境变化时,规划可以作为一个有效的管理工具;三是在管理者希望有所作为时,规划是一个科学的管理工具。规划的效用主要体现在它能帮助图书馆实现自己的目标,比如"十二五"时期,规划管理推动公共服务取得跨越式发展,形成专业化、多样化服务新框架,形成多元文化服务新特色,获得突出的服务效益与社会影响,服务传播与阅读推广效应显著,使图书馆成为书香城市、学习型城市的窗口,成为展示城市多元文化、公共服务的窗口,成为城市新的文化地标。"十三五"时期,通过实施规划管理,广州图书馆着力推进"图书馆之城"服务体系框架基本成型,推动专业化能力实现新跨越,服务绩效与影响进一步提升。"十四五"时期,规划管理将继续推动广州图书馆实现"以人为中心"的转型发展,推动从高效能发展向高质量发展新阶段迈进。

4 广州图书馆实施规划管理存在的问题及举措

4.1 规划管理应避免陷入路径依赖

路径依赖是指经济、社会或技术系统的演进受到该系统本身历史事件的影响,这一影响通过正反馈机制和自我强化的驱动力实现①。换言之,在给定的条件下,我们在做选择或者决策时会受制于过去的选择或决策,即使现实情况可能已经发生了变化。广州图书馆近十年的发展主要依赖三个五年发展规划的指引,由规划引领的发展成为广州图书馆转型发展的重要支撑,证明了规划管理这一方法的科学性和有效性。但也应该意识到,规划管理会从某种程度上导致路径依赖,即对未来发展的规划会受到以往的经验、方法和思维的影响,一旦图书馆发展的内外部环境发生变化,图书馆能否做出快速的战略调整,决定着图书馆未来是否能持续获得竞争优势。广州图书馆近年

---

① 刘亚萍,于杰.近20年路径依赖理论研究回望——基于 Web of Science(1996—2017)数据库文献 [J].宁波大学学报(人文科学版),2020(6):114-122.

来在规划管理、绩效管理方面取得较为突出的成绩，但同时存在管理系统性不足、人员队伍活力不足等问题，在"十四五"时期或者未来相当长的一段时间内，需要持续推进管理的系统化建设，提升组织运营效能与活力，其中包括重点推进人员绩效管理和引进诸如卓越绩效管理体系框架等。

4.2　系统研究是规划管理的支撑条件

理论无法解决实践中的所有问题，广州图书馆在规划制订和实施的过程中需要不断进行系统深入的研究。从"十四五"发展规划编制的情况来看，虽然广州图书馆在规划编制过程中成立了 22 个专项研究小组，每个小组都有对应的研究主题，但是从各个小组最终提交的资料来看，仅有部分研究小组形成了比较系统的研究报告，所提交的相关规划文本中包含的目标、策略和行动方案均能找到相应的依据和逻辑框架。有相当一部分专项研究小组因为缺少相应的专项研究报告，导致相关规划文本在内在逻辑上难以自洽，在内容表述上多有重复、遗漏和表意不明的情况。在制订新的五年发展规划时，需要继续加强专项研究，通过相应的机制保证各个目标、策略和行动方案的科学性和可操作性。

4.3　规划管理需要组织文化建设与馆员职业成长相结合

规划管理是理性引导的管理，需要组织层面以及个体层面的动机与之配合，前者表现为图书馆的组织文化，后者表现为馆员的职业伦理。前者当然可以通过管理者的努力与管理安排实现，但要激发馆员的活力却不是一件容易的事情。尤其是当前我国事业单位人事管理的主要挑战即在绩效管理手段有限的情况下，普遍面临馆员队伍活力不足的问题。在馆员活力激发方面，基础性的路径包括馆员职业成长与组织成长（图书馆规划贯彻实施）同步，而最重要的是公共图书馆馆员以知识服务社会的职业伦理的普遍树立和自觉实践。

一个组织的发展和成功从宏观层面来说，取决于两个核心要素，即成功的战略和优秀的组织能力，两者相辅相成。缺少成功的战略，难以凝聚起组织的战斗力，而缺少优秀的组织能力，战略则只能停留在纸面，难以真正推动组织的发展。三个五年发展规划的成功实施，证明了广州图书馆不仅拥有优秀的战略规划能力，而且能够成功地将规划落地。在三个五年发展规划成功实施的过程中，广州图书馆的规划管理形成特色，这种管理特色成为新时代十年广州图书馆事业发展中最生动的实践之一，也将成为推动广州图书馆未来发展的重要保障。

践行信息公开

——广州图书馆年报编制工作

高美云

党的十八届三中全会通过的《中共中央关于全面深化改革若干重大问题的决定》，提出"推进国家治理体系和治理能力现代化"的改革总目标。作为社会整体的有机组成部分，公共图书馆承担着传承中华优秀传统文化、构建现代公共文化服务体系等时代使命，其治理能力现代化无疑是国家治理体系和治理能力现代化的重要课题。编制年报不仅是《中华人民共和国公共文化服务保障法》《中华人民共和国公共图书馆法》规定的公共图书馆法定责任，也是公共图书馆在保障公众知情权、维护社会监督权等基础上实现良性互动，进而构建现代公共图书馆治理体系的基本路径之一。广州图书馆立足社会发展和馆情实际，分别编制了单馆年报和广州市《广州"图书馆之城"建设年报》（以下简称《"体系"年报》），持续推动公共图书馆年报日益规范化和专业化发展，为行业年报编制提供了实践样本和经验理念。

1 广州图书馆年报发展历程

1.1 年报萌芽期：内部统计档案（1997—2012年）

20世纪90年代，随着信息化浪潮的兴起，图书馆网络化建设和数字图书馆建设逐渐起步。1993年，广州图书馆开通自动化集成管理系统，同步启用采访、编目和流通子系统。1996年，原文化部颁布执行《全国文化文物统计报表制度》，要求县级以上公共图书馆每年填报《公共图书馆基本情况年报》。次年，广州图书馆开始在《公共图书馆基本情况年报》的基础上编制单馆年报，单馆年报主要为各种业务报表的汇编。根据年报内容及装订特征，该阶段又可分为三个小阶段：1997—1999年的年报以综合业务档案三孔一线的形式装订，大约有16项条目，均为"公共图书馆基本情况年报""接受赠书情况表""购书经费使用"等统计报表，甚至还有一些手写的数据；2000—2003年的年报以打印装订的形式存档，缺少目录，需要通览全文后才有整体认识，篇幅有较大提升，内容更为丰富，增加了计划与总结、对比分析等叙述性内容；2004—

2012 年的部分年报以简装印制方式装帧，增加了封面与目录，内容没有大变化，条目从 18 到 22 项不等，偶尔被作为学术会议的基础材料用于行业交流。

该阶段的年报编制责任主体为档案室，一般在第一季度完成编制，以每年一报的形式编制上一自然年的业务资料，是计划与总结、机构设置、人员名单、大事记、统计数据、获奖情况、学术成果等资料的全面汇编。年报编制的目的主要为业务存档，目标阅读对象是馆内员工，旨在全面准确地记录事业发展状况，2001 年网站开通后开始选择若干数据对外公布。为了客观展现图书馆的运营情况，年报中关于资产、服务、管理等的统计数据占比较大，总体偏重统计型年报，偶有穿插分析总结性的内容。装帧形式较为简单，内容较为简洁，篇幅较为短小，最长不超过 60 页。体例结构采用列举条目式，层级不够清晰，胜在一目了然，起到了良好的存档查阅作用。

1.2 年报专业化探索期：常态化编印发布（2013—2017 年）

党的十八大以来，文化系统在稳步推进国家治理体系和治理能力现代化的大环境下，深入贯彻落实中央关于构建现代公共文化服务体系的决策部署，大力推进公共文化机构法人治理结构改革、县级文化馆图书馆总分馆制建设等重大改革。2012 年，广州图书馆被确定为中央及省、市法人治理结构试点单位，成立理事会，制定实施《广州图书馆章程》。信息公开成为广州图书馆理事会的基本制度之一，编制年报并公开成为法人治理结构改革的内在要求。随着新馆的全面开放，广州图书馆以规划管理为抓手，推动由传统图书馆功能向社会公共空间功能转型，建立了由文献信息服务、公共交流活动、数字化服务、体系化服务构成的多样化服务架构，实现了服务效益跨越式提升。当时，广州图书馆迫切需要向政府报告投入产出情况，向社会各界报告服务效益和最新服务进展，进而树立良好的图书馆形象。时任广州图书馆副馆长的方家忠作为交流馆员在美国多个图书馆访问学习，认识到年报已经作为一项信息公开基本工作制度在美国公共图书馆普遍施行，2012 年底其上任馆长后将年报纳入了广州图书馆2013 年重点工作。广州图书馆将年报打造成为展示图书馆的服务理念、服务结构和特色服务的平台，年报成为服务与管理专业化、规范化的工具之一①。作为一项专业性工作而非档案工作，单馆年报转由办公室统筹组织编制，一般在 5 月前完成编制发布，顺应图书馆转型发展增加了读者活动数据、媒体报道及社会力量参与图书馆建设等业务资料，其中最为显著的特征是逐年增加了专项统计分析报告的比重，成为一份综合性的统计分析型报告。

---

① 方家忠.关于图书馆年报工作的回顾与思考［J］.图书馆建设，2018（12）：13-16.

2015 年，《广州市公共图书馆条例》施行，标志着广州市"图书馆之城"建设正式启动。广州图书馆作为全市公共图书馆的中心馆，承担着业务指导和统筹协调等法定职责。为了系统记录梳理业务数据、以备立法效果评估之需，广州图书馆从 2016 年开始编制发布《"体系"年报》，旨在通过信息公开形成社会监督，倒逼全市公共图书馆提高管理服务水平。体系年报由承担总分馆服务体系协调职责的中心馆办公室负责编制[①]，在每年"广州读书月""世界读书日"期间以媒体发布会的形式向社会公开，其中最为基础的部分是反映政府保障与服务效能的 13 项统计数据，这些数据吸引媒体竞相报道，成为媒体宣传的重要基础性素材。

2016 年，广州图书馆成为中国图书馆学会公共图书馆分会城市图书馆工作委员会的挂靠单位，基本职责确定为：推动城市图书馆在中国公共图书馆事业发展中更好地发挥引领作用，尤其是在服务效能提升等领域。同年，该委员会主任方家忠馆长在中国图书馆年会做学术报告，提出城市图书馆的引领机制可以概况为以服务效能引领为核心，以信息公开为手段，发挥整体引领作用，建立社会良性互动。2017 年，广州图书馆与城市图书馆工作委员会联合举办第一届"城市图书馆学术论坛"，聚焦"城市图书馆信息公开规范与年报制度研究"，在行业内掀起了年报制度的研究热潮。

该阶段年报进入了常态化编印的新阶段，编制目标从"档案记录"发展为"信息公开"和"宣传营销"，从单馆年报扩展为单馆年报与《"体系"年报》并行编制。年报体例结构尚处于发展过渡期，根据编制目标不断动态调整，篇幅逐年增加，专业化统计分析内容的比重不断加大，并一改以往条目式体例，在归纳、合并的基础上设置一、二级目录，形成层级化体例结构。版面委托了专业机构设计，增加了条形图、柱状图、曲线图等多种形式的表格和契合年度发展的特色服务图片，自此广州图书馆年报有了统一、系统的风格。年报应用场景更为多元化，除了业务存档外，还被用于呈报主管部门、理事会，被作为来访交流、专题会议、人大调研等专业材料，并通过邮寄纸质版、网站发布电子版、媒体发布会等方式对外公布。

1.3 专业化稳定期：规范化专业出版（2018—2023 年）

党的十九届五中全会明确提出 2035 年建成文化强国的远景目标，这是国家在新时代的文化发展愿景。公共图书馆领域要实现文化强国这一远景目标，法治化、体系化、专业化发展转型是必由之路。《中华人民共和国公共文化服务保障法》《中华人民共和

---

① 陈深贵.公共图书馆体系年报编撰研究——以《广州市"图书馆之城"建设年度报告 2018》为例［J］.图书馆杂志，2021（5）：67-72.

国公共图书馆法》相继颁布实施，标志着公共图书馆全面开启了法治化进程，对公众的基本文化权益起到了很好的保障作用，也对公共图书馆服务与管理的专业化、规范化和社会化提出了更高的要求。两法均明确提出建立年报制度、定期公开服务情况、保障公民文化权益等相关条款，至此年报制度已经上升为公共图书馆的法定责任。第六次全国县级以上公共图书馆评估定级首次将年报纳入评估指标，考查年报在图书馆网站的发布情况，年报制度又成为公共图书馆的行业规范之一。为了凸显年报的专业化管理作用，广州图书馆在其"十三五"发展规划中将年度报告、信息披露、公众监督等基本制度纳入了管理机制，为了推动年报编制工作科学、有序地开展，广州图书馆制定实施《〈广州图书馆年度报告〉编制工作制度》。2018 年，广州图书馆季报创刊，每年发布 4 期，设置了《工作动态》《业务研究》《组织文化》三个栏目，旨在搭建馆内工作研究及业界交流平台，促进员工组织文化建设，更重要的是成为年报编制出版的强有力支撑。2019 年 11 月，广州图书馆单馆年报经过连续 6 年编印后正式出版。

《广州市公共图书馆条例》开宗明义，在第一条立法宗旨就明确提出："实现和保障公众的基本文化权益。"为全面贯彻落实法律法规对公共图书馆的信息公开、主动接受社会监督、保障公众权益等规定，2018 年由广州市文化广电旅游局印发的《关于全面推进我市公共图书馆总分馆制建设的实施意见》，再次强调建立绩效考核与信息公开制度："中心馆负责组织编制年度报告、信息季报，建立统一实时的信息采集与公布平台；区域总馆负责区域内总馆与各分馆的数据收集和编撰工作，并在广州数字图书馆网站上进行公开。各图书馆对数据的完整性与真实性负责。"① 由广州图书馆制定并经广州市公共图书馆馆长联席会议审议通过的《广州市公共图书馆业务统计规范》第八条亦规定，广州图书馆中心图书馆办公室负责收集各馆统计报表，并进行汇总、整理、比较、分析和研究，撰写和编印《广州市公共图书馆年度业务统计报告》。在系列法律政策、标准等科学指引下，《"体系"年报》日趋稳定成熟，于 2018 年 5 月正式出版，被称为我国图书馆第一种正式出版的年报报告。

2018 年，城市图书馆工作委员会在中国图书馆年会举办"城市图书馆年报制度"分会场，发表了《公共图书馆年度报告编撰指南（征求意见稿）》，受到文化主管部门的关注。同年 10 月，受文化和旅游部委托，广州图书馆与中山大学信息管理学院、国家图书馆研究院等组成项目团队开展公共图书馆年报编制指南研究。2022 年 4 月 29日，WH/T 96—2022《公共图书馆年度报告编制指南》正式实施，标志着公共图书馆

---

① 关于全面推进我市公共图书馆总分馆制建设的实施意见［EB/OL］.［2024-06-25］. https://www.gz.gov.cn/zwgk/zdly/shgysyjs/ggwhty/ggwh/content/mpost_3098952.html.

行业拥有了年报编制的行业标准文件。

该阶段年报进入了专业出版新阶段，成为行业的引领者，编制目标由"信息公开"发展为"权益保障"。年报的体例结构仍为层级结构。单馆年报体例基本稳定为年度概览、统计数据、专项报告、案例选编、年度大事、附录6个部分，篇幅较此前大幅增至近300页；《"体系"年报》体例主要分为年度概览、概念释义与统计方法、服务效能统计分析、政府保障统计分析、管理与运营情况、存在问题与建议等10个章节和1个附录，篇幅大致稳定在200页。由于出版的审核流程更为严谨，故年报的发布时间较此前有所滞后，一般到10月底才能正式出版。

2 广州图书馆年报编制特点

2.1 编制目标逐步多元化

图书馆是一个生长的有机体，图书馆对年报的认知也是一个逐步深化的过程。年报作为图书馆管理的工具之一，其编制目的一直随着转型发展的需要而不断调整。早期由于信息系统还未普及，年报主要用于内部存档，因此由各类业务统计数据、客观事实汇编而成，条目清晰明了便于查询，是一份翔实的业务记录资料。21世纪以来，公共图书馆事业蓬勃发展，为了方便行业内部交流，年报增加了计划、总结、统计分析报告等叙述性材料。新馆全面开放后，年报被作为一项能体现图书馆服务理念、服务结构和最新服务进展的专业工作，因此增加了"读者活动""媒体报道""统计分析报告"等大量的统计数据，作为向政府主管部门和理事会呈报的基础材料，强化了图书馆履行社会职责、争取支持的媒介功能，也成为宣传推广图书馆事业的一张名片。《广州市公共图书馆条例》《中华人民共和国公共文化服务保障法》《中华人民共和国公共图书馆法》陆续颁布施行后，年报被当作治理能力现代化的重要工具，编制年报成为公共图书馆法定责任，其"实现与保障公众的基本文化权益"的信息公开目的得以强化，"服务效益""经费使用""设备设施"等数据被编入了年报。年报编制完成后，广州图书馆第一时间通过大众媒体和自媒体公布，充分保障了公众的知情权，同步接受社会监督，迫使图书馆更好地履行社会职能，不断提高服务和管理水平。正式出版的年报增加了专项报告的比重，新增了案例选编。一方面通过对比分析，力图在数据中挖掘规律，为领导决策提供参考，使其成为科学管理的工具；另一方面选取代表性的案例总结经验，为行业研究者提供一手研究材料，凸显年报作为正式出版物的收藏价值。

2.2 编制组织逐步制度化

制度是公共图书馆治理能力现代化的集中体现，年报编制同样需要政策支持和制度保障。广州图书馆自建馆伊始，就不断从实践工作中总结经验，逐步形成系统化、科学化、规范化的规章制度体系，并不定期地进行增补修订。为了贯彻落实《广州市公共图书馆条例》，广州市相继制定"图书馆之城"建设规划等配套制度 15 项，组织实施全市统一业务标准 6 项，为全市服务体系建设提供了强有力的制度保障。其中，《广州市公共图书馆服务规范》《广州市公共图书馆总分馆制建设》分别对体系年报中有关由中心馆统筹、成员馆配合提供数据的编制职责条款做了明确规定。单馆年报编制制度则更为详细，《〈广州图书馆年度报告〉编制工作制度》包括总则、编制组织、编制要求、存档发布、内容结构、附则等 6 章共 21 条，比较具有借鉴性的做法有：一是按职责分解年报任务，建立馆部领导、编委会指导、办公室统筹、部门主任把关、岗位收集撰写的五级编制组织架构，具体由馆长承担策划和审核职责，副馆长承担各自分管部门撰写资料的指导审核职责，办公室承担统筹组织、体例设计和审校编辑职责，各部门承担分工任务的统计分析报告撰写职责，技术部为年报提供系统数据支持，明确的分工保障了年报编制工作的常态化、有序化开展；二是对编制要求做了详细规定，包括行文风格、图表排版、标题排列、版面设计等，保障年报风格一致、严谨简明、易读易懂；三是重视年报的信息发布与场景运用，规定通过网站、定向寄送和出版发行等方式向社会公开宣传，接受社会监督与反馈。统计分析与大事记是年报最为重要的内容，广州图书馆也制定了专门的规章制度保障其规范性编制。《广州图书馆业务统计与分析工作管理办法》规定由办公室统筹协调统计分析工作，各部门分别指定专人履行统计和分析报告职责，每月报办公室备案，由办公室汇总审核。《大事记编纂管理办法》则从工作机制、记述范围、记述方法三个方面规定了大事记的搜集管理工作。

2.3 编制流程逐步规范化

实施规范化的流程管理是广州图书馆年报编制的关键。年报涉及部门较多，覆盖范围较广，是一项繁杂细致的工作，包括制订计划、确定大纲、发布通知、整理数据、统计分析与撰写文稿、审校排版、印刷出版、发布存档等众多流程，这些流程需按照一定的时间顺序徐徐展开。广州图书馆年报编制一般从 12 月初启动至次年 10 月发布，历时约 11 个月。当年 12 月，统筹部门确定年报编制计划、体例大纲；次年 1 月初，统筹部门发布资料收集通知，按大纲收集资料，按职责确定分工，并按范例的形式说明资料格式、标题排列和图表排版，重点强调报送时间节点等；次年 2 月，各部门、各成员馆协助提交数据，并按分工起草专项报告、特色服务案例等资料，报告和案例需经分管领导层层审稿后报送至统筹部门，严格把控文稿质量；3 月，统筹部门完成数据的整理、核对、制作可视化图表，按提纲确定的体例编排各类资料，形成年报初稿；4月至 6 月，统筹部门对年报进行三审三校后形成定稿，并筛选重点指标数据，通过网站、媒体发布会对外公布；10 月底前，由出版社三审三校，统筹部门负责返稿修订，并经过反复讨论，确定年报的封面、图表、内容等排版设计后正式出版；11 月，统筹部门将年报放置在网站固定栏目下供用户查看，并通过邮寄的方式赠送给各大图书馆收藏使用。广州图书馆这种权责分明的工作流程和工作分工，可以更好地保障年报编制的规范性、准确性和及时性。

2.4 体例内容逐步稳定

广州图书馆的年报体例结构并不是一成不变的，而是随着编制目标不断动态调整，但在一定时期内保持相对稳定。萌芽期的年报体例采用罗列式目录，均为统计报表，每年只做局部优化调整。随着编制目标的多元化，年报的内容越来越多，体例结构调整为章节、分目的层级结构，成为集业务统计、分析研究、总结归纳于一体的综合性年报，更有利于包括公众、政府、理事会、管理者、馆员、行业研究者等在内的图书馆利益相关主体了解图书馆最新动态。针对内容众多、数据繁杂的情况，广州图书馆在出版前理顺逻辑结构，将单馆年报体例确定为年度概览、统计数据、专项报告、案例选编、年度大事和附录 6 个部分。年度概览宏观介绍了广州市及广州市公共图书馆、广州图书馆整体发展情况；统计数据以多视角的量化指标展示了年度资源条件、管理水平及服务成效；专项报告通过对指标数据进行详细分析，解读数据背后的事业发展规律，提出存在的问题及相应的解决策略；案例选编以生动事例展现了广州图书馆的特色服务与亮点工作；年度大事与附录则记录了广州图书馆事业发展的轨迹。《"体系"年报》则在 2018 年出版时吸收了前 3 年的编制经验，由 2015 年的统计分析、进展情况、分类统计表、大事记、通借通还服务网络一览表、附件 6 个部分，调整为年度概览、概念释义与统计方法、服务效益统计分析、政府保障统计分析、事业建设管理与运营进展、存在问题和发展建议、分类统计表、大事记、通借通还服务网络一览表、建设与服务创新案例选编共 10 个章节和 1 个附录。年报正式出版后，体例内容基本保持稳定，除了设置目录外，还专门列出表目录和图目录，并设置了凡例释义，更方便用户查阅数据。另外，增加了前言，阐明了年度亮点工作、年报作用、主要内容及权责分工。

2.5 指标设置科学合理

公共图书馆在发展的过程中产生了大量统计数据，必须对这些指标数据进行取舍，建立科学合理的指标体系，才能保障年报编制工作顺利完成。提出"二八原理"的帕累托认为：在任何特定的群体中，重要的因子通常只占少数，而不重要的因子则常占多数。广州图书馆抓住事业发展过程中的关键指标，减少一般性指标，杜绝统计手段不完善的发展指标，显著降低了填报部门或成员馆的负担，提高了填报的质量和效率。尤其是《"体系"年报》涉及成员馆众多，统计指标数量更要精减，广州图书馆根据《广州市公共图书馆条例》规定的馆舍面积、文献信息资源总藏量、年新增入藏量和工作人员配备等量化指标，再增加了体现政府保障水平的总经费、文献购置费等硬件指标以及体现投入产出效率的接待访问量、文献外借量、读者注册量、读者活动量和数字资源使用量等服务指标，对全市公共图书馆发展情况进行了重点统计分析。此外，为了保障数据横向可比、纵向可加，广州图书馆主要从以下几个方面着手：一是以文化和旅游部"公共图书馆基本情况年报"指标解释和公共图书馆评估标准为参考确定年报指标统计标准，开篇点明概念释义和统计方法；二是每次发布资料收集通知，均明确收集的范围、周期及统计口径，并以范例的形式加以说明，保障数据信息的准确性与客观性；三是统筹部门每月定期收集重点数据，通过交叉比较审核，及时掌握数据的发展趋势；四是坚持以业务管理系统统计为主，人工统计为辅，尽量减少人工干预；五是所有统计数据均需部门主任或成员馆负责人审核，如数据起伏较大，将以注释的形式解释说明原因，保障数据的准确性和权威性；六是统计数据经统筹部门三审三校后发回部门或成员馆，保障后续撰写分析报告时保持全书数据的一致性。

3 问题与经验分析

3.1 深耕细作笃前行，乘风破浪立潮头

如何将年报打造成为提升公共图书馆治理能力的专业化工具？年报编制是一个逐步规范化和专业化的过程，其编制过程就是自我剖析、总结经验与整改完善的闭环管理过程。广州图书馆从1997年开始编制年报，一直坚持、从未间断，年报体例越来越完备，内容越来越丰富，分析越来越深入，设计越来越专业，已经由单一的史料记载，发展成为集信息公开、科学管理、宣传推广、专业研究等于一体的多功能文献。纵观广州图书馆年报发展历程，早期只是简单汇编，内容组织缺乏总结与凝练，随着广州

图书馆事业转型发展，可写入年报的内容日益剧增，如不对内容加以提炼，年报的可读性和可用性则会降低。广州图书馆唯有适应社会需求，不断动态调整体例内容，但统计数据作为核心资料的地位没有变化，为后人还原这个时代的文化面貌提供了一扇窗口。广州图书馆年报在动态调整和推陈出新中保持基本的稳定，在动态调整中朝专业化与规范化的道路不断演进。2013 年以来的广州图书馆年报均可在广州图书馆网站中获取，保证了数据的连续性与公开获取性。坚持才能日渐出成果，如：由美国博物馆与图书馆服务协会编制的《美国公共图书馆调研报告》（*Public Libraries Survey*，简称 PLS）经过 20 多年的发布已成为国际图书馆界观察、研究和借鉴美国公共图书馆事业发展的重要基础性材料①；由史密森学会从 1851 年左右开始编制的年报完整地记载了其发展历程，成为研究美国文化传播、社会教育、学术研究的重要历史文献②。从"先行先试"到"先行示范"，广州图书馆先是制定本馆的规章制度，继而制定全市公共图书馆的业务规范，再举办行业学术会议引领发展，再到参与制定行业第一个年报编制标准文件，均得益于领导高度重视和长期的实践。文化行业标准 WH/T 96—2022《公共图书馆年度报告编制指南》，规定了年报编制的原则、方法程序及主要内容，是一份很好的年报编制指引性规范。公共图书馆应该重视年报编制工作，利用年报编制理论成果指导实践工作，在编制年报过程中提升专业化水平，扩大图书馆的社会价值。

3.2 建立专业年报编制团队，明确责任分工

年报编制具有覆盖面广、时间紧、任务重等难点，如何把握好年报的质量与时效是公共图书馆面临的重要课题。完善的图书馆年报编制机制，是做好年报编制的先决条件，也是图书馆年报发布持续性和及时性的重要保证。年报编制流程建议从以下几个方面着手：第一，将图书馆年报编制纳入年度例行工作，建立经费保障机制，提前一年做好经费预算，申请书号等。第二，建立一支稳定的年报编制团队，设立编委会统筹指导年报编制工作，统筹部门负责年报的组织、体例设计、通稿审校、出版发布工作，其他部门或成员馆设立信息员配合统筹部门做好年报资料收集、专项报告撰写等工作。高质量的年报对编制人员提出了更高的要求：紧跟年报编制进度，细心审核统计数据与资料，关注图书馆的发展并掌握一手资料。这样才能做到在年报编制时主次分明、重点突出。第三，根据年报的体例、统计内容及指标的要求，建立顺畅、可

---

① 潘颖.公共治理视角下公共图书馆信息公开的现实困境和路径选择——以年报公开调查为中心 [J].图书馆，2022 (11)：85-91.

② 王影，肖鹏.史密森学会年报工作的百年实践及其启示 [J].图书馆杂志，2021 (6)：82-89，137.

靠的信息报送机制，如构建全市性、全馆性的业务统计架构。第四，为了解决专业出版与时效性问题，在确定年报发布时间后，倒推年报的编制进度，如广州图书馆要求在每年"世界读书日"之前完成主要统计数字、综合分析报告等的编撰，筛选重要数据并将其通过媒体发布会和网站先行对外公布，正式出版后再放到网站提供下载阅读。第四，依照出版规定，专项报告由撰稿人拟写后分别经部门主任、分管馆领导审校后再报办公室统稿，全书由统筹部门负责三审三校，再经过出版社三审三校，确保年报编制要求落到实处。第五，建立年报评价及信息反馈机制，收集用户反馈意见，不断改进年报编制质量。

3.3 研究分析目标受众，建立年报内容框架

数字化阅读环境下，公众的阅读耐心越来越有限，如何针对目标用户对年报内容进行适当规划和取舍，是年报编制的关键问题之一。年报内容很大程度上取决于目标。其目标主要受实现目的和目标受众影响。对内目的包括档案记录、科学管理等，对外目的包括信息公开、争取支持、宣传推广、行业交流等。确定年报内容可以从目标受众的需求出发，以需求为导向构建内容框架。社会主体如普通公众、大众媒体关注图书馆的服务内容、特色服务和用户状况，广州图书馆年报公布了通借通还服务点、读者评价、服务排行榜、设备设施等资料，保障公众的知情权；合作伙伴、捐赠者关注是否得到尊重，广州图书馆年报公布了理事会与读者委员会名单、合建分馆、合作伙伴名录、社会捐赠等资料，以吸引更多的社会力量参与图书馆建设；治理主体如政府主管部门、理事会关注运营管理、投入产出情况，广州图书馆年报公布了政府保障、服务效能、管理运营情况等资料；图书馆管理者关注业绩指标、服务趋势，广州图书馆年报公布了年度统计数据、专项分析报告等资料；业内同行和研究者关注数据的持续性和特色服务的借鉴性，广州图书馆公布了历年主要业务发展数据、特色服务案例选编等资料。迎合目标受众的需求确定年报的内容，有利于构建良好的内外关系，充分揭示图书馆的社会价值，发挥年报的营销功能。

3.4 日常统计标准规范，挖掘数据深层意义

年报编制主体较多，统计数据庞杂、统计途径不同，尤其涉及交叉业务，容易发生数据重复或遗漏计算的情况，这是年报编制的一大难点。统计数据的标准化是保障年报客观、准确的前提。国际图联颁布的《图书馆统计宣言》指出："正确、可靠和可比的数据对图书馆统计的价值和有效性是至关紧要的。国家级以及由此产生的国际级图书馆统计的质量，既取决于每一个图书馆正确、及时地递交统计数据，又取决于精

心地编辑以纠正错误和误解。为了使统计结果能够在地区间或国家之间进行比较，必须对统计项目采用相同的定义和方法。"① 广州图书馆注重日常数据的搜集与审核，建立多层次的数据统计体系，如周报数据、月报数据等，统筹部门按周、月对业务数据进行汇总、整理和发布，积累了不少年报日常资料。《广州图书馆季报》按季度统计分析业务数据、发布工作动态，撰写业务研究报告或服务案例，为年报编制打下了坚实的基础。年报开篇设置"概念释义与统计方法"篇章，参考行业标准，确保数据横向可比、纵向可加，经过统筹部门与其他部门或成员馆反复沟通、层层审核，保证统计内容、口径、单位等一致。公共图书馆应当加强数据统计的技术支撑，业务数据统计以业务管理系统自动统计为主，无法在系统统计的数据则由部门安排专人每月填报，明确每项数据的责任人，审核人员通过形式审核、交叉对比审核等手段反复核准数据。仅仅展示数据而缺乏对数据的关联分析，对管理决策和行业研究的使用价值有限，相关人员可以利用 SPSS、SAS 等统计工具融合分析馆藏文献与用户行为等数据，挖掘服务数据背后所体现的不同类型读者的个性化需求，为图书馆管理提供针对性的参考。

3.5　关注排版设计，保障易读易用

年报既是推动公共图书馆与政府、社会、公众构建良性关系、获得价值认同与支持的重要手段，也是区域图书馆事业之间、学界与业界之间相互研究促进的桥梁。但是这些目标阅读对象大多数不是图书馆行业人员，如何激发读者的阅读兴趣，将专业化年报编制成易读易懂的宣传性材料，值得年报编制人员重点关注。建议从以下几个方面着手：一是编制团队层层审稿，确保指标统计方法、统计单位符合国家规定；二是采用第三人称写法，使用规范的语体文、记述体，行文通俗流畅，符合现代汉语规范；三是分析数据时尽量以图表形式呈现，如曲线图、柱状图、饼图等，将图表与文字分析有机结合，图表标题按章节清晰规范排列，有利于年报直观地呈现图书馆事业发展的趋势；四是展示特色服务时可适当穿插彩色图片，以视觉冲突吸引读者阅读兴趣；五是重视年报的排版设计工作，委托专业机构设计，注意适当留白，色彩搭配协调，尤其字体大小、行距、色调应适中，以减少阅读疲劳，特别要做好封面、版式等装帧设计，这类设计根据年报的阅读对象、内容、载体等适当调整，可先出设计草图，再在小范围征求意见。

---

① 图书馆统计宣言 [EB/OL]. [2024-06-25]. https://www.ifla.org/wp-content/uploads/2019/05/assets/statistics-and-evaluation/publications/library-statistics-manifesto-zh.pdf.

4 未来展望

广州图书馆年报自规范化、常态化编制发布以来，获得了良好的社会效益，在业内发挥了示范引领的作用。随着《中华人民共和国公共文化服务保障法》和《中华人民共和国公共图书馆法》的正式施行，年报编制发布已经成为公共图书馆法定的职责。广州图书馆将不忘初心，牢记传承文明、服务社会的使命，继续坚持以年报作为专业化转型发展的工具之一，推动公共图书馆治理体系和治理能力现代化建设。

聚焦人才建设，助力事业发展

黄广宇、唐琼、黄小娟、廖莉莎、肖锐、韦蕾、
杨蝶、吴泽龙、徐沛旭、蒋智威、郑雪薇

图书馆是国家文化发展水平的重要标志，是滋养民族心灵、培育文化自信的重要场所。1982 年 1 月，广州图书馆建成开放，广州人有了自己的市级图书馆，当日为办理读者证而大排长龙的情景定格在历史的照片里。广州图书馆从 1982 年建馆开放到2013 年新馆全面开放，见证了市级公共图书馆的蜕变成长。40 年来，广州图书馆始终牢记"传承文明，服务社会"的初心，从中山四路旧馆搬迁到珠江新城新馆，改变的是地址，不变的是初心，始终致力于为人民群众提供高质量的公共文化服务。文化强国建设，关键在人才，高质量的服务离不开高素质的专业人才队伍。党的十八大以来，以习近平同志为核心的党中央立足中华民族伟大复兴战略全局和世界百年未有之大变局，全面深入推进人才强国战略，高瞻远瞩谋划人才事业发展布局，大刀阔斧改革创新，推动新时代人才工作取得历史性成就、发生历史性变革。广州图书馆紧跟党中央步伐，不断加强人才队伍建设，尤其是新馆用十年里程碑式的跨越，书写着广州图书馆人才队伍建设的时代变迁。

1 人才队伍建设亮点：取得历史性成就

十年来，广州图书馆在广州市委、市政府的关怀下，在广州市原文化广电新闻出版局、广州市文化广电旅游局的领导下，以高度的文化自觉和文化自信，守正创新，以人才为本，努力培养锻造忠诚、干净、担当的高素质专业化干部队伍。

1.1 业务效能稳居全国前列

广州图书馆自 2014 年起基本服务指标值稳居全国公共图书馆首位，在世界上也处于领先位置，高峰期年接待读者量突破 839 万人次，年文献外借量突破 1034 万册次，注册读者累计已达 245 万人，年利用数字资源达到 1.4 亿篇册次，年举办读者活动超过 4000场次，被誉为"世界上最繁忙的图书馆"。广大市民参与感、获得感、幸福感显著提升。

1.2　人才培养卓有成效

1.2.1　学历结构提升明显

十年间硕士以上学历人数从 29 人增加至 115 人，占比由 11.7% 提高到 34.6%，增长了 2 倍多，不断满足信息化数字化图书馆建设的高学历人才需求。

1.2.2　职称晋升成果丰硕

十年来，广州图书馆专业技术人员高级职称从 23 人增至 51 人，占比由 9.7% 增至 15.9%，中级职称从 104 人增至 143 人，占比由 43.7% 降至 44.7%，初级职称从 88 人降至 86 人，占比由 37% 降至 26.9%。职称水平向高级职称发展趋势。

1.2.3　梯队建设成效显著

着力培养、选拔党和人民需要的好干部，高度重视选贤任能，坚持好干部标准，培养出政治上靠得住、工作上有本事、作风上过得硬、人民群众信得过的高素质干部队伍。十年间，广州图书馆培养了 3 名副处级干部，选拔正科级干部 6 名、副科级干部 20 名。

1.2.4　优秀人才屡获殊荣

2015 年，馆长方家忠荣获"中国图书馆榜样人物"；2020 年，馆长方家忠荣获"2020 年度文化和旅游部优秀专家""2020 年度我市宣传思想文化领军人才"；2021 年，馆党委书记黄广宇荣获"广东省优秀党务工作者"荣誉称号，馆长方家忠荣获"广州市优秀专家 A 证"，刘双喜、唐琼分别荣获广州市文化广电旅游局"优秀共产党员""优秀党务工作者"荣誉称号；2022 年，馆长方家忠获意大利政府授予"意大利骑士勋章"，副馆长刘平清荣获"广东省文化和旅游工作先进个人"荣誉称号；2023 年，副馆长陈深贵入选"2023 年度我市宣传思想青年文化英才"，马泳娴入选"2023 年度我市宣传思想青年后备人才"。

1.2.5　人才发展平台广阔

2017 年，副馆长罗小红当选政协第八届广州市天河区委员会常务委员；2022 年，陈茨当选政协第十四届广州市委员会委员，广州大典研究中心黄小高当选政协第十四届广州市委员会委员；2023 年，馆长方家忠当选第十四届广东省人大代表、广东省人大教育科学文化卫生委员会副主任委员。

1.3　学术科研硕果累累

上海市海峡两岸教育交流促进会新文科专业委员会于 2021 年和 2023 年分别发布

"图书馆学术能力排名",以展示中国各类型图书馆的学术竞争力水平。广州图书馆在公共图书馆中两年蝉联第三,排名第一、二位的依次为国家图书馆和上海图书馆。十年间,馆员累计发表核心期刊论文 142 篇、出版专著 47 部、新立项科研项目 100 项、结题科研项目 61 项。馆员李保东的课题"粤港澳大湾区公共文化服务融合发展研究"获得"2022 年国家社科基金年度项目和青年项目"立项,成为广州市属公共图书馆首个立项的国家社科课题。

1.4 组织文化积极向上

广州图书馆坚持以人为本、人才强馆理念,营造积极进取的组织文化。2021 年,党员王嘉宁荣获"讲党史、话初心、践使命"第四届广州团干部讲党史团课大赛决赛二等奖、优秀课件一等奖;2022 年,馆员黄卉和卢白杨分别在"强国复兴有我 读懂广州文化 讲好广州故事"——2022 年广州地区讲解员大赛志愿组获"优秀讲解员"和"金牌讲解员"荣誉称号;馆员黄新慧、何虹荣获广州市公共图书馆 2022 年度"最美图书馆员"称号。

2 党管人才服务大局:人才队伍建设回顾

广州图书馆始终坚持党管干部、党管人才,在馆党委的正确领导下,人才队伍建设成为保障事业发展的重要战略之一。广州图书馆抓住新时代机遇,乘势而上,开展与事业发展相适应的人才队伍建设工作。

2.1 成功申请增加编制,为人才队伍建设奠定基石

编制是人才队伍建设的前提。根据《关于广州图书馆机构编制问题的批复》,1982 年广州图书馆有编制 100 个;1984 年 8 月,为增加各类专业人员,根据《关于广州图书馆编制的批复》,编制增加至 195 个;2010 年 6 月,为保障在亚运会期间新馆首层开放并正常运行,根据《关于广州图书馆机构编制问题的批复》,编制增加至 275 个,内设机构 9 个,设正副部长 27 人;2015 年 11 月,为确保新馆能够持续获得良好的服务效益,提供高质量服务,展现并发挥好作为"城市窗口"的新作用、新形象,根据《关于调整广州图书馆、西汉南越王博物馆事业编制的通知》,新馆编制增加至 354 个,内设机构 13 个,设正副部长 37 人;2020 年 2 月,根据《中共广州市委机构编制委员会关于调整广州图书馆和广州大典研究中心机构编制事项的批复》,新馆编制 354 个,

内设机构 14 个，设正副部长 39 人。

在人员编制的有力支持下，广州图书馆人才队伍建设有了坚实的保障。如何运用好编制，做到"人尽其才"，为公众提供高质量服务，是广州图书馆十年来在人才队伍建设上需要面对、思考和解决的问题。（历年增编具体数据详见附表 1）。

2.2 多次进行岗位设置调整，构筑人才队伍建设成长空间

岗位设置是人才队伍建设的基础。根据国家省市相关政策，为做好馆的岗位设置和人员聘用工作，广州图书馆十年间先后 6 次成功调整岗位设置。岗位设置的调整使广州图书馆专业化人才队伍发展的空间进一步扩大。（历年岗位设置调整数据详见附表 2）

2.3 制定人才队伍发展规划，实现事业发展与人才成长双赢格局

事业发展规划是人才队伍建设的指引，人才队伍建设为事业发展服务。紧随时代要求，广州图书馆分别制定了《广州图书馆 2011—2015 年发展规划》《广州图书馆 2016—2020 年发展规划》《广州图书馆 2021—2025 年发展规划》3 个五年发展规划。在事业发展规划的指引下，广州图书馆积极开拓创新，以转型促变革，坚守专业化底色，制定人才队伍建设规划，培养人才队伍建设核心竞争力，以推动事业高质量发展。通过实施发展规划，广州图书馆人才队伍建设取得显著成效。（在编在职干部基本情况详见附表 1）

3 锚定目标不放松：人才队伍建设十年历程

人才是第一资源。广州图书馆作为服务量跻身世界公共图书馆前列的国家中心城市图书馆，深知专业人才对事业发展的重要性。广州图书馆以新馆开放为契机，紧抓图书馆转型发展新机遇，推进人才队伍建设工作迈上新台阶。

3.1 广州图书馆"十二五"发展规划的人才培养：以打造专业化的服务团队为目标，积极促进事业转型发展

该阶段广州图书馆的服务转型特点为拓展多元化文化服务、加强国际合作、推进服务智能化，根据人才队伍基本情况，抓住政策机遇，分阶段、分层次、分重点推进人才队伍能力提升。

3.1.1 积极引进人才，有效提升服务效能

一是建立有多学科背景的专业化服务队伍。面对新馆开放后"井喷"式的服务需求，人力资源短缺问题亟须解决。广州图书馆通过事业单位公开招聘、广州市事业单位校园招聘"优才计划"、短缺专业人才引进等方式，共引进66名人才。为满足广州图书馆发展地方性专题服务、拓展多元文化交流活动、强化公益讲座展览服务等转型业务需求，馆员的专业需同步多样化，增加非图书情报专业人才引进是该阶段人才引进工作的明显特征。二是首聘美国专家，拓展国际交流平台。为加强国际合作，建立与国际友好城市图书馆、外国驻穗机构等合作交流的平台，创新用人模式，广州图书馆聘请毕业于美国威斯康星大学麦迪逊分校图书馆信息管理专业的美国专家就职专题服务部。该专家在任职期间，充分发挥专业特长，协助筹建多元文化馆建设；通过发表论文、参加国际会议等方式向国际图书馆界宣传广州图书馆新馆特色服务，为进一步推动广州图书馆与国际图书馆界专业交流发挥积极作用。三是多途径引进人才，开创人才引进新模式。2015年，广州市人力资源和社会保障局首次组织"优才计划"省外校园招聘工作（以下简称"优才计划"）。"优才计划"区别于广州市事业单位传统招聘模式，实行"当地报名、当地考试、当场签约"，整个流程不超过3天，旨在为考生和用人单位开辟一条方便、快捷、高效的"绿色通道"。通过"优才计划"，广州图书馆不仅引进了7名优秀毕业生（硕士研究生5名、本科2名），还通过校园招聘平台的有效宣传，进一步提升了广州图书馆在外地高校的知名度。同年，针对广州图书馆缺少音像资料收集、制作整理和研究方面专业人才的情况，广州图书馆启动短缺专业人才引进工作，成功引进1名毕业于美国加州大学伯克利分校新闻学专业的专业人才贾怡。该同志在纪录片制作和导演方面业绩突出，其导演的纪录片曾获评中国纪录片十优长片。该同志的引进为广州图书馆在"十三五"发展规划阶段打造广州纪录片研究展示中心平台奠定了坚实基础。

3.1.2 用好编制资源，为人才培养"增后劲"

这一时期，广州图书馆以增编为契机，通过完成275个岗位设置，开展246人次岗位聘用工作，配备馆领导和中层干部合计21人，完成全员竞聘209人等工作，有效激发人才活力。一是学历结构得到有效优化，研究生以上学历占比提升。通过人才招聘及鼓励馆员在职进修等方式提升优化馆员学历。与2013年相比，2015年博士研究生学历馆员人数占比提升0.8%，硕士研究生学历馆员人数占比提升5.4%，本科学历馆员占比降低2.9%，大专及以下学历馆员人数占比降低3.1%。二是职称结构有所改善，初、高级职称人数占比提升，中级职称人数占比下降，职称聘任的压力有所缓解。广

州图书馆通过积极推动职称申报工作，高级职称人数占比提升 0.9%，中级职称人数占比下降 2.1%，初级职称人数占比提升 11.9%。三是行业领军人才培养效果显现。第三届"广州市宣传思想战线优秀人才"第二层次培养对象方家忠馆长于 2010 年 11 月取得图书资料研究馆员职称，并于 2015 年纳入"第四届广州市宣传思想战线优秀人才"第一层次培养对象。四是中层干部队伍结构进一步优化。中层干部的平均年龄有所降低、学历结构有所提升，队伍进一步专业化和年轻化。

3.2 广州图书馆"十三五"发展规划的人才培养：以打造专业化的服务团队，建立良好的人力资源保障机制为目标，助力事业跨越式发展

广州图书馆抓住该阶段工作重点，坚持党管干部、党管人才原则，制定了《广州图书馆 2016—2020 年人才队伍建设规划》，以需求和问题为导向，以能力建设为核心，以专业化为标准，以优化结构、完善机制、建设学习型组织为基础，努力构建与事业快速发展相适应的专业人才、管理人才队伍，大力强化人才队伍的研究能力。

3.2.1 大力引进人才 114 人，为业务多元发展提供人才资源

一是引进人才主要以研究生学历为主，深化业务研究。与广州图书馆"十二五"发展规划期间引进人才的学历对比，广州图书馆"十三五"发展规划期间引进人才的学历水平变化如下：博士研究生学历人数占比基本持平，硕士研究生学历人数占比提升 25.3%，本科学历人数占比降低 25.2%。二是引进专业人才的以图书情报为主，推动服务体系建设。广州图书馆"十三五"发展规划期间，广州图书馆作为广州市公共图书馆中心馆，积极推动全市公共图书馆服务体系建设，指导和协调全市公共图书馆业务。因此在引进人才专业上略向图书情报专业倾斜，与广州图书馆"十二五"发展规划期间对比，引进人才中图书情报专业的占比提升 9.4%，为服务体系建设储备专业人才。三是以广州大典研究中心为依托，首次引进高层次人才。广州市机构编制委员会于 2015 年批复同意设立广州大典研究中心，与广州图书馆合署办公，财务、人事、后勤等工作由广州图书馆统一管理。广州图书馆以广州大典研究中心为依托，2016—2020 年，共引进 6 名博士研究生高学历人才，其中 2 名是具有正高级职称的高层次人才。四是为深化核心业务，不断引进高层次人才。根据《广州市事业单位引进高层次人才和短缺专业人才办法》等文件精神，在为广州大典研究中心成功引进高层次人才的经验基础上，广州图书馆启动高层次人才引进工作，共引进肖红凌、李保东 2 名具有图书资料研究馆员职称的高层次人才，为广州图书馆业务高质量发展提供人才支撑。

3.2.2　打造人才培养新格局，培养效果显著

这一时期，广州图书馆以增编为契机，通过完成 354 个岗位设置、开展 385 人次岗位聘用工作、配备馆领导和中层干部合计 32 人、完成全员竞聘 258 人、启动"广州纪录片研究展示中心项目"和"公共关系项目"2 个项目等工作，为人才晋升提供保障机制，为人才成长提供新机遇和新平台，强化复合型专业化的管理人才队伍。一是行业领军人才和业务骨干培养效果显著。"第四届广州市宣传思想战线优秀人才"第一层次培养对象馆长方家忠，于 2020 年荣获"2020 年度文化和旅游部优秀专家""2020 年度我市宣传思想文化领军人才"，并于 2021 年荣获"广州市优秀专家 A 证"；第三层次培养对象陈深贵，于 2016 年取得图书资料副研究馆员职称，于 2019 年选拔任用为广州图书馆副馆长；第三层次培养对象招建平，于 2017 年选拔任用为儿童与青少年部主任，2018 年取得图书资料副研究馆员职称；第三层次培养对象陈丽纳，于 2016 年取得图书资料副研究馆员职称，2017 年选拔任用为中心图书馆办公室副主任。二是人才学历结构持续优化。在广州图书馆"十三五"发展规划期间，共有 5 名馆员通过广州图书馆与中山大学图书情报专业硕士合作项目，得到学历提升。与广州图书馆"十二五"发展规划期间的学历情况对比，博士研究生学历人数不变，占比略降低 0.3%；硕士研究生学历人数占比提升 10.6%；本科学历人数占比下降 1.5%；大专及以下学历人数占比下降 8.9%。三是高、中级职称人数占比有所提升。2020 年与 2016 年对比，高级职称人数占比提升 2.6%，中级职称人数占比提升 0.6%，初级职称人数占比下降 9.9%。

3.3　广州图书馆"十四五"发展规划的人才培养：以提升管理运营的专业化水平支撑高质量发展为目标，为事业锻造忠诚、干净、担当的高素质专业化人才队伍

广州图书馆全面正确贯彻新时代人才工作新理念、新战略、新措施，围绕广州图书馆"十四五"发展规划使命与目标，提升人才队伍的活力与专业化水平，坚持在人才发展和人才成长的培养机制、使用机制和激励机制等方面下大工夫，为不同专业类型、不同年龄阶段的人才成长创造良好环境和广阔空间，在规范管理中促进有序竞争，形成人才工作新格局。

3.3.1　引进高学历、专业学科人才

一是引进人才向高学历转型。与广州图书馆"十三五"发展规划期间引进人才的学历情况对比，截至 2023 年 4 月，广州图书馆引进人才的学历水平变化如下：博士研究生学历人数占比提升 5.6%，硕士研究生学历人数占比提升 13.5%，本科学历人数占比降低 9.1%。二是引进人才向图书情报专业转型。广州图书馆"十四五"发展规划是

要强化专业人才、学术科研人才的培养，推动馆员业务工作专业化、专业工作学术化，这需要馆员具备一定的专业学科知识。因此在引进人才专业方面，图书情报专业占比人数大幅提升了35.4%。

3.3.2 完善人才培养机制，提升各类人才培养质量

这一时期，广州图书馆通过调增内设机构及管理岗位、组织多形式职称培训、成立广州图书馆人才工作领导小组、制订青年人才专项培养计划等工作，全面提升各类人才培养质量。一是人才交流学习机会增多。广州图书馆采用以学代培的方式，通过协助广州市委巡查、广州文化产业交易会专项工作、协助广州市文化广电旅游局的财务处专审、机关党委专项工作以及筹建国家版本馆广州分馆等工作，2021年1月—2023年4月期间，共向上级机关输送借调人员32人次。二是人才学历持续提升。2021—2022年，共有5名馆员通过广州图书馆与中山大学图书情报专业硕士合作项目提升学历。与广州图书馆"十三五"发展规划期间的学历情况对比，博士研究生学历人数占比提升0.2%，硕士研究生学历人数占比提升6.2%，本科学历人数占比下降5.8%，大专及以下学历人数占比下降0.7%。三是职称结构有效优化。2021年12月与2023年1月对比，高级职称人数占比提升1.6%，中级职称人数占比提升1.9%，初级职称人数占比提升11.2%。四是中层干部队伍进一步完善。2022年12月，馆党委制定《广州图书馆中层人才选拔任用工作方案》，并按程序完成5名中层干部副职选拔工作，均为"80后"干部。

4 久久为功显成效：助力图书馆事业高质量发展

新馆全面开放十年来，广州图书馆始终坚持党管干部、党管人才，重视培养人才、团结人才、引领人才、成就人才，在人才队伍建设上不断创新，不断突破，为广州图书馆事业高质量发展提供人才保障。

4.1 整体素质提升新成效，人才结构迎来"新蓝图"

4.1.1 人才规模不断壮大

从2010至2015年编制数从275人增至354人，人才总数从230人增至332人，人才规模达历史高峰，对广州图书馆业务的深化、细化、拓展提供有力支撑。（历年招聘情况详见附表3）

4.1.2 专业结构不断优化

馆员专业中图书情报专业人数占比由 13.4% 增至 22.3%，同时馆员的专业结构布局不断调整优化，以图书情报类、中（外）文语言文学类、历史类为主，扩充新闻传播、教育类、计算机类、艺术类等专业，使广州图书馆形成多元化专业结构的人才队伍，以适应公共图书馆转型升级的业务发展，从而满足图书馆事业由高效能发展向高质量发展的需求变化。

4.1.3 中层干部队伍素质持续优化

十年来，广州图书馆中层干部队伍从 20 人扩大到 30 人，中共党员人数占比提升 8.3%，有研究生学历的中层干部人数占比提升 5%。中层干部队伍在职称方面的提升尤其突出，取得正高级职称的馆员人数占比提升 8.3%，取得副高级职称的馆员人数占比提升 6.7%。广州图书馆中层干部队伍在政治能力、专业水平上的"双提升"，为广州图书馆在新的赶考路上获得高质量事业发展提供有力保障。

4.2 专业水平再上新台阶，人才培养迈入"精准化"

4.2.1 顶层设计推进，确定培养方向

十年来，广州图书馆注重人才管理的制度建设，先后制定《广州图书馆工作人员绩效考核办法（试行）》《广州图书馆岗位管理实施办法（试行）》《广州图书馆高层次人才岗位管理办法》《广州图书馆人才工作方案》等制度，明确构建一套领军型、专业型、潜力型的图书馆员培养体系，突出精准化、分类化的培养目标，打造一支结构合理、素质优良、服务高效的专业化人才队伍。

4.2.2 科学合理分类，构建人才梯队

广州图书馆根据干部的年龄层次、受教育程度、岗位性质及职级、专业技术水平等维度，制定科学合理的人才培养措施，结合人才培养需要，构建有序人才发展梯队。

（1）对新入职干部，实行入职培训机制。以专业教育背景为主要依据安排新员工到各业务部门轮岗，通过业务骨干"以老带新"的方式，促进新员工尽快熟悉业务流程、掌握工作技巧、积累工作经验，让新员工从馆情、职业精神、专业能力、服务态度与形象、个人职业发展规划等方面进行系统学习。同时以广州市图书馆学会为平台，每年组织"广州市公共图书馆新入职人员培训班"，有效提升新入职干部的职业认同感、服务意识和专业素养。

（2）对专业技术干部，实行职称申报辅导机制。通过宣传最新的人才政策调动馆员申报职称的积极性；将高学历无职称人员、业绩丰富低职称人员纳入重点关怀对象，

采取"精准帮扶"对策；制定实施《广州市公共图书馆专业技术人员职称申报培训工作方案》，加强对申报职称人员的培训。通过上述一系列措施，广州图书馆鼓励专业技术人员积极申报职称，并有效提高了申报成功率。

（3）对管理岗干部，实行拓展晋升渠道机制。通过增设管理岗非领导职务岗位数、储备管理岗中层干部人才、鼓励管理岗干部取得职称等方式，为管理岗干部提供发展空间。

（4）对青年馆员，实行创新赋能培养机制。引导青年馆员牢固树立正确的世界观、人生观、价值观，以成就馆员、服务人才成长、成为年轻一代的好帮手为任务目标，通过广州市文化广电旅游局局系统干部双向交流平台、《广州图书馆青年人才培养工程"青图计划"工作方案》等方式，加强对优秀年轻干部的学习锻炼，储备一批政治素质好、专业技术精、综合能力强的青年人才。

（5）对中层干部，实行"双提升"机制。通过列席党委会第一议题、参加中心组学习、参观廉政教育基地、分批参加"事业单位中层人员任职班"专题培训等形式，增强中层干部思想政治素质、培育职业道德、更新知识结构、提高工作能力，在政治能力、专业水平上得到"双提升"。

（6）对高层次、高学历人才，实行重点培养机制。以项目参与、学术研究等专业化为导向，鼓励高层次、高学历人才发挥专业特长，组建以业务工作专业化、专业工作学术化为基本思路的学术科研人才核心团队，以部门重点工作负责人、项目负责人等身份合力帮带青年业务骨干，创造人才聚集新高地。同时通过馆党委定期联系高层次、高学历人才，及时了解人才的思想、工作及生活情况，用心、用情、用功关爱人才，让高层次、高学历人才安心发展。

4.3 保障机制更趋系统化，人才激励焕发"新活力"

4.3.1 科学合理的薪酬体系是激励人才前行的驱动力

近十年，中央和地方陆续颁布关于事业单位工资制度改革的文件，为公共图书馆建立高效合理的工资分配制度奠定坚实的政策基础。职称级别和岗位绩效双结合的工资结构，可以有效激发人才工作的主动性、积极性、创造性。

（1）合理分配绩效工资。广州图书馆贯彻落实中央，广东省、广州市关于加强机关事业单位工资收入分配管理的重要精神，积极探索完善绩效考核与绩效工资分配相结合的有效途径，促进广州图书馆事业有序发展，推动提高公益服务水平，2022年馆党委通过审定《广州图书馆年度绩效考核及考核奖励分配方案（试行）》。该方案向两类人群倾斜，一是需周六、日及晚上6点至9点提供读者服务的一线馆员，二是做出突出贡献的馆员。该分配方案按照分级分类原则，积极发挥正向激励作用。

（2）积极运用人才政策。随着《广州市高层次人才服务保障方案》《广州市高层次人才培养资助方案》《广州市贯彻落实〈关于加快新时代博士和博士后人才创新发展的若干意见〉的实施意见》等政策颁布，2021年广州图书馆为引进的博士成功申请安家费10万，为广州图书馆引才聚才"强磁场"增添吸引力。

4.3.2 创新模式的培养体系是激发人才发展的活泉水

近十年，广州图书馆通过在业务与学术研究领域与高校、研究机构建立合作伙伴关系，选派业务骨干参加高级研修班、馆际学习交流，鼓励青年馆员报读在职研究生，依托项目制方式充分发挥专业人才引领作用等措施，成功激活人才赋能，馆员学术成果硕果累累。

4.3.3 积极进取的组织文化是激发人才潜力的催化剂

广州图书馆坚持树立以人为本、人才强馆理念，追求组织与个体共同发展。十年来，积极建立和完善组织文化的物质层、制度层、精神层，营造积极进取的组织文化氛围。一是制定《广州图书馆岗位管理实施办法（试行）》，完善岗位聘用制度，以岗位为基础，以能力为导向，创新人才选拔任用机制，确定符合岗位需求的人才选拔资格条件，增强人岗相适度，形成有利于人才充分施展才能的选人、用人机制。二是以馆员为本，建立多元化的员工职业发展通道，拓宽人才发展机会和空间，帮助员工实现自我提升。三是倾听员工意见，通过领导接待日、职代会、员工满意度调查等形式，主动听取员工的意见和建议，实现组织有效沟通。四是通过广州图书馆官方微信平台展现优秀馆员的风采风貌，鼓励员工积极参与图书馆建设，激励员工立足岗位自我完善，培养员工自我管理能力，实现与图书馆共同成长。

5 新征程上新展望：人才队伍建设为事业发展赋能

千秋基业，人才为先。广州图书馆将继续深入贯彻党的二十大精神和习近平总书记在中央人才工作会议上的重要讲话精神，全面正确贯彻新时代人才工作新理念、新战略、新措施。充分发挥党管人才体制优势、人才工作基础优势和人才队伍积累优势，大力集聚、培养和使用人才，有效配置高素质专业化的干部队伍，推动广州图书馆高质量发展。

5.1 以更全面的人才发展体系，建设高素质人才队伍梯队

5.1.1 "外引""内培"高层次人才

高层次人才是事业高质量发展的关键。对全馆的人才队伍及发展现状进行全面深入的调研，精准把握图书馆发展事业的人才队伍建设短板需求，科学制定人员学科专业、学历和职称结构目标，坚持对外人才引进重点转向高层次人才，对内着力对标培养高层次人才，提升人员层次水平，不断强化以高层次人才为引领的人才队伍格局。

5.1.2 重点培养青年人才

青年人才是事业高质量发展的希望。加强青年人才队伍建设，重点实施青年人才培养"青图计划"，采用领导班子成员联系人才、高级职称对接培养、党员带动群众等措施，培养锻造一支忠诚、干净、担当的高素质专业化人才队伍。加强图书馆新进管理人员和专业技术人员专业知识与技能的培育，探索精准培训和分层施教模式，进一步完善继续教育培训体系，注重培养业务骨干人才，多渠道引导并促进馆员自主学习及部门交流。

5.1.3 有序培养后备人才

后备人才是事业接续发展的生力军。广州图书馆人才基础素质相对较好，可培养和提升的空间很足。根据广州图书馆"十四五"发展规划，要有序培养各类后备人才，坚持专业、管理"两手抓、双促进"方针，形成多元化后备人才梯队，在部门重点工作、项目制工作、党建工作中，发现和培育发展潜力大的好苗子，形成人才"蓄水池"。

5.2 以更健全的人才培养机制，赋能高水平人才队伍成长

5.2.1 健全人才管理机制

树立全市公共图书馆人才队伍建设"一盘棋"观念，以《广州图书馆人才工作方案》为指引，细化人才培养措施，建立健全公共图书馆人才的发掘、培养、使用和评价机制，统筹推进各类人才队伍建设，形成"党委统一领导，人力资源部门牵头落实，有关部门各司其职"的人才工作管理体系。

5.2.2 健全人才使用机制

完善定期、规范、常态化的人员聘任机制及人岗相适、能上能下的用人方式，完

善中层人才等管理人员的选拔和轮换机制。落实"中心馆"职责，建立健全"阅读之城"和"智慧图书馆之城"建设的人才双向流动机制，实施市区人才"下基层"服务，定期选派管理人员和业务骨干到各区域总分馆进行业务指导和协调，协助解决区域总分馆建设和发展中的重点难点问题，培养一批具有大局观、视野宽阔的综合型人才队伍。

5.2.3 健全人才激励机制

在现有激励机制的基础上，结合实际，积极探索新的激励机制，落实各层级的人才培养责任，建立人才工作激励清单，对发现的创新举措和鲜活经验给予宣传通报表彰，以点带面，推动政策落地，在促进人才成长的同时，赋予更多各层级责任人培养人才的成就感，以人才培养促进人才成长。

5.2.4 健全人才考核机制

坚持人才工作目标责任制考核，将人才工作纳入馆党委和领导干部工作实绩考核中，将考核结果作为领导班子评优、中层干部评价的重要依据。实行人才工作专项述职评议制度，建立人才工作联络员工作职责，实行动态管理，及时反映人才意见和需求，及时结合实际情况调整培养政策，营造"宽容失败，鼓励创新"的文化氛围，允许边干边试，边试边干，建立健全人才考核机制。

5.3 以更优质的人才成长环境，提升高质量人才队伍活力

5.3.1 强化政治关怀

深入学习贯彻习近平总书记关于人才工作的重要论述，加强政治引领，进一步深化党政领导人才同专业技术人才、管理人才的交流沟通，加强思想联络和感情交流。

5.3.2 搭建交流平台

拓展国内外行业交流合作，强化优势业务的行业交流，促进馆员专业素养与实践能力提升。打造学术交流活动品牌，策划组织高水平学术研讨活动，提供高质量学术交流平台，围绕主题产出有影响力的成果。

5.3.3 建设学习型组织

建设机构知识库和知识信息分享平台，收集和传递来自员工、用户、供应商、合作伙伴、标杆图书馆、政府部门等的知识和信息，促进知识资产增值。

5.3.4 优化人才成长氛围

讲好馆员故事，充分展现人才的精神面貌和时代风采，营造干事创业、尊重劳动、

尊重知识、尊重人才、尊重创造的良好氛围。加强员工福利保障和人文关怀，不断优化办公条件，及时解决存在问题，激发人才内驱动力。完善馆内荣誉体系和情感激励、精神激励体系，加强宣传引导，激励广大人才立足岗位、奋勇争先、历练品格、创造价值，进一步增强对组织的认同感、归属感和成就感。

附表 1　2013—2023 年广州图书馆在编在职干部基本情况汇总表

年份	编制数/人	内设机构数/个	实际在编、在职人数/人	男/人	女/人	平均年龄/岁	中共党员/人	学历/人				专业情况/人		三类岗位在岗情况/人			专业技术人员情况/人			人员流动情况/人			
								大专及以下	本科	硕士	博士	图书情报专业	非图书情报专业	管理	专业技术	工勤	高级	中级	初级	入职	退休	辞职	调动
2013	275	9	247	89	158	36	101	47	171	27	2	37	210	7	238	2	23	104	88	24	3	4	0
2014	275	9	242	85	157	36.8	101	42	167	31	2	38	204	8	232	2	26	112	68	1	1	4	1
2015	354	13	258	88	170	37.2	112	41	171	42	4	39	219	7	250	1	27	119	77	21	1	0	4
2016	354	13	288	97	191	36.7	131	40	185	58	5	47	241	8	279	1	28	120	73	39	2	7	0
2017	354	13	295	97	198	36.8	142	35	184	67	9	59	236	7	287	1	30	128	63	35	7	2	9
2018	354	13	307	104	203	36.9	150	30	195	75	7	58	249	8	298	1	31	126	60	23	6	5	0
2019	354	13	295	102	193	37.4	147	24	185	79	7	54	241	6	288	1	35	129	58	2	3	4	5
2020	354	14	301	104	197	37.7	153	21	195	81	4	60	241	7	294	0	40	136	53	16	5	1	5
2021	354	14	329	113	216	37.5	161	19	204	102	4	71	258	10	319	0	46	140	50	34	3	1	1
2022	354	14	336	117	219	38	164	21	200	110	5	79	257	11	325	0	53	146	84	13	3	3	1
2023	354	14	332	115	217	38.2	162	21	196	110	5	78	254	12	320	0	51	143	86	0	2	0	2

注：2023 年数据截至 2023 年 4 月 1 日。

附表 2 2013—2023 年广州图书馆历次岗位设置情况表

岗位设置调整时间	三类岗位情况					
	管理岗		专业技术岗		工勤岗	
	岗位数/个	占比/%	岗位数/个	占比/%	岗位数/个	占比/%
2011 年 3 月 24 日	19	6.91	248	90.18	8	2.91
2015 年 4 月 14 日	15	5.17	273	94.14	2	0.69
2015 年 9 月 22 日	15	4.05	354	95.68	1	0.27
2017 年 4 月 25 日	13	3.67	340	96.05	1	0.28
2020 年 6 月 22 日	18	5.09	335	94.63	1	0.28
2021 年 3 月 19 日	19	5.37	334	94.35	1	0.28

附表 3 2013—2023 年广州图书馆历次人才引进情况汇总表

年份	招聘途径	实际招聘情况/人					
		总人数	学历			专业	
			本科	硕士	博士	图书情报专业	非图书情报专业
2014	广州市文化广电新闻出版局直属事业单位 2014 年第一次公开招聘人员	15	10	3	2	3	12
2015	广州市文化广电新闻出版局直属事业单位 2015 年第一次公开招聘工作人员	9	3	5	1	1	8
	2015 年广州市事业单位校园招聘"优才计划"	7	2	5	0	4	3
	短缺专业人才	1	0	1	0	0	1
2016	广州市文化广电新闻出版局直属事业单位 2016 年第一次公开招聘工作人员	28	15	12	1	3	25
	2016 年广州市事业单位校园招聘"优才计划"	8	1	6	1	1	7
2017	广州市文化广电新闻出版局直属事业单位 2017 年第一次公开招聘事业编制人员	16	11	5	0	5	11
	2017 年广州市事业单位校园招聘"优才计划"	14	2	12	0	6	8
	高层次人才引进	3	1	0	2	1	2
2018	2018 年广东省事业单位招聘西藏籍少数民族高校毕业生	1	1	0	0	0	1
2019	广州市文化广电旅游局直属事业单位 2019 年公开招聘事业编制人员	15	12	2	1	5	10

续表

年份	招聘途径	实际招聘情况/人					
		总人数	学历			专业	
			本科	硕士	博士	图书情报专业	非图书情报专业
2020	2020年广东省事业单位公开招聘高校应届毕业生	28	13	15	0	6	22
	高层次人才引进	1	0	1	0	1	0
2021	2021年广东省事业单位公开招聘高校应届毕业生	9	3	6	0	5	4
2022	广州市文化广电旅游局直属事业单位2022年第一次公开招聘事业编制人员	1	0	0	1	1	0
2023	2023年广东省事业单位集中公开招聘高校毕业生	9	尚未有招聘结果				

注：①2013年因招聘政策调整，该年暂停事业单位招聘工作；
②截至2023年4月，本馆人才引进途径是参加"广东省事业单位集中公开招聘"，该招聘工作处于发布招聘公告阶段；
③高层次人才是指具有正高级职称的人才。

附表4 2013—2023年广州图书馆在编在职干部取得职称情况汇总表

年份	取得职称情况																	
	图书情报系列												辅系列					
	正高级			副高级			中级			初级			副高级			中级		
	申报人数/人	通过人数/人	通过率/%	申报人数/人	通过人数/人	通过率/%	申报人数/人	通过人数/人	通过率/%	申报人数/人	通过人数/人	通过率/%	申报人数/人	通过人数/人	通过率/%	申报人数/人	通过人数/人	通过率/%
2013	1	0	0	7	4	57.14	17	13	76.47	10	8	80	—	—	—	1	1	100
2014	2	1	50	6	1	16.67	9	7	77.78	22	22	100	—	—	—	1	1	100
2015	2	1	50	8	5	62.50	7	5	71.43	1	1	100	—	—	—	0	0	0
2016	1	1	100	4	3	75	15	13	86.67	4	4	100	—	—	—	1	1	100
2017	0	0	0	5	2	40	13	11	84.62	5	5	100	—	—	—	0	0	0
2018	0	0	0	13	5	38.46	18	13	72.22	11	11	100	—	—	—	2	2	100
2019	0	0	0	9	5	55.56	15	12	80	8	8	100	1	1	100.00%	3	3	100
2020	1	1	100	9	5	55.56	8	6	75	2	2	100	—	—	—	3	2	66.67
2021	2	1	50	16	10	62.50	18	15	83.33	40	40	100	—	—	—	4	3	75
2022	—	—	—	—	—	—	—	—	—	—	—	—	2	2	100	0	0	0

注：2022年图书资料系列职称申报工作于2023年初开展，截至2023年4月暂未有评审结果数据。

图书馆团组织建设与发展

张伟　马泳娴

中国共产主义青年团是中国共产党领导的先进青年的群团组织，是中国共产党的忠实助手和可靠后备军，是党的青年工作的重要力量。党的十八大以来，在习近平新时代中国特色社会主义思想的指引下，在共青团广州市文化广电旅游局委员会（以下简称局团委）和中共广州图书馆委员会（以下简称馆党委）的指导下，广州图书馆团委（以下简称馆团委）始终聚焦根本任务、政治责任和工作主线，坚定政治方向、把握时代主题，不断保持和增强政治性、先进性、群众性，用实干彰显了"党有号召，团有行动"的赤诚担当。

1　广州图书馆团组织发展历程

广州图书馆团组织的发展伴随着广州图书馆事业的发展。广州图书馆1982年1月2日开馆，同月成立临时团支部。1982年2月20日临时团支部进行改选，正式团支部成立，有团员38人。2002年10月，经上级团组织批准，广州图书馆团支部升格为广州图书馆团总支，共有48名团员。2012年5月，共青团广州图书馆第一届委员会成立，由招建平任书记，詹田任副书记，下设三个支部。2018年2月，共青团广州图书馆第二届委员会成立，詹田任书记，梁超文任副书记，与第一届委员会保持同样的架构。2021年1月，共青团广州图书馆第三届委员会成立，张伟任书记，马泳娴任副书记，下设两个团支部。目前，广州图书馆团委受局团委和馆党委双重领导，组织架构见图1。

2　广州图书馆团组织的重点工作

十年来，广州图书馆团委始终围绕党和国家的中心任务，把巩固和扩大党执政的青年群众基础作为政治责任，把围绕中心、服务大局作为工作主线，认真履行引领凝

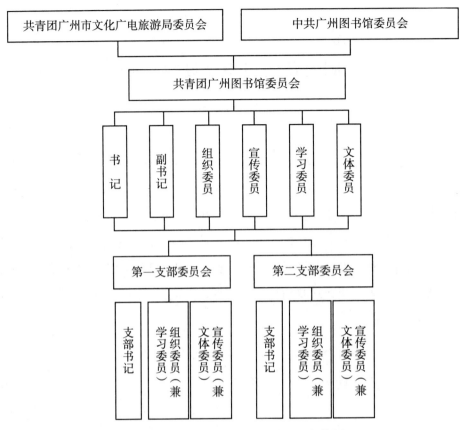

图1　共青团广州图书馆委员会组织架构图

聚青年、组织动员青年、联系服务青年的职责，在思想引领、组织建设、服务青年和志愿服务方面开展工作，不断增强对青年的凝聚力、组织力、号召力。

2.1　思想引领：坚定青年跟党奋斗的决心

广州图书馆团委积极贯彻党中央和团中央的路线、方针、政策，坚持把学习习近平新时代中国特色社会主义思想作为各团组织会议"第一议题"，通过丰富多彩的学习教育，进一步引导教育团员青年感悟党始终不渝为人民的初心使命，坚定跟党走中国特色社会主义道路的信念，赓续红色血脉、担当时代责任。

2.1.1　深化理论学习

通过组织团员青年深入学习党的理论、路线、方针、政策，提高他们的政治觉悟和思想认识。围绕习近平新时代中国特色社会主义思想、习近平总书记视察广东重要讲话精神、党史学习教育、革命传统教育、形势政策教育、先进典型教育和廉洁教育等主题，同时聚焦发展新理念、产业新方向、科学新进步、新技术新发明，采取集中学习、专题辅导、分组讨论、现场教学等方式开展学习交流，紧密结合本馆工作交流探讨，积极拓宽青年视野，切实提高青年的思想政治水平，增强工作责任感与使命感。

2.1.2 举办主题活动

举办各种主题鲜明、富有教育意义的团日活动等，引导团员青年积极参与活动，增强他们的集体归属感和荣誉感。通过主题教育实践，切实引导广大团员坚决捍卫"两个确立"，增强"四个意识"、坚定"四个自信"、做到"两个维护"，帮助团员青年树立正确的理想、坚定的信念，激发广大团员永远跟党走、奋进新征程的决心和信心，为实现第二个百年奋斗目标、实现中华民族伟大复兴的中国梦凝聚起强大青春力量。例如，先后开展中国共青团成立90周年纪念活动，组织青年团员参与"重温抗战历史 弘扬青年正气"主题活动，围绕党的十九大精神组织系列学习活动，宣传贯彻落实党的十八大精神，围绕五四运动100周年组织团员青年开展座谈会、集中学习，围绕"不忘初心、牢记使命"开展主题学习教育，围绕庆祝中国共产党成立100周年，发动团员深入参与"七个100"系列活动，围绕迎接党的二十大和纪念建团100周年，先后组织各类主题教育实践活动。

2.2 组织建设：提升基层团组织战斗力

基层团组织是团的活动和工作的基本单位，是团组织的全部生命力和战斗力所在，也是青年群众感知、评价共青团的终端和窗口。十年来，广州图书馆团委始终将加强团的组织建设，优化团组织运行管理作为团委的重要工作来抓，通过加强自身建设来提升广州图书馆基层团组织的凝聚力和战斗力。

2.2.1 不断调整完善团的基层组织架构

广州图书馆新馆开放之后，图书馆青年员工的规模扩大对团的工作模式和工作思路提出了新的要求，团组织的架构亟须调整。2012年，广州图书馆制定《广州图书馆成立基层团委工作方案》，经批准依照组织程序成立广州图书馆团委，广州图书馆团组织的发展进入新的阶段。团支部是共青团工作的基本单位，是团的最基层一级组织，为了进一步壮大团的基层力量，2014年，广州图书馆团委成立三个团支部，并分别进行了选举产生团的支部委员会，加强对团员的组织和管理。2021年，广州图书馆第三届委员会成立，根据团组织的实际情况及工作需要，及时调整团组织建制，撤销第三团支部，团委以两个支部运行，进一步精简了基层团组织架构，有效提升了支部工作效率。

2.2.2 通过建章立制推进团的规范化建设

2013年，新馆全面开放运营以后，广州图书馆团委修订、完善《共青团广州图书馆委员会议事制度》，为团委工作奠定制度和组织基础。2014，为了进一步适应新馆的工作内容，广州图书馆团委对原《团总支工作条例》进行修改，拟订《团委工作条例》，明确了广州图书馆团委的工作目标和内容，为新馆服务提供了有力的支撑，也为团组织更好地发挥作用提供了保障。2021 年，广州图书馆团委制订《关于进一步加强新时代基层党建带团建工作的若干措施》的实施方案，从思想政治建设、基层组织建设、干部队伍建设和作风纪律建设等 4 个方面全面加强团的建设。2022 年，配合全馆规章制度修订工作，对《团委工作制度》进行系统、全面修订，为新时期广州图书馆团委的工作提供了重要依据。

2.2.3 大力强化团干部的教育培养工作

抓好团干部队伍建设，是发挥团组织先锋带头作用的基础，是凝聚青年、服务青年的有力抓手。广州图书馆团委始终将团干部的教育培养置于团组织建设的突出位置，通过不同方式提升各级团干部的管理能力和服务青年的能力。一是依托团校及上级团组织开展轮训。培训的主题包括团务知识、宣传工作、志愿者管理等。例如，组织团干部参与"青年之家"建设培训，"青年文明号"号长培训，"广州共青团新闻宣传工作培训班"，广州市共青团干部初级、中级培训班，庆祝建团百年主题理论研讨会等各级各类培训，全面提升新时代团干部的履职能力。二是通过交流任职。例如，先后推荐团干部到市委宣传部、团市委、广州国家版本馆等交流锻炼，培养团干的全局视野和统筹协调能力。三是通过比赛锻炼。例如，组织团干部参加第四届广州团干部讲党史团课大赛，通过以赛代练，提升团干部的团队协作能力。

2.3 服务青年：成为联系青年的桥梁

共青团是党联系青年最为牢固的桥梁和纽带，团组织始终积极为青年创造条件，让他们投身改革发展一线，增强青年的社会责任感和实践能力，帮助青年将个人成长融入社会和行业发展，成为城市发展和社会进步的推动者。

2.3.1 组织青年馆员开展社会实践

图书馆作为一个社会教育机构，必须了解社会、了解读者的需求，团组织带领青年馆员围绕志愿服务、公益事业、文明城市创建和疫情防控等方面开展了一系列社会实践活动。例如参与志愿服务广州交流会，向全国各地代表宣传介绍广州图书馆志愿服务项目。组织外来务工人员子女"图书馆之旅"活动，帮助他们认识和利用图书馆；与市残联共同组织"冬日暖阳"特殊青少年关爱活动，帮助他们融入社会；开展"四进社区"志愿活动，宣传普及科学知识。开展"学雷锋月"志愿服务进校园，开展绘本故事阅读，以志愿服务的形式将阅读推广带进校园。新冠疫情防控期间，成立广州青年突击队，支援社区疫情防控。参与文明单位与重点交通路口结对共建，引导市民文明出行。组织团员开展"大爱有声"口述影像进影院安全伴读活动，助力社会公益事业。通过社会实践，帮助青年馆员更直观地了解社会问题和需求，培养他们的社会责任感和使命感，锻炼组织能力、沟通能力和协作能力等，提升综合素质，更好地为读者服务。

2.3.2 鼓励青年立足工作岗位建功

团委组织青年馆员组成辩论队参加广佛肇图书馆学会联合年会辩论赛。参与第六次、第七次全国公共图书馆评估定级工作，负责完成志愿服务相关评价指标的材料准备。与共建单位合作开展读书分享会，加强青年之间的思想交流。新冠疫情防控期间，联合兄弟单位团支部共同主办"文旅抗疫·青春担当"五四青年节主题活动，以线上直播的方式讲述文旅青年在平凡岗位上的抗疫事迹，同时普及防疫知识。读书月期间，组织全馆团员为粤港澳"共读半小时"活动录制宣传视频，呼吁市民打开书本、品味书香。参加"粤港澳共读：100年里的中国——2021粤港澳'共读半小时'"主题团日活动，引导广大团员从党史学习教育中激发信仰、获得启发、汲取力量。组队参加广州公民科学素质竞赛，展现广州图书馆团员的良好面貌和优秀素质。响应习近平总书记在致首届全民阅读大会举办的贺信中的号召，组织团员青年参加"2022年图书馆员信息素养业务能力提升行动"，提升青年馆员的信息素养能力。

2.3.3 丰富青年馆员业余文化生活

组织青年馆员参加广东图书馆图书车艺术表演比赛，组织青年员工参与"缘聚天河"牵手青春梦想秀等活动。搭建青年员工交流平台，组织学雷锋全民志愿服务行动月"V跑每一步，V爱每一行"爱心接力活动。组织未婚团员青年参与系统、辖区等举办的交友联谊活动。举办足球、篮球等联谊赛。与馆工会积极组织青年馆员参加合唱比赛，开展五四青年节系列庆祝活动，开展馆外拓展活动；开展"五四精神，传承有我——图书馆员的一天"短视频征集活动。发动团员积极报名建党百年文艺汇演，以歌声献礼建党百年。

2.4 志愿服务：为全民阅读贡献力量

志愿服务是社会文明进步的重要标志，是加强精神文明建设、培育和践行社会主义核心价值观的重要内容。志愿服务是广州图书馆与读者、与公众互动重要纽带，进入新时代以来，广州图书馆团委围绕平台构建、队伍建设和项目培育三个方面持续发力，成为推动全民阅读的重要力量。

2.4.1 持续壮大志愿服务队伍

自 2013 年广州图书馆新馆全面开放以来，广州图书馆广泛吸纳社会力量参与志愿服务工作，志愿服务队伍持续壮大。截至 2022 年注册志愿者已达到 2.7 万人，志愿服务活动超过 1 万场，共计 6.4 万人次参与志愿服务，服务时长达到 16.4 万志愿时。一是与高校开展深入合作。通过与各高校签订合作协议，建立志愿者实践基地，将高校志愿团队集体引入图书馆平台。例如，广州图书馆团委牵头负责中山大学博雅教育社会研习项目，与中山大学新华学院、华南师范大学附属中学等签订合作协议。二是引入社会力量加入。例如，2012 年 6 月，广州图书馆被确定为广州市首批 15 个"机关党员志愿服务基地"之一。2021 年，广州图书馆与广州市律师协会签约，超过 160 名律师成为广州图书馆的专家志愿者，向公众提供专业、公益的法律服务。三是推动成立阅读推广专业志愿服务队伍。2022 年，广州图书馆团委配合广州市文旅志愿总队的工作部署，发起成立广州市第一支阅读推广专业志愿服务队——"穗阅先锋"，致力于提升广州市阅读推广志愿服务的专业水平和服务质量。

2.4.2 推动志愿服务平台建设

平台建设是开展志愿服务的基础和重要依托。2013 年新馆正式开放之后，随着图书馆服务内容的拓展和服务量的持续增长，推动志愿服务平台建设成为摆在广州图书馆团委面前最紧迫的一项任务。开馆当年，除现场报名及官方网站"志愿者园地"报名之外，广州图书馆团委依托"志愿时"系统新增了网络报名渠道，三者的结合初步实现团队志愿者管理规范化以及零散志愿者管理灵活化，标志着广州图书馆志愿服务队的队员性质正朝向多元化、社会化的方向发展。2016 年，为弥补传统志愿者招募方式的效率低和第三方志愿管理平台的灵活性不足的问题，广州图书馆团委统筹推动广州图书馆志愿者网站的建设与运营，进一步提升志愿服务管理水平。2021 年，为满足未成年人群体对志愿活动的特殊需求，广州图书馆团委探索使用广东志愿者信息管理服务平台（i 志愿），厘清平台使用规则和管理机制，并投入常态化使用，由此形成现场招募、馆内自建平台招募和第三方平台招募共同构成的立体志愿招募管理体系，志愿服务的覆盖面进一步拓展，对图书馆各业务部门的支持作用更加明显，志愿服务管理的科学化水平进一步提升。

2.4.3 探索志愿服务管理规范

2013 年，根据年度工作计划及《全面开放百日筹备工作方案》，广州图书馆团委细化、完善志愿者管理办法，制定《新馆志愿者工作手册》，组织志愿者集体培训，明确工作职责与要求。2014 年，为满足各部门对志愿者的不同需求，有针对性开展志愿者招募，进一步加强志愿者系统化管理工作，广州图书馆团委拟定并实施《广州图书馆志愿者管理办法（试行）》，对志愿者招募与管理的各个环节进行规范。2016 年，广州图书馆团委制定并实施《广州图书馆志愿服务管理办法》，详细规定志愿者的管理流程，进一步健全志愿服务管理制度。2021 年，对广东志愿者信息管理服务平台（i 志愿）使用中出现的问题进行梳理研究，形成信息发布规则，制定志愿者招募与管理规范。

2.4.4　加大品牌项目培育与推广

在品牌项目培育方面，馆团委通过与各部门联动，共同培育推广了"视障人士多感官阅读志愿服务""多语言志愿服务""专家志愿者咨询服务"等品牌项目，逐渐形成以口述影像志愿者、外语志愿者、法律及心理专家志愿者为特色的专业志愿队伍。

在项目推广方面，主要通过三种方式扩大志愿服务品牌项目的影响力。一是通过开展行业交流向业界分享优秀项目的经验。二是推荐典型项目进入各级志愿培训教材。例如，对典型的志愿服务案例进行整理、总结和提升，参与《广州共青团典型工作案例汇编》的编写，向各级组织推广先进的志愿服务经验。三是申报国家、省市各级优秀志愿服务项目奖项。例如，由馆团委与信息咨询部联合申报的"专家志愿者咨询服务"连续三年获得"广州市最佳文旅志愿服务项目"称号，并入选 2022 年度文化和旅游部文化和旅游志愿服务典型案例和广东省文化和旅游志愿服务项目典型案例。

3　广州图书馆团组织发展的主要经验

3.1　以党建带动团建

共青团是党的可靠助手和忠实后备军，广州图书馆团组织在发展过程中最重要的一条经验就是团的工作始终围绕党的工作大局来开展。①在思想引领方面，馆团委通过举办各种主题活动、学习交流会等方式，引导团员青年深入了解党的理论和路线方针政策。②在制度建设方面，通过制订党建带团建工作实施方案，馆团委书记列席馆党委会议，将馆团委的相关工作列入馆党委议事日程，经常向馆党委汇报工作，及时研究和解决工作中出现的问题，向馆党委寻求经费支持。③在推进组织建设方面，建立健全团组织体系，调整理顺不适应新形势、新情况的团组织架构，着重发挥团支部的作用，规范基础团务，完善团员管理制度、加强团干部队伍建设。④在队伍建设方面，紧紧抓住团干部这个"关键少数"，按照"知青年、懂青年、爱青年"的要求，从部门重点岗位、业务骨干、优秀团员青年中选拔团干部。⑤在发挥团员作用方面，通过开展各种主题实践活动、创新活动等方式，引导团员积极参与团组织的工作，增强团员的责任感和使命感。

3.2 促进团务工作和业务工作融合

推进团务工作和业务工作的有机融合是新时期共青团工作的重点方向，馆团委在探索过程中形成的主要经验是：①聚焦中心工作。紧紧围绕"阅读"这一图书馆的中心工作，找准切入点，鼓励团员青年深入参与各部门具体的业务工作和项目，在做项目中增长才干。②创新工作方式。采用更加贴近青年人的方式开展工作，通过利用新媒体平台、开展志愿服务、举办文化活动等方式，吸引更多的团员青年参与团组织活动，激发团员青年的创新创造活力，为图书馆发展注入新的动力。③加强人才培养。通过开展各种培训和学习活动，鼓励团员青年参加学术交流，加强开展轮岗轮训等方式，提高团员青年的业务能力和综合素质，为图书馆培养一支高素质专业化的青年干部人才队伍。

3.3 创新志愿服务管理模式

为了更好地整合资源，推进广州"志愿之城"建设，馆团委在志愿服务管理模式上主要开展了以下探索：①在管理模式上，主要采取"基础服务按岗位管理，特色服务项目化管理"的模式：基础服务如解答咨询、图书分类与整理、自助设备协助等，按工作内容及地点设岗管理；特色志愿服务项目主要采取团队对接的形式，委托高校或社会志愿组织承担，按照广州图书馆的要求实施。②在管理层次上，对志愿者进行分级分类管理，普通志愿者主要从事图书馆秩序维护、咨询、引导等基础志愿服务，专业型志愿者主要协助图书馆开展活动策划、音乐鉴赏、艺术普及等服务，专家型志愿者主要为读者提供法律咨询、心理辅导等志愿活动。③在项目培育上，团委和部门合作，团委在项目设计、项目申报等方面给予部门指导，部门在项目运营和项目管理方面为团委提供实践案例。④在志愿者培训和指导上，为志愿者提供系统的培训和指导，内容包括志愿服务理念、服务技能、沟通技巧等，帮助志愿者更好地参与服务，提高服务质量。⑤在志愿者的激励机制上，通过优先录取、年度表彰、经验分享等激发志愿者的积极性。⑥在资源整合上，通过与其他组织、企业等开展跨界合作，扩大志愿服务的影响力和覆盖面。

4　广州图书馆团组织发展面临的问题与挑战

经过十年的发展，广州图书馆在团组织建设方面取得了一定的成绩，但同样也面临着新的问题和挑战，主要表现为团组织对青年的引领力有所弱化，团务与业务的融合程度不够，团组织对志愿服务的管理统筹不够顺畅等问题。

4.1　团组织对青年的引领力有所弱化

团组织对青年的引领力的弱化主要体现在：一是团组织的规模持续萎缩。由于人员编制的固定，团员陆续超龄离团客观上导致了团组织的规模面临持续萎缩。二是在引领青年方面面临更大困难。由于青年的价值观念越来越多元化，团员对团组织的向心力有所弱化，这使得共青团引领青年思想、形成共同的价值观念面临更大的困难。三是团干部队伍素质有待提升。团的工作涉及的面比较广，要求团干部既要有扎实团务和业务知识，同时要知青年、懂青年。但在实际工作中，团干多为兼职，重本职工作，轻团的工作，工作的进取心不强，创新性不够，在围绕中心、服务大局方面思路不够清晰，方法和手段不多。四是活动形式不够丰富。新时代的团员青年，思想更加活跃，眼界更加开阔，对团的活动的要求更高，而目前团组织开展的活动形式相对单一，难以对团员保持持续的吸引力。五是团员对团组织的归属感不强。受社会不良思潮的影响，部分团员对团组织的先进性认识不够，作为团员的光荣感、使命感逐渐丧失，团员对团组织的归属感不强。

4.2　团务与业务融合程度不够

团务与业务的融合程度不够主要体现在：一是团务和业务的结合不够紧密。团的工作的关注点更多放在培养青年、服务青年以及提高青年的综合素质上，较少关注团员青年在具体的业务工作中所发挥的作用。二是缺乏协同机制。团组织的工作会有临时的任务，在客观上对部门业务造成了一定的影响，需要建立相应的协同机制，争取部门对团的工作的支持。三是制度规范缺失。团务与业务融合需要有相应的制度规范作为保障，目前这方面还缺少相应的制度。四是缺少项目抓手。团务与业务的融合最终要落到具体的项目上，而目前的项目都由部门提出，团员以个人名义参加，以团组织的名义和部门一起开展的项目较少。

4.3　志愿服务的统筹管理不够顺畅

馆团委在志愿服务的统筹管理上不够顺畅，主要体现在：一是志愿服务系统无法有效支撑部门的业务需求。由于学生和青少年群体对"i 志愿"的服务需求比较强烈，但是"i 志愿"和馆内自建系统的数据暂时无法打通，导致志愿服务的覆盖面有限，部分业务需求无法支撑。二是低龄志愿者的需求无法满足。部分 12 周岁以下的低龄读者，希望通过参与图书馆的志愿服务来认识图书馆、认识社会，但是目前针对低龄志愿者的项目开发、安全管理等方面还没有很好的解决方案。三是缺少对志愿服务的整体规划。目前馆团委负责志愿服务系统的管理维护，以及志愿者招募和管理规则的制定，具体的项目开展由各业务部门自行负责，对整个全馆志愿服务的目标、方向、重点工作等缺少顶层设计，无法满足志愿服务的专业化发展的要求。

5　未来展望

习近平总书记在庆祝中国共产主义青年团成立 100 周年大会上指出，"共青团要增强引领力、组织力、服务力，团结带领广大团员青年成长为有理想、敢担当、能吃苦、肯奋斗的新时代好青年"，广州图书馆团委将不断适应新的环境和变化，持续当好党的助手和后备军，在团结、引导和帮助青年发挥更加重要的作用。一是通过开展各种生动的思想教育活动，持续加强对团员青年的思想引领和价值观塑造。二是加强团组织的自身建设和人才培养，通过持续建立健全规章制度，加强团干部的培训管理，提高组织的规范化和专业化水平。三是创新团的组织形式和工作方式，通过建立青年社团、网络社群、馆内兴趣小组等方式，加强与团员青年的互动交流，提高团组织的吸引力和凝聚力。四是通过党建带动团建，持续深化团务与业务工作的融合发展，提升团组织的显示度和对大局的贡献力。五是持续加强对志愿服务的全面统筹和顶层建设，推进志愿服务向专业化、规范化、品牌化方向发展。六是落实全面从严治团要求，持续改进和加强团的作风建设，使团的政治性、先进性、群众性更加鲜明。

一切过往，皆为序章。进入"十四五"时期，广州图书馆团委将继续带领全体青年馆员、青年团员秉持"传承文明　服务社会"的初心使命，围绕《广州市"图书馆之城"建设五年行动计划（2022—2026）》中提出的全面建成"图书馆之城""智慧图书馆之城"和"阅读之城"的目标和《广州图书馆 2021—2025 年发展规划》的要求，将团组织的建设和发展与图书馆的发展紧密结合，团结带领广大团员在阅读推广、读者服务、智慧图书馆领域刻苦钻研，为公众提供高质量的公共文化服务，切实增强人民群众的文化获得感、幸福感，推动广州图书馆成长为新时代具有标杆意义的公共图书馆，推动广州"图书馆之城"建设进入国际一流行列，进一步推动广州市公共文化服务高质量发展。

馆员专业能力建设与发展

肖红凌　杨嘉骆　潘颖　邵雪　甘碧莹

中华人民共和国成立后，尤其是改革开放以来，在开创中国式现代化进程中，我国大力加强社会主义精神文明建设，树立中国特色社会主义文化自信。为适应广州经济社会发展需要，满足民众对知识的强烈渴求，1982年广州图书馆建成开放，结束了广州市27年没有市级图书馆的历史。求真务实的广图人深知，读者服务工作做得好不好，馆员素质至关重要。由此，广州图书馆创建之初就十分注重馆员的专业能力培养，设立业务辅导部（1982年），负责全馆的业务调查、统计，以及区、县、街、厂图书馆的业务辅导和经验交流，一方面为读者服务提供调研基础数据，另外一方面通过业务调查研究与学术活动不断提升馆员专业素养。为适应广州图书馆的事业发展，业务辅导部相继调整为业务公关部（1994年）、业务研究辅导部（1997年）、研究辅导部（2008年）、研究协作部（2010年），2015年广州市机构编制委员会批复同意部门更为现名研究发展部，其主要业务包括继续教育、科研管理、科研培育、出版管理、专业交流、业务研究、举办大型学术研讨会、学会工作等，聚焦馆员专业能力建设。

党的十八大以来，以习近平同志为核心的党中央高度重视物质文明和精神文明协调发展，强调我国现代化是物质文明和精神文明相协调的现代化。实现中华民族伟大复兴的中国梦，物质财富要极大丰富，精神财富也要极大丰富。广州地处改革开放的前沿阵地，得天独厚的区位优势、高度重视文化建设的上级领导、强烈渴求知识信息的服务对象等因素共振成就了广州地区公共图书馆事业的发展高峰。在国家大力推进社会主义精神文明建设的时代背景下，在人民要求高质量公共文化服务的需求驱动下，守正创新的广图人紧抓《广州市图书馆条例》制定、广州市"图书馆之城"建设、广州图书馆新馆建设等历史机遇，向"连接世界智慧，丰富阅读生活"的愿景迈进，力争将广州图书馆打造成"国际先进，国内一流"的城市公共图书馆。高质量发展离不开高质量人才，广州图书馆新馆十年的发展历程中，方家忠馆长一直大力倡导图书馆的专业化发展，倡导"业务工作专业化、专业工作学术化、学术成果系列化"，尤其重视对馆员专业精神、专业思维和专业能力的建设，尤其注重以学术研究锻造馆员的专业思维，为馆员搭建知识更新之舟，优化科研创新环境，构建体系化交流平台，鼓励学术出版、推出系列业务研究项目，从而打造一支热忱奉献、开拓进取、卓尔不群的专业馆员队伍。在民众需求日新月异的新时代，不断更新知识结构、创新服务方式、完善服务水平，以专业化人才队伍建设助推事业的专业化发展。

1　馆员专业能力建设历史回顾

为实现"连接世界智慧，丰富阅读生活"的目标愿景，广州图书馆于国内先行开展规划管理模式，2010 年起连续编制了《广州图书馆 2011—2015 年发展规划》《广州图书馆 2016—2020 年发展规划》《广州图书馆 2021—2025 年发展规划》三个五年发展规划，引领事业发展方向。功以才成，业由才广。研究发展部以馆发展规划为指引，积极开展多角度、多层次、多主题的图书馆事业发展调研，紧抓广州地区乃至全国公共图书馆事业发展的重难点，以问题导向开展学术研究，以调研促研究，以研究促发展，持续建设与新馆建筑规模、服务理念、服务内容配套的专业化人才队伍。

2012 年，广州图书馆新馆建成开放，急需大量高学历、高素质的专业人才，除吸收引进人才外，对现有人才的知识更新、学历层次提升和专业素养提高也是重要举措。研究发展部在《广州图书馆 2011—2015 年发展规划》的科学引领下，以继续教育为主要手段，联合广州市图书馆学会，积极向广州市人力资源和社会保障局申请，在学会下设广州市图书馆专业继续教育基地，进一步强化图书馆专业继续教育基地规范管理；实施管理培训计划、新馆专项培训计划、"3930 业务带头人培养计划"，开展多样化的在职进修；建立知识共享平台、国内外图书馆馆员交流制度，深化图书馆界专业交流；与高校、研究机构等建立合作伙伴关系，打造学术研究团队。多措并举，迅速培育起一支业务素质过硬、学术能力突出的创新人才队伍，为新馆的创新发展奠定了坚实的人才基础。

"十三五"期间，《中华人民共和国公共文化服务保障法》《中华人民共和国公共图书馆法》的相继出台，公共文化示范区的建设等共同引领公共图书馆事业走向高质量发展之路。在公共图书馆事业蓬勃发展的历史机遇下，广州图书馆提出"建设以人为中心、一流的国际大都市图书馆"的目标，并相应制定《广州图书馆 2016—2020 年发展规划》，明确研究发展部为广州图书馆的科研组织管理责任部门。在发展规划的引领下，结合广州图书馆实际，研究发展部订立了年度科研成果指标，实施目标管理，进一步创新人才培养机制，推进面向需求的继续教育设计，加强人才培养力度；制定学术研究促进办法，提升与高校、科研机构等的人才联合培养能力，营造尊重人才、重视人才、服务人才良好环境；拓展国际、国内图书馆界交流合作方式，组织高水平的学术交流活动；组织多层面的专著出版，打造高水平的研究平台。"十三五"时期，广州图书馆专业人才结构进一步优化，人才素质持续提升，建设了用户满意的服务人员队伍和面向实践与问题的科研人员队伍，专业化能力实现新跨越。

"十四五"时期，我国开启了全面建设社会主义现代化国家的新征程，党的十九届五中全会明确提高社会文明程度、提升公共文化服务水平等是"十四五"时期文化建设的重点任务，如何推动图书馆事业从高效发展转向高质量发展成为图书馆关注的课题。广州图书馆乘势而上，制定了《广州图书馆2021—2025年发展规划》，依据规划，研究发展部进一步完善继续教育培训体系，探索精准培训和分层施教模式；深化科研培育，组建多种主题的研究团队；拓展国内外行业交流与合作，打造学术交流活动品牌和平台，多渠道引导并促进馆员自主学习及部门交流；规范业务研究，产出高质量研究成果；实施以"业务工作专业化、专业工作学术化、学术成果系列化"为思路的系列出版方案，推动工作实践与专业研究、学术成果的创造性转化。着力打造创新人才培养梯队，营造"人人渴望成才，人人努力成才，人人皆可成才，人人尽展其才"的学术与工作氛围，为广州图书馆发展提供了可持续的人才培养机制和坚实的人才队伍保障。

2 馆员专业能力建设举措与成效

新馆开放以来，研究发展部作为广州市图书馆学会秘书处，立足学会工作，持续大力推进馆员专业能力建设，精心策划系统全面、紧贴前沿的继续教育课程体系，实施规范严谨的科研管理措施，面向不同对象实施分层、精准的科研培育，多渠道搭建专业交流与学术研究平台，推动学术科研与业务工作双向互促，为广图提升专业化队伍水平提供全面服务。

2.1 继续教育

新馆开放以来，研究发展部力求为馆员提供专业化、有实效性与多元化的继续教育培训课程，从组织发展、个体发展双维度科学制订继续教育培训计划，以赋能馆员专业成长与职业发展为目标，聚焦学科理论与业界实践的重点、焦点、难点问题，采用多元化的培训形式，打造了集学科理论教授、政策法规解读、前沿热点探讨、实务经验分享、经典案例推广、学术研究提升等于一体的继续教育课程体系。2013—2022年，研究发展部累计举办继续教育专业课240场，提供学时1236个，培训馆员达

50136 人次。继续教育为馆员搭建起知识更新之舟、能力提升之桥。

历经十年，继续教育在培训内容上从零散化走向体系化，紧扣年度知识更新需求和图书馆发展实际，开展主题丰富的继续教育培训；在培训形式上从单一化走向多元化，根据培训内容及特点，不断创新和拓展培训形式，采用讲座、工作坊、小型分享会、沙龙活动、实践教学、在线学习等灵活多样、行之有效的培训形式；在培训管理上从单向管理走向双向互动，坚持培训需求调研前置，强化精准培育，把培训需求调研作为制订培训计划的必经环节和重要依据，确保培训内容与馆员诉求高度契合，以全面化、精细化、品质化的方式帮助馆员专业能力的成长。

值得一提的是，受疫情影响，2020 年上半年专业继续教育面授培训被迫全面暂停，研究发展部及时调整培训形式，保障了继续教育稳步有序地开展。一方面利用网络技术平台，邀请外地专家远程零接触授课，馆员在线学习；另一方面与广州市继续教育协会多次沟通协调，在其网络学习平台上线了图书馆专业继续教育远程专业课，截至 2022 年底累计上线 15 门课程。

2.2 科研培育

新馆十年是广州图书馆学术建设飞跃发展、影响力持续攀升、不断实现新突破的十年。研究发展部坚持"业务工作专业化、专业工作学术化、学术成果系列化"的发展思路，强化科研引领性，围绕组织引领、知识传授、协同育人、团队组建、制度建立、科研管理等方面，为馆员营造良好的科研生态和成长环境。

广州图书馆以继续教育、联合培养、组建团队等方式，着力培育馆员科研兴趣，提升馆员科研能力。一是打造科研培育系列课程，围绕论文写作技巧、学术研究方法和课题申报等主题设置系列课程，累计举办科研培育系列课程 29 门。二是与中山大学开展联合培养。推行学术导师制项目，立足业务特色和亮点，成立服务体系建设、战略规划研究、多元文化、未成年人服务、数字图书馆等研究团队，聘请中山大学老师担任学术导师，对研究团队成员进行有针对性的指导和培养；与中山大学信息管理学院签署协议，联合培养图书情报硕士，对符合条件的员工提供推荐录取、时间支持等激励和保障措施，截至 2022 年底，已有 24 人获得推荐录取资格，19 人获得学习时间支持。三是成立多个专题学术沙龙小组，主题涵盖服务体系建设、阅读推广与交流服务、知识服务、多元文化服务、统计与评价、服务对象、创新服务、人才队伍建设等，在全馆范围内遴选业务骨干担任组长，由研究发展部同事分别担任各小组副组长，共同召集小组成员、策划和组织学术沙龙，由学术委员会委员提供学术指导，截至 2022 年底累计组织 23 场学术沙龙活动。

在多措并举提升科研能力的同时，广州图书馆以组织引领、制度建设等方式，进一步强化科研激励，规范化科研管理。一是重启学术委员会，确立学术委员会带动和推进学术研究的机制。二是制定并完善学术科研促进办法，在《学术研究成果管理办法》的基础上，形成《广州图书馆学术科研促进办法》，对发表论文、出版著作、发明专利等产出学术成果的馆员给予学术支持时间，2018—2022 年，共予以馆员学术支持时间 1056 天，其中论文、专著成果支持时间 818 天，科研项目支持时间 238 天。三是推进修订《广州图书馆科研课题管理办法》，将纵向课题、横向课题与馆立应用研究课题共同纳入管理范畴，明确了各类课题的申报、日常管理与验收等要求，开启了科研管理规范化的新阶段。

此外，在广州市图书馆学会推动下，经广州市文化广电旅游局批准，"广州市图书馆科研课题"正式设立，于 2020 年 1 月首次启动课题申报工作，每年接受广州市各类图书馆及相关机构从业人员申报，研究发展部积极发动本馆馆员参与，搭建了更广阔的学术科研平台。2020—2022 年，"广州市图书馆科研课题"共收到申报课题 67 项，其中 43 项课题获得立项，广州图书馆共有 21 项课题获得立项。

在广图人的共同努力下，广图科研产出稳中求进，量质齐飞，在全国公共图书馆界具有不凡的影响力。一是学术成果总量丰富，年度成果数量呈整体上升趋势。2013—2022 年，广州图书馆馆员累计发表专业期刊论文 527 篇、论文集论文 165 篇，会议论文 54 篇，立项课题 100 项；年度论文发表数量、课题立项数量均呈现出持续走高的趋势，发表论文篇数从 2013 年的 39 篇攀升至 2022 年的 61 篇，同期立项课题数量从 9 项提升至 16 项。二是学术影响力不断攀升。在上海市海峡两岸教育交流促进会新文科专业委员会发布的"2021 图书馆学术能力排名""2023 图书馆学术能力排名"（两年发布 1 次）中，广州图书馆蝉联国内公共图书馆中第三名，仅次于国家图书馆和上海图书馆。在新文科专业委员会发布的"2022 图书馆学者学术活跃度榜"中，广州图书馆共 2 人入围，2023 年入围人数增至 6 人。三是高水平的科研成果不断突破。馆员李保东的课题"粤港澳大湾区公共文化服务融合发展研究"获得"2022 年国家社科基金年度项目"立项，实现了广州市公共图书馆界国家社科基金项目立项零的突破。广州图书馆社科类立项课题数量不断攀升，馆员核心期刊论文发表数量持续走高，高质量的学术研究成果呈现螺旋式上升的发展态势。

2.3 专业交流

专业交流工作是深化业务协作、快速推动公共图书馆事业发展的重要工作抓手。研究发展部秉持"因多元而交流，因交流而互鉴，因互鉴而发展"的理念，通过构建体系化的交流平台，积极组织不同层次、不同形式的专业交流活动，通过强化先进理念、先进经验与学术观点的交流互鉴，力求在交流中碰撞思想，在沟通中凝聚共识，在合作中寻求发展。经过新馆开放 10 年的积淀和发展，目前已形成以大型国际国内学术会议为核心，以城市图书馆学术论坛、广佛肇清云韶六市联合年会、广州市图书馆青年学术论坛等品牌的学术活动为重点，集粤港澳大湾区公共图书馆联盟合作交流、中东欧国家图书馆联盟合作交流、香港歌德学院合作交流、黔东南及毕节对口交流等各类业务交流活动于一体的专业交流体系。

举办大型学术会议是大型图书馆实力的体现和应有的业界担当，有利于馆员拓宽专业视野，加强专业认知，提升专业素养。2013—2021 年，广州图书馆共成功主办或承办包括中国图书馆学术年会在内的大型国际学术会议 5 场，全国性学术会议 11 场。广州图书馆组织举办的大型学术会议主题普遍具有现实意义和建设的迫切性，内容丰富、质量高，形成了部分会议成果，在国内外产生了深远影响，如中国图书馆年会"城市图书馆年报制度"学术分会场，直接推动了年报制度行业标准的编制；公共图书馆"十四五"规划学术研讨会被评为 2020 年度 e 线图情十大图情要闻之一；"提升效能、创新发展与图书馆统计"国际学术研讨会达成并发布了《图书馆统计工作共识》，该共识对建立科学、规范、系统的图书馆统计工作体系具有重要的指导意义。

新馆开放以来，研究发展部不断拓展与国内外图书馆的交流项目，并形成了一系列的长期交流项目，包括连续 5 年联合主办并组织馆员参与广佛肇清云韶六市年会；作为粤港澳大湾区公共图书馆联盟首轮轮值主持单位秘书处，组织开展了多场聚焦联盟工作设想与总结的交流；对口帮扶黔东南及毕节的公共图书馆，多次外派馆员到当地开展调研与专题分享；与香港歌德学院图书馆开展长达 20 余年的合作，每年组织专题讲座，内容涉及德国图书馆的多元文化服务、绿色图书馆建设、年报编制等；2018年起每年举办广州市图书馆青年学术论坛，采取青年代表宣读论文、专家进行针对性点评的形式，为青年馆员提供展示风貌、提升学术研究能力的平台。

此外，研究发展部还统筹全馆馆员外出参加专业交流的事宜，每年关注国内外大型学术会议、专业培训等信息，及时传达到馆内，并根据活动主题、部门与岗位职责等因素综合确定外派人选，为馆员提供了大量内容丰富、形式多样的专业交流活动。2013—2022 年研究发展部共组织馆员外出参加专业交流共 275 次，1208 人次参加，包括国际国内学术会议、工作会议、业务培训班、高研班以及外出业务调研等，如为编制广州图书馆"十四五"发展规划，组织了四批次馆员前往 10 余家图书馆进行专项调研。新冠疫情防控期间，为保障馆员专业交流不停歇，研究发展部积极组织馆员线上参加各类学术会议、业务培训，仅 2022 年就组织馆员参加线上交流 16 场。

研究发展部致力于为馆员向国内外图书馆同行讲好中国故事、讲好广州故事创造机会，也积极为馆员学习借鉴国内外业界同行的先进经验提供机会。系列的专业交流活动帮助馆员在交流互鉴中不断拓宽专业视野、提升专业认知与专业能力，以更好地助力公共图书馆事业的高质量发展。

2.4　出版管理

广州图书馆将出版管理作为一项重要的专业化队伍建设工作，鼓励、支持广州图书馆各部门及员工围绕图书馆学术热点、业务工作中遇到的问题及有待创新的领域开展学术研究、产出学术成果，为业界提供更为丰富的业务及研究成果并展示广州图书馆的发展成就。出版管理工作由研究发展部专职承担。新馆开放十年来，广州图书馆出版了包括文献整理、论文集、专业研究、年度报告、业务推广、记录宣传和活动配套（活动衍生）等多种内容和形式的图书共 48 种。图书出版为馆员提供了广阔的科研平台，尤其是专业研究、业务推广、论文集等选题的图书，使馆员在选题策划、资料整理、图书结构设计、内容撰写、编辑加工等各个流程都能实现学术研究能力的锻炼和科研水平的提升，图书出版成果也能激励馆员关注日常业务工作的点点滴滴，勤于思考，注重积累，踏实钻研，实现业务工作专业化，专业工作学术化的跃升。

研究发展部始终致力于为馆员搭建更多更好的研究平台，2021 年开始探索出版项目管理新模式，对全馆出版项目进行统一招标、统一合同签订、统一报账的协同管理，进一步细化编辑出版流程，强化流程管理，使馆员从图书出版的事务性工作中解放出来，更专注于图书内容的筹备及撰写研究，从而推动全馆出版工作更加科学化、标准化。经馆部批准，研究发展部以"业务工作专业化、专业工作学术化、学术成果系列化"为基本思路，开展学术著作的系列化出版工作，2021—2025 年出版 3 种系列丛书："广州市'图书馆之城'丛书""广州图书馆文献整理丛书""广州图书馆学术丛书"。在出版管理新模式的带动下，广州图书馆突破了每年出版图书不超过 5 种的瓶颈，尤其是 2021 年，借广州图书馆建馆 40 周年系列活动的东风，出版图书数量激增至 10 种（见表 1），不仅为馆员搭建了更多的研究和成果展示的舞台，还有效地传播了广州图书馆的创新发展成果，向社会发出公共图书馆事业发展的声音，产生了较好的宣传推广效果。

表1 2013—2022年广州图书馆出版成果情况

年份	出版成果
2013	《阅读、创意、互动——绘本阅读推广的多元化策略》《大都市的公共图书馆事业——国际学术研讨会论文集》《南海李应鸿先生行述》《李宗颢日记手稿》
2014	《广州图书馆藏仪清室所集广东印谱提要》
2015	《阅读·生活·空间:"书香岭南·悦读生活"摄影大赛获奖作品2011—2014》《让阅读"动"起来——手工绘本制作宝典》《〈广州市公共图书馆条例〉解读》《迈向权利保障时代——公共图书馆发展的"广州模式"研究》《广州图书馆——一座纪念碑式的图书馆》
2016	《广州市"图书馆之城"建设规划研究与探索》《广州图书馆藏仪清室广东文献图录》《图书馆移动阅读服务策略研究》《图书馆合作创新与发展(2016年卷)》《图书馆中的设计思维》
2017	《戏曲艺术档案管理研究与探索》《广州图书馆藏可居室文献图录(增补版)》《广州图书馆藏刘逸生刘斯奋家族藏书目录》
2018	《广州市"图书馆之城"建设2017年度报告》《羊城学堂·第五辑》《新时代中国城市图书馆发展——"广州模式"支撑研究》
2019	《广州市"图书馆之城"建设年度报告2018》《国外公共图书馆多元文化服务政策与案例编译文集》《广州图书馆藏欧初先生赠书目录》《你会阅读吗:家长辅导孩子阅读的黄金手册》
2020	《广东历代著者要录(广州府外)》《广州市"图书馆之城"建设年度报告2019》《广州图书馆藏朱雷教授藏书目录》《广州图书馆年度报告2019》《广州图书馆新馆建设资料选编》《广州市"图书馆之城"研究论文集2020》《明代琼崖名贤年谱五种》
2021	《广州市"图书馆之城"建设案例汇编》《保障公民文化权益——广州市"图书馆之城"建设图册(2012—2020)》《风正帆悬——广州图书馆40年(1982—2022)》《广州市"图书馆之城"建设年度报告2020》《广州图书馆年度报告2020》《广州市"图书馆之城"建设制度汇编(2015—2020)》《公共图书馆服务创新战略研究报告》《广州市"图书馆之城"研究论文集2021》《广州图书馆40年亲历文集》《心因成疾:广州反入城斗争折射出的晚清中西交往困境》
2022	《广州市"图书馆之城"建设年度报告2021》《广州图书馆年度报告2021》《广州市"图书馆之城"研究论文集2022》《公共图书馆工作人员入职培训教材》《体系化为表 专业化为里:公共图书馆发展的时代主题》《图书馆管理札记》

2.5 业务研究

着眼实践问题和发展需求的业务研究,是推动事业发展的需要,也是培养图书馆专业队伍的重要途径。新馆开放以来,广州图书馆结合本馆发展规划,着眼图书馆转型发展和社会需求,立足专业内涵,回应社会关切,从解决现实问题、推动实践出发,通过馆校合作、组织馆员自主研究等多种方式,组织开展了聚焦用户阅读行为与需求、服务体系建设、图书馆立法、多元文化、年报编制、公共图书馆影响力、阅读推广制度等多项前瞻性、战略性及系列性的业务研究项目,逐渐形成广州图书馆的特色研究领域，在行业内产生广泛影响，有力推动了本馆事业发展的行业示范性与引领性。研究发展部作为业务研究的统筹与实施部门，在新馆开放初期积极推动了一系列立足于本馆、本区域的业务研究工作，包括：与中山大学合作，于 2013—2015 年连续 3 年开展图书馆社会（服务）需求调查，分析广州市公共图书馆用户的阅读需求与阅读行为；2017 年起持续开展广州图书馆用户满意度第三方评估调查，从馆藏、环境、馆员、设备、设施和活动等方面，全面考察用户对广州图书馆各项服务的满意度情况；2017 年起每年开展广州地区各类图书馆事业调研，并形成《广州地区图书馆事业概况报告》。在此基础上，广州图书馆不断拓展研究视野，逐渐将业务研究拓展至全国，多次承担文化部（现文化和旅游部）委托的研究项目和图情领域的重大研究项目等，开展了区域性图书馆事业发展比较、图书馆事业发展战略和行业标准编制、图书馆制度等多个研究项目，致力于发挥城市图书馆的引领作用。如：深度参与文化和旅游部公共服务司委托项目《公共图书馆年报编制指南》研究及文化和旅游部行业标准《公共图书馆年度报告编制指南》（WH/T 96—2022）研制，为全国公共图书馆开展年度报告编制工作提供重要参考指引，有效推动年报制度的贯彻落实和公共图书馆信息公开规范化发展；联合中山大学研究团队，共同开展文化和旅游部"全国公共图书馆事业发展战略"子项目"公共图书馆服务创新战略研究"，为全国公共图书馆"十四五"发展规划制定提供参考；与中山大学合作，开展《中国城市图书馆年度报告》（2017、2018、2019年度）项目研究工作，以整体展示中国城市图书馆发展水平，推进城市图书馆信息公开，促进图书馆业务交流和服务效能提升；承担国家社会科学基金重大项目"图书馆阅读推广理论与实践研究"子课题"公共图书馆阅读推广制度研究"，为我国公共图书馆阅读推广制度的建设提供理论基础。

3 追本溯源：馆员专业能力建设成效关键因素分析

3.1 时代赋能：事业发展机遇与馆员专业成长需求的双向互动

新馆开放的十年间，得益于社会对公共文化需求空前旺盛，广州图书馆处于广州城市文化建设提供的历史性机遇及全国公共图书馆蓬勃发展的行业环境下，以明确的人才建设目标，推动馆员队伍的壮大和人才结构的优化，将人才队伍建设作为事业发展的重要基石，全面推进"图书馆之城"建设和图书馆转型发展，构建起传统文献服务与知识服务、阅读推广活动、文化交流活动、社会交流活动有机联系的新型服务结构，深度融入行业和社会发展大局，为馆员创新实践提供了广阔的施展舞台，也对其专业化水平提出了更高的要求。同时，大批青年馆员成为图书馆事业发展的新生力量，巨大的专业成长的内在需求也成推动图书馆事业专业化发展的驱动力，广州图书馆在馆员专业化培养层面取得相应的成效，正是有效促进事业发展专业化需求与馆员专业成长内在需求有机融合的结果。

3.2　组织支撑：设置专责职能部门保障馆员培养工作专业化

专责职能部门的设立有效保证了馆员培育工作的专业化，成为馆员专业化能力建设取得成效的重要原因之一。新馆开放后，广州图书馆立足社会环境变化和事业发展需求，持续优化部门职责，将原业务辅导部、研究协作部逐步调设为研究发展部，明确将支持馆员专业发展作为部门的核心职能目标，使之得以集中精力研究事业发展及馆员成长需求，以科学专业的工作理念，深入开展继续教育、学术与专业交流、科研促进与管理、专项业务研究与管理、出版管理，承担市学会秘书处职责，全力推进馆员专业化能力建设。在部门专业队伍建设层面，引进高级人才，带来丰富的学术资源和智力资源；部门专业团队不断壮大，有效保证部门工作职能的拓展和各项工作的顺利推进。

3.3　科学推进：以专业理念为指导实施行之有效的培养策略

十年来，研究发展部紧密围绕广州图书馆事业发展规划，坚持"业务工作专业化、专业工作学术化、学术成果系列化"基本思路，以核心能力培养、制度支撑体系建设、学术科研平台搭建为关键抓手，通过继续教育、科研培育、学术研讨和专业交流等多样化手段，强化馆员"专业知识体系、专业思维能力、专业实践能力"三个方面核心素养，对馆员实施精准培育和分层培育；致力完善馆员专业化发展的制度支撑，包括制定学术科研促进、科研管理、学术规范、在职攻读硕博学位、专业交流等相关管理办法，为馆员开展学术科研和专业交流提供制度支撑；创办青年学术论坛、组织编制学术年刊和专题出版、推动设立广州市图书馆科研课题，与中山大学等高校及其科研机构、业内专家和图书馆同行开展广泛合作等，拓宽馆员学术科研平台。通过系列措施，推动人员专业化、职业化水平的提升，并已初见成效。其中在核心指标——员工学术论文发表方面，广州图书馆在全国公共图书馆界位居前列。

4　问题剖析：存在问题分析

4.1　专业化人才队伍整体活力仍有待进一步提升

公共图书馆人才活力是内化于馆员工作实践中的勤于学习、自我提高、努力创新、积极进步的一种精神和能力。广州图书馆秉持专业发展的理念，结合馆员专业能力培育的系列措施，在馆内形成较为浓厚的积极向上的氛围。也因为有一支热忱奉献、开拓进取又日趋专业化的队伍，广州图书馆得以抓住机遇，充分地利用机遇促成跨越式发展。但值得注意的问题是，部分馆员职业倦怠显现，学习自主性不高，缺乏工作热情和开拓创新精神，自我提升意识不强。人才队伍整体活力不足，在一定程度上影响了图书馆服务的整体专业化水平。从公共服务实践来看，服务创新出现瓶颈；从接受专业化培养表现来看，参与继续教育有所懈怠，参加各类专业交流和学术沙龙主观能动性不强，缺乏对业务工作的自主梳理和探讨；从发表论文和立项课题的员工数量、部门分布及活跃作者等来看，开展学术研究的群体相对较为集中，实际产出科研成果的员工占专业人员的比例仍然偏低，职称评审仍为学术研究的最大驱动力。

4.2　学术研究成果向实践应用转化的效果不明显

公共图书馆鼓励学术研究的目的，不仅在于助力馆员职业成长，更在于提高馆员专业服务、专业管理能力，进而推动公共图书馆专业化服务、创新服务和事业发展，也即学术研究能力向公共服务能力的转化。当前广州图书馆馆员学术研究氛围浓厚，成果丰硕，大多研究成果来源于对实践工作的总结和提炼，对推广广州图书馆的创新实践、传播和扩大广州图书馆影响力发挥了重要作用。但不可否认，由于职称评审和岗位聘任等机制驱动，部分馆员学术研究注重的目标不是研究成果的应用和转化，而是发表论文行为本身对于利益需求的满足，因而多数研究成果仍存在形式化和表象化特点，对现实问题、发展趋势等深度关切和思考不足，把研究成果落实到解决问题的行动机制仍需进一步研究和加强。

4.3　专家型馆员培育支撑相对薄弱

培养专家型馆员是公共图书馆提高服务品质和提升核心竞争力的必然要求，也是公共图书馆人才队伍建设总体水平的体现，不仅有利于推动公共图书馆管理与服务高质量发展，也能强化图书馆的行业及社会影响力，提升图书馆员职业的社会认同、职业地位。专家型馆员具有较高的管理服务水平和研究能力，是在岗位上发挥关键性作用的优秀管理与服务人才，是有一定研究成就的专家。相较于一般馆员，专家型馆员能熟练运用专业理论，快速和精准触及问题的关键，迅速融入各类工作情景及应对环境变化，能有效指导一般馆员开展工作，在学术、业务、管理、服务等方面发挥示范和典型带动作用。同时，广州图书馆作为城市中心图书馆，肩负对"图书馆之城"各级公共图书馆开展业务指导的重要职责，在加强对基层馆员的专业知识、专业技能培养的同时，进一步充分发挥广州图书馆馆员的专业化优势，尤其是专家馆员在业务工作及学术研究上对区级图书馆、基层分馆工作人员的指引示范或研究合作，对促进基层公共图书馆员专业化发展具有重要作用。当前广州图书馆取得正、副高级职称的人才占比仍然偏低；行业学科带头人、重点领域高层次人才较少，尚未形成良好的人才梯次发展机制，对于专家层馆员的培养缺乏系统性设计和支持，这些问题均需在"十四五"时期重点解决。

5 继往开来：馆员专业化成长展望

人才是发展的第一资源，公共图书馆的专业化发展水平很大程度取决于图书馆员的专业能力水平。持续加强培养和提升馆员专业能力，赋能馆员专业化发展，既是图书馆事业实现高质量发展的客观需要，也是馆员职业成长与自我价值实现的重要途径。展望广州图书馆馆员专业化能力建设之路，仍需在以下方面持续发力，夯实广州图书馆实现转型和跨越发展的根基。

5.1 推进面向事业发展需求的知识体系更新，扎牢馆员专业发展基础

专业知识体系构建需要经过专业理论知识、专业技能训练和实践经验的长期积累提炼、系统梳理。馆员专业知识体系的构建质量关系馆员专业能力建设质量，直接影响图书馆的服务能力和水平与社会需求的适应程度。迈向高质量发展阶段，《中华人民共和国国民经济和社会发展第十四个五年规划和2035年远景目标纲要》《"十四五"公共文化服务体系建设规划》《关于推进实施国家文化数字化战略的意见》《质量强国建设纲要》《中国图书馆学会"十四五"发展规划纲要（2021—2025年）》等一系列战略部署文件，在宏观层面奠定公共图书馆发展的政策环境和发展方向。公共图书馆体系建设站在推进城乡服务一体化，全面促进服务均等化、品质化的新起点，全国智慧图书馆服务体系由理论研究转入实践落地，数智化应用发展提速，"建设以人为中心的

图书馆"理念催化图书馆空间、资源、服务、管理等要素创新求变，社会服务向全媒体、全周期、全素养的知识服务持续深化拓展，快速刷新公共事业发展的新理论、新业态、新方法、新趋势，也对图书馆员原有的专业知识体系提出更高甚至新的要求。因此，研究发展部仍须紧扣事业发展需求，从更开阔的专业视角、跨界视角进一步完善继续教育的课程体系建设，坚持理论与实践并重，多形式推进精准培育和分层施教，与时俱进地推进馆员领导能力、数字能力、终身学习能力、发现和创造能力、解决问题能力、营销推广能力、学术研究能力等；同时组织开展更多国内外高质量专业交流，为馆员提供前沿理论和先进实践交流机会，以促进馆员专业知识体系及时更新，有效拓展馆员的知识视野，突破思维局限，提升专业敏锐力，为图书馆事业发展注入更多思想活力和行动创意。

5.2 强化面向实践问题的科研能力培育，提升馆员科学思维能力与调查研究能力

图书馆员学术研究工作是图书馆专业化的重要体现①。我国图书馆事业的发展实践和大量的学术研究表明，图书馆学术研究与图书馆事业发展呈正相关，学术研究对图书馆事业的发展具有重大的推动力②。作为公共文化服务的重要组成部分，过去十余年，在机遇与挑战并存的形势下，公共图书馆业界与学界共同探索公共图书馆事业转型发展的问题、思路、方向和路径，在理论总结研究和实践创新中，极大推动社会公众文化权益保障，展现公共图书馆社会价值，创造了公共图书馆事业发展黄金时期。以解决现实问题为出发点，从实践到理论的学术总结和升华，再从理论到实践的提升和创新，有效推动了公共图书馆的专业化发展的背后，实则是馆员专业能力的提升和跨越。因此，新时期面向实践问题强化馆员的学术科研能力培养是推进专业人才队伍建设重要抓手之一。当前广州图书馆馆员学术科研氛围浓厚，丰富的实践探索为馆员学术研究和科研创新提供了沃土，但从馆员学术成果产出质量和成果应用来看，工作经验总结偏多，问题探讨偏少，理论研究对实践工作的指导和促进仍须进一步加强。调查研究是获得真知灼见的源头活水，是做好工作的基本功③。新发展阶段要提升馆员科研培养质量，促进馆员创新能力发展，其关键在于加强馆员"问题意识"的培育，并在此基础上强化科学思维能力与调查研究能力的锻炼，以进一步提升馆员学术科研能力及解决实践问题的能力。由此，研究发展部仍须进一步加强全局化、体系化的科

① 张久珍.有限度的社会化和有态度的专业化［J］.图书馆建设，2021（6）：32-33.
② 梁铭，赵发员.公共图书馆学术研究困境及思路探究［J］.图书情报论坛，2015（2）：34.
③ 中共中央办公厅印发《关于在全党大兴调查研究的工作方案》［EB/OL］.［2023-04-25］.
https://www.mca.gov.cn/article/xw/tt/202303/20230300046840.shtml.

研规划，强化科研培育平台化发展，持续推进科研能力专项培训，扎实调查研究硬功夫，深入推进与行业图书馆、高等院校和社会机构等有关主体的专业交流和科研合作，为馆员开展或参与更高层次的学术科研创造良好条件，为馆员的专业成长插翅扬帆。

5.3　深化面向业务研究的行业参与，孵化专家馆员影响力

经历"十三五"时期的高速发展，广州图书馆在全国公共图书馆界初步树立起全国一流公共图书馆的地位。在丰富的实践基础上，在浓厚的科研氛围熏陶和立体全面的科研促进下，广州图书馆学术科研队伍不断壮大，科研骨干持续产出高质量学术成果，进一步巩固了广州图书馆在图书馆法、体系建设与服务、阅读推广制度、年报编制、空间设计和空间服务等方面的研究特色，并积累了相当的行业影响力。在新一轮的发展中，作为全市体系建设中心，广州图书馆需要高质量履行中心图书馆职责，强化统筹引领示范作用，全面推进体系建设业务和服务的标准化和专业化；作为行业标杆，广州图书馆需坚守专业底色，培养核心竞争力，持续推进管理服务转型变革，助推国家大湾区战略落实，强化全民阅读引领。为推动广州图书馆在新时代的新作为，研究发展部须结合规划目标，进一步强化重点领域和前沿领域的实践探索和学术研究，以标准化建设等为切入点策划业务研究新的引领点，以深化业务研究为目的进一步加强与业界、学界的深度学术合作交流，创造更多机会引导核心科研骨干深度参与国内图书馆事业发展的重要事务，鼓励馆员积极开展及参与行业标准化建设研究，强化核心科研团队培育，并推动核心科研骨干向专家馆员和行业领军人才转化。另一方面，以广州市图书馆学会为依托，加强对基层图书馆业务研究的支持、辐射与带动，探索建设学术科研区域共同体，通过专家馆员引领、科研团队联合培养、科研课题合作推进等方式，促进广州地区公共图书馆员专业化能力的整体性提升，在扩大广州图书馆影响力的同时，进一步推动广州地区公共图书馆事业在国内图书馆事业中的发展引领作用。

5.4　完善面向专业成长的心理赋能机制，坚定馆员图书馆精神信念

现有的研究表明，胜任岗位要求的图书馆员既需要技术、服务、管理等方面的知识与技能作为基本保障，还需要自我认知、情感态度、动机等内在驱动性因素，对图书馆员的外在行为产生持续性的影响。国外图书馆重视拓展馆员的专业知识、技能和素质，与此同时，重视心理契约建设也是国外图书馆职业培训的一大特色[①]。

---

①　张久珍.有限度的社会化和有态度的专业化［J］.图书馆建设，2021（6）：32-33.

随着公共图书馆服务功能和职业界限的拓展，现代社会生活和家庭生活带来的泛化焦虑，使得馆员面临前所未有的工作和生活压力，更容易造成馆员的职业倦怠。馆员的职业价值、职业认同、心理健康与成长关系到公共图书馆专业服务的质量，从而影响馆员的创造活力。图书馆精神是图书馆人才成长与发展的内在动力①。关注馆员心理赋能，除了完善组织文化建设、岗位晋升、绩效激励机制等人才发展生态环境方面予以馆员价值肯定和情感归属外，从专业能力培育的角度出发，深入理解图书馆的价值使命，树立馆员"爱国、爱家、爱人、爱书"的图书馆精神，强化馆员专业理想培育，增强职业自豪感，是触发馆员内驱力，提高馆员职业韧性的重要手段。研究发展部仍须积极推动馆员对图书馆价值的再发现，创造更多的条件鼓励并支持馆员与社会主动产生更多的联结及参与，将自身价值与图书馆发展乃至社会利益紧密相连，实现价值共创；另一方面也要切实提升专业能力培养实效，完善科研激励和科研平台，多种形式加强馆员之间的交流协助和分享展示，促进组织隐性知识的内部流动和外部展现，以专业赋能促进专业自信，提高馆员自我效能感；再者，还须同时进一步重视馆员的情感健康与心理成长，在继续教育中设置相关课程，为馆员释放压力提供专业帮助。

---

① 程焕文.筚路蓝缕 鞠躬尽瘁——试论图书馆学家、图书馆学教育家杜定友先生对中国近代图书馆事业的卓越贡献［C］//杜定友纪念室.杜定友学术思想研讨会论文集.广州：广东省立中山图书馆，1988：13-43.

广州市图书馆学会十年发展回顾与未来展望

付跃安　刁霄宇　宁亚龙　陈岘筠　蒋啸南　石钰冰

2013 年 6 月，广州图书馆搬迁至位于珠江新城的新馆，广州市图书馆学会（以下简称学会）秘书处也随之搬迁。2013 年至 2023 年是学会各项工作持续推进的十年。十年间，学会先后进行了两次换届选举，广州市图书馆专业继续教育基地也刚好运作十年（2012 年底批复设立），学术活动借助广州图书馆新馆的影响力和辐射力得到较好的发展，而在学术科研方面，除了参与和推动科研立项，学会设立了自己的课题评审机制。回顾十年发展，梳理成果，总结经验，并展望未来，对于学会各项工作的开展和实现高质量发展具有积极的意义。

1 学会发展十年历程回顾

本节将从组织建设、学术活动、继续教育、科研促进与协作协调等方面进行回顾。

1.1 组织建设发展历程

学会 1986 年筹建，1987 年 9 月 21 日成立。1991 年，经广州市民政局社会团体管理办公室批准，学会由非法人团体转变为法人团体。2000 年，学会按社团登记管理条例重新登记并经市社团办批准，再次注册为法人团体资格。学会登记管理机关为广州市民政局，主管单位为广州市社会科学界联合会，2021 年 5 月起学会主管单位变更为广州市文化广电旅游局。学会秘书处设在广州图书馆研究发展部，由该部在编人员负责学会的各项业务。

学会属非营利性社会组织，最高权力部门为会员代表大会。会员代表采用自下而上、上下结合、反复酝酿、逐级遴选的办法产生。会员代表每届任期五年。会员代表大会选举产生理事和监事，组成学会理事会，理事会选举产生理事长、副理事长、秘书长。理事会是学会的执行机构，负责领导学会日常工作，并对会员代表大会负责。监事按照国家有关法律、法规和政策负责对学会各项工作进行监督。自 2013 年至 2023 年，学会分别于 2016 年和 2021 年举办两次换届选举，分别产生了第七届理事会和第八届理事会。

学会理事会下设分支机构，各分支机构不具备法人资格，可在授权范围内发展会员，开展活动。2016 年第七届理事会之前，学会共下设两个分支机构，即学术委员会和宣传教育委员会，第七届理事会调整为三个分支机构，即学术研究委员会、未成年人服务专业委员会、阅读推广委员会，第八届理事会增设资源建设委员会、高校图书馆委员会两个分支机构，共五个分支机构。

1.2 学会学术活动情况回顾

十年来，学会累计举办各类学术活动 40 余场次。2013 年，借广州图书馆新馆全面开放之机举办"大都市的公共图书馆事业"国际学术研讨会，此后的 2014—2021 年间，学会结合理论和实践热点，积极组织不同主题的学术活动，每年学术活动均保持在 3—6 场之间，见表 1。2020 年至 2022 年新冠疫情防控期间，线下各项学术活动受到影响，学会克服疫情影响，在做好防疫措施的情况下，仍组织了多场活动，其中 2022 年受疫情影响，只以线上研讨的形式举办第五届"广州市图书馆青年学术论坛"。

近年来，联合年会成为学会学术活动的一种重要形式。联合年会除坚持学术论文征集和交流传统外，还不断引入新的形式和新的内容——围绕各地公共图书馆事业发展情况展开研讨；广泛邀请高校、中小学以及专业图书馆等多种类型图书馆作报告；邀请国外发达地区图书馆负责人介绍创新服务项目；围绕"公共图书馆免押金服务""公共图书馆服务范围界定""图书馆核心业务外包"等主题开展辩论；开展服务创新案例评选交流活动；筹备六地公共图书馆事业展览……年会内涵不断丰富，外延不断扩充。

为提升青年馆员学术能力，自 2018 年起，学会每年举办广州市图书馆青年学术论坛，截至 2022 年底，论坛已举办五届。论坛采用论文宣读与专家点评相结合的方式，并邀请参会者与作者和专家面对面交流，为行业青年发表见解、沟通交流、提升研究能力提供了平台，受到广州地区乃至深圳、佛山等地青年馆员的欢迎。论坛的举办对提升青年馆员研究能力起到了很好的促进作用。

表 1 2013—2022 年学会举办的大型学术活动

时间	活动名称
2013 年 6 月	"大都市的公共图书馆事业"国际学术研讨会
2013 年 12 月	广佛肇三地图书馆学会 2013 年联合年会（广州）
2014 年 5 月	"公共图书馆专业化服务"国际研修班

续表

时间	活动名称
2014 年 5 月	广东公共图书馆专业化服务的探索与实践馆长论坛
2014 年 5 月	图书馆读写障碍服务高级研修班
2014 年 7 月	公共图书馆儿童阅读推广专题研讨会
2014 年 12 月	2014 年广东图书馆学会学术年会暨广佛肇图书馆学会联合年会（佛山）
2015 年 8 月	公共图书馆法治建设学术研讨会
2015 年 5 月	"全国图书馆手工绘本创作"研修班
2015 年 11 月	2015 年广佛肇图书馆学会联合年会（肇庆）
2015 年 12 月	2015 年中国图书馆年会主题论坛："公共图书馆法制建设"
2015 年 12 月	2015 年中国图书馆年会主题论坛："迈向权利保障时代——公共图书馆发展与广州实践"
2015 年 12 月	"作为社会公共空间的公共图书馆建筑与功能"国际学术研讨会
2016 年 6 月	"海峡两岸家谱研究与服务"学术研讨会
2016 年 11 月	"创客空间：图书馆里的创造力"国际学术研讨会
2016 年 11 月	2016 年广佛肇清云韶六市图书馆联合年会（广州）
2017 年 11 月	广州市"图书馆之城"建设研讨会
2017 年 11 月	2017 年广佛肇清云韶六市图书馆联合年会（韶关）
2017 年 11 月	2017 年广东图书馆学会学术年会主题论坛：法制保障视野下的公共图书馆评估定级
2017 年 11 月	2017 年广东图书馆学会学术年会主题论坛：未成年人图书馆服务论坛
2017 年 12 月	第一届"城市图书馆学术论坛"：城市图书馆信息公开规范与年报制度研究
2018 年 6 月	2018 年中国图书馆年会学术分会场：城市图书馆年报制度
2018 年 9 月	第一届"广州市图书馆学会青年学术论坛"
2018 年 10 月	2018 年广佛肇清云韶六市图书馆联合年会（佛山）
2019 年 1 月	新时代公共图书馆服务与建设创新研讨会
2019 年 3 月	"图书馆中的设计思维"高级研修班
2019 年 9 月	广东省高校图书馆青年学术研讨会暨第二届广州市图书馆学会青年学术研讨会
2019 年 10 月	图情前沿热点学术研讨会暨论文写作与投稿研修班
2019 年 11 月	"提升效能、创新发展与图书馆统计"学术研讨会
2019 年 12 月	2019 年广佛肇清云韶六市图书馆联合年会（云浮）
2020 年 9 月	第三届"广州市图书馆学会青年学术论坛"
2020 年 11 月	公共图书馆"十四五"规划学术研讨会
2020 年 12 月	"人工智能赋能图书馆专业服务"主题研讨会

续表

时间	活动名称
2020 年 12 月	2020 年广东图书馆学会学术年会分论坛：粤港澳大湾区公共图书馆联盟建设论坛
2020 年 12 月	2020 年广佛肇清云韶六市图书馆联合年会（清远）
2021 年 9 月	第四届"广州市图书馆学会青年学术论坛"
2021 年 11 月	第 33 届全国十五城市公共图书馆馆长工作会议
2021 年 11 月	"公共图书馆历史使命与时代使命"学术研讨会
2021 年 11 月	第三届城市图书馆学术论坛：城市图书馆服务体系高质量发展
2022 年 12 月	第五届"广州市图书馆青年学术论坛"

1.3 继续教育基地建设

"提高广州地区图书资料专业人员的业务、学术水平"是学会成立之初的宗旨之一，宣传教育委员会是学会最早设立的分支机构之一，因此学会积极为广大会员提供形式多样、内容丰富的继续教育培训，以整体提升广州地区图书资料专业人员的综合素质与专业素养。2013 年迁入新址后，学会继续教育工作迈上新台阶。为更好开展继续教育工作，学会于 2012 年正式向广州市人力资源和社会保障局申请设立广州市图书馆学专业继续教育基地（以下简称基地），当年 12 月 11 日，广州市人力资源和社会保障局发布《关于新认定市继续教育基地的通知》（穗人社函〔2012〕2597 号），正式在学会设立广州市图书馆专业继续教育基地。

基地设立后，学会课程被纳入广州市专业课程体系，继续教育工作更加规范。基地以不断提高图书资料专业技术人员业务技能和理论素养为宗旨，坚持意识形态正确引导，着力开展继续教育培训，切实抓好基层文化队伍建设。基地每年开展多形式、多层次、多主题的继续教育培训活动，其中有面向大众馆员的学术讲座、专题报告，有面向管理人员及高层馆员的高级研修班。学会举办的培训活动专业强、受众面广、规格高，备受图书资料从业人员好评。2013 年至 2022 年十年间，基地共举办培训 253 场，提供学时 1248 个，培训馆员近 5 万人次。

为拓宽图书馆专业技术人员参加继续教育的渠道，解决部分馆员因工作原因无法参加面授培训的难题，学会经反复沟通，最终与广州图书馆和广州市继续教育协会达成三方合作协议。学会依托广州继续教育协会网络学习平台提供图书馆专业线上培训，其中学会负责教学内容的组织，广州图书馆承担有关费用，广州市继续教育协会负责网络课程制作和线上维护。2020 年 7 月 1 日起广州继续教育协会网络学习平台正式上线图书馆专业继续教育远程专业课，受到广大馆员欢迎。截至 2022 年 12 月，平台已上线网络课程 15 门，提供专业课学时 37 个，参训馆员 2467 人次，累计学时 7410.5 个。

因管理规范，办学质量过硬，基地于 2015 年被市人社局全市通报表扬，并分别于 2018 年和 2021 年顺利通过市级施教机构办学质量抽查。

1.4　学术研究与科研促进

十年来，学会采用独立或合作方式开展了一系列学术活动，主要包括：①参与研究、起草《广州市公共图书馆条例》及配套制度制定，并推进实施；②开展各类公共图书馆用户及市民阅读调研，如"城市图书馆用户满意度和阅读行为调查""广州市公共图书馆用户阅读满意度调查""广州市未成年人阅读调查研究"等；③编制图书馆事业发展年报，该年报自 2017 年起每年编制，系统展示广州地区各类图书馆发展概况；④开展公共图书馆信息公开规范和年报制度研究，受文化和旅游部委托，起草行业标准《公共图书馆年度报告编制指南》；⑤参与国家图书馆委托的《公共图书馆服务创新战略》项目研究；⑥开展广州地区公共图书馆影响力研究。

2019 年，为推动全市图书馆理论研究与实践创新，学会与广州市文化广电旅游局共同设立"广州市图书馆科研课题"，学会制定《广州市图书馆科研课题管理办法》，对科研课题评审工作进行规范管理。根据该办法，学会开展课题立项、中期审查和结项的全过程管理。广州市图书馆科研课题为广州市图书馆馆员开展学术研究提供了平台，对青年图书馆员坚持问题导向、立足实践以及未来成长起到了促进作用。

为提升馆员科研能力，学会还精心打造科研培育项目。2019 年 1 月，学会邀请中山大学资讯管理学院专门从事科研方法研究与教学的团队举办研究方法培训，全面覆盖定性研究和定量研究，深入浅出讲解各类方法的特征、实施步骤、应用范围等。2020 年 7 月，学会联合中山大学信息管理学院"图书情报与档案管理研究方法与研究设计"课程团队，再次举办"图书情报科研课题设计"工作坊，对来自广州地区各图书馆的 17 个课题的成员进行理论讲授和一对一指导。2020 年 9 月起至 2022 年 7 月，学会组织多场馆员学术沙龙，邀请研究经验丰富的馆员分享课题申报、论文撰写、课题研究等经验（见表 2）。

表 2　学会 2013—2023 年图书馆科研能力培育活动（部分）

年份	合作方	主讲者	主题/内容	形式
2013 年	中山大学信息管理学院	黄晓斌	内容分析法及其在情报研究中的应用	讲座
2014 年	中山大学信息管理学院	周旖	研究方法、论文撰写及投稿	讲座
2014 年	中山大学信息管理学院	黄晓斌	面向论文和项目选题的图情学研究热点介绍	讲座

续表

年份	合作方	主讲者	主题/内容	形式
2014 年	中山大学信息管理学院	罗春荣	图书馆用户需求调查方法	讲座
2015 年	中国社会科学院	黄长著	学术研究与科研项目申请	讲座
2015 年	中山大学信息管理学院	唐琼	社会调查法	讲座
2015 年	中山大学信息管理学院	聂永浩	案例研究法	讲座
2015 年	中山大学信息管理学院	周旖	文献调查与研究综述	讲座
2016 年	广东省立中山图书馆	刘洪	图书情报论文写作技巧分析	讲座
2017 年	南京大学图书档案系	李刚	开展"图书情报论文写作技巧分析"（其中包含"课题研究与论文写作"）	讲座
2018 年	东莞图书馆	李东来	图书馆发展与科研团队培育讲座	讲座
2018 年	东莞图书馆	李东来	图书馆发展与科研团队培育工作研讨	研讨
2018 年	广州图书馆	肖红凌	图书情报论文撰写	讲座
2019 年	中山大学信息管理学院	肖鹏、唐琼	"研究方法培训班"之"案例分析法培训"（肖鹏）和"问卷调查法培训"（唐琼）	讲座
2019 年	中山大学信息管理学院	朱侯、陈定权	"研究方法培训班"之"基于结构方程模型的信息行为研究培训"（朱侯）和"历史研究法培训"（陈定权）	讲座
2019 年	中山大学信息管理学院	肖鹏	案例分析法学术沙龙	沙龙
2019 年	《图书情报工作》杂志社（主办）	十余位专家	举办"2019 年图情前沿热点学术研讨会暨论文写作与投稿研修班"	研修
2020 年	中山大学信息管理学院	张靖 周旖 朱侯	举办"图书情报科研课题设计"工作坊	工作坊
2020 年	广州图书馆	馆员	广州图书馆学术沙龙	沙龙
2021 年	广州图书馆	馆员	"图书情报科研课题设计"学术沙龙	沙龙
2021 年	广州图书馆	馆员	非图书馆学专业馆员如何开展图书馆学术研究——馆员学术研究经验分享交流会	沙龙
2021 年	黑龙江大学信息管理学院	蒋永福	图书情报科研课题设计专题讲座	讲座
2022 年	广州图书馆	馆员	馆员工作经验分享交流会	沙龙
2022 年	北京大学信息管理系 中国科学院文献情报中心 《图书馆研究与工作》编辑部	张久珍 初景利 屠淑敏	学术素养专题培训	讲座
2022 年	广州图书馆 广州少年儿童图书馆	馆员	馆员学术研究经验分享交流会	沙龙
2022 年	中山大学信息管理学院	聂永浩	研究方法专题培训（案例分析法）	讲座

1.5 促进地区事业协调发展

学会积极发挥协作协调职能，在图书馆评估、服务宣传、资源共建共享等领域取得了可喜成绩。

第一，推动和组织图书馆评估。十年中，学会发挥引领作用，举办专题研讨，组织各单位认真学习评估政策，协助全市公共图书馆参加历次全国公共图书馆评估定级，促进了全市公共图书馆事业标准化、专业化发展。如2017年，学会策划了"第六次全国公共图书馆评估定级标准解读培训班"，邀请广东图书馆学会和广东省立中山图书馆专家做评估标准解读及系统操作演示，提高了本地图书馆迎接评估的能力。

第二，协助开展图书馆服务宣传周工作。学会每年将"服务宣传周"的文件转发至各图书馆，并联合广州图书馆、广州少年儿童图书馆及各区图书馆，根据宣传主题，在市民比较集中的区域组织"咨询日"活动和阅读推广活动，如2017年组织成员单位举办"发微博，赢奖品——带着《广州阅读地图》去巡游"活动，普及图书馆知识，宣传图书馆服务，扩大图书馆影响力。

第三，推动全市范围的通借通还。为方便读者借还图书，学会发挥协调作用，推动区级图书馆和广州少年儿童图书馆加入通借通还网络，促进全市图书馆形成大流通服务格局。2022年全年，全市通借通还外借文献量达到431.42万册次，通借通还服务效益明显。

第四，借助"I（爱）·捐书"开展资源帮扶活动。2018年10月，六市图书馆学会签署了《关于推进六市图书馆文献信息资源共享的合作协议》。根据该协议，2019年3月，学会向六市学会发出《关于协助联络资源捐赠接受图书馆的函》，以广州图书馆"I（爱）·捐书"项目的赠书为基础，向欠发达地区图书馆提供资源援助。截至2022年，"I（爱）·捐书"项目已向清远等边远地区图书馆捐赠图书累计26957册，为丰富当地村民文化生活，特别是儿童的课余生活发挥了作用。

2 广州市图书馆学会发展特点分析

梳理学会十年发展，学会各项工作成效突出，特点明显。

2.1 组织建设稳步推进

学会始终保持行业自律，制定了一系列规章制度，包括《广州市图书馆学会章程》

《广州市图书馆学会理事会制度》《广州市图书馆学会会员代表大会制度》《广州市图书馆学会财务管理制度》《广州市图书馆学会法定代表人述职制度》《广州市图书馆学会印章、文件管理制度》等。学会还会根据学会发展和政策走向对这些规章制度不断修订，有力支撑了学会各项工作的稳步开展，提高了学会工作规范化。

在学会日常管理上，学会逐渐建立起常态化的管理工作机制，如：定期召开理事会议，讨论学会各项工作；依托学会会员管理系统对会员进行常态化管理；每年接受社会组织管理机构审查；维护与更新学会网站；编撰学会会刊《广州地区图书馆动态》（内部资料）……

在会员管理上，学会在严格会员准入和退出机制基础上面向广州市图书馆各类工作人员及热爱图书馆事业的人士开放，并为会员在学术研究、活动交流、专业培训等方面提供了一系列便利，形成了较强的行业凝聚力。近年，学会会员队伍不断壮大，会员人数稳步上升，截至2022年底，学会共发展会员965人，来自约60个单位，包括公共图书馆、高校图书馆、中小学图书馆、科研机构图书馆等。

学会也积极加强与其他单位联系，开展了多方面合作。如受广州市人民政府地方志办公室《广州年鉴》编撰委员会委托，每年向编辑部提交"图书情报与文献研究"条目资料。广州市文化广电旅游局先后于2021年和2022年组织召开广州市公共图书馆"最美图书馆员"评选活动，该工作由学会承办。在广州市社科联七届七次委员（扩大）会议举办之际，学会亦派代表参加。学会还与广州图书馆、广州市盲人协会联合举办盲人散文创作比赛，与广州市教育学会中学图书管理专业委员会、广州市职业教育学会图书信息工作指导委员会等单位开展多项业务合作。

2.2 学术活动亮点频现

十年来，各类学术活动紧紧围绕事业发展举办，亮点频现，效果明显。

2.2.1 紧紧围绕事业发展组织活动

持续关注广州图书馆新馆开放后不同阶段的发展需求。新馆开放伊始，面临转型升级，学会2013—2015年先后举办了多场图书馆服务内容与理念、图书馆专业发展等研讨。如：2013年6月举办"大都市的公共图书馆事业"国际学术研讨会；2014年5月先后举办"公共图书馆专业化服务"国际研修班及广东公共图书馆专业化服务的探索与实践馆长论坛；2015年12月，学会先后承办了2015年中国图书馆年会主题论坛"迈向权利保障时代——公共图书馆发展与广州实践"及会后会"作为社会公共空间的公共图书馆建筑与功能"国际学术研讨会。2021年11月，在广州图书馆建馆40年即将到来之际，学会又举办了"公共图书馆历史使命与时代使命"学术研讨会，为公共图书馆事业转型发展与创新服务提供思想动力和实践指引。

紧抓《广州市公共图书馆条例》宣传推广的"窗口期"，积极开展公共图书馆法制建设研讨。2015 年 1 月，广州市人民政府颁布《广州市公共图书馆条例》。8 月，学会即联合有关机构举办"公共图书馆法治建设"学术研讨会。12 月又承办 2015 年中国图书馆年会主题论坛"公共图书馆法制建设"。这些研讨抓住了宣传的窗口期，实现了对该条例的深入解读、宣传和推广。

推动公共图书馆年报制度完善和普及。2017 年，学会举办以"城市图书馆信息公开规范与年报制度研究"为主题的首届城市图书馆学术论坛。2018 年学会又承办中国图书馆年会"城市图书馆年报制度"学术分会场，围绕公共图书馆信息公开及年报编制进行研讨，分会场上学会发布了《中国城市图书馆 2017 年度报告》和《公共图书馆年度报告编制指南（建议稿）》。2019 年 11 月，学会举办"提升效能、创新发展与图书馆统计"学术研讨会，会议促成《图书馆统计工作共识》发布，并形成多项研究成果。

与时俱进，关注公共图书馆服务发展趋势。学会关注业界前沿：2014 年，学会举办国内公共图书馆界首个"图书馆读写障碍服务高级研修班"，开展读写障碍人群服务交流；2015 年 5 月，学会举办首个"全国图书馆绘本创作研修班"；2016 年 11 月，学会又举办了国内首个"创客空间"主题研讨会——"创客空间：图书馆里的创造力"国际学术研讨会；2019 年 1 月，为推动公共图书馆创新工作，学会举办"新时代公共图书馆服务与建设创新研讨会"；2019 年 3 月，学会举办"图书馆中的设计思维"高级研修班，对设计思维在图书馆中的应用展开交流；2020 年 11 月，学会举办公共图书馆"十四五"规划学术研讨会，该会被程焕文教授评价为讨论"十四五"规划编制中"最为及时，最高规格，最高质量"的盛会。

2.2.2 具有国际视野

学会交流不断拓展交流边界，举办了多场具有国际视野的交流活动。2004 年 8 月 24 日，学会举办德国专家少儿工作学术研讨会，邀请德国柏林市青少年文学中心专家与广州、深圳、佛山等地图书馆馆员就少儿工作展开讨论，此后中德交流持续开展，延续十几年。于 2016 年 11 月 20 日至 23 日举办的"创客空间"主题研讨会——"创客空间：图书馆里的创造力"国际学术研讨会邀请了时任芝加哥公共图书馆馆长布瑞恩·班农、时任丹麦奥尔胡斯公共服务和图书馆馆长罗尔夫·哈佩尔、新加坡国家图书馆管理局副总裁郑爱清等来自美国、英国、丹麦、加拿大、新加坡 5 个国家的 10 余名嘉宾，来自 23 个省市的公共图书馆、高校图书馆、图情院系、专业媒体和社会组织、企业等的 620 余名代表参会。2019 年 11 月 19 日至 22 日举办的"提升效能、创新发展与图书馆统计"学术研讨会邀请了国际图联前主席、柏林洪堡大学图书馆和信息研究学院荣誉教授克劳迪娅·卢克斯、北京大学教授周志忍，南开大学信息资源管理系教授柯平，中国国家图书馆研究院院长申晓娟，美国洛杉矶郡图书馆馆长斯凯·帕特里克等 20 余位国内外专家学者与全国各级各类图书馆代表展开交流。

2.2.3 社会合作广泛

学会学术活动的发展离不开与众多机构的合作，合作对象包括上级学会及其分支机构、其他地市图书馆学会、上级主管及相关政府部门、高校及高校图书馆、行业技术公司、专业期刊及媒体、区级图书馆等。2015 年，广州市人民政府承办了当年的中国图书馆年会，学会参与了年会筹备工作，并在年会中承办了两个主题论坛及会后会。2018 年，学会又承办中国图书馆年会"城市图书馆年报制度"学术分会场。此后，学会与中国图书馆学会及下设机构多次联合举办学术活动，如 2017 举办第一届"城市图书馆学术论坛"。学会与广东图书馆学会的合作由来已久，多次承办广东图书馆学会年会分会场，如承办广东图书馆学会 2017 年学术年会"法制保障视野下的公共图书馆评估定级"主题论坛与"未成年人图书馆服务"主题论坛，承办广东图书馆学会 2020 年学术年会"粤港澳大湾区公共图书馆联盟建设"论坛。学会还与企业、媒体等联合组织各类活动。2019 年，学会承办了由《图书情报工作》杂志社主办的 2019 年"图情前沿热点学术研讨会暨论文写作与投稿研修班"，为提高馆员论文写作能力提供了参考。学会还多次邀请《图书馆》《图书馆建设》《图书馆论坛》《图书馆研究与工作》《中国文化报》《图书馆报》及 e 线图情等专业期刊与媒体参与学术活动。

2.3 继续教育专业化程度日益增强

广州市图书馆学专业继续教育基地设立十多年来，每年均为馆员提供充足的专业培训课程，并办出了基地特色。

第一，继续教育工作日趋规范。随着图书馆学专业继续教育基地的建成，学会的继续教育工作被纳入市人社局专业技术人员职业培训系统，基地严格按照市人社局的要求制定管理制度，并落实课程规划、申报、考核等一系列工作，同时充分利用省市专业继续管理系统加强对学员管理，使学会的各项专业继续教育工作日趋规范。由于管理规范，基地多次通过市人社局的办学考核，并被列为优秀单位。

第二，培训与行业热点高度契合。基地充分依托广州图书馆及学会的专业力量，通过向专家征集等方式选定年度热点并拟定培训主题，使基地培训能较好满足广大馆员对最新理论和实践知识的学习需求。如在 2013 年大数据的概念刚刚兴起之时，基地即邀请中山大学资讯管理学院原主任曹树金主讲"大数据与小数据，识行为与作决策"，向广大馆员普及大数据知识。再如，阅读推广一直是业界重点，基地每年都会组织一到多期与阅读推广有关的培训，如"城市公共图书馆服务与读者阅读行为调查报告解读"（2014）、"从图像跨越到文字阅读——儿童阅读发展的进程"（2015）、"阅读推广品牌建设研修班"（2017）、"0—3 岁早期婴幼儿阅读推广技能培训"（2018）、"2020 年未成年人图书馆服务体系业务培训班"、"经典阅读推荐专题培训"（2022）等。

第三，邀请跨界专家举行培训。除邀请图书馆专家举行培训外，基地还多渠道邀请行业外专家进行培训，以扩大馆员视野。例如，为加强馆员对"互联网+"的了解，基地先后邀请了阿里巴巴、网易等互联网企业的知名专家举办讲座；再如，为提高馆员对服务礼仪的掌握水平，基地多次邀请礼仪方面的专家为馆员讲解礼仪知识。基地还多次邀请法律界专家展开培训，提高馆员对版权知识的了解。

2.4　科研促进成效显著

近十年来，学会在科研促进方面取得了累累硕果，一大批专业性强、在业内有影响力的学术成果得以出版。2013—2022 年，学会先后主编或参编/译了《大都市的公共图书馆事业——国际学术研讨会论文集》《新时代中国城市图书馆发展——"广州模式"支撑研究》《广州市"图书馆之城"建设规划研究与探索》《图书馆合作创新与发展》《图书馆中的设计思维》《广州市"图书馆之城"研究论文集》等系列专业图书 19 种，见表 3。其中 2016 年，为配合"创客空间：图书馆里的创造力"国际学术研讨会举办，学会联合广州图书馆在国内首次引入《图书馆中的设计思维》（*Design Thinking for Libraries*）一书，受到图书馆从业者热烈欢迎。2020 年 12 月，学会与广州图书馆联合出版图书《广州市"图书馆之城"研究论文集》，以总结新时期广州市公共图书馆服务体系建设、服务创新、阅读推广等方面的典型做法和先进经验。该书自出版后实现了连续出版，形成了"图书馆之城"研究系列文集。"广州市图书馆科研课题"设立以来，广大馆员积极响应，截至 2022 年底，共有 43 项课题获得立项，其中 10 项课题顺利结项，见表 4。

表 3　2013—2022 年学会主编/参编的著作

书名	主编/参编	出版社	出版年份	ISBN
大都市的公共图书馆事业——国际学术研讨会论文集	参编	中山大学出版社	2013 年	978-7-3060-4557-7

续表

书名	主编/参编	出版社	出版年份	ISBN
阅读、创意、互动——绘本阅读推广的多元化策略	参编	广州出版社	2013 年	978-7-5462-1522-8
让阅读"动"起来——手工绘本制作宝典	参编	南方日报出版社	2014 年	978-7-5491-0917-3
《广州市公共图书馆条例》解读	参编	广东人民出版社	2015 年	978-7-2181-0259-7
迈向权利保障时代——公共图书馆发展的"广州模式"研究	参编	中山大学出版社	2015 年	978-7-3060-5554-5
广州图书馆——一座纪念碑式的图书馆	参编	广州出版社	2015 年	978-7-5462-1844-1
广州市"图书馆之城"建设规划研究与探索	参编	广州出版社	2016 年	978-7-5462-2000-0
图书馆合作创新与发展·2016年卷	主编	暨南大学出版社	2016 年	978-7-5668-1974-1
图书馆中的设计思维	参译	广州出版社	2016 年	978-7-5462-2463-3
图书馆合作创新与发展·2018年卷	主编	中国言实出版社	2019 年	978-7-5171-2742-0
国外公共图书馆多元文化服务政策与案例编译文集	参编	中山大学出版社	2019 年	978-7-3060-6606-0
广州图书馆新馆建设资料选编	参编	广州出版社	2020 年	978-7-5462-2580-7
广州市"图书馆之城"研究论文集 2020	参编	广州出版社	2020 年	978-7-5462-3195-2
广州市"图书馆之城"建设案例汇编	参编	中山大学出版社	2021 年	978-7-306-07070-8
保障公民文化权益——广州市"图书馆之城"建设图册（2012—2020）	参编	广州出版社	2021 年	978-7-5462-3366-6
广州市"图书馆之城"建设制度汇编（2015—2020）	参编	广州出版社	2021 年	978-7-5462-3364-2
公共图书馆服务创新战略研究报告	参编	国家图书馆出版社	2021 年	978-7-5013-7378-9
广州市"图书馆之城"研究论文集 2021	参编	广州出版社	2021 年	978-7-5462-3382-6
广州市"图书馆之城"研究论文集 2022	参编	广州出版社	2022 年	978-7-5462-3553-0

表 4　学会科研课题立项情况

负责人	单位	课题名称
谢洁华	越秀区图书馆	总分馆智慧服务云平台架构及其实现研究——以越秀区总分馆智慧服务云平台为例
陈鸿	海珠区图书	基层图书馆 STEM 科普阅读创新研究——以海珠区图书馆为例
何欣	广州图书馆	图书馆之城背景下联合参考咨询平台建设研究
戚敏仪	广州少年儿童图书馆	广州地区图书馆民国未成年人文献建设与服务研究
阳娟兰	海珠区图书	文旅融合背景下公共图书馆开展地区特色旅游公共信息服务研究——以广州市海珠区为例
罗德远	增城区图书馆	基层图书馆阅读推广工作创新研究——以广州市增城区图书馆派潭分馆为例
林静	广州图书馆	公共图书馆"小区间"移动信息服务研究——以广州图书馆"维问"全自助移动信息服务平台为例
肖鹏	中山大学资讯管理学院	广州图书馆建设全球引领型图书馆战略研究
袁露明	广州图书馆	公共图书馆活化馆藏地方文献的深度分享模式——基于"广州小故事"的研究
周莉娜	广州城市职业学院	全媒体时代基于阅读推广的高职院校图书馆文化育人策略研究
李保东	广州图书馆	"图书馆之城"建设中的基层公共图书馆服务供给侧改革路径研究——以广州为例
侯琳	广州图书馆	公共图书馆发展储备系数的构建与应用
梁颖梅	广州市海珠区满天星青少年公益发展中心	基于外来工子弟服务的城市新型公共阅读空间建设与运营研究
杨嘉骆	广州图书馆	公共图书馆第三方评估保障机制研究
黄卉	广州图书馆	"图书馆之城"建设背景下的公共图书馆绘本阅读推广模式研究
周远	广州图书馆	广州市基层图书馆服务效能提升策略研究
沈艺红	广州图书馆	公共图书馆危机管理机制研究
马艳娥	广州大学图书馆	粤港澳大湾区高校科研合作决策支持系统研究
惠冬芳	广州图书馆	粤港澳大湾区背景下公共图书馆粤语图书联合目录共建共享策略研究
符国冰	广东省立中山图书馆	文旅融合背景下图书馆与旅游景点交流合作机制探讨
郑茵	海珠区图书馆	新时期公共图书馆文旅融合背景下的研学服务课程设计研究
姚鹏鸿	广州图书馆	后疫情时代基于网络直播的公共图书馆阅读推广研究
陈阳	广州图书馆	公共图书馆特色影像资源建设与服务研究——以广州图书馆纪录片中心为例
严泽欣	广州图书馆	城市公共图书馆法律主题空间服务创新研究——以广州图书馆法律主题研究写作室为例

续表

负责人	单位	课题名称
林燕	广州少年儿童图书馆	图书馆未成年人线上服务及绩效评价研究
宋昀真	广州图书馆	城市中心图书馆未成年人"图书馆+家庭"阅读推广模式研究
钟少薇	越秀区图书馆	开放获取环境中的图书馆理事会工作研究
孔玉华	广州市黄埔区图书馆	公共图书馆跨界融合发展路径研究——以广州市黄埔区为例
蒋莹	广州图书馆	广州地区公共图书馆与中小学图书馆艺术资源融合发展研究
周小英	广州少年儿童图书馆	"携手社会力量 共促融合发展"——未成年人残障群体融合阅读服务研究
潘飞	广州图书馆	广东地区公共图书馆社会化媒体营销研究
刁霄宇	广州图书馆	面向2035年远景目标的公共图书馆员专业化成长路径研究
李燕	广州图书馆	提升服务效能导向下的图书馆文旅融合研究
郭应佳	广州市海珠区图书馆	未成年人分级阅读服务创新性实践及评估机制研究
王智刚	广州市增城区图书馆	政府购买基层公共图书馆服务研究——以新塘图书馆为例
邓杰明	广州图书馆	法律解释视角下《中华人民共和国公共图书馆法》的条文解读和制度构建研究
钟伟	广州图书馆	公共图书馆空间设计促进阅读服务研究
陈雪梅	广州医科大学图书馆	高校图书馆红色主题空间建设与服务
陈子	广州大典研究中心	中国共产党广州时期文献整理与开发
张娟娟	广州市海珠区图书馆	协同视角下的馆校合作专题文献资源整合模式研究
肖鹏	广东省科技图书馆（广东省科学院信息研究生）	数据要素市场化背景下图书馆数据资源组织与服务研究
谢洁华	广州市越秀区图书馆	基于新技术对公共图书馆创新智慧服务模式的研究——以越秀区图书馆为例
王晓萌	广州图书馆	广州市民移动社交媒体感知过载与自我调节

2.5 协作协调面临新机遇

过去十年，学会在促进全市图书馆事业标准化发展、公共图书馆社会影响力宣传、图书馆服务体系建设和基层图书馆发展等方面发挥了积极的协调作用，为全市公共图书馆事业和谐发展作出了重要贡献。然而，学会在协作协调方面也面临着挑战，包括：①协作协调的职能发生转移。广州图书馆成立了广州市中心图书馆办公室，该办公室承担了相当一部分原由学会承担的对广州地区公共图书馆进行业务协调的职能，使学会的协作协调职能受到一定削弱。②缺乏充分的社会性行业管理职能。学会是宽松的学术性群众团体，并非严格意义上的行业管理组织，能较好响应学会各类协作协调工作的机构主要是广州市各类公共图书馆，其他图书馆的参与热情不高。③协作协调工作的深度有待加强。学会的协作协调工作主要集中在资源调度等层面，没有建设对欠发达地区的人才帮扶等跨区域人员交换机制。未来如果学会应积极应对挑战，重新定位，并针对协作协调中出现的问题寻求解决策略，使该项工作获得更好的发展。

3 广州市图书馆学会工作未来展望

学会作为广州市图书资料事业发展的重要枢纽，在繁荣图书馆事业中发挥了重要作用，未来学会将继续开拓创新、与时俱进，持续推动图书馆事业发展。

3.1 继续完善学会的各项运作机制

在前期发展基础之上，学会将根据事业发展特点和需要，通过完善规章制度，规范业务流程，加强学会档案建设，开展学会党建工作等途径，进一步完善学会的各项运作机制。特别是学会档案建设，要形成规范和科学的建档体系，加强对学会各项工作记录的留存，确保学会业务工作的连续性。党建工作则要根据学会的社团性质，按照上级机关的要求，合理地安排各项工作，确保学会工作和会员思想始终与党中央的要求保持高度一致。

3.2 扩大学会在业内的影响力

截至 2022 年底，学会会员约 1000 人，虽然会员数稳中有升，但与广州市图书馆事业发展规模和广州市图书馆馆员队伍相比，仍有较大的提升空间。今后，学会将通过加强宣传，优化服务等方式，扩大学会在业内的影响力，吸引更多图书馆馆员和对图书馆事业感兴趣的人士加入。

3.3 提高学术活动的针对性

一是关切基层图书馆需求。近年来，多个区级图书馆新馆先后建成开放，各区新馆服务效能也得到了极大提升，学会需持续关注基层图书馆业务变化，吸纳基层图书馆参与到学术活动中。二是关注对业务的研讨。今后学会应继续发挥学术平台作用，加强对业务探讨，切实提升馆员解决实际问题的能力。三是深挖广州特色。十年来，年报编撰、规划编制、法制建设等主题紧扣广州地区公共图书馆事业发展脉搏，不断为我国公共图书馆事业发展提供一个又一个的"广州方案"。今后，学会应继续深挖能凸显广州特色的活动主题，使学会的学术活动与广州地区公共图书馆事业实践交相辉映，夯实"广州模式"的内涵。

3.4 提升基地教学水平

一是完善修订现有继续教育管理制度。随着图书馆事业的高速发展，原有的制度中已有部分不能满足继续教育要求，因此下一步拟对现有继续教育制度进行修订，并制定新的配套制度。二是适时组织培训教研活动，定期组织基地管理人员围绕图书馆专业教育的各项议题展开研讨，并结合基地实际探索兼职教师参与基地教研。三是开展常态化培训质量评估。基地制定了《广州市图书馆专业继续教育基地教学质量评估管理制度》，每年针对培训质量开展教学信息反馈，未来基地将继续开展常态化教学信息反馈收集，及时了解学员的需求与意见，动态调整培训内容与培训形式。

3.5 进一步规范学会课题评审

由于学会课题设立工作时间短，工作人员经验不足，在申报、评审和结项等管理中存在一些不足。今后，学会将不断总结经验，并向管理比较成熟的课题评审机构学习，不断理顺工作机制，使学会的课题评审工作进一步规范。同时，加强宣传和开展科研能力培育工作，提高课题质量，适时向社会推介课题成果，使更多人知晓学会课题并认可学会课题质量。特别在科研能力培育方面，除面向馆员外，更要针对已立项课题的成员及有申报课题意向的馆员开展强化训练，切实提高课题组成员和馆员的科研能力，促进科研成果的产出和转化。

3.6 优化和调整学会协作协调职能

随着学会协作协调职能的调整，学会今后需拓宽思路，加强与中心图书馆办公室合作，多角度参与协作协调。一是提高学会参与图书馆事业的自主治理和合作治理能力，不断优化学会组织职能结构，增强会员责任意识、服务意识、合作意识，提升学会在组织基础、治理能力、运行机制上的专业化。二是加强区域协作协调深度，除继续开展业务协作外，还应该制定长效人才培养和交流机制，建立发达地区图书馆优秀人才与发展偏弱地区基层图书馆人才的对接和交流渠道，深化广州地区图书馆界协同合作。

技术创新与应用

陈荧　巫朝滨　梁超文　陈超天　李琳　彭超云

梁陶钧　林淑贞　叶伟君　刘恒一

习近平总书记在党的二十大报告中强调，必须坚持科技是第一生产力、人才是第一资源、创新是第一动力，深入实施科教兴国战略、人才强国战略、创新驱动发展战略，开辟发展新领域新赛道，不断塑造发展新动能新优势①。自广州图书馆新馆开放以来，依据《关于加快构建现代公共文化服务体系的意见》《国家"十三五"时期文化发展改革规划纲要》《中华人民共和国公共文化服务保障法》《广州市公共图书馆条例》《广州市"图书馆之城"建设规划（2015—2020）》《广州市"图书馆之城"建设五年行动计划（2022—2026）》以及广州图书馆"十二五""十三五""十四五"发展规划，广州图书馆与时俱进地推进新技术应用，发挥技术引领作用，为推动全民阅读持续进行技术创新，从而推动公共文化服务高质量发展，不断为用户提供便捷服务和为图书馆界提供技术应用借鉴。2012年，广州市、区级图书馆实现了通借通还，全市公共图书馆基本实现互联互通。2013年，借助广州图书馆新馆建设契机，广州新图书馆专用设备项目逐步实施，快速提升读者服务的便利性和快捷性。从2013年到2022年，广州图书馆单体馆借阅册数稳居全国公共图书馆前列，技术支撑为服务奠定了坚实的基础，有效地促进了服务的发展。广州图书馆主持获得发明专利2项，广州图书馆微信公众号2015年在"广东互联网政务论坛"上入选广东十大"最具影响力政务微信公众号"，2017年获广东图书馆学会颁发的"图书馆网络与智能应用案例"优秀案例，2018年获上海市图书馆学会颁发的"新媒体创新服务优秀案例一等奖"，入选由中国新闻出版传媒集团与中国全民阅读媒体联盟组织评选的第三届"大众喜爱的50个阅读微信公众号"等。广州图书馆与开发公司合作研发的《大数据应用平台》获2020年广州市互联网、大数据、人工智能和实体经济深度融合优秀案例。十年期间，广州图书馆技术创新与应用成果主要体现在以下六个方面。

---

① 习近平：高举中国特色社会主义伟大旗帜　为全面建设社会主义现代化国家而团结奋斗——在中国共产党第二十次全国代表大会上的报告［EB/OL］.［2023-05-01］. https://www.gov.cn/xin-wen/2022-10/25/content_5721685.htm.

1 搭建集约化图书馆集群平台，高效支撑广州市"图书馆之城"建设

2012 年，广州市、区级图书馆实现通借通还，标志着全市公共图书馆通借通还服务网络基本建立。2014 年，依托广州新图书馆专用设备项目应用软件系统项目，广州图书馆完成了全市公共图书馆自动化集成系统的统采，获得 Interlib 图书馆集群系统不限制并发用户数，广州地区各级公共图书馆（区县市图书馆、街镇文化站、社区村文化站）不限馆藏数、不限用户数和不限馆藏所属性质的使用授权以及相应的开放接口授权，为广州市"图书馆之城"的建设与发展提供技术支撑平台。

2015 年 12 月 31 日，越秀区图书馆建成的 11 个街道分馆和 1 个 24 小时自助图书馆全部加入广州地区公共图书馆通借通还服务网络。2021 年开始推进"馆校共建"，截至 2023 年 5 月已有 100 多家中小学图书馆加入通借通还平台。2023 年 3 月 23 日，广州图书馆 Interlib 图书馆集群系统与广州少年儿童图书馆 Interlib 图书馆集群系统合并完成并实现通借通还办证规则的统一，全市开始使用统一的通借通还平台。

为进一步完善全市通借通还服务，广州图书馆协同广州少年儿童图书馆、各区图书馆不断完善通借通还服务规则配置。2014 年，将成人证可通借通还图书从 2 册增加至 5 册；2015 年 6 月 1 日，将少儿证可通借通还图书从 2 册增加至 5 册；2016 年 6 月 1 日，广州图书馆中文绘本图书（不含港台绘本及外文绘本）被纳入通借通还服务范围。2016 年 12 月 30 日，根据《广州市公共图书馆服务规范》有关规定，广州图书馆组织制定《广州市公共图书馆统一借阅规则》，实现全市公共图书馆"一卡通"服务：用户在广州市公共图书馆服务体系内任一成员馆注册读者证，即可通借通还图书 15 册。2019 年 2 月 1 日，广州市公共图书馆服务体系内注册读者证可外借文献量上限由 15 册增加至 20 册，2020 年 4 月 23 日，广州市公共图书馆服务体系内注册读者证可外借文献量上限由 20 册增加至 30 册。

截至 2022 年底，广州市实现通借通还的公共图书馆（分馆）、服务点、自助图书馆共 788 个。2013 年至 2022 年，广州图书馆和广州图书馆集群系统图书馆的年文献借阅册次分别从 759.14 万和 939.39 万提升到 933.95 万和 1881.99 万（见图 1）。其中广州图书馆年借阅量最高峰出现在 2016 年，达到了 1172.21 万册次，比 2012 年增长了 54.4%。广州图书馆集群图书馆年借阅最高峰出现在 2021 年，达到了 2048.28 万册次，比 2012 年增长了 1.18 倍。2013 年至 2022 年，广州图书馆和广州图书馆集群图书馆的新增注册读者量分别从 41.55 万和 53.04 万提升到 49.38 万和 81 万（见图 2）。其中广州图书馆集群图书馆年新增注册读者量最高峰出现在 2021 年，达到了 100.93 万，比 2013 年增长了 90.3%。2013 年至 2022 年，广州图书馆和广州图书馆集群图书馆的新

增入藏量分别从 70.87 万和 153.45 万提升到 81 万和 241.94 万（见图 3）。其中广州图书馆集群图书馆年新增入藏量最高峰出现在 2018 年，达到了 342.9 万，比 2013 年增长了 1.23 倍。由此可见，广州图书馆和广州图书馆集群图书馆年文献借阅册次、年新增注册读者量、年新增入藏量十年间均有所提升，集约化效果显著。

单位：万册

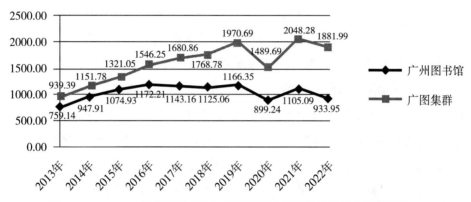

图 1 2013—2022 年广州图书馆和广州图书馆集群图书馆年文献借阅量

单位：人

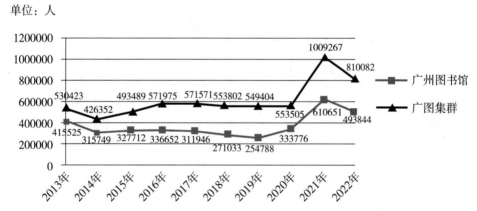

图 2 2013—2022 年广州图书馆和广州图书馆集群图书馆年新增注册读者量

单位：篇（册）

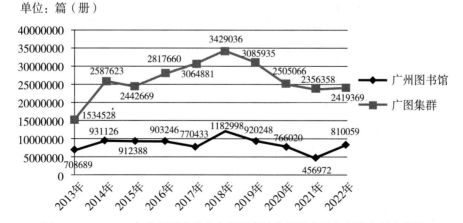

图 3 2013—2022 年广州图书馆和广州图书馆集群图书馆年新增文献入藏量

2 数字图书馆服务卓有成效

2016 年 4 月 1 日，广州数字图书馆全新上线，系统整合数字资源远程访问、文献检索、活动报名、志愿者管理、跨库检索、信息发布、点播系统等多项功能，系统提升公共数字文化服务水平。2018 年，扩充数字资源远程访问平台功能，实现本馆与广州少年儿童图书馆数字资源的共享利用，促进资源共享。截至 2023 年广州数字图书馆共有 7 个一级标题和 55 个二级标题，持续提供 24 小时不打烊的高质量数字化服务，推广全民阅读，推动服务效能显著增长，在广州市"图书馆之城"建设方面持续发挥积极作用。经过十年发展数字图书馆网站年点击量由 341.5 万次提升到 13852.6 万次，增长 39.5 倍，数字资源下载、浏览量由 1628.5 万篇（册）次提升到 14084.4 万篇（册）次，增长 7.6 倍。十年间通过不断扩展数字图书馆服务覆盖面以及丰富数字资源服务内容，提升读者的服务体验和获得感，推动数字化服务效能全面增长，数字图书馆系统建设取得优异成果。十年来的服务数据如表 1 所示：

表 1 数字图书馆系统十年服务情况

年份	网站年点击量/万次	数字资源下载、浏览量/万篇（册）次
2013	341.5	1628.5
2014	512.0	1911.6
2015	710.8	3583.9
2016	841.1	4496.6
2017	1133.3	4581.5
2018	12266.7	7215.9
2019	14742.1	9831.6
2020	11113.0	11665.9
2021	22052.3	12174.6
2022	13852.6	14084.3

3 自助服务效益显著

3.1 利用 RFID 技术，显著提升广州图书馆服务效益

2013 年开始，通过陆续引入自助借还设备、自助办证设备、预约取书机设备、清

点设备、RFID 安全门禁、自助图书馆系统以及自动分拣系统，广州图书馆面向读者的自助服务能力和便民服务能力得到快速提升。2014 年到 2022 年，广州图书馆的自助外借服务比例最高为 95.5%（见表 2），有效地支撑广州图书馆的单馆外借服务量跃居全国公共图书馆首位。

表 2　广州图书馆自助外借服务十年情况

年份	外借册次/万篇（册）次	自助外借服务比例
2013	580	55%
2014	732.7	79%
2015	754	83%
2016	787	89.5%
2017	1142	87.8%
2018	1108	94.3%
2019	1169	95.5%
2020	900	92.4%
2021	1103	93.85%
2022	933	95.3%

在利用 RFID 技术的过程中，广州图书馆技术人员也不断地分析日常服务开展存在的难点和痛点，不断地推进 RFID 技术的应用创新。

2013 年，为解决广州图书馆视听资料常规借还方式的错盒、归还不齐全、书架资料排列不整齐以及需要较多的人力投入的问题，广州图书馆技术部人员研究设计适合 RFID 应用环境的多光盘包装盒模型，获得国家知识产权局颁发的"适用于智能化管理的多碟装光盘盒"专利。通过细化视听资料 RFID 数据模型，联合自动化系统提供商和 RFID 设备提供商对相应软件进行调整，2013 年逐步实现全部外借视听资料的开架自助借还，较好地解决了服务难点问题。广州图书馆推出视听资料自助服务后，2013 年和 2014 年的外借量分别是 2012 年未开展自助服务时的 2.79 倍和 3.06 倍。馆藏利用率也从 2012 年的 113.6%，上升到 2013 年的 251.3% 和 2014 年的 228.4%。另外，在实际应用中，2 张以上的多碟装视听资料比较受读者欢迎，服务量大。广州图书馆自助设计的多碟光盘包装盒在实际应用中有效地促进读者自助服务的开展，提升了图书馆的服务能力，创新应用实践取得显著成效。"基于射频识别技术的音像资料借还系统、装置和方法"获得国家知识产权局颁发的发明专利证书。

2014 年 4 月 22 日推出全国首创的二维码电子证应用，并在微信公众号、App 等增加获取个人二维码功能。读者关注公众号并绑定后，在"我的读者证"一栏可以找到读者自己的二维码，此二维码可在自助设备上作为个人识别码，也可在人工服务台由读者出示用于借书业务，读者无须携带实体证件。读者也可把二维码以截图方式保存在个人手机里面，在手机没有网络的时候也可使用。二维码读者证应用被列入广州市14 年度公共服务廉洁化"双十部门双百实事"。

不断完善自助借还书机功能设计，减少读者误借情况，推出新功能应用。技术部与设备厂商进行了深入仔细的分析，究其原因，误借是因为 RFID 面板感应区域较大，读者放置图书时较容易发生误感应。技术部从问题根源出发，经过反复测试与迭代，设计出一个有效的 RFID 面板感应限制装置。此装置可以有效阻隔面板附近的图书信号，使得自助机只感应借书区域上方图书信号，不会感应读者放置待借图书区域的标签信号。通过改进，读者误借的情况大大减少。后期的自助机更新项目在新引入的自助机上通过增加距离感应传感器，通过感应读者的距离是否超出设定的范围来实现自动退出，减少读者操作完毕忘记按退出键所造成的误借情况。另外，扩大自助机的文献放置区以及增加文献放置区文字，在方便读者操作同时减少了误读的可能。2018 年，引入新的自助办证机和自助借还机，在自助办证机增加临时证自助续证等功能，并对自助借还机服务界面和功能进行优化，2019 年推出临时读者证自助激活为长期读者证服务，为读者提供了便利。

实施了"公共图书馆广佛通"项目，响应国务院批复的《广州市城市总体规划（2011—2020 年）》以及《佛山市城市总体规划（2011—2020 年）》深入推进广佛同城化要求。2019 年 4 月 23 日，广州图书馆实施了"公共图书馆广佛通"项目，实现广佛两市居民都可以共享图书馆的实体和虚拟资源。《南方日报》、《广州日报》、腾讯网、新浪财经、凤凰网等数十家媒体对"公共图书馆广佛通"项目进行了报道。

3.2 无线网络服务馆内全覆盖

为了满足读者无线上网需求，在 2013 年新馆建设中实现了馆内公共区域无线网络全覆盖，并提供以读者证为认证方式的免费无线网络服务。随着图书馆到馆读者量不断增多，原有较单一的接入认证方式难以满足读者到馆使用无线网络的需要，为响应政府号召和解决读者实际需求，广州图书馆在 2016 年对原无线网络认证方式进行了功能提升，增加了以手机验证码为认证方式的无线网络服务。通过两种无线网络服务为读者提供了较大的便利，截至 2022 年底，共计服务读者约 1309.6 万人次。

3.3 提升上机管理水平

2013 年，借新馆系统建设之机，全面升级了公共电子阅览室系统平台。该平台能够实现对各级公共电子阅览室上机读者及基层工作人员的有效监管，保障公共电子阅览室对读者的规范有序服务及内容服务的健康、文明。平台还具有一定的数据仓库功能，可对读者信息、资源利用和服务情况等数据进行数据分析，方便工作人员了解用户上网需求。电子阅览室管理系统自上线以来至 2023 年 3 月底，共服务读者 171.87 万人次。

2021 年 6 月，为继续提升读者使用体验，增加读者自助选位功能，图书馆微信公众号动态显示计算机使用情况。截至 2023 年 3 月底，自助选位功能共服务 8.13 万人次。

4 实施多项融合应用，提升便捷服务水平、增强社会影响力

4.1 打造微信门户，服务效益显著

广州图书馆微信公众号是广州图书馆数字化、信息化、泛在化服务的重要载体，于 2014 年初以服务号的形式正式上线运营，对读者服务支撑带动作用显著。广州图书馆微信公众号在早期提供信息发布、书目查询、当前借阅、图书续借、文献到期提醒服务的基础上，陆续推出了在线办证、二维码读者证、微信逾期费支付、活动报名与签到等新的服务功能。2018 年，新增数字资源服务栏目，并不断丰富服务资源数量，读者可在广州图书馆微信公众号中使用电子书、电子期刊等数字资源。2019 年，公众号优化调整栏目布局，上线"转借服务""阅读速递""畅销书单""参考咨询"等栏目，不断增强粉丝黏性。2020 年新增广州市公共图书馆在线预约到馆系统，有效地支撑广州图书馆有序开放服务。2021 年，上线新版服务界面，新增多个读者证绑定与切换功能，优化功能界面，增强读者使用体验。2020 年 7 月，广州图书馆官方微信公众号关注人数达 100 万人，2022 年 10 月突破 200 万人。在经历了初建、巩固、深化等阶段，不断迭代升级后，广州图书馆微信公众号已经成为读者获取广州图书馆多样化服务信息的主要来源渠道。

经过多年的发展，广州图书馆微信公众号由一个辅助应用发展成为集多功能于一体的图书馆服务平台，深受读者喜爱并获得多个荣誉。2015 年在"广东互联网政务论坛"上入选广东十大"最具影响力政务微信公众号"，2017 年获广东图书馆学会 2017

年学术年会"图书馆网络与智能应用案例"优秀案例，2018 年在上海市图书馆学会组织的"2018 '微服务 新智能'第五届图书馆微服务研讨会暨第一届图书馆新媒体创新服务案例评选活动"中获评新媒体创新服务优秀案例一等奖，入选由中国新闻出版传媒集团与中国全民阅读媒体联盟组织评选的第三届"大众喜爱的 50 个阅读微信公众号"等。

4.2 不断拓展办证渠道，提供便捷服务

4.2.1 提供异地务工人员网上注册功能

2017 年 12 月 24 日，异地务工网上注册功能上线。根据广州市社会保障卡服务中心提供的异地务工人员数据，广州图书馆建立了基于身份证和姓名自动匹配机制的异地务工人员网上注册功能，减少了注册审核流程时间，提高了注册效率。

4.2.2 提供社保卡自助注册功能

为提升身份认证时效性，广州图书馆和广州社保卡中心合作建立了新的身份信息认证平台，通过利用广州市社保卡中心、银联认证中心提供的身份认证接口组织程序开发，于 2018 年 7 月 17 日上线利用广州社保卡网上自助注册功能。

4.2.3 利用支付宝平台和微信小程序提供注册功能

2019 年 7 月 31 日，依托支付宝平台的在线注册功能上线。该服务通过联动芝麻信用校验身份信息真伪，实现了自助在线注册。该借阅号还支持缴纳逾期费、查询借阅图书、续借等在线服务，实现读者服务路径多元化，提高读者使用便利性。

2019 年 5 月 31 日，"广图+"小程序上线，这是全国首创利用小程序技术实现图书馆自助注册服务功能，为用户提供便捷高效的服务。2020 年 2 月 2 日，新增定位注册功能，实现广佛区域内所有居民可在线自助注册成为图书馆用户。"广图+"为市民网络自助注册以及续证提供了新的途径，解决了原人工审核途径效率不高、服务提供不及时以及需要相应的人力投入问题；解决了持异地身份证在广州或佛山市的公众远程注册问题；解决了原续证需要花费大量人力问题。"广图+"成功的落地应用，获得媒体的广泛关注，新华网、腾讯网、南方网、搜狐网、大洋网等多家媒体进行了报道。2022 年，"广图+"小程序继续升级，增加了线下借阅证续证功能。截至 2023 年 3 月底，共办理 93.16 万张读者证，续证 13.54 万次。"广图+"的成功应用，在业界起到很好的示范和引领作用。截至 2023 年 3 月，全国有 87 家图书馆依托"广图+"的主要技术，推出类似的自助办证服务。

4.2.4　对接"粤读通"小程序

2020 年 12 月，广东省立中山图书馆牵头成立了广东省公共图书馆联盟，并启动了"粤读通"工程建设。广州图书馆积极响应联盟号召，协同完成相应的应用对接，于 2021 年 4 月 23 日上线相应的应用。"粤读通"依托广东数字政府的"粤省事"平台、广东省身份统一认证平台，联合省内各级图书馆逐步实现区域内读者用户信息互联、互通、互认，有效促进馆际间公共文化资源和服务的共享，为读者提供在全省范围内享受公共图书馆"一证通"的便利。截至 2023 年 3 月底，共办理 20.75 万张读者证。

4.2.5　读者证兼容羊城通卡便民服务

2021 年中国国家互联网信息办公室发布《"十四五"国家信息化规划》，提出需要培育规范智慧养老服务，推动信息服务适老化改造优化。另外，为减少青少年读者持有身份证、社保卡、读者证等证件到馆借书的不便，广州图书馆在读者证的认证方面增加了对羊城通老人和学生实名卡的支持。2022 年 7 月 29 日，羊城通对接项目上线。支持读者在自助机或服务台绑定老人或学生羊城通实名卡，完成绑定后读者可持该实名卡在自助机或服务台借或续借图书。

4.3　便捷阅读服务

4.3.1　送书上门服务

根据《广州市"图书馆之城"建设规划（2015—2020）》《广州图书馆 2016—2020 年示范服务体系发展规划》等文件要求，广州图书馆积极推进"送书上门"分馆及"送书上门"业务建设。广州图书馆通过与从化图书馆合作的方式建设了一个专门的网借书库馆藏地点支撑送书上门服务，送书上门服务覆盖范围为广州地区，持有广州市公共图书馆服务体系内任一成员馆读者证的读者，可享此服务。读者在家即可快速借到图书馆的图书，是对公共图书馆服务体系的有效补充。

2015 年 2 月 1 日，推出"还书易"服务平台，读者自此开始可以享受线上还书服务。2018 年 5 月 30 日，在原有"还书易"服务的基础上，"送（还）书上门"服务上线，送书上门服务平台由借书易和还书易服务组成，使用微信、网站平台开展服务，从数字图书馆门户网站和微信端均可下单借书，还书。可借图书数量、借期等借阅规则与《广州市公共图书馆统一借阅规则》保持一致。

在使用过程中持续优化服务方式，2019 年 4 月 23 日，"送（还）书上门"服务平台开通了针对残疾人的优惠证免单服务，并在 2019 年 4 月份通过活动免单服务宣传该服务，扩大读者使用范围。"送书上门"服务 2021 年全年外借文献（不含续借）15.28

万册次，2022 年全年外借文献（不含续借）14.36 万册次。

4.3.2　读者选书服务

2016 年 12 月 1 日，读者选书应用系统上线。在"你选书我买单"活动期间，读者可以在书店扫描 ISBN 并通过系统查重后直接借走图书。该系统的上线既满足了读者个性化、多元化的阅读需求，又减少了图书馆在采购过程中的盲目性。该系统支持后台参数化管理读者荐购的图书限制，增强了图书馆对选书服务的智能管理程度。

4.3.3　图书转借服务

为进一步为读者提供方便快捷的借阅服务，2018 年 11 月，广州图书馆上线了图书转借服务系统。系统提供"转借、求书、发布、发现、搜索"等功能，让读者之间借入借出图书的过程更智能，减少了图书馆工作人员的工作量，操作流程也简单易懂。依托图书转借平台，提供便捷服务，为读者节约时间和交通费用。通过读者间自行进行转借，节省了图书流转回图书馆重新安排上架步骤，增加图书借阅次数的同时减少了工作人员工作量，减少了馆舍借还设备，节约人力物力财力。通过搜索、推送、附近的图书、发布转借等功能，可增进读者间的沟通交流。这种新的服务方式，无须依托自助借还机等设备，转借系统可使想看书但不想跑那么远去图书馆的读者，就近向其他读者那里借书，这样每个持书读者都可以衍变为图书馆的微型藏书点，利于提高图书馆藏书的覆盖广度和深度。

4.3.4　智能化、个性化服务

2019 年推出大数据平台应用，大数据应用平台实现个性化推荐、可视化数据处理，为图书馆日常服务提供决策。大数据应用平台覆盖总分馆服务体系，使分馆的读者数据也能够被采集并提供个性化的服务。大数据应用平台通过在广州图书馆微信服务大厅集成"阅读速递"、"畅销书单"以及"猜你喜欢"等栏目为读者提供服务。通过分析系统的热门书，提供"畅销书单"服务栏目，为读者推荐好书，并为读者提供畅销书预约服务，发挥了引导读者读书的作用，促进读者阅读，并且为读者提供智能、便民服务，提升了服务水平。2020 年，大数据平台与"送书上门"服务对接，读者可以享受热门书送书到家服务。2020 年，阅读速递功能中新增了当年及前一年读者的借阅清单，并支持导出功能，进一步提供便捷服务。本馆与开发公司合作研发的"大数据应用平台"获 2020 年广州市互联网、大数据、人工智能和实体经济深度融合优秀案例。

4.4 多渠道提升社会影响力

4.4.1 图书馆服务数据综合展示平台

图书馆服务数据综合展示平台，可对接服务应用数据（包括图书馆业务系统、客流系统、微信平台、网站平台、活动积分系统、电子阅览室系统、场地预约系统等），通过平台开发整合大屏幕、PC 端、移动端、微信端等多种窗口，将图书馆各种综合服务信息通过多种途径实时发布，提高综合信息服务的质量和效率。2018 年 11 月广州市图书馆之城数据墙正式上线运行，向社会发布市、区图书馆等的主要服务数据情况。通过广州图书馆牵头引入图书馆服务数据综合展示平台，整合 11 个区共 14 个区级图书馆、1 个少年儿童图书馆相应的图书馆系统，实现平台和信息共享，快速地完善市区图书馆服务管理与创新中数据显示度的薄弱项，高效地促进 11 个区级图书馆同步较好地达到图书馆评估定级相应的指标要求，为一级图书馆的定级，也为文明城市创建的考核打下基础。同时，通过技术平台支撑反映广州市公共图书馆体系建设进展，既展示体系建设成就，也同时接受社会监督。

4.4.2 与"穗智管"城市运行管理中枢和广州文旅融合平台对接

为贯彻落实党的十九大对建设网络强国、数字中国、智慧社会做出的战略决策，广州市委、市政府全面加快数字化发展，深化"数字政府"改革和智慧城市建设，创新打造"穗智管"城市运行管理平台，建成广州市智慧城市运行中心，构建维系城市运行的"超级大脑"，助力老城市焕发新活力，探索符合超大型城市特点和规律的全周期数字化治理新路。2021 年，广州图书馆按照广州市智慧城市建设的要求，依托图书馆服务数据综合展示平台，通过开放数据接口，快速地实现广州市公共图书馆服务系统每天服务数据与"穗智管"城市运行管理中枢对接，协同"穗智管"城市运行管理中枢建立"一图统揽、一网共治"运行模式，为打造智慧之城作出贡献。2021 年，按照广州市文化广电旅游局"广州文旅融合平台"的要求，协同打造"一站式"广州文旅公共服务平台，形成全市图文博美互联互通、服务便捷高效的公共数字文化服务体系，提升广州公共文化和旅游数字服务水平。

4.4.3 推进嵌入式服务渠道

为提升广州市公共图书馆影响力，广州图书馆积极拓展对外的平台服务合作，将服务嵌入多个合作单位的应用平台中。通过与各机构合作服务，拓展服务覆盖区域和人群，提升服务效能。2018 年与广州办事大厅网站和移动端的应用对接，实现用户注册、借阅查询、预约（取消预约）、图书检索、读者证挂失等功能。2019 年与省总工会开展应用对接，实现读者用户注册和资源服务提供。2020 年，通过与广州市政务服务数据管理局的"穗好办"App 对接，实现了读者证办理、数字资源阅读、电子图书推介、图书检索、借阅信息查询、在线续借、读者证挂失、预约图书与预约图书查询等功能，《广州日报》、搜狐网等知名媒体进行了报道。2020 年，广州图书馆通过与广州市教育局的中小学生智慧阅读平台的对接，实现了证件自助办理、个人借阅信息查询、选定资源互通等功能，为新冠疫情防控期间广州市中小学生网上数字资源阅读提供了较大的便利，王东副市长在《广州市教育系统疫情防控工作信息日报》中称"中小学智慧阅读平台与市图资源对接非常好"。2021 年，广州图书馆与羊城通公司穗康生活平台对接，实现办证、书目检索功能的嵌入。

4.4.4 积极参加科技协同创新中心科研项目申报，促进服务增质提效

2021 年，积极参与广州市科学技术局主导的行业科技协同创新中心建设工作，统筹《广州市智慧文旅科技协同创新中心建设方案》申报工作，2022 年，《广州市智慧文旅科技协同创新中心建设项目》《图书馆文献数字化全流程自动化研究及应用》立项成功。广州市智慧文旅科技协同创新中心旨在通过系列科研项目研究及应用实施，促进文化服务增质提效，推进广州城市文化综合实力出新出彩。

5 合作研发广州市公共图书馆在线预约到馆系统

2020 年 2 月，文化和旅游部在疫情防控、提升公共服务能力等方面对公共图书馆提出了新的要求。为公共图书馆适度有序开放，针对全市的读者入馆需求，广州图书馆以集约式建设为总体设计原则，与第三方合作研发了广州市公共图书馆在线预约到馆系统，并于 2020 年 3 月 14 日上线应用。广州市公共图书馆在线预约到馆系统具有较好的功能配置能力，可灵活地满足不同图书馆的需求，可实现自动化统计，通过短信等渠道，自动定时向相关人员提供快速、稳定的服务统计数据，为领导决策提供数据分析基础，也大大减轻了人员统计工作量。同时，广州市公共图书馆在线预约到馆系统共享给广州市公共图书馆服务体系免费使用。

2022 年，广州市公共图书馆在线预约到馆系统实现了与智能通行一体化摆闸的应用对接。为了促进应用可复制可推广，广州图书馆设计了相应的对接接口，减少合作馆采用不同品牌闸机对接时的开发量，有助于合作馆服务水平的快速提升。

广州市公共图书馆在线预约到馆系统在 2020 年 3 月 14 日至 2022 年 12 月期间，累

计为8个区馆和16个分馆（含或馆外服务点）提供服务（如表3所示），为公共图书馆适度、有序开放以及重要业务指标提升提供了强有力的技术支持，为公共图书馆服务正常开展奠定了基础。

表3 广州市各公共图书馆"在线预约到馆系统"应用上线时间

图书馆	应用上线日期
广州图书馆	2020 年 3 月 14 日
番禺区图书馆	2020 年 3 月 18 日
海珠区少年儿童图书馆（樱花馆）	2020 年 3 月 19 日
荔湾区图书馆（周门分馆）	2020 年 3 月 23 日
荔湾区图书馆（芳村分馆）	2020 年 3 月 23 日
海珠区图书馆（宝岗馆）	2020 年 3 月 23 日
白云区图书馆	2020 年 3 月 25 日
越秀区图书馆（署前总馆）	2020 年 4 月 1 日
黄埔区图书馆（香雪馆）	2020 年 4 月 9 日
黄埔区图书馆（大沙馆）	2020 年 4 月 9 日
从化区图书馆	2020 年 4 月 18 日
广州图书馆（广州市儿童公园分馆）	2020 年 5 月 13 日
广州图书馆（光大花园）	2020 年 5 月 22 日
广州图书馆（沙湾分馆）	2020 年 6 月 1 日
番禺区图书馆（直属分馆）	2020 年 6 月 2 日
广州图书馆（钟落潭分馆）	2020 年 6 月 15 日
抗战木刻陈列馆（越秀区少年儿童图书馆）	2020 年 9 月 1 日
番禺区图书馆（钟村分馆）	2021 年 5 月 28 日
花都区图书馆	2021 年 6 月 3 日
广州图书馆（车陂广氮分馆）	2021 年 6 月 6 日
广州图书馆（洛浦分馆）	2021 年 6 月 22 日
越秀区图书馆（署前总馆退押金）	2021 年 9 月 1 日
番禺区图书馆（石碁分馆）	2021 年 9 月 13 日
花都区少年儿童图书馆	2021 年 11 月 15 日
海珠区图书馆（瑞宝分馆）	2022 年 12 月 8 日

广州市公共图书馆在线预约到馆系统通过在微信公众号设立预约入口和增设快捷的注册渠道，显著地提升了本馆微信公众号关注量和网络自助办证量（相关服务数据

如表4所示）。2020年至2022年期间，微信公众号粉丝累计数量突破200万，与2019年相比，增加了118.7万，同比增加了1.45倍，网络自助办证量合计109.7万人次，相比2019年增加了约77.4倍。

表4　广州市各公共图书馆"在线预约到馆系统"相关服务数据

内容	2019年	2020年	2021年	2022年
微信公众号粉丝累计数量/万人	81.6	127.3	175.5	200.3
网络自助办证量/万人次	1.4	23.5	47.3	38.9

6　加强网络安全综合防御能力建设，为业务正常开展保驾护航

在新馆开放以来的十年间，随着《中华人民共和国网络安全法》《中华人民共和国密码法》《中华人民共和国数据安全法》《关键信息基础设施安全保护条例》《中华人民共和国个人信息保护法》等一系列法律法规的实施，广州图书馆在网络安全工作中，也不断探索和创新，除了不断提高网络安全防护能力，从分散到体系、从技术到管理、从被动到主动、从单馆到联动等多个维度进行了转变和升级，还不断完善《广州图书馆网络安全管理制度》，为业务正常开展提供安全保障。

2013年，广州图书馆以搬迁新馆为契机，建设了标准规范的中心机房，配备了先进的网络设备和安防设备。中心机房采用了市电双路UPS供电、恒温恒湿及多联机双路制冷专业空调、24小时全覆盖视频监控、门禁身份识别、自动消防报警灭火系统等先进、安全的技术与设备为机房的安全运行"保驾护航"。这些设备和技术的应用，有效地保障了图书馆信息资源的安全存储和可靠备份。在技术防范建设方面，新馆在网络设计与建设过程中考虑了网络与数据的安全防护，针对不同网络、不同应用，引入相应的网络安全技术解决方案。以互联网为网络安全的重点，部署了防火墙、入侵防御、网站防护、Web防篡改系统、堡垒机、网络防病毒软件，通过有针对性的防护，为广州数字图书馆网站、各数字资源站点、计算机终端以及全市通借通还数据中心的应用安全提供保障。这些技术手段的应用有效地提高了图书馆信息资源的安全性和防范能力。随着广州图书馆的服务业务量不断增加，网络安全形势日益严峻，网络安全威胁呈现多元化、复杂化、频发高发趋势，图书馆在充分利用原有资源的基础上进一步优化网络安全硬件设备提升防护能力，主要表现在两个方面：一是硬件设施升级。2018年开展万兆防火墙和流量控制设备升级，2021年重点强化网络边界的安全管理，

2022 年新增网络安全态势感知系统和日志审计系统设备。二是不断推进完成信息系统的等级保护测评工作，这也标志着图书馆在信息安全、风险控制和系统整体化建设方面获得了认可，并具备了较高水准的信息安全保障能力。通过这两方面的安全保障工作，广州图书馆切实加强网络信息安全建设，构建网络安全发展新格局，保障广州图书馆日常业务的正常开展。

7 注重人才培养，不断提升技术业务水平

十年间，通过项目实施培训、日常技术支持技能交流、参加专业培训以及参观学习等多种形式加强对技术人才队伍的培养。截至 2023 年 5 月，技术部正高职称 1 人、副高职称 6 人，高级职称占部门总人数比例为 39%。十年间广州图书馆技术部人员共参与或主持获得发明专利 2 项、参与编制地方标准规范 2 项，参与课题研究 5 项，发表论文 27 篇。

8 总结与展望

8.1 总结

广州图书馆技术创新与应用取得的显著成绩，既源于《关于加快构建现代公共文化服务体系的意见》《国家"十三五"时期文化发展改革规划纲要》《中华人民共和国公共文化服务保障法》《广州市公共图书馆条例》等一系列政策法规的指导，也源于中共广州市委、市政府打造现代化大都市公共文化服务体系的远见卓识和保障支持，源于新馆建成开放提供的历史性机遇，也源于广州图书馆"十二五""十三五""十四五"发展规划的成功实施。各方面因素综合作用，推动广州图书馆技术创新实现大发展，成功实现服务效益提升。

8.1.1 政府保障投入有力，是图书馆与时俱进推进新技术应用的基础

在市委、市政府的支持下，借新馆建设投入的东风，广州图书馆技术创新迈向了新的高度，并通过日常的信息化运维及升级改造，持续不断推出新技术应用，为广州市图书馆业务的发展提供支撑。

8.1.2 注重顶层设计，高效地促进图书馆事业高效能、高质量发展

新馆开放以来的十年间，广州图书馆依据国家、省、市文件精神和发展规划指引，

先后出台《广州图书馆 2011—2015 发展规划》《广州图书馆 2016—2020 发展规划》《广州图书馆 2020—2025 发展规划》《广州市"图书馆之城"建设规划（2015—2020）》《广州市"图书馆之城"建设五年行动计划（2022—2026）》，助力事业可持续发展。制定实施《广州市公共图书馆服务规范》《公共图书馆通借通还技术规范》《公共图书馆服务质量规范》《广州地区公共图书馆 RFID 标签数据模型标准》等，技术应用规范和管理制度日益成熟，有效推动图书馆事业加快发展、协调发展、科学发展。

8.2 展望

2013 年到 2023 年十年间，广州图书馆在数字图书馆建设、图书馆自动化建设、新技术应用等领域积累了一定的建设基础，但在图书馆智慧服务方面还存在着不少短板和问题。由于经济社会发展水平的制约，城乡之间、区域之间的图书馆智慧建设水平还存在较大差距，改革创新力度有待加强，社会力量的作用还没有充分发挥，数字化、网络化、智能化建设与其他领域相比仍显滞后。现阶段广州图书馆必须立足公共图书馆建设现状，深刻认识智慧图书馆建设的新特征、新要求、新规律，抓住机遇，应对挑战，不断提升图书馆智慧服务水平。

8.2.1 探索数智转型，打造共享平台

构建智慧图书馆服务体系。做好图书馆数智转型顶层规划，推动智慧图书馆系统端口对接、服务嵌入，实现图书馆传统业务管理与互联网、智能化技术深度融合，纸电一体化管理。融入广州智慧城市发展框架，加强"图书馆之城"在智慧服务、分析、评估和辅助决策等方面的能力，提升智慧化服务管理水平。

优化升级重要数字门户。依托"广州数字图书馆"等资源平台，推动数字资源跨平台整合和高度共享，完善相关平台的信息检索、知识发现和服务咨询功能。依托"广州公共文化云"等服务平台，建立完善集成需求征集、预约预订、在线互动等功能的公共数字门户。

打造共享知识服务平台。对文献、音频、视频等不同形态的文化资源数据进行采集、存储、处理、分析和多维展示，提供多源知识内容关联整合、智慧管理与智能服务，推动图书馆文化大数据资源纳入国家文化大数据体系。

8.2.2 设立图书馆智慧化创新示范项目

积极探索智慧图书馆建设与智慧产业的有机融合，建立示范性实体智慧服务空间，打造面向未来的图书馆智慧服务体系和自有知识产权的智慧图书馆管理系统，为广州公共图书馆智慧化升级积累经验。

8.2.3 打造广州"智慧图书馆之城"

通过各级图书馆建筑空间、设施设备的智慧化改造，实现文献编目、分拣、盘点、流通等线下业务的智能化升级。实施集约式智能座席、智能问答平台，营造多媒体智能交互阅读场景。引入社会化物流，建立覆盖全市的文献智能化传递体系，实现各级图书馆馆藏文献资源在全市范围高效便捷流转。

图书馆财务管理

陈思妍

2012 年 12 月 28 日，广州图书馆新馆大门正式向社会敞开。原中山四路 42 号旧馆迁往珠江东路 4 号新馆，建筑面积由 1.77 万平方米到 9.8 万平方米，成为世界最大城市图书馆，总经费从 8000 多万元到 2.7 个多亿元，人员、文献资源等资产都比以往大幅增加，效益飞跃新台阶。历经十年，财务的管理从着重预算收支管理、单位内部会计核算软件的管控发展成对事前预算编制、事中预算执行以及事后绩效评价的全过程信息系统的控制，在外部和内部双管齐下的层层监督下，资金财务管理水平和使用效益得到了有效提升。

1 建立财政资金全程监督管理机制

随着财政改革的不断深入，财政监督工作逐渐融入财政管理，从经费使用的预算管理到预算执行情况的追踪及事后绩效考核的管理，一环紧扣一环，以对财政资金的执行实现全过程的动态监督。

1.1 加强信息化建设，提高财政资金管理水平

2011 年广州图书馆的会计核算告别了单机版的财务软件，启用了由广州市财政局利用网络信息技术建立的财务数据"大集中"模式的市本级财务核算信息集中监管系统。随后，2019 年广州市财政局进一步升级改造财务监管系统，继续采用广州市本级财政预算管理一体化系统、广州市财务核算信息集中监管系统等，对资金的使用管理监督加大力度，同时也为广州图书馆提高财政管理水平提供了良好的技术支撑。2021 年广州图书馆在广州市财政局的统筹指导下完成一体化系统上线运行全部经济业务的工作。该数字财政一体化系统全面覆盖了项目库、预算编制、预算执行、会计核算、绩效评价等预算管理的全流程核心业务，让广州图书馆使用财政资金的每笔经济业务真正实现了在系统上进行全流程追踪。

1.2 实现全面预算管理，提高预算的约束力

随着国家对预算管理法律法规的修订完善和制度执行的落实，过去预算执行中存在的问题也在预算管理优化的过程中得到有效解决。早前，预算管理过程中普遍存在预算意识薄弱，统筹力度不足，约束力不够强，资源配置有待提高等问题，对资源配置和事业发展存在一定的阻碍。为落实全面预算管理，广州图书馆制定《广州图书馆经费预算管理办法》等内部管理制度并严格执行，将预算支出以项目形式全部纳入预算管理库，未纳入预算项目库的项目一律不安排预算。预算执行过程中，设置专岗监测预算执行情况，以执行财政序时进度为考核，每月通报各项资金使用进度情况并对预算执行情况进行分析。要求各项目负责人按时完成预算资金使用计划，通过项目资金使用，促进业务活动的开展。对于资金使用计划偏差、滞后的项目，预算专管员会进行及时跟进协调，向领导提供相关数据和情况反馈。同时根据预算执行情况的研判结果，与项目负责人充分沟通后，对不适合当年继续安排资金的项目，按程序进行调整或退回，使财政资金的使用效率发挥最大效益，最大限度避免资金闲置、浪费和突击花钱等不良情况的出现。

1.3 全程跟踪资金流向，加强监督管理

通过数字财政一体化系统数据，全程掌握单位资金的预算编制与调整、资金使用与流向、经费支出进度与绩效目标，有效监控资金运行情况。预算年度结束后，将所有预算项目均纳入预算绩效全过程管理，对各项目开展绩效评价工作。从项目运行情况、管理效益、履职效能、社会效益、服务对象满意度等方面，衡量评价广州图书馆整体部门效益和各项目实际成果。项目的评价结果将作为以后资金安排的重要依据，对绩效好的项目优先保障，推广项目先进经验，对绩效一般的项目督促改进，减少资金投入，始终保持资金使用效率的高效运行。

2 强化单位财务内控管理

早在 2008 年，财政部门全面联合五部委共同颁布了《企业内部控制基本规范》。内部控制与财务管理具有千丝万缕、密不可分的联系，财务管理是内控管理最重要的内容之一。做好财务工作是保证资金有效使用的基础，特别是内部控制制度的应用，在财务风险的防范方面发挥着巨大的作用。广州图书馆新馆开馆以来一直重视内部管

理，紧紧围绕财政全程监督管理的思想推进内部管理各项改革，切实提高财政资金使用效益。

2.1 提高内部控制的管理水平，不断完善建立制度

2009 年《广州图书馆规章制度汇编》涵盖了《广州图书馆会议制度》《财务管理制度》《财务管理监督制度》《财产物资管理暂行条例》《工程项目招投标管理暂行办法》《车辆管理及使用办法暂行规定》等内容；在此基础上，2014 年至 2021 年期间，根据上级部门的最新文件精神，结合本馆的实际情况，重新修订或新建立《广州图书馆重大事项决策实施规则》《广州图书馆经费预算管理办法》《广州图书馆财务管理制度》《广州图书馆合同管理办法（试行）》《广州图书馆内部审计工作制度（试行）》等一系列内控制度；2022 年梳理各项业务流程，整体完善内控制度建设，聘请第三方机构对广州图书馆内部控制体系建设工作进行专业指导。建立及重新修订《中共广州图书馆委员会"三重一大"事项决策工作指引》《广州图书馆领导班子会议制度》《广州图书馆经费预算管理办法》等 15 个制度，形成《广州图书馆内控制度手册》，进一步提高单位内部控制管理水平，规范内部控制，加强廉政风险防控机制建设，满足外部监管要求和内在发展需求。

2.2 落实归口管理，明确监督责任

为加强对"一把手"权力监督，馆领导班子重新调整分工，由一名副馆长协助分管财务工作。落实管理制度的归口管理责任部门，完善和规范岗位职责、审批和开支流程。

通过建立内部控制体系，实施内部管控，对各项管理制度进行整合，明确了单位内部各部门的职责权限和按流程办事的原则，确保了层级权责分明，控制手段标准化和程序化，从而减少了人为因素，实现了权力制衡、预防腐败，构成了"不敢腐、不能腐、不想腐"的机制，为广州图书馆公共服务职能和业务运行提供了有效的制度规范保障。

3 新馆十年成效分析

财政资金在外部财政监督与单位内部财务控制的双层管理下，资金流向全程跟踪，资金的使用做到有章可循，有据可依，严格按照相关规定执行，保障资金安全、高效

运行，有力保障了新馆服务的开展。

通过制定《广州图书馆内控制度手册》建立健全内部控制管理制度，为本馆的内部控制规范提供标准和程序。进一步提高单位内部控制管理水平，为合理保证单位经济活动合法合规、资产安全和使用有效、财务信息真实完整，有效防范舞弊和预防腐败，提高公共服务的效率和效果提供有力支撑。加强廉政风险防控机制建设，满足外部监管要求和内在发展需求。

近十年来，图书馆的文献藏量数量翻番，由 500 多万册（件）增至 1100 万册（件），接待访问量、注册读者量、外借文献量、读者活动量、数字资源使用量等主要服务指标大幅增长，效益显著，见表1。

表1 2013—2022 年广州图书馆新馆各类馆藏文献数据一览

年份	文献购置费/万元	藏量/万册（件）	接待访问量/人次	外借文献量		累计注册读者/万人	数字图书馆	
				外借/册次	外借/人次		网站访问量/万次	数字资源下载、浏览量/万篇（册）次
2013	3400.0	573.7	4272166	6950659	1330796	66.1	342	1629
2014	4600.0	658.0	6198238	9149842	1739167	86.8	512	1912
2015	3420.0	732.7	6153562	10213482	1940329	105.9	711	3584
2016	3700.0	789.5	7396912	10963004	2152522	124.0	841	4497
2017	4100.0	843.3	7953082	10542309	2268539	143.3	1133	4582
2018	4520.0	946.6	8393913	10083700	2106646	160.0	12267	7216
2019	5900.0	1025.6	7983790	10340239	2199365	176.9	14742	9832
2020	4783.6	1068.1	2085957	8191305	1206892	195.8	11113	11666
2021	2576.9	1083.7	3530712	9884292	1636038	223.2	22052	12175
2022	6638.2	1156.0	2796060	8300744	1412818	244.9	13853	14084

4 思考与展望

财务管理和内控制度日臻完善带来成效的同时也会面临着一系列问题，需要在今后的工作中进一步探索和解决。例如，在日常审批流程工作中，领导负责的其他日常工作繁重，审批流程容易滞留在某一审批环节，整个审批流程时间较长，降低了工作开展的时效性，需要进一步优化、简化审批工作流程。内控管理缺乏整体统筹，目前各部门虽然理清了业务流程，划清了责任边界，但是上下游环节缺乏有效衔接，难以形成工作合力。例如：预算业务管理中资金使用涉及多个部门，需要对业务活动资金、政府采购信息等进行预算申报、执行、调整的统筹整合；报销时由于报销人员不熟悉相关制度和规定，一笔报销单据往返多次等情况都成为现行财务管理制度中存在的问题。结合上述问题，财务管理可以从制度建设、预算管理、信息化建设、内部控制等多个方面着手，具体有以下四点。

4.1　重视财务管理工作，树立风险防范意识

财务管理是事业单位经济管理的核心，是活动计划及任务全面完成的有力保证。从单位领导到一般职工，都要有一种对财务管理规范化重要性的认识，都应树立起风险防范意识，相关负责人还需了解和把握内部控制风险点。在管理与执行过程中可能出现风险时，通过单位领导和员工的支持与配合，才能最大限度规避财务风险，使单位得到良好的发展，发挥出更大的社会效益。

4.2　加强与完善财务管理制度建设

财务管理制度是单位做好财务管理工作的重要保障，所以单位必须加强与完善财务管理制度建设，使财务管理工作有章可循。随着外部环境的变化、本单位经济活动的调整和管理要求的提高，不断修订和完善现有的财务管理制度、规范等，对于不符合单位发展的旧的制度予以废除，并建立与制定新的财务管理制度。同时强化财务管理制度落实机制，在制度出台后要积极组织相关人员进行培训学习，将财务制度管理到实处。

4.3　提高财务人员素质，增强财务管理信息化水平

财务管理水平的提高有赖于财务管理信息化建设，因此提高财务人员的综合素质及增强财务管理信息化水平十分必要。进一步推动内控管理信息化建设，加强信息化手段与业务活动的融合，可以有效防范财务信息的失真。要积极组织财务人员参加信息化建设及各种业务培训，全面提高他们的业务素质和实际工作能力。

4.4　提高预算管理意识，强化单位内部控制

预算管理制度是财务管理的核心内容，单位一定要提高预算管理意识，强化预算编制与执行，建立完善的预算监督制度，对预算管理的各个环节进行监控，对预算编制、审批、执行、预算绩效等各个环节都要做出明确的规定。保障预算编制的严谨性、

科学性以及准确性；做好单位的内部控制，加强对单位资金的管理有效从源头上杜绝单位的贪污腐败，保护国有资产，提高单位活动效率。一方面单位领导要高度重视内部控制，意识到内部控制的重要性，加强对内部控制的学习，使人人都有内部控制意识；另一方面要组织定期检查和不定期检查，通报检查结果，提升管理成效。充分发挥内部控制作用的同时，重视外部审计部门、督查小组的审计意见及反馈。两者双管齐下，充分发挥内外合力，弥补单位内控实施过程中的不足和疏漏。

一言以蔽之，加强财务管理只有始终坚持以风险防控为前提、以规范管理为核心、以完善制度为基石、以严控标准为手段，才能严肃财经纪律、保障财务安全，才能规范管理行为、保证清正廉洁，才能助推科学管理、发挥保障职能。

图书馆资产管理

胡迪威　何文彬

党的二十大报告强调了"大力发展社会主义先进文化，加强理想信念教育，传承中华文明，促进物的全面丰富和人的全面发展"①，图书馆在此中承担着举足轻重的责任。而资产管理工作的开展，则是广州图书馆快速发展背后坚强的护盾与支撑，广州图书馆资产管理水平的提高，对广州图书馆的发展具有深远的意义与影响。

1　广州图书馆资产管理特点

广州图书馆资产总体绩效情况良好，能根据各部门的实际运行职能，按需配置固定资产，并且每个部门都确立部门资产管理员负责资产的日常管理，整合该部门资产，利用好现有的资产，防止资产的闲置浪费。在新馆十年的工作中，资产管理工作取得较好的实践成效。

1.1　完善制度建设，健全内部管理机制

为保障资产能得到有效的管理和使用，广州图书馆建立健全资产管理制度，在坚持统一政策、统一领导、分级管理、责任到人、物尽其用的原则基础上，不断完善制度，使资产的管理和使用，做到职责清晰、配备合理、使用规范，能节约、有效地使用资产，提高资产使用效率，保障资产的安全和完整。

2018 年 5 月 11 日，广州图书馆修订《广州图书馆财产物资管理办法（2018版）》，该管理办法对固定资产的界定、部门职责、日常管理进行了详尽的说明与指引，对广州图书馆的资产管理进行指导，完善广州图书馆资产管理的内部管理机制。

2022 年，广州图书馆结合实际情况，聘请第三方专业机构对《广州图书馆财产物资管理办法（2018 版）》进行完善更新，形成《广州图书馆财产物资管理办法（2022

---

① 习近平：高举中国特色社会主义伟大旗帜　为全面建设社会主义现代化国家而团结奋斗——在中国共产党第二十次全国代表大会上的报告［EB/OL］.［2023-05-01］. https://www.gov.cn/xin-wen/2022-10/25/content_5721685.htm.

版）》（以下简称《办法》），通过完善《办法》，健全内部管理机制，不断提高资产管理水平。

《办法》中包含了对广州图书馆固定资产与无形资产的标准、分类和计价，资产管理部门的职责，资产的日常管理，其中包含资产的采购、领用、馆内迁移、处置、维修与保养、清查盘点、折旧与摊销等相关的指引。

《办法》详细明确了各部门的职责。其中包含了办公室财务组、资产与物业管理部、采编中心、技术部以及各个资产使用部门的职责，规定了资产使用部门应设定部门资产管理员，专岗专责，负责本部门财产物资的使用管理，包括办理资产配置、领用、验收、移交、处置、保管等相关手续。

固定资产的处置工作是固定资产管理的重点，《办法》根据《广州市市属行政事业单位国有资产处置办法》与《广州市市属行政事业单位报废电器电子产品集中处理业务操作指引》，对固定资产的处置更是做了详细的介绍。固定资产处置包含了无偿划转、有偿转让、对外捐赠、资产置换、资产报废、资产报损等情况，《办法》对固定资产处置发起、申报、审核上报、处置收入，都明确固定了责任分工、流程设置、审批权限。其中，在固定资产处置的审批中，明确规定了《行政事业单位国有资产处置审批表》经资产与物业管理部主任、办公室财务负责人、纪检监察室主任、分管业务的馆领导、馆长审核，报馆领导班子会议审定，按馆"三重一大"事项决策规定须报党委会审议的，报批后由资产与物业管理部上报主管部门。审批通过后，单位资产管理员应将资产处置批复交至办公室计划财务组及档案室存档。该项办法使各部门在处置固定资产时都能做到有章可循，有规可依。

《办法》中除了固定资产与无形资产管理规定的完善，也根据《行政事业性国有资产管理条例》新添加了资产信息管理与报告、国有资产评估与材料、低值易耗品管理、监督检查等方面的内容。其中：资产信息化管理是指利用计算机网络技术，对广州图书馆资产的现状以及资产配置、使用、处置等环节进行动态管理的一种手段；资产评估是由具有合法资格的资产评估机构及其专业人员，对资产在某一时点的价值进行评定和估算的行为；而低值易耗品管理，则是对单位价值在规定标准以下，或使用年限在一年以内、不作为固定资产管理的各种工具与用具等的使用管理。

1.2 利用信息平台互通机制，提升资产信息化管理水平

1.2.1 旧馆资产管理工作受技术水平制约

在广州图书馆旧馆的资产管理信息化工作中，因技术等因素的限制，导致了原资

产管理系统存在了以下的缺失：①联网功能的缺失，原资产管理系统只是广州图书馆内部 OA 系统内嵌模块，资产管理系统的录入、审批、信息查询等权限全部集中在单位资产管理员，馆内其他部门比如办公室财务组、上级部门比如广州市文化广电旅游局财务处等均不能通过资产管理系统对资产管理工作进行审核、审批，使原来的资产管理系统成为信息的孤岛。②其他辅助性功能缺失，原资产管理系统虽然实现固定资产的录入从纸质账本登记到电脑录入，但功能单一，只能进行简单的固定资产信息录入。

1.2.2 更换新系统，实现"互联网+资产管理"

2021 年 11 月 18 日，广东省财政厅发布《关于做好"广东省行政事业性国有资产管理系统"上线有关工作的通知》，指出根据《行政事业性国有资产管理条例》、《国务院关于进一步深化预算管理制度改革的意见》、《广东省人民政府关于印发广东省"数字政府"建设总体规划的通知》等文件规定，以及省委、省政府建设"数字政府"工作部署，"为加快推进全省行政事业性国有资产信息化建设实现跨越式发展，全面提升信息化服务财政管理改革的有关要求"，2021 年 12 月 3 日正式上线运行省统一建设的"广东省行政事业性国有资产管理系统"。

广州图书馆根据国有资产管理信息化的要求，建立和完善资产管理信息系统，及时将资产变动信息录入资产管理系统，实行动态管理，并在此基础上做好国有资产统计和信息报告工作。新资产管理系统的上线，使广州图书馆资产管理工作在效率性、安全性、全面性等迎来了质的飞跃，标志着广州图书馆资产管理工作现代化踏上新台阶。

在"数字政府"工作部署下，通过资产系统与财务核算系统对接，实现全面互联，完成资产管理业务。资产管理员通过资产管理系统就能完成制单登记、审核入账等，实现资产账目与财务账目账账相符，账实相符。资产管理员根据实际发生的业务，在资产管理系统中完成新增固定资产卡片、固定资产价值变动、固定资产累计折旧与无形资产摊销后，入账操作并不会立即生效，系统将会推送该项待入账业务至单位财务人员，待单位财务人员完成报销单据等材料的审核后在业务单据上填列入账人员、财务凭证单号信息等才能完成资产管理业务的入账工作。

"数字政府"平台数据规范化管理，各级部门之间的数据实现互联互通，简化资产处置流程。2020 年广州图书馆申请将《广州大典·曲类》文献资产无偿划转给广州大典研究中心，在得到《广州市文化广电旅游局关于广州图书馆无偿调拨〈广州大典·曲类〉文献资产的批复》后，通过在资产管理系统"处置申请"模块发起申请，填列申请单位、资产接收单位、处置说明等相关信息后，并勾选需要无偿划转的《广州大典·曲类》文献资产卡片，发送至上级主管部门，待上级主管部门在线上审批通过后，由接收方广州大典研究中心资产管理员在资产管理系统上进行资产接收。至此，资产无偿划转的申请方、上级主管部门、接收方均通过广东省行政事业性国有资产管理系统完成了一项资产处置业务，使资产处置管理工作的流畅性、安全性得到了保障。

1.2.3 加强在建工程管理，实时监控工程进度

原资产管理系统对于在建工程管理一直是处于空白阶段，在建工程的开项支付预付款、支付进度款、结项支付尾款等业务只能反映在财务明细科目中，资产管理员对在建工程的实时掌握存在难度，广东省行政事业性国有资产管理系统中的"在建工程"模块上线后，资产管理部门、财务部门双方通过在资产管理系统上的在建工程模块的内容录入、审批、实时更新支付进度情况、竣工验收、结转固资等操作，实现了单位资产管理部门与财务部门对于在建工程管理的同步性与一致性。

1.2.4 加强办公用房管理，落实办公用房清理整改

办公用房管理一直是广州图书馆资产管理工作的重点之一。广东省财政厅《关于印发〈关于规范党政机关办公用房使用管理的指导意见〉通知》，对办公用房配置、使用范围、使用面积等方面提出了指导意见。广州图书馆通过对全馆办公用房面积测量与使用人数的对比，对办公用房进行了清理整改，将办公用房详细信息比如办公用房单元房号、类型、面积、使用人数等登记在广东省行政事业性国有资产管理系统中，并实时更新办公用房信息，有序推动了办公用房清理整改工作。

1.2.5 加强出租出借管理，发挥国有资产效益

为提升国有资产的经济效益和社会效益，盘活国有资产，实现国有资产保值增值，广州图书馆十分重视资产的出租出借管理工作。广州图书馆出租出借信息通过广东省行政事业性国有资产管理系统的出租出借管理模块进行实时登记管理，实时登记的信息包含了出租出借备案、每月租金收款、每月收益上缴等出租出借业务内容。通过对出租出借模块的管理，可实时掌握出租出借资产的实时情况，防止国有资产流失，切实保障了国有资产的安全。

1.3 有序推进国有资产处置，规范资产管理处置流程

广州图书馆国有资产处置严格按照《广州市市本级行政事业单位国有资产处置管理办法》和《广州市文化广电旅游局国有资产使用与处置管理实施办法》执行。国有资产处置分为无偿划转、有偿转让、资产报废、对外捐赠、资产置换等处置手段。

《广州市属行政事业单位国有资产处置办法》有明显的变化。比如《广州市属行政

事业单位国有资产处置办法》在资产对外捐赠的审批权限中，规定了超过规定可更新年限需报废的资产，由单位主管部门审批。而《广州市市本级行政事业单位国有资产处置管理办法》关于处置权限的界定，更是再次明确强调了已达使用年限并且应淘汰报废的资产处置事项，无论金额大小，均由主管部门进行审批。此外，《广州市文化广电旅游局国有资产使用与处置管理实施办法》中，规定了到期报废资产及达到报废条件确需报废的图书、期刊，资产原值总额在20万元（含20万元）以下的，由各单位每半年按规定程序自行处置一次，处置后报局备案。超过20万元，每年11月报局审批。国有资产处置权限的下放，年度集中报废的流程，极大地提高了广州图书馆国有资产处置的效率。

1.3.1　推进固定资产报废，实现资产可持续发展

2018—2023年广州图书馆共完成固定资产到期报废工作6次，均已完成审批工作，共涉及固定资产1453件，合计资产原值920.80万元。

广州图书馆固定资产报废工作的推进完善固定资产管理，提高固定资产的报废处置效率，确保资产处置管理制度的贯彻、落实，实现资产可持续发展。

1.3.2　落实资产无偿划转，实现资产账实相符

无偿划转是指在不改变国有资产性质的前提下，以无偿转让的方式变更国有资产占有、使用权的行为，是固定资产处置的重要内容。除了固定资产到期报废工作的有序推进外，广州图书馆在2020年4月完成中山四路旧馆建筑固定资产无偿划转至广州少年儿童图书馆的工作。广州图书馆2012年搬迁至珠江新城新馆后，根据广州市人民政府办公厅《市长办公会议纪要》，中山四路广州图书馆旧馆建筑改造为广州少年儿童图书馆。中山四路旧馆建筑因历史遗留问题（未登记权属），多年来未办理固定资产无偿划转，仍为广州图书馆在账固定资产，实际上已经由广州少年儿童图书馆使用管理。广州图书馆在2019年接广州市规划和自然资源局《关于印发解决我市公共服务设施确权登记历史遗留问题的若干意见的通知》，已对中山四路旧馆建筑历史遗留问题进行汇总上报。根据广州市越秀区人民政府《关于公布越秀区不可移动文物名录的通知》，中山四路旧馆大楼已列入越秀区不可移动文物名录。为切实做好不可移动文物的保护、管理和利用工作，加强国有资产管理，广州图书馆完成了将中山四路旧馆建筑无偿划转至广州少年儿童图书馆，共涉及9项资产，合计原值519.16万元。

此次无偿划转申请得到了广州市文化广电旅游局与广州市财政局的同意，解决了广州图书馆多年的历史遗留问题，是固定资产管理工作做到账账相符、账实相符。

1.3.3 推进资产对外捐赠，助力图书馆事业发展

对外捐赠是依照《中华人民共和国公益事业捐赠法》，自愿无偿将其占有、使用的国有资产赠与合法受赠人的行为。为助力图书馆事业的发展，盘活闲置资产，广州图书馆积极推进文献资源的对外捐赠。

2021 年 8 月 20 日，经广州市财政局批准，为进一步深化广州与毕节、黔南州两市公共图书馆扶贫协助和交流合作，提高毕节、黔南州公共图书馆的服务质量和服务效能，按照《广州市 2020 年东西部扶贫协助和扶贫开发工作要点》《广州市关于全面加力东西部扶贫协作的十三项举措》精神要求，经协商并结合馆藏情况，向毕节市图书馆捐赠图书 105000 万册，期刊 1732 份；向黔南州图书馆捐赠图书 87955 册，期刊 1698 份。两项合计共捐赠图书 192955 册，期刊 3430 份。

2023 年 6 月 5 日，广州图书馆积极响应广东省委宣传部国家重点文化项目的需求及按照广州市委宣传部、广州市文化广电旅游局的指示，向广州国家版本馆捐赠文献资源固定资产 208210 册（件），以保存有历史文化传承价值的文献资源。

1.4 加强资产盘点工作，全面掌握资产情况

广州图书馆 2018 年 5 月通过委托招标代理方式委托第三方专业机构，对广州图书馆截止到 2018 年 12 月 31 日除文献资源类与建筑类外固定资产进行盘点清查，其中涉及固定资产 7282 件，合计资产原值为 4440.68 万元。第三方专业机构团队分别到各部门进行实物盘点，核实实物资产情况，结合会计凭证、合同等资料，最终形成了能够反映实盘、盘盈和盘亏的盘点结果，并根据盘点结果更新资产管理系统，结合条形码管理，将实物资产贴上相应的标签，实现物卡的跟踪管理。在本次盘点结束后，第三方专业机构出具了《广州图书馆固定资产盘点分析报告》与《广州图书馆其他专项审计报告》，其中《广州图书馆其他专项审计报告》指出"截止至 2018 年 12 月 31 日，广州图书馆的固定资产未清查出盘盈、盘亏情况，实物资产使用情况良好"。此次委托第三方专业机构对广州图书馆固定资产进行盘点清查，既摸清了家底，防止国有资产流失，也为后续例行盘点铺垫基石。

2 完成新馆项目资产接收工作，实现账目信息一致性

广州图书馆新馆项目为广州市重点工程，建设资金规模较大，项目结算时间及资

产投入使用时间长，部分项目尚未完成结算，有些资产已达报废年限，出现破损、需维修等情况，并且广州图书馆新馆项目移交时固定资产没有相关的明细项目，不利于会计核算和实物资产管理，因此需要重新对基建项目的固定资产进行明细分类，并正确计算各项固定资产的数量和价值，为正确会计核算和资产的使用与管理提供依据。

在主管部门以及广州图书馆领导高度重视下，广州图书馆通过招标代理委托第三方会计师事务所共同对新馆资产进行明细分类及盘点等相关工作。最终，新馆项目在未完成整体结算的情况下进行资产移交进账，前后全程历时一年，项目组参与人员接近 20 人，将现有账面梳理清楚。

2.1 前期准备工作

广州图书馆新馆项目总预算约 13.14 亿元，当时的业主单位是广州市文化局（现广州市文化广电旅游局），项目采用代建制，土建项目的代建单位是广州工程总承包集团有限公司，专用设备的代建单位是广东省电信规划设计院有限公司。本次资产接收工作前期，广州图书馆专项工作小组在主管部门的带领下多次前往代建单位，分别取得广州图书馆新馆项目合同、终验报告、结算评审、项目结算与支付台账等关键材料，为后续第三方机构核算分析奠定坚实的基础。

2.2 项目资产调入情况

广州图书馆分别在 2020 年 7 月与 2021 年 6 月接到《广州市文化广电旅游局关于资产划拨使用单位的通知》，将广州新图书馆项目账面价值 16148.14 万元与 2525.50 万元的固定资产调拨至广州图书馆，结合广州图书馆在 2016 年接收的新馆项目调拨固资账面原值 88061.97 万元，截至 2021 年 6 月广州图书馆新馆固定资产账面原值合计106735.62 万元。

2.3 聘请第三方机构完成移交资产清点

广州图书馆新馆资产接收工作于 2020 年 9 月立项，在当月出具了《广州图书馆新馆项目国有资产接收工作实施方案》，并于 2020 年 11 月与第三方会计师事务所签订了《广州新图书馆项目固定资产类目梳理及清查盘点服务项目合同书》。首先，第三方会计师事务所通过组织经验丰富、技术全面的专业人员，与广州图书馆共同成立专项工作小组，采用基本建设工程竣工财务决算的工作方法，向代建单位收集有关基建资料、基建财务核算数据等进行整理、分析，根据基建结算书或工程造价审核报告等资料对固定资产进行明细归类，对基建成本费进行合理的分摊计算，确定各项固定资产的数量和价值；其次，工作小组完成了对资产清单的固定资产进行全面的实地盘点工作；然后，工作小组按现行政府会计制度的规定正确计算各项资产的累计折旧，完成了对固定资产及无形资产的明细清单录入固定资产管理系统工作；最后，工作小组在 2021 年 11 月根据本次资产接收工作情况，出具了《广州新图书馆基本建设项目形成固定资产的清查整理工作报告》。

《广州新图书馆基本建设项目形成固定资产的清查整理工作报告》中披露了新馆项目资产的总体情况：截至 2021 年 8 月 31 日，广州图书馆新馆建设项目（包含但不限于工程和专用设备等）资产清查核实金额合计 106735.62 万元：其中固定资产 15160 件，合计资产原值 104696.89 万元；无形资产 72 件，合计资产原值 2038.73 万元。

本次第三方会计师事务所对新馆项目接收资产进行盘点工作后，对部分不能正常使用的固定资产与尚未结算的固定资产提供后续处理建议，并为正确会计核算和后续资产的使用与管理提供了依据。

3 未来展望

2022 年 11 月广州市财政局最新的《广州市市本级行政事业单位国有资产处置管理办法》发布后，广州市文化广电旅游局也相应地根据财政局的办法精神在 2023 年 3 月发布了《广州市文化广电旅游局国有资产使用与处置管理实施办法》，这两个资产管理办法对部分资产使用、处置等审批手续、权限做出了最新的界定。广州图书馆也将及时根据《广州市市本级行政事业单位国有资产处置管理办法》与《广州市文化广电旅游局国有资产使用与处置管理实施办法》对《广州图书馆财产物资管理办法》进行更新，以确保资产管理工作有章可循，有章可循，有规可依。

在后续的工作中，广州图书馆将继续加强对国有资产的管理，防止国有资产流失，积极利用国有资产为广大读者提供资源借阅与传递、信息咨询、展览讲座、艺术鉴赏、文化展示和数字化网络服务及公众学习、研究、交流空间，开展社会阅读推广活动。

图书馆治安保卫工作"协作管理"实践

张 伟

广州图书馆新馆（以下简称新馆）自 2013 年 6 月 28 日全面开放以来，已近十年。一体化、开放式服务的理念变化和大空间服务推行，使得原来封闭管理的治安保卫工作形式已经难以适应新形势发展。新形势下，统筹考虑图书馆业务发展和治安保卫工作，创新治安保卫工作机制，促进发展和安全良性循环成为新馆发展必须面对的命题。

1 新馆治安保卫工作面临的挑战

1.1 读者接待量和建筑结构对治安防范的影响

随着《中华人民共和国公共文化服务保障法》《中华人民共和国公共图书馆法》相继出台，中国图书馆事业呈现蓬勃发展状态。《中华人民共和国文化和旅游部 2021 年文化和旅游发展统计公报》显示，截至 2021 年末，全国公共图书馆在建筑面积、接待读者人次等方面均有不同程度提升。其中，全国公共图书馆实际使用房屋建筑面积 1914.24 万平方米，比上年末增长 7.2%；总流通人次 74613.69 万，增长 37.8%①。

新馆开放以来，接待读者人次持续上升。2019 年全年共接待读者 917.5 万人次，较 2013 年全年接待量 427.2 万，增长 1 倍有余。2018 年 8 月 5 日单日接待量达到史无前例的 5.1 万人。自 2017 年开始，每年举办的聚集性读者活动均在 2600 场以上。人流密集成为业务发展的典型标志。如果日常安全管理机制不健全、应急管理措施不到位，就会存在极大的安全风险。

新馆建筑总面积近 10 万平方米，建筑结构复杂，视频监控存在死角盲区。安全保卫部在 2013 年 9 月份向馆部提交的《广州图书馆完善安全管理方案》中提及"监控系统设计、建设没考虑图书馆的特点存在设备落后，盲点多、效果差"。2017 年以后陆续对视频监控系统进行升级改造，先后加装、更换高清网络摄像机 789 台，实现了重点防护区域全覆盖，但仍然存在死角盲区，加上读者保护贵重物品意识较差，财物失窃

---

① 中华人民共和国文化和旅游部 2021 年文化和旅游发展统计公报 [EB/OL]. (2022-06-29). https:// zwgk.mct.gov.cn/zfxxgkml/tjxx/202206/t20220629_934328.html.

案（事）件偶有发生。治安防范面临较大压力。

1.2 政府监管压力与大众安全意识之间的矛盾

党和政府一直高度重视安全工作。2013年6月，习近平总书记就安全生产作出重要指示，指出"人命关天，发展决不能以牺牲人的生命为代价，这必须作为一条不可逾越的红线"①。国务院办公厅在2017年1月印发的《安全生产"十三五"规划》中对强化安全监督管理责任提出了明确要求，强调坚持"党政同责、一岗双责、齐抓共管、失职追责"和"管行业必须管安全、管业务必须管安全、管生产经营必须管安全"②。此后，国家、省、市政府和行业主管部门陆续出台的一系列与安全相关的法规、规范都将落实安全生产责任及责任追究条款纳入。如广州市出台实施的地方标准《单位内部安全防范要求》，从落实层级主体责任和"人防、物防、技防、制度防"等"四防"体系均进行明确的规定。政府对安全的监督管理趋于细致，新馆上下都担负着较大的安全管理责任。

但同时，无论是在日常阅读，还是参与活动时，读者常忽视安全规范的要求。如：在遵守消防规则方面，随意遮挡消防栓、安全疏散标识、堵塞疏散通道等现象比较突出；一些来馆举办活动的单位，一味追求读者活动人数，在活动现场却未预留安全疏散通道，或者占用安全疏散通道堆放活动用品③。大众安全意识欠缺加剧了新馆安全管理压力，增加了安全风险。

1.3 媒体关注对新馆治安保卫工作的影响

新馆是世界上最大的单体城市图书馆，也被誉为"世界上最繁忙的图书馆"，毗邻广州"城市会客厅"花城广场。优越的地理位置和良好的服务效益，使得新馆从开放伊始就成为媒体关注的焦点，一些公共安全事件容易引起媒体跟踪报道。新馆治安保卫工作在推行过程中，除了要保证公共安全管理措施的有效实施外，还要综合考虑受众情绪和社会反应，要尽量引导舆论，避免不良情绪发酵。上述情况在突发事件应急处置过程中体现较为明显，无形中放大了安全管理压力。

---

① 一起重温习近平总书记关于安全生产重要论述［EB/OL］.［2022-03-26］. https://baijiahao. baidu. com/s? id=1728331924393966140&wfr=spider&for=pc.

② 国务院办公厅关于印发安全生产"十三五"规划的通知［EB/OL］.［2017-02-03］. http:// www. gov. cn/zhengce/content/2017-02/03/content_5164865. htm.

③ 张伟，刘怡，巫朝滨，等.国内公共图书馆突发事件应急管理中舆情监测运用研究［J］.河南图书馆学刊，2020（11）：20-25.

1.4 治安保卫基本力量建设的制约

物业安保人员是新馆治安保卫基本力量。但年龄偏大、素质参差不齐以及队伍培训不足和人员频繁流动等问题制约了治安保卫工作的发展。

据统计，截至 2023 年 5 月，新馆在职 90 名安保人员中，45 岁至 60 岁有 55 人，比例为 61.1%，而 30 岁以下只有 15 人，仅为 16.7%。年龄偏大的安保人员面对烦琐枯燥的值勤工作，时间一长难免精力不济。在突发事件处置时反应慢，处置要领掌握不如年轻人熟练，给外界一种安保素质下降的印象。

其次，队伍普遍学历较低。目前安保人员当中，以初、高中学历为主，大专以上学历较少。其中，高中学历占比 45.6%，初中学历占比 36.4%，大专以上学历占比为 11.4%。物业安保人员学历偏低，早早进入社会，会产生以下问题：一是较少接受法规培训，法律意识淡薄，在进行安全管理时无意识地产生违法行为；二是理解接受能力欠缺，不能准确理解安保工作要求和上级意图，只是机械执行管控命令，无法根据处置现场实际情况灵活应变，滋生新矛盾。如 2020 年至 2022 年，在疫情防控期间，管控关口前移，安保人员置于前线。由于对"精准防控"理念把握不准，吃不透防疫政策内涵和人性化服务要求，安保人员过分机械地执行政策，产生了较多矛盾纠纷。安全保卫部要重复梳理工作流程和解读政策，这增加了时间成本，影响了治安保卫工作的效率。

最后，安保人员流动性较大。由于待遇低，工作压力较大，安保岗位留不住人的现象比较突出。据不完全统计，新馆自 2018 年至 2022 年，安保人员累计离职有 60 余人。人员频繁流动，难以培养熟悉新馆情况和现场管理的安保骨干，安保人员常态化培训不足。安保人员上班即到岗的工作性质，不利于系统培训的开展。关于新馆实际的操作规程和常见的物业管理、安全、消防等方面的法律知识培训开展得较少。安保队伍整体水平提升较为困难，安保人员业务技能掌握不熟练，影响工作的开展。

由于上述问题的存在，安保队伍对图书馆"一切为了读者"的服务理念理解不透彻，对人员密集场所安全风险分析判断不到位，不能有效适应因新馆业务迅速发展而衍生的服务保障和安全管理的需求。

2 新馆治安保卫工作"协作管理"创新实践

新馆开放后，就把不断提高新馆治安保卫工作水平定为目标，推动建立一套处置有方、行动有效的"协作管理"体系。充分发挥图书馆信息收集和集聚资源的优势，内外联动，制度保障、机制建设、培训、宣传多管齐下。对内，努力培养和树立全体工作人员安全风险意识，积极增强人员安全防范能力。不断完善协作管理的安全机制，充分调动积极性，让多个主体参与新馆治安保卫工作。对外，与公安、消防等专业力量积极合作，广泛开展安全培训和联防联控工作。增加安全防范感知触角，减少治安保卫工作中的盲点，提升治安保卫工作效能。

2.1 治安保卫工作制度体系的完善

规范的制度可以为治安保卫工作提供科学的工作指引。安全保卫部自 2013 年至2022 年，共制订修改制度和工作方案计 49 项，最终形成管理制度 23 项。

在多主体参与治安保卫"协作管理"情况下，首先要考虑专职保卫干部以外人员安全管理知识相对薄弱，制定的规章制度内容应清晰明了，让参与安全管理的人员清楚地知道如何去执行。新馆安全规章制度的制定按照"循序渐进、动态调整、不断完善"原则，采取了"小步快跑"方式。在制定基本管理制度的基础上。瞄准实际工作存在的突出问题以及上级工作部署调整，动态修订。如针对读者活动场地布置过程存在的忽视安全的痼疾，制定《读者活动安全管理实施细则》。该细则对活动报批、现场布置要求、监督管理职责和问责机制都进行了明确规定，读者活动安全管理有了比较清晰的指引。此外，新馆定期系统梳理制度，做到"高效精准"，将安全生产、消防等不同主题相关的规章制度合并，"删繁就简"，避免了管理制度分散而导致执行时顾此失彼。

其次，保持制度的连贯性，根据工作实践逐步提级。如新馆开放之初制定的消防网格化管理规定，提出建立"馆—部门—班组"三级网格管理体制，"协同管理"的雏形至此形成。其后，借广州图书馆被确定为反恐怖防范重点目标管理单位之机，进一步明确了网格安全巡查职责和备案制度。最终 2022 年安全管理制度修订根据多年来工作实践系统提出网格安全管理要求和网格安全员职责。同一类型管理措施的修订层层递进，不"另起炉灶"，使各部门能够较好地适应管理制度的变化，缩短制度"磨合期"，提高制度执行效率。

制度指引和工作预案保障不可或缺。没有扎实的工作预案支撑，制度指引无从谈起。安全保卫部在制定工作预案着重考虑了体系和实用。

一个完整的预案体系包括了总体预案、专项预案和现场预案。总体预案着眼全局，重在把方向。2014 年制订的《广州图书馆突发事件应急处置预案》就是典型的总体预案，提出了多部门协同保障原则。紧急处理、协调联络、媒体交流、技术保障等四个应急处理小组由安全保卫部、资产与物业管理部、办公室、社会活动推广部、技术部多个部门参与。该预案明确了安保为主体、相关部门协同的责任体系。

专项预案旨在抓重点。根据新馆风险防范特点，安全保卫部相继完善了火灾、自然灾害、反恐、扰乱馆内秩序、应急救护、交通安全、读者活动、网络安全等专项工作预案。与总体预案相比，专项预案除了有明确的人员分工之外，还有相对具体的应急处置措施，并且根据不同时期安全工作的规范、标准和上级部门工作指引，动态完善。笔者以不同时期制定的火灾应急处置预案进行了对比，见表 1。

表 1 不同时期广州图书馆火灾应急预案对比

预案名称	制订时间	风险辨识	组织分工	应急措施	应急程序	保障措施
火灾应急处置程序	2013 年	无	无	有	有	无
广州图书馆火灾应急预案	2018 年	无	有	有	有	有
广州图书馆火灾应急处置预案	2023 年	有	有	有	有	有

火灾应急预案在汲取既往预案经验的基础上不断完善。最初立足于"有"，预案为处置突发火情提供基本指南，应急措施和程序比较简化，强调基本步骤。随后在 2018 年预案细化了现场处置程序，包括现场指挥设置、安全区划定、信息报告、义务消防队灭火原则、动作要领、火灾报警要领、安全警戒等。2023 年新增参考《生产经营单位生产安全事故应急预案编制导则》（GB/T 29639—2020），结合新馆建筑结构特点、电器设备大量使用的现状以及我馆消防设施设备使用和维护情况，对消防风险隐患进行了辨识，确定了风险防范重点，在应急疏散程序明确各区域对应的逃生通道。应急预案愈发清晰，指南作用更趋明显。

现场预案突出实际，"实际"包含两层含义，包括了现场条件和工作需要。如针对读者活动的现场预案，重点突出现场的疏散条件和管控关键地点；其次是围绕活动本身可能产生的政治安全、设备安全、人员安全、交通安全等重点问题制定针对性的防范措施；最后，每一个环节的责任落实到具体个人。

预案要充分发挥作用，除了提高针对性外，更要突出各项措施的实用性。如在应急预案中，明确现场处置的"1 分钟自救、3 分钟互救"原则，根据现场实际设定疏散路线等。安保部根据工作实践梳理了"安全第一、就近指挥、隔离优先、有序疏导、人技结合、协调联动"24字方针。特别强调建立分工明确的联动体系，提出了安保人员与各部门馆员之间的"网格联动"具体要求。预案清晰、操作性强，便于参与治安保卫工作的人员，特别是学历不高的保安顺利执行，避免了工作无序开展①。

2.2 治安保卫工作"协作管理"机制建设

图书馆安全和业务发展看似"两张皮"，实则"一荣俱荣，一损俱损"。安全为图书馆事业发展提供了保障，但安全系数降低又会给图书馆发展带来负面影响。图书馆的每一个人都被安全利益所联系。另外，进入新时期，大多数图书馆都走向了社会化服务，委托物业公司来进行场地管理。图书馆安保、业务部门和物业公司构成了多个安全责任主体，各个主体之间协同配合尤其重要。新馆在治安保卫"协同治理"机制上采取了"先小圈、后大圈"方式，首先进行内部整合，再循序推进协同管理。

2.2.1 强化物业安保能力建设

物业公司安保人员是新馆治安保卫基础力量，面对安保人员年龄结构偏大，学历水平偏低的问题，新馆通过修订岗位职责、理顺工作机制和强化监督管理等措施，畅通安全保卫部与物业公司安保这一层面的协同机制，让"小圈"先顺利运行起来。

首先，制定详细和明确岗位职责。在制定岗位职责时，安保部要掌握主导权，将管理要求通过岗位职责呈现出来。同时也不能过分强调细节，直接干预物业公司内部管理，影响物业公司积极性。修订岗位职责重在解决管理中存在的"急难险重"问题，建立清晰的工作流程。如在制定《广州图书馆消防控制室值班人员职责》时，针对消防控制室是火灾应急处置中枢的特点，制定详细的《消防控制室火灾事故紧急处置程序》，工作步骤一目了然。

其次，发挥安全技术防范系统信息获取的优势，顺畅安全防范和处置工作机制。顺畅机制要突出预警信息快捷获取，通联快速，处置及时。性能良好的安全技术防范系统是治安保卫工作的第一道防线，新馆开放之后，先后在书库、展厅、档案室等重点防护区域增设了红外入侵和门磁报警系统，分阶段逐步完善全馆视频监控系统，基本形成"全覆盖、无死角"的安防网络，实时向监控室传递信息。在安全事件处置过程中，监控室汇聚视频监控、入侵报警等前端发布的预警信息，监控安全事态发展，通过对讲或紧急广播系统及时发布工作指令或指引信息，发挥"信息中枢"作用。外

① 张伟，刘怡，巫朝滨，等.以舆情监测为核心的公共图书馆应急管理机制建设研究［J］.河南图书馆学刊，2022（11）：26-30.

围处置人员在接到指令后迅速处理。在安保人员日常培训和演练过程中，有意识灌输联动理念，提出明确要求。比如监控中心发出指令后，事发现场安保人员在 1 分钟内开始介入，安保主管要 3 分钟内到场协调，在应急演练过程中增加联动训练科目等。通过不断尝试，监控室和安保人员形成"肌肉记忆"，在应急情况下能够准确执行指令。

通过 2013 年至 2022 年安全防范数据可以看出，联动机制在维护新馆秩序稳定，营造安全的阅读环境方面发挥了重要的作用。

单位：起

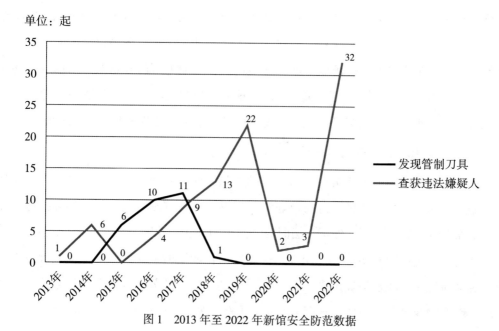

图 1　2013 年至 2022 年新馆安全防范数据

从图 1 中可以看出，2017 年之后，除了 2020 和 2021 年，进馆读者数量减少，查证违法嫌疑人较少外，其他年份在馆内查获违法嫌疑人人数呈波动上升趋势，发现管制刀具呈下降趋势。这说明在新馆开放式、"零门槛"的服务模式和密集人流涌入的情况下，人技结合联防机制能有效地发现和排除安全隐患，这也与 2017 年新馆视频监控系统完成升级改造之后，在馆内出入口和重点防护区域增加了 15 台人脸识别摄像机，丰富了事后查证和甄别的手段有一定的关系。

联防机制顺利运行和安保人员岗位职责认真履行离不开强有力的监督管理。抓住物业公司管理层这个关键，指导和帮助他们落实监督管理责任。安保部建立明确、清晰、细致的考核体系，制定了《广州图书馆保安人员考核细则》，制定了遵规守纪、岗位值勤等 65 条考核标准。在物业公司服务考核评价表中，针对岗位资质和安保管理又确定了 12 条考核条款，由下及上形成较为完整的考核体系，实现压力传导。

针对现场管理，指导安保主管建立现场督导检查表，确立 15 个巡查细项，涵盖了着装、仪表、消防巡查、秩序维护等方面。如同飞行员执行飞行检查单一样，安保主管也要对照检查表逐一检查，避免检查"挂一漏万"。通过检查倒逼安保人员熟悉岗位职责，以高水平的管理促进高质量的安保服务。

2.2.2　提升协同管理水平

治安保卫工作水平提升是一场"人民战争"，需要图书馆所有部门都参与进来。将图书馆人力资源、信息资源和社会资源有效与治安保卫工作整合起来，形成维护图书馆安全稳定的合力。

网格管理的优势在于精细化和协同。安保部在原有消防网格化管理雏形的基础上，在2019年从反恐怖防范工作切入，推动全馆建立了38个安全网格。构建由"部门分管领导—部门主任—楼层主管—区域负责人"组成的四级管理机制。两个网格如何有机协调，避免互相推诿而影响安全工作大局，需要在运行机制上进一步优化。

一是更清晰地明确安保人员和馆员之间的工作界限。在实际工作中，安全秩序管理主体是安保人员，各部门馆员立足岗位，充分发挥"信息枢纽"的作用。留意服务区域的异常情况，及时向安保人员反映。阅读秩序管理由馆员主导，安保人员配合。界限清晰，避免了职责模糊产生的互相推诿，安全工作可以有效落实。

二是网格安全员作用发挥。网格安全员是网格中的核心。安保部从加强网格安全员的培训教育和监督管理着手，把网格安全员作为安全教育培训的重点对象。在扫黑除恶线索摸排、意识形态、消防巡查、反恐怖防范等具体工作，对网格安全员提出了明确的工作要求。各部门安全员能够及时向安全保卫部报告发现的风险隐患，成为安全防范的前哨，"以点带面"，推动整体安全水平提升。

三是沟通机制的完善。治安保卫工作要充分考虑公共文化服务的特点。2020年至2022年，由于防疫措施调整和服务模式转变，治安保卫工作突破单纯安全管理，跟图书馆服务措施紧密联系起来。只有建立沟通，统一标准执行才能做到有条不紊，不降低图书馆服务水平。安保、办公室、物业公司和业务部门通过沟通会、微信群建立密切联系，对进馆流程、入馆柔性服务执行、防疫政策调整应对措施等问题及时进行讨论，制成工作指引，交由安保人员具体执行。针对安保人员对防疫政策理解的偏差，安全保卫部与文献、资产、办公室及时梳理善后，加强现场管理和帮扶，取得了较好的效果。无论是查验健康码、预约码进馆，还是查验行程卡、核酸检测结果要求，读者进馆均未受到严重影响，上级规定的防疫措施也能较为顺利执行。

四是应急处置协同体制的有效性。充分运用网格协同的优势，构建以安保人员为主体、部门安全员为基础的现场应急机制，有效解决建筑大空间现场无法有效管控的问题。这套机制在 2019 年至 2020 年几次突发事件应急处置过程中发挥了积极作用。一是利用网格联动，事发区域相邻网格在属地部门主任和网格安全员指挥下，网格内馆员、辅助人员、物业保洁和客服等所有人员参与现场秩序维护和人员疏导工作，安保人员及时对现场进行围蔽，达到了突发事件舆情有效管控，避免不良信息发酵的目的。其次是充分发挥图书馆舆情监测服务的优势，全程介入应急管理，提供信息保障。将舆情监测服务应用于突发事件应急管理"事前、事中、事后"全过程。通过舆情监测及时性和全面性，主动获取预警信息，注重加强预警和信息技术支持，缩短响应时间，提高图书馆应急管理决策效率①。在突发事件发生时，社推、信息咨询等业务部门按照应急预案职责分工启动，分别发挥媒体联络和信息采集的优势作用，广泛收集各类媒体报道，特别注重自媒体、论坛、社交平台等能直接反映公众情绪和舆论焦点的信息源监测，及时研判舆论走向，提出舆论引导建议。让馆领导第一时间了解突发事件社会反响，根据舆论导向调整处置策略，回应公众关切。上述措施有效减轻了应急处置压力。

在此基础上，安全保卫部依托舆情监测呈现出来的新闻热点和安全预警趋势，自 2022 年 8 月起，定期编撰《近期安全防范形势通报及安全防范建议》，及时向各部门和物业公司通报，提供一定周期内安全防范重点和防范措施指南，减少了安全防范的盲目性。

2.3 创新宣传培训演练方式

安全协同治理机制顺利运用与否，取决于人的安全素养提升，需要持续进行安全宣传培训和演练。

在层级管理、分工明确的协同体系中，涵盖了馆领导、馆员、安保人员等各种类别，决策者、管理者、执行者身份交错，对安全知识的需求不一。对馆领导和部门负责人重在培养安全意识和宣传政策法规，使之了解，明确自己肩上的责任；安全工作的具体管理人员要清楚掌握操作规范和要求；普通馆员和安保人员处在最基层，要对工作流程了如指掌。因此，安全教育培训内容设计上要考虑针对性和实用性，同时要让培训形式更加生动活泼，提高参与培训人员的兴趣。

2.3.1 培训靶向实际，突出重点

2013 年至今，新馆安全教育培训以消防安全为主展开，并结合了反恐和防范新型

---

① 张伟，刘怡，巫朝滨，等.以舆情监测为核心的公共图书馆应急管理机制建设研究［J］.河南图书馆学刊，2022（11）：26-30.

电信网络诈骗相关内容。这既反映了图书馆火灾高危单位的现实,又紧跟了形势发展。如 2019 年 7 月广州市政府办公厅出台《关于进一步加强单位内部治安保卫工作的意见》后,新馆 10 月份就邀请了市公安局内保支队法律专家来馆进行宣传解读。在了解到新馆所在社区新型电信网络诈骗案件高发时,通过自行组织和邀请辖区派出所警官来馆,以案说法,加深全馆干部职工防范意识。在设计培训内容时,突出实际能力掌握。每期精选一到三个主题,讲深讲透防范技能,避免泛泛而谈。丰富培训形式,增加"体检式"培训内容,将讲座和实操训练结合起来,如多次邀请消防指战员来馆开展逃生自救体验等,改变安全培训枯燥乏味的刻板印象,让大家直观感受,促进安全防范技能掌握。

2.3.2 动态推送,营造氛围

微信是人们最常用的即时通信工具。利用微信信息交互、传播迅速的特点,利用碎片化时间随时推送安全防范小知识、警示案例、安全法规释义,形成"微课堂"。一方面便于新馆专兼职安全保卫人员和物业公司保安利用闲暇时间,快速获取安全防范知识,另一方面就是运用"大数法则",不断推送,潜移默化中让大家树立安全意识。安全保卫部有意识利用微信工作群这个平台,围绕消防安全、安全生产、国家安全、防灾减灾等主题,推送相关资讯,营造安全宣传的氛围。

2.3.3 贴近实战,促进演练水平

演练是检验应急预案设置科学性,锤炼应急能力的有效形式。演练要真正达到效果,必须突破"为演而演"的弊端,把"演戏"变成实实在在的演习。随着微型消防站和应急小单元建设规范相继提出,安全保卫部强化了应急演练,"以练促战",努力提升演练水平(见表 2)。

表 2　新馆演练内容分类

序号	演练内容	演练次数
1	防暴演练	72
2	消防"双盲"拉练	51
3	微型消防站拉练	56
4	消防疏散演练	20
5	防汛演练	10
6	疫情防控演练	2
7	政治安全突发事件处置	1
8	群体性事件处置	1
9	防爆演练	1

演练从实战出发，设置演练科目来检验应急预案设置的科学性。首先考虑全要素，开放期间发生突发事件，需涉及现场围蔽、人员疏散、现场处置、舆情管控等多项工作，在设计演练方案将以上场景纳入。在设计反恐演练方案时，考虑到恐怖袭击多波次的情形，设置现场警戒科目。预设科目时还将最极端的情况考虑进来，锻炼演练人员全局思维和协同作战意识。其次，邀请消防、公安等专业人员参与演练方案设计，提高演练的科学性。如 2021 年 3 月在组织全馆首次疑似爆炸物处置演练时，在制订方案时征询公安机关反恐专家意见，制订"网格化搜爆"演练方案，全体馆员和物业安保人员通过实地演练模拟，掌握了相关处理办法。

从演练分类来看，"双盲"演练比重较大，即在不告知演练地点和演练时间情况下开展实地演练，这也是新馆开放以来应急演练比较突出的一个特点，有利于检验应急队伍处置能力和全馆员工安全意识，可以及时发现问题，堵塞工作漏洞。如在 2020 年 5 月 27 日，新馆组织了全馆性"双盲"疏散演练，发现了部分员工安全意识不足，安保人员应急处置岗位职责不明等工作短板。安全保卫部通过加强培训和指导，梳理完善了应急工作流程，弥补了工作薄弱环节。

3　思考与建议

3.1　全面提升安全素养

增强防范化解风险能力离不开人的安全素养。首先是安全意识。安全工作追求以大概率思维来应对小概率事件。但在实际生活当中，安全事故概率很低，使人慢慢产生惰性和侥幸心理，在推进业务工作时可能更多考虑的是活动的社会影响，对安全工作考量不足。但是"一失万无"，需要树立"尊重生命，敬畏规则"的安全意识，在开展读者活动时多设想一下极端情况，做到有备无患。其次是获取安全知识的意识，图书馆每个人都承担着程度不一的安全管理职责，主动获取安全知识，提高安全风险辨识能力和防范本领，保证职责区域内平安有序，夯实图书馆安全基础，提升图书馆安全稳定的环境，同时也为个人的工作生活营造了安全的保障。最后是主动思考的能力。当看到一个灾害事故的报道，能举一反三，反思日常工作中存在的安全隐患，防患于未然。

3.2　关注安全与业务的平衡

对于没有明确规则约束，可管可不管的灰色地带，如何进行安全管理是个难题。

此时要在安全管理上引入"精细"和"精准"的概念，在确保安全底线的前提下，确定管理原则。对安保部而言，首先要发挥答疑解惑的作用，针对各个部门提出的安全问题，提出工作建议，提供规范参考，做到有据可依；其次是发挥工作指引作用，针对具体工作制定流程清晰的工作规则和工作步骤。建立一个长效的沟通和帮扶机制，通过工作例会、走访调研等多种形式，将工作规则和流程灌输给其他部门和物业公司，避免安全和业务的脱节，形成更加牢固的协同治理关系。

3.3　提高协作管理机制效能

新馆安全协作管理机制要适应形势的变化，积极提升效能。

首先，重视分析预警。充分运用数据的作用，从"科学精准"着手，加强分析。一是将舆情监测服务纳入安全管理，通过新闻媒体报道梳理图书馆行业或者新馆周边安全热点问题；二是将安检、应急救护、应急处置等与安全防范相关的统计数据整合分析，为预警安全风险趋势提供支撑；三是运用智能化技术，增强安检、摄像机、消防联动报警等系统的图像、数据分析功能，提高行为风险预警能力。三者有效结合，未雨绸缪，及时获取预警信息和制定防范对策，达到防患于未然的目的。

其次，完善闭环管理机制。建立畅通的信息交互机制。安保部一方面要根据形势变化和单位内部变动情况动态修订规章制度，及时向其他部门和物业公司通报。另一方面要通过常态化的安全巡查，了解各部门制度落实情况，及时发现存在的问题，分析存在偏差的原因或者发现存在的隐患，制定改进的措施。把它作为进一步完善安全管理规章制度的依据，介入全过程管理，努力实现安全风险可控。

最后，加强专业培训。应吸纳社会资源，继续加强与公安、消防、应急、医疗等专业部门的合作，主动邀请他们参与安全管理培训和演练设计，从专业视角检视图书馆安全管理培训的不足，不断提升安全培训的专业程度。通过与专业部门沟通，也有助于相关部门了解新馆治安保卫工作的薄弱环节，提出更有针对性的安全防范建议，进一步提升新馆的安全系数。